Kanada · Der Westen
Alaska

British Columbia · Alberta · Saskatchewan · Manitoba · Yukon Territory · Northwest Territories · Nunavut · Alaska (USA)

Kurt Jochen Ohlhoff

Unter Mitarbeit von
Rainer W. Hamberger, Katrina Hartje,
Dieter Kreutzkamp, Bärbel Lampe,
Karl Teuschl und Wolfgang R. Weber

DUMONT RICHTIG REISEN

Inhalt

Magische Weiten – West-Kanada und Alaska

Reisen in West-Kanada und Alaska

Tipps & Adressen

Verzeichnis der Karten und Pläne

Magische Weiten – West-Kanada und Alaska

Unberührte Natur, alte Kulturen und lebendige Städte

Der Westen Kanadas und Alaskas: Das sind traumhafte Weiten mit unberührten Naturlandschaften von einer Vielfältigkeit, wie sie in Europa und sonst wo kaum anzutreffen sind. Endlose Prärien, riesige Wälder und Tundren, durchzogen von mächtigen Strömen und Wildwasserflüssen, majestätische Bergketten mit großen Gletscherfeldern, Zehntausende von Inseln und noch mehr Seen.

Zwei Regionen mit einer über 25 000 Jahre zurückreichenden Geschichte ihrer Ureinwohner sowie einer jungen und abenteuerlichen Vergangenheit, die kaum zwei Jahrhunderte alt ist, geprägt von Entdeckern, Trappern und Goldsu-

chern, Holzfällern und Siedlern. Noch heute verspürt man den Pioniergeist jener Zeit, und auch die alte Kultur der Ureinwohner ist noch nicht ganz verschwunden.

Weite Teile Kanadas sind unbewohnt, auf nicht einmal 5 % seiner Fläche siedeln Menschen. Über 90 % der Bevölkerung leben in einem wenige Hundert Kilometer breiten Streifen nördlich der US-amerikanischen Grenze, vornehmlich in den Ballungszentren weniger großer Städte wie Vancouver, Victoria, Edmonton, Calgary, Winnipeg, Saskatoon und Regina in West-Kanada. Auch in Alaska konzentriert sich der weitaus

größte Teil der Bevölkerung in den Großstädten Anchorage und Fairbanks.

So vielseitig wie das Reisegebiet ist auch sein **Klima,** das von Gegensätzen geprägt wird, die den wenigsten Reisenden bewusst werden. Während im Norden das ewige Eis der Arktik keine Vegetation zulässt, wird in den südlichen Regionen von British Columbia sogar Wein angebaut. Im Landesinneren von Alaska, dem Yukon und den Northwest Territories herrschen im Winter häufig Temperaturen von unter –50 °C – im Sommer weisen diese Regionen warmes, oft sogar heißes Klima auf. Gemäßigter gestaltet sich das Wettergeschehen in den Küstenregionen von British Columbia und Südost-Alaska. Hier dominieren relativ trockene und warme Sommer, während im Winter häufige Niederschläge für eine üppig grüne Vegetation sorgen.

Geografische und klimatische Vielfalt West-Kanadas und Alaskas haben auch die Voraussetzungen für eine einzigartige **Tierwelt** geschaffen. In den nördlichen Regionen durchziehen Herden mit zigtausend Karibus die Tundra, Elche und Bären werden fast überall beobachtet. Alaska und British Columbia sind die Heimat der mächtigen Grizzlies – nur noch wenige Exemplare leben außerhalb dieser Regionen. Hier zählt man auch die meisten Schneeziegen, Weißkopfseeadler und Trompeterschwäne der Welt. In den Küstengewässern tummeln sich Delphine, Orcas (Killerwale), Buckel- und Grauwale, Seelöwen und Seeotter. In jedem Jahr kämpfen sich Abermillionen Lachse die Flüsse aufwärts, um zu ihren Laichgebieten zu gelangen. Der Fischreichtum West-Kanadas und Alaskas ist legendär. Vor den Küsten Süd-Alaskas liegen die reichsten Fanggründe der Welt, und die unzähligen Flüsse und Seen der Region sind ein wahres Paradies für Angler.

West-Kanada und Alaska bieten so gut wie alles, was das Herz des aktiven Urlaubers höher schlagen lässt – locken von den vertrauten Pfaden des Alltags zu immer neuen Erfahrungen und Erlebnissen.

British Columbia ist als Urlaubsregion wohl am vielseitigsten. Zahlreiche National- und Provinzparks bieten jede nur mögliche Art von Naturerlebnis und eine breite Palette an Freizeitaktivitäten. Abenteuerlustige können den wildromantischen Fraser Canyon auf einer spritzigen Wildwassertour kennen lernen, wer es gemütlicher mag, folgt dem parallel verlaufenden Transkanada Highway. Auf der legendären Cariboo Road, dem alten Goldsucher-Trail, ge-

Eismeer-Exkursion vor der Küste von Nunavut

langt man zum historischen Barkerville, das als ›lebendiges Museum‹ auch heute noch die Atmosphäre der Goldrausch-Ära spüren lässt.

Abseits der Touristenziele und nur wenig besucht, erschließt sich dem entdeckungsfreudigen Reisenden eine ganz andere Welt: die Queen Charlotte Islands an der Westküste von British Columbia, wild und ursprünglich, mit gründämmerigen, geheimnisvollen Regenwäldern, zerklüfteten Küsten und uralten, überwucherten Indianerdörfern, die mit Hilfe von indianischen Führern aufgesucht werden können. Zugänglicher ist die Kultur der Nordwestküsten-Indianer in rekonstruierten Dörfern wie im ’Ksan Indian Village bei Hazelton mit seinen Plankenhäusern und Totempfählen oder in Alert Bay, einer Indianersiedlung auf Cormorant Island vor Vancouver Island.

Vancouver Island zieht Naturfreunde an, die Wale beobachten möchten oder auf dem legendären West Coast Trail die Wildnis der Regenwälder hautnah erleben wollen. Reizvoll ist eine Entdeckungsreise mit der Fähre durch die dicht bewaldete Inselwelt vor den Küsten von British Columbia und Südost-Alaska mit ihren Fjorden, Buchten und vergletscherten Bergketten.

Im Osten, an der Grenze zu Alberta, schließt sich die grandiose Bergwelt der Rocky Mountains an. Einer der Höhepunkte ist die Fahrt auf dem spektakulären Icefields Parkway, der Kanadas berühmteste Naturparks, Banff und Jasper, miteinander verbindet: überwältigende Ausblicke auf Felsgipfel, blühende Bergwiesen, tosende Wasserfälle, schimmernde Gletscher und türkisfarbene Seen – aneinander gereiht wie auf einer Perlenschnur.

Alberta bedeutet nicht nur sattgrünes Farmland und sanfte, hügelige Prä-

rie. Hier warten Canyons und die *badlands* bei Drumheller, eine sonnendurchglühte urweltliche Landschaft mit bizarren Sandsteinformationen, Fossilien und Dinosaurier-Skeletten. Auch der ›alte Westen‹ ist hier noch lebendig, wo die großen Rinderherden getrieben werden, Cowboys auf den Rodeos ihre atemberaubenden Reiterkunststücke zeigen und die farbenprächtigen *pow wows* der Indianer stattfinden. Und wer schon immer mal Cowboy spielen wollte, kann dies bei Ferien auf einer Ranch in Zentral-British Columbia und Alberta nachholen. Dort, wo die Menschen in verschlafenen Provinznestern Jeans und karierte Hemden tragen und noch gastfreundlicher sind als anderswo. Auch in den Nachbarprovinzen **Saskatchewan** und **Manitoba** ist gleich vor den Toren der großen Städte Regina und Winnipeg viel weites Land und Wildnis mit zahlreichen Seen zu finden – ein Paradies für Angler und Jäger.

Abenteurer folgen dem ›Ruf des Nordens‹ zum **Yukon** und den **Northwest Territories** und nach **Nunavut,** dem neuen Territory in der östlichen Arktis, wo seit 1999 zum ersten Mal in der kanadischen Geschichte die Ureinwohner ihr Schicksal selbst in die Hand nehmen können. Hier in den nördlichen Territorien Kanadas gibt es riesige Gebiete mit überwältigenden Landschaften: wilde Bergwelten, dunkle Fichtenwälder mit glitzernden Seen und Flüssen im Süden, weite Tundra im Norden bis zur Küste des Eismeers. Dort gibt es noch Regionen, die sich seit den Tagen der ersten europäischen Entdecker nicht verändert haben, eine großartige Tierwelt mit Eisbären, Moschusochsen, Elchen, Luchsen und Dallschafen. Auf Kanuten und Schlauchbootwanderer warten im Nordland noch namenlose Bergketten und wilde, völlig unberührte Flüsse.

Mit dem Camper sind viele Touristen unterwegs: hier auf dem Glenn Highway in Alaska

Wanderer können auf den Spuren der Goldsucher über den Chilkoot Pass trekken. Bequemer ist die Fahrt mit dem Auto auf dem Dempster Highway zum Eismeer – vom alten Goldgräberort Dawson City bis nach Inuvik an der Nordküste des Kontinents.

Alaska, der größte US-Staat im äußersten Nordwesten von Nordamerika, steht als Reiseziel seinem Nachbarn in nichts nach: ein gewaltiges Land mit 6000 m hohen Bergketten, breiten Wildnisflüssen und einsamen Küsten am Pazifik, an der Beringsee und am Polarmeer. Diejenigen, die Abenteuer und besondere Erlebnisse suchen, werden auch hier voll auf ihre Kosten kommen. Exkursionen führen zu den größten Bären der Welt auf Kodiak Island und der Katmai Peninsula, man kann sich von Buschpiloten in die Eiswelt des Mount McKinley fliegen lassen, dem höchsten Berg Nordamerikas, oder ganz geruhsam mit der Alaska-Fähre den

Spuren russischer Pelzhändler durch Südost-Alaska folgen. Dort erstreckt sich mit der Glacier Bay auch eines der spektakulärsten Gletschergebiete der Welt, umrahmt von den 5000 m hohen Bergen der St. Elias- und Fairweather Range. Haushohe, ins Meer ›kalbende‹ Gletscher und eine faszinierende Tierwelt mit Buckel- und Schwertwalen, Grizzlies und Weißkopfseeadlern gehören zu den Hauptattraktionen dieses Nationalparks.

Wer großstädtisches Flair sucht, ist in vitalen **Städten** mit ihrem kunterbunten multikulturellen Angebot und vielfältigen Attraktionen genau richtig. Hervorragende Museen bieten einen Einblick in die Kultur der Ureinwohner, allen voran das Museum of Anthropology in Vancouver, das beeindruckend über die Kultur der Nordwestküsten-Indianer informiert, oder das Glenbow Museum in Calgary, das eine der umfangreichsten Sammlungen zur Geschichte der Prärie-

Indianer beherbergt. Und Natur und Umwelt sind auf einzigartige Weise im Manitoba Museum in Winnipeg dargestellt. Auch die bewegte Ära der Pioniere kommt nicht zu kurz. Sie wird vor allem in den unzähligen Pioniermuseen der kleineren Städte und Ortschaften gepflegt. In allen Metropolen Westkanadas gibt es reichlich Musik- und Kunstfestivals. Und wer vermutet schon in einer ›Prärehauptstadt‹ wie Winnipeg international so berühmte Ensembles wie das Royal Winnipeg Ballet und das Winnipeg Symphony Orchestra?

Das kosmopolitische **Vancouver** mit seiner einmalig schönen Lage zwischen Meer und Bergen, nahen Wildnisgebieten und einem Überangebot an Freizeitaktivitäten ist schon alleine einen Urlaub wert. Die Stadt gilt auch als architektonisches Schaufenster Kanadas. Hier ist Arthur Erickson zu Hause, von vielen als Kanadas größter Architekt

Stadtbummel in Vancouver

angesehen. Das von ihm entworfene Museum of Anthropology besticht durch seine beispielhafte Umsetzung der Raumvorstellungen der Westküsten-Indianer in Beton und Glas, die weltweit höchste Anerkennung gefunden hat. Nicht weniger Aufsehen erregte eine ästhetisch hervorragend gelungene Umgestaltung von Vancouvers Innenstadt durch die Anlage des Robson Square-Komplexes. Eberhard Zeidler, ebenfalls ein kanadischer Baumeister von internationalem Rang, hat Vancouver mit einem städtebaulichen Wahrzeichen versehen, dem futuristisch anmutenden Kongresszentrum Canada Place, das wie ein riesiges Schiff mit geblähten weißen Segeln in den Hafen ragt. Auch der kanadisch-israelische Stararchitekt Moshe Safdie hat mit seinem Ford Centre for the Performing Arts und dem neunstöckigen lichtdurchfluteten Oval der Vancouver Public Library zum Ruf Vancouvers als städtebauliches Juwel beigetragen. Kein Wunder, dass Kanada heute zu den führenden Architekturnationen gehört.

Auch die anderen großen Städte West-Kanadas haben in den letzten beiden Jahrzehnten ihr Gesicht völlig verändert. Calgary erinnert mit seinen schimmernden Wolkenkratzern an ein ›Manhattan‹ in der Prärie, und auch in Edmontons Downtown ragen die Glaspaläste der Banken und Ölfirmen in den Himmel. Die Stadt hat sich eine weltweit einmalige Attraktion zugelegt: die West Edmonton Mall, ein Einkaufs- und Freizeitparadies der Superlative – nicht nur für Technikbegeisterte sehenswert. Trotz supermoderner Revitalisierung der Städte sind Parks und Grünanlagen nicht zu kurz gekommen und weit großzügiger gestaltet als in anderen nordamerikanischen Städten.

Landeskunde im Schnelldurchgang: Kanada

Fläche: Kanada gesamt: 9 976 197 qkm (davon 755 169 qkm Seen; zum Vergleich: BRD 358 000 qkm); Ost-West-Ausdehnung: 5600 km, Nord-Süd-Ausdehnung: 4800 km
Einwohner: Kanada gesamt: 30 Mio.
Hauptstadt: Ottawa, 380 000 Einwohner (ca. 1 Mio. Einw. im Capital District: Ottawa/Hull und Umgebung)
Amtssprachen: Englisch und Französisch, in Nunavut auch Inuktitut
Währung: CAN-Dollar

British Columbia: Fläche: 952 263 qkm; Einw.: etwa 4 Mio.; Hauptstadt: Victoria, ca. 75 000 Einw. (Großraum ca. 300 000); größte Stadt: Vancouver, etwa 550 000 Einw. (Großraum ca. 1,9 Mio.)
Alberta: Fläche: 661 185 qkm, Einwohnerzahl: über 2,8 Mio., davon sind ca. 60 000 Ureinwohner (Indianer); Hauptstadt: Edmonton, ca. 930 000 Einwohner; zweitgrößte Stadt: Calgary, ca. 770 000 Einwohner
Manitoba: Fläche: 650 100 qkm, davon etwa 15 % Seen und Flüsse; Einwohner: 1,2 Mio., davon ca. 60 000 Ureinwohner; Hauptstadt: Winnipeg, 670 000 Einwohner, einzige Großstadt der Provinz
Saskatchewan: Fläche: 625 900 qkm; Einwohner: knapp über eine Million, davon ca. 60 000 Ureinwohner; Hauptstadt: Regina, 180 000 Einwohner, einzige weitere große Stadt ist Saskatoon, 195 000 Einwohner
Nunavut: Größe: knapp 1 994 000 qkm, ($6^{1}/_2$ mal größer als die BRD), Einwohner: ca. 25 000, darunter etwa 20 500 Inuit (›Eskimos‹); Hauptstadt: Iqaluit, 4200 Einwohner
Northwest Territories: Größe: 1 542 000 qkm, Einwohner: ca. 42 000, darunter etwa 15 000 Dene-Indianer; Hauptstadt: Yellowknife, 17 500 Einwohner
Yukon: Fläche: 483 450 qkm, Einwohnerzahl: 31 500 (darunter etwa 5000 Indianer), Hauptstadt: Whitehorse, 22 000 Einwohner
Geografie: Der Westen Kanadas besteht aus fünf Großlandschaften: Die Pazifikküste mit im Westen steil zum Meer hin abfallenden Gebirgen; ein Gebiet mit dichten temperierten Regenwäldern mit mächtigen Douglasien und Riesenlebensbäumen. Die westlichen Gebirge (rund 2400 km Länge und 650 km Breite), zu denen Rocky Mountains, Columbia, Skeena Cassiar und Coast Mountains gehören, eine Region mit Canyons und weiten Tälern, Gletschern und schäumenden Flüssen, Hochplateaus und Halbwüsten. Die Prärie, eine flache bis hügelige Landschaft mit weiten Grasflächen und Weizenfeldern, die sich über eine Distanz von rund 1400 km von den Rockies Albertas über Saskatchewan bis nach Manitoba erstreckt. Der Kanadische Schild ist eine von der Eiszeit geprägte Landschaft mit einem Labyrinth von Flüssen, Seen und Wäldern und den ältesten Felsformationen der Erde und einem Drittel der globalen Süßwasservorräte. Er reicht vom Norden Manitobas über Ontario und Quebec bis in die Northwest Territories und nach Nunavut. Kanadas Arktis besteht aus hohen Bergketten, riesigen Flüssen, endloser flacher Tundra bis zu mit ewigem Eis bedeckten Inseln im Polarmeer.
Höchster Berg: Mount Logan (5971 m) im Yukon; längster Fluss: Mackenzie River (4216 km); größter See: Great Bear Lake (31 915 qkm).

Geschichte: Nach den Wikingern um 900 n. Chr. erreicht John Cabot 1497 als erster Europäer die nordamerikanische Küste. 1534 unternimmt Jacques Cartier ausgedehnte Entdeckungsreisen ins Landesinnere. Ab 1603 beginnt unter Samuel de Champlain die französische Kolonisation. Quebec wird gegründet. Auch die Engländer machen ihren Einfluss geltend. Henry Hudson entdeckt 1610 die später nach ihm benannte Bay, und 1670 wird in London die Hudson's Bay Company gegründet. König Charles II. garantiert der Pelzhandelsgesellschaft volle Souveränität über alle Territorien westlich der Hudson Bay. England gewinnt den Siebenjährigen Krieg gegen Frankreich, 1763 wird Neufrankreich britisch. Kanadas Westen wird erforscht: James Cook und George Vancouver kartografieren die Westküste (1778–1794), Alexander Mackenzie stößt auf dem Landwege zum Pazifik vor (1793). In den ersten Jahrzehnten des 19. Jh. geht die große Zeit des Pelzhandels zu Ende, immer mehr Siedler kommen ins Land. 1867 wird der Staat Kanada gegründet. Die Fertigstellung der Trans-Kanada-Eisenbahn, 1885, eint das Land und fördert die Besiedlung. Kanada wird zum Einwanderungsland. 1982 gehen letzte konstitutionelle Rechte der englischen Krone an Kanada über.

Regierung und Verwaltung: Kanada ist eine bundesstaatlich strukturierte parlamentarische Monarchie mit der englischen Königin als Staatsoberhaupt. Die ausführende Regierungsgewalt teilen sich der Premierminister und das Kabinett, das dem House of Commons verantwortlich ist. Die Abgeordneten des Unterhauses werden nach dem Mehrheitsprinzip gewählt. Die Legislative ist dreigeteilt: Governor General, Senat und House of Commons, wobei Letzteres die eigentliche Entscheidungsgewalt besitzt. Das Land besteht aus zehn Provinzen, die jeweils eine eigene Verfassung besitzen und in ihrer politischen Struktur der Bundesregierung gleichen. Dazu kommen drei Territorien mit einem Sonderstatus, bei denen einige Verwaltungsebenen der Bundesregierung direkt unterstellt sind.

Wirtschaft: In British Columbia ist Forstwirtschaft mit Papier- und Zelluloseproduktion der Hauptwirtschaftsfaktor, danach folgen der Tourismus mit zunehmender Bedeutung, Bergbau (Kupfer, Blei, Zink, Kohle und Silber) sowie Landwirtschaft (Gemüseanbau im Fraser Tal, Obst- und Weinanbau im Okanagan Valley und Viehzucht um Williams Lake und Kamloops). Fischfang (Lachs) spielt eine geringere Rolle. Alberta ist das Ölzentrum Kanadas, mit großen Ölvorkommen, Raffinerien und petrochemischer Industrie bei Calgary und Edmonton. Die Ölsande am Athabasca River im Norden Albertas gehören mit etwa 2,5 Billionen Barrel zu den größten Ölvorkommen der Welt. Landwirtschaft (Weizenanbau, Viehzucht), Forstwirtschaft, Papierherstellung und Tourismus sind weitere wichtige Faktoren. Auch Saskatchewan und Manitoba sind mit Bodenschätzen (Nickel, Kupfer, Zink, Gold und Uran) reich gesegnet. Saskatchewan hat die größten Pottasche-Vorkommen der Welt und ist auch Kanadas wichtigster Weizenproduzent (60 %). Auch die drei nördlichen Territorien Yukon, Northwest Territories und Nunavut sind reich an Bodenschätzen (Blei, Zink, Eisen, Gold, und Diamanten). Für die Northwest Territories sind zudem Pelzhandel sowie Öl und Erdgas von Bedeutung. Auch in den drei Territorien wächst die Bedeutung des Tourismus.

Bevölkerung, Religion und Sprache: Ursprünglich fast ausschließlich von Franzosen, Engländern, Schotten und Iren besiedelt, wurde Kanada seit der zweiten Hälfte des 19. Jh. und besonders nach den beiden Weltkriegen im 20. Jh. immer stärker zum

klassischen Einwanderungsland. Heute sind weniger als 40 % der Bevölkerung eng-
lischsprachiger Herkunft und knapp 30 % französischer Abstammung. Der Rest
stammt überwiegend aus anderen europäischen und asiatischen Ländern. Besonders
British Columbia hat einen relativ hohen Bevölkerungsanteil chinesischer Abstammung. In Kanada leben heute etwa 600 000 Ureinwohner: davon 560 000 Indianer und
40 000 Inuit. Der ethnischen Vielfalt entsprechen auch die Religionen und Mutterspra-
chen. Die große Mehrheit der Bevölkerung gehört entweder zur römisch-katholischen
Kirche (ca. 50 %) oder zur einer der protestantischen Glaubensrichtungen (ca. 40 %).
Unter diesen gehören über die Hälfte zur United Church, danach folgen Anglikaner,
Presbyterianer, Lutheraner und Baptisten. Dabei gibt es regional große Unterschiede.
So sind im französischsprachigen Quebec 90 % der Bevölkerung katholisch. Offizielle
Landessprachen sind Englisch (60 %) und Französisch (25 %), im neuen Territorium
Nunavut auch Inuktitut.

Klima und Reisezeit: Das Landesinnere von British Columbia und auch der Süden
von Alberta, Manitoba und Saskatchewan haben zwar relativ kurze, dafür aber
trockene und heiße Sommer mit Temperaturen, die oft über 30 °C liegen. Nach Norden hin nimmt die Temperatur entsprechend ab. Bei Reisen in diese Regionen sollte
man also auch im Sommer wärmere Kleidung dabeihaben. Auch in den Küstenregionen von B. C. sind die Sommer in der Regel warm, wenngleich hier das Klima, den
maritimen Einflüssen entsprechend, erheblich unbeständiger ist. Einen ausgeprägten
Frühling, wie wir ihn in unseren Regionen kennen, gibt es in Kanada kaum. Dafür ist
der Herbst beständiger und milder. Die beste Reisezeit für die gesamte Region fällt sicher in die Monate Juni bis August, wobei der September wegen der angenehmen
Temperaturen und der schönen Laubfärbung in den Bergregionen ebenfalls zu empfehlen ist. In Kanadas hohem Norden (Yukon, Northwest Territories und Nunavut) ist
der Sommer kürzer, aber dafür intensiver, mit einer Sonnenscheindauer von 20 Stunden und mehr. Bis auf die milderen, niederschlagsreichen Küstenregionen in B. C.
sind die Winter kalt und trocken.

Landeskunde im Schnelldurchgang: Alaska

Fläche: 1 518 800 qkm, größter Staat der USA (viermal so groß wie die BRD)
Einwohner: 625 000, davon etwa 125 000 Inuit, Indianer und Aleuten
Hauptstadt: Juneau, 30 000 Einwohner; größte Stadt: Anchorage, 260 000 Einwoh-
ner; Bevölkerungsdichte: 0,4 Einw./qkm (zum Vergleich: BRD 240 Einw./qkm)
Amtssprache: Englisch
Währung: US-Dollar

Geografie: Alaska wird offiziell in fünf Großregionen eingeteilt: Südost-Alaska, eine
800 km lange, dicht bewaldete, im Norden stark vergletscherte Fjord- und Inselland-
schaft. Süd-Alaska, eine Region mit Küstengebirgen, Meeresbuchten, Gletschern und
Wäldern von der Yakutat-Bucht im Osten bis zu den Aleuten im Westen und von der
Kenai-Halbinsel im Süden bis zur Alaska Range im Norden. Die Aleutenkette, mehr als

200 (meist unbesiedelte) Inseln, die sich im Westen über einen 1600 km langen Bogen über den Nordpazifik spannen. Zentral-Alaska, das Tal des Yukon zwischen Alaska Range im Süden und der Brooks Range im Norden, ein wenig erschlossenes Gebiet, in der Taiga und Wälder dominieren. West-Alaska und die Arktis, ein weites Tundragebiet mit der Brooks Range zwischen Beringstraße und Nordpolarmeer.

Höchster Berg: Mount McKinley (6194 m); längster Fluss: Yukon River (3000 km, davon 2250 in Alaska); größter Gletscher: Malaspina Glacier (7600 qkm).

Geschichte: Seit etwa 30 000 Jahren leben Menschen in Alaska. Die ersten kamen über die Bering-Landbrücke, eine während der Eiszeiten bestehende Landverbindung zwischen Asien und Amerika. Mit einer russischen Expedition unter Vitus Bering erreichten 1741 die ersten Weißen Alaska. 1783 gründet Gregor Schelikof eine erste ständige Niederlassung auf Kodiak Island. Alaska wird zum Pelzhandelsimperium der Russen. Mit Seeotterfellen werden immense Profite gemacht, was fast zur Ausrottung der Tiere führt. 1867 verkauft der russische Zar Alaska für 7,2 Millionen Dollar an die USA. Erst der große Goldrausch am Klondyke um 1896 lässt zigtausende Abenteurer in das neue Territorium strömen. 1915 wird Anchorage gegründet. 1942 landen japanische Truppen auf den Aleuten. Um Alaska zu verteidigen, wird für den Alaska Highway in nur acht Monaten eine 2446 km lange Trasse durch die Wildnis geschlagen. 1959 wird Alaska 49. Bundesstaat der USA. Die Entdeckung großer Ölvorkommen in der Prudhoe Bay und der Bau der Alyeska Pipeline 1977 lösen einen Boom aus, der erst 1989 durch die Ölkatastrophe des Tankers »Exxon Valdez« einen Dämpfer erhält.

Regierung und Verwaltung: An der Spitze des Bundesstaates steht ein Gouverneur. Er wird alle vier Jahre gewählt. Die Legislative besteht aus dem Senat und dem Repräsentantenhaus. Die Senatoren werden alle 4, die Abgeordneten alle 2 Jahre gewählt. In Washington ist Alaska entsprechend seiner Einwohnerzahl mit einem Kongressabgeordneten und (unabhängig von der Einwohnerzahl) mit zwei Senatoren vertreten.

Wirtschaft: Alaska verdankt seinen Wohlstand der Öl- und Erdgasförderung. Von großer Bedeutung sind auch Fischerei, Forstwirtschaft und Tourismus.

Bevölkerung, Religion und Sprache: Rund ein Fünftel der 625 000 Einwohner Alaskas sind Ureinwohner. Die Inuit leben überwiegend an den Küsten und auf den Inseln der Arktis und der Beringsee. Die Indianer im Landesinneren gehören zum Sprachkreis der Athapasken und Déné, die Indianer Südost-Alaskas sind Tlingit, Haida und Tsimshian. Während der langen russischen Vorherrschaft hatte sich in Süd- und Südost-Alaska die russisch-orthodoxe Kirche etabliert, die aber heute nur noch in wenigen Gemeinden existiert. In den größeren Orten sind alle Glaubensrichtungen vertreten, die Mehrheit der Bevölkerung ist protestantisch. Amtssprache ist Englisch, in abgelegeneren Gemeinden werden auch noch Dialekte der Ureinwohner gesprochen.

Klima und Reisezeit: An den Küstengebieten Süd- und Südost-Alaskas herrscht mildes, aber regenreiches Klima (durchschnittlich um 18 °C im Juli, –4 °C im Winter), obgleich es hier sehr unterschiedliche Klimazonen gibt. Zentral- und Nord-Alaska hat trockenes Kontinentalklima mit warmen und sonnigen Sommern (durchschnittlich 23 °C mit Höchstwerten bis 32 °C und extrem kalten Wintern (durchschnittlich –19 °C, Tiefstwerte bis – 60). Die beste Reisezeit ist von Mitte Juni bis August, mit langer Tageslichtdauer (20–24 Stunden).

Die Region heute: Wirtschaft und Umwelt

Attraktiv ist der Westen Kanadas schon immer gewesen. Nicht nur für seine Besucher – auch die Kanadier hat es aus wirtschaftlichen Gründen schon früh in die Westprovinzen gezogen. Den größten Aufschwung erlebte die Wirtschaft West-Kanadas durch Schiffbau und Flugzeugindustrie während des Zweiten Weltkrieges. Neue Industrien, Ausbau der Holzwirtschaft und eine verstärkte Orientierung auf den pazifischen Wirtschaftsraum in British Columbia sowie die Erschließung großer Erdölvorkommen in Alberta und Alaska brachten ein enormes Wachstum für die Region mit sich. Entsprechend wuchs auch die Bevölkerung. Der alte Pionierslogan ›Go West Young Man‹ gewann neue Bedeutung. Ströme von Zuwanderern aus dem östlichen Teil Kanadas, aber auch Einwanderer aus aller Herren Länder zog es in das Land der Zukunft, die Westprovinzen.

In den Jahren vor 1997 kamen vor allem wohlhabende Chinesen aus Hongkong nach Vancouver, die ihre Familien, Firmen und Vermögen vor einem möglichen Zugriff der Volksrepublik nach der Übergabe der britischen Kronkolonie bewahren wollten. Insgesamt reisten seit Ende der 1980er Jahre über 100 000 chinesische Staatsbürger ein. Sie brachten Jobs, Können, Unternehmergeist und vor allem Kapital, was für Vancouver eine kräftige Vitalitätsspritze bedeutete und British Columbia half, die Rezession besser als andere kanadische Provinzen zu überstehen. Allerdings stiegen dadurch die Preise deutlich an, besonders bei Immobilien, sodass der Traum vom eigenen Haus zumindest in Vancouver für die Kanadier immer schwieriger zu erfüllen ist. Ein Umstand, der selbst in dieser so kosmopolitischen Stadt zu Spannungen zwischen Einheimischen und Einwanderern führte.

Kanadas Wirtschaftszweig Nr. 1 ist die Forstwirtschaft

Ein wichtiger Faktor des wirtschaftlichen Aufschwungs ist der Tourismus. Seit 1970 haben sich vor allem British Columbia und Alberta als beliebteste Urlaubsregionen etabliert. Die rasche Entwicklung brachte auch ein verstärktes politisches Selbstbewusstsein mit sich. Kanadas Westprovinzen, die sich schon immer von den politischen und wirtschaftlichen Machtzentren Ost-Kanadas isoliert sahen, äußern ihren Unmut bis hin zu separatistischen Tendenzen. Ganz deutlich zeigte sich dies 1993 bei den kanadischen Bundeswahlen, als auch die Abspaltung Quebecs zum Thema wurde. Damals erhielten populistische Protestbewegungen in den Westprovinzen einen enormen Zuwachs. Man ist auch heute noch der Meinung, dass der eigene Beitrag für die kanadische Einheit zu hoch ist und hat kein Verständnis für die Sonderwünsche des frankophilen Kanada. Vor allem Alberta, mit seinen riesigen Erdgas- und Ölvorkommen und einer prosperierenden Landwirtschaft das Wirtschaftswunderkind Kanadas, fühlt sich durch die nationale Energiepolitik bevormundet und will nicht für den Rest des Landes bezahlen.

Das Verhältnis zum großen Nachbarn im Süden ist nicht ohne Probleme. An der Westküste lebt man mit den Amerikanern im ständigen Streit über die Fangquoten für Lachse. Kanada ist der Meinung, dass die US-Fischer sich viel zu ungeniert aus dem grenzüberschreitenden Angebot an Edelfisch bedienen, deshalb weniger Lachse zum Laichen in die Flüsse von British Columbia zurückkehren und die kanadischen Fischer geringere Fangergebnisse erzielen.

Bedeutendster Wirtschaftsfaktor in British Columbia ist jedoch nach wie vor die Forstwirtschaft. Von den weltweit produzierten 120 Mio. Tonnen Zellstoff liefert Kanada etwa jede zehnte. Die Hälfte davon stammt aus den Wäldern British Columbias. Obwohl die Erträge der Forstwirtschaft ihren Höhepunkt überschritten haben dürften, stellen Holzeinschlag und Holz verarbeitende Industrie immer noch etwa 16 % des Bruttoinlandproduktes. Über 200 000 Menschen sind von diesem Wirtschaftszweig abhängig, viele davon in Regionen, die keine anderen Industrien aufweisen.

In der Vergangenheit wurde an den scheinbar unerschöpflichen Wäldern der Westküste schwerer Raubbau betrieben. Und trotz gegenteiliger Beteuerungen der Politiker steht fest, dass auch in den letzten Jahren mehr Wald gerodet wurde als nachwachsen kann. Selbst die hässlichen großen Kahlschläge sind nicht unterblieben. Nun ist die Regierung in die Defensive gedrängt worden. Die schon lange währenden Proteste gegen die Abholzung der Urwälder British Columbias haben eine neue Dimension angenommen. ›Greenpeace‹ und andere Umweltschutzorganisationen rufen zum internationalen Boykott von Holzprodukten aus kanadischen Kahlschlaggebieten oder Primärwäldern auf. Mit Erfolg, denn englische und deutsche Papierhersteller und Zeitschriftenverlage haben bereits ihre Zustimmung erklärt, keine Produkte mehr von British Columbias größtem Holzkonzern MacMillan Bloedel zu beziehen. Anlass der neuen Kampagne war die Entscheidung der Provinzregierung, wesentliche Teile eines 350 000 ha großen Primärwaldes am Clayoquot Sound (sprich Klakwut) auf Vancouver Island zur Abholzung freizugeben. Der Clayoquot Sound ist weltweit eines der größten noch verbliebenen zusammenhängenden Gebiete des gemäßigten Regenwaldes, auf das zudem auch noch die

3000 dort ansässigen Indianer Anspruch erheben.

Der Streit über Holzeinschlag in diesem Gebiet folgte einer Reihe von bitteren Auseinandersetzungen über die Abholzung von British Columbias Urwäldern. An den Protesten sind zunehmend auch Vertreter der *First Nations,* Kanadas Ureinwohner, beteiligt. 1984 machten Umweltschützer und Indianer Front gegen die Abholzung von Meares Island an der Westküste von Vancouver Island. Sie blockierten Zufahrtswege und hinderten Holzfäller an der Landung auf der Insel. Ein Jahr später entschied ein Gericht in British Columbia, die Besitzansprüche der Indianer müssten erst entschieden werden, bevor mit dem *logging* begonnen werden dürfe. Inzwischen haben die Indianer Erfolg gehabt. Auch die Haida-Indianer auf den Queen Charlotte Inseln verhinderten 1985 die Abholzung im South Moresby Archipel. 1987 wurde das gesamte Gebiet zum Nationalpark erklärt und damit jegliches Holzfällen verboten. 1988 formierte sich Widerstand gegen die Abholzung der Wälder im Stein Valley im Fraser Canyon. Hier wurde inzwischen der nördliche und der südliche Teil zu Schutzgebieten erklärt. Im gleichen Jahr verhinderten Proteste ein Abholzen der uralten Sitka-Fichten im Carmanah Valley auf Vancouver Island durch MacMillan Bloedel. 1990 wurde das Gebiet geteilt: die eine Hälfte wurde zum neuen Provinzpark erklärt, in der anderen durfte weiterhin gefällt werden.

Um langfristigen wirtschaftlichen Schaden abzuwenden – denn inzwischen haben sogar große europäische Zeitschriftenverlage mit dem Boykott von Zeitungspapier gedroht – und wohl auch, um ihre international im Allgemeinen recht gute Umweltreputation nicht zu verlieren, muss die kanadische Regierung und vor allem die Provinz British Columbia etwas tun. So hat sich der Anteil der Naturschutzgebiete in den letzten Jahren erheblich erhöht, und durch wesentlich strengere Bestimmungen will man eine bessere Überwachung der Forstbetriebe erreichen. Außerdem soll die Wiederaufforstung verbessert und die Zahl und Größe der Kahlschläge erheblich begrenzt werden. Vor kurzem ist es sogar zu einem historischen Pakt zwischen der Holzindustrie und den Umweltschützern gekommen (s. S. 35). Ganz auf Abholzung verzichten, wie viele Umweltschützer fordern, kann man in British Columbia wohl nicht. Bei der derzeitigen hohen Arbeitslosenzahl würde dies soziale Konflikte schaffen, die keine Provinzregierung überstehen könnte.

Auch in Alaska ging die wirtschaftliche Entwicklung vor allem in den letzten 30 Jahren rasant voran. Hier lockte das große Geld Scharen von Amerikanern aus den *lower 48,* den amerikanischen Bundesstaaten südlich des 48. Breitengrades, an. Bedingt durch die riesigen Ausmaße des Landes und die extremen klimatischen Verhältnisse ist die Infrastruktur Alaskas vielerorts immer noch recht primitiv. Außerhalb der drei größten Städte Anchorage, Fairbanks und Juneau fehlt es meistens an Wasser- und Abwasserleitungen, und elektrischer Strom muss oft durch aufwendige Selbstversorgung mit Dieselgeneratoren erzeugt werden. Besonders in den entlegenen Indianer- und Inuitdörfern, die heute längst an den ›Segnungen‹ der Zivilisation mit Fernseher und Schneemobil teilhaben, muss der Dieselkraftstoff mit großem Kostenaufwand eingeflogen werden.

Erste wichtige Wirtschaftsimpulse brachte die Erschließung des Landes durch den Alaska Highway, der im Zweiten Weltkrieg aus militär-strategischer Notwendigkeit in die Wildnis geschlagen wurde. Die großen Ölfunde in der Prudhoe Bay am Arktischen Ozean und die Vollendung des Jahrhundertprojekts Alaska-Pipeline 1977 veränderten den Staat am Polarkreis dann radikal. Über eine Entfernung von fast 1300 km transportiert die Alyeska-Pipeline bis zu 1,2 Mio. Fass Erdöl pro Tag. Von dieser Entwicklung betroffen war vor allem das Leben der etwa 20 000 Ureinwohner, zu denen außer Inuit und Aleuten auch die Indianerstämme der Haida, Athapasken und Tlingit gehören.

Bevor das Alaska-Öl gefördert werden konnte, musste der Gebietsanspruch der Ureinwohner geklärt werden. Mit dem ›Alaska Native Claims Settlement Act‹ übertrug der US-Kongress 1971 den Indianern und Inuit die Nutzungsrechte über ein Zehntel des

Ölbohrung in Süd-Alberta

Landes. Außerdem wurde ihnen eine Entschädigung von fast einer Milliarde Dollar gewährt. Die eingeborenen Alaskaner, die bis dahin überwiegend vom Fischfang und der Jagd lebten, mussten sich von da an mit den Gesetzen der kapitalistischen Marktwirtschaft vertraut machen. Deshalb schlossen sie sich in 13 regionalen Genossenschaften, den *corporations* zusammen, die heute zum Teil Wirtschaftsunternehmen beachtlicher Größe darstellen. Kapital wurde in die verschiedensten Zweige wie Tourismus, Wohnungsbau, Handel, Schiffs- und Fluggesellschaften investiert. Nach anfänglichen Schwierigkeiten haben viele der Indianer- und Inuitsiedlungen heute ein gutes Auskommen. Dennoch gibt es Probleme, denn viele der Ureinwohner haben den jähen Wechsel von einer naturorientierten Lebensweise in ein hoch technisiertes Leben nicht geschafft.

Der Bau der Pipeline und der damit einhergehende Boom brachten ökologischen Raubbau und soziale Probleme mit sich, die die gewachsenen Strukturen der einheimischen Bevölkerung zunehmend zerstörten. Dies ging nicht ohne Proteste vonstatten. So erlebte Alaska schon damals eine Umweltdiskussion mit Demonstrationen, wie man sie bis dahin nicht gekannt hatte. Nicht ohne Erfolg, denn geblieben ist ein verstärktes ökologisches Bewusstsein, Umweltgesetze wurden verbessert oder neu geschaffen und zusätzliche Naturschutzgebiete entstanden. Als eine seiner letzten Amtshandlungen unterschrieb Präsident Jimmy Carter 1980 den ›Alaska National Interest Lands Conservation Measures Act‹. Eine wirklich revolutionäre Gesetzgebung, denn sie vergrößerte den bisherigen Bestand an Naturschutzgebieten von 12 Mio. auf über 42 Mio. ha. Riesenregionen wie die

Wrangell Mountains, Glacier Bay und Gates of the Arctic wurden dem Nationalparksystem hinzugefügt, und auch andere Gebiete wie Admiralty Island, Bering Land Bridge und große Teile der Alaska Peninsula kamen unter den Schutz der Bundesregierung.

Nur zwölf Jahre nachdem das erste Öl das Ende der Pipeline in Valdez erreichte, wurde die Umweltdiskussion neu entfacht. Am 24. März 1989 lief im malerischen Prince William Sound der mit 163 000 t Rohöl beladene Supertanker »Exxon Valdez« auf Grund. Fast 40 Mio. Liter flossen aus und verschmutzten über 2000 km Küste – mit verheerenden Folgen für Alaskas reiche Tierwelt. Inzwischen sind zwar die direkten Folgen der Ölpest nicht mehr sichtbar, langfristige Schäden an Vogelwelt und Meeresfauna aber noch nicht abzusehen. Die gigantische Rettungs- und Säuberungsaktion in den Wochen und Monaten nach der Ölkatastrophe kostete den Ölkonzern Exxon über zwei Milliarden Dollar plus weitere 1 1/2 Milliarden Dollar Schadensersatz. Für viele Alaskaner in der Rezession eine willkommene Finanzspritze. Alaskas rund 630 000 Einwohner lebten zwei Jahrzehnte im Überfluss. Der Staat, der über 85 % seines Haushalts durch Einnahmen aus der Ölförderung deckt, konnte es sich leisten, weder Einkommen- noch Verkaufssteuer zu erheben. Nicht nur das, jeder Einwohner erhält alljährlich eine Gutschrift von bis zu tausend Dollar von der Staatsregierung. Der Verfall des Ölpreises seit 1986 und rückläufige Erträge der Ölfelder in der Prudhoe Bay haben den Politikern in Juneau seit ein paar Jahren kräftige Defizite beschert. Für jeden Dollar, den der Ölpreis pro Fass sinkt, fehlen 150 Mio. Dollar in der Staatskasse.

So bleibt die Verwaltung der natürlichen Ressourcen das wichtigste Thema in Alaska. Jetzt, da das Öl aus der Prudhoe Bay weniger wird und die Spuren des Exxon-Desasters verschwunden sind, wird wieder heiß diskutiert, ob im polaren Küstengebiet der Arctic National Wildlife Refuge nach neuen Ölquellen gebohrt werden darf. Umweltschützer wehren sich vehement dagegen, und ein großer Teil der Öffentlichkeit in den USA ist über die Gefährdung dieses höchst empfindlichen Ökosystems ebenfalls empört.

So wird die Politik des Staates dominiert von ständigen Konflikten zwischen Umweltschützern, Ölproduzenten, Holzfällern, Fischern und Jägern. Die Alaskaner halten sich für zäher und unabhängiger als ihre Landsleute im Süden. Sie wollen ganz im Sinne der alten Pioniermentalität ihr Glück machen, das riesige Potential ihres Staates ausnutzen und seine Bodenschätze erschließen. Dabei fühlen sie sich von der Bundesregierung in Washington, die etwa 80 % Alaskas unter ihrer Verwaltung hat, gehindert. Die meisten Amerikaner in den anderen Bundesstaaten wollen mehr Umweltschutz und sehen in Alaska die Chance, einige der letzten großen Wildnisgebiete und Ökosysteme der Welt für immer zu bewahren. Seit der »Exxon Valdez«-Katastrophe, die wie keine andere die amerikanische Öffentlichkeit aufgerüttelt hat, haben sie nicht nur moralischen Rückhalt. So soll der weitaus größte Teil der Exxon-Gelder für den Ankauf und Schutz gefährdeter Gebiete verwendet werden. Auch die ständig wachsende Bedeutung des Tourismus als Wirtschaftsfaktor in Alaska wie auch in West-Kanada wird allmählich zum gewichtigen Argument, wenn es darum geht, die Interessen der Öl- und Holzindustrie zurückzudrängen. Denn nur eine noch intakte Natur bietet Anreiz, diese Regionen zu bereisen.

Landeschronik: Pelzhändler, Abenteurer und Goldsucher

von Dieter Kreutzkamp und Kurt J. Ohlhoff

Monolog am Lagerfeuer:
»Du musst wissen, mein Sohn, es ist lange her, noch bevor der Vater deines Vaters geboren war, ja vor der Geburt des Großvaters meines Urgroßvaters. Es war, bevor der weiße Mann kam, da lebten unsere Vorfahren in einem entfernten Land, welches sie heute Sibirien nennen. Mutige Männer, tapfer beim Fischfang. Einer war der Kühnste, sein Ruhm bekannt im ganzen Land.

Eines Tages half er einem Riesen im Kampf gegen einen Rivalen. Und der getötete Gigant stürzte in das Meer, eine Brücke zwischen den Kontinenten bildend. Nun machten sich unsere Vorfahren auf, von Russland nach Alaska, vorsichtig den Leib des Riesen als Brücke benutzend.

Lange dauerte es, viele von uns hatten schon das neue Land erreicht, als der Körper des Riesen zerfiel. Und das Meer spülte die Reste fort. Hier und dort siehst du noch heute einen Knochen aus dem Meer ragen. Wie Splitter in der See verstreut. Nur die, welche die Geschichte unseres Volkes nicht kennen, nennen sie ›Aleuten-Inseln‹.«

Und sie schwiegen lange. Der Junge und der Alte. Nur das Lagerfeuer knisterte.

(Aus den Legenden der Athapasca-Indianer)

Die geschriebene Geschichte West-Kanadas und Alaskas ist kurz und reicht nur wenige Hundert Jahre zurück. Doch prähistorische Zeugnisse werfen ein kurzes Streiflicht auf die Menschen, die den Nordwesten des Kontinents vor Jahrtausenden bevölkert haben.

25 000–10 000 v. Chr. Über die Bering-Landbrücke, einer wegen niedriger Weltmeeresspiegel freiliegenden Landverbindung zwischen Asien und Amerika, wandern nomadisierende Jägervölker aus Asien in mehreren Wellen auf den amerikanischen Kontinent.

15 000 v. Chr. Der Nordwesten ist ein Land unter dem Eis. Bis zu drei Kilometern türmen sich die Eismassen an der Hudson Bay. Und doch gibt es eisfreie Zugänge, Verbindungswege für die jagenden, nomadisierenden Neuankömmlinge von jenseits der Beringsee: den eisfreien Korridor des Yukon-Beckens und das zentrale Flachland von Alaska. Mit zunehmender Erwärmung, dem Schmelzen der Eismassen und dem Steigen der Weltmeere, wandern die Menschen aus den Niederungen auf höher gelegene Landschichten. Zurück bleiben Millionen Seen, die sich heute wie ein Labyrinth über Tausende von Kilometern von den Nordwest-Territorien über den Norden Saskatchewans, Manitoba, Ontario bis nach Quebec erstrecken.

5000 v. Chr. Die indianische Bevölkerung ist dünn gestreut. Die Menschen leben als Jäger, Beerensammler, Fischer. Völkische Zugehörigkeiten haben sich noch nicht gebildet. Erst später wird sich eine klare sprachliche Trennung in zwei Hauptgruppen vollziehen – die Algonquin in Mittel- und Ost-Kanada und die Athapasca im Nordwesten.

ab 2000 v. Chr. Andere Neuankömmlinge, angepasst an das raue Klima, besiedeln das arktische Küstengebiet. Die Züge wirken mongolisch, ihre frühere Heimat war vermutlich Nordost-Asien. Sie leben in kleinen isolierten Gruppen, fertigen ausgezeichnete Steinwerkzeuge, leben hauptsächlich vom Meer, das sie in kleinen Booten befahren. Auch Karibu und Moschusochsen werden gejagt. Für sie und ihre Nachkommen wird die Geschichtsschreibung Namen wie *Okvik, Ipiutak,* aber vor allem *Dorset* finden.

1000 n. Chr. Die Dorset-Menschen werden im Nordwesten Kanadas von den aus Alaska einwandernden *Thule* verdrängt. Es sind die Vorfahren der *Eskimos,* die sich an Nordamerikas polaren Küsten entlang bis Grönland verbreiten werden. *Eskimo* ist ein Wort aus der indianischen Sprache, gleichbedeutend mit ›Rohfleischesser‹. Sie selbst bezeichnen sich als *Inuit,* was ›Mensch‹ bedeutet. Ihre Sprache ist nicht verwandt mit einer sonst in Amerika gesprochenen Sprache, mit Ausnahme jener der Aleuten.

1497 Nur fünf Jahre nach Kolumbus landet als erster Mitteleuropäer der im Dienst der englischen Krone stehende venezianische Giovanni Caboto an der Atlantikküste Kanadas.

1534–1535 Jacques Cartier erforscht den St.-Lorenz-Strom und begründet Frankreichs Anspruch auf die neuen Territorien in Amerika. In seinen Berichten erscheint zum erstenmal der Name *kanata,* der irokesische Begriff für Dorf.

1576–1578 Der Engländer Martin Frobisher unternimmt drei Reisen in die arktischen Gewässer, um die Nordwestpassage zu finden.

1579 Sir Francis Drake kommt auf seiner Weltumsegelung auch in die Küstengewässer nördlich von San Fran-cisco, vielleicht sogar bis Vancouver Island. Er erhebt im Namen Englands Anspruch auf die Region.

1592 Der Spanier Juan de Fuca segelt in die Gewässer im Süden von Vancouver Island. Er glaubt im Puget Sound die Nordwestpassage entdeckt zu haben.

1603–1608 Samuel de Champlain kartografiert den St. Lorenz-Strom und gründet die Siedlung Quebec.

1610 Henry Hudson, englischer Seefahrer, sucht einen Seeweg von Europa nach Asien durch das Nordpolarmeer. An Bord seines Schiffes »Discovery« befinden sich außer ihm und seinem Sohn noch 19 Seeleute. Als das Schiff im August einen großen See erreicht, glaubt Hudson, die begehrte Passage nach Westen gefunden zu haben. In Wirklichkeit handelt es sich um die später nach ihm benannte Bucht. Anfang September beschließt Hudson die Überwinterung im Eis. Extreme Kälte und lange Nächte führen zu Zerreißproben zwischen Kapitän und Besatzung. Endlich, Mitte Juni 1611, schmilzt das Eis. Die »Discovery« nimmt Kurs Nordwest. Doch am 22. Juni kommt es zur Meuterei. Henry Hudson, sein Sohn sowie acht weitere Männer werden in einem Beiboot ausgesetzt. Ihr Schicksal ist besiegelt. Die Meuterer nehmen Kurs auf England. Die Bay aber erhält Hudsons Namen.

1670 In London, Tausende von Meilen entfernt, wird von Prince Rupert, einem Vetter des englischen König Charles II. und 17 Kaufleuten, eine Gesellschaft gegründet, die den klingenden Namen trägt: »The Governor and Company of Adventurers Trading into Hudson's Bay«. Ihre Rechte: Ausübung des Pelzhandels im Einzugsgebiet aller Gewässer, die in die Hudson Bay münden. Dabei hat man noch überhaupt keine Vorstellung, wie groß das Gebiet ist, auf das man Anspruch erhebt: *Ru-*

pert's Land umfasst ein Territorium von insgesamt vier Mio. qkm. Man ist vor allem an Biberpelzen interessiert, denn für die neue Hutmode in Europa – seidig glänzende Zylinder – braucht man das wollige Haar des Unterpelzes der Nagetiere. Riesige Profite winken den Wagemutigen. Die königliche Charta ermächtigt die Gesellschaft zum Schutz ihrer Interessen Männer unter Waffen zu halten und gewährt weitreichende politische Rechte. Erste Niederlassungen werden gebaut: York Factory und später Churchill an der Hudson Bay. Die »Gesellschaft der Abenteurer« ist heute noch unter dem Namen »Hudson's Bay Company« bekannt.

1689 Beginn der Kämpfe zwischen Frankreich und England, da sich die Franzosen mit der Präsenz der immer mächtiger werdenden Hudson's Bay Company im Norden des Landes nicht abfinden wollen. Die Indianerstämme sind auf beiden Seiten an den teilweise mit äußerster Grausamkeit geführten Kämpfen beteiligt. Von den nächsten 74 Jahren herrscht nur drei Jahrzehnte Frieden.

1741 Vitus Bering, ein dänischer Forscher im Auftrag des russischen Zaren Peter der Große und Alexei Chirikof, Kommandant des zweiten Expeditionsschiffes, erreichen als erste Weiße Alaska. Am 15. Juli landet Chirikof an der Küste des heutigen Sitka. Am 16. Juli, dem Geburtstag des heiligen Elias, benennt Bering die vor ihm liegenden Berge nach dem russischen Heiligen. Es wird Berings letzte Reise sein. Ausgemergelt von Entbehrungen und Krankheiten, stirbt er auf einer nach ihm benannten Insel der Aleuten. Die Überlebenden der Expedition bringen eine Ladung Seeotterfelle mit nach Hause und lösen damit einen mehr als hundert Jahre dauernden Ansturm russischer

Das Innere einer Indianerhütte am Nootka Sound, 1788 (historische Darstellung)

Abenteurer und Pelzhändler auf Alaska aus. Sie machen die Gegend um Sitka zu ihrem Hauptquartier. 1805 entsteht an gleicher Stelle Neu-Archangelsk, die Hauptstadt Russisch-Amerikas bis 1867. Sie trägt den Beinamen ›Paris des Pazifiks‹.

1763 Nach dem Fall von Quebec (1759) und Montreal (1760) erkennt Frankreich im Frieden von Paris die Vorherrschaft der Engländer an und verzichtet auf seine amerikanischen Besitzungen. *Nouvelle France* wird britisch.

1775 Der Spanier Juan Perez sichtet die Küste der Olympic Peninsula. Als erster Europäer landet sein Landsmann Bruno Heceta an der Nordwestküste und beansprucht den Nordwesten für die spanische Krone.

1778 Captain James Cook ist der erste Seefahrer, der die Küste Nordwest-Amerikas systematisch untersucht und kartografiert. Im selben Jahr landet er in Nootka an der Westküste von Vancouver Island. Sein anschließender Versuch, die *Northwest Passage* zu finden, misslingt. Er erforscht das Cook Inlet, an dem heute Anchorage liegt, durchsegelt die Beringstraße, berührt den Arktischen Ozean, doch die Passage zum Atlantik, Traum vieler Nordlandforscher, bleibt ihm verschlossen.

Peter Pond, Abenteurer und Pelzhändler, erreicht als erster weißer Mann das Gebiet am Athabasca-See. Über eine 21 km lange Landstrecke (Methye Portage) findet er eine Verbindung zwischen dem sich in die Hudson Bay ergießenden Churchill River und dem in Richtung Beaufort-See fließenden Mackenzie-Wassersystem. Peter Pond erweitert den Pelzhandel damit als erster auf den Nordwesten Kanadas.

1783 Gregor Schelikof, ein russischer Pelzhändler, beschließt die Gründung der ersten ständigen Jagd- und Handelsniederlassung auf Kodiak Island, Alaska.

1787 Zwanzig selbständige Pelzhändler Ost-Kanadas bilden einen Zusammenschluss, um erfolgreicher dem westlichen Monopol der Hudson's Bay Company begegnen zu können. Der Name der Gesellschaft lautet Northwest Company. Die neu gegründete Gesellschaft drängt gewaltsam in die ergiebigen Pfründe der Hudson's Bay Company. Es kommt zu wiederholten Kämpfen zwischen den Kanupaddlern beider Gesellschaften. Der Handel wird mit zunehmender Hektik und Brutalität betrieben. Mit ›Feuerwasser‹ versuchen Händler beider Seiten, die Fallen stellenden Indianer für sich zu gewinnen.

1789 Alexander Mackenzie, gebürtiger Schotte, sucht im Auftrag der Northwest Company eine Wasserverbindung zum Pazifik. Am 3. Juni 1789 startet er in Fort Chipewyan am Athabasca-See. Im zehn Meter langen Kanu Mackenzies sitzen vier frankokanadische Paddler und ein Deutscher namens Johann Steinbruck. Er erreicht den falschen Ozean. Anstatt zum Pazifik führt ihn der mächtige Strom zum Nordpolarmeer (Beaufort-See). Mackenzie nennt den Fluss, der heute seinen Namen trägt, *river of disappointment,* ›Fluss der Enttäuschung‹.

1790 Alexander Baranof (der ›Zar von Alaska‹ genannt) wird für 27 Jahre den organisierten russischen Pelzhandel in Alaska festigen.

1792–1794 Mit der »HMS Discovery« umsegelt George Vancouver, der schon mit Kapitän Cook in der Region war, die rund 400 km lange Insel, die später seinen Namen erhält. Von Südost-Alaska bis Kalifornien kartografiert er als erster die Westküste Nordamerikas.

1793 Alexander Mackenzie unternimmt den zweiten Versuch, den Pazifik zu erreichen. Über Peace und Parsnip River, nach kräftezehrenden Fußmärschen und Überquerung der Rocky Mountains, erreicht er Bella Coola. Eine Verbindung zur Westküste wird gefunden, doch sie ist wegen zahlloser Schwierigkeiten für den Pelzhandel untauglich.

1794 Captain George Vancouver segelt in das Cook Inlet bis zum Eagle River. Er vervollständigt Cooks Karten.

1798 Auszug aus der Pelzausbeute der Northwest Company in diesem Jahre:

106 000 Biberfelle	3800 Wolfspelze
2100 Bärenfelle	32 000 Marderfelle
4600 Otterfelle	1950 Hirschdecken
17 000 Bisamfelle	700 Wapitifelle.

Zum selben Zeitpunkt arbeiten 1120 Kanupaddler und 35 Pfadfinder für die Gesellschaft (aus: »General History« der Northwest Company von Alexander Mackenzie).

1799 Gründungsjahr der Russisch-Amerikanischen Gesellschaft. Zielsetzung: Pelzhandel, Erforschung und Christianisierung. Die Namensliste der Direktoren der Gesellschaft reicht von Baranof bis zu Baron von Wrangell.

1808 Simon Fraser befährt im Auftrag der Northwest Company als erster den Fraser River bis zur Mündung. Niemand ahnt zu diesem Zeitpunkt, dass hier einmal Vancouver entstehen wird.

1812 Lord Selkirk, schottischer Adliger, erwirbt im heutigen Süd-Manitoba von der Hudson's Bay Company Land am Zusammenfluss von Red- und Assiniboine River. Die von ihm begründete Siedleraktivität führt zu schweren Auseinandersetzungen mit den Pelzhändlern der Northwest Company.

1812–1815 Amerika und England befinden sich im Krieg, der durch den Friedensvertrag von Gent beendet wird.

1816 Otto von Kotzebue, Seefahrer und Forscher in russischen Diensten, entdeckt auf der Suche nach der Nordwestpassage den Kotzebue Sound. Kotzebue ist heute eine der größten und traditionsreichsten Inuit-Siedlungen Alaskas.

1818 Die USA und England einigen sich auf den 49. Breitengrad als gemeinsame Grenze vom Gebiet des Lake of the Woods bis zu den Rocky Mountains. Jedoch bleibt die pazifische Wasserscheide Gegenstand von Verhandlungen und gelegentlich auch gewalttätigen Konflikten.

1821 Nach harten Auseinandersetzungen zwischen den beiden großen Pelzhandelsgesellschaften kommt es zur Fusion. Die Northwest Company geht in der Hudson's Bay Company auf.

1825 Die »Royal Horticultural Society« entsendet den schottischen Botaniker David Douglas zur Erforschung der Wälder des Westens. Im Puget Sound entdeckt er einen mächtigen Baum, der später nach ihm benannt wird: die Küstendouglasie.

1827 Erste Anfänge der Holzfällerei für kommerzielle Zwecke nahe Fort Vancouver. Manche Ausdrücke der Holzfällersprache blieben bis heute erhalten: z. B. *timber beast* (Spitzname für Waldarbeiter), *river pigs* (Waldarbeiter an Flüssen), *bull of the woods* (Vorarbeiter), *widow maker* (gefürchtete herunterfallende Äste oder Baumrindenstücke, die manchen Holzfäller erschlugen).

1835 Die Russen gründen eine Mission in der Nähe von Knik, gegenüber dem heutigen Anchorage.

1857 Am Fraser River in British Columbia wird Gold entdeckt. Die Kunde erreicht San Francisco und im nächsten Jahr drängen fast 30 000 Goldsucher in das bis dahin einsame Fraser Valley.

1862 Neue Goldfunde in den Cariboo Mountains in British Columbia. Im Sommer des Jahres durchwühlen 20 000

Männer den Boden des Williams Creek, der bereits Gold im Wert von zwei Millionen Dollar freigegeben hat. Billy Barker zieht das große Los: Gold im Wert von 1000 Dollar innerhalb von 48 Stunden! Der Ort Barkerville entsteht, ein typischer Goldrauschort seiner Zeit. Nuggets und Revolver sitzen locker. Preis für einen Tanz mit einem leichten Mädchen: 10 Dollar.

Der Weg zum Gold durch die steile Schlucht des Fraser River ist unsagbar mühselig und erfordert viele Todesopfer. So lässt die Provinzregierung schon bald eine Straße zu den Goldfeldern anlegen. Noch für Jahrzehnte ist die *Cariboo Waggon Road* die einzige Straße im Westen Kanadas.

1866 Der russische Botschafter in Washington, Baron von Stoeckl, erhält Anweisung, den Verkauf Alaskas vorzubereiten.

1867 William Seward, U.S. Secretary of State, führt die schwierigen Verhandlungen auf amerikanischer Seite. Auch in Amerika gab es viel Kritik an diesem Handel, denn man sah wenig Nutzen in Alaska und nannte es spöttisch Seward's Icebox. Man wird sich schließlich einig. Für 7,2 Mio. Dollar verkauft das zaristische Russland Alaska an die Vereinigten Staaten – eine Fläche von 1 518 800 qkm Land für weniger als 5 Cent pro Hektar.

Der 1. Juli 1867 ist die Geburtsstunde des heutigen Kanada. Durch den British North America Act vereinigen sich die Provinzen Ontario und Quebec mit Nova Scotia und New Brunswick zu einem Bundesstaat, dem Dominion of Canada. 1869 wird ihm das Gebiet der Hudson's Bay Company *(Rupert's Land)* angegliedert. Aus diesem Zusammenschluss entstehen Manitoba (1870) sowie Alberta und Saskatchewan (1905). 1871 erfolgt der Anschluss von British Colum-

»Dingman No. 1« – die erste Ölquelle im Turner Valley, Alberta

bia, 1873 der von Prince Edward Island. 1949 wird Newfoundland nach einer Volksabstimmung angegliedert.

Gründung der Siedlung Granville, dem heutigen Vancouver, durch John Deighton, der mit seiner Indianer-Squaw und einem Fass Whiskey im Burrard Inlet an Land ruderte und einen Saloon in der Wildnis eröffnete. Er fand regen Zuspruch von Holzfällern, Trappern und Goldsuchern, und schon vier Jahre später hatte die sich rasch entwickelnde Siedlung über 200 Einwohner.

1873 Am 23. Mai verabschiedet das kanadische Parlament das Gesetz zur Gründung einer neuen Polizeitruppe, geführt nach straffen militärischen Prinzipien: die Geburtsstunde der Northwest Mounted Police.

Alkoholexzesse, Schießereien, Konflikte zwischen Indianern und Siedlern

Camp der Blackfoot in Alberta, um 1890

machen eine sofortige Zusammenstellung der neuen Truppe erforderlich: Jeder gut beleumundete Mann zwischen 18 und 40 Jahren kann sich bewerben. Die Bezahlung ist gut: 1 Dollar pro Tag, außerdem kostenlose Übereignung eines Stücks Land nach Entlassung.

1874 Am 8. Juli macht sich von Osten ein ungewöhnlicher und farbiger Treck auf den Weg: 366 Polizisten, 114 Wagen mit Verpflegung, 73 Karren mit landwirtschaftlichen Geräten, 142 Arbeitsochsen, 93 Rinder und 310 Pferde. Noch vor Wintereinbruch wird Fort MacLeod gegründet, der erste von vielen neu errichteten Posten der *mounties.*

Die Jagd auf die wilden Bisons der Prärien, vor allem südlich der Grenze zu den USA, erreicht einen ihrer letzten Höhepunkte. Allein die I. G. Barker Company verschickt in diesem Jahr 250 000 Bisonfelle nach New Orleans. Bill Cody, bekannt geworden als Buffalo Bill, tötet in 18 Monaten 4280 Bisons. Die organisierten Metzeleien entziehen den Prärieindianern mehr und mehr die Lebensgrundlage. Hungersnöte häufen sich.

1875 Eine Abteilung der Northwest Mounted Police erreicht den Zusammenfluss von Bow und Elbow River. Innerhalb weniger Monate wird an diesem historischen Lagerplatz ein Fort gebaut. Es ist die Geburtsstunde von Calgary.

1877 Den 22. September halten manche Geschichtsschreiber für den Tag, an dem der Nordwesten ›gezähmt‹ wurde. Tausende von Indianern versammeln sich bei Blackfoot Crossing unterhalb von Fort Calgary am Bow River. Es kommt zum Friedensvertrag (Blackfoot Treaty Number Seven) zwischen Prärie-Indianern und Vertretern der Northwest Territories. Anlässlich der Unterzeichnung spricht der mächtige Blackfoot-Häuptling Crowfoot:

»Während ich spreche, seid geduldig und gütig. Ich spreche für mein Volk, das zahlreich ist und das mir vertrauensvoll folgen wird auf jenem Weg, der in Zukunft sich zum Guten wenden wird. Die Prärien sind groß und weit. Sie sind unsere Heimat, und immer ist der Büffel unsere Nahrung gewesen. Ich hoffe, ihr seht von nun an auf die Blackfeet, Bloods und Sarcees wie auf eure Kinder und ihr möget nachsichtig und wohltätig zu ihnen sein ... Ich bin zufrieden. Ich werde den Vertrag unterzeichnen.« Seine Hoffnung sollte sich nicht erfüllen.

1879 Gegen den Widerstand vieler Politiker Ost-Kanadas werden die Pläne für den Bau einer Transkanada-Eisenbahn durchgesetzt. 1879 erreicht der Schienenstrang Winnipeg/Manitoba. Die Grundstückspreise steigen über Nacht.

1880 Joe Juneau und Richard Harris entdecken Gold am ›Gold Creek‹ in der Nähe von Juneau in Südost-Alaska. Gemeinsam werden die »Treadwell« und »A-J«-Mine Gold im Wert von 146 Millionen Dollar produzieren.

Die Siedlung Juneau weitet sich aus. 1900 beschließt man, den Sitz der Regierung des Territoriums von Sitka nach hier zu verlegen. Seitdem ist Juneau die Hauptstadt von Alaska.

In Kanada sind nur noch Einzelexemplare der früher Millionen zählenden Bisons anzutreffen. Das Sammeln und der Verkauf der über die Prärien verstreuten Bisonknochen wird für die ersten Siedler zur Lebensgrundlage. Der Preis: 5 bis 6 Dollar pro Tonne abgelieferter Knochen.

1881 Eine Eisenbahngesellschaft, die später unter dem Namen »Canadian Pacific Railway« bekannt wird, erhält den Auftrag zum Bau der Eisenbahnlinie Winnipeg – Pazifik. Preis: 25 Mio. Acre Land des Westens sowie 25 Mio. Dollar in bar.

1882 Im Gebiet des heutigen Anchorage wird Gold gefunden. Tausende von Prospektoren strömen ins Matanuska und Susitna Valley.

1883 Die Canadian Pacific Railway erreicht Calgary. Ein Siedlerstrom nach Alberta setzt ein, der selbst kühnste Vorstellungen übersteigt.

1885 Die »Riel-Rebellion« wird niedergeschlagen – ein Ereignis, das zu den Meilensteinen in der jungen Geschichte Kanadas zählt. Der Aufstand der Métis, den Nachkommen aus Verbindungen von Indianern und französisch-kanadischen Pelzhändlern, unter der Führung von Louis Riel gegen die Siedlungspolitik der kanadischen Regierung und der Hudson's Bay Company, die einer Enteignung der Métis gleichkommt. Die Rebellion schlägt fehl, Riel wird gehängt. Damit ist der letzte große Widerstand gegen die Massenbesiedlung des Westens gebrochen.

Tausende von Bahnarbeitern arbeiten unermüdlich an der Erschließung West-Kanadas. Sprengungen zerreißen die Stille des Landes, Tunnels werden durch die Rockies getrieben. Endlich, am 7. November, treffen sich die Bautrupps in Craigellachie in den Monashee Mountains. Donald Smith, bekannt als Lord Strathcona, schlägt den letzten Bolzen in den Schienenstrang der Canadian Pacific Railway. Ost- und West-Kanada sind sich trotz zahlloser Hindernisse und Gegensätzlichkeiten näher gekommen.

1886 Der erste Zug (von Montreal kommend) erreicht Port Moody am 4. Juli 1886. Das Zeitalter des Birkenrindenkanus ist beendet.

1892 Medicine Hat: Bahnarbeiter stoßen beim Brunnenbohren auf Erdgas. Der Schriftsteller Rudyard Kipling bezeichnet Medicine Hat als »Die Stadt mit der Hölle als Fundament«.

1896 Drei abenteuerliche Gestalten, Tagish Charlie, Skookum Jim und George Washington Carmack, entdecken Gold am Bonanza Creek. Am Zusammenfluss von Klondike und Yukon River entsteht über Nacht Dawson City. Abenteurer und Glücksritter aus aller Welt treibt es zum Yukon. Bis 1904 wird Gold im Wert von 100 Millionen Dollar aus den Creeks am Klondike geholt.

1897 Mit dem Bau einer Lachsverarbeitungsfabrik legt der Norweger Peter Buschbaum den Grundstein für die nach ihm benannte Stadt Petersburg in Alaska. Viele der ca. 3000 Einwohner sind norwegischer Abstammung.

1898 Skagway entwickelt sich zur Zelt-Großstadt für Zehntausende von Goldsuchern auf dem Weg zum Klondike.

1900 Die White Pass- und Yukon-Eisenbahn von Skagway nach Whitehorse ist fertig.

Laut Volkszählung beträgt die Bevölkerungszahl Alaskas 29 500 Eskimos, Indianer und Aleuten; 4300 weiße Alaskaner und 26 000 *chechakos,* d. h. Neuankömmlinge.

1905 Alberta und Saskatchewan treten der Konföderation bei. Edmonton wird Hauptstadt der Provinz Alberta.

1906 Die kanadische Regierung erwirbt 700 wilde Bisons von einem Rancher in Montana. Diese Tiere, vermutlich die letzten frei lebenden ihrer Art, bilden den Grundstock für die noch heute in Alberta anzutreffenden Bisons.

1914 Kanada befindet sich im Ersten Weltkrieg.

Der Name »Anchorage« erscheint erstmals offiziell am kleinen Postgebäude der Zeltsiedlung am Cook Inlet.

1915 Anchorage wird gegründet; in einer Auktion, dem »Great Anchorage

Land Sale«, werden 655 *lots* für 148 000 Dollar verkauft. Mit einem großen Fest wird die Namensgebung gefeiert. Zuvor waren als mögliche Namen Matanuska, Alaska City, Ship Creek, Winalaska und Homestead in Betracht gezogen worden.

1931 Das Statut von Westminster beseitigt alle kolonialen Beschränkungen kanadischer Unabhängigkeit.

1935 Im »Matanuska Valley Projekt« werden Hunderte von Familien aus dem dürregeplagten Mittleren Westen der USA ins Matanuska-Tal nördlich von Anchorage umgesiedelt. Sie legen den Grundstein für ertragreichen Gemüseanbau in Alaska.

1939 Kanada befindet sich im Zweiten Weltkrieg.

1942 Japanische Truppen landen auf den Aleuten. Als Teil einer Verteidigungsstrategie für die amerikanische Westküste beschließen die amerikanische und die kanadische Regierung den Bau einer Militärstraße von Alberta über British Columbia und das Yukon Territory nach Fairbanks in Alaska. Meile für Meile wird der nördlichen Wildnis abgetrotzt. Nach acht Monaten und zwölf Tagen größter Herausforderung für Männer und Maschinen ist eine Trasse von 2446 km Länge geschaffen. 1949 wird die Straße, die später die Bezeichnung *Alaska Highway* erhält, freigegeben.

Anchorage hat bei Kriegsbeginn 7700 Einwohner – bei Kriegsende 43 400.

1945 Kanada ist Gründungsmitglied der Vereinten Nationen.

1947 Große Erdölvorkommen werden bei Leduc, 37 km von Edmonton entfernt, entdeckt. Weitere Funde folgen rasch. Die Grundlage für den Reichtum von Alberta ist gelegt.

1951 Anchorage etabliert sich mit der Eröffnung des internationalen Flugha-

Schwarzes Gold aus der Leitung

1957 hatte alles begonnen. Ölbohrungen am Swanson River auf der Kenai-Halbinsel in Alaska werden fündig. Sie wirken wie ein Signal auf die rohstoffhungrige Welt der 60er Jahre. 1968 wird ein großes Ölfeld nahe der Prudhoe Bay am Arktischen Ozean, ca. 300 km östlich von Point Barrow, entdeckt.

Die Pläne, eine 800-Meilen-Pipeline mit einer parallel verlaufenden Versorgungsstraße Richtung Süden nach Alaska zu ziehen, treffen auf den erbitterten Widerstand der Konservativen und Naturschützer. Ende 1973 beschließt der US-Kongress, den Bau einer Pipeline zu gestatten.

Das Alyeska-Konsortium beginnt 1974 mit dem Bau der Pipeline eine Route durchs Niemandsland. 350 Flüsse, darunter der mächtige Yukon River, sind zu überqueren. Und auch Berge müssen überwunden werden: als höchste Erhebung der Dietrich-Pass mit 1600 m. Innerhalb von 83 Tagen werden im Frühjahr 33 700 t Ausrüstung zum Zentraldepot am Yukon River gebracht. Die Kosten sind immens. Löhne im arktischen Klima erreichen schwindelnde Höhen. Auch die Baukosten: 25 Mio. Dollar allein für die 760 m lange Brücke über den Yukon River. Zur Spitzenzeit arbeiteten 22 000 Männer und Frauen an der Pipeline. Jeder von ihnen versteht sich als *pipeliner,* als einer im Glied einer kühnen Crew des Nordens.

Der Permafrost, das Alltagsproblem der Arktis, stellt an Mannschaften und Material ungewöhnliche Anforderungen. Da die Pipeline mit fließendem Erdöl den ganzjährig gefrorenen Boden erwärmen und dadurch versinken würde, wird sie auf gewaltigen, über der Erde gelegten Stelzen gebaut. Ein gigantisches Rohrsystem (1,22 m im Durchmesser) zieht sich über 1288 km gen Süden. 39 Tage fließt das Öl von Prudhoe Bay bis Valdez. Der Ausstoß: über 1,2 Mio. Barrel Erdöl pro Tag.

fens als Crossroads of the World. Während der 50er Jahre wächst die Bevölkerung um fast 60 Prozent.
1952   Whitehorse wird Hauptstadt des Yukon Territory.

1959   Eisenhower proklamiert am 3. Januar Alaska als 49. Staat der USA.
1962   Der Transkanada Highway, zwischen St. John's auf Newfoundland und Victoria in British Columbia, ist fertig.

1964 Der systematische Abbau gigantischer Ölsandvorkommen bei Fort McMurray am Athabasca-Fluss beginnt.

Am 24. März erschüttert das stärkste Erdbeben seit Menschengedenken Alaska. 9,2 auf der Richter-Skala werden gemessen. Es gibt 131 Tote und 500 Millionen Dollar Sachschaden. Anchorage ist fast völlig zerstört. In Rekordzeit wird der Wiederaufbau betrieben.

1971 Der amerikanische Kongress verabschiedet den ›Alaska Native Claims Settlement Act‹, indem im Wesentlichen die Rechte der Ureinwohner anerkannt werden. 900 Mio. Dollar und Landrechte für 17 600 000 ha wurden an ›Native Corporations‹ übereignet. Sie arbeiten wie ›Kooperativen‹, die den Ureinwohnern der verschiedenen Regionen Alaskas gehören.

1977 Am 1. August erreicht das erste Barrel Erdöl aus der Prudhoe Bay, der arktischen Nordküste Alaskas, den Hafen Valdez im Süden des 49. US-Bundesstaats.

1982 Heimholung der kanadischen Verfassungsurkunde von London nach Ottawa. Letzte Vollmachten des britischen Parlaments erlöschen.

1986 Internationale Weltausstellung EXPO in Vancouver

1988 Olympische Winterspiele finden in Calgary und im nahe gelegenen Kananaskis Valley statt.

Den Volksgruppen der Dene und Métis werden von der kanadischen Bundesregierung Landrechte in den Northwest Territories zugesichert. Sie erhalten außerdem eine Abfindung von 500 Mio. Dollar.

1989 Am 21. März läuft der Supertanker Exxon Valdez im Prince William Sound an der Südküste Alaskas auf ein Riff. Über 50 Mio. Liter Rohöl, fast ein Drittel der Ladung, laufen aus und verursachen eine riesige Umweltkatastrophe.

Über 1000 km Küste der Kenai Peninsula sind mit klebrigem schwarzem Ölschlick bedeckt. 1 000 000 Seevögel, 150 Weißkopf-Seeadler und Tausende von Seeottern verenden. Mit Milliardenaufwand aber wenig Erfolg versucht man die Katastrophe einzudämmen und die größten Schäden zu beseitigen. Schlimmste Befürchtungen, dass ganze Küstenstriche auf Jahre verschmutzt sein würden, scheinen sich aber nur zum Teil zu bestätigen. Im Frühjahr 1990 stellt man fest, dass Bakterien und schwere Winterstürme mehr bewirkt haben als menschliche Anstrengungen.

Im Herbst 1991 verpflichtet sich die Exxon Corporation an die US-Bundesbehörden und den Bundesstaat Alaska eine Milliarde Dollar Schadenersatz zu zahlen. Der Ölgesellschaft drohen darüber hinaus Zivilklagen von Eskimos, Indianern, Fischern und Geschäftsleuten in einer Gesamthöhe von fast 60 Mrd. Dollar. Im August 1994 wird der Konzern zur Zahlung von rund 20 Mrd. Dollar verurteilt. Weitere Verfahren stehen noch aus.

1992 Ottawa verspricht den Inuit formale Besitztitel über 350 000 qkm Land im östlichen Teil der Northwest Territories und eine Summe von 580 Mio. Dollar. Das Gebiet soll 1999 unter dem Namen Nunavut als eigenes Territorium die Selbstverwaltung erhalten. Der Name des westlichen Teils, der den Inuvíaluit, Gwichín, Dene und Métis überlassen werden soll, steht noch nicht fest.

1993 Bei den kanadischen Bundeswahlen gewinnen die Separatisten in der Provinz Quebec zwei Drittel aller Mandate. Da die populistische Protestbewegung im Westen Kanadas als entschiedener Gegner eines garantierten Sonderstatus für Quebec ähnlich gut abschneidet, vertieft sich die Kluft zwischen Anglo- und Frankokanada.

1994 Am 1. Januar des Jahres tritt nach langen und kontroversen Verhandlungen der ›North American Free Trade Act‹ (NAFTA) in Kraft. Die USA, Kanada und Mexico bilden jetzt eine Handelsgemeinschaft, die der Europäischen Union gleichkommt.

1995 Provinzwahlen und ein Referendum entscheiden über die Unabhängigkeit der Provinz Quebec. Mit einer hauchdünnen Mehrheit von weniger als einem Prozent entscheiden sich die Quebecer für ein Verbleiben in der Föderation.

1998 In den Northwest Territories wird 300 Kilometer nördlich von Yellowknife die erste Diamantenmine Nordamerikas eröffnet. Schätze von 3,5 Millionen Karat, 6 % der Weltdiamantenproduktion, wollen die Betreiber in den nächsten 20 Jahren heben. Der Gesamtwert der Lagerstätte wird auf 15 Milliarden Dollar geschätzt.

1999 Am 1. April wird Kanadas politische Landschaft neu gestaltet und die seit Jahren geplante und vorbereitete Aufteilung der Northwest Territories in einen östlichen, »Nunavut«, und einen westlichen Teil, der die Bezeichnung Northwest Territories beibehält, vollzogen. Nunavut, das in der Sprache der Inuit »unser Land« heißt, ist mit einer Fläche von fast 2 Mio. qkm (ein Fünftel der Landfläche Kanadas) als drittes (und größtes) Territorium neben den NWT und Yukon jetzt eigenständiger Teil der kanadischen Föderation. Die 25 000 Inuit, die 85 % der Bevölkerung von Nunavut stellen, haben damit ihre politische Eigenständigkeit erreicht. 350 000 qkm von Nunavut werden Eigentum der Inuit, die angestammten Jagd- und Fischereirechte gelten für das gesamte Territorium, für 36 000 qkm werden Schürfrechte eingeräumt, und als Entschädigung für den Verzicht auf weitere Landforderungen werden von der Bundesregierung in den nächsten 14 Jahren 1,14 Milliarden Dollar gezahlt.

2000 Im Mai nimmt der historische Nisga'a-Vertrag mit der Zustimmung des kanadischen Oberhauses die letzte Hürde. Nach jahrzehntelangen Verhandlungen erhalten die 5000 Nisga'a-Indianer, die bislang in einem rund 70 qkm großen Reservat im Tal des unteren Nasse River im Nordwesten von British Columbia gelebt haben, jetzt fast 2000 qkm Land mitsamt den Nutzungsrechten an Wäldern, Wasserläufen und Bodenschätzen. Als Strukturhilfe erhalten sie außerdem insgesamt 220 Millionen Dollar. Eine Übertragung umfassender Selbstverwaltungsrechte wird ebenfalls zugesichert. Der Vertrag hat Modellcharakter für die zahlreichen noch anhängigen Verfahren über Landansprüche der kanadischen Urbevölkerung.

2001 In British Columbia haben Regierung, Forstwirtschaft, Umweltorganisationen und Ureinwohner nach zweijährigen Bemühungen eine Übereinkunft über Schutz und Nutzung des Küstenregenwaldes erzielt. Für 68 Täler soll ein vorübergehender Einschlag-Stopp wirksam werden, und 20 weitere noch unberührte Täler im Great Bear-Regenwald sollen vollständig geschützt werden. Damit entsteht eine der weltweit größten Regenwald-Schutzzonen.

2003 Kanada verweigert sich der US-geführten Koalition gegen den Irak. Premier Jean Chretien wird dafür von Washington heftig kritisiert. In Westkanada gibt es ungewöhnlich viele Lawinen, die mehrfach den Transkanada-Highway blockieren und zahlreiche Todesopfer fordern.

Ureinwohner heute –
zwischen Tradition und Assimilation

Noch vor wenigen Jahrzehnten waren die einstigen Herren des Landes scheinbar zum Aussterben verurteilt: Die schlechte medizinische Versorgung in den Reservaten sorgte damals für eine hohe Sterblichkeitsquote, viele der jüngeren Stammesmitglieder wanderten in die Städte ab, vermischten sich mit der Gesamtbevölkerung und gaben ihre indianische Identität auf.

Doch inzwischen hat sich das Blatt gewendet: Heute leben etwa 600 000 Angehörige der ›First Nations‹ in Kanada – eine Verdopplung innerhalb der letzten 25 Jahre! Dieser immense Zuwachs ist jedoch nicht allein auf die besseren Lebensbedingungen und die hohe Geburtenrate zurückzuführen, sondern neuerdings bekennen sich bei den Volkszählungen auch mehr und mehr Indianer

wieder zu ihrer Herkunft. Und der wiedererwachte Stolz auf ihre Abstammung lässt sie auch auf der politischen Bühne aktiv werden.

Während die Ureinwohner im dichter besiedelten Osten Kanadas nur etwa ein Prozent der Bevölkerung ausmachen, stellen sie in British Columbia und Alberta mit jeweils rund 80 000 Menschen etwa 3 % und in den Prärieprovinzen Manitoba und Saskatchewan mit je 60 000 Menschen rund 6 % der jeweiligen Provinzbevölkerung. In den Northwest Territories und Nunavut machen Indianer und Inuit (Eskimos) fast 70 % der Gesamtbevölkerung aus, im Yukon Territory und in Alaska sind es jeweils etwa 20 %.

Die Vorfahren der heutigen Stämme kamen einst während der Eiszeiten über

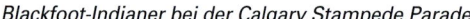

Blackfoot-Indianer bei der Calgary Stampede Parade

die Beringstraße aus Sibirien nach Alaska. Dort allerdings stockte die Völkerwanderung, denn die gewaltigen Gletscher in den nördlichen Rocky Mountains blockierten den Weg. Nur in den wärmeren Phasen zwischen den Eiszeiten und schließlich nach dem Ende der letzten Eiszeit vor rund 12 000 Jahren konnten die Ur-Indianer weiter nach Süden vordringen und den Kontinent besiedeln. Die Inuit- und Aleutenstämme rückten erst später, zum Teil sogar erst vor etwa 1000 Jahren aus Sibirien nach.

Über die Jahrtausende bildeten sich im Westen des heutigen Kanada und in den Nordregionen mehrere Kulturkreise mit zahlreichen Stämmen heraus. Jede Volksgruppe passte sich im Lauf der Zeit an ihr Siedlungsgebiet an, blieb aber durch ihre Mythologie und geistiges Kulturgut der Sprachfamilie verbunden, aus der sie ursprünglich stammte. So entstanden viele einzelne Stämme mit eigenen Traditionen, die sich bis zur Ankunft der Weißen das riesige Land teilten.

Im 16. Jh., als die ersten spanischen Seefahrer die Küste West-Kanadas erforschten, stellten sich die Kulturkreise etwa wie folgt dar: Entlang der Küsten Alaskas und entlang der gesamten Polarmeerküste Kanadas lebten Inuit, die sich auf Fischfang und auf die Jagd von Meeressäugetieren wie Robben und Wale spezialisiert hatten. In Süd-Alaska und an der gesamten Pazifikküste des heutigen British Columbia florierte die Kultur der Nordwestküste, die reichste und vielfältigste Kulturtradition der gesamten Region. Hier – und nur hier – wurden Totempfähle geschnitzt und mächtige, festansässige Stämme wie die Tlingit, die Nootka oder die Kwakiutl veranstalteten prächtige *Potlatch*-Feste und ausgefeilte Zeremonien.

Weiter im Landesinneren lag das Gebiet der athapaskisch-sprachigen Dene-Indianer der Northern Athapaskan-Kultur: In halbnomadischen Familiengruppen lebten die kleinen Stämme (Tutchone, Kutchin oder Slave zum Beispiel) als Jäger und Sammler vom Fischfang sowie der Karibu- und Elchjagd. Ihnen ähnlich waren die salishsprachigen Stämme der Plateau-Kultur im südlichen British Columbia, etwa die Shuswap oder Kootenay. Die Region jenseits der Rocky Mountains, also die heutigen Prärieprovinzen, teilten sich zwei Kulturgruppen: Im Norden und Osten lebten die Cree und Ojibwa der Northern Algonkian-Kultur, die Indianer der Prärien im Süden Albertas gehörten zur Plains-Kultur, die sich vorwiegend auf die Bisonjagd stützte. Diese Stämme, die Blackfoot und Assiniboine, waren es, die zusammen mit den Sioux und anderen Stämmen in den USA jene kriegerische Reiterkultur entwickelten, die in Hollywood-Western oft portraitiert wird. Allerdings geschah dies erst ab dem 17. Jh., da die Pferde erst von den Spaniern nach Nordamerika gebracht wurden.

Mit der Ankunft der ›Weißen‹ begann für die Ureinwohner eine lange Leidenszeit. Vor allem die eingeschleppten Krankheiten dezimierten die Bevölkerung, ganze Dörfer starben in kürzester Zeit aus. Fairerweise muss man jedoch anerkennen, dass es den Stämmen Kanadas und Alaskas lange nicht so schlecht erging wie den Indianern in den USA. Weit weniger weiße Siedler kamen, um ihnen das Land streitig zu machen, die Trapper und Händler der Hudson's Bay Company wussten sehr wohl, dass sie auf die Hilfe der Indianer zum Überleben angewiesen waren und sogar die Britische Krone bemühte sich um einen gerechten Umgang.

Inuit in Baker Lake, Nunavut

Die Stämme der Prärieprovinzen schlossen mit der kanadischen Regierung zwischen 1871 und 1906 zehn Verträge ab, in denen sie ihr Land abtraten. Dafür erhielten sie Reservate, Schulen und eine – bescheidene – finanzielle Unterstützung. Doch dabei wurden manche kleine Stammesgruppen schlicht vergessen, die sich bis heute um offizielle Anerkennung durch die kanadische Regierung bemühen. Auch die Rechte an Bodenschätzen in den Reservaten sind noch ungeklärt, und die Präriestämme erhoffen sich neue Einkünfte,

wenn die Verhandlungen mit der Regierung erfolgreich verlaufen.

Mit Ausnahme einiger Stämme im Süden hat in British Columbia kein Stamm vertraglich Land an eine weiße Regierung abgetreten. Kanada und die USA hatten die riesige Nordregion als rohstoffloses, ödes und wertloses Territorium annektiert, unter sich aufgeteilt und dann vergessen. Der Kontakt mit der Welt der Weißen, mit Händlern, Siedlern und Missionaren brachte über die Jahre verheerende Auswirkungen für die Indianer und Inuit mit sich. Sie verloren ihre kulturelle Identität, versuchten ohne viel Erfolg in der Arbeitsökonomie der ›modernen‹ Staaten zu überleben. Viele flüchteten sich in den Alkohol oder begingen gar Selbstmord. Endlich, nach massiven Hungerkatastrophen in den 1940er Jahren, besann sich die kanadische Regierung. In den 50er und 60er Jahren führte man eine Gesundheitsfürsorge ein, wurden Häuser und Schulen gebaut und sogar Programme begonnen, die die politische Selbstverantwortung der Ureinwohner zum Ziel hatten. Auch die Regierung in Washington begann, sich um die Minderheiten im Norden Alaskas zu kümmern.

Tatsächlich verbesserten sich die Lebensbedingungen seither deutlich. Die Statistiken zeigen jedoch, dass die Inuit und Dene im Hinblick auf ihren Lebensstandard noch nicht völlig aufgeholt haben: So liegt ihre Lebenserwartung noch immer zehn Jahre unter der der weißen Bevölkerung Kanadas, Kindersterblichkeit und Selbstmordrate sind doppelt so hoch, die Arbeitslosenrate weist zweifach höhere Zahlen auf als die der Weißen, und nur 4 % aller Inuit haben einen High-School-Abschluss.

Bereits in den 60er Jahren wurde den Menschen allmählich bewusst, dass die verstärkte Unterstützung der Weißen auch ihren Preis hatte: Sie liefen Gefahr, ihre Eigenständigkeit und kulturelle Identität zu verlieren und sich der weißen Gesellschaft zu assimilieren. Sie lebten in Häusern wie die Weißen, besaßen Fernsehen und Radio, aßen Fertiggerichte aus dem Supermarkt und flogen zum Einkaufen nach Edmonton oder Winnipeg.

Die Ölfunde in Nord-Alaska im Verlauf der 60er Jahre weckten das Interesse der Großindustrien an dieser Region. Auch im nördlichen Kanada fand man Bodenschätze – und plötzlich verwandelte sich der bis dahin ›wertlose‹ Norden in ein begehrtes Territorium. Nun kam Bewegung in die Frage der Landrechte, denn die Indianer und Inuit forderten eigenes Land und vor allem politische Selbstverwaltung und -verantwortung. Nach langen Verhandlungen erkannte die US-Regierung 1971 die Landrechte der Urbevölkerung an. Die alaskanischen Stämme erhielten als Kompensation fast eine Milliarde Dollar und 16 Mio. ha Land für das Abtreten ihrer Stammesgebiete. Das Geld wurde zweckgebunden verwendet, um regionale Treuhandgesellschaften zu gründen, an denen alle Inuit und Indianer des jeweiligen Gebietes Anteile erhielten. Diese noch heute existierenden *corporations* besitzen Industriefirmen, Hotels, Konservenfabriken und andere Unternehmen, sie beschäftigen vielfach auch Angehörige der Stämme und werden von solchen geleitet. Ein Experiment, das trotz mancher Rückschläge bis heute funktioniert.

In Kanada verlief die Entwicklung anders. Trotz ihrer Bevölkerungsmehrheit in den Northwest Territories waren Dene und Inuit lange Zeit politisch nicht repräsentiert, doch nun, angesichts der direkten Bedrohung ihrer Landrechte wachten sie auf: 1979 wählten sie erstmals eine Mehrheit ihrer Abgeordneten in den N.W.T. Council und nehmen seither direkten Einfluss auf die politische Verwaltung des Territoriums. Im selben Jahr ging der erste Dene-Indianer als Abgeordneter ins Bundesparlament nach Ottawa, und – der wichtigste Schritt – die Regierung erkannte die angestammten Landrechte der Urbevölkerung offiziell an.

Dass die kanadische Regierung von diesem Zeitpunkt an auf den jährlichen Ministerkonferenzen ein Forum für die

Harry Pollard, Indianerfotograf

Harry Pollard war überzeugt: »Bilder sind nicht vergesslich.« Er arbeitete sein Leben daran, diesen Satz unter Beweis zu stellen. Ihm und seiner Kamera verdankt deshalb die Nachwelt eine der eindrucksvollsten Sammlungen von Indianerporträts: rund 200 Fotos von Indianern der Blackfoot-, Blood-, Cree-, Sarcee- und Stoney-Stämme. Nicht zu Unrecht wird er deshalb häufig mit seinem viel berühmteren Kollegen Edward Curtis verglichen.

Pollard kam 1899 nach Calgary. Bei seinem Vater lernte er das fotografische Handwerk. Das war in den Tagen der Daguerreotypie. Zuerst machte er Bilder von Calgary, dann von Alberta und schließlich, nach und nach, auch von Indianercamps, eine für die damalige Zeit ungewöhnliche Sache. Da lief plötzlich ein Weißer mit einer monströsen Maschine herum und richtete sie auch noch auf Menschen. Kein Wunder, dass die Skepsis anfangs groß war. Viele Indianer sahen in der Bilder produzierenden *white man's mystery box* den Nachfolger des *big black gun* oder des *iron horse,* der Eisenbahn.

Um das Vertrauen der Indianer zu gewinnen, tauschte er Mehl, Stoffe, Tabak und Perlen gegen die Erlaubnis, Fotos machen zu dürfen. Mit der Zeit gewann er die Freundschaft der Indianer. Er wurde eingeladen, auch zu den Zeremonientänzen und Medizinmännern, ja, er wurde sogar Ehrenhäuptling der Blackfoot.

Der Blackfoot-Indianer Old Brass, fotografiert etwa 1900

Die treibende Motivation war sein ausgeprägtes Geschichtsbewusstsein: »Die Geschichte des kanadischen Westens stirbt. Die Oldtimer sterben und bald wird die Geschichte nur noch Fiktion sein. Eines Tages werden die Schüler von Alberta etwas über ihr Land wissen wollen. Und was erzählen wir ihnen dann?«

Pollards Porträtkunst fängt oft den stoischen Ausdruck in den Gesichtern vieler Indianer ein – zweifellos Zeichen ihrer Verzweiflung und Frustration in dieser Zeit. Dennoch zeigen seine faszinierenden Fotos aber auch zum letzten Mal einen Abglanz der ursprünglichen Würde und Kultur der Prärie-Indianer.

Landrechtsdiskussion der Ureinwohner
einrichtete, zeigt das Bemühen, den ›ersten Kanadiern‹ gegenüber endlich eine
faire Haltung einzunehmen. 1985 führte
das zuständige Ministerium, das Department of Indian and Northern Affairs,
unter allen Stämmen Kanadas eine Umfrage durch, mit der Aufforderung, Beschwerden und Anregungen mitzuteilen.
Fünf Landrechtsexperten, darunter auch
ein Indianer, sprachen mit 50 Inuit-Indianer- und Méti-Organisationen über
deren Vorstellungen hinsichtlich der Zukunft ihrer Völker. Häuptling Gary Potts
vom Teme-Augama-Anishnabai-Stamm
bemerkte: »Dies ist das erste Mal seit
1763, dass die Regierung den Versuch
unternimmt, die Stimmen der Ureinwohner Kanadas zu der Frage zu hören,
wie Verträge abgeschlossen werden sollen«. Von da an begannen auch die
Stämme in British Columbia auf individueller Basis mit Ottawa und der Provinzregierung in Victoria zu verhandeln.

Das ›Inuit Tapirisat‹ und die Dene der
Nordwestterritorien gingen Schritt für
Schritt über die bloßen Land- und Dollaransprüche hinaus. Sie riefen unter ihren
Angehörigen die Vision wach, eigene
selbstverwaltete Gebiete zu erhalten, die
im Laufe der Zeit zu eigenständigen Provinzen Kanadas werden könnten. Über
die Jahre kristallisierte sich ein Konzept
für die Landaufteilung im Norden heraus:
Die Inuit wollten ein eigenes Territorium
im hohen Norden, das sie Nunavut,
›unser Land‹ tauften. Das von den Dene-
Indianern in der Region um den Großen
Sklavensee und entlang des Mackenzie-
Tales geforderte eigene Territorium sollte
den Namen Denendeh tragen.

Lange konnten sich Inuit und Dene
nicht über die Grenze zwischen den
Regionen einigen, da beide Seiten Tuktoyaktuk und die Ölfördergebiete in der
Beaufort Sea beanspruchten. Die Inuit

Inuit-Frau in traditionellem Parka

erzielten dann schließlich den entscheidenden Durchbruch. Am 9. Juli 1993 unterzeichneten die Bundesregierung, die
Northwest Territories und Vetreter der
Inuit in Iqaluit, der zukünftigen Hauptstadt von Nunavut auf Baffin Island das
Nunavut Land Claims Agreement, den
umfassendsten Vertrag über Landrechte
indigener Völker in der Geschichte Kanadas. In der Nacht zum 1. April 1999
begrüßte dann die Bevölkerung Nunavuts mit einem Feuerwerk ihre Selbständigkeit (vgl. S. 35). Mit fast 2 Mio. qkm
der östlichen Arktis ist das neue Territorium die flächenmäßig größte politische
Einheit Kanadas – aber mit der zahlenmäßig kleinsten Bevölkerung, rund
25 000, von denen etwa 83 % Inuit sind.
Amtssprachen sind Inuktitut (72 %),
Englisch (24 %), Französisch und Inuinnagtun.

Für die Dene, die in dem verbliebenen
westlichen Teil der Northwest Territories
nur eine Minderheit von etwa 30 % bilden (10 % sind Inuit, 9 % Métis, der Rest
überwiegend Weiße), erfüllte sich der
Traum vom eigenen Territorium »Denendeh« nicht, der alte Name »Northwest
Territories« wurde beibehalten. Aber die
Verhandlungen über die Landrechte der
Dene gehen weiter.

Kunst und Kunsthandwerk der Indianer und Inuit

von Katrina Hartje

»Reisende, die die Nordwestküste von Amerika besuchten, sahen oft Plastiken und Malereien, deren Proportionen ziemlich gut gelungen waren und deren Durchführung einen Geschmack und eine Vollkommenheit zeigte, wie man sie von solchen Barbaren nicht erwarten würde.«

Marchand, aus einem Schiffstagebuch von 1791

Kanadas Westküste

Die Kunst der Nordwestküste Nordamerikas überrascht den unbefangenen Beobachter mit ihrer Eleganz und Ausgeglichenheit. Die Indianerstämme, die zwischen Nord-Kalifornien und Süd-Alaska lebten – Kwakiutl, Tlingit, Haida, Tsimshian, Bella Coola, Nootka und Salish –, haben der einmaligen Umwelt dieser Region die Hochentwicklung ihrer Kunst zu verdanken.

Die Nordwestküste ist eine von der Natur begünstigte Region: Mildes Klima, Fische, Wild und Holz im Übermaß sowie üppiger Pflanzenwuchs sicherten den Indianern die Existenzgrundlage. Befreit vom täglichen Überlebenskampf, dem andere Indianer in Nordamerika ausgesetzt waren, hatten die Bewohner der Nordwestküste Zeit, sich aufwendigen Zeremonien zu widmen und dafür geschnitzte und bemalte Objekte zu schaffen. Manche Stammesmitglieder konnten sich auf die Dekoration von Gebrauchsgegenständen und zeremoniellen Objekten als Berufskünstler konzentrieren – eine seltene Ausnahme bei Jäger- und Sammlergesellschaften.

British Columbia, als Zentrum der Nordwestküsten-Indianer, bietet mit seinem UBC Museum of Anthropology in Vancouver und dem Royal British Columbia Museum in Victoria auch einen ausgezeichneten Einblick in die Kultur der verschiedenen Stämme. Hier sind hauptsächlich Objekte zu sehen, die nach der ersten Kontaktaufnahme der Europäer entstanden sind: Juan Perez traf die Haida 1774 auf den Queen Charlotte Islands. Da Holz aufgrund des Waldreichtums als Material am häufigsten verwendet wurde, waren die meisten früheren Objekte schon verfallen. Die Bedeutung und Funktion vieler dieser alten Kunstwerke kann heute nur vermutet werden, weil die ersten europäischen Sammler sie nicht als Kunst betrachteten, sondern als Kuriositäten.

Mittlerweile hat die Forschung ergeben, dass die Kunst der Nordwestküste sowohl soziale als auch zeremonielle Funktionen hatte: Hauptziel war es, Prestige und Status verschiedener Familien- und Stammesmitglieder zu etablieren und aufrechtzuerhalten. Viele monumentale Objekte wie Totempfähle und Häuserdekorationen wurden hergestellt, um Beobachter mit der Herkunft, dem Reichtum und der gesellschaftlichen Position des Besitzers zu beeindrucken. Kleinere Gegenstände wie Kostüme, Holzbehälter, Utensilien und Waffen wurden zum gleichen Zweck dekoriert.

Die Kunst der Nordwestküste verwendet hochstilisierte Symbole für Tiere, Menschen und mythologische Figuren, die als Familienwappen dienten. Zu den wichtigsten Figuren gehören der Rabe, der Bär, der Wolf, der Adler und der Frosch. Jede Familiengruppe glaubte, dass sie von einer Figur mythischen Ursprungs abstammt; diese Wappen wurden vererbt oder getauscht. Die Figuren wurden mit Hilfe dramatischer Tanzzeremonien dargestellt, sie vereinten die mythische mit der Alltagswelt und garantierten die Kontinuität der Familiengruppe.

Obwohl jeder Stamm seine eigene Stilrichtung entwickelte, gelten allgemeine Kriterien für die Kunst der gesamten Region. Diese Kunst ist durch zweidimensionale Darstellung von Symbolen, die meist Familienwappen verwandt sind, charakterisiert. Als ihre Grundlage wird die Formlinie genannt. Sie ist eine durchgezogene, meist schwarze Linie, die die wichtigsten Züge und Formen der symbolischen Figuren umreißt. Sekundäre Merkmale werden in Rot angezeigt, und unwesentliche Formen werden blau oder grün bemalt oder offen gelassen.

Die Formlinie ziert verschiedene Kunstobjekte wie Holzschnitzereien, gewebte Decken, Flechtwaren oder Bemalungen. Strikte Regeln der Komposition und Raumverteilung bestimmen diese hoch entwickelte Kunst. Oft wurde die Wirklichkeit verzerrt, um eine dramatische visuelle Wirkung zu erzielen. Bei den bekannten Totempfählen mussten wegen der Proportionen des Pfahls die Figuren übereinander gestellt werden. Deshalb wechselte man große und kleine übereinandergehende Figuren. Um die ganze Breite des Baumstammes zu nutzen, wurden die Köpfe der Figuren überbetont. Als ein ganz besonderes Beispiel dieser Formlinienmuster sind die *Chilkat*-Decken des 19. Jh. anzusehen. Die aus Zedernrinde und Wolle gewebten Decken kombinierten einen tie-

Holzmaske im Museum of Anthropology, Vancouver

›Potlatch‹ und Totempfähle

Das *potlatch* war unter den Stämmen der Nordwestküste eine der wichtigsten Zeremonien: ein Festritual, welches das gesellschaftliche Leben unter wirtschaftlichen und kulturellen Aspekten regelte. *Potlatch* bedeutet »verschenken« auf Chinook, der einstigen *lingua franca* unter den Indianern der Nordwestküste. Und tatsächlich galt es als Zeichen des Reichtums und der Macht, wenn Besitztümer vom Gastgeber während dieser oft mehrtägigen Zeremonie verschenkt oder gar zerstört wurden.

Ein *potlatch* konnte von einem Familienclan einberufen werden, um Initiationsriten zu feiern oder um gesellschaftlichen Verpflichtungen nachzukommen. Meistens feierte ein Häuptling die Übernahme eines neuen Familienwappens und die damit assoziierten Privilegien mit einem *potlatch*. Zu solchen Anlässen wurden dann auch Totempfähle errichtet und Häuser innen und außen vollständig mit Wappenzeichnungen und -schnitzereien dekoriert, um den Reichtum der Familie

Totempfahl im Stanley Park in Vancouver

öffentlich zu demonstrieren. Die eingeladenen Gäste gaben durch ihre Teilnahme an der Zeremonie den neuen Ansprüchen des Gastgebers ihre Zu-

fen schwarz-gelben Rand mit komplizierten traditionellen Mustern und langen Fransen und waren wichtige Statussymbole der Häuptlinge.

Holzmasken waren ebenfalls wichtige zeremonielle Objekte, die für verschiedene Zwecke geschnitzt wurden. Sie dienten dazu, Häuptlinge und Urahnen mit hohem Status zu ehren, Mythen durch Tänze darzustellen oder den Scha-

manen bei ihren Heilungsriten zu helfen. Der Maskenträger übernahm dabei den Geist und die Macht der verschiedenen tierischen und halbmenschlichen Wesen.

Die Indianer der Nordwestküste waren seit jeher als geschickte Händler bekannt, sodass die Produktion von Kunstobjekten zum Tausch oder zum Verkauf kein neues Phänomen an der Nordwestküste ist. Schon vor dem ersten Kontakt

stimmung, und dafür bekamen sie Geschenke wie Schmuck, gewebte Decken, getrockneten Lachs oder Fischöl. Durch die Gaben wurde der Rang der Gastgeberfamilie noch weiter aufgewertet.

Den Totempfählen wurde dabei besondere Aufmerksamkeit gewidmet. Die auf ihnen dargestellten mythologischen Figuren stellten die Ahnengeschichte des jeweiligen Clans dar, mit dem familieneigenen Totemtier an der Spitze des Pfahls. Für den heutigen Betrachter ist die Symbolik mit ihren dahinter stehenden Sagen schwer zu enträtseln. Einzelne Figuren wie Rabe, Adler, Schwertwal und Bär sind dagegen an ihren charakteristischen Merkmalen deutlich zu erkennen.

1927 verbot die kanadische Regierung auf Betreiben der Missionare hin alle *potlatch*-Zeremonien. Mit Polizeigewalt wurden die als Familienschätze geehrten Zeremonienmasken konfisziert und viele Totempfähle ›gefällt‹. Die Teilnahme an diesen Festen wurde bei Androhung von Gefängnisstrafen untersagt. Als Grund gab die Regierung an, die Festlichkeiten wären zu verschwenderisch und würden häufig in gesetzwidrigem Verhalten enden. Tatsächlich haben *potlatch*-Zeremonien Familien in den Ruin getrieben, denn als geehrter Gast bei einem *potlatch* musste man

nach einer gewissen Zeit ein Dankfest geben. Und das sollte womöglich noch größer und schöner sein als das erste. Der zum Dank Eingeladene musste dann natürlich seinerseits wieder zum nächsten Dankfest laden und erneut Geschenke verteilen. Ein Kreislauf, der sich manchmal zu tagelangen Fress- und Tanzgelagen aufschaukelte. Manchmal arbeitete ein ganzer Stamm ein Jahr lang nur auf solch ein Fest hin.

Eifrige Missionare wetterten schon im 19. Jh. gegen die ›heidnischen Ausschreitungen‹ und verboten ihren Schäflein die Teilnahme, sodass schon damals der Niedergang der Nordwestküsten-Kultur seinen Anfang nahm. In ihrer Bevormundung übersah die Regierung allerdings die wichtige Rolle des *potlatch* für die Gesellschaftsordnung der Indianer an der Nordwestküste. Dieses Kulturverbot bedeutete auch gleichzeitig das Ende der kunsthandwerklichen Traditionen, da es nun keinen Sinn mehr gab, zeremonielle Gegenstände wie Masken und Totempfähle herzustellen.

Das Gesetz wurde zwar später nicht mehr angewandt, doch erst 1980 gab die kanadische Regierung die 1927 konfiszierten Masken zurück. Sie werden heute in den Kulturzentren der Indianer auf Quadra Island und in Alert Bay auf Vancouver Island aufbewahrt.

zu weißen Händlern und Felljägern existierte ein aktives Tauschgeschäft zwischen verschiedenen Stämmen. Spezialisierten Künstlern des Stammes wurden Kunstobjekte in Auftrag gegeben.

Die früheren Objekte, die im späten 18. Jh. an Reisende aus Europa verkauft wurden, hatten vielleicht noch eine stammesgebundene Funktion. Aber bald entwickelten sich Kunstgegen-

stände, die ausschließlich zum Verkauf produziert wurden, z. B. die hochpolierten, schwarzen Schieferschnitzereien des Haida-Stammes.

Erstaunlicherweise hat die Qualität der Handarbeit nicht darunter gelitten, dass manche Objekte zum Verkauf und nicht für Stammeszwecke gedacht waren. Die hohen Ansprüche des individuellen Künstlers galten für ›Touristen-

Haida-Tänzer vor dem Museum of Anthropology in Vancouver

kunst‹ ebenso wie für zeremonielle Kunst. Das Tauschgeschäft mit weißen Felljägern hat den Indianern der Nordwestküste neuen Reichtum gebracht; eine Zunahme der Zahl von *potlatches* und die Errichtung von Totempfählen im frühen 19. Jh. waren Zeichen dieses Wohlstands. Einige Autoren vermuten, dass die Nachfrage der weißen Händler die Herstellung von Kunst in dieser Region ausgeweitet und gefördert hat. Um 1850 übernahmen die Goldsucher, die Missionare und die europäischen Siedler die Kontrolle über die Region, und der traditionelle Lebensstil und die Kultur der Nordwestküsten-Indianer wurden existenziell gefährdet. Gleichzeitig mit der Ankunft dieser Fremden wurde die einheimische Bevölkerung durch Epidemien und Krankheit stark geschwächt.

Der Niedergang dauerte über 100 Jahre – bis zur Wiederbelebung der traditionellen Kunst der Nordwestküste nach dem Zweiten Weltkrieg. Die Stammesaktivitäten erleben seitdem eine Wiedergeburt, und verstärkt wird gesungen, getanzt, werden Feste und *potlatches* veranstaltet.

Verantwortlich für diese Renaissance war unter anderem der Süd-Kwakiutl-Indianer Mungo Martin (1881–1962). Martin erhielt von älteren Stammesmitgliedern eine Ausbildung in Holzschnitzerei und führte diese Tradition durch den Unterricht seiner Söhne und Neffen fort. Er besaß auch ein riesiges Repertoire von Liedern und Tänzen, das er an die nächste Generation weitergereicht hat. Seine wichtigste Aufgabe als Künstler war die Überwachung der Restaurierungsarbeiten im Royal British Columbia Museum in Victoria, wo er jahrelang als Berater angestellt war. Im Thunderbird Park neben dem Museum kann man heute die monumentalen Schnitzereien von Mungo Martin besichtigen.

Ein anderer einflussreicher Künstler der Region ist Bill Reid (1920–1998) vom Stamm der Haida, für seine Schmuckdesigns aus Edelmetall international bekannt. Er war einer der ersten modernen Künstler, die die komplizierten und intellektuellen Prinzipien der traditionellen Kunst der Nordwestküste beherrschten.

In den 1970er Jahren hat sich das Interesse der weißen Nordamerikaner für die Kunst der Nordwestküste stark ausgebreitet, sodass es heute eine große Zahl von indianischen Künstlern gibt. Die große Erneuerung dieser Künstlergeneration ging einher mit der Aufnahme der Produktion von Siebdrucken. Sie sind besonders geeignet, die zweidimensionalen Designelemente der traditionellen Kunst auf ein neues Medium zu übertragen. Die Wurzeln liegen in der traditionellen Malerei, die durch die Formlinie und die schwarz-rot-blaue Farbgebung gekennzeichnet ist. Trotzdem beschränken sich die Künstler nicht auf das Kopieren der alten Vorlagen, sondern entwickeln eine gleichwertige, eigenständige Kunstform. Da sie nicht mehr streng an die Stammeskunst gebunden sind, erproben die jungen Künstler neue, individuelle Ausdrucksmöglichkeiten.

Mittlerweile sind die Grafiken der Nordwestküste Bestandteil öffentlicher und privater Sammlungen in der ganzen Welt. Einen internationalen Ruf als Siebdruckkünstler genießen Art Thompson, Robert Davidson, Bill Reid und die Mitglieder der Hunt-Familie, Nachfahren von Mungo Martin. Viele dieser Künstler sind auch begabte Holzschnitzer und gestalten Masken und andere Objekte aus Holz zum Verkauf und für Museen.

Die jetzige Situation ist eine Ermutigung für junge Künstler, sich weiter mit ihrer Kultur zu beschäftigen und die Formen von gestern weiterzuentwickeln. Besucher, die sich mit dem Gedanken tragen, eine solche Holzschnitzarbeit zu erwerben, müssen sich auf recht hohe Preise gefasst machen. Die Qualität der angebotenen Kunstobjekte rechtfertigt jedoch die hohen Preise für diese einmaligen Handarbeiten. Masken werden nach traditionellem Muster mit natürlichen Materialien gefertigt, mit Kupferdekorationen, Adlerfedern, Muscheln, Tierfellen und menschlichen Haaren geschmückt. Holznägel werden gegenüber Metallnägeln bevorzugt und alle Einzelteile tatsächlich von Hand angefertigt. Die Hunt-Familie wurde bereits vom Völkerkundemuseum in Hamburg eingeladen, ihre Schnitzkunst vor Ort zu demonstrieren. Im Vergleich zu den Holzobjekten sind die Siebdrucke für jedermann erschwinglich.

Es mutet eigenartig an, dass diese Künstler zur Inspiration schon ins Museum gehen müssen, um das echte Kunsthandwerk ihrer Vorfahren zu besichtigen. Deshalb bietet die moderne indianische Kunst der Nordwestküste eine neue Chance, auch wenn die Kontinuität über ein Jahrhundert unterbrochen wurde. Sie besteht darin, dass die Distanz zur Tradition gleichzeitig den Respekt fördert, während das intensive Studium der traditionellen Kultur durch die jungen Künstler, das jetzt notwendig wird, um all die Versäumnisse aufzuholen, das Engagement umso mehr verstärkt. Diese Kombination von Engagement und fundiertem Wissen mit modernen Kunsttechniken darf man als ein positives Lebenszeichen der Kunst der Nordwestküste werten. Die Synthese moderner Stilrichtungen mit der mythischen Bedeutung und eleganten Ausgeglichenheit der traditionellen Kunst behält ihre Einmaligkeit.

Kanadas Norden

Nunavut, Yukon und Northwest Territories

Auch das Kunsthandwerk der Dene und Inuit im Norden Kanadas hat seit einigen Jahrzehnten einen festen Sammler- und Liebhaberkreis. Die meisten der Objekte werden in Kooperativen hergestellt und verkauft. Sie sind dort wesentlich

Bestickte Mokassins aus Elchleder werden in Kanadas hohem Norden gefertigt

preisgünstiger als in den Galerien der großen Städte im Süden Kanadas. Alle authentischen Objekte sind mit einem Siegel versehen, das sie als eine Arbeit von einheimischen Künstlern ausweist. Man sollte auf dieses Zeichen achten, denn auch in den Läden des Nordens werden häufig echte Stücke mit Imitaten zusammen angeboten. Kunst und Kunsthandwerk ist ein wichtiger Erwerbszweig in den Northwest Territories und vor allem im neuen Territorium Nunavut – mit einem Umsatz von über zehn Millionen Dollar im Jahr.

Am bekanntesten sind **Kunst und Kunsthandwerk der Inuit,** vor allem ausdrucksstarke Specksteinskulpturen und wunderschöne Steindrucke, die in piktografischem Stil traditionelle, religiöse und auch moderne Szenen wiedergeben. Sie kommen überwiegend aus der östlichen Arktik, besonders aus Cape Dorset, Iqaluit, Pangnirtung und Holman Island. Manche der Skulpturen von bekannten Künstlern kosten Tausende, aber es gibt durchaus auch schöne Stücke, die erschwinglicher sind. Das gilt besonders für die Drucke. Fast jeder Ort in Nunavut hat eine kunsthandwerkliche Tradition. Außer aus Speckstein werden Skulpturen und Schnitzereien auch aus Horn von Moschusochsen, Geweihen, Walknochen, Walrosszähnen und Narwal-Elfenbein gearbeitet, alles Materialien, die schon seit Tausenden von Jahren benutzt worden sind. Bevorzugte Objekte sind Modelle von Kajaks und Schlittengespannen sowie Schmuck und traditionelles Werkzeug. Hübsch sind auch die Inuit-Puppen, aus wunderbar weich gegerbter Tierhaut und mit winziger Glasperlenarbeit verziert. Daneben wird Kleidung auf herkömmliche Art hergestellt, wunderbar fein genähte Parkas und Fäustlinge aus Pelz und Tierhaut.

Sehr attraktiv ist auch das **Kunst-handwerk der Dene** im Südwesten der Northwest Territories und im Yukon Territory. Sie stellen vor allem Stickereien und traditionelle Indianerkleidung, besonders Mokassins, Handschuhe und Gürtel her, die unter großem Arbeitsaufwand mit Stachelschwein-*quills,* bunten Glasperlen und Elchhaar verziert werden. In den Indianer-Kommunen am Liard und Mackenzie River werden künstlerisch hochwertige Puppen aus natürlichen Materialien, Modelle von Schneeschuhen und Hundeschlitten, Tanztrommeln und Körbchen aus Birkenrinde gefertigt.

Alaska

Typisch alaskanische Kunst und Mitbringsel gibt es überall in den touristisch erschlossenen Gebieten. Besonders das Kunsthandwerk der Urbevölkerung hat in den letzten Jahren durch die erhöhte Nachfrage eine Belebung erfahren. Die Athapasca-Indianer fertigen lederne Mokassins und Jacken, einfallsreich und farbenfroh mit Perlenstickerei verziert. Besondere Eskimospezialitäten sind Strickwaren aus der (teuren) Wolle der seltenen Moschusochsen sowie Ohrringe, Anhänger und anderer traditioneller Schmuck aus Walrosszähnen und Walbarten.

Die berühmten, aus Bergziegenwolle und Baumrinde gewebten *chilkat blankets* der Tlingit-Indianer kann man heute allerdings nur noch in Museen betrachten. Seit einigen Jahren stellen die Tlingit in *cultural workshops* wieder holzgeschnitzte und in den traditionellen Farben Schwarz und Rot bemalte Masken und Totempfähle her – original und kunstvoll gearbeitet, aber fast unbezahlbar.

Nicht nur Indianer und Inuit fertigen Kunsthandwerk – auch die Weißen haben ihren Teil dazu beigetragen. Zum Beispiel die von Langeweile geplagten Walfänger im 19. Jh.: Während sie auf den Eisaufbruch im Polarmeer warteten, ritzten sie in den langen Winternächten mit spitzen Nadeln kleine Bilder in polierte Elfenbeinstücke ein und färbten sie mit Tinte – *scrimshaw* heißen diese Miniaturkunstwerke aus Walross- und Walknochen. Mit den Goldgräbern kam um 1900 Nuggetschmuck auf, der seither in immer neuer Verarbeitung als Anhänger, Armband, Uhrkette oder Ohrring zu finden ist. Traditionell amerikanische Handarbeiten wie Patchwork, Quilts und Schnitzereien werden vor allem im Winter von den weißen Alaskanern in den kleineren, abgelegenen Siedlungen angefertigt und werden auf den vielen ländlichen Jahrmärkten und Festivals angeboten.

Die Kunstgalerien zeigen vorwiegend Gemälde, Zeichnungen und Drucke moderner alaskanischer Künstler, deren Themen meist Natur, Menschen und Szenerie des ›Great Land‹ sind. Häufige Exponate sind auch die zeitlos-klassischen Skulpturen der Eskimotradition – Menschen und Tiere der Arktis – dargestellt in alaskanischer Jade, Walross-Elfenbein oder Speckstein.

Ein preiswertes, original alaskanisches Reiseandenken, das zu einem nützlichen Gebrauchsgegenstand im heimatlichen Haushalt werden kann, ist das *ulu.* Dieses halbmondförmige, ursprünglich aus Stein hergestellte Messer der Eskimofrauen wurde im Norden des Landes jahrhundertelang zu allen Schneidearbeiten benutzt – vom Abhäuten der Karibus bis zum Schneiden des *muktuk,* der dicken Walhaut.

Bei der traditionellen Kunst aus dem Norden Alaskas bemerkt man im Vergleich zur Nordwestküste die begrenzte Verfügbarkeit von Materialien. Treibholz und andere Holzarten, Tierknochen und Elfenbein wurden zur Herstellung von Masken, Plastiken, kleinen zeremoniellen Objekten, Amuletten, Pfeifen und Waffen verwendet. Auf älteren Objekten sieht man in piktografischem Stil Motive aus dem Alltag wie Jagd und Fischfang oder rituelle Tanzszenen. Die Tiergeister der Eskimos nehmen im Glaubensleben der Gruppe einen zentralen Platz ein und werden in schamanischen Tanzzeremonien durch Masken dargestellt.

Oft findet man konzentrische Holzkreise um das Gesicht der Tiermaske; sie repräsentieren die verschiedenen Ebenen des Eskimo-Universums, vom Weltraum bis zum Meer.

Drei nichttraditionelle Künstler, die in Alaska wohnen, sind zu erwähnen: Rie Munoz stellt naive, lustige Eskimoszenen als Aquarelle oder in anderen Medien dar; Fred Machetanz ist international als Landschaftsmaler bekannt und vermag die Weite und Unberührtheit der arktischen Landschaft auf faszinierende Weise einzufangen, ohne dass man das Gefühl für die Gefahren verliert, die diese Region birgt; Richard T. Wallen ist besonders durch seine meisterhaften Lithografien von Ureinwohnern und Szenen aus der Tierwelt bekannt.

Sport und Abenteuer

West-Kanada und Alaska sind wahre Paradiese für Naturfreunde, Sportbegeisterte und Abenteuerlustige.

Die bunte Palette der Wassersportarten reicht von tosenden Wildwasserfahrten, Kanutouren durch ursprüngliche Naturschutzgebiete und Kajaktrips in Gletscherbuchten über Segeltörns durch bezaubernde Inselreviere bis zum gemütlichen Urlaub mit dem Hausboot auf den großen Seen. An der Küste von British Columbia gibt es herrliche Badestrände und Gelegenheiten zum Windsurfen und Tauchen.

Die Möglichkeiten für Wanderer und Hiker sind ähnlich vielfältig, egal, ob man den geruhsamen Spaziergang in idyllischer Einsamkeit oder Überlebenstraining in der Wildnis des Nordens sucht.

Auf den Luftsportfan warten Ausflüge mit Buschpiloten, Ballonfahrten und Ikarus-Abenteuer mit dem Flugdrachen.

Angler und Jäger werden nirgendwo erfolgreicher sein und mehr Material zum Geschichtenerzählen finden als hier. Ganz zu schweigen von den zahllosen schönen Plätzen für Reiterferien, vor allem in Alberta und British Columbia. Golf ist in Kanada zum Volkssport geworden. Überall im Lande gibt es wunderschöne Anlagen und in vielen Orten und allen größeren Städten auch öffentliche Plätze, deren Benutzung recht preiswert ist.

Wegen des breiten Spektrums der Aktivitäten und der riesigen Ausdehnung des in diesem Buch behandelten Gebietes, kann hier nur eine Auswahl der vielfältigen Freizeitmöglichkeiten vorgestellt werden. Detailliertes Material für die Vorbereitung von Expeditionen, Flusstouren, Ranchferien und längeren Wanderungen in die Wildnis gibt es bei den Verwaltungen der Provinz- und Nationalparks der einzelnen Provinzen.

Bären – und wie man ihnen nicht begegnet

I n allen Gebirgsregionen überall im Norden West-Kanadas und in Alaska, außer in dicht besiedelten Gebieten, gibt es Bären. Selbst wenn sie in den Parks manchmal einen recht zahmen und friedlichen Eindruck erwecken, muss eindringlich vor ihnen gewarnt werden. Grizzlies und Schwarzbären sind Raubtiere und unberechenbar dazu. Deshalb darf man sie **auf keinen Fall füttern** (es ist sogar verboten)! Vom Parkranger erhält man ein Informationsblatt über den »Umgang mit Bären«. Hier nur die wichtigsten Regeln:

Das Camp sauber halten. Essensreste locken Bären an, daher sollten sie verbrannt oder vergraben werden. Auch das Geschirr ist nach Gebrauch sofort abzuwaschen. Nahrungsmittel nie im Zelt aufbewahren, sondern in geruchssicherer Verpackung in den Ästen eines Baumes bzw. in so genannten *bear pulls* aufhängen oder in den bärensicheren *caches* deponieren, die in den Parks oft auf den Campingplätzen bereitstehen. Man sollte auf keinen Fall sein Lager in der Nähe eines Bärenpfades (durch Kot oder Abdrücke zu erkennen) aufschlagen. Solche Wege verlaufen häufig an lachsreichen Gewässern entlang und durch Wäldchen mit Beerensträuchern.

Beim Wandern durch unübersichtliches Terrain mit Spuren von Bärenpräsenz sollte man sich durch Geräusche bemerkbar machen (laut sprechen, Trillerpfeife oder mit Steinchen gefüllte Dose benutzen), um dem Bären Gelegenheit zum Rückzug zu geben. Überraschte Tiere, besonders solche mit Jungen, sind besonders gefährlich. Bei einer plötzlichen Begegnung mit ›Meister Petz‹ auf keinen Fall panikartig die Flucht ergreifen, dies löst erst recht einen Verfolgungsreflex aus. Beruhigend anreden und sich langsam rückwärts gehend aus der Gefahrenzone zu begeben, ist die einzig richtige Maßnahme. Grizzlies, so plump sie auch aussehen, sind selbst in unwegsamem Gelände fast so schnell wie ein Rennpferd. Weglaufen hat also keinen Zweck. Eher schon auf einen kräftigen Baum klettern, falls einer in der Nähe ist. Bei Schwarzbären würde dies allerdings wenig helfen, sie können nämlich im Gegensatz zu den Grizzlies klettern.

Übrigens: Bisons, Elchbullen und -kühen, besonders solchen mit Kälbern, gebührt der gleiche Respekt.

Adressen von Ausrüstern und Tourveranstaltern sind im gelben Serviceteil in den Rubriken »Adressen und Tipps von Ort zu Ort« und »Urlaubsaktivitäten« aufgeführt.

Hiking – Bergsteigen – Wildnisabenteuer

Provinz- und Nationalparks – besonders in British Columbia und Alberta – bieten hervorragende Möglichkeiten für Wanderer und *backpacker*. British Columbia alleine verfügt über 3500 km Wanderpfade, die meisten gut gepflegt und markiert. In fast allen Parks gibt es auch eine Auswahl von leichten und kurzen Wanderungen, die für die ganze Familie geeignet sind und meistens zu landschaftlich besonders reizvollen Punkten führen. Diese Wanderungen lassen sich überall und ohne Vorbereitung mit einer Rundreise verbinden.

Längere und schwierigere Wanderungen, besonders solche in Wildnisgebiete, erfordern eine gute Kondition und die richtige Vorbereitung (s. S. 428). Zu den klassischen *hiking trails* der Region zählen: der West Coast Trail auf Vancouver Island (s. S. 150 ff., 427), der Alexander Mackenzie Trail (auf den Spuren des Entdeckers von Quesnel am Fraser River nach Bella Coola zum Pazifik), die alte Goldgräberroute über den Chilkoot-Pass von Skagway zum Yukon (s. S. 272 ff.) und der Trail über den Pangnirtung-Pass im Auyuittuq National Park auf Baffin Island.

Wer sich solche Wildnistrips zwar zutraut, sie aber gerne unter kompetenter Führung unternehmen möchte, ist bei Tourveranstaltern und *outfittern* gut aufgehoben. Sie stellen bis auf Schlafsack und persönliche Sachen auch die komplette Ausrüstung.

Viele hervorragende Wandermöglichkeiten und Exkursionen unter Anleitung findet man in den Rockies in Banff und Jasper. ›Yamnuska Inc.‹ in Canmore (s. S. 427), Alberta, bieten mehrtägige Wanderungen und auch Kurse im Bergsteigen für Anfänger und Fortgeschrittene.

Aktive Kletterer finden die besten Reviere in den Bergketten der Purcell und Bugaboo Mountains in British Columbia. Hier bieten Formationen aus Granit, Quarz und Gneis bessere Möglichkeiten als die eigentlichen Rockies mit ihrem verwitterten Sedimentgestein. Dafür sind diese mit ihren zahlreichen Gletschergebieten hervorragend zum Eisklettern geeignet.

Die Bugaboos und Cariboo Mountains stellen beliebte Ziele für eine relativ neue Sportart dar: das *heli-hiking*. Dieses ›Bergerlebnis pur‹ wird von Jasper und Banff aus organisiert. Mit dem Hubschrauber fliegt man in entlegene Regionen der Hochgebirgswelt, wird dort abgesetzt und nach einer ein- bis mehrstündigen Wanderung wieder abgeholt und zum nächsten Gipfel geflogen – bis zu drei oder vier Berge lassen sich auf diese Weise an einem Tag bewältigen. Nicht ganz billig, aber im wahrsten Sinne des Wortes atemberaubend. Umweltschützer kritisieren allerdings, dass mit zunehmenden Aktivitäten dieser Art auch die Umweltprobleme wachsen (z. B. Vordringen in Rückzugsgebiete für Tiere, hoher Energieverbrauch etc.).

In der Strathcona Lodge auf Vancouver Island werden Kurse im Wildnisverhalten mit Wanderungen im Strathcona Provincial Park und im Nootka Sound veranstaltet. Auch Grundkenntnisse im Klettern und Gletscherwandern werden vermittelt. Auf den Queen Charlotte Islands vor der Nordwestküste von British Columbia leiten Angehörige des Haida-

Stammes Exkursionen in den urwüchsigen Regenwald zu alten indianischen Siedlungsstätten.

Im Yukon werden von Whitehorse aus Hiking-Touren in den Kluane National Park organisiert. Der Trail führt entlang der St. Elias Mountains, dem höchsten Küstengebirge der Welt – über 45 km spektakuläres Terrain von gewaltigen Dimensionen: arktische Gletscherlandschaft, ein weites Flusstal, Bergpässe und blühende Alpenwiesen.

Naturerlebnis auf dem Pferderücken: Trailritte und Guestranches

Vor allem Alberta und British Columbia haben eine große Auswahl an Reiterferien zu bieten, die interessantesten Angebote findet man im Sagebrush Country des zentralen Berglandes von British Columbia und am Fuße der Rocky Mountains in Alberta, wo weites Prärieland auf die Berge trifft. Dort gibt es working ranches, auf denen Pferde und Rinder gezüchtet werden und wo der Gast besonders im Frühjahr und Herbst während des round ups noch echte Cowboy-Atmosphäre erleben kann – oder guest ranches, die eher Resortcharakter haben und auch für einen Familienaufenthalt bestens geeignet sind. Je nach Komfort und Programm muss man hier im Durchschnitt mit 100–250 Dollar pro Person und Tag rechnen. Dafür sind in der Regel Mahlzeiten und meist auch die Aktivitäten inbegriffen.

Auf jeden Fall wird ein buntes Programm geboten, Geruhsames und Abenteuerliches: Ausritte, Ponyreiten für die kleineren Gäste, Teilnahme an Rodeos und Mini-Rodeos, bei denen die Gäste mitmachen dürfen, Fahrten mit dem Kutschwagen, Ausflüge und Wanderungen in die Umgebung, und wenn ein See in der Nähe ist, auch Kanufahrten und Angeln – und auf einer working ranch gehört selbstverständlich auch das Zugucken bei den chores, den alltäglichen Arbeiten der Cowboys, dazu.

Die Hauptattraktion des Aufenthaltes stellen natürlich die Trailritte dar. Durch weites Weideland, dichte Wälder oder Hochgebirge – Traumlandschaften für Wandersleute und Pferdefreunde.

Solche Ausflüge hoch zu Ross lassen sich nicht nur von einer Ranch aus unternehmen. Ranchferien bieten aber die Möglichkeit, vor einem längeren und schwierigerem Ritt noch etwas Übung zu gewinnen. Zahlreiche Veranstalter in British Columbia und Alberta bieten horsepacking, d. h. längere Trailritte in Wildnisregionen an. Auf manchen Ritten wird jeden Tag ein neues Camp aufgeschlagen, auf anderen reitet man zu einem Basislager – meistens landschaftlich schön gelegen –, um von dort aus auf Tagesritten die Gegend zu erkunden. Übernachtet wird dann in den Hütten oder Zelten des Basislagers.

Alles Glück dieser Erde …
Trailritte in die Wildnis

Vor dem Ausritt gibt es ein kräftiges Frühstück: Riesenpfannkuchen mit gebratenem Schinken. Dann wird aufgesattelt, Schlafsäcke, Planen, Verpflegung kommen auf die Packtiere. Dabei müssen die *ranchhands* bei den meisten Teilnehmern mithelfen. Das Wesentliche wird erklärt, auf weitere besorgte Fragen heißt es beruhigend: keine Sorge, Reittechnik und nötiges Sitzfleisch erwirbt man auf dem Trail – außerdem sind die Pferde nicht nur trittsicher und wildniserfahren, sondern zahmer als ein Schaukelpferd. Sicher ein bisschen übertrieben, aber viel Reiterfahrung braucht man für solche Unternehmungen nicht.

Die Pferde folgen einem vom Wild getretenen Pfad durch Wiesen und duftende Wälder. Nach längerem Ritt macht sich die brennende Sonne bemerkbar und man verspürt den kräftigen Geruch von Tier und Sattelzeug. Manchmal führt der Pfad atemberaubend schmal und direkt an steilen Abhängen entlang, die in tiefe Schluchten hinabfallen.

Auf einem Hochplateau werden an einem munter plätschernden Wildbach die Pferde getränkt und in der Nähe soll auch das Camp aufgeschlagen werden. Bevor es dunkel wird, bauen wir aus Planen und Tannenzweigen die Unterkünfte. Sandwiches werden ausgepackt. Man hat den Hunger vorausgeahnt und Berge davon mitgenommen. Sie sind im Nu verschwunden. Nach einer Runde *tall stories,* von den beiden uns begleitenden Cowboys zum Besten gegeben, fallen wir todmüde auf das Lager aus Tannenzweigen – trotz unserer Befürchtungen ist es wunderbar weich. Das Lagerfeuer soll die ganze Nacht durch brennen – um Grizzlies fernzuhalten, sagt der Rancher und teilt die Wache ein.

Am nächsten Morgen werden auch die Langschläfer vom Geruch des brutzelnden Specks geweckt. In der großen Blechkanne wirft der Kaffee Blasen und die Wärme des kräftig brennenden Feuers verscheucht die Nachtkälte aus den klammen Gliedern.

Reizvolle Trailritte, auch für Kinder geeignet, gibt es im Tonquin Valley und beim Lake Louise in den Alberta Rockies. In Manitoba sind im Riding Mountain National Park schöne Ausritte möglich. Im Yukon werden von Whitehorse aus Trailritte auf dem historischen Dalton Trail angeboten.

Paradies für Wassersportler

Mit zigtausend Kilometern Küstenlinie und Hunderttausenden von Seen und Flüssen bieten die in diesem Buch behandelten Regionen dem Wassersportler traumhaft viele Möglichkeiten. Schon für die ersten Entdecker stellten die Wasserwege meist die einzige Möglichkeit dar, das riesige Land zu erkunden und zu erschließen, und Kanus waren das geeignetste Transportmittel in der Wildnis. Mit ihnen bewältigten Mackenzie, Thompson und Fraser auf den wilden Flüssen des Westens die Reise zum Pazifik. Dieses Abenteuer lässt sich noch immer hautnah nacherleben (s. S. 102 ff.).

Kanu- und Kajakfahren

Auch heute noch erschließt sich der eigentliche Charakter, die unberührte Natur des Landes, am ehesten mit Kanu oder Kajak. Das lautlose Gleiten durch den Frühdunst eines Bergsees, die unmittelbare, dennoch gefahrlose Begegnung mit einem Elch oder Bären am Ufer, oder die aufregende Fahrt durch die Stromschnellen eines Flusses – Eindrücke, die man nicht mehr vergisst.

Beide, Kanu und Kajak, sind verhältnismäßig leicht zu bedienen und auch Anfänger jeden Alters lernen Grundkenntnisse und Technik schnell. Modernes Design hat das Gerät immer leichter werden lassen, sodass selbst körperlich weniger Kräftige damit keine Probleme haben. Am bekanntesten und wohl auch geeignetsten für Wasserwanderungen ist das offene Kanadier-Kanu. Es kann leicht über Landstrecken getragen werden und ist so geräumig, dass der Platz für zwei Personen plus Ausrüstung und Verpflegung für mehrere Wochen reicht. Dabei ist es so stabil, dass man Seen, Flüsse und geschützte Küstengewässer ohne Gefahr damit befahren kann. Für längere Exkursionen in Küstengewässern werden besonders konstruierte See-Kajaks benutzt, mit denen man über flachste Stellen kommt und die auch bei stärkerem Wellengang sicher sind und für trockene Füße sorgen.

Auch für Unerfahrene besteht fast überall Gelegenheit zum Ausprobieren und Befahren von leichten Strecken. Längere Wildnistouren unternimmt man am besten in kleinen organisierten Gruppen. Dabei werden außer dem *guide* auch Kanu und Kajak, Campingausrüstung, Kochutensilien und Verpflegung vom Ausrüster gestellt. Für weniger Erfahrene gibt es ausführliche Einweisungen vor und während der Tour. Juni bis August ist die beste Zeit für Kanu- und Kajaktouren, aber die Saison kann auch schon im März beginnen und erst im November schließen.

Besonders schöne Kanu-Reviere gibt es im Jasper und Banff National Park in Alberta, in British Columbia im **Bowron Lake Provincial Park** (S. 114) und im Wells Gray Provincial Park. Vor allem Bowron Lake ist ein Paradies der Kanuten. Hier bildet eine Kette von sechs Seen, verbunden durch Flüsse und kurze Portagen, eine 117 km lange Rundstrecke, die bis auf einen Kilometer wieder an den Ausgangspunkt zurückführt. Der Kurs verläuft durch eine ursprüngliche, abwechslungsreiche Berglandschaft mit zahlreichen Gelegenheiten zur Wildbeobachtung. Man hat die Wahl zwischen 7- bis 10-tägigen geführten Exkursionen und kürzeren Tagestouren. Kanus können jedoch auch für eigenständige Ausflüge gemietet werden.

Für Abenteuerlustige erscheint das Angebot an Exkursionen schier unerschöpflich: Auf dem Yukon River im gleichnamigen Territory neun Tage und 300 km auf den Spuren der Goldsucher durch spektakuläre Wildnis, vorbei an Flussbänken mit verfallenen Blockhütten, Indianersiedlungen und verlassenen Goldminen am Ufer, bis zum Dorado des Nordens, Dawson City. Oder in den Northwest Territories auf der Route der Prospektoren und Pioniere den sagenhaften Nahanni-River hinunter, in Manitoba und Saskatchewan den Routen der

Kanuten auf dem Bowron Lake in British Columbia

Pelzhändler auf dem Churchill River zur Hudson Bay folgen oder Flussfahrten auf dem Chilkat River durch das Schutzgebiet der Weißkopf-Seeadler in Alaska.

Mit dem **See-Kajak** lässt sich die verwunschene Inselwelt der Queen Charlotte Islands (s. S. 125 f.) entdecken, mit Regenwäldern, in denen gigantische Fichten und Riesenlebensbäume wachsen, Wasserfällen, die sich in Kaskaden ins Meer ergießen, Vogelkolonien, Haida-Ruinen und Indianersiedlungen, verwitterten Totempfählen am Ufer und spielenden Schwertwalen im Sund. Beliebt und bequem mit der »Lady Rose« und der etwas größeren »Frances Barkley« (s. S. 156 f.) zu erreichen, ist auch der Barkley Sound mit den Broken Group Islands an der Westküste von Vancouver Island.

Ebenso schöne Reviere warten in Alaska: in der Inselwelt der Inside Passage, zwischen Gletschern und blau schimmernden Eisbergen in der Glacier Bay, oder an den Ufern der grünen Insel Kodiak und der Katmai-Küste. Hier werden Paddler zu entlegenen Buchten und zerklüfteten Küsten mit Vogelparadiesen, Seeottern und Lachs jagenden Braunbären am Ufer geführt. Die lautlos dahingleitenden Kajaks stören das Wild nicht, ganz nah lassen sich die gewaltigen Tiere beobachten.

Wildwasserfahrten

Ein Abenteuer ganz anderer Art bieten Wildwasser-Exkursionen. Mit den modernen doppelrumpfigen Gummiflößen lassen sich Flussstrecken erleben, die mit dem Kanu nicht befahrbar sind, Gegenden entdecken, die sonst nur schwer zugänglich wären und die nur wenige Menschen gesehen haben. Fast immer lässt sich Wild beobachten, und die kundigen *guides* geben Auskunft über Geologie, Vegetation und so manches Interessante an den Uferbänken. Von ihnen erfährt man auch die faszinierenden Legenden von Abenteurern, Entdeckern und Indianern, die den Fluss oder die Region bereist haben. Landschaft und Stimmungen wechseln oft dramatisch, mal treibt das Floß sanft dahin, dann jagt es zwischen steilen Felswänden durch einen Canyon, oder es geht zu wie auf einer Achterbahn.

Die Flüsse werden nach Schwierigkeitsstufen auf einer Skala von eins (ruhig) bis sechs (sehr gefährlich, praktisch nicht befahrbar) eingestuft. Jeder kann sich den Grad der Aufregung also selbst aussuchen. Dabei kommen verschiedene Arten von Wasserfahrzeugen zum Einsatz: Flöße mit starken Außenbordmotoren, die überwiegend auf den größeren Flüssen wie dem Fraser oder dem Thompson in British Columbia eingesetzt und solche, die nur durch Paddeln auf Kurs gehalten werden. Letztere gibt es auf allen Flüssen. Für die meisten Touren braucht man keine Erfahrung, die nötigen Instruktionen sind einfach und beschränken sich in der Regel darauf, wie man im Team paddelt und die Ruder in den etwas stärkeren Stromschnellen gebraucht.

Um den Charakter einer solchen Fahrt kennen zu lernen, ist es nicht erforderlich, Tage oder gar Wochen in entlegene Gebiete zu fahren, denn auf vielen Wildwasserflüssen werden auch eintägige Trips angeboten. Eine feuchtfröhliche, aufregende Angelegenheit ist es allemal, und außer einem Extrasatz trockener Kleidung braucht man nichts dabeizuhaben.

British Columbia bietet mit über 40 Flüssen, auf denen Wildwassertouren angeboten werden, wohl die besten Möglichkeiten für diesen spritzigen Sport, aber Alberta, Yukon, die Northwest Territories und Alaska bieten ebenfalls eine Reihe geeigneter Flussläufe.

Zu den interessantesten Flüssen für Wildwasserfans gehören Athabasca und Bow River in Alberta, der Nahanni in den Northwest Territories und der Tatshenshini, der durch den Yukon nach Alaska fließt und als einer der zehn weltbesten Wildwasserflüsse gilt. Er fließt durch arktische Tundra, vorbei an mächtigen Bergen mit Gletschern, die oft bis in den Fluss reichen. In British Columbia sind es Chilko, Chilkotin, Nahatlatch, Thompson – und natürlich der mächtige Fraser River, der ›König‹ der Wildwasserflüsse (s. S. 102 f.).

Hausbootferien

Viel geruhsamer, aber nicht minder reizvoll sind Hausbootferien auf British Columbias Seen. Ausgangspunkte sind Vernon, Kelowna und Penticton am Lake Okanagan und Sicamous am Shuswap Lake. Der Shuswap Lake bietet bei einer Wasserfläche von 310 qkm eine Küstenlinie von 1600 km und über 1000 km navigierbare Wasserwege sowie zahlreiche Provinzparks und Marinas. Die dicht bewaldeten Hänge reichen bis an den See, es gibt viele verschwiegene Buchten, Badestrände, Wasserski und Windsurfen und nicht zuletzt gute Angelmöglichkeiten. Sicamous gilt als ›Houseboat Capital of Canada‹. Über 300 Boote von unterschiedlicher Größe (für zwei bis zwölf Personen) und Komfort können hier gechartert werden. Sie sehen aus wie auf zwei Schwimmern montierte Wohnwagen und haben vorn und hinten eine Veranda, dabei sind sie recht gemütlich und mit allem Notwendigen ausgestattet, manche auch mit Mikrowelle und *hot tub* (Zuber mit warmem Badewasser) an Deck. Eine Lizenz braucht man nicht – die Verleiher geben eine kurze kostenlose Einweisung, und die reicht gewöhnlich auch. Außerhalb der Hauptsaison ist es übrigens viel ruhiger auf dem See.

Segeln

British Columbias Küstengewässer bieten hervorragende Möglichkeiten für Sportsegler und solche, die es werden möchten. In den geschützten Wassern der Inside Passage, besonders um die idyllischen Gulf Islands, im Desolation Sound und entlang der Sunshine Coast liegen die schönsten Reviere. Hier können sowohl kleine Boote gemietet wie auch größere Jachten gechartert werden, entweder als *bareboat,* wenn man selbst im Besitz eines Segelscheines ist, oder sonst mit Skipper und gegebenenfalls Mannschaft. Von Cowichan Bay an der Ostküste von Vancouver Island werden halb- und ganztägige Segeltörns mit einer klassischen 18-m-Jacht angeboten. Auch zweitägige Exkursionen in den Gulf Islands sind möglich. Die »Victoria Sailing Academy« bietet Segelkurse mit Abschlussprüfung und Lizenz an, man kann Boote mieten und verschiedene Törns für die Gewässer um Vancouver Islands buchen.

Tauchen

In den letzten Jahren entdecken Tauchsportler zunehmend die ungeahnten Möglichkeiten der Küstengewässer von

Überwältigend ist ein Flug über den Mount McKinley, den höchsten Berg Nordamerikas

West-Kanada und Alaska aus der Luft

In den Weiten des Nordens ist das Flugzeug das Hauptverkehrsmittel. Viele kleine Orte und die meisten Wildnis-Lodges, die Angeln, Jagen oder Abenteuer-Packages bieten, sind nur so zu erreichen. Das ist besonders im Yukon, in den Northwest Territories und in Alaska der Fall. Hier übernehmen die Buschpiloten die Rolle des Taxifahrers. Es ist erstaunlich, was in die robusten kleinen Maschinen alles hineingeht. Zwei oder drei *backpacker* mit voller Ausrüstung aufzunehmen, ist kein Problem. Selbst ein Kanu kann notfalls zwischen den Schwimmern verstaut werden. So kann man sich mit dem Wasserflugzeug irgendwo im Hinterland absetzen lassen, um in dem Gebiet ein oder zwei Wochen zu wandern, zu angeln oder mit dem Kanu weiterzureisen. An einem verabredeten Platz wird man dann wieder vom Piloten abgeholt. Gute Ausrüstung und Wildniserfahrung sind allerdings für so etwas unerlässlich. Mit den meisten Buschfliegern kann man solche Trips arrangieren und erhält von ihnen noch hilfreiche Informationen für das ausgewählte Gebiet. In fast allen Orten des Nordens stehen Buschpiloten für Charterflüge zur Verfügung.

Daneben werden in den großen Städten wie Edmonton, Calgary, Vancouver, Victoria, Anchorage und Fairbanks eine Vielzahl von Rundflügen angeboten. Besonders reizvoll sind die über Vancouver und Anchorage. Absolute Höhepunkte stellen die Flüge über Hochgebirge und

Südwest-British Columbia. Riesige Tangwälder, Schwämme, weiche Korallen, zahllose Seestern- und Fischarten, versunkene Schiffe und Riesenkraken sind die Attraktionen. Die besten Reviere sind in der Georgia Strait, an der Küste von Vancouver Island bei Nanaimo, Campbell River, Telegraph Cove und an der Sunshine Coast bei Powell River. Zwischen Oktober und März ist das Wasser am klarsten, mit Sichtweiten bis zu 30 m. In vielen Küstenorten gibt es *dive shops,* wo man auch Auskünfte über die nächsten Chartermöglichkeiten erhält.

riesige Gletschergebiete dar, z. B. über den Kluane National Park im Yukon oder in Alaska: von Juneau, Haines oder Skagway zur Glacier Bay, von Valdez über den Columbia Glacier oder von Talkeetna zum Denali National Park, entlang der Nordflanke der Alaska Range mit dem mächtigen Mount McKinley. Geradezu atemberaubend ist der Flug mit Buschpiloten der Wrangell Mountain Air über die gewaltigen Bergketten des Wrangell/St. Elias National Parks mit schimmernden Gletscherfeldern, bizarren Felsgipfeln, *ghost towns* und verlassenen Bergwerken. Der Flug geht vom pittoresken ehemaligen Bergwerksort McCarthy aus, *pick-up* in Chitina ist möglich.

Ein Erlebnis ganz besonderer Art bietet Dean Andrew von Andrew Airways auf Kodiak Island in Alaska. Er fliegt mit seinem kleinen Wasserflugzeug zu den einsamen Küsten der Katmai Peninsula, um dort seine Passagiere zu den großen Braunbären zu führen. Ein bisschen Nervenkitzel ist schon dabei, aber der Pilot ist mit den Verhaltensweisen der mächtigen Tiere gut vertraut. Schon der Flug über die Kodiak-Insel mit den tief eingeschnittenen Fjorden, blitzenden Eisfeldern und sattgrünen Bergen ist die Reise wert (s. S. 316).

Drachenfliegen

Drachenflieger finden in British Columbia exzellente Möglichkeiten. In Golden wurde sogar mit einem 325 km weiten Flug ein Weltrekord aufgestellt. Zentren dieser Sportart in British Columbia sind die Kootenays, das Fraser und Okanagan Valley, die Region um Golden und Cache Creek, bei Victoria und in der Nähe der Gulf Islands auf Vancouver Island und sehr schön, mit fantastischem Panoramablick, auf Vancouvers »Hausberg«, dem Grouse Mountain.

Ballonfahren

Bei Fairbanks in Alaska und bei Calgary und Edmonton in Alberta gehen sie in die Luft: die Heißluftballons. Das ruhige Gleiten in der winzigen Gondel unter dem imposanten Ballon, das Fauchen des Brenners, eine fantastische Aussicht und das Gefühl der Schwerelosigkeit – ein Erlebnis, das gar nicht so teuer ist. Nur früh aufstehen muss man, denn die kühle Morgenluft sollte genutzt werden, sie gibt den besten Auftrieb.

Jagen und Angeln

West-Kanada und Alaska grüßen allenthalben mit ›Petri Heil‹ an reißenden Flüssen, quirligen *creeks*, klaren Bergseen und brandenden Küstengewässern. Der arktische Grayling, Forellen und der sagenhafte Chinook-Lachs, der bis zu 30 kg schwer ist, gehen an die Angel.

Alle kanadischen Provinzen und Alaska sind auch ein – allerdings teures – Paradies für Jäger. Zum jagdbaren Wild gehören Schwarzbären und Grizzlies, Elche, Bisons und Karibus, Wapitis, Dallschafe und Bergziegen sowie Niederwild. Strikte Jagdgesetze und noch strengere Kontrollen sorgen dafür, dass der Wildbestand nicht gefährdet wird.

Viele Veranstalter von Exkursionen haben Sportangeln und oft auch Jagdmöglichkeiten in ihrem Programm. Dabei können Wildnislodges den Charakter eines einfachen Camps oder auch den Komfort einer Ferienanlage *(resort)* haben. Meist sind sie nur per Boot oder Buschflugzeug zu erreichen. Da die Unterkunftsmöglichkeiten oft sehr be-

Bei Calgary, Edmonton oder Fairbanks gehen sie in die Luft: die Heißluftballons

grenzt sind, empfiehlt sich eine rechtzeitige schriftliche Reservierung.

Jagen und Angeln sind durch Gesetze der jeweiligen Provinzen bzw. des Bundesstaates Alaska geregelt. Ausführliche Informationen und die notwendigen Erlaubnisscheine erhält man bei den zuständigen Behörden (s. S. 431). In National- und Provinzparks darf darf zwar geangelt, aber nicht gejagt werden. Jagdwaffen dürfen eingeführt, müssen aber beim Zoll deklariert werden. Zu beachten ist auch, dass zur Ausfuhr von Fellen und Jagdtrophäen Exportgenehmigungen notwendig sind. Die Einfuhr von Angelgeräten für den persönlichen Gebrauch ist ohne besondere Genehmigung möglich. Obwohl Angelscheine von den Provinzbehörden ausgestellt werden, ist für das Angeln in Nationalparks eine Sondergenehmigung erforderlich, die in jedem Nationalpark erhältlich ist und dann für sämtliche Nationalparks in Kanada gilt. Für Hochseeangeln sind separate Erlaubnisscheine erforderlich, die oft auch beim Ausrüster erhältlich sind. Angelausrüstung kann man in vielen Orten mieten oder kaufen.

In Alaska erhält man Angelscheine auch bei Veranstaltern, in Sportgeschäften und Lodges. Hier gilt der Angelschein auch in den Nationalparks. Jagen ist nur in Begleitung eines lizenzierten Führers erlaubt. Außer einer generellen Lizenzgebühr muss für den Abschuss von Großwild noch extra bezahlt werden. Informationen erteilt das Alaska Department of Fish and Game (Adresse s. S. 431 im Serviceteil).

*Skiwandern in den Rockies
bei Lake Louise, Alberta*

Wintersport: Die schönsten Skigebiete Kanadas

Die meisten europäischen Touristen kommen im Sommer nach West-Kanada. Doch gerade British Columbia und Alberta sind einen Winterurlaub wert. Hier in den kanadischen Rockies liegen einige der schönsten Skigebiete der Welt. Sie bieten dort selbst dem verwöhnten Skiläufer ein hervorragendes Programm: weitläufige Skiwandergebiete, rasante Abfahrten auf meterdickem, federleichtem Tiefschnee und *heliskiing*, das Nonplusultra für jeden passionierten Skiläufer. Dabei wird man in kleinen Gruppen mit dem Hubschrauber auf einsame Gipfel in Höhen von 1500

bis 4000 m gebracht, um dann durch un-berührten Pulverschnee ins Tal zu schwingen. Bis zu einem Dutzend Starts sind durchaus möglich. Berechnet wird die Anzahl von Höhenmetern, die abge-flogen und abgefahren werden. Wie beim *heli-hiking* kritisieren auch hier Umweltschützer die mit dieser Art des Skisports verbundene Lärmbelästigung. Dennoch, durch Abgeschiedenheit und riesige Ausdehnung der Reviere halten sich diese Probleme derzeit in Grenzen.

Selbstverständlich gibt es überall Ski-kurse, man läuft Schlittschuh auf ro-mantischen Bergseen, geht Eisfischen, unternimmt Schneemobiltouren auf den Gletschern oder Touren mit dem Motorschlitten, den kräftigen Schneeflit-zern für unwegsames Gelände. Auch Exkursionen mit dem Hundeschlitten sind möglich – nicht nur in Alaska.

Von November bis April reicht die Sai-son, nichts ist eng und überlaufen, kein Gedrängel vor den Liften, wie es in den Wintersportgebieten der europäischen Alpen häufig vorkommt. Dabei ist Ski-Urlaub in Kanada gar nicht so teuer und die Flüge sind im Winter auch billiger.

Die meisten Skigebiete sind bequem zu erreichen, einige liegen sogar in der Nähe großer Städte, so z. B. Grouse Mountain, Cypress Bowl und Mount Seymour praktisch direkt über Vancou-ver. Weitere hervorragende Winter-sportgebiete in British Columbia sind Whistler-Blackcomb, Big White und

Mount Washington auf Vancouver Island.

Whistler-Blackcomb, in den Küstenbergen am malerischen Howe Sound, ist 120 km von Vancouver entfernt, und leicht per Auto, Bahn oder Bus zu erreichen. Diese Skiregion wird als die beste in Nordamerika angesehen. Sie ist schneesicher bei relativ milder Pazifikluft und bietet 180 Abfahrten aller Schwierigkeitsgrade mit Höhenunterschieden bis zu 1600 m. Hervorragende Loipen sind ebenfalls vorhanden. Die Saison dauert von Ende November bis Anfang Mai, auf dem nahen Gletscher, auf den ein Lift führt, sogar bis in den Sommer hinein. Mit Heli-Ski sind 100 weitere Gletscherabfahrten zu erreichen. Über 60 Restaurants, Bars und Nachtclubs sorgen für die richtige Stimmung.

Big White, in den Monashee Mountains bei Kelowna im Okanagan Valley, ist British Columbias höchstgelegener Ski-Resort. Bedingt durch die trockene Höhenluft gibt es hier den besten Pulverschnee. Bei einem Höhenunterschied von 625 m gibt es über 50 Abfahrten aller Schwierigkeitsstufen. Moderne Lifte sorgen für Komfort und kurze Wartezeiten. Nicht so international wie Whistler, dafür aber gemütlich mit Restaurants, Pubs und Country & Western Bar. Man ist besonders familienfreundlich: es gibt viele Programme für Kinder und Jugendliche, einen Kinderhort und ein *Youth Activity Center.*

Mount Washington auf Vancouver Island, vier Stunden von Vancouver oder Victoria entfernt, bietet über 10 m Schnee, ein alpines Dorf, fünf Lifte, rund 50 Abfahrten aller Schwierigkeitsgrade und 30 km gespurte Loipen, dazu kommen Hunderte mehr im angrenzenden Strathcona Provincial Park.

Auch Langlaufenthusiasten finden in British Columbia ein weites Betäti-

gungsfeld: über 1200 km gut gespurte Loipen und weitere 1500 km markierte Wege versprechen sportlichen Genuss. Die schönsten befinden sich nur zwei Stunden von Vancouver entfernt im Manning Provincial Park, darüber hinaus in Whistler und der Cariboo/Chilcotin Region.

Albertas Skigebiete liegen in den Rockies, wobei die beiden bekanntesten Zentren im Banff- und Jasper Nationalpark zu finden sind.

Banff/Lake Louise ist nicht nur eines der schönsten Skigebiete Nordamerikas, sondern auch das größte und älteste. Bereits 1926 gegründet, entwickelte es sich zum Mekka von Skiläufern aus aller Welt. Hier gibt es mehr als genug Abfahrten für Anfänger und Experten, bis zu 8 km lang, bei einem Höhenunterschied von bis zu 1000 m. Dazu eine Schneedecke von bis zu 10 m Höhe, mit einer dicken Schicht Pulverschnee obenauf. Après-Ski vom Feinsten, Baden in heißen Quellen inmitten verschneiter Landschaft, eine Vielzahl von sportlichen Aktivitäten zum Zuschauen und Mitmachen, erstklassige Restaurants und Bars sowie ein buntes Programm von Festivals, Theater und Konzerten.

Jasper, immer etwas im Schatten von Banff und Lake Louise, ist genauso attraktiv, nicht so mondän, dafür geruhsamer und preiswerter. Auch hier im Marmot Basin sind Schnee und Abfahrten hervorragend. Die längste misst knapp 6 km, der Höhenunterschied beträgt 700 m. Das Resort gibt sich kinderfreundlich und auf Unterhaltung braucht man auch nicht zu verzichten.

Im **Kananaskis Country** bei Calgary entstand für die Olympischen Winterspiele noch ein weiteres Skigebiet mit guten Abfahrten, Loipen und Serviceeinrichtungen.

Reisen in West-Kanada und Alaska

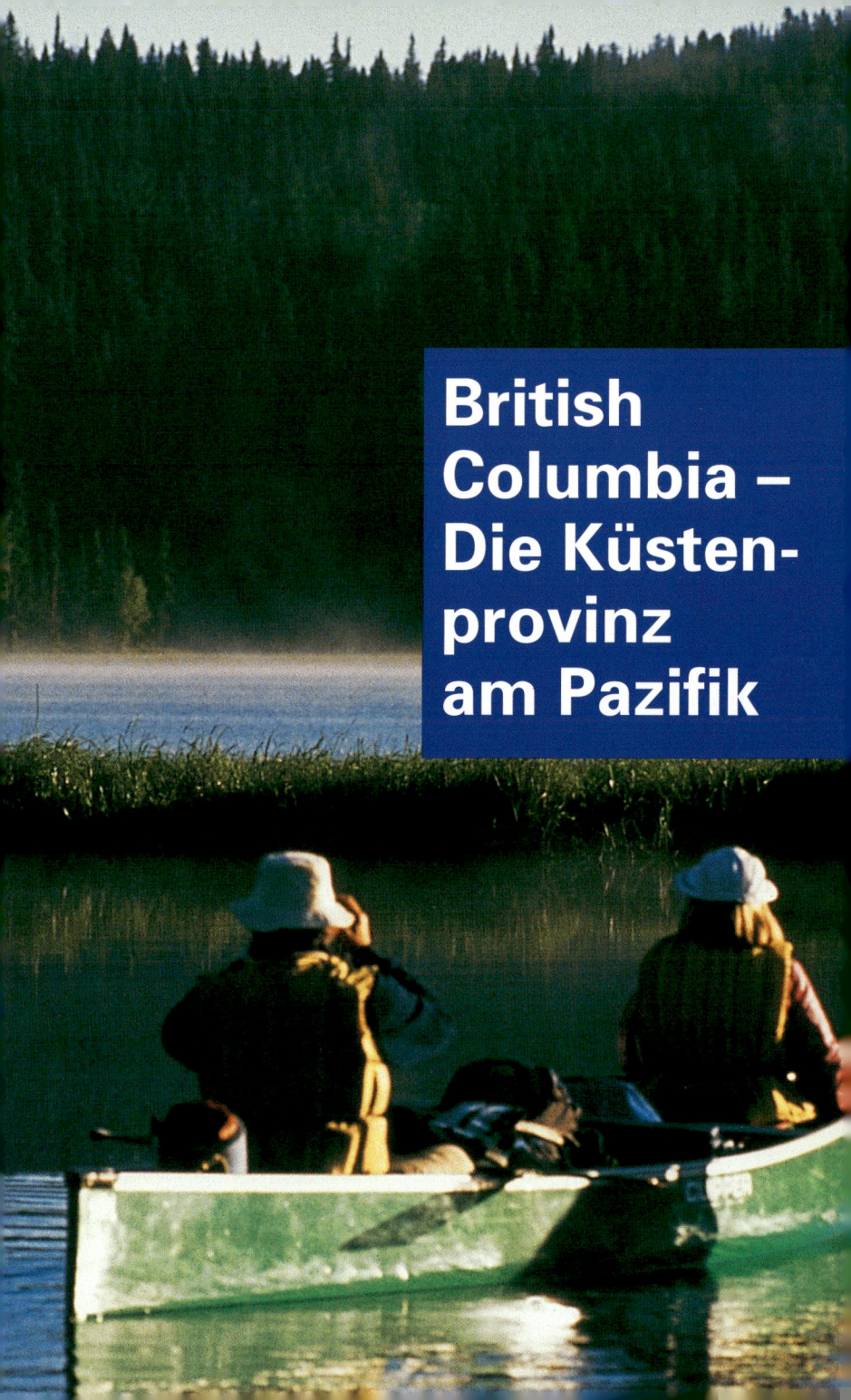

British Columbia – Die Küsten- provinz am Pazifik

VANCOUVER: KANADAS TOR ZUM PAZIFIK

Karten S. 72, 82
Tipps & Adressen S. 394

■ Unter Kennern gilt Vancouver neben San Francisco als die schönste Stadt an der Westküste Amerikas. Vor dem Hintergrund der schneebedeckten Coast Mountains im Norden, eingerahmt von Fraser River und Pazifik, ist dieses Juwel mit seinen Stränden, Parks, Gärten und nahen, riesigen Wildnisgebieten *der* Anziehungspunkt West-Kanadas.

Die Stadt selbst hat etwa 550 000 Einwohner, im Großraum leben mehr als 1,9 Mio. Menschen, rund die Hälfte der Bevölkerung von British Columbia. Damit ist Vancouver die drittgrößte Stadt Kanadas. Das »Tor zum Pazifik« ist das wichtigste Verkehrs-, Kommunikations- und Handelszentrum der Provinz und Drehscheibe für den Eisenbahn-, Bus- und Flugverkehr. Der Hafen ist Kanadas Hauptumschlagplatz für Holzprodukte, Getreide, Kohle und andere Güter. Durch die Kreuzfahrtschiffe, auf dem Weg durch die Inside Passage nach Alaska, machen über eine halbe Million Passagiere in Vancouver Station. Das macht ihn zum belebtesten Pazifikhafen Amerikas und zu einem der größten der Welt. Als Westküsten-Metropole ersten Ranges etabliert hat sich Vancouver spätestens seit der Weltausstellung 1986 sowie den seit den 1990er Jahren stark intensivierten Wirtschaftsbeziehungen mit den ostasiatischen Staaten.

In diesem kosmopolitischen Zentrum mischen sich östliche und westliche Strömungen, denn Ostasien liegt näher als Europa. Vancouver ist Heimat für Menschen hundert verschiedener Nationalitäten, die das Gesicht der Stadt prägen. Die vielen ethnischen Kommunen in Chinatown, im benachbarten Klein-Japan, in der italienisch-portugiesischen Enklave an der East Side, in der griechischen Kolonie am West Broadway, in den jüdischen Synagogen und koscheren Lebensmittelläden an der Oak Street sowie im angrenzenden französischen Viertel sind ein sichtbarer Beweis dafür. Und um Main und 49th Street hat sich die wohl größte Sikh-Kommune außerhalb Indiens gebildet. In den letzten beiden Jahrzehnten kamen Einwanderer aus Indien, Pakistan und Südvietnam, und seit ein paar Jahren besonders viele Chinesen aus Hongkong. Es sind überwiegend wohlhabende Geschäftsleute mit ihren Familien, die besonders vor der Übernahme Hongkongs durch die Volksrepublik China 1997 lieber ihr Geld in Vancouver investierten. Als Folge davon explodierten die Immobilienpreise.

Vancouver wird oft als die ›kulinarische Weltstadt‹ gerühmt, mit der besten Auswahl von Spezialitätenrestaurants nördlich von San Francisco und westlich von Montreal. Im Großraum Vancouver gibt es über 3000 Restaurants. Auch kulturell hat sich die Stadt, die lange Zeit als etwas verschlafen galt, zu einem echten Mittelpunkt gemausert. Es gibt Dutzende erstklassiger Museen, Kunstgalerien und Theater. Was dort geboten wird, braucht internationale Vergleiche nicht zu scheuen – man kann praktisch jeden Abend ein anderes Stück sehen. 50 Diskotheken und über 100 Bars und Nightclubs sorgen für das nächtliche Entertainment. In der Saison gibt es Mu-

Auf der Burrard Street

sikshows, Ballett, die Opera Association, das große Vancouver Folk Festival an der Jericho Beach und in vielen Clubs treten die Top-Sänger und -Bands des Kontinents auf.

Auch die Filmindustrie hat sich hier in den letzten Jahren verstärkt angesiedelt und Vancouver den Ruf eines ›Hollywood North‹ eingebracht. Anfang der 1980er Jahre noch in der Größenordnung von etwa 20 Mio. Dollar Umsatz, beschäftigt die Filmwirtschaft von British Columbia heute über 4000 Mitarbeiter, die über 350 Mio. Dollar erwirtschaften. Viele der amerikanischen TV-Serien werden hier gedreht und Hollywoods Filmproduzenten schätzen die Vielseitigkeit von städtischer Architektur und Szenerie. Da ändert man einfach ein paar Namen und Straßenschilder, überklebt Autokennzeichen und die Kulisse passt. So hat Vancouver schon als Double für New York, Hongkong, Boston, Detroit,

Granville Island lädt zum Verweilen ein

München oder London gedient. Außerdem ist die Westküstenmetropole als Drehort wesentlich kostengünstiger als Hollywood. So vergeht kaum ein Tag, an dem nicht irgendwo in der Stadt eine Kamera läuft.

Fitnessfans und Naturliebhaber können eine reichhaltige Auswahl treffen. Reiten, Schwimmen, Tauchen, Golf auf zwei Dutzend Plätzen, Windsurfen im Hafen, Segeln in der Strait of Georgia, Wildwasserfahrten mit Kanu, Floß oder Kajak in den nahen Flüssen und Seen, Wandern, Bergsteigen und nicht zuletzt – Skilaufen das ganze Jahr über.

Zahlreiche Festivals und sportliche Wettbewerbe runden das Bild ab. Das Jahr beginnt mit dem berühmten Polarbär-Schwimmen in der English Bay oder dem Winterfestival im Whistler Mountain-Skigebiet. Im Frühjahr bringen viele landwirtschaftliche *fairs* mit buntem Programm Trubel in die Orte des Fraser Valley. Gastown erfreut sich am Aprilregen-Festival und in den Sommer fallen das Cloverdale-Rodeo, das Fraser-River-Floßrennen, das Steveston-Lachs-Festival, Coquitlams Francofete, Vancouvers Greek Days und das Sea Festival.

Das Klima ist das ganze Jahr über mild, im Winter schneit es kaum, dafür regnet es dann umso häufiger, sodass Vancouvers Wetter scherzhaft auch als *perma-grey,* also ›grau in grau‹ bezeichnet wird. Schneit es einmal heftiger, zeigt das Chaos auf den Straßen, wie wenig man auf solche Situationen vorbereitet ist. Für die mit Schnee reichlich gesegneten Landsleute östlich der Rocky Mountains ein Grund, sich darüber in den Medien lustig zu machen. Auch die Sommermonate haben ihre Regentage, sind aber mit durchschnittlich 250 Sonnenstunden weit angenehmer, als wir das von unseren Breiten gewohnt sind.

Ein Streifzug durch die Geschichte

Der erste weiße Entdecker, der seinen Fuß in die Region setzte, war Kapitän George Vancouver, als er 1792 in das Burrard Inlet segelte. Er scheint nicht sehr beeindruckt gewesen zu sein, denn er schrieb lakonisch in sein Logbuch, dass die Gegend mit dichten Tannenwäldern bedeckt sei. Grund genug, sie gleich wieder zu verlassen. Erst 70 Jahre später kamen die ersten Siedler und Holzfäller. Etwa zur gleichen Zeit stieß Simon Fraser auf dem Landweg von Osten zur Küste vor. Nach ihm wurde der Fraser River benannt, an dem Mitte des 19. Jh. Gold gefunden wurde.

Die eigentliche Gründung der Siedlung erfolgte 1867, nachdem John Deighton am Burrard Inlet mit dem Kanu an Land ruderte. Dabei hatte er seine indianische Frau und ein Fass Whiskey, unzweifelhaft sein wichtigster Besitz, denn damit eröffnete »der erste Unternehmer der Stadt« einen Saloon in der Wildnis. Seine Rechnung ging auf, der Zustrom der Holzfäller, Trapper und Goldsucher aus der Gegend war enorm. Nach ›Gassy‹ Jack, wie er wegen seiner Geschwätzigkeit hieß, benannte man auch die sich bald entwickelnde Siedlung. Gastown florierte und 1871 zählte man hier 77 Holzfäller und Sägemühlenarbeiter, vier Schlachter, zwei Schuster, einen Lehrer, zwei Pfarrer, einen Polizisten und weitere 100 Arbeiter, von Schmiedearbeitern bis zu Baumeistern. Frauen und Kinder, Chinesen, Indianer und Prostituierte hatte man bei der Zählung nicht für wichtig genug befunden.

Zur Stadt entwickelte sich die Siedlung erst, nachdem 1886 die letzten Nägel in die Schwellen der Canadian Pacific Railway geschlagen wurden, die auf ihrem Weg quer durch das riesige Kanada die Westküste erreicht hatte. Durch die chinesischen Kulis, die als Arbeitskräfte beim Eisenbahnbau und in den Goldminen zu Zehntausenden in die Region kamen, wuchs die Stadt rasch. Um ihr etwas mehr Würde zu verleihen, nannte man sie zu Ehren des britischen Entdeckers ›Vancouver‹. Im April 1886 gab es die ersten Stadtwahlen und die Lokalzeitung, der »Herald«, riet »rechtzeitig und so zahlreich wie möglich« zu wählen. Die Einwohner und auch die beiden Bürgermeisterkandidaten nahmen das wörtlich: Stimmen wurden gekauft, gehandelt und mehrfach abgegeben – die Zeiten ›Gassy‹ Jacks waren eben doch noch nicht ganz überwunden. Trotzdem bewies die neue Stadtverwaltung Weitsicht: Sie erklärte das 400 ha große Waldgebiet an der Mündung des Burrard Inlet zu einem Naturpark. Heute bezeichnen die Vancouveraner ihren Stanley Park als den größten Schatz der Stadt.

Allerdings wäre damals die Anschaffung einer Feuerlöschspritze dringlicher gewesen, denn einen Monat später zerstörte in weniger als einer Stunde ein großes Feuer über 1000 Gebäude, praktisch die gesamte Stadt.

Der Boom ging jedoch ungebrochen weiter, und innerhalb weniger Monate war Vancouver wieder aufgebaut, diesmal mit dauerhafteren Materialien wie Stein und Eisen. 1890 gab es bereits über 50 km gepflasterte Straßen und eine elektrische Straßenbahn. Die Hudson's Bay Company und Woodwards errichteten die ersten Kaufhäuser, und 1898 wurde die Stadt zum Ausgangspunkt für Zehntausende, die es zu den sagenhaften Goldfeldern des Klondike zog. Das brachte Geld und Aufschwung und zehn Jahre später zählte Vancouver bereits über 100 000 Einwohner.

Downtown zu Fuß

Downtown ist relativ klein und leicht zu Fuß oder mit dem Bus zu erschließen. Immer wieder eröffnen sich zwischen den goldschimmernden Fassaden der Bürohochhäuser bezaubernde Blicke auf Meer und Berge. Die Wolkenkratzer sind hier nicht so himmelhochragend wie in anderen amerikanischen Großstädten. Sie stammen zum großen Teil erst aus den letzten Jahren und man hat bei der Planung darauf geachtet, das ansehnliche Stadtbild zu bewahren.

Das Zentrum des Einkaufs- und Geschäftslebens bilden der Robson Square und die Fußgängerzone der Granville Mall. Die Gestaltung des drei Straßenblocks zwischen Hornby and Howe Street umfassenden Robson Square mit seiner eigenwilligen futuristischen Architektur auf zwei Etagen setzt hier städtebauliche Akzente. Auf der hübsch mit Blumen, Bäumen und Wasserfällen angelegten Plaza finden im Sommer Konzerte statt und im Winter kann man hier Schlittschuh laufen. Das neue **Court House** 1, 1972 vom Architekten Arthur Erikson erbaut, fällt durch seine eigenwillig schräg abfallende Dachkonstruktion aus Glas und Beton auf, und das alte restaurierte Justizgebäude (erbaut von Francis Rattenbury, der auch das Parlamentsgebäude in Victoria entworfen hat) beherbergt jetzt die **Vancouver Art Gallery** 2 mit Ausstellungen internationaler und kanadischer Künstler. Besonders interessant sind die umfangreichen Sammlungen der bedeutendsten Maler des kanadischen Westens mit ihren Landschafts- und Stimmungsbildern aus der mythologischen Welt der

Downtown Vancouver

N

0   500 m

Burrard Inlet

Brockton
Point

Seawall Promenade

nley Park Dr.

15 Vancouver
Aquarium

Zoo

Brockton Pt. Trail

Totempfähle ■

Seawall

Yacht
Club

Deadman's
Island

SeaBus Route (nach Lonsdale Quay
& North Vancouver)

Coal Harbour

Coal Harbour Rd.

Canada Place

7

D
Bayshore Dr.

Georgia St.

Cardero St.

Nicola St.

Broughton St.

Jervis St.

Bute St.

Thurlow St.

Burrard St.

Hornby St.

Howe St.

W Cordova St.

W. Hastings St.

Fährterminal

Portside
Park

9 GASTOWN

Steam Clock

Water St.

Alexander St.

Powell St.

Atherm St.

4
bson
rket

Robson St.

W Pender St.

Melville St.

Georgia St.

Vancouver
Travel Info Centre

6

Marine
Building

5

DOWNTOWN

Harb St.

Alberni St.

Barclay St.

Nelson St.

Comox St.

Nelson
Park

Granville St.

Seymour St.

3
Hotel
Vancouver

Vancouver
Art Gallery

Harbour
Centre

Dunsmuir St.

8

W Pender St.

Cambie St.

Carrall St.

E. Cordova St.

E. Hastings St.

E. Pender St.

Columbia St.

Main St.

10 **CHINATOWN**

Court House

1

2

Richards St.

W Robson St.

Ford Centre for
the Performing Arts

Vancouver
Public Library

Library
Square

11

Chinese
Cultural Centre

Dr. Sun Yatsen
Garden

Burnaby St.

ell St.

er St.

Bute St.

wood St.

St. Thurlow St.

Burrard St.

Hornby St.

Howe St.

Granville St.

Davie St.

Smithe St.

Nelson St.

Helmcken St.

Homer St.

Mainland St.

Cambie St.

Expo Blvd.

B.C. Place
Stadium

Pacific Blvd.

B.C. Place

12

Dunsmuir Viaduct

Georgia Viaduct

Main St.

**Pacific
Central
Station**

YALETOWN

Pacific St.

Seymour St.

Richards St.

Hamilton St.

Pacific Blvd.

Marinaside Cr.

Plaza
of Nations

Science World B.C. ■

le

13

Granville
Bridge

14

Charleston Park

Cambie
Bridge

Westküstenindianer. Gleich in der Nähe ist das traditionsreiche **Hotel Vancouver** 3 mit seinen grün schimmernden Kupferdächern, 1939 von der Canadian Pacific Railway eröffnet. Es ist bereits das dritte Hotel, das unter diesem Namen erbaut wurde. Das erste Hotel Vancouvers, vierstöckig und noch ganz in Holzbauweise, wurde schon 1887 errichtet, als die Transkontinentale Eisenbahn die Stadt erreichte. Seit dieser Zeit haben sich so berühmte Persönlichkeiten wie Mark Twain, Rudyard Kipling, Winston Churchill, Indira Gandhi und Königin Elisabeth ins Gästebuch eingetragen. In der Lobby kann man ein großes naturgetreues Modell von Captain Vancouvers Schiff »HMS Discovery« bewundern.

Ein paar Straßen weiter südlich, an Robson und Homer Street findet man zwei weitere architektonische Prunkstücke, erbaut vom kanadisch-israelischen Stararchitekten Moshe Safdie, der durch seine kubistische Wohnanlage Habitat auf der Expo 1967 in Montreal bekannt geworden ist: das **Ford Centre for the Performing Arts** hinter dessen Fassade 1800 Zuschauer die neuesten internationalen Produktionen erleben können, und das neunstöckige lichtdurchflutete Oval der **Vancouver Public Library,** die reichlich bestückt und mit hochmoderner Computertechnologie ausgerüstet auch Besuchern offensteht.

Vom Robson Square schlendert man in Richtung Stanley Park über die **Robson Street,** die von den Einwohnern auch heute noch manchmal Robsonstraße genannt wird. Der deutsche Name stammt aus der Zeit, als noch bis vor einigen Jahrzehnten überwiegend deutsche Geschäfte und Restaurants das Straßenbild bestimmten. Heute ist sie Vancouvers beliebteste Flaniermeile mit einer Spur asiatischer Exotik und einer bunten Vielfalt von eleganten Boutiquen, Straßencafés, internationalen Restaurants und *speciality shops.* Genauso kosmopolitisch ist auch das Publikum. In Straßencafés genießt man das Flair, vielleicht bei Gelati oder Strudel mit Kaffee und auf den Gehwegen herrscht dichtes Gedränge – man will sehen und gesehen werden. Dabei hielt man hier in der Nähe des Stanley Parks noch um 1900 Hühner und Pferde im Hof und erst in den 30er Jahren wurde die Straße gepflastert. – Am Ende der Einkaufszone sollte man dem **Robson Public Market** 4 einen Besuch abstatten. Der glasüberdachte Markt mit vielen kleinen Delikatessen-, Blumen- und Kunsthandwerkgeschäften ist dem Kristallpalast in London nachempfunden. Nirgendwo sonst gibt es eine größere Auswahl an internationalen Leckerbissen.

Wenige Hundert Meter weiter nördlich, am Fuß der Denman Street, gelangt man zum **Coal Harbour,** Vancouvers Jachthafen. Von hier aus veranstalten die Harbour Ferries Ltd. verschiedene Rundfahrten durchs Hafengebiet mit originalgetreu nachgebauten Raddampfern, wie sie früher auf dem Fraser River üblich waren. Lohnend sind auch verschiedene Tagestouren, etwa die durch den fjordähnlichen Indian Arm, nordöstlich der Innenstadt, mit seinen dichten Wäldern und Ausblicken auf schneebedeckte Berge. Manchmal sind Adler und Robben zu sehen und der Kapitän erzählt spannend über Hafen und Umgebung.

Vom Robson Square führt die Burrard Street in Richtung Norden durch den eigentlichen Business District. Hier stehen die modernen Büropaläste mit ihren schimmernden Glasfassaden, aber auch Gebäude von historischem Reiz. Zum Beispiel das im Art déco-Stil 1930 fertig gestellte **Marine Building** 5 an der Ecke Burrard Street und West Hastings

Street. In die Fassade eingearbeitet sind schöne Terrakotta-Verzierungen, die Vancouvers Beziehung zu Handel und Meer symbolisieren. Die prächtige Fassade spiegelt sich in den Glasfronten der Hochhäuser gegenüber – ein faszinierender Effekt, der immer wieder die Fotografen begeistert (s. Abbildung S. 69).

Einen Häuserblock weiter befindet sich das **Vancouver Travel Info Centre** 6, wo man ausgezeichnetes Material über die Stadt erhält, und gleich nebenan der **Canada Place** 7. Mit seiner eigenwilligen teflonbeschichteten Dachkonstruktion ragt der Komplex wie ein riesiges Schiff mit geblähten weißen Segeln in den Hafen. Der deutschstämmige Architekt Ed Zeidler hat das Gebäude als Kanada-Pavillon für die Weltausstellung 1986 entworfen. Heute dient es als Kanadas wohl beeindruckendstes Handels- und Kongresszentrum. Hier

legen die Kreuzfahrtschiffe an, es gibt Restaurants, Geschäfte, ein großes IMAX-Filmtheater – und von der umlaufenden Promenade bieten sich herrliche Ausblicke auf die Stadt und den Hafen.

Das **Harbour Centre** 8 an der Ecke von Hastings und Richards Street, nicht weit vom Canada Place entfernt, bietet einen noch besseren Überblick. Vom 167 m hohen Aussichtsdeck und dem rotierenden Restaurant schweift der Blick über das grandiose Panorama von Stadt, Meer und Bergen.

Historisches Gastown

9 Als in den 70er Jahren eine große Stadtautobahn durch das heruntergekommene Gastown mit dem benachbarten Chinatown, die beiden ältesten Bezirke der Stadt, gebaut werden sollte, besannen sich die Vancouveraner auf

Eine Uhr unter Dampf: die Steamclock in Gastown

ihre Geschichte und gründeten eine Bürgerinitiative, die das Projekt zu Fall brachte. 1972 erklärte die Provinzregierung die beiden Viertel zu *historic areas* und stellte die Gebäude und Anlagen unter Denkmalschutz. Die düsteren, baufälligen Backsteingebäude und Lagerhäuser wurden liebevoll restauriert und die Straßen mit Blumen und Grün geschmückt. Heute ist Gastown mit seinen Pflasterstraßen und antiken Straßenlaternen, vielen kleinen Läden und Boutiquen, Galerien, Restaurants und Pubs längst zum beliebten Treffpunkt von Vancouvers Schickeria geworden. Wer nostalgisches Flair aus der Pionierzeit schätzt, ist hier gut aufgehoben.

›Gassy‹ Jack (s. S. 71) und seinem notorischen Whiskeyfass hat man am **Maple Tree Square,** dem Platz, wo früher sein Hotel und Saloon standen, ein Denkmal gesetzt. Auch vor einem anderen Unikum und Wahrzeichen Gastowns, der **Steam Clock,** einer dampfbetriebenen Uhr, die viertelstündlich den ›Westminster‹-Glockenschlag auf Dampfpfeifen produziert, steht meist eine Gruppe von Bewunderern.

Nicht weit von hier, an und unter der Water Street, eröffnet im Frühjahr 2004 Vancouvers neueste Attraktion, das **Storyeum.** In einem 10 000 qm großen Untergrundtheater wird in einem 80-minütigen Programm mit originellen Darstellern, Geschichtenerzählern und Künstlern die abenteuerliche Geschichte der Westküste Kanadas wieder lebendig.

Farbenfrohes Chinatown: Vancouvers Chinesenviertel

10 Die Altstadt lebt davon: vom Charme Chinatowns. Längst ist das Viertel nicht mehr das Ghetto, das es im 19. Jh. ein-

mal war und in das Weiße sich kaum hineinwagten. Außerdem leben die meisten der mehr als 100 000 Chinesen über die ganze Stadt verstreut. Vancouvers Chinatown ist mehr ein quirliges Geschäftsviertel als ein Wohngebiet, allerdings von beachtlicher Größe, die in Nordamerika nur noch von San Franciscos Chinesenviertel übertroffen wird. In den großen Kaufhäusern kann man fernöstliche Luxuswaren genauso wie einen kompletten Hausrat asiatischen Stils erwerben. Attraktiver sind jedoch die zahllosen kleinen Läden und Geschäfte mit exotischen Köstlichkeiten, Antiquitäten, Schnitzereien, Tuschezeichnungen, farbenprächtigen Papierdrachen, Seidenstoffen, Porzellanfiguren und fremdartigen Gewändern.

Das Zentrum von Chinatown erstreckt sich über drei Straßenblocks entlang der Pender Street von Carrall bis Gore Street. Hier sind auch die interessantesten Gebäude des Viertels zu finden. Das Haus No. 1 East Pender beherbergt die »Chinese Times«, die älteste Zeitung Chinatowns, und No. 8 West Pender, das **Sam Kee Building,** ist Vancouvers schmalstes Gebäude – mit 1,80 m Breite vielleicht sogar das schmalste der Welt. Das geschäftige Treiben wirkt hier am farbigsten und authentischsten: chinesische Mütter beim Einkauf, beladen mit Einkaufstüten und Taschen, eine Schar mandeläugiger Kinder im Schlepptau, die sich jauchzend mit bunten Papiertigern vergnügen; alte Frauen mit braunen runzligen Gesichtern in verblichenen Kattunkleidern; ein würdevoll schreitender chinesischer Geistlicher, ganz in feierlichem Schwarz gekleidet; und eine zahnlose Alte mit kegelförmigem Hut als Sonnenschutz und schwer bepackt mit leeren Gemüsekisten, die über die Straße schlurft. Aus manchen Läden dringt ein würziger, undefinierba-

Ein so reichhaltiges Angebot an Gemüse- und Fruchtsorten findet man nur in Chinatown

rer Duft, und in den Ohren mischt sich ein Stimmengewirr aus englischen und chinesischen Lauten. Junge Mädchen in neuester westlicher Mode, aber mit unverkennbarem fernöstlichem Charme, flirten mit lässig-coolen Typen in Jeans, die eine Harley Davidson bewundern. Wie Abziehbilder gleichen sie den chinesischen Popstars und Macho-Helden der Kung-Fu-Filme auf den grellbunten Kinoplakaten mit den chinesischen Schriftzeichen. Und durch das dichte Gedränge der Einkaufenden oder Schwatzenden eilen chinesische Geschäftsleute vom *dim sum,* dem traditionellen Lunch, zurück in die Büros der Banken und Importfirmen.

Die ersten beiden Straßenblocks sind voller Kuriositäten und Spezialitätenläden, wo es an Rattanmöbeln, Bambuskörben und -hüten, chinesischem Koch- und Essgeschirr, Büchern und Schallplatten, reich bestickter Seidenkleidung, Jadeschmuck, Elfenbeinschnitzereien,

lackiertem Porzellan und Räucherstäbchen alles gibt, was man auch in Hongkong, China oder Taiwan kaufen könnte. Faszinierend ist auch ein Besuch in einer chinesischen Apotheke, die für alle Krankheiten und Gebrechen ein Heilmittel hat, das nur Chinesen bekannt ist. Nachdem der Kunde sein Problem mit dem Kräuterspezialisten erörtert hat, werden die getrockneten Kräuter oder vielleicht eine Rezeptur aus Ginseng, Tees, getrockneten Seepferdchen und zerstoßenen Geweihstangen auf der altehrwürdigen Schalenwaage genau ausgewogen. Dann wird der Preis durch flink hin und her geschobene Perlen auf einem Abakus, dem alten chinesischen Rechengerät, ermittelt.

Im östlichen Teil Chinatowns sind vor allem die Lebensmittelgeschäfte, Bäckereien, Gemüseläden, Fleisch- und Fischhändler vertreten. Bis auf die Straße reichen die Auslagen: Dutzende von Gemüse- und Fruchtsorten, die man außerhalb Chinatowns vergeblich sucht.

Restaurants gibt es in allen Preislagen. Manchmal fällt es nicht ganz leicht, mit der Speisekarte zurechtzukommen, die oft den Umfang einer mittleren Broschüre hat. Der weniger erfahrene Feinschmecker, der nicht das Glück hat, in kundiger Begleitung zu sein, bleibt dann lieber bei *wonton* und *chicken chow mein,* einer Pekingente oder einem Mongolischen Feuertopf. Vor dem gleichen Problem steht man mittags beim kantonesischen *dim-sum*-Lunch, der ein Ritual und eine Mahlzeit zugleich ist. Hier kann man unter einigen Dutzend zum Teil recht merkwürdig aussehender Spezialitäten auswählen, die in kleinen Schalen auf einem Wagen an den Tisch gefahren werden. Für Vieles, was geboten wird, muss man erst einmal den richtigen Geschmack entwickeln, für geschmorte Hühnerkrallen zum Beispiel. Lecker sind Gerichte wie Rippchen in schwarzer Bohnensoße, Häppchen vom Schwein, Shrimps in Reisgebäck oder Abalonen in Austernsoße. Für den, der original chinesisch essen will, gilt die Faustregel: Sind unter den Gästen überwiegend Chinesen, kann man sicher sein, dass einem hier die amerikanischen ›Chinaspezialitäten‹ erspart bleiben. Die meisten Restaurants servieren kantonesische Gerichte, aber auch einige die schärfer gewürzte nordchinesische Küche.

Lohnend ist ein Gang durch die stilleren Seitengassen und Hinterhöfe Chinatowns. Gefährlich ist es nicht, zumindest am Tage braucht man keine Sorge zu haben. Abseits vom Betrieb der Ladenstraßen werden hier die Waren angeliefert. Oder man kann einen Blick in eine Werkstatt oder ein Lager werfen, vielleicht auch zusehen, wie aus einem großen Drachentopf, eben aus China importiert, die ›faulen Eier‹ aus der Tonerde gepackt und mit flinken Händen gesäubert werden. Oder man hört das Klicken von Mah-Jong-Steinchen aus einem Hausflur. Nachts bietet der Bummel durch die belebten Straßen Chinatowns mit ihren bunten Lichtreklamen eine Fundgrube für gute Nachtaufnahmen.

Anlässlich der Expo 1986 entstand auf einem alten Parkplatz an der Carrall Street der **Dr. Sun Yatsen Classical Chinese Garden,** angelegt in der Tradition der Ming-Dynastie von 52 Gärtnern aus Suchou. Klassisch-streng getrimmte Zypressen und Kiefern, Arrangements aus seltenen Taihu-Felsen, jadegrüne Teiche, zierliche Pavillons mit Terrakotta-Dächern bilden hier eine stille Oase im lärmenden Trubel. Gleich nebenan an der Pender Street gelangt man durch das China Expo Gate, einem farbenfrohen Pagodentor, zum **Chinese Cultural Centre** 🄫. Hier erhält man Informationen über Geschichte, Wirtschaft und Kultur Chinatowns. Man kann auch mal in eine Klasse hineinschauen, wo sich der Nachwuchs mit Kantonesisch oder Mandarin abplagt, Schriftzeichen pinselt oder sich in Tänzen und den uralten Kampfsportarten übt. Der vitalen chinesischen Kommune, die stolz auf ihre Tradition ist und mit Begeisterung ihre Feste feiert, merkt man heute nicht mehr an, dass sie einmal aus der Notwendigkeit des Zusammenhaltes gegenüber einer feindlichen Umwelt gegründet wurde. Damals verweigerte man den Chinesen, die als Kulis für die Schwerstarbeit beim Eisenbahnbau, in den Goldminen, den Wäschereien oder als Dienstpersonal zu Zehntausenden ins Land geholt wurden, die Staatsbürgerschaft. Sie wurden mit Sondersteuern belegt und strikten Arbeitsbeschränkungen unterworfen.

Zudem galten sie als Heiden und unerwünschte Elemente, die in einem Viertel der Spielhöllen, Opiumhöhlen und Geheimgesellschaften lebten. Erst nach dem Zweiten Weltkrieg verschwanden die Vorurteile. 1949 erhielt die chinesische Minderheit das Wahlrecht, 1967 wurden besondere Einwanderungsbeschränkungen, die nur für Chinesen galten, aufgehoben. In den 70er Jahren schließlich wurden die Chinatowns in Vancouver und Victoria als besonders schutzwürdig erklärt und auch Maßnahmen zur Verbesserung und Erhaltung ihrer Infrastruktur und der Gebäudesubstanz getroffen.

Am False Creek und auf Granville Island

Im Südosten von Downtown, am Ende des Meeresarms False Creek liegt **B. C. Place** 12, das ehemalige Gelände der Expo 86. Übrig geblieben von der Weltausstellung ist nur die geodätische Edelstahlkugel, die wie ein riesiger schimmernder Golfball ein Wahrzeichen der Stadt geworden ist. In dem 15 Stockwerke hohen Gebäude befindet sich ein **Omnimax Theatre** mit der wohl größten gewölbten Leinwand der Welt für atemberaubende 3-D-Filmvorführungen, und in der **Science World** wird »Wissenschaft zum Anfassen« geboten. Hier laden die hauptsächlich für Kinder gedachten Ausstellungen in den Licht- und Soundstudios zum Experimentieren ein. In den Hallen der **Plaza of Nations** finden Konzerte und Versammlungen statt, und auch das auf der anderen Seite des Pacific Boulevard liegende **B. C. Stadium** steht für Konzerte und Ausstellungen zur Verfügung – wenn hier nicht gerade die Spiele der BC Lions Football-Mannschaft stattfinden. Mit 60 000 Plätzen und seiner vier Hektar großen Zeltkuppel aus teflonbeschichte-

Granville Public Market auf Granville Island

tem Fiberglas, die durch den Luftdruck von 16 mächtigen Ventilatoren in Position gehalten wird, gilt das B. C. Stadium als das größte seiner Art. Auf geführten Besichtigungstouren wird das technische Wunderwerk erklärt.

Auf **Granville Island,** einer künstlichen Halbinsel im False Creek Inlet, entstand unter der Granville Street Bridge aus einem Industrieslum mit heruntergekommenen Docks, Fabriken und Lagerhäusern eine äußerst lebendige, farbenfrohe Mischung aus Arbeit, Einkaufen, Erholung und Kultur. Ein Musterprojekt behutsamer Stadtsanierung und Restaurierung. Die alten Hallen wurden stabilisiert und mit einem farbenfrohen Anstrich versehen. Um die alte Lagerhausatmosphäre zu erhalten, hat man ursprüngliche Einrichtungen wie Kräne, Stützbalken, Fenster und Türen wo immer möglich in das neue Design einbezogen. So entstand auf der 115 ha großen Insel eine kunterbunte Vielfalt von Firmen, Hausbooten, ausgefallenen Läden, Theatern, kleinen Cafés und Spezialitätenrestaurants. In den alten Lagerhallen wurden Studios, Galerien und Kunsthandwerkstätten eingerichtet. Durch ein paar übrig gebliebene Jachtausrüster ist auch das maritime Ambiente noch zu spüren. Im **Granville Public Market** 13 wird Einkaufen zum Erlebnis. Neben Bergen von frischem Obst verlocken leckere Meeresfrüchte: Langusten, Krabben, Muscheln, Hummer, lebendig oder gekocht. In den schmalen Straßen herrscht lebhaftes Treiben und hin und wieder bilden sich Menschentrauben um Straßenmusikanten und Gaukler.

Weniger quirlig als auf Granville Island geht es weiter östlich im **Charleston Park** 14 zu. Teil der großzügigen Anlage ist die Uferpromenade, die schöne Ausblicke über Bootshäfen und den False Creek hinüber auf die Parade der Wolkenkratzer von Vancouver bietet.

Der Weg ist Teil der Seawall Promenade, die praktisch den gesamten False Creek, Granville Island und auch den Stanley Park umrundet. Fußgänger, In-Line Skater und Radfahrer teilen sich das Wegenetz.

Stanley Park: Wildnis in der Großstadt

Nur Minuten vom geschäftigen Treiben der Innenstadt entfernt liegt, auf einer Halbinsel, umrahmt vom Nordufer der English Bay und dem Burrard Inlet, der über 400 ha große Stanley Park, einst Jagd- und Lebensraum für die Squamish-Indianer. Das grüne Herz der Stadt mit ursprünglichen Wäldern von riesigen Douglasfichten und Hemlocktannen, mit Seen, schönen Stränden und verschwiegenen Wander- und Fahrradwegen ist der größte Stadtpark in Nordamerika. Um die Halbinsel herum führt

eine 12 km lange Uferstraße, der **Stanley Park Drive**, auch *Scenic Drive* genannt. Der Name besteht zu Recht, denn immer wieder bieten sich herrliche Ausblicke: über den Jachthafen mit der Skyline der Stadt, über das Inlet, gesprenkelt mit Schiffen und Booten, bis hin zu den – im Winter schneebedeckten – Bergen im Norden.

Mit dem Auto ist der Parkeingang über die Georgia Street zu erreichen. Die Rundfahrt führt am Burrard Jacht- und Ruderklub vorbei zum Gelände des Royal Vancouver Jachtclubs, wo dicht an dicht die tanzenden Masten der eleganten Jachten liegen, hinter denen die Silhouette der Stadt über das Wasser schimmert. Vor der Küste liegt Deadman's Island, auf dem der Sage nach 200 Krieger der Squamish-Indianer ihr Leben im Tausch für ihre von einem

*Vancouvers Skyline –
vom Stanley Park aus betrachtet*

feindlichen Stamm gefangen gehaltenen Frauen und Kinder gaben. Bei **Brockton Point** steht eine Gruppe von farbenprächtig bemalten Totempfählen, und beim Leuchtturm schweift der Blick über die Meerenge der First Narrows mit den ein- und auslaufenden Schiffen. Am Prospect Point, an der Spitze der Halbinsel, in der Nähe der **Lions Gate Bridge,** über die der Highway 99 nach Nord-Vancouver führt, windet sich der Scenic Drive durch dichten Wald mit riesigen Tannen und Zedern. Hier vergisst man die Gegenwart der Millionenstadt. An der Westseite liegen die Strände der English Bay, wo im Sommer lebhafter Badebetrieb herrscht. Bei der **Lost Lagoon,** in der es ganz in der Nähe auch Fahrräder zu mieten gibt, lassen sich Kanadagänse und zahlreiche andere Vogelarten dieses idyllischen Vogelschutzgebietes beobachten. Viele Wanderwege, die zum Teil schon als Trails von den Squamish angelegt wurden, durchkreuzen den Park. Besonders reizvoll sind der Cathedral Trail, an dem uralte riesige Bäume stehen und der Lake Trail, der zum lauschigen, mit weißen, roten und gelben Wasserlilien bedeckten Beaver Lake führt, an dem auch Trompeterschwäne nisten. Mehr Betrieb herrscht an der English Bay am Ausgang des Parks, wo Tennis, Rasenbowling oder Golf gespielt wird. Sportgeräte können gemietet werden. Kurse im Bogenschießen werden vom Park Board veranstaltet und Rugby, Kricket oder Feldhockey wird in der Nähe des Brockton Point gespielt. Der kleine **Kinderzoo** mit Streicheltieren gehört zu den meistbesuchten Attraktionen des Parks. Etwas für jedermann bietet das **Aquarium** 🔢, das eher ein Ozeanarium und noch dazu Kanadas größtes ist. Am beliebtesten sind die Vorführungen mit Delphinen und Killerwalen, die hier ihre Kunststücke zeigen. Den Tag im Stanley Park beschließt man abends am besten mit einem eleganten Diner in bezaubernder Umgebung im **Ferguson Point Tea House.** Herrliche Sonnenuntergänge gibt es gratis.

Vancouver: Entlang der English Bay

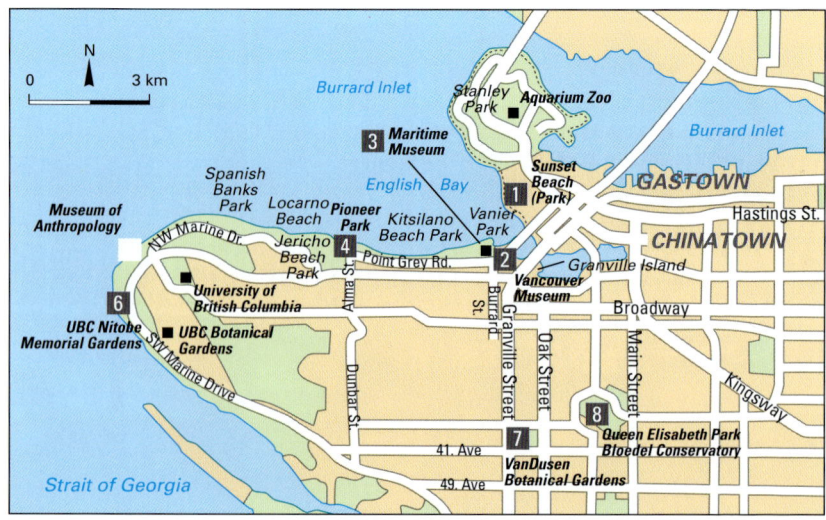

Entlang der English Bay bis zur Strait of Georgia: Strände – Museen – Gärten

Karte S. 82

Die weitgeschwungene Bucht mit ihren breiten Sandstränden ist nicht nur bei Vancouvers Sonnenanbetern, Joggern und Windsurfern ein heißer Tipp – auf der Promenade am **Sunset Beach** 🔢 flaniert man gern, kauft an den nostalgischen Karren der Popcornverkäufer einen frisch gerösteten Snack oder genießt den fantastischen Sonnenuntergang. Weiter im Westen der Bay werden die Strände dann einsamer. Wäre nicht immer wieder der schöne Blick auf die Skyline, ließe sich die Nähe der Millionenstadt nur ahnen.

Auf der Burrard-Brücke über den False Creek gelangt man zum **Vanier Park**. Hier sind auch die Stadtarchive, das H. R. MacMillan Space Centre mit dem Planetarium, wo außer Galaxy-Reisen auch eine Lasershow mit Rockmusik geboten wird, und gleich nebenan das **Vancouver Museum** 🔢, in dem die Geschichte der Region von prähistorischer Zeit bis zur Moderne dargestellt wird. Am Nordrand des Parks liegt das **Maritime Museum** 🔢 mit Schiffsmodellen, Uniformen und anderen Dingen, die Vancouvers Beziehung zu den Weltmeeren zeigen. Eindrucksvoll: die Besichtigung des restaurierten Schoners »St. Roch«, der Geschichte gemacht hat, als er während des Zweiten Weltkriegs als erstes Schiff die Nordwestpassage zwischen Atlantik und Pazifik in beiden Richtungen durchfuhr. Der angrenzende **Kitsilano Beach Park,** auch Kits genannt, ist einer der Lieblingsstrände der Vancouveraner. Hier sorgen besonders die Universitätsstudenten für Trubel. Im Sommer kann man hier auch einen geheizten Meerwasserpool besuchen. Weiter westlich, am Ende der Point Grey Road, liegt der **Pioneer Park** 🔢. Hier steht das älteste Gebäude der Stadt. Der **Hastings Mill Store,** 1865 errichtet, war der Mittelpunkt der kleinen Holzfällersiedlung am Burrard Inlet und praktisch das einzige Gebäude, das vom großen Feuer von 1868 verschont blieb. 1929 bewahrten es geschichtsbewusste Bürger vor dem Abriss und ließen es im Pioneer Park aufstellen und als Museum einrichten. Gleich nebenan liegt der **Jericho Park** mit idyllischen Wanderwegen. Vom Strand bietet sich ein Blick auf Vancouver, der an die berühmte Bucht von Copacabana erinnert. Weiter westlich reihen sich noch weitere schöne Strände, Locarno Beach und Spanish Banks sind Treffpunkte für die Sonnenhungrigen und Windsurfer. An der Wreck Beach, südlich von Point Grey, kann auf Kleidung verzichtet werden.

Vom Spanish Banks Park führt der Marine Drive um die Halbinsel. Am westlichsten Zipfel liegt das **Museum of Anthropology** 🔢 der Universität von British Columbia. Der Besuch lohnt sich nicht nur an grauen Regentagen. Mit einer architektonischen Meisterleistung hat Architekt Arthur Erickson hier Glas und Beton in die Landschaft integriert. Das Museum, umgeben von einem weitläufigen Park mit riesigen alten Bäumen, Totempfählen und indianischen Langhäusern, besitzt eine hervorragende Sammlung von Kunst- und Gebrauchsgegenständen der Westküstenindianer. Hier erfährt man alles über die Kultur der Tlingit, Haida, Kwakiutl, Nootka, Tshimshian, Bella Coola und Salish. So vielfältig und fantasieanre-

›Raven‹-Skulptur von Bill Reid, Museum of Anthropology

gend wie ihre Namen sind auch die Gegenstände: eindrucksvolle Totempfähle, schön geschnitzte Truhen, Deckenbalken, Zeremonienobjekte, riesige, bunt bemalte Figuren und Masken. Auch Skulpturen von zeitgenössischen indianischen Künstlern wie Bill Reid sind hier zu finden.

Wer nach langen Museumsstudien frische Luft schnappen möchte, dem bieten die wunderschönen Gärten auf dem riesigen Gelände der Universität ausreichend Gelegenheit dazu. Besonders hübsch: die **Nitobe Memorial Gardens** 6 mit ihren traditionell japanischen Anlagen und dem Teehaus. Dann gibt es noch den Asian Garden mit der größten Sammlung asiatischer Gewächse in Nordamerika, den Physick Garden als ein Beispiel medizinischer Kräuterweisheit im 16. Jh. und den B. C. Native Garden mit schönen Wanderwegen durch eine typische Westküsten-Landschaft. Auch der zur Universität gehörende **UBC Botanical Garden**

lohnt für interessierte Botanikfreunde den Besuch. Und Gartenliebhaber kommen im **VanDusen Botanical Garden** 7, 37th Ave. West und Oak St., auf ihre Kosten.

Sehenswert ist auch der etwa 12 km östlich, an der 33rd Avenue und Cambie Street gelegene **Queen Elizabeth Park.** Der über 50 ha große Park auf dem 152 m hohen Little Mountain bietet nicht nur schöne Rasen- und Blumenanlagen mit idyllischen Fleckchen zum Verweilen – allein der Blick auf die Skyline der Downtown vor dem Hintergrund der Küstenberge lohnt den Besuch. Und sollte Vancouver wieder einmal im berüchtigten *perma grey* versunken sein, dann kann man sich schließlich mit dem Besuch des **Bloedel Conservatory** 8 auf dem Gipfel des Little Mountain trösten. Rund ein halbes Tausend verschiedene tropische Gewächse und exotische Blumen, zwischen denen bunte Vögel umherschwirren, lassen hier das feuchtgraue Westküstenwetter vergessen.

Ausflüge in die Umgebung von Vancouver

Karte S. 86/87
Tipps & Adressen Vancouver S. 394

Zu den zwei oder drei Besichtigungstagen in der Stadt lohnt es sich, einige Tagesausflüge in die nähere Umgebung einzuplanen. Es ist verblüffend, wie schnell man von der Metropole in verträumte Fischerdörfer, an malerische Küstenstriche oder in ursprüngliche Naturparks gelangt.

Historisches Steveston Village

Ein erste Tour bringt uns ins Fraser River Delta am südwestlichsten Zipfel von Richmond. Hier am Südarm des mächtigen Flusses liegt der unter Denkmalschutz stehende kleine Fischerort **Steveston Village** **1**, der vor hundert Jahren zu den größten Lachsverarbeitungsstätten des Landes gehörte. Damals gab es nicht weniger als 15 Lachskonservenfabriken mit eigenen Segelschiffen, die den leckeren Fisch in alle Welt verschifften. Und obwohl Steveston heute einen eher beschaulichen Eindruck macht, liegt hier die größte Fischereiflotte Kanadas. Ein imposanter Anblick, wenn die Boote zu Beginn der Saison auf dem Fraser River auslaufen.

Steveston hat heute eine lebhafte hübsche Hafenpromenade mit attraktiven Geschäften und Restaurants sowie einen farbenfrohen schwimmenden Fischmarkt am Wochenende. Zahlreiche freiwillige Helfer haben in den letzten Jahren die historischen Gebäude des Ortes liebevoll restauriert und dem etwas heruntergekommenen Hafenort so zu einem schmucken Aussehen verholfen. Besonders sehenswert ist die **Gulf of Georgia Canning Company,** eines der zehn wichtigsten Geschichtsdenkmäler der Provinz. Hier wird die Fischereigeschichte an der Westküste auf lebendige Art vorgestellt. Das heimatkundliche **Steveston Museum** und der **Britannia Heritage Shipyard,** in dem heute wieder ein kleiner Werftbetrieb arbeitet, sind weitere Höhepunkte. Bei einer Bootstour kann man die ganze Galerie der alten Werftanlagen und Konservenfabriken bewundern, und die Walbeobachtungstouren, die von Steveston aus veranstaltet werden, sind ebenso erfolgversprechend wie die von Victoria.

North Vancouver und Grouse Mountain

Ein weiterer hübscher Ausflug, auch ohne Auto, führt nach Nord-Vancouver. Mit dem *Sea Bus,* einer wie ein futuristischer Katamaran aussehenden Personenfähre, gelangt man vom **South Shore Sea Bus Terminal** **2** am Fuß der Granville Street in nur 20 Min. zum Lonsdale Quay am gegenüberliegenden Ufer des Burrard Inlet. Das geht schnell und preiswert, man vermeidet die verstopften Brücken – und einen herrlichen Blick auf die Skyline von Vancouver gibt's gratis dazu.

Der **Lonsdale Quay Market** **3** in North Vancouver, wo die Fähre anlegt, ist zwar nicht ganz so populär wie der Markt auf Granville Island, aber doch ein

Übersichtskarte Vancouver und Umgebung ▷

Lions Bay

Britannia Beach

Little River

Horseshoe Bay

99

B.C. Terminals

Nanaimo

Cypress Prov. Park

6 Grouse Mountain

Capilano Lake

5 Capilano Salmon Hatchery

WEST VANCOUVER

NORTH VANCOUVER DISTRICT

Mosquito Creek

Lynn Creek

Seymour R.

Atkinson Lighthouse

Marine Dr.

Capilano River and Mt. P.

Capilano Suspension Bridge

Lynn Valley Rd.

4 Lynn Canyon Suspension Bridge & Ecology Centre

Lighthouse Park

Capilano Rd.

Lynn Canyon Park

NORTH VANCOUVER CITY

Lions Gate Bridge

99

Lonsdale Quay Market

3 Dellarton Hwy.

Mt. Seymour Pkwy.

Burrard Inlet

Stanley Park

Sea Bus

2

Burrard Inlet

1

GASTOWN
CHINATOWN

Museum of Anthropology

NW Marine Dr.

English Bay

Hastings St.

7A

Universität

SW Marine Dr.

10. Ave.

Broadway

Commercial St.

7

Lougheed Hwy.

12. Ave.

Grandview Hwy.

Canada Way

1

VANCOUVER

Dunbar St.

Granville St.

Oak St.

Kingsway

Queen Elizabeth Park

99A

49. Ave.

Main St.

Knight St.

Central Park

1A

99

North Arm Fraser River

Marine Way

Vancouver International Airport

Grant McConachie Way

Bridgeport Rd.

N. WESTM

Moray Channel

River Rd.

99

191 Westminster Hwy.

RICHMOND

Blundell Rd.

No. 1 Rd.

No. 2 Rd.

No. 3 Rd.

No. 4 Rd.

No. 5 Rd.

Annacis Channel

River Road

1 STEVESTON

Steveston Hwy.

DELTA

Waterfowl Sanctuary

Ladner Trunk Rd.

99

N

0   4 km

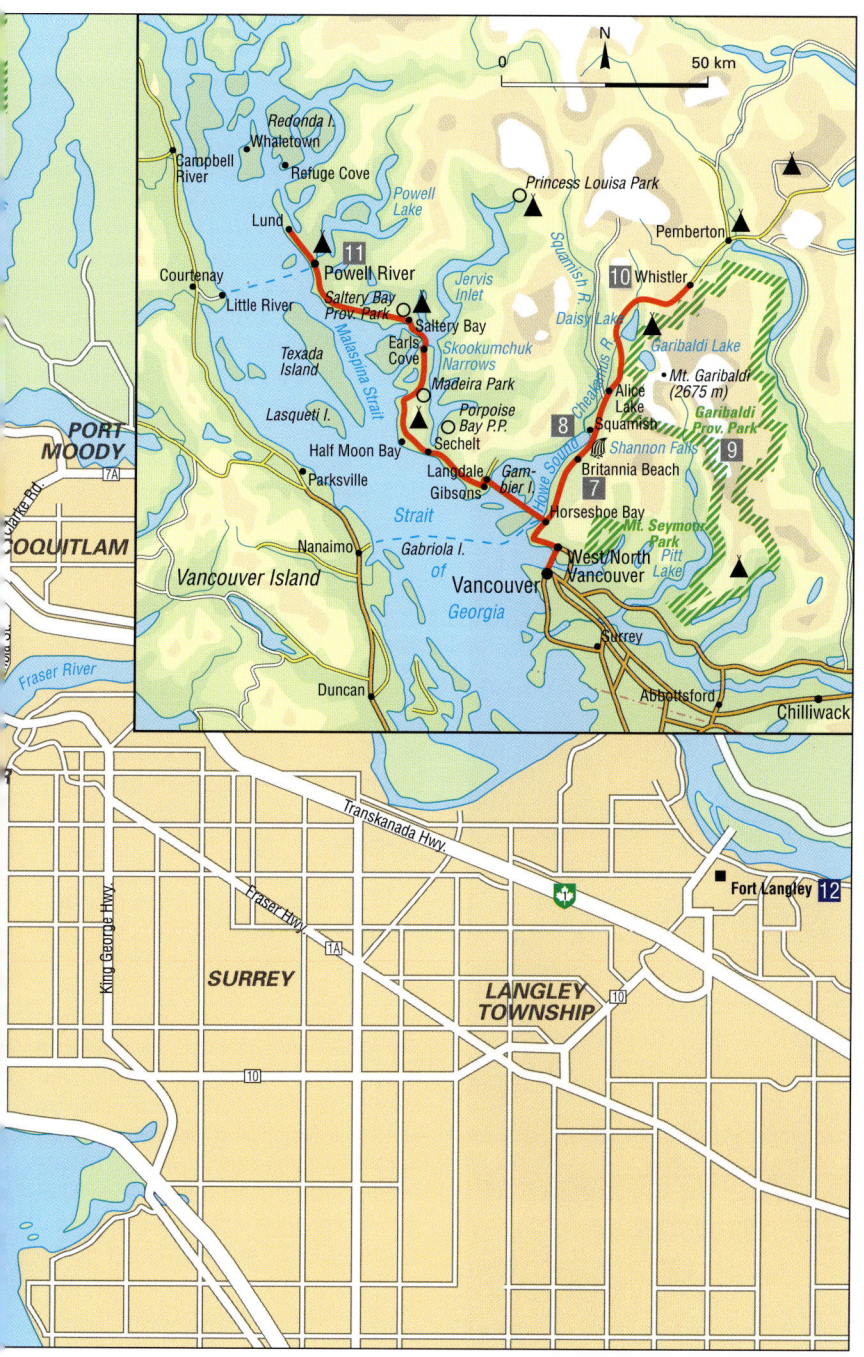

Ein Vergnügen für Schwindelfreie –
die Capilano Suspension Bridge

beliebtes Revier zum Bummeln und schicken Einkaufen mit Blick über den Hafen. Von hier kann man mit dem Stadtbus zum Lynn Canyon Park am Fuße des Mount Seymour fahren. Ruhige Wanderwege mit Blick auf Klippen und Wasserfälle durchziehen das Naturschutzgebiet und eine 80 m hohe Hängebrücke schwingt sich über die atemberaubende Schlucht des Lynn Creek, in dem man auch baden kann. Das **Lynn Canyon Ecology Centre** 4 im Park präsentiert sehenswerte Ausstellungen und Filme über den Umweltschutz in dieser Region.

Für die weiteren Touren in die Umgebung leiht man am besten einen Wagen, denn mit öffentlichen Verkehrsmitteln sind die Sehenswürdigkeiten oft nur recht mühsam zu erreichen. Bleiben wir zunächst in North Vancouver, das übrigens auch eines der beliebtesten – und teuersten – Wohngebiete der Metropole ist. Je höher die Lage, desto exklusiver. An den Berghängen am Nordufer des Burrard Inlet bietet sich von den herrschaftlichen Villen buchstäblich ein ›Millionen-Dollar-Blick‹ über die City von Vancouver.

Durch den Stanley Park und über die Lions Gate Bridge gelangt man nach wenigen Kilometern zum Capilano Park, eines der beliebtesten Naherholungsgebiete Vancouvers. Sobald der Highway 1 erreicht ist, folgt man der Capilano Road. Die Hinweisschilder zur **Capilano Suspension Bridge** sind kaum zu verfehlen. Die schwankende Hängebrücke aus Holz, Seilen und Drähten, die sich auf 140 m Länge über die fast 80 m tiefe Schlucht des Capilano River spannt, ist der Höhepunkt des Parkbesuches – aber nur etwas für Schwindelfreie. Als zusätzliche Attraktion werden hier während des Sommers Totempfähle geschnitzt. Zwar herrscht am Eingang des Parks rings um den riesigen Souvenirladen kräftiger Touristenrummel, aber auf der anderen Seite der Brücke wird es auf den Wanderwegen entlang der Schlucht schnell ruhiger.

Dass sogar im Stadtgebiet Vancouvers noch Lachse in den Flüssen aufsteigen, lässt sich etwas weiter bergan entlang der Capilano Road erleben. Dort liegt am Ufer des Capilano River die sehr sehenswerte **Capilano Salmon Hatchery** 5, die älteste Fischzuchtanstalt der Provinz. Lehrreiche Displays informieren über den Lebenszyklus der Lachse, und zwischen Juli und Oktober kommen hier die Coho- und Chinook-Lachse aus dem Pazifik an ihren Geburtsort zurück, um zu laichen. Dann lässt sich beobachten, wie sich die Tiere die Fischleitern hinaufkämpfen. Noch weiter schwimmen brauchen – und können – sie nicht, denn gleich oberhalb der Hatchery versperrt ein Damm das Tal, der den Fluss zum Capilano Lake aufstaut, einem Trinkwasserspeicher für Vancouver (s. auch Richtig Reisen – Thema, S. 290).

Noch ein paar Kilometer weiter nördlich erreicht man (auch mit dem Bus) die Station der Skytram, einer Gondelbahn, die zum **Grouse Mountain** 6 hinaufführt. Die Acht-Minuten-Fahrt auf den 1200 m hohen Stadtberg der Vancouveraner führt zum wohl schönsten Panorama über das breite Delta des Fraser River und die Stadt. Von hier oben wirkt die meerumschlungene Lage der Metropole besonders imposant: die mit weißen Segeln getupfte English Bay, das tief ins Land reichende Burrard Inlet, in dem wie ein grüner Klecks der Stanley Park liegt, dahinter die breite Ebene des Deltas, das bis weit nach Süden in den

US-Staat Washington mit dem schneebedeckten Vulkankegel des Mount Baker reicht. Ein atemberaubender Blick. Weit am westlichen Horizont sind sogar die Bergspitzen von Vancouver Island zu erkennen. Im **Híwus Feasthouse,** einem von mächtigen Douglasien umgebenen rekonstruierten Langhaus der Salish am Ufer des Blue Grouse Lake erhält der Besucher Einblick in die Lebensweise der Westküsten-Indianer. Hier werden abends zeremonielle Tänze gezeigt und traditionelle Gerichte serviert. Zu empfehlen ist auch das Grouse Restaurant. Eine Reservierung ist in jedem Fall ratsam – dann ist auch die Fahrt mit der Gondelbahn kostenlos.

Zwischen Dezember und Mai ist der Grouse Mountain übrigens ein beliebtes Skigebiet. Dann wedeln die Vancouveraner mit Blick auf die – meist grüne – City, während ihre Nachbarn unten vielleicht beim Golfen sind. Freizeitwert vom Feinsten. Im Sommer kann man vom Gipfel aus den Drachenfliegern zuschauen, die wie große bunte Vögel über der Stadt kreisen. Abenteuerlustige können im Tandemdrachen mitfliegen. Auch Hubschrauberflüge sind möglich.

Von Horseshoe Bay zum Garibaldi Park und Whistler Mountain

Tipps & Adressen Garibaldi Provincial Park S. 364, Whistler S. 402

Von North Vancouver führt der Transkanada Hwy. 1/99 am schnellsten nach Horseshoe Bay, reizvoller ist der Marine Drive, der der Küstenlinie folgt. Etwa 8 km westlich der Lions Bridge führt eine Stichstraße, die Beacon Lane, in Richtung Süden zum 70 ha großen **Lighthouse Park** auf einer Halbinsel zwischen Howe Sound und Burrard Inlet. Man wandert unter 500 Jahre alten Douglasien zur Felsenküste mit einem äußerst fotogenen Leuchtturm und genießt die fantastischen Ausblicke über die Strait of Georgia, die English Bay mit Stanley Park und die Skyline von Vancouver. Kurz vor Horseshoe Bay führt der Marine Drive durch den geschäftigen kleinen Hafen **Fisherman's Cove.** In **Horseshoe Cove** mit seiner hübschen Waterfront sollte man den Marine Drive bis zu seinem westlichsten Ende fahren. Dort bietet sich ein großartiger Panoramablick auf die Bucht mit den vorgelagerten Inseln und dem Fährverkehr.

Von Horseshoe Bay, Vancouvers nördlichem Fährhafen, folgt der Highway 99 dem Ufer des Howe Sound durch eine beeindruckende Küstenlandschaft mit steilen Klippen und dichten Wäldern. Die Straße, zu der parallel die Schienen des leider nicht mehr betriebenen Ausflugszuges »Royal Hudson« verlaufen, musste streckenweise aus den massiven Granitfelsen gesprengt werden. Wie Schwalbennester kleben Häuser an den Berghängen und unten auf dem schimmernden Sund ragen die Bay-Inseln heraus, zwischen denen Fährschiffe und Holzfrachter durchs Wasser pflügen.

Bei **Britannia Beach,** 11 km vor Squamish, wo bis 1930 das größte Kupferbergwerk des British Empire betrieben wurde, kann das **B. C. Museum of Mining** 7 besichtigt werden. Das Bergwerksmuseum in einem großen weißen Gebäude bietet Ausstellungen zum Anfassen, original funktionierende Maschinen und eine schöne Sammlung historischer Fotos sowie eine interessante Führung unter Tage. Einige Kilometer weiter führt ein Pfad zu den Shannon Falls, die in tosenden Kaskaden 335 m

die Felswand herabstürzen. Gleich nahebei passiert der Highway den Stawamus Chief Mountain, für die Indianer »der Ort, wo die Winde geboren werden«. Die nackten, hoch aufragenden Felswände sind eine Attraktion für Kletterer.

Das nette Sägewerksstädtchen **Squamish** 8, rund 70 km nördlich von Vancouver, lohnt den Aufenthalt vor allem am ersten Samstag im August, wenn der Loggers Sports Day veranstaltet wird. Dann kommen viele Ausflügler, vor allem Vancouveraner, die sich die urigen Wettkämpfe der Holzfäller von Squamish nicht entgehen lassen wollen. Beim Wettsägen und Holzhacken geraten die bärenstarken Männer mächtig ins Schwitzen und lustig wird es, wenn sie ihre Geschicklichkeit beim Balancieren auf den im Wasser rollenden Baumstämmen beweisen müssen.

Am nördlichen Ortsrand liegt der **West Coast Railway Heritage Park,** der Eisenbahnnostalgiker mit über 60 Eisenbahnwaggons, Lokomotiven, Kranwagen und Schneepflügen erfreut und der in den kommenden Jahren noch maßgeblich erweitert werden soll. Seit 2003 hat hier auch der legendäre »Royal Hudson« seinen letzten Bahnhof gefunden. Jahrzehntelang haben Besucher und Einheimische mit dem historischen Dampfzug Ausflugsfahrten von Vancouver nach Squamish unternommen – bis die Provinzregierung aus Kostengründen alle Personenzüge in British Columbia gestrichen hat.

Von Mai bis September bietet der Howe Sound unweit der Stadt ein Weltklasse-Surfrevier. Dann erreichen die Winde hier nachmittags regelmäßig beachtliche Geschwindigkeiten. Auch die Mountainbiker haben Sqamish zu einem der Top-Reviere Nordamerikas erkoren, vor allem wegen der Vielfalt der Touren und der vorbildlichen Streckenführung.

Vom Trubel am Loggers Sports Day einmal abgesehen, ist der ruhige Ort vor allem Ausgangspunkt für Touren in den riesigen, 195 000 ha großen **Garibaldi Provincial Park** 9, eine verblüffend stille Bergwildnis vor der Haustüre Vancouvers. Wanderer finden hoch in den Bergen idyllische Wiesen mit Alpenblumen und weite, rosa und weiße Heideflächen, schimmernde Gletscherseen und urzeitliche Höhlen aus Lavaschlacke. Am schönsten ist wohl der 9 km lange Trail von Rubble Creek zum Garibaldi Lake. Im Alice Park, direkt am Garibaldi, bestehen gute Möglichkeiten zum Campen, Baden, Windsurfen, Kanufahren, Angeln und Wandern.

Nach **Whistler** 10, das bereits rund 600 m hoch in den Coast Mountains liegt, ist es von Squamish noch eine knappe Stunde Fahrt. Im Winter herrscht in diesem modernen Ferienort Hochbetrieb, und das riesige, bis auf fast 2500 m Höhe reichende Skigebiet am Mount Whistler und Mount Blackcomb wird zum Mekka der Skiläufer aus aller Welt. Es gibt Hänge für Anfänger genauso wie schwere Rennabfahrten mit dem längsten vertikalen Gefälle Nordamerikas. Die Langläufer dürfen sich indes auf schöne, gut gespurte Loipen freuen. Whistler ist das größte und modernste Skigebiet ganz Kanadas, auch wenn der Schnee bedingt durch die Nähe zum Meer hier etwas schwerer und feuchter ist als der staubtrockene Pulverschnee der Rockies. Doch von Mitte November bis Ende Mai herrschen beste Bedingungen auf den Pisten. Auch im Sommer lohnt sich die Fahrt mit dem Lift vom Dorf auf die Gipfel, wo Cafés, herrliche Ausblicke und Wanderpfade warten. Sehr beliebt sind die Trails im Hochland vor allem auch bei den Mountainbike-Fans und im Tal können sich die Golfer an zwei Meisterschaftsplätzen versuchen. Noch ein atemberaubendes Erlebnis: ein 45-minütiger Flug über die Gletscherwelt der Coast Mountains mit Blackcomb Helicopters.

Der Ausflug nach Whistler lässt sich auch in eine drei- bis viertägige Rundreise von ca. 600 km einbinden, die über Lillooet, Lytton und Hope auf dem Transkanada Highway durch den wildromantischen Fraser Canyon und durchs Fraser Valley nach Vancouver zurückführt. Die Tour ist allerdings nur im Sommer zu empfehlen, weil die verbindende ›Nugget Route‹ von Pemberton (ca. 40 km nördllich von Whistler) nach Lillooet im Winter häufig gesperrt wird.

Zur Sonnenküste: Von Vancouver nach Powell River

Tipps & Adressen Madeira Park S. 377, Powell River S. 381

Die Westküste Kanadas wird gerne auch als Regenküste bezeichnet – nicht umsonst gedeihen hier die Douglasien, *Cedars* und Farne üppiger als sonst wo. Doch es gibt Ausnahmen im *perma grey* der vom Pazifik hereinziehenden Wolken. Vancouvers ›Sonnenküste‹, ein 150 km langer Küstenstreifen an der Strait of Georgia von West-Vancouver bis nach Powell River, macht ihrem Namen Ehre. Die Region liegt im Regenschatten der Bergketten von Vancouver Island und bietet mit 2300 Stunden Sonnenschein pro Jahr fast Mittelmeerklima. Die kleinen Küstenorte und geschützten Buchten werden durch den Highway 101 verbunden. Den Howe Sound und das Jervis Inlet überquert man mit den Autofähren. Es sind überwiegend Wassersportler und Angler, die im Sommer diesen Küstenstrich bevölkern. Boote und Ausrüstung verschiedenster Art können in den zahlreichen Marinas entlang der Küste gemietet werden. Aber auch ein Tagesausflug ohne Wassersportaktivitäten lohnt sich.

Die Sonnenküste verfügt über ein ausgedehntes Netz an Wanderwegen. Neben einzelnen interessanten Trails gibt es auch einen 1992 begonnenen und erst vor kurzem fertig gestellten 180 km langen Fernwanderweg von Sarah Point, dem nördlichsten Punkt der Malaspina Halbinsel, bis zur Saltery Bay. Er führt durch abwechslungsreiches Terrain, an Seen und Küsten entlang, durch Wälder und Canyons, vorbei an Wasserfällen und Flüssen. Er steigt teilweise bis auf 1300 m an und bietet fantastische Ausblicke auf die Kette der schneebedeckten Coast Mountains. Für die gesamte Strecke braucht man etwa 10 Tage, jedoch kann man für kurze Wanderungen auch an verschiedenen Stellen einsteigen. Für den Trekker gibt es entlang der Route einige Bed-and-Breakfast-Häuser und eine Hütte; weitere werden in nächster Zeit entstehen. Informationen und Karten gibt es im Powell River Visitor Center.

Die Reise zur Sunshine Coast beginnt mit einer 35-minütigen Fährfahrt vom Horseshoe Bay Terminal zum kleinen Ort Langdale. Kurz darauf erreicht man Gibsons Landing, Schauplatz der TV-Serie »The Beachcombers«. Etwas weiter, bei Sechelt, lockt der **Porpoise Bay Provincial Park** mit schönen Bade-, Camping- und Picknickmöglichkeiten. Auf den ruhigen Pfaden am Strand findet man hübsche Muscheln, bunte, von den Wellen rundgeschliffene Steine und bizarre Treibholzstückchen. Wer Lust hat, unternimmt mit dem Wasserflug-

zeug und per Schiff Ausflugstouren in die weitgehend unberührte Berglandschaft im Hinterland. Im Laden des **Sechelt Arts Council** an der Wharf Road findet der Besucher Arbeiten aus Keramik, Ton und Leder, Bilder und Holzschnitzereien von örtlichen Künstlern.

Doch auch unter Wasser haben die Fjorde der Sunshine Coast einiges zu bieten: Die meist extrem klare Sicht und die reiche Meeresflora und -fauna vor der Küste machen diese Region zum Dorado der Taucher und Unterwasserfotografen. Neben bizarren Krabben und Fischen wie dem stacheligen *Irish Lord,* der sich mit seiner rotbunten Tarnfarbe zwischen den Seeanemonen und den Kugeln der Seeigel versteckt, sieht man bis zu 2 m lange Wolfsaale und Riesentintenfische, die bis zu 75 kg schwer werden. Farbenprächtige Mollusken, Seesterne in Rot, Gelb und Blau, die zarten Schleier orangefarbener Quallen und ganze Teppiche leuchtend roter *Strawberry-Anemonen* bieten Fotomotive, die sonst nur den Sporttauchern in tropischen Gewässern vorbehalten sind.

Turwanek Point an der Porpoise Bay zum Beispiel ist ein beliebtes Ziel. Bei Merry Island, südlich der Half Moon Bay, sind drei gesunkene Schiffswracks zu erforschen. Wer sich nicht in die Fluten stürzen möchte, kann sich an der idyllischen **Half Moon Bay** erholen – in wohltuender Stille, die nur ab und zu durch das Tuckern eines Fischerbootes unterbrochen wird.

Weiter nach Norden: Zwischen Half Moon Bay und Madeira Park lassen sich vom Ufer aus gelegentlich Killerwale beobachten. Mehrere Familiengruppen dieser eleganten ›Räuber der Meere‹ leben ganzjährig in den geschützten Gewässern der Strait of Georgia. Ein schöner Streckenabschnitt führt nun über die

Garden Bay, weiter durch eine Seenplatte mit herrlichen Ausblicken und
kleinen Bootshäfen nach **Earls Cove.**
Es gibt einige idyllisch gelegene Bed-
and-Breakfast-Häuser und Resorts in
dieser Pender Harbour genannten Groß-
gemeinde. Verschiedene Veranstalter
bieten Touren durch die Region an, die
zu den schönsten Bootsrevieren des
Landes gehört. Informationen sind bei
der Chamber of Commerce in **Madeira
Park** erhältlich.

Bei Earls Cove führt ein 4 km langer
Weg zu den **Skookumchuck Narrows,**
einer Meerenge, die sich bei jeder Ebbe
und Flut in ein schäumendes Wildwasser verwandelt. In Earls Cove muss man
wieder auf die Fähre. Rund 50 Min. dauert die Überfahrt nach Saltery Bay und
schon alleine die spektakuläre Fjordlandschaft des Jervis Inlet ist den Ausflug wert. Der **Saltery Bay Provincial
Park** nahe dem Fährhafen zählt zu den
schönsten Schutzgebieten der Sunshine
Coast und wartet auf mit Campingplätzen, idyllischen BadesträNden und
guten Tauch- und Schnorchelmöglich-
keiten. Bis Powell River verläuft der
Highway 101 danach überwiegend
durch Wald, der nur an wenigen Stellen
den Blick auf die Küste freigibt.

Powell River 11 selbst ist als typische
lumber town wenig attraktiv. MacMillan
Bloedel betreibt hier einen der größten
Holz- und Papierindustrie-Komplexe der
Welt (Führungen). Doch es gibt durchaus
auch sehenswerte natürliche Attraktionen in der Umgebung: das Cranberry
Lake Vogelschutzgebiet etwa oder die
halbstündige Wanderung auf den Mount
Valentine mit einem herrlichen Panoramablick über die Strait of Georgia und
die Malaspina Strait. Auch als Basis für
Tauch- und Kanusportler ist der Ort sehr
beliebt. 20 km südlich von Powell River
beginnt die 80 km lange Powell Forest

Seeanemonen an der Sunshine Coast

Canoe Route. Entlang der Strecke sind
rund zwei Dutzend Rast- und Campingplätze von der Weyerhaeuser Company
angelegt worden, die jetzt in diesem Gebiet eine weitgehend umweltschonende
Holzwirtschaft betreibt. Der Kanutrail
durchquert ein landschaftlich reizvolles
Gebiet und führt durch neun Seen, erfordert aber auch eine ganze Reihe von Portagen. 4 bis 7 Tage sollte man für die gesamte Route veranschlagen; natürlich
kann man erstmal auch nur eine
Schnuppertour unternehmen.

Über eine weitere Fährverbindung
nach Little River/Courtenay auf Vancouver Island kann man die Tour entlang
der Sunshine Coast zu einer Rundfahrt
ausbauen und über Vancouver Island
wieder nach Süden zurückkehren.

30 km nördlich von Powell River
endet der Highway 101, der in Mexiko
beginnt und damit eine der längsten –
und schönsten – Küstenstraßen der Welt

ist. Das pittoreske kleine Fischerdörfchen **Lund** am Ende der Straße ist der Ausgangspunkt für den 8000 ha großen **Desolation Sound Marine Park,** eines der besten Tauch- und Wassersportreviere in Kanada. Bootstouren und Tauchgänge in das Unterwasserschutzgebiet werden von Powell River aus arrangiert.

Fort Langley – erste ›Hauptstadt‹ British Columbias

Tipps & Adressen   S. 363

Begrenzt durch die steilen Berge im Norden dehnt sich Vancouver in den letzten Jahren immer weiter nach Osten hin aus. Die ehemals kleinen Farmorte am Fraser River entwickeln sich immer mehr zu wuchernden Vorstädten. Doch zumindest eine Attraktion, ein historisches Kleinod, lohnt den Abstecher nach Osten. Weniger als eine Stunde braucht man von der Downtown nach **Fort Langley** ⓬ auf dem Transkanada Highway am Südufer des Fraser River oder über den Highway 7 nördlich vom Fluss. Wählt man die zweite Route, setzt man beim Ort Albion mit der Fähre wieder zum Südufer über.

An einem Seitenarm des Fraser River liegt dort der **Fort Langley National Historic Park.** 1827 wurde an dieser Stelle von der Hudson's Bay Company ein hölzernes Palisadenfort errichtet, um den Handel mit den Indianern am Fraser River und auf Vancouver Island zu kontrollieren. Dieser erste Stützpunkt der Pelzhändler am Unterlauf des Fraser wurde bald zur wichtigsten Siedlung auf dem Festland und spielte eine tragende Rolle in der Erschließung von British Columbia. Nach den Pelzhändlern, die hinter den Palisaden Schutz suchten, kamen Ingenieure und Arbeiter der Kolonialverwaltung, um das gebirgige Innere des Landes zu erschließen, und später die Goldsucher auf dem Weg zu den Goldfeldern am oberen Fraser River. Das Pökeln von Lachs und Verarbeiten von landwirtschaftlichen Produkten der Langley Farm wurde zum florierenden Geschäft. In Fort Langley wurde schließlich 1858 British Columbia zur Kronkolonie erklärt und die Siedlung faktisch die Hauptstadt der Region.

So viel Provinzgeschichte verdient es, erhalten zu werden, und so ist heute auf

dem Gelände ein historisches Dorf erstanden. Das einzige übrig gebliebene Gebäude des alten Forts, früher die Werkstatt des Fassmachers, ist jetzt originalgetreu als ›Hudson's Bay Company Store‹ eingerichtet. Alle anderen Gebäude sind aus alten Materialien rekonstruiert und mit Relikten der Pelzhändlerzeit ausgestattet. Besonders stimmungsvoll wird ein Besuch des Forts durch das *Living history program:* Das Personal des Parks ist zeitgenössisch als Pelzhändler verkleidet und ›arbeitet‹ in den Lagern und Werkstätten wie vor 150 Jahren. Kleidung, Werkzeug und Materialien – alles ist echt und passt genau ins Bild. Da sieht man im *store* den bärtigen *trader* hinter seinen Pelzen.

In der Mitte des Raums steht der bauchige eiserne Holzofen, alte Flinten, Hacken, Fallen, Äxte, Sägen und andere Werkzeuge hängen an der Wand; getrocknete Lachse, Mehl, Bohnen, Salz und anderer Proviant ist in Säcken und Kisten gestapelt und in den Regalen liegen Geschirr und Kleinigkeiten, die für das Leben – oder Überleben – in der Wildnis notwendig waren. In den anderen Gebäuden arbeiten Küfer und Zimmerleute. Starke Männer packen Pelze in Ballen. Auf offenen Feuern wird gekocht und im Lehmofen gebacken. Mit etwas Glück lässt sich der Besuch in der Vergangenheit noch mit einem deftigen Trapper-Imbiss abschließen: duftendes Brot, frisch aus dem Lehmofen.

Große British Columbia-Rundreise: Kreuz und quer durchs Hinterland

von Karl Teuschl

Karte   S. 100

Endlich raus aus der Stadt! Vancouver ist zwar mit Sicherheit die schönste Stadt des Westens, aber eigentlich ist man ja nach Kanada gekommen, um Wälder und Wildnis, Nationalparks und unberührte Berglandschaften zu erleben. Und dazu ist Vancouver ein ideales Sprungbrett.

Für die Routenplanung sollten zuvor einige Punkte beachtet werden: Wie viel Zeit steht zur Verfügung, wie viele Kilometer will man täglich im Schnitt zurücklegen? Wer zum ersten Mal den Westen Kanadas besucht, wird vor allem die Highlights kennen lernen und vielleicht noch einige Tage in abgelegener Wildnis zubringen wollen. Da es nicht allzu viele große Verbindungsstraßen in British Columbia gibt, engt sich

die Routenplanung schnell ein. Unbedingt mit einbeziehen sollte man – auch wenn die Region schon im benachbarten Alberta liegt – eine Fahrt auf dem Icefields Parkway durch die berühmten Nationalparks Banff und Jasper (ausführliche Routenbeschreibung s. Kapitel S. 168 ff.).

Eine gute Einstiegstour von etwa drei Wochen Dauer und 2500 km Länge stellt zum Beispiel die folgende Rundfahrt dar: Von Vancouver auf dem Transkanada Highway den Fraser River stromaufwärts, dann auf dem Highway 97 weiter nach Norden in das Zentrum der Provinz bis Prince George; von da nach Osten bis Jasper und später nach Süden durch die Nationalparks der Rocky Mountains, um dann über Banff, Golden, Revelstoke und das Okanagan-Tal wieder nach Vancouver zurückzukehren. Natürlich ist die Route auch in umgekehrter Richtung zu bereisen, doch im

Die Erschließung der Fraser-Schlucht stellte hohe Ansprüche an die Pioniere

Gegenuhrzeigersinn zu fahren hat den Vorteil, dass man gegen Ende der Reise gut einige Badetage im sonnigen Okanagan Valley einlegen kann.

Dazu gleich noch ein warnendes Wort: Nehmen Sie sich nicht zu viel vor – für die Entfernungen auf den Highways braucht man oft länger als vermutet. In drei Wochen lässt sich die genannte Route inklusive einiger Wandertage in den Nationalparks und kleinerer Abstecher gut bereisen. Alternativ dazu kann man die Strecke etwas abkürzen, indem man über Kamloops auf dem Highway 5 direkt nach Norden in die Rocky Mountains fährt, und auf diese Weise in zwei Wochen den Südteil von British Columbia mit den großen Nationalparks kennen lernen. Wenn mehr Zeit zur Verfügung steht oder man schon zum zweiten Mal in Kanada ist, lohnen sich auch längere Abstecher, etwa auf dem Yellowhead Highway (Hwy. 16) zum Pazifik, auf dem Cassiar Highway (Hwy. 37) in den einsamen Nordwesten der Provinz, ein Ausflug zu den sagenumwobenen Queen Charlotte Islands, oder zu den spektakulären Wasserfällen des Wells Gray Provincial Parks, oder ein Ranchaufenthalt im Cariboo Country, eine Kanutour im Bowron Lake Provincial Park, eine Wildniswanderung, oder oder oder …

Von Vancouver durchs Fraser Valley

Vancouver – Hope – Yale – Lytton (260 km)

Tipps & Adressen Hope S. 369, Yale S. 406, Hell's Gate S. 368, Lytton S. 377

Zunächst kämpft sich der Transkanada Highway noch als Stadtautobahn durch den dichten Verkehr der weit nach Osten ausgedehnten Vorstädte Vancouvers. Auf der rostrot gestrichenen Port Mann Bridge schwingt er sich über den Fraser River. Bis hierhin, 30 km ins Landesinnere, erstrecken sich die Hafenanlagen Vancouvers, und die riesigen Holzflöße im Fluss warten auf ihre Verladung nach den fernen Häfen Asiens. Wuchernden Krakenarmen gleich schiebt sich die Metropole immer weiter ins Umland. Besonders in den letzten 15 Jahren ist Vancouver enorm gewachsen, doch mittlerweile kann sich die Stadt nur noch in östlicher Richtung ausdehnen, denn im Norden setzen die Coast Mountains und im Süden die US-Grenze dem Wachstum ein Ende. Einstige Vorposten der Zivilisation wie etwa **Fort Langley** (s. S. 94) sind heute bereits fast völlig ins Stadtgebiet integriert.

Wo sich die Vororte noch nicht ausbreiten, ist die breite Talsohle des Fraser Valley intensiv genutztes Farmgebiet. Milchprodukte und Gemüse aus dem Fraser-Tal sind weithin berühmt. Und je weiter man nach Osten kommt, desto mehr tritt auch die ländliche Struktur in den Vordergrund: sattgrünes Weideland und sauber gepflegte Felder, zwischen denen rote Farmhäuser mit großen Silos stehen. Bei **Abbotsford** befindet sich unmittelbar am Highway ein Informationsbüro, in dem man sich noch mit Landkarten und Tipps für die Weiterreise versorgen kann. Hinter dem Landwirtschaftszentrum Abbotsford, das übrigens für seine Luftfahrtshow am zweiten Augustwochenende jeden Jahres bekannt ist, werden die Siedlungen am Südufer bald spärlicher, die dicht bewaldeten Berge der Coast Range rücken näher zusammen. Nun führt der Highway 1 näher am Fluss entlang, der sich braun und breit zum Delta wälzt. Vor 150 Jahren kamen Vermesser der britischen

Krone in das zweieinhalb Millionen Hektar große Tal – die ersten Vorläufer der Zivilisation. Ende der 1850er Jahre begann die Zeit, von der man sich am Fraser heute noch Geschichten erzählt: der Goldrausch am Fluss und in den Cariboo-Bergen. Schaufelraddampfer waren bald das wichtigste Verkehrsmittel am Unterlauf. Legendäre Kapitäne wie William Irving transportierten von Victoria oder New Westminster Ausrüstungsgegenstände, Whiskey und hoffnungsvolle Goldsucher den Fluss hinauf bis Hope oder Yale – und Säcke voll Nuggets sowie enttäuschte Bergarbeiter wieder zurück.

Die Ära der Dampfschiffe ging erst um 1885 mit dem Bau der transkanadischen Bahnlinie zu Ende, deren Schienen parallel zum Highway führen. Korrekt müsste es allerdings umgekehrt lauten, denn die Bahn existierte bereits viel früher als die erst 1962 fertig gestellte Straße. Endlos lange Güterzüge stampfen unter dem tiefen Wummern der Dieselloks vorüber: Weizen und Kohle auf dem Weg zum Hafen in Vancouver. In der Gegenrichtung rollen Waggons mit japanischen und koreanischen Autos.

Wer schon zu Anfang der Reise eine Pause einlegen möchte, kann östlich von **Chilliwack** auf dem Highway 9 auf die Nordseite des Fraser überwechseln (Exit 135) und einen Abstecher nach Harrison Hot Springs unternehmen. Vorher bietet sich noch ein Besuch der **Minter Gardens** an, eine wunderhübsche Anlage am Fraser River mit insgesamt elf Themengärten. Sie sind zwar nicht so groß und berühmt wie die Butchart Gardens in Victoria, dafür aber mit mehr Ruhe zu genießen. Auf der anderen Seite des Transkanada liegt der **Bridal Veil Provincial Park** mit einem 25 m hohen fotogenen Wasserfall, wo man

wandern und ein hübsches Plätzchen fürs Picknick finden kann. Der Ferienort **Harrison Hot Springs** 1 am Südufer des Harrison Lake ist ein beliebtes Ausflugsziel der Vancouveraner, doch werktags ist es meist recht ruhig, man kann die heißen Quellen, die bereits von den Goldsuchern benutzt wurden, genießen und auf den Wegen des Sasquatch Provincial Park wandern. Auch Campingmöglichkeiten sind vorhanden. Der 70 km lange Harrison Lake bietet eine weite Palette von Aktivitäten: Schwimmen, Segeln, Kanufahren, Angeln.

Je weiter man nun im Fraser-Tal nach Osten kommt, desto üppiger grünen die Wälder. Die steilen Berghänge stellen sich den vom Pazifik hereinziehenden Wolken entgegen – das sorgt für reichlich Niederschläge. Sobald man einige Schritte abseits der Straße, etwa von einem der zahlreichen Campingplätze bei Hope ins Unterholz eindringt, fühlt man sich allein inmitten ursprünglicher Wildnis, umgeben von hohen, saftigen Farnen und meterdicken Douglastannen.

Es würde nicht verwundern, wenn der Mann, nach dem diese Baumart benannt wurde, mit seiner Botanisiertrommel plötzlich zwischen den Stämmen auftauchen würde. David Douglas, ein junger britischer Botaniker, legte auf seinen Expeditionen von 1825 bis 1827 über 10 000 km durch die Wildnis des Nordwestens zurück, sammelte dabei unablässig Proben der verschiedensten Pflanzen und sandte sie nach England. Er entdeckte allein 215 neue Nutzpflanzen, die auch in Europa angebaut werden konnten, darunter auch den nach ihm benannten Baum, den er als »eines der beeindruckendsten und wahrlich anmutigsten Geschöpfe in der Natur« beschrieb. Sehr nützlich würde der Baum für den Menschen sein, notierte Douglas

Simon Fraser – Ein Schotte auf Entdeckungsreise in British Columbia

Für die Indianer und die frühen Entdecker stellte der Flussabschnitt um Hell's Gate ein nahezu unüberwindliches Hindernis auf dem Fraser River dar. Mit Kanus hier durchzukommen war ein tödliches Unterfangen und den Klippen am Ufer zu folgen nur mit alpinistischen Hilfsmitteln möglich. Simon Fraser, Schotte und Angestellter der Northwest Company, war der erste Weiße, der dem später nach ihm benannten Fluss von den Rocky Mountains bis zur Mündung ins Meer folgte. Begleitet von 23 Männern brach er mit vier Kanus im Mai 1808 vom Handelsposten Fort George, dem heutigen Prince George auf, um den Fluss zu erforschen. Neue Pelzgebiete sollten sie entdecken, den vordringenden amerikanischen Händlern von Norden her entgegentreten und den Columbia befahren, dessen Mündung in den Pazifik man kannte. Erst als Simon Fraser das Salzwasser erreichte, 300 km nördlich des Columbia, dämmerte es ihm: Dies war ein völlig anderer Fluss, ein weiterer, riesiger Strom im Nordwesten!

Beim heutigen Lytton empfingen den Entdecker Indianer, die aus weitem Umkreis gekommen waren, um den ersten Weißen zu sehen. Zwölfhundert Hände hat er, laut seinem Tagebuch, an jenem Tag geschüttelt. Anschließend gab es indianische Spezialitäten beim Festmahl: Lachs und gerösteten Hund.

Das erste Stück durch den Canyon konnten die Pioniere noch auf dem Wasser zurücklegen, aber dann sah sogar der sture Schotte ein, dass es so nicht weiterging. Sie ließen ihre Kanus zurück und vertrauten sich den indianischen Pfaden an, die wie ein Spinnennetz aus Leitern, Seilen, eingekerbten Stämmen und schmalen Felskaren in die steilen Wände eingearbeitet waren. Über sich ein grau verhangener, unheildrohender Himmel, hundert Meter unter sich die tosenden Stromschnellen des Fraser: So hangelte sich die Expedition den Canyon entlang, bis sie nach tagelangen Mühen mit ihren 40-kg-Rucksäcken das Tiefland erreichten. Und wenige Wochen später kehrten sie auf derselben Route zurück.

weiter. Er sollte Recht behalten. Dank hoher Qualität und großer Bestände ist die Douglasie heute die wichtigste Nutzholzart Nordamerikas.

Hope **2**, das frühere Fort der Hudson's Bay Company, erlebte 1856 über Nacht einen Boom, als hier das erste Gold in British Columbia gefunden wurde. Seine verkehrsgünstige Lage ersparte ihm später mit Schiffsverkehr, Eisenbahn und schließlich Straße das Schicksal einer Geisterstadt. Heute ist es eine typische Kleinstadt am Highway, die sich mit Holzfassaden an der Hauptstraße noch einen Hauch von Old West bewahrt hat. Das kleine **Hope Museum**

an der Ecke Hudson/Water Street, in dem auch das Tourismusbüro untergebracht ist, illustriert die Pioniergeschichte des Örtchens und zeigt Displays aus der Goldrausch-Ära. Eine Wanderung lohnt sich zu den **Othello Quintette Tunnels** hoch im Coquihalla Canyon. Diese fünf Bahntunnels wurden 1914 für die Kettle Valley Railroad aus dem Granit der Coast Mountains gesprengt. Als 1959 die Bahnlinie stillgelegt wurde, funktionierte man die Trasse zum Wanderweg um.

Noch in Hope überquert der Transkanada Highway den Fraser River und folgt ihm dann nach Norden in die Küstenberge. Die mit Douglasien, Hemlocktannen und *Western Cedars* (Riesenlebensbäume) dicht bewaldeten, steilen Hänge rücken immer dichter zusammen – der Südeingang des **Fraser Canyon** ist erreicht. Hier herrscht häufig noch feuchtes, vom Pazifik beeinflusstes Nieselwetter und Nebelfetzen verdecken die Bergspitzen. Doch keine Angst: Die Wetterscheide naht. Im Laufe der nächsten 100 km dringt man in eine neue Klimazone vor – es wird warm und trocken, und bald schon kann man die meiste Zeit bei offenem Fenster fahren. Man spürt den Übergang vom Fraser-Tiefland mit seinem Meeresklima zum fast wüstenhaft trockenen Inlandplateau. Der undurchdringliche Coastal Forest lockert auf und verschwindet schließlich ganz. Kiefern und *sagebrush*, jenes typisch amerikanische Wüstengewächs, bestimmen bald das Bild der Pflanzenwelt.

Yale 4, nur wenige Kilometer nördlich von Hope, bildete früher den Endpunkt der Flussschifffahrt auf dem Fraser. Während der 70er Jahre des 19. Jh. begann hier die berühmte Cariboo-Wagenstraße, die auf Stelzen und aus Holz-

Karte zur British Columbia-Rundreise

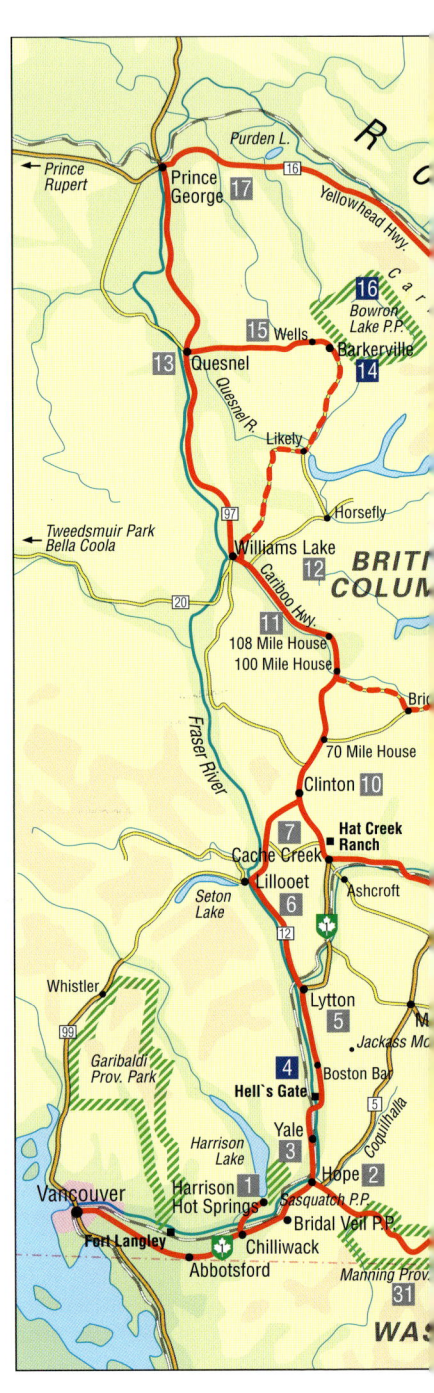

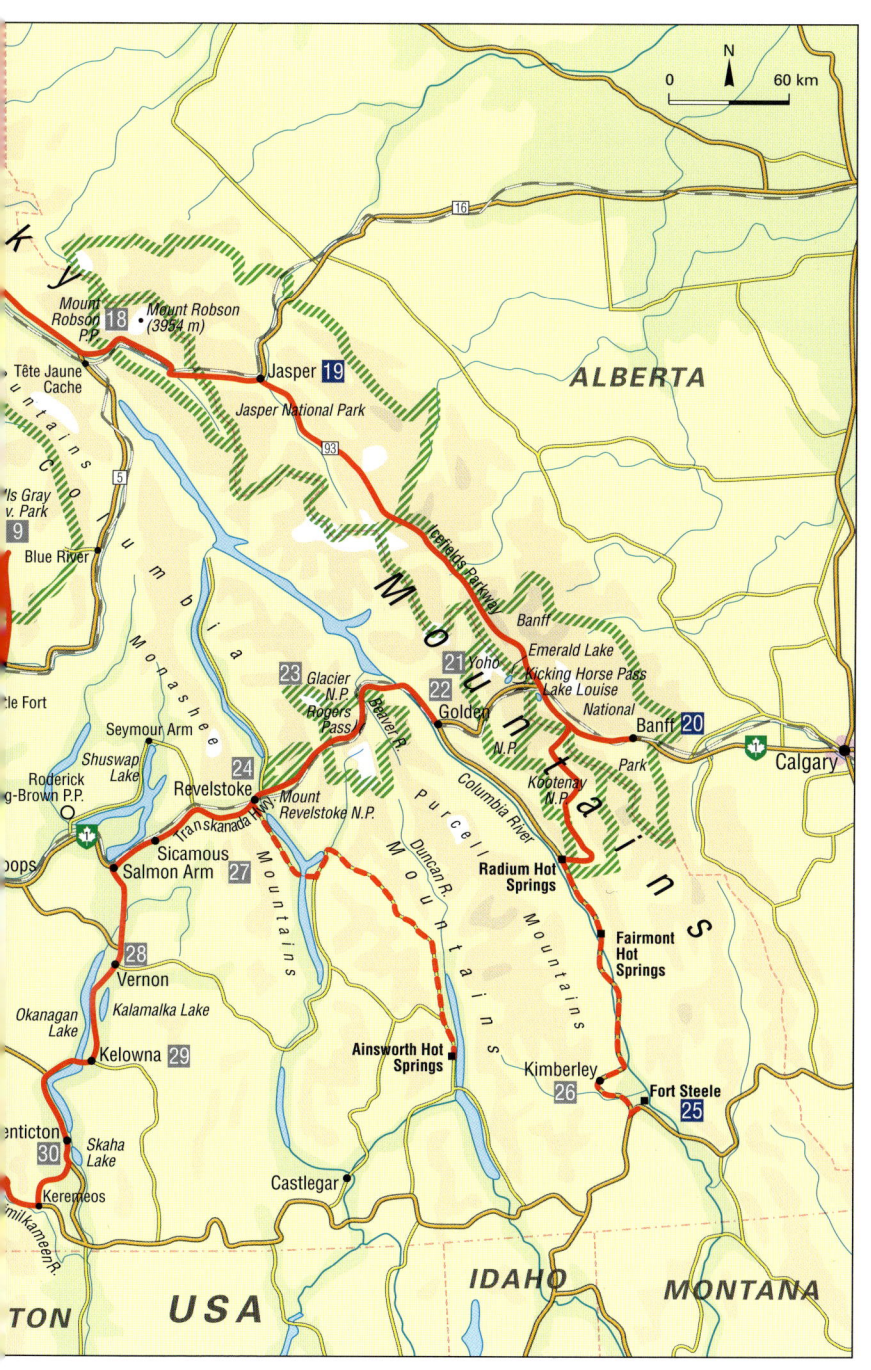

Mit dem Floß durch den Fraser Canyon

Morgens um 8.30 Uhr trifft man sich in Yale beim Outfitter »Fraser River Raft Expeditions«. Ein Flussabenteuer besonderer Art wartet auf uns: zwei Tage wollen wir mit einem Gummifloß den Thompson River von Spences Bridge bis zur Mündung in den Fraser bei Lytton und dann auf dem mächtigen Fraser bis nach Yale fahren. 130 Flusskilometer mit Stromschnellen, die beeindruckende Namen tragen: »Hexenküche«, »Rachen des Todes«, »Grünes Monster«, »Bärenklaue« und natürlich *Hell's Gate,* das Tor zur Hölle. Insgesamt sind über 40 Stromschnellen zu überwinden.

Das fast elf Meter lange Gummifloß liegt schon auf dem Trailer, die zehn Teilnehmer verstauen ihre Sachen und klettern in den Minibus. Bootsführer Darwin muss während der Fahrt nach Spences Bridge besorgte Fragen nach dem Schwierigkeitsgrad der *rapids* und der Sicherheit der Ausrüstung beantworten: »Für den Fraser benutzen wir die großen Flöße, zehn Meter und länger. Die haben dann auch zwei zusätzliche Gummi-Pontons. Und jeder Schwimmer hat vier separate Luftkammern. Absolut sicher – unsinkbar, seht ihr.« Wir glauben es ihm. »Außerdem sind die Flöße mit einem 40 PS starken Motor ausgerüstet. Den brauchen wir, um durch die großen Wasserwirbel und die Riesenwellen zu kommen. Wir haben schon sechs Meter hohe Wellen gehabt. Paddelboote sind da nicht mehr erlaubt. Der Fraser ist dafür zu mächtig – während der Schneeschmelze kann er sogar ein Volumen von über 9000 m^3 Wasser in der Sekunde erreichen. Wir dürfen den Fraser aber nur bis zu 6000 m^3 pro Sekunde befahren. Unsere Guides müssen eine Lizenz haben und in Wildwasser-Rettungstechniken ausgebildet sein.« Alle sind sichtlich beeindruckt.

Dann wird das Floß bei Spences Bridge ins Wasser gelassen und mit Ausrüstung und Proviant beladen, schön verpackt in wasserdichte Blechkisten und Plastiksäcke. Unsere persönliche Ausrüstung besteht aus schnell trocknender Kleidung, Turnschuhen, Badehose, wasserdichtem Überzeug, Sonnenbrille, Sonnenschutz und einem kompletten Satz Kleidung zum Wechseln. Alles andere wird vom Ausrüster gestellt. Bootsführer Darwin informiert uns noch einmal eingehend über mögliche Gefahren und gibt Instruktionen, was zu tun ist, wenn das Floß kentert, jemand über Bord geht, wie man eine defensive Schwimmposition einnimmt, wie man im Notfall das Paddel gebraucht und die Rettungsleine zu fangen ist. Die wichtigste Regel: In den Stromschnellen an die Gurte klammern – so fest wie möglich. Jetzt wird das unerlässliche Kleidungsstück angelegt: die knallroten Schwimmwesten – und los geht's.

Die ersten Stromschnellen sind harmlos, das Floß tanzt auf und ab und es gibt ein paar Wasserspritzer, in der Hitze eine willkommene Abkühlung. Nicht besonders aufregend, aber so

lässt sich die Landschaft genießen. Das Wasser des Thompson River ist klar und blau. Wir fahren durch eine Landschaft von beeindruckender Kargheit: von Wind und Wetter zerfurchte Berge, steile Sandstein- und Granitklippen in schönen Grau-, Weiß- und Orangetönen führen bis ans Ufer, die trockene, heiße Luft ist gefüllt mit dem kräftigen Aroma des *sage brush*. Dies ist Rancher- und Indianerland. Gelegentlich sind hoch oben in den Klippen die Kletterkunststücke der Bighornschafe zu bewundern. Bei Goldpan wird ein Sandstrand angesteuert, um Mittagspause zu machen. Es gibt leckere Sandwiches, Käse, Pickles, Früchte, Cookies und kühle Getränke.

Wieder auf dem Fluss, steigt allmählich die Spannung: die erste richtige Stromschnelle, der *Frog,* ist erreicht. Ein Fels, der tatsächlich aussieht wie ein Riesenfrosch, teilt hier den Fluss. Links und rechts schäumen mächtige Wasserwirbel. Wir müssen durch zwei bis drei Meter hohe Wellen. »Festhalten«, brüllt der Bootsführer. Das Floß bäumt sich auf, um dann in ein Tal von Donner und Gischt zu stürzen. Ein Schwall eiskaltes Wasser begräbt uns. Einige harte Schläge, das Floß schüttelt sich – wir sind durch und das Floß gleitet sanft dahin. Gerade lang genug zum Ausruhen, bevor es wieder losgeht. *Witches Kitchen, Devil's Cauldron, Cutting Board,* eine Stromschnelle nach der anderen lässt das Floß wie eine Nussschale tanzen. Dann folgt *Jaws of Death*, eine der größten *rapids* auf dem Thompson. Ein passender Name. Wieder ein Teufelsritt, der uns kräftig durchschüttelt – Sturzseen brechen über uns herein. Zwei Stunden aufregender Wildwasserfahrt sind wie im Fluge vergangen. Wir haben Lytton erreicht. Hier stoßen die klaren Wasser des Thompson zu den trüben Fluten des Fraser. Schon nach wenigen Hundert Metern hat der gewaltige Fluss den Thompson geschluckt – das Wasser ist nur noch braun. In Lytton werden die beiden Extraschwimmer angebracht, da für die Fahrt auf dem Fraser eine größere Stabilität nötig ist.

Wir erreichen den Fraser Canyon, das Flussbett verengt sich dramatisch, bis zu hundert Meter hoch ragen die steilen Felswände aus dem Wasser. Hoch oben, unsichtbar für uns, verläuft der Highway. Ab und an gleiten wir unter Eisenbahnbrücken hindurch. Die beiden kanadischen Eisenbahngesellschaften Pacific und National Railway haben ihre Gleise durch den Canyon verlegt.

Gelegentlich sieht man an den Ufern des Canyons Spuren der alten Goldgräberstraße zu den Cariboos und Reste der Steindämme, die damals von chinesischen Bauarbeitern unter ständiger Lebensgefahr errichtet wurden. Im Vergleich mit den wilden Attacken des Thompson erscheint uns der Fraser eher sanft. »Das wird morgen anders, dann kommen die *biggies*«, versichert Darwin, der Bootsführer. Das Floß treibt an wunderbar geschnittenen Felsformationen vorbei. In der Sonne glänzen moosbedeckte Steine an den Uferbän-

ken – wie riesige Smaragde ragen sie aus dem Wasser.

Am frühen Abend ist die Mündung des Nahatlatch River erreicht. Auf einem Plateau, hoch über dem felsigen Ufer wird das Camp aufgeschlagen. Die Zelte sind schnell aufgebaut, es bleibt noch Zeit, im kristallklaren Wasser des Nahatlatch zu plantschen und Volleyball zu spielen. Darwin und seine Helfer bereiten das Abendessen zu. Bald duftet es verlockend. Es gibt *shrimp dip* mit Cracker als Vorspeise, knackigen Salat, gebackene Kartoffeln, Fleischspießchen und Lachsfilet vom Holzkohlengrill, dazu kalifornischen Wein – auf einer Kreuzfahrt könnte man nicht besser speisen. Am flackernden Campfeuer gibt Darwin bei einigen Drinks seine Flussabenteuer zum Besten und erzählt Stories aus der wildbewegten Geschichte des Fraser Canyon.

Der Morgen beginnt mit einem herzhaften Frühstück: gebratener Schinken mit Spiegeleiern und *bannock,* das in der Pfanne gebackene Brot der Pioniere, dazu einen großen Becher Kaffee, heiß und duftend. Wir sind gestärkt für die ganz großen Stromschnellen. Zunächst geben uns *Whirlpool, Skuzzy Rock* und *China Bar* einen angemessenen Vorgeschmack, dann ist es soweit: *Hell's Gate*, die mächtigste Strom-

bohlen gefährlich an den Felswänden des Canyons ›klebte‹. Nach dem Bau der Eisenbahnlinie verlor der kleine Ort an Bedeutung und nur ein paar alte Gebäude, einige Gedenktafeln – und das kleine **Yale Museum** neben der historischen **St. John's Church** an der Douglas Street erinnern an seine Glanzzeit.

Der Highway verlässt nun das Flussufer, klettert nach oben und verläuft

hoch über dem immer enger werdenden Tal bis zum Hell's Gate. Vorher noch kann man sich im **Alexandra Bridge Provincial Park,** 22 km nördlich von Yale, die Beine vertreten. Der Park umfasst einen Teil der alten Cariboo Road mit der historischen **Alexandra Bridge.** Diese 1926 auf den Fundamenten der ursprünglichen Cariboo Road-Brücke von 1863 erbaute Hängebrücke tat ihren Dienst bis 1962.

schnelle des Fraser kommt in Sicht. Vor der Enge steht eine riesige Welle. Es scheint unmöglich, dort durchzukommen. Steil richtet sich das Floß auf, wird hoch emporgeschleudert, droht umzukippen – und richtet sich wieder auf. Wassermassen brechen über uns herein. Ohrenbetäubendes Rauschen übertönt die Schreie des Bootsführers, jeder weiß es auch so: »Festhalten, mit aller Kraft.« Im Hexenkessel der schäumenden Strudel wird das Floß hin- und hergeschüttelt. Der Bootsführer lässt den Außenbordmotor mit voller Kraft arbeiten – nur so kann er sicher zwischen Felsen und Strudeln hindurchsteuern. Den riesigen *whirlpool* zur Linken gilt es zu vermeiden – es würde den Bug des Floßes glatt verschlucken, um es dann wie mit einer Riesenfaust auf den Kopf zu stellen und kentern zu lassen. Sich solche Gedanken auszumalen bleibt gar keine Zeit – kaum hat man richtig Luft geholt, ist das »Höllentor« auch schon passiert.

Unterhalb von *Hell's Gate* wird auf einer Sandbank Mittagspause gemacht. Einige besonders optimistische Naturen holen Waschpfannen hervor, um ihr Glück zu versuchen – vielleicht ist gerade hier das Gold noch nicht gefunden worden. Die anderen wandern den schmalen *creek* entlang zu einem Fel-

senbecken, in das sich aus zehn Metern Höhe ein Wasserfall ergießt. Der Sprung in das sprudelnde Wasser ist herrlich erfrischend.

Ruhig treibt das Floß dahin. Auf dem Wasser tanzen Millionen Reflexe, dicht bewaldete dunkelgrüne Wände gleiten vorüber, ab und zu wird ein einsames Anglercamp passiert. Hoch über der Schlucht kreist ein Weißkopfadler. Rund zwei Dutzend horsten im Fraser Canyon. Manchmal sind an den Uferbänken aus Stangen gebaute Gestelle zu sehen, an denen in Streifen geschnittene Lachse im Wind trocknen – die traditionelle Art der Indianer, Lachse zu konservieren. An einer Biegung des Flusses beobachten wir einen Schwarzbären beim ›Angeln‹. Bis zum Bauch im Wasser, versucht er seinen Anteil der stromaufwärts ziehenden Lachse zu ergattern. *Sailor Bar* beschert noch einmal Wildwasservergnügen: eine ›Achterbahn‹ von vier oder fünf großen Wellen hintereinander. Im stilleren Uferwasser wird mit Motorkraft zurückgefahren, um das Vergnügen zu wiederholen. Ein Riesenspaß! Danach machen wir es uns auf unserem überdimensionalen Gummikissen bequem und lassen uns in der warmen Sonne trocknen. Bald darauf ist Yale am Ende des Fraser Canyons erreicht.   (Kurt J. Ohlhoff)

Hell's Gate 4 ist der Höhepunkt der Wildwasserfahrten, die von Yale, Boston Bar und Lytton aus organisiert werden. Aber auch ohne dieses Abenteuer lohnt ein längerer Aufenthalt am ›Höllentor‹. Der Fraser entwässert ein Gebiet von 230 000 qkm (das entspricht etwa zwei Dritteln der Fläche Deutschlands) und diese Wassermenge muss hier eine kaum 40 m schmale Öffnung passieren. Während der Schneeschmelze steigt der

Fluss um durchschnittlich 20 m auf eine Wassertiefe von 35 m an, und die reißende Strömung erreicht eine Geschwindigkeit von 6 m/Sek.

Das Naturschauspiel des Hell's Gate ist heute auf eine erheblich risikolosere Art und Weise zu genießen, als es Simon Fraser vergönnt war. Mit der Hell's Gate Airtram schwebt man in der Gondel in wenigen Minuten hoch über den kochenden Strudeln des Fraser die

Gondelbahn über den Fraser Canyon

Mio. Lachse müssen sich jährlich durch diese gefährliche Schmalstelle kämpfen, um zu ihren Laichgewässern im Oberlauf des Fraser zu gelangen.

Fünf sternförmig angeordnete weiße Blütenblätter an einem grün belaubten Zweig – so blüht in den Wäldern der Coast Range der wild wachsende Dogwood-Baum, der im Mai/Juni über und über mit weißen oder rötlichen Blütentupfern besetzt ist. Handtellergroß im Relief eingeschnitzt, ziert die Blüte als offizielles Symbol der Provinz British Columbia zahlreiche Gedenktafeln im Land. Zum Beispiel an einem **Aussichtspunkt** 30 km nördlich von Boston Bar gegenüber dem Jackass Mountain. Der Highway 1 schlängelt sich hoch über dem Flusstal, und die Tafel erinnert an die Mühen Tausender von Maultieren, die schwer beladen auf ihrem Weg zu den Cariboo-Goldfeldern über die schmalen Pfade des Canyons getrieben wurden.

Vorbei an alten Indianerfriedhöfen folgt der Highway der Ostwand des Fraser Canyon zum Dörfchen **Lytton** 5, 1858 während der Goldrauschzeit benannt nach dem britischen Kolonialminister und Schriftsteller Sir Edward Bulwer-Lytton, der durch sein Buch »Die letzten Tage von Pompeji« bekannt wurde. Der winzige Ort mit einigen Tankstellen und Motels ist heute ein Zentrum der Wildwasserfahrer, die sich mit Schlauchbooten und Kajaks in die Fluten des Fraser und des hier einmündenden Thompson River stürzen. Ein feucht-spritziges Vergnügen, das besonders im Hochsommer zu empfehlen ist. Tagestouren sind meist auch noch kurzfristig hier zu buchen (s. S. 102).

Der Transkanada Highway 1 verlässt nun den Fraser und folgt dem gewundenen Tal des Thompson River über Spences Bridge nach Norden bis Cache Creek (Beginn des Cariboo Highway).

153 m vom Highway hinunter zum Flussufer. Da der Fraser River einer der wichtigsten Lachsflüsse im Nordwesten British Columbias ist, kann man im Restauraunt unten vor grandioser Kulisse stilecht Lachs essen. Auf der Aussichtsplattform sieht man im Sommer und Herbst die lebenden Exemplare, wie sie sich über die Betonstufen der Lachsleitern stromaufwärts winden. Und das Informationszentrum zeigt recht anschaulich den Lebenszyklus und die Wanderungen dieser Fischgattung. Rund zwei

Abstecher über Lillooet nach Cache Creek

(150 km)

Tipps & Adressen
Lillooet S. 377, Cache Creek S. 350

Doch zuerst lohnt sich noch ein Abstecher auf dem Highway 12, der entlang eindrucksvoller Klippen am Fraser nach **Lillooet** 6 verläuft. Die Gegend um den 1800-Seelen-Ort ist ideales Ferienland, denn im Sommer darf man hier im Regenschatten der Coast Range getrost mit sonnigem, heißem Wetter rechnen. Gerade mal 260 mm Niederschlag pro Jahr fällt hier. Auf guten Schotterstraßen kann man das Hinterland mit seinen lang gestreckten Seen erforschen, schön zum Baden ist etwa der **Seton Lake.** Das kleine Lillooet Historic Museum an der Main Street im alten Bau der früheren anglikanischen Kirche zeigt Goldrauschgeschichte und erläutert den Bau der Eisenbahn. Von Lillooet führt der Highway 99 nach Osten zum Highway 97, auf dem man nach 11 km in südlicher Richtung nach **Cache Creek** 7 gelangt. Kurz vor dem Ort passiert man die sehenswerte **Hat Creek Ranch,** eine alte Postkutschen- und Versorgungsstation an der Cariboo Road. Im meist braun verdorrten Buschland eines weiten Tales liegt das zum Museum restaurierte *roadhouse* der Ranch. Kinder können mit der Kutsche über das Ranchgelände fahren, Erwachsene dürfen auch hoch zu Ross die Umgebung erkunden.

Ab Cache Creek kann man entweder der vorgeschlagenen Rundreise über den Cariboo Highway Richtung Norden folgen oder zuvor in ein oder zwei Zusatztagen die Region um Kamloops und den Wells Gray Provincial Park besuchen. Anschließend fährt man entweder zum Highway 97 zurück oder folgt dem Highway 5, der in nördlicher Richtung parallel zum Thompson River in die Rocky Mountains führt.

Variante: Über Kamloops zum Wells Gray Provincial Park oder weiter in die Rocky Mountains

Tipps & Adressen Kamloops S. 373, Wells Gray Provincial Park S. 401

Die 80 km lange Strecke von Cache Creek bis Kamloops führt durch das sonnendurchglühte Tal des Thompson River, vorbei an braunen Hügeln und Rinderweiden und weiten Flächen schwarz beschatteter Felder. Hier wird Ginseng angebaut. Während man früher trotz aufwendiger Bewässerungsversuche in dieser semiariden Region bestenfalls eine Steigerung der Heuernten für die riesigen Rinderherden erreichte und Ackerbau wenig produktiv war, zeichnet sich seit jüngerer Zeit nun eine Erfolgsstory ab. Die bei den Chinesen äußerst begehrte Wurzel kostet getrocknet im Endverkauf mehrere Hundert Dollar das Kilo und gehört damit zu den einträglichsten Feldfrüchten der Welt. Die Pflanze scheint Klima und Boden dieser Region besonders zu mögen und bringt mit 2500–3000 kg Trockengewicht pro Hektar reiche Erträge.

Vor **Kamloops** 8 erzählt ein *Stop-of-Interest*-Schild mit seiner weißen Dogwood-Blüte am Aussichtspunkt hoch über der Stadt von der Pioniergeschichte: 1812 als Fort Kamloops an einer verkehrsgünstigen Stelle gegründet, wuchs der Ort mit den Pelzhändlern, Goldgräbern und schließlich den Ranchern zu einer wohlhabenden Stadt. Heute bildet die Stadt mit rund 80 000

Einwohnern den größten Ballungsraum im Herzen der Provinz, eine moderne Oase in der Wildnis, umgeben von blühenden Farmen, Ranches und Obstplantagen. Nachts strahlen die Neonlichter der Stadt durch das ganze Tal und an der modernen Victoria Street kann man die schicke Mode aus Vancouver erstehen. Kurz, Kamloops ist ›the Big City‹ für die Cowboys, wenn sie von den abgelegenen Ranches zur Rinderauktion oder zu den übers ganze Jahr verstreuten großen Rodeos hierher kommen.

An die ersten Bewohner der Region erinnert der 1993 neu eröffnete **Secwepemc Native Heritage Park,** ein Museum, das die traditionelle Lebensweise der Salish-Indianer ausführlich illustriert. Im Freigelände ist sogar der lebensgroße Nachbau eines typischen Winterdorfes der Indianer zu sehen, und regelmäßig werden Tänze und Kunsthandwerk des Stammes vorgeführt.

Hinter Kamloops, weiter nach Norden auf dem ursprünglichen Yellowhead Highway 5, der alten Goldgräberroute nach Kamloops, wird es schnell wieder ruhig. Ursprüngliche Wildnis erlebt man besonders gut, wenn man von Clearwater aus in den **Wells Gray Provincial Park** 9 fährt. Wanderwege durch die gut 5200 qkm große Bergwelt, oft mit typischen Vulkankegeln und erstarrten Lavaströmen, bieten dem Naturfreund jede Möglichkeit: vom zweistündigen Spaziergang bis zur mehrwöchigen Expedition. Die Ranger im Informationszentrum am Parkeingang geben detaillierte Ratschläge zur Routenwahl und Ausrüstung. Auf keinen Fall sollte man die großen Wasserfälle verpassen, für die der Park berühmt ist. Der eindrucksvollste ist der 135 m hohe Helmcken Fall, der auch mit dem Auto gut zu erreichen ist. Auf dem lang gestreckten Clearwater Lake am Ende der Straße in den Park werden Bootsrundfahrten angeboten – oder noch besser: Man mietet sich ein Kanu und erkundet die Seenkette im Herzen des Parks auf eigene Faust.

Um wieder auf die Cariboo Road zu gelangen, fährt man den Highway 5 über Clearwater zurück bis Little Fort und biegt dort auf den Highway 24 ab, der durch das *back country* über Bridge Lake zu der legendären Straße zurückführt.

Wer die Rundreise abkürzen und so schneller in die Rocky Mountains kommen möchte, folgt dem Highway 5 den North Thompson River stromaufwärts bis Tête Jaune Cache und dann dem Yellowhead Highway (Hwy. 16) weiter nach Jasper. Die kleinen Orte **Blue River** und **Valemount** entlang der Route sind übrigens wegen ihrer ausgezeichneten Tiefschneeabfahrten in den Cariboo-Bergen auch in Europa als Paradies für *heli-skiing* bekannt. Im Sommer kann man sich per Hubschrauber zum *heli-hiking* zu den alpinen Wiesen im Hochland bringen lassen – und das ist auch praktisch die einzige Art, hier in die Wildnis vorzudringen, denn angelegte Wanderwege gibt es fast keine.

Auf der Cariboo Road nach Barkerville und weiter bis Prince George

Cache Creek – Williams Lake – Quesnel – Barkerville – Prince George (600 km)

Tipps & Adressen Clinton S. 355, 100 Mile House S. 345, Williams Lake S. 404, Quesnel S. 383, Barkerville S. 349, Wells S. 401, Bowron Lake Provincial Park S. 349, Prince George S. 382

Highway 97, *The Cariboo Road!* Im Namen der legendären Straße schwingt heute noch etwas mit von der Zielstrebigkeit und der fiebernden Erwartung Zigtausender Goldsucher, die von der Küste kommend auf dem schnellsten Weg den Oberlauf des Fraser erreichen wollten, um ihre *claims* abzustecken. Sie war die erste Wagenstrecke im Westen Kanadas, die zu Beginn der 60er Jahre des 19. Jh. von den *Royal Engineers* angelegt wurde. Die Militäringenieure der britischen Krone vermaßen die steilen Wände des Fraser Canyon und legten die beste Route für die Straße zu den Goldfeldern in den Cariboo Mountains fest. Dann wurde eine Schotterpiste bis nach Barkerville, dem Hauptort der Goldberge, gebaut, vorwiegend von billigen chinesischen Arbeitern.

Das Land entlang der Strecke hat sich seit den Goldtagen kaum verändert: die gleichen sandigen, spärlich bewachsenen Hügel, über die sich schon die Goldgräber auf ihrem 400 km langen Trail mühten. Lange Maultier-Packzüge mit Proviant und Ausrüstung für die Camps zogen hier entlang, die Postkutschen der *BX Stage Coach* preschten vorüber, deren Wagenlenker für ihre Waghalsigkeit und ihr Repertoire an Flüchen bekannt waren.

Hier ritt auch der berühmt-berüchtigte Richter Begbie, *the hanging judge,* dessen Galgenbaum in Lillooet immer noch steht. Seine Vorstellung vom Gesetz war höchst eigenwillig. Häufig urteilte er nach seiner Intuition, und doch ist es nicht zuletzt auf ihn zurückzuführen, dass während der Goldrauschzeit in British Columbia Recht und Gesetz herrschten und dass die vielen US-amerikanischen Abenteurer die Königin Victoria respektierten. Wen Richter Begbie für schuldig hielt, der hatte es nicht leicht, auch wenn die Jury anders dachte. Als diese einmal einen Mann freisprach, der des Raubmords angeklagt war, da funkelten Begbies eiskalte

Augen unter der riesigen Perücke: »Gefangener, Sie können gehen! Aber ich hoffe inständig, dass Ihr nächstes Opfer ein Mitglied dieser Jury ist!«

Die erste Cariboo Road begann 1861 in Lillooet. Bis hierher kamen die Goldsucher auf verschiedenen Routen über die Coast Mountains, um dann auf der befestigten Straße nach Barkerville weiterzuziehen. Von Lillooet aus wurden die Meilen gezählt, nach denen viele moderne Orte entlang der Route benannt wurden: 70 Mile House, 100 Mile House usw. Denn je nach Schwierigkeit des Terrains legte man alle 15 bis 25 km ein *roadhouse* an, wo die Reisenden essen und übernachten konnten und die Postkutsche die Pferde wechselte. Nur wenige sind noch so gut erhalten wie etwa die Hat Creek Ranch bei Cache Creek (s. S. 107), aber entlang der ganzen Strecke bis Barkerville findet man immer wieder verfallene Überreste.

Die zweite Cariboo Road startete in Yale, nachdem 1863 ein Pfad entlang des Fraser River ausgebaut wurde. Als schließlich 1886 die Eisenbahn durch das Tal fertig gestellt wurde, verlegte man den Anfangspunkt wieder weiter nach Norden und die Versorgungswagen für die Pioniere zogen von der Bahnstation in Ashcroft aus nach Norden. Ashcroft, heute ein verschlafenes, staubiges Städtchen abseits des Highway, wurde allerdings beim Bau des Transkanada Highway links liegengelassen, und so beginnt der offizielle heutige Cariboo Highway 97 im nahen Cache Creek.

In schneller Folge reihen sich auf der Fahrt nach Norden die kleinen Pionierorte. Erster Stopp: **Clinton** 🔟, das bei Meile 47 an der alten Cariboo Road entstand. Ein typisches Westernörtchen, wie es im Ranchland von Zentral-British Columbia viele gibt – mit einer *main street,* an der sich hübsch restaurierte

Goldsucher heute

Aufwinde ideal und einige der *hanggliders* sind sogar schon von hier bis ins 200 km entfernte Okanagan Valley geflogen. Jedes Jahr im Mai finden am Lime Mountain die westkanadischen Meisterschaften im Drachenfliegen statt.

Im Zuge der kanadischen Selbstfindung und des immer stärker aufkommenden Geschichtsbedürfnisses entstanden in den letzten 20 Jahren in fast allen kleinen Orten in British Columbia so genannte *Historical* oder *Pioneer Societies,* die örtliche Museen aufbauten und historische Gebäude restaurierten. Auch in Clinton steht ein Historical Museum an der Hauptstraße und gewährt geschichtsträchtige Einblicke in das Leben der Indianer und Goldgräber sowie Geologie und Botanik der Region. Die Sammlungen des **South Cariboo Historical Museum** sind stilecht untergebracht im alten Schul- und Gerichtsgebäude von 1890, in dem einst noch Richter Begbie Justitia sprechen ließ.

Typisches Ranchland begleitet den Highway 97 nordwärts nach Williams Lake. Hin und wieder tauchen alte Holzzäune auf: *post and rail, snake rail* oder *Russell fence* heißen die erfinderischen Konstruktionen, die oft ohne jeden Nagel auskommen – denn Metallnägel waren teuer zur Pionierzeit. In malerischen Schlangenlinien ziehen sich die teilweise schon recht verwitterten Zäune durch die *sage brush*-Steppe. *Bunchgrass,* die fast einen Meter hohe einheimische Grasart, ist heute meist vom *sage brush* verdrängt – ein Zeichen für Überweidung.

Dazwischen immer wieder kleine Orte in der Meilenchronologie der Cariboo Road: 100 Mile House, 150 Mile House. Bei 108 Mile wartet wieder ein Blick in die Geschichte: In der **108 Mile Heritage Site** 11 wurde die ursprüngliche Ranch zu einem kleinen Museumsdorf restau-

Westernfassaden reihen, und ein paar Seitenstraßen mit modernen Wohnhäusern. Typisch sind auch die Läden, die alles anbieten, was die Ranches der Umgebung so brauchen. Vom großkarierten Holzfällerhemd bis zum Maschendraht, vom Steakgewürz bis zur aktuellen Information über die holprigen Seitenstraßen ins Hinterland ist hier alles zu haben.

Im *coffeeshop* an der Hauptstraße wird noch Pionierkost in Pioniermengen serviert: saftige Steaks und Ribs am Abend, mächtige Omeletts mit Schinken und Käse und dazu *hash browns,* eine Art Kartoffelpuffer, zum Frühstück. Im Cariboo Country glaubt man noch nicht an die amerikanische Ideologie des *fastfood.* Wer richtig arbeitet und richtig feiert, der soll auch kräftig essen. Morgens stärken sich hier oft auch die Drachenflieger, die danach zum **Lime Mountain** vor der Stadt aufbrechen. Dort sind die

riert. Mit riesiger Scheune im Blockhaus-stil, Ausstellungen und sogar einer klei-nen Galerie mit Kunsthandwerk.

Keine Reise entlang des Cariboo Highways wäre komplett ohne einen Abstecher in das riesige *back country*. Ein Netz von geschotterten Seitenstra-ßen führt nach Westen hinaus in die Re-gion der Großranches und nach Osten zur Seenplatte um den Highway 24. Viele der Ranches nehmen auch Besu-cher auf, in mehreren Provinzparks lässt es sich herrlich campen und angeln, und man kann auch zwischendurch mal auf einer der Ranches Ausritte unterneh-men. *Trailriding* steht dann auf einem Willkommensschild am Eingang der Ranch. Eine ideale Region, um ein paar sonnige Tage zu verbummeln.

Williams Lake

12 Wirtschaftliches Herz des Bezirkes ist Williams Lake (10 000 Einwohner), eine moderne Stadt mit Forstindustrien und großen Ausrüstungsläden für die Berg-werke und Ranches im Umland. Auch hier wartet wieder ein Pioniermuseum, das **Museum of the Cariboo Chilcotin** mit Cowboy Hall of Fame und Ausstel-lungen zu Pionieren und Indianern. Inter-essant ist auch das **Scout Island Na-ture Centre** am Westufer des Sees mit Ausstellungen und Lehrpfaden, die die Pflanzen und Tiere der Region vorstellen.

Das Ereignis schlechthin in Williams Lake findet jeweils am Canada Day, dem 1. Juli, statt: die **Williams Lake Stam-pede.** Seit den 20er Jahren richtet die Stadt dieses Rodeo aus, das sich mittler-weile zum größten in der ganzen Pro-vinz gemausert hat. Auf den Stampede Grounds an der Kreuzung der Highways 97 und 20 trifft sich dann die Elite der Rodeoreiter – manche kommen sogar von Australien, um sich hier zu messen und Preise davonzutragen.

Über der Arena der ›Cowtown‹, so der offizielle Beiname des Ortes, steigt dann der Staub auf: Da werden Kälber mit dem Lasso gefangen, Bullen geritten und im *bucking contest* schließlich wild buckelnde Broncos bestiegen. Sieger ist, wer sich die festgesetzte Zeit über im Sattel hält und dazu noch die beste Hal-tung zeigt. Urig geht es immer noch zu, aber nicht mehr ganz so raubeinig wie in den frühen Tagen der Stampede. Da-mals mussten die Cowboys – meistens Indianer – beim *mountain race* vom Berg oberhalb der Stadt pfeilgerade he-runterreiten. Später wurde das Rennen abgeschafft, weil sich zu viele Reiter und Pferde Hals und Beine brachen.

Auch von Williams Lake aus führen Straßen ins Hinterland: nach Nordosten zu den alten Goldgräberorten **Likely** und **Horsefly** etwa, die gut auf einer Ta-gestour zu erkunden sind. Mehr Zeit braucht man für einen Abstecher nach Westen: Der heute fast durchgängig ge-teerte Highway 20 ist die einzige Straße im zentralen Teil der Provinz, die bis zum Pazifik führt – 456 einsame Kilometer durch Ranchland, unberührte Waldge-biete und die grandiose Bergwildnis der Coast Mountains. Weit im Westen, kurz bevor die Straße bei Bella Coola das Meer erreicht, überquert man am Heck-man-Pass (1524 m) die Coast Range. Hier bietet sich die einzige Möglichkeit, zumindest einen kleinen Teil des **Tweedsmuir Park** motorisiert kennen zu lernen. Ansonsten kann man die herr-liche Natur des mit einer Million Hektar größten Provinzparks nur beim Berg- und Kanuwandern oder per Flugzeug er-schließen. Doch es gibt sogar einen an-gelegten Fernwanderweg, den Alexan-der Mackenzie Heritage Trail. Er folgt auf gut 400 km Länge der historischen Route, der schon die Pelzhändler 1793 folgten.

Die Geschichte Alexander Mackenzies und der ersten Durchquerung Kanadas wird im modernen, sehr umfangreichen Quesnel Museum im gleichnamigen Ort erzählt. Das 8000 Einwohner zählende **Quesnel** 13 liegt etwa 120 km nördlich von Williams Lake am Zusammenfluss von Fraser und Quesnel River. Hier lagerten die Goldgräber, ehe sie zu den Goldhügeln der nahen Cariboo Mountains aufbrachen. Heute lebt die Stadt vor allem von der Holzindustrie: qualmende Sägewerke allerorten. Am Nordende der Stadt kann man vom Aussichtsturm des **Forest Industry Lookout** einen Überblick über eine der riesigen Sägemühlen gewinnen. Am 3. Wochenende im Juli finden die **Billy Barker Days** statt. Dann zelebriert man die »gute alte Zeit« der Pioniere und des Goldrausches, mit historischen Kostümen, Cowboyhüten, Rodeos, Paraden, Volkstanz und Basaren.

Barkerville

Kurz hinter Quesnel zweigt der Highway 26 nach Osten ab und schlängelt sich gut 90 km weit in die grünen Hügel – das letzte Stück Weg nach **Barkerville** 14, dem sagenhaften Eldorado von British Columbia. Gleich zu Anfang passiert man **Cottonwood House** (s. Quesnel), ein sehr stimmungsvolles, restauriertes *roadhouse* aus den Goldgräbertagen. Zeitgenössisch kostümierte Führer erläutern im Sommer das Tagwerk in der Station, als hier die Postkutschen verkehrten und sich Tausende von Abenteurern aufhielten.

Schon im Jahre 1858, nach den ersten Funden am Unterlauf des Fraser, strömten etwa 25 000 Goldsucher ins Land. Viele von ihnen kamen übrigens aus Kalifornien, wo der Boom des Jahres 1849 in der Sierra Nevada langsam nachließ und die Abenteurer nach neuen Bonanzas suchten. Einmal am Fraser River,

Im historischen Barkerville wird die Goldrausch-Ära wieder lebendig

zogen die Schürfer nach und nach weiter gen Norden: Das Gold musste ja von weiter oben, aus dem Oberlauf des Flusses kommen. Lange Monate fand man nichts, bis die ersten schließlich jene Bergkette erreichten, die als **Cariboo Mountains** berühmt werden sollte.

Obwohl einige der Männer bereits im Spätherbst 1860 am Antler Creek, etwa 20 km vom heutigen Barkerville entfernt, die ersten Nuggets entdeckten, zog eine Gruppe von ihnen weiter, unter ihnen William Dietz, bekannt als »Dutch Bill«. Er wurde im Canyon eines kleinen Bachs fündig, den sie nach ihm Williams Creek tauften. Die Erde rückte zunächst, als die Männer in drei und vier Metern Tiefe gruben, nur wenig von dem gelben Metall heraus. Erst als einer von ihnen etwas tiefer buddelte, fand er eine Menge des ersehnten Goldes. Noch im selben Sommer schwärmten Hunderte Goldsucher über die Hänge der Schlucht und jeder Zentimeter des 10 km langen Tales wurde besetzt.

Im Sommer 1862 kam Billy Barker, der heute berühmte Seemann aus Cornwall, der in Victoria von seinem Schiff desertiert war, mit einigen Freunden an den Ort, der später seinen Namen tragen sollte. Da an der Talsohle des Canyon bereits alles abgesteckt war, nahmen sie sich einen *claim* weiter unterhalb. Lange mussten sie graben und fanden nur Kies und Geröll. Doch in einer Schachttiefe von 16 m stieß Billy Barker schließlich auf Gold – für 1000 Dollar pro Quadratfuß! Sein Stückchen Land brachte ihm Nuggets und Goldstaub im Wert von 600 000 Dollar ein – ein Vermögen, das Billy allerdings schnell wieder verjubelte. Er starb ohne einen Cent 1894 in Victoria und wurde in einem Armengrab beerdigt.

Doch Billy Barkers Fund löste den größten Gold-Boom British Columbias aus und ließ den nach ihm benannten Ort aufblühen. Um 1870 war Barkerville – Jahre bevor Vancouver überhaupt gegründet wurde – die größte Stadt westlich von Chicago und nördlich von San Francisco. Opern und Melodramen mit internationalen Schauspielern wurden im eigens errichteten Theatre Royal aufgeführt, in den Saloons schlürften die Besitzer der reichen Claims französischen Champagner.

Aber das Glück dauerte nicht lange. Schon 1875 hatten die meisten Goldgräber das Gebiet wieder verlassen und um 1900 war Barkerville eine verfallende, fast verlassene Geisterstadt. Erst als 1958 die Provinzregierung den Ort zum **Barkerville National Historic Park** erklärte, ging es wieder bergauf. Heute sind fast 100 Gebäude restauriert oder wieder aufgebaut – originalgetreu bis zu den Wasserfässern auf den Dächern, mit denen einst die Brände bekämpft wurden.

Kostümierte ›Bewohner‹ bevölkern das Museumsdorf, arbeiten in den Läden, hämmern in den Werkstätten und drucken die Zeitung wie anno 1870. Ein Stück bachaufwärts residiert im **Richfield Courthouse** Richter Begbie, verkörpert von einem Schauspieler. Auch im **Theatre Royal** herrscht wieder Bühnenleben: Eine Schauspielertruppe inszeniert mit Liebe zum historischen Detail Melodramen der Goldgräbertage.

Ehe man von Barkerville wieder die Rückfahrt über den Highway 26 antritt und die Cariboo Mountains verlässt, lohnt es noch, die Umgebung zu erkunden: **Wells** 15 etwa, ein modernes Goldgräberstädtchen, das in einem neuen Boom während der 30er Jahre des 20. Jh. entstand, und im Gegensatz zu Barkerville auch noch bewohnt ist.

Paradies für Kanufahrer: die Seenkette im Bowron Lake Provincial Park

Eine gut befestigte Schotterstraße führt von Wells tief ins Herz der Cariboo Mountains zum **Bowron Lake Provincial Park** 16. Größte und beliebteste Attraktion dieses mehr als 120 000 ha großen Wildnisparks ist ein 116 km langer Kanutrail. Ein herrliches Stück Natur für eine Woche in der kanadischen Waldeinsamkeit: Man paddelt über eine Kette von lang gestreckten Seen (die sich erfreulicherweise zu einem Kreis schließen), zeltet auf herrlich gelegenen *wilderness campgrounds* und kann oft Elche und Schwarzbären an den Ufern beobachten. Mehrere Ausrüster am Eingang des Parks vermieten Kanus und Ausrüstung.

Weiter nach Norden! Von Quesnel verläuft der Highway 97 durch leicht hügeliges Gelände. Die Wälder werden, je nördlicher man kommt, wieder dichter. Die Straße folgt jetzt wieder dem Tal des Fraser River, der hin und wieder durch lichte Laubwälder hindurch schimmert.

Fast exakt im geografischen Zentrum der Provinz erreicht man schließlich **Prince George** 17, mit rund 78 000 Einwohnern der wichtigste Ort im Norden British Columbias. 1807 gründete Simon Fraser hier an der Mündung des Nechako River in den Fraser River einen Pelzhändlerstützpunkt, den er nach dem englischen Monarchen Fort George nannte. Die Siedlung wurde bald zum Verkehrsknotenpunkt für das Binnenland westlich der Rockies, besonders als 1906 die Grand Trunk Pacific Railroad gebaut wurde und eine Verbindung nach Westen zum Pazifik schuf.

Heute lebt die um 1900 in Prince George umbenannte Stadt vorwiegend von der Holzindustrie. Kein Wunder, denn ringsum erstreckt sich der größte Forstbezirk von British Columbia und alljährlich werden Millionen Kubikmeter Holz in den Sägewerken und Zellulosefabriken verarbeitet. Das Visitor Centre arrangiert Führungen durch die riesigen Holzbetriebe. Wer sich für die Geschichte der Region interessiert, kann im **Fort George Regional Museum** stöbern oder im **Prince George Railway Museum** die Tage der Dampfeisenbahn nacherleben.

Hinweis: Von Prince George bietet sich die Fahrt auf dem Yellowhead Highway in westlicher Richtung nach Prince Rupert zur Pazifikküste an. Von dort besteht die Möglichkeit, mit der Fähre nach Port Hardy auf Vancouver Island überzusetzen oder Richtung Norden durch die Inselwelt der *Inside Passage* nach Alaska zu ›schippern‹. Die Route bis Prince Rupert wird im Anschluss an die Rundreise beschrieben, s. S. 121.

Von den Rocky Mountains zum Okanagan-Tal

Prince George – Tête Jaune Cache – Jasper (380 km); Jasper – Lake Louise – Golden – Revelstoke – Salmon Arm – Kelowna (450 km); Kelowna – Penticton – Vancouver (460 km)

Tipps & Adressen Mount Robson Prov. Park S. 379, Jasper S. 370, Banff S. 348, Yoho National Park S. 407, Kootenay National Park S. 376, Golden S. 366, Glacier National Park S. 365, Revelstoke S. 385, Mount Revelstoke National Park S. 378, Sicamous S. 387, Vernon S. 398, Kelowna S. 373, Fort Steele S. 364, Kimberley S. 375, Penticton S. 380, Manning Prov. Park S. 377

Die Fahrt auf dem Yellowhead Highway nach Osten, von Prince George bis Tête Jaune Cache, führt durch einen völlig unbesiedelten und bis auf Straße und Eisenbahnlinie auch unerschlossenen Landstrich von Zentral-British Columbia. Kaum ein Haus ist auf der fast 300 km langen Strecke zu sehen. Sogar die sonst so häufigen Provinzparks mit ihren idyllischen Campgrounds mitten in der Wildnis sind dünn gesät. Trotzdem, ein hübsches Fleckchen für die Nacht lässt sich überall finden.

Das Camperleben in den staatlichen Parks im Norden der Provinz ist denkbar unkompliziert: Nehmen wir etwa den **Purden Lake Provincial Park**, etwa 60 km östlich von Prince George am Highway 16. Ein kleiner, warmer Badesee liegt neben einem weitläufigen staatlichen Campingplatz. Jeder Stellplatz für den Camper hat eine Feuerstelle, Holz liegt bereit. Beim Einchecken sucht man sich einen freien Platz, notiert Namen, Autokennzeichen und Platznummer auf einem am Eingang deponierten Formularumschlag, den man mit der geforderten Gebühr in den Safeschlitz wirft. Fertig. Man vertraut auf die Ehrlichkeit des Besuchers.

Hier draußen in der Wildnis, fernab jeder modernen Siedlung, kann man die Mühen der ersten Pioniere im Westen Kanadas hautnah nachvollziehen. Kein Weg, kein Steg führt durch die dichten Wälder. Sobald man ein paar Schritte vom Campingplatz ins Unterholz geht, heißt es über umgestürzte Bäume klettern, sich den Weg durch dichtes Gebüsch bahnen und ungebärdige Bäche überqueren.

Im August 1862 driftete eine Gruppe der *overlanders* auf ihrem Weg in die Cariboos den Teil des Fraser hinunter, durch den heute der Highway 16 führt. Diese Pioniere der Goldgräberzeit kamen von England über Ost-Kanada quer durch den Kontinent bis Fort Edmonton und schlugen sich von da bis zum Oberlauf des Fraser durch. In Tête Jaune Cache teilten sic sich auf und versuchten, in kleinen Gruppen Barkerville zu erreichen. Wenige schafften es und auch nur unter großen Mühen – und kamen dann zu spät für einen guten Claim. So schrieb ein Mitglied der Expedition: »Im Rückblick kann ich sagen, dass das wohl unnützeste Gerät, das ich dabeihatte, meine Goldwaschpfanne war.«

Nach der Kreuzung mit dem Highway 5 (dem ehemaligen Seitenarm des Yellowhead Highway) beim Winzlingsort Tête Jaune Cache rücken die Talwände enger zusammen. Bald kommen die Schneegipfel der Rocky Mountains in

Sicht und das erste Schutzgebiet der Berge beginnt – der 2200 qkm große **Mount Robson Provincial Park** [18]. Auf dem kleinen Parkplatz 4 km östlich der Kreuzung kündigt ein Schild die **Rearguard Falls** an. Ein kurzer Pfad führt hinab zum Aussichtspunkt über die tosenden Wasserfälle: Der gesamte Fraser River fällt hier in einer Stufe gut zehn Meter ab. Der Katarakt stellt für die Lachse die äußerste Grenze ihrer Laichwanderung am Fraser dar – gut 1000 km entfernt von der Mündung des Flusses in den Pazifik.

Zurück am Highway sind es noch einige Minuten Fahrt, dann steht er unvermittelt über dem Tal, ragt hoch über die umliegenden Berge auf: **Mount Robson,** mit 3954 m der höchste Berg der kanadischen Rockies. Der massige Bergstock liegt ganz am Westrand der Gebirgskette und bekommt daher die volle Wucht der vom Pazifik hereinziehenden Wettersysteme ab. An zwei von drei Tagen ist der Gipfel von Wolken umhüllt und nicht selten sieht man auch im Hochsommer frischen Schnee oben glitzern. Am Fuß des Berges führen vom Visitor Center gute Wanderwege durch die im Sommer üppig blühenden Wiesen, eine herrliche, zweitägige Wanderung bietet sich auf dem 22 km langen Berg Lake Trail entlang des Robson River zum Berg Lake an, in den der Robson-Gletscher mündet.

Weiter zum **Yellowhead-Pass,** der die Grenze zwischen British Columbia und Alberta markiert. Die politische Grenze wie auch die Zeitgrenze zwischen Pacific Time und Mountain Time verlaufen am Grat der Rockies entlang, die auf ganzer Länge in Kanada nur auf drei Pässen zu überqueren sind, wobei der Yellowhead Highway über den nördlichen verläuft. Die Straße folgt einer alten Handelsroute der Indianer, die hier einst vor allem Leder und Bisonfelle aus den Prärien mit den Stämmen westlich der Berge handelten.

Oben am Pass beginnt der berühmte Jasper National Park – ein Kapitel für sich (s. S. 168). Besonders die Panoramastraße von **Jasper** [19] nach Lake Louise im Banff National Park, der spektakuläre **Icefields Parkway**, verdient als *die* Gletscherstraße der kanadischen Rockies die Reise. Jeder neue Anblick könnte aus einem Wandkalender stammen. Vor allem im Hochsommer ist der Highway 93 sehr beliebt und auch entsprechend dicht befahren. Es lohnt sich, einige Tage für Wanderungen, einen Lodgeaufenthalt oder eine Wanderung einzuplanen – die meisten amerikanischen Besucher bestaunen die Nationalparks nur von den Aussichtspunkten am Highway. Im Hinterland wird es schnell ruhiger und man kann das Bergpanorama ungestört genießen.

Nach einigen Abstechern, etwa zum Örtchen **Banff** [20] oder hinaus in die Prärie zur Olympiastadt Calgary, kehrt man vom Banff Park wieder nach Westen zurück, um die Tour zu einem Kreis zu schließen. Von Lake Louise führt der Transkanada Highway zurück über die Grenze nach British Columbia und folgt dem Tal des Kicking Horse River durch den Yoho National Park bis Golden. Tief hat sich der Fluss nach der Eiszeit in das weiche Sedimentgestein der Rockies eingegraben. Die steilen Berghänge dieses Tales waren vor gut hundert Jahren eine der schwierigsten Stellen beim Bau der transkontinentalen Eisenbahn. Unterhalb des 1643 m hohen Kicking Horse-Passes mussten sogar Spiraltunnels verlegt werden, um die Steigung zu überwinden. Vom Aussichtspunkt hoch über dem Tal kann man die heutigen Züge beobachten. Schwer beladen stampfen sie mit oft fünf oder sechs Lo-

Karibus am Yellowhead Highway, Jasper National Park

komotiven vorneweg und mehr als 100 Waggons dahinter die Steigung hinauf.

Der 1313 qkm große **Yoho National Park** 21 ist bei weitem nicht so berühmt wie seine Schwestern Banff und Jasper nebenan, was den Vorteil hat, dass man die Bergwelt meist noch etwas ruhiger erleben kann. Bei einer Wanderung zu den seltsamen von Wind und Wetter erodierten Steinsäulen der *hoodoos* etwa oder beim Spaziergang um den grün schimmernden **Emerald Lake.** Am Ende der steilen Stichstraße in das Yoho Valley gibt es noch eine besondere Attraktion: 384 m stürzen die Wassermassen der **Takakkaw Falls** eine senkrechte Bergwand herab – der zweithöchste Wasserfall Kanadas. *Yoho* bedeutet in der Sprache der Cree-Indianer ›Erstau-

nen, Verwunderung‹ – was die grandiose Bergwelt mühelos rechtfertigt.

Beiderseits des Highway 93 schließt sich im Süden der 1406 qkm große **Kootenay National Park** an. Er ist landschaftlich äußerst vielseitig: Gletscher, Bergwälder und -wiesen, rote Sandsteinklippen, Trockengebiete, in denen auch Kakteen wachsen und heiße Quellen bei Radium Hot Springs.

Im Städtchen **Golden** 22 trifft der Transkanada Highway erstmals auf den mächtigen Columbia River, der hier zunächst den Gebirgsstock der Columbia Mountains in nördlicher Richtung umfließen muss, bevor er dann weiter westlich nach Süden in die USA strömt und schließlich nach 2000 km im Staat Oregon in den Pazifik mündet. Viele der

3700 Einwohner von Golden sind in der Holzindustrie tätig. An den Hängen erkennt man die Spuren der Motorsägen – riesige Kahlschläge, die zwar wieder aufgeforstet werden, aber doch in den ersten Jahren recht hässliche Schneisen in die Bergwälder schlagen.

Seit einigen Jahren macht Golden sich auch als touristisches Zentrum einen Namen. Bergsteiger und Wildniswanderer brechen von hier in die Rockies, die Purcell und die Columbia Mountains auf, einige herrlich gelegene *Mountain Lodges* bieten Natururlaub, und auf den Flüssen ringsum werden Schlauchboottouren veranstaltet.

Von Golden schwingt sich der Transkanada Highway über die Purcell Mountains ins Tal des Beaver River. Es folgt der **Glacier National Park** 23, einer der wildesten Landstriche im kanadischen Westen. Über 400 Gletscher, ein raues, unerbittliches Klima und die zerklüfteten Zinnen der Selkirk-Berge verwehrten einst sogar den Indianern jeden Zugang in die seit jeher unbesiedelte Hochgebirgslandschaft.

1885 wurde die Eisenbahnlinie über den 1327 m hohen Rogers-Pass fertig gestellt, doch erst 1962 folgte die Straße! Ein Denkmal auf Passhöhe erinnert vor der dramatischen Felskulisse der Sir Donald Range an die Fertigstellung des Transkanada Highway.

Gewaltige Niederschlagsmengen, vorwiegend als Schnee, führen noch heute im Winter zur periodischen Schließung der großen Ost-West-Verbindung Kanadas. Ein ausgeklügeltes Lawinenwarnsystem soll, wie der Film im **Rogers Pass Information Centre** eindrucksvoll zeigt, die Reisenden schützen. Wenn kritische Werte gemessen werden, schießt man mit einer Howitzer-Kanone der kanadischen Armee die Schneemassen ab. Jetzt im Sommer

sind von alldem nur die breiten Lawinenschneisen an den steilen Berghängen zu sehen.

Am Westhang der Selkirks steigt der Highway 1 hinab ins enge Tal des Illecillewaet River, der nach dem indianischen Wort für »fließendes Wasser« benannt ist. Hier am Westhang der Berge beginnt eine neue Vegetationszone – der Regenwald des Interior. Riesige *Red Cedars* und Douglasien verdunkeln den feuchten Waldboden, im Unterholz wächst fast ein Meter hoher *Skunk Cabbage,* eine Araceen-Art. Ein Lehrpfad am **Giant-Cedars-Picknickplatz** im Mount Revelstoke National Park erlaubt einen Einblick in die grüne Umwelt. Ohne den Brettersteig wäre da kein Vorwärtskommen. Die scharfen Stacheln des übermannshohen *Devils Club* mit seinen ausladenden Blättern jagen einem leichte Schauer über den Rücken.

Der kleine Ort **Revelstoke** an der Mündung des Illecillewaet in den Columbia River, der hier schon auf dem Weg nach Süden ist, lebt wie Golden von der Holzgewinnung und ist eine wichtige Bahnstation für den Güterumschlag. Auch hier wartet wieder ein kleines historisches Museum mit Pioniergeschichte auf, und das neue Revelstoke Railway Museum widmet sich der gut hundertjährigen Bahngeschichte des Städtchens. Schönste Attraktion aber ist der **Mount Revelstoke National Park** 24 vor der Haustür: Eine 26 km lange Schotterstraße führt zu den prächtigen Blumenwiesen am Gipfel des Mount Revelstoke hoch über dem Columbia Valley. Durch eine örtliche Bürgerinitiative wurde 1914 ein Areal von 260 qkm um den Mount Revelstoke zum Nationalpark erklärt. Man baute die Serpentinenstraße den Berghang hinauf, die der damalige Prince of Wales im Jahre 1927 eröffnete. Neun Monate im Jahr liegt

Ausflug in den Südosten von British Columbia

Sowohl von Golden wie auch von Revelstoke aus kann man einen Abstecher in den Südosten British Columbias unternehmen. Es ist keine besonders berühmte und spektakuläre Region dieser Provinz – nur lang gestreckte Seen und endlose, noch weitgehend unberührte Bergketten warten dort. Dazwischen einige fruchtbare Farmtäler und kleine historische Bergwerksorte. Dennoch, wer einige Zusatztage hat, wird die Fahrt nach Süden nicht bereuen: Es ist ein stilles, ruhiges Ferienland mit großen Provinzparks, schönen Campingplätzen und kleinen Motels in den Orten. Und es gibt durchaus einige sehr lohnende Attraktionen: das Museumsdorf **Fort Steele** 25 zum Beispiel, die heißen Quellen der **Ainsworth Hot Springs** oder das verrückte **Kimberley** 26, wo ein ganzer Ort sich als ›bayrisches Dorf‹ gestylt hat. Golfer finden im Tal des Columbia bei Radium Hot Springs und Fairmont Hot Springs hervorragende Plätze für ihren Sport.

oben auf 1938 m Höhe Schnee, und den Erdhörnchen bleiben nur drei Monate Zeit, neue Wintervorräte einzulagern.

Während der Südosten der Provinz touristisch bisher noch recht unentdeckt blieb, hat sich die Region südwestlich von Revelstoke in den letzten Jahrzehnten dank ihres milden, sonnigen Klimas und der vielfältigen Freizeitmöglichkeiten zum wichtigsten Feriengebiet West-Kanadas entwickelt. Die warmen Seen des Okanagan Valley und der riesigen Shuswap-Seenplatte verleiten zum Wassersport in allen Variationen. Von **Sicamous** 27 aus kann man eine Kreuzfahrt unternehmen oder mit der Fähre bis Seymour Arm am anderen Ende des **Shuswap Lake** gelangen. Der Ort nennt sich zu Recht »Houseboat Capital of Canada«. Über 300 Hausboote werden von einem runden Dutzend Unternehmen vermietet. Solch ein Urlaub auf dem Wasser eignet sich bestens, die 1000 km lange Uferlinie des Shuswap Lake zu erforschen. Die landschaftlich reizvolle Rundstrecke um den See über Seymour Arm lohnt sich, vor allem im Oktober, wenn die Sockeye-Lachse zu ihren Laichgründen am Adams River ziehen, der den Shuswap mit dem Adams Lake verbindet. Aus noch unbekannten Gründen ist der *Adams River Run* der Lachse in jedem vierten Jahr besonders spektakulär (2002, 2006 etc.) und im **Roderick Haig-Brown Provincial Park** am Westende des Shuswap Lake gut zu beobachten. Der nahe gelegene **Shuswap Lake Provincial Park** bei Scotch Creek bietet gute Campingmöglichkeiten, ist aber im Sommer meistens belegt, und nur bei sehr frühzeitiger Voranmeldung ist hier ein Stellplatz zu haben.

Kurz vor Salmon Arm biegt der Highway 97b nach Süden hin ins **Okanagan Valley** ab. Das lang gestreckte Tal verdient seinen Beinamen ›Obstgarten Kanadas‹ zu Recht. Schon nach kurzer Zeit tauchen die ersten Farmen und Plantagen am Straßenrand auf. Bis nach Penticton, ganz im Süden des Tales, folgen immer wieder reichlich mit frischem Obst, Honig, eiskaltem Apfelsaft und anderen Leckereien bestückte Stände. Nach Süden hin wird es entlang des Highway 97 fortlaufend trockener und wärmer. Rings um das Landwirtschaftszentrum **Vernon** 28 am Nordende des gut 100 km langen Okanagan-Sees dehnen sich große Obstgärten und blühende Farmen aus. Am Westrand des Städtchens liegt die **O'Keefe Historic Ranch,** die 1867 als eine der ersten Ranches in West-Kanada gegründet wurde und heute als Freilichtmuseum zu besichtigen ist. Vorüber am malerischen Coldstream Valley und dem Kalamalka Lake mit einem schönen Aussichtspunkt geht es weiter nach Süden.

Kelowna 29 ist mit über 90 000 Einwohnern der größte Ort im Okanagan Valley. Motels und moderne Shopping Center begleiten den Highway 97, der quer durch die Stadt führt. Hübsche Parkanlagen am Wasser und lange Strände säumen die Seeufer und auf dem Wasser kreuzen schnittige Segeljachten. Kelowna ist zwar nach wie vor ein wichtiger Farmort, entwickelte sich in den letzten Jahren aber auch verstärkt zum beliebten Ruhesitz der Kanadier. Große neue Ferienhotels am Seeufer kurbeln den Badetourismus an. Wer sich für den Weinbau in B. C. interessiert kann an einer der zahlreich angebotenen *Winery Tours* teilnehmen. Auf der **Cedar Creek Estate Winery** am Lakeshore Drive südlich von Kelowna wird man neben der zünftigen Weinprobe mit Imbiss auch noch mit einer schönen Aussicht über die Hänge und den Okanagan Lake belohnt. Im **Kelowna Museum** sind neben den üblichen Pionier- und Indianerartefakten auch ein rekonstruierter Handelsposten und ein chinesischer Laden zu sehen.

Durch Weingärten, Apfel- und Pfirsichplantagen geht es weiter nach **Penticton** 30. Der schnell wachsende Ort liegt auf einer Landenge zwischen dem Südende des Okanagan Lake und dem Skaha Lake. Hier locken wieder Wassersportmöglichkeiten in Hülle und Fülle: Wasserskifahren, Windsurfen, Schwimmen am Sandstrand des Skaha-Sees. Segeln kann man von einer der beiden Marinas aus oder am Fuße der Main Street beim Parasailing in die Luft gehen.

Gleich südlich von Penticton zweigt der Highway 3a vom Highway 97 ab und führt durch kiefernbestandene Hügel nach Westen. Hier endet das Seengebiet und im Tal von Keremeos stehen auch die letzten Plantagen und Obstände. Einen Stopp verdient die restaurierte **Keremeos Grist Mill,** eine idyllisch gelegene alte Mühle, die heute als Museum der Pionierzeit dient.

Der Highway 3 führt nun weiter nach Westen. Zunächst schlängelt er sich entlang des Similkameen-Flusses zum alten Bergwerksort Princeton, dann klettert er hinauf in die Küstenberge, der letzten Barriere vor dem Fraser Valley. Wem der Abschied von der Wildnis schwerfällt, der kann hier oben in der weitgehend unberührten Berglandschaft um den Allison Pass noch einmal in die grüne Einsamkeit eintauchen: Im **Manning Provincial Park** 31 lädt ein gut ausgebautes Wegenetz zum Wandern ein, man genießt die Aussicht am Cascade Lookout, und mit etwas Glück läuft noch ein Schwarzbär über den Weg oder kommt abends am Campingplatz zu Besuch. Perfekte Naturidylle – gerade mal zwei Fahrstunden von Vancouver entfernt.

Auf dem Yellowhead Highway von Prince George zum Pazifik

Prince George – Hazelton – Prince Rupert (750 km)

Karte S. 121
Tipps & Adressen
Prince George S. 382,
Fort St. James S. 364, Smithers S. 389,
Hazelton S. 368, Stewart S. 390,
Prince Rupert S. 383

Egal, in welche Richtung man von Prince George aus fährt – nach Westen zum Pazifik, gen Norden in Richtung Alaska Highway oder nach Osten in die Rockies –, es wird schnell einsam. Die Highways mäandern durch endlose Wälder, vorüber an kleinen Seen und unberührten Flusstälern. Sie sind die Lebensadern der wenigen Siedlungen im Nordland – nur entlang der Korridore, die sie durch die Wildnis schlagen, konnten moderne Siedlungen und Farmen entstehen.

Ganz besonders trifft dies für den Yellowhead Highway zu, den nördlicheren ›Bruder‹ des Transkanada Highway. Erst im Laufe der 1970er Jahre fertig gestellt, stellt er die einzige große Querverbindung durch West-Kanada neben dem Highway 1 dar. Er führt – immer parallel zur Grand Trunk Pacific Railroad – von Winnipeg in Manitoba durch die Prärien nach Edmonton weiter durch den Jasper National Park und über Prince George durch das Herz von British Columbia bis nach Prince Rupert am Pazifik, eine Entfernung von nahezu 3000 km. Benannt wurde die Fernstraße nach einem gewissen Pierre Hatsination, einem irokesischen Trapper der Hudson's Bay Company, dessen blondes Haar ihm den Spitznamen *tête jaune,* ›gelber Kopf‹, eintrug. Und solch ein Kopf ziert heute die Straßenschilder am Highway 16.

Routenkarte: Von Prince George zum Pazifik

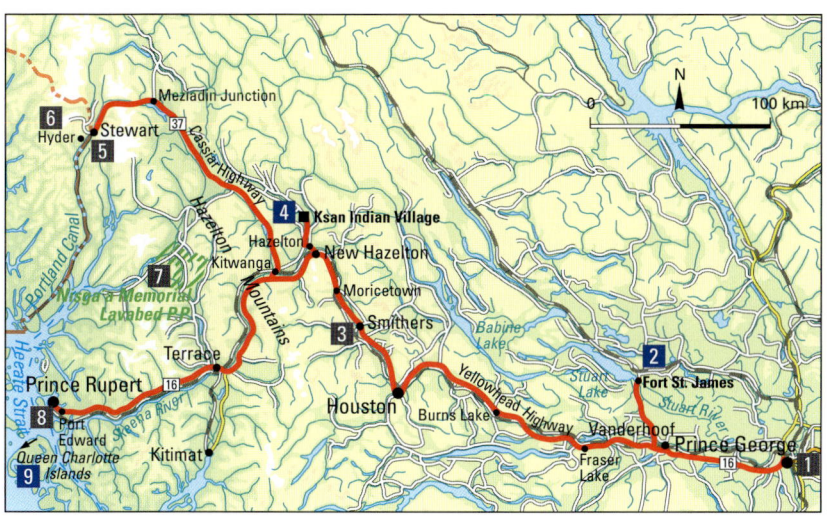

730 km sind es von Prince George nach Prince Rupert, auf gut geteerter, breiter Straße. Eine Woche sollte man sich mindestens Zeit nehmen, denn wenn auch die meisten Siedlungen am Wege nur einfache Farmstädtchen sind, so gilt es doch allerlei historische Attraktionen und herrliche Naturschönheiten zu bewundern. In Prince Rupert heißt es dann umkehren – oder man verlädt sein Fahrzeug auf das große Fährschiff der ›B. C. Ferries‹ und schippert durch die legendäre Inside Passage südwärts nach Vancouver Island; alternativ kann man die Reise auch nach Norden fortsetzen – entweder über den Cassiar Highway oder mit der Alaska Ferry die Küste entlang.

Bereits hundert Kilometer westlich von **Prince George** 1 lohnt sich ein erster Abstecher ins Hinterland. Bei **Vanderhoof** zweigt der Highway 27 nach Norden zum Stuart Lake ab. Am Südufer des gut 80 km langen Sees errichtete Simon Fraser im Jahre 1806 den ersten Stützpunkt der Pelzhändler im heutigen British Columbia. »New Caledonia« benannte er die Region und zu Zeiten der Hudson's Bay Company wurde sein **Fort St. James** 2 zum wichtigsten Posten der Pelzhandelsgesellschaft im gesamten Westen. Aus dem weiten Hinterland brachten die Trapper ihre Pelze hierher und tauschten sie gegen frische Ausrüstung und Proviant ein. Vom Fort aus wurden dann jeweils im Frühjahr die in große Ballen gepressten Felle per Kanu oder mittels Packpferden zur Küste transportiert.

Indianer fangen nach traditioneller Methode Lachs im Skeena River

Bis zum Beginn des 20. Jh. ging das so, Fort St. James war die ›Hauptstadt‹ des nördlichen Interior. Doch Eisenbahn und Straße ließen im 20. Jh. den Handelsposten links liegen. Neue Orte wie Prince George und Prince Rupert wuchsen heran und Fort St. James geriet in Vergessenheit, die hölzernen Palisaden und Gebäude verfielen. Erst in den letzten Jahren kehrte wieder Leben ein: Die Provinzregierung erklärte die Überreste des Forts zum **Fort St. James National Historic Park.** Die Anlagen des Pelzhandelspostens wurden restauriert und in ein Freiluftmuseum umgewandelt. Im Sommer lassen junge Leute, authentisch gekleidet im Stil der damaligen Epoche, für die Besucher die Geschichte wieder lebendig werden – mit Begeisterung und viel Liebe zum historischen Detail. Im Lagerhaus werden Pelzballen gepresst, im ›Männerhaus‹ erholen sich Trapper von den Strapazen der Wildnis, und am Seeufer werden Kanus geschnitzt. Das angeschlossene Visitor Center erklärt mittels Ausstellungen die Handelswege und Hintergründe des Pelzhandels im 19. Jh. Ein höchst lehrreicher und stimmungsvoller Ausflug in die Geschichte.

Wieder auf dem Highway 16 folgen bei der Weiterfahrt nach Westen lang gestreckte Seen und große Waldgebiete. Im Hinterland gibt es hier zahlreiche Angel-*lodges,* die allerdings teilweise nur per Wasserflugzeug zu erreichen sind – ein wahres Mekka für Petrijünger. In weiten Abständen säumen winzige Pionierorte die Strecke: Fraser Lake, Burns Lake, Houston, alle sind Mittelpunkte des Angelsports. Etwas größer ist **Smithers** [3], wo sich in einem breiten fruchtbaren Tal auch zahlreiche Schweizer und deutsche Siedler niedergelassen haben. Im **Bulkeley Valley Museum** bekommt man einen guten Eindruck von der Pioniergeschichte der Region.

Schon bei **Moricetown** am Bulkley River kann man im Hochsommer oft Indianer sehen, die nach ihrer traditionellen Fangmethode mit langen, hakenbewehrten Stangen Lachse aus dem Wasser ziehen. Die Stelle ist dafür ideal, da der Bulkley sich hier durch eine schmale Schlucht zwängt und die Fische die Stromschnellen nur mit Mühe überwinden können.

Weit mehr indianische Kultur wartet ein Stück weiter: Rings um **Hazelton** leben rund 1500 Gitksan-Indianer in mehreren kleinen Reservatsdörfern. Vielfach sind in den Siedlungen wie Kitwanga, Kitwancool und Kispiox noch alte Totempfähle erhalten geblieben, die am Dorfplatz oder entlang der Wohnstraßen von der uralten Schnitztradition des Stammes zeugen. Bei Old Hazelton steht direkt am Ufer des Skeena River das **'Ksan Indian Village** [4], ein rekonstruiertes indianisches Dorf mit typischen Plankenhäusern der verschiedenen Klans und zahlreichen Totempfählen. 'Ksan ist jedoch nicht nur ein Museumsdorf für weiße Besucher, sondern auch ein wichtiges Kulturzentrum der Gitksan und eine renommierte Schnitzschule, die Kitanmax School of Northwest Coast Indian Art, in der junge indianische Künstler in der Handwerkskunst ihrer Vorfahren ausgebildet werden. Im Sommer finden am Freitagabend traditionelle Tanzvorführungen statt.

Abstecher: Auf dem Cassiar Highway nach Stewart

Bei Kitwanga zweigt der Cassiar Highway nach Norden ab: eine 730 km lange, teilweise geschotterte Wildnisstraße, die bei Watson Lake im Yukon Territory an den Alaska Highway anschließt. In den letzten Jahren wurde diese Straße als Alternativroute zum Alaska Highway immer beliebter. Auch wenn man nicht bis ganz nach Norden vorstoßen möchte, lohnt sich aber ein etwa zweitägiger Abstecher auf dem Cassiar Highway: bis Medziadin Junction und dann hinaus zur Küste nach Stewart. Die gut 200 km lange (durchgehend geteerte) Strecke führt vorüber am weißblau strahlenden **Bear Glacier** 5, einem der schönsten Gletscher der Coast Mountains.

Wenig später erreicht man den alten Bergwerksort **Stewart,** der um 1900 als Erzhafen an der Spitze des 145 km langen Portland Canal entstand. Die stark vergletscherten Berge ringsum sind reich an Bodenschätzen wie Gold, Kupfer und Silber, und bis heute leben die meisten der 1500 Einwohner von den umliegenden Bergwerken. Der Portland Canal bildet die Grenze zu Alaska und gleich an der Nordseite des Fjordes liegt der winzige Ort **Hyder** 6, der mit nur 90 Einwohnern heute fast eine Geisterstadt ist. Aber nur fast, denn in Hyder gelten bereits alaskanische Gesetze, das heißt eine Sperrstunde für die Bars ist unbekannt. So trifft man abends die Bevölkerung von Stewart vorwiegend im malerisch verwitterten Hyder.

Touristische Attraktionen sind in Stewart dünn gesät: Das kleine **Stewart Historic Museum** zeigt Regionalgeschichte, einige der Goldbergwerke können besichtigt werden. Doch die eigentliche Attraktion ist die Natur ringsum: Im Fish Creek, einige Kilometer außerhalb von Hyder, laichen im August die Lachse – und an den Ufern warten Weißkopfadler und Bären auf die leckeren Delikatessen. Eine rund 50 km lange Schotterpiste führt außerdem von Hyder hoch hinauf in die Coast Mountains zu spektakulären Aussichtspunkten über die Bergwelt und den riesigen **Salmon Glacier.**

Von Hazelton aus folgt der Yellowhead Highway dem Tal des Skeena River zum Pazifik. »Wasser aus den Wolken« bedeutet der Flussname in der Sprache der Indianer. Warum, das wird man bald herausfinden, denn die Westflanke der Küstenberge ist eines der regenreichsten Gebiete Kanadas. Der Sägewerksort **Terrace,** von dem aus eine Stichstraße zum gewaltigen Aluminiumwerk von Kitimat führt, ist noch relativ trocken, doch die Wahrscheinlichkeit spricht dafür, dass das Klima auf den nächsten Kilometern feuchter wird. Dichter Küstenwald grünt üppig an den steilen Hängen des Flusstales, im Unterholz wuchern Farne und viele Beerenarten.

Sehenswert ist der **Nisga'a Memorial Lava Bed Provincial Park** 7, nördlich von Terrace, mit seinem 18 mal 3 km großen Lavafeld, in dem zerklüftete Spalten, bizarre Kegel und leuchtend blaue Pools zu sehen sind. Man glaubt, dass dieser jüngste vulkanische Ausbruch in Kanada vor etwa 250 Jahren stattgefunden hat. Die Verwaltung des Parks teilen sich B. C. Parks und der Stamm der Nisga'a First Nation, mit dem 1998 die Provinzregierung einen historischen Vertrag geschlossen hat, der den Ureinwohnern die Selbstverwaltung in einem über 2000 qkm großen Gebiet und eine Zahlung von 300 Millionen Dollar zusichert.

Gut zwei Kilometer Breite misst der Skeena River in seinem Unterlauf und noch 40 km landeinwärts sind die Gezeitenunterschiede spürbar. Die Sandbänke am Ufer werden im Sommer von Anglern bevölkert, die versuchen, einen der kapitalen Königslachse an den Haken zu bekommen. Die Chancen stehen gar nicht schlecht.

Schließlich ist **Prince Rupert** 8 erreicht und damit auch das Ende des Highway. Die moderne Hafenstadt mit etwa 25 000 Einwohnern wurde 1906 als Endstation der Grand Trunk Pacific Railway gegründet und hat sich seither zum wichtigsten Fischerei- und Verladehafen der Nordwestküste entwickelt. Wirtschaftserzeugnisse wie Weizen und Kohle werden hier auf Ozeanfrachter verladen und nach Asien verschifft. Zahllose Fischkutter haben Prince Rupert als Heimathafen gewählt, gehen vor der Küste auf Fang, vor allem nach Heilbutt. Die einst riesigen Lachsschwärme wurden bereits während der ersten Hälfte des 20. Jh. durch Überfischung rücksichtslos dezimiert. Dank streng regulierter Fangquoten erholen sich die Bestände allmählich, sodass wieder gefischt werden darf (s. auch Richtig Reisen – Thema S. 290).

Einen höchst interessanten Blick in die Boomzeit der Lachsfänger erlaubt das **North Pacific Historic Fishing Village** im nahe gelegenen Port Edward. Eine riesige Konservenfabrik aus der Zeit um 1900 und ein ganzes Arbeiterdorf blieben hier erhalten und zeigen die Lebens- und Arbeitsbedingungen der Chinesen, Japaner und Indianer, die hier einst schufteten.

Ebenfalls sehenswert ist das **Museum of Northern British Columbia** in der Innenstadt von Prince Rupert, das die Siedlungsgeschichte der Nordwestküste nachzeichnet. Ringsum und verstreut im Stadtgebiet sind auch zahlreiche moderne Totempfähle zu bewundern. Und falls man Glück hat und tatsächlich die Sonne scheint in Prince Rupert, lohnt sich eine Gondelfahrt auf den Gipfel des Mount Hays zu einem herrlichen Panoramablick über die Stadt und die fjordumschlungenen Berge.

Ausflug zu den Queen Charlotte Islands

Tipps & Adressen   S. 383

Auch die Regenküste hat also ihre Reize, und wer sie noch genauer kennen lernen möchte, sollte einen Abstecher auf die **Queen Charlotte Islands** 9 einplanen. Dort wartet eine wilde, ursprüngliche Welt von Regenwäldern und Seelöwenkolonien, von zerklüfteten Küsten und uralten, geheimnisvoll überwucherten indianischen Dörfern. Seit Urzeiten sind die Inseln das Reich der Haida-Indianer, die mit ihren großen Kanus einst sogar auf Walfang gingen.

Der Archipel von etwa 150 Inseln liegt gut 150 km von der Küste entfernt im Nordpazifik und ist mit der ›B. C.‹-Fähre von Prince Rupert nach **Skidegate Landing** auf der großen Nordinsel Graham Island aus zu erreichen. Hier leben die weitaus meisten der rund 7000 Bewohner. 2000 davon sind Indianer vom Stamm der Haida Gwai. Die weiße Bevölkerung arbeitet überwiegend als Forstarbeiter, Verwaltungsangestellte, Gewerbetreibende und Fischer. Größter Ort der Inseln ist mit 1500 Einwohnern **Massett** im Norden von Graham Island. **Queen Charlotte City,** der andere Hauport liegt 5 km westlich vom Fähranleger. In Queen Charlotte gibt es die meisten Unterkunftsmöglichkeiten und auch ein neues Informationszentrum. An der Nordseite des Anlegers liegt das **Haida Gwai Museum** mit uralten Totempfählen, kostbaren gewebten Decken, reichaltigen Sammlungen historischer und moderner Schnitzereien aus pechschwarzem Argillit sowie einer Ausstellung faszinierender Drucke des Haida-Künstlers Robert Davidson. Im *carving shed* ist ein bemerkenswertes 15 m langes Kanu untergebracht. Nicht weit vom Museum liegt weiter nördlich das Haida-Dorf **Skidegate Village** mit rund 100 Einwohnern. Vor dem Long House des Stammes stehen ein über 100 Jahre alter, verwitterter Totempfahl und ein zeitgenössischer, vom Haida-Künstler Bill Reid geschnitzt.

Sehenswert ist auch das ein paar Kilometer westlich vom Städtchen Massett im Nordosten der Insel gelegene Indianerdorf **Old Massett** mit dem **Ed Jones Haida Museum.** Im *carving shed* werden während des Sommers Totempfähle geschnitzt.

Die Südinsel **Moresby Island** ist noch weitgehend unerschlossen. Erst vor wenigen Jahren wurde nach einem langen Kampf der Naturschützer gegen die Holzindustrie im Südteil von Moresby Island ein neuer Nationalpark eingerichtet, der die einzigartigen Regenwälder der Region nun dauerhaft schützt. Der **Gwaii Haanas/South Moresby National Park** ist nur mittels mehrtägiger Bootstouren oder Wildniswanderungen zu erkunden. Sehr beliebt sind auch Kajakfahrten entlang der Küsten. Alles nicht sehr komfortabel und mit Nebel und Regen muss man leben. Doch wer sich in diese Wildnis vorwagt und die richtige Ausrüstung mitbringt, wird mit unvergleichlichen Naturerlebnissen belohnt.

VANCOUVER ISLAND

Wie ein großer Wellenbrecher liegt Vancouver Island vor Kanadas Südwestküste. Über 450 km lang und bis zu 140 km breit ist die Insel, mit ihren 32 000 qkm die größte im westlichen Amerika. Es gibt mehrere National- und Provinzparks, die den Wildnisliebhabern und Entdeckernaturen grandiose Naturerlebnisse vermitteln. Am beeindruckendsten sind der großartige Pacific Rim National Park mit dem legendären West Coast Trail an der rauen Südwest-Küste und der Strathcona Provincial Park im Inneren der Insel mit seiner alpinen Bergwelt. Welche Urlaubspläne man auch für Vancouver Island geschmiedet hat, ein paar Tage sollte man für Victoria einplanen. Die elegante und bezaubernde Hauptstadt von British Columbia mit ihren historischen Gebäuden und blumengeschmückten Promenaden ist ein idealer Ausgangspunkt für Ausflüge und Entdeckungsreisen auf der Insel.

Mehrere Bergketten sorgen für das recht unterschiedliche Klima der Insel. Im sonnigen Victoria an der Südspitze fallen nur etwa 750 mm Niederschläge, gerade genug für seine prächtigen Gärten (Vancouver hat die doppelte Regenmenge). An der Westküste und im Norden der Insel ist es erheblich feuchter. Im Juli liegt die Durchschnittstemperatur an der Ostküste bei 18 °C und im Januar bei 5 °C. Riesige Waldgebiete haben auf Vancouver Island seit hundert Jahren die Holzwirtschaft zum bedeutendsten Industriezweig werden lassen, dabei ist man allerdings äußerst profitorientiert vorgegangen. Kahlschläge über weite Regionen zeugen vom Raubbau an der Natur und sind zunehmend zum Gegenstand erbitterter Auseinandersetzungen zwischen Umweltschützern, Politikern und Vertretern der Holzindustrie geworden. Wichtige Erwerbszweige sind außerdem Fischerei, Bergbau und natürlich der Tourismus.

In den zahlreichen Gewässern der Insel tummeln sich verschiedene Forellenarten und das Salzwasserangeln nach Coho- und Chinook-Lachs an der Ostküste ist ergiebig. Angellizenzen gibt es in den meisten Sportgeschäften.

Historisch erschien Vancouver Island auf der Landkarte, als im späten 18. Jh. die russischen Entdecker Chirikoff und Bering, die Spanier Galiano und Valdez und der Brite George Vancouver das Küstengebiet, das später British Columbia heißen sollte, erforschten. Am gründlichsten ging 1792 Kapitän Vancouver vor. Er kartografierte die Strait of Georgia und bewies, dass Vancouver Island tatsächlich eine Insel und nicht ein Teil des Festlandes ist. Als Basis für seine Expedition diente ihm Friendly Cove am Nootka Sound an der Westküste. 1843 begann dann mit der Errichtung von Fort Victoria die Besiedlung der Insel.

Mit dem Auto erreicht man Vancouver Island über die Südroute von **Tsawwassen** (30 km südlich von Vancouver) nach **Swartz Bay** (27 km nördlich von Victoria) oder über die Nordroute von **Horseshoe Bay** (15 km nördlich von Vancouver) nach **Departure Bay** bei Nanaimo (etwa 110 km nördlich von Victoria). Es existieren noch weitere Fährverbindungen, aber auf den obengenannten Routen verkehren die Schiffe in der Hauptsaison stündlich, sodass die Wartezeiten nicht zu lang werden. Am schönsten ist die Strecke mit dem Schiff durch die Gulf Islands auf der Südroute. Schneller, aber teurer, fliegt man von Vancouver nach Victoria.

Die Hauptverkehrsader der Insel ist der Transkanada Highway, der rund 8000 km entfernt in St. John's, Neufundland beginnt, dann quer durch Kanada verläuft und von Vancouver, über die Fähre mit der Insel verbunden, von Nanaimo nach Südosten führt, um schließlich in Victoria zu enden. In Richtung Nordwesten ist es der Highway 19, der die Städte und Siedlungen zwischen Nanaimo und Port Hardy verbindet.

Blick vom Mount Washington auf Vancouver Island

Victoria: Beef und Pudding am Ozean

Karte S. 128
Tipps & Adressen S. 398

■ Am besten, man erschließt sich Victoria zu Fuß, die Altstadt, den malerischen Hafen mit den eleganten Jachten und der blumengeschmückten Promenade, den idyllischen Beacon Hill Park und die meisten Sehenswürdigkeiten. Alles liegt leicht erreichbar beieinander.

Als eine Beamten-, Pensionärs- und Touristenstadt wirkt Victoria ein biss-

Downtown Victoria

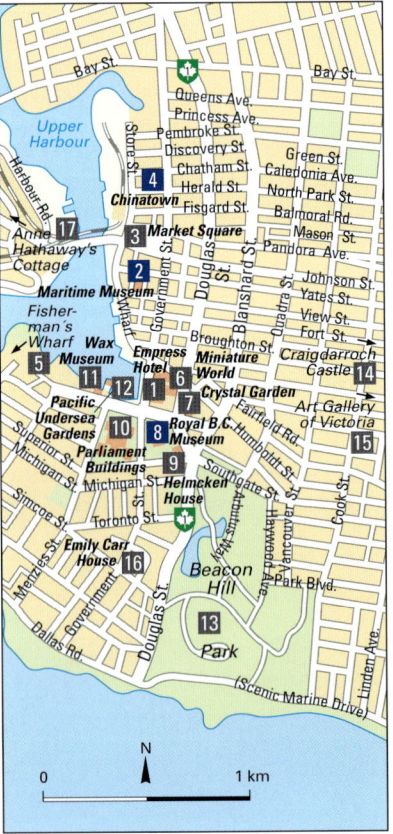

chen verträumt – wenn nicht gerade ein Kreuzfahrtschiff angelegt hat und Hunderte von Passagieren durch die Stadt schwärmen. Von der Internationalität und quirligen Betriebsamkeit der Metropole Vancouver ist hier jedenfalls nichts zu spüren. Dabei ist Victoria Sitz der Provinzregierung und mit etwa 300 000 Einwohnern im Großraum eine Stadt von passabler Größe. Gut die Hälfte der Inselbevölkerung lebt hier.

Ihr Ursprung begann mit der Gründung des Forts Victoria, das 1843 von James Douglas errichtet wurde. Wenig später entstand unter Führung von Robert Mackenzie eine kleine Siedlung von schottischen Farmern. Weniger als hundert Menschen lebten hier noch im Jahre 1854. Es gab ein paar Dutzend Häuser, eine Sägemühle, Dreschmaschine, Getreidemühle, Bäckerei, Schmiede, einen Schiffsausrüster und einen *general store*. Mit dem Goldrausch in der Cariboo-Region folgte 1858 eine turbulente Zeit, in der das Gesetz nicht viel galt. Das Städtchen diente der Versorgung und Vergnügung der Goldgräber, die Bars und Bordelle unsicher machten. Ruhe und Ordnung kehrten später wieder ein. 1868, zwei Jahre nachdem British Columbia britische Kronkolonie wurde, erhielt Victoria den Status einer Provinzhauptstadt.

Seitdem hat die Stadt immer wieder Reisende und Dichter fasziniert. Rudyard Kipling schrieb 1908 eine Lobeshymne über dieses Stück England im Pazifik: »Um sich Victoria wirklich vorstellen zu können, nehme man all das, was das Auge am meisten an Bournemouth, Torquay, der Insel Wight, dem glücklichen Hongkong-Tal, dem Sorrent und der Camps Bay bewundert; dazu

Britisches Flair ist in Victoria allgegenwärtig: das ehrwürdige Empress Hotel

die Eindrücke und Erinnerungen von Thousand Islands, und dann arrangiere man das Ganze um die Bucht von Neapel mit ein bisschen Himalaya im Hintergrund.«

Nicht nur der Name Victoria erinnert an das britische Kolonialreich – man ist auch stolz auf den Ruf, englischer als England zu sein. Zumindest ist man in Nordamerika davon überzeugt. Und in der Tat, leuchtend rote Doppeldeckerbusse, prächtige Häuser in Tudor-Architektur, das ehrwürdige Parlamentsgebäude aus massivem grauem Stein, die supergepflegten Rasenflächen und Gärten haben durchaus etwas Englisches an sich. Wie ein großes, efeuumranktes Schloss thront das 1908 erbaute **Empress Hotel** 1 über dem Hafen. Dort trifft man sich im eleganten Foyer oder im Palm Court unter der Art Déco-Glaskuppel zum *afternoon tea,* oder man isst Currygerichte nach original englischem Kolonialrezpet im Bengal Room.

Dieses Ambiente wird noch verstärkt, wenn man durch den alten Stadtkern schlendert mit seinen kleinen Läden, die oft noch polierte Holztresen und bleigefasste Schaufenster haben. Hier bieten korrekt angezogene *clerks* englische Schokoladen, Tee, Tweed, Porzellan, irisches Leinen oder schottische Wolle an. Beim »Tobacconist's« wird selbstverständlich zum Anzünden der feinen Zigarren die Gasflamme benutzt. Natürlich stehen hier exquisite Pfeifentabake zur Auswahl, die ganz nach individuellem Geschmack gemischt werden. Zum englischen Flair passen auch die Pubs und Restaurants, in denen es allerdings mehr als nur Roastbeef und Yorkshire-Pudding gibt. Die kulinarische Palette präsentiert sich durchaus international: *Coq au Vin, Escargots, Osso Buco, Tempura, Crêpes* und Meeresfrüchte aus dem Pazifik stellen nur eine kleine Auswahl aus dem weitgefächerten Angebot dar.

Das »Glückstor« zum chinesischen Viertel

Allerdings ist der ›English Look‹ mehr auf eine *public relations*-Maßnahme der Stadtväter zurückzuführen, die 1918 das Image ihrer in einer wirtschaftlichen Misere steckenden Stadt etwas aufpolieren wollten. Man baute im Tudor-Stil und pflegt seit Jahrzehnten mit Hingabe englische Traditionen – die Besucher lieben es.

›Old Town‹, das alte Victoria, war das westliche Hauptquartier der Hudson's Bay Company. Die Stadt hat ihre Geschichte wiederentdeckt und heute ist eine große Anzahl der Gebäude aus dem 19. Jh. im traditionellen Stil restauriert worden. Zum Beispiel der **Bastion Square**. An der Wharf Street, wo das ursprüngliche Fort errichtet wurde, stehen heute die renovierten Gebäude aus der Boomzeit des 19. Jh. Anstelle der alten Lagerhäuser, Büros, Bars und Hafenhotels findet der Besucher heute Restaurants, Geschäfte und Kunstgalerien.

Im **Maritime Museum** 2 war einmal das Provinzgericht untergebracht. Der alte Gerichtssaal aus dem Jahre 1889, in dem einst der *hanging judge,* Matthew Begbie, seine berüchtigten »Tod-durch-den-Strang-Urteile« fällte, ist original erhalten und diente sogar einmal als Kulisse für einen Hollywood-Western. Ansonsten gibt es die stummen Zeugen aus dem maritimen Bereich zu sehen: Schiffsmodelle, Ausrüstungsgegenstände aus der Seglerzeit, Uniformen und ein 13 m langes Indianerkanu, das im 19. Jh. ausgegraben und 1901, mit drei kurzen Masten ausgestattet, nach England gesegelt wurde.

Ein anderes Beispiel für erfolgreiche Stadterneuerung ist der **Market Square** 3 ein paar Straßen weiter zwischen Johnson, Pandora und Store Street: schön restaurierte Fassaden historischer Gebäude mit einem hübschen Innenhof, umgeben von mehreren Ebenen mit vielen Spezialitäten-Lädchen und leckeren Restaurants. Auch Harbour Square, Trounce Alley und Centennial Square besitzen Restaurants, Geschäfte und Boutiquen, die einen Bummel lohnen.

Einen Straßenblock weiter, an der Government und Fisgard Street, gelangt man durch das mit zwei Marmorlöwen und farbenprächtigen Keramikfliesen aus Taiwan gestaltete Glückstor nach **Chinatown** 4. Eine bunte Mischung von fernöstlicher Kunst, kuriosen Andenken- und Gebrauchsartikel-Läden, Kräuter-Apotheken, Lebensmittelgeschäften, Restaurants und orientalischen Gerüchen erwartet den Besucher. Als Mitte des 19. Jh. chinesische Kulis nach Victoria kamen, entstand hier Kanadas erstes Chinesenviertel, damals das größte in Nordamerika. Hier findet man außer zahlreichen architektonisch interessanten Gebäuden aus dem 19. Jh. auch die vielleicht schmalste Straße Kanadas, die **Fan Tan Alley,** damals berüchtigt für ihre finsteren Schlupfwinkel, Opiumhöhlen und Spielhöllen – heute schmuck restauriert mit Studios, Galerien und Boutiquen.

Den geografischen und atmosphärischen Mittelpunkt der Stadt bildet der **Inner Harbour.** Als Kulisse dienen die blumengeschmückte Promenade sowie ihre beiden Wahrzeichen, das Empress Hotel und das Parlamentsgebäude. Die Bänke rund um den Hafen eignen sich hervorragend zur Mittagspause mit maritimem Panorama: zahlreiche ankernde Jachten, Hausboote und Kähne, startende und landende Wasserflugzeuge, einlaufende Fähren, von denen Besucher strömen. Wer mehr maritimes Ambiente weniger schmuck herausgeputzt und gar nicht touristisch erleben möchte, wandert ein Viertelstündchen um den inneren Hafen herum zum Fi-sherman's Wharf 5 am eigentlichen Hafen, wo oft über 100 Boote liegen und man oft frischen Fisch direkt von den einlaufenden Kuttern kaufen kann.

Mit einem Bummel um den Hafen lässt sich auch ein Besuch der interessantesten Sehenswürdigkeiten verbinden. Im Nordflügel des Empress Hotel an der Humboldt Street gibt es in der **Miniature World** 6 ein Paradies für Kinder und Modellbauer. Dargestellt werden Szenen aus dem mittelalterlichen London, aus Dickens-Romanen, Zirkus- und Fantasiewelten, Puppenhäuser aus dem 19. Jh. und ein filigranes Modell der Transkanada-Eisenbahn, deren 8000 km Schienenstrecke auf 35 m reduziert wurde. An der gleichen Straße kann man im **Crystal Garden** 7, einem glasüberdachten botanischen Garten hinter dem Express Hotel an der Douglas Street, außer tropischen Pflanzen auch seltene Vögel und Schmetterlinge bewundern. Ein Restaurant und eine Shopping Mall schließen sich dem Komplex an.

Viel mehr Zeit sollte man sich aber für das hervorragende **Royal British Columbia Museum** 8 nehmen. Außer faszinierenden Streifzügen durch die Geschichte von British Columbia und durch die Kultur der Sooke-, Cowichan-, Kwakiutl- und Haida-Indianer sind absolut lebensechte Dioramen von Regenwald, Felsenküste und Wattenmeer zu bestaunen. Im Museum ist eine komplette Pflasterstraße mit historischen Fassaden nachgebaut und in einer originalgetreuen Replik von Kapitän Vancouvers Schiff »Discovery« kann man sich einen Eindruck von den Lebensbedingungen an Bord verschaffen. Hinter dem Museum liegt der **Thunderbird Park** mit seiner repräsentativen Sammlung von Totempfählen der Westküsten-Indianer. Im Plankenhaus der Kwakiutl werden im Sommer authentische Indianertänze aufgeführt, und man kann in der Werkstatt Totempfahl-Schnitzern bei der Arbeit zusehen. Auf dem Gelände steht auch das 1852 gebaute, authentisch eingerichte **Helmcken House** 9, eines der ältesten Gebäude in der Provinz. Zum Museumskomplex zwischen Belleville, Douglas und Government Street gehören noch eine große Bibliothek und ein reichhaltiges Archiv, das zu den besten Nordamerikas gehört.

Die **Parliament Buildings** 10, Sitz des Provinzparlaments, dominieren die Südseite des Hafens. Der pompöse Bau ist 1898 von Francis Rattenbury, Victorias bekanntestem Baumeister, in einer Mischung von viktorianischen, romanischen und Renaissance-Stilelementen vollendet worden. Auf der kupfergedeckten großen Kuppel thront eine vergoldete Statue des ›Nationalhelden‹ der Provinz, Captain George Vancouver. Nachts werden die Konturen des Gebäudes durch funkelnde Lichterketten hervorgehoben. Besichtigungstouren sind möglich. Gleich gegenüber, im ehemaligen Schiffsterminal der Canadian Pacific Railway, einem ebenfalls von Rattenbury entworfenen Gebäude, das wegen seiner griechischen Säulen auch scherzhaft »Neptuns Tempel« genannt wird, ist das **Royal London Wax Museum** 11 untergebracht. Ganz wie in London sind hier die Berühmtheiten der Welt zu sehen. Gleich daneben bieten die Aquarien des **Pacific Undersea Gardens** 12 einen Einblick in die einheimische Unterwasserwelt, und man kann im »Unterwassertheater« zusehen, wie Taucher Fische und Kraken füttern.

In Sooke erproben die Muskelmänner der Umgebung am All Sooke Day ihre Kräfte

Nur einen Block weiter liegt der **Bea-con Hill Park** 13, ein Gärtnerkunststück von Rang. Er erstreckt sich bis hinunter an den Strand der Juan de Fuca Strait. Seine Vogelwelt und die üppigen Blumenanlagen machen ihn zum beliebtesten Ausflugsziel für Einheimische und Besucher.

Etwas abseits vom quirligen Inneren Hafen, aber noch bequem zu Fuß zu erreichen, liegt im historischen Rockland District mit schönen alten Villen und Gärten auch das **Craigdarroch Castle** 14, ein pompöses Herrenhaus im schottischen Burgenstil, das sich der schottische Einwanderer und spätere »Kohlebaron« Robert Dunsmuir in den 1880er Jahren bauen ließ. Kostbare Möbel und Farbglasfenster zeugen vom üppigen Luxus der viktorianischen Epoche. Vom Turm des Castle hat man eine schöne Aussicht auf Victoria und die Meerenge.

Nicht weit entfernt, an der 1040 Moss Street, können Kunstbeflissene in der **Art Gallery of Victoria** 15 neben einer der besten Sammlungen japanischer Kunst in Kanada auch Werke der großen Malerin der Westküste, Emily Carr, besichtigen. Nur ein paar Straßen südlich vom Hafen, an der 207 Government Street, steht das **Emily Carr House** 16. Das 1864 erbaute Geburtshaus der Malerin wurde stilgetreu restauriert und vermittelt ganz die Atmosphäre der viktorianischen Oberklasse, in der die Familie Carr damals gelebt hat. Am anderen Ende der Stadt, im **Anne Hathaway's Cottage** 17 an der 429 Lampson St., über die Johnson Bridge und Esquimalt Road zu erreichen, wird der Besucher dann ins 16. Jh. versetzt. Hier hat man die ländliche Idylle eines alten englischen Dorfes mit dem strohgedeckten Bauernhaus von William Shakespeares Frau in Stratford-upon-Avon rekonstruiert.

Victorias Feste

Victoria feiert gern. Es gibt über zwei Dutzend Veranstaltungen und Festivals das Jahr über: Jazz, Folk und Klassik sind ebenso vertreten wie Sportwettkämpfe und Kulturdarbietungen der indianischen Ureinwohner. Ende Mai häufen sich die Aktivitäten. Während der Victorian Days steht die Stadt Kopf: mit Tanz auf den Straßen, Folklore und historischen Kostümen. Gleich darauf folgt noch so ein ganz großes Ereignis: die Swiftsure-Segelregatta. Jedes Jahr sind Rekordteilnehmerzahlen zu vermelden. Diese Regatta, die über eine Strecke von 220 km auf den offenen Pazifik führt, gilt als eine der schwierigsten in Nordamerika. Die Teilnehmer kommen aus dem gesamten pazifischen Nordwesten und ankern vor dem Wochenendrennen ihre Jachten im Hafen. Dann strömt die Bevölkerung Victorias in Scharen herbei, es gibt Open-air-Konzerte, und die gelegentlich abgefeuerten Raketen signalisieren Hochstimmung.

Aufs Labour Day Weekend im Herbst fällt das andere große maritime Volksfest für die Liebhaber klassischer Jachten. Beim Annual Classic Boat Festival versammeln sich in Victoria die ›Traumboote‹ und Oldtimer der Gewässer des pazifischen Nordwestens. Im Inneren Hafen, gegenüber vom Empress Hotel, liegen dann etwa 150 schwimmende Ausstellungsstücke mit viel poliertem Edelholz, schimmerndem Messing, Galionsfiguren und andern Insignien nautischer Nostalgie. Am Donnerstag vor dem langen Wochenende treffen die ersten Schiffe ein. Höhepunkt ist der Sonntag, wenn die Armada unter vollen Segeln den Hafen verlässt, um die Regatta zu beginnen: ein farbenfrohes Bild, das nicht nur die Herzen alter ›Seebären‹ höher schlagen lässt. Teilnehmer, Zuschauer, Entertainer und selbst Schiffs-katzen und -hunde bilden ein buntes Gemenge am Ufer, Seemannsgarn wird gesponnen und die Skipper zeigen voller Stolz ihre Boote. Zuschauer dürfen nicht nur vom Dock aus zusehen, sie haben auch oft die Gelegenheit, sich dieses Schauspiel einmal an Bord anzusehen.

Victorias Umgebung

Karte S. 135
Tipps & Adressen Victoria S. 398, Sooke S. 389

Wem Victorias Gärten, Stadtparks und sattgrüne Golfplätze noch nicht genug Natur bieten, der hat gleich vor den Toren der Stadt eine große Auswahl. Zu den beliebtesten Ausflugszielen von Einheimischen und Besuchern gehören die wundervoll gepflegten **Butchart Gardens** 1, etwa 20 km nördlich der Stadt gelegen. Hier hat Jenny Butchart 1904 aus dem Steinbruch ihres Ehemannes ein 20 ha großes Paradies für Gartenfreunde geschaffen. Blumen blühen das ganze Jahr über und im Sommer schwelgt man in einem Rausch von Farben. Nicht weit davon, an der West Saanich und Benvenuto Road befinden sich die **Victoria Butterfly Gardens** 2, ein großes tropisches Gewächshaus, in dem Schmetterlinge aus aller Welt gezüchtet werden, die dann zu Hunderten in einer üppigen Tropenvegetation herumflattern.

Auf dem Wege zu den Butchart Gardens kann man am **Elk/Beaver Lake Regional Park** Station machen, dort wandern oder schwimmen, oder über den Royal Oak Drive zum **Mount Douglas Park** 3 fahren. Vom Gipfel des Mount Douglas bietet sich an schönen Tagen ein herrlicher Rundblick über Vic-

toria und die tiefblaue Meeresenge mit dem grünen Inselgewirr bis zu den schneebedeckten Spitzen des Mount Baker im Osten und der Olympic Mountains im Süden.

In Richtung Westen sind schon nach weniger als einer Stunde Fahrt über den Transkanada Highway Naturschutz- und Wildnisgebiete erreichbar. Im **Thetis Lake Park** 4 gibt es einsame Wanderwege und Gelegenheit zum Kanufahren und Angeln. Der **Goldstream Provincial Park** 5 bietet die besten Campingmöglichkeiten in der Umgebung von Victoria. Einige der Pfade des dicht bewaldeten Parks sind ehemalige Goldsucher-Trails, angelegt 1863 während eines kurzen Goldrausches. Am Goldstream River fingen früher die Salish-Indianer Lachse, und noch heute ziehen Anfang November Schwärme von *Coho*- und *Chum*-Lachsen den Goldstream hinauf, um zu laichen. Im Park gibt es 600 Jahre alte Douglasien und Riesenlebensbäume und im Mai blühen hier besonders schön die *Dogwood*-Bäume.

Über den Highway 1A gelangt man, vorbei am Esquimalt Harbour, zum Highway 14, der in westlicher Richtung die Orte Sooke, Jordan River und Port Renfrew verbindet. Etwa 35 km von Victoria entfernt, vom Highway 14 an der Gillespie Road links abbiegend, gelangt man zum **East Sooke Park** 6, einem 1400 ha großen Wildnisgebiet mit etlichen gut markierten Wanderwegen. Obwohl nicht unbedingt der leichteste, ist der Beach Trail entlang der Küste der beliebteste. Die von der Brandung umspülten schwarz schimmernden Felsmonolithen, bizarre, windgepeitschte Kiefern, darüber gelegentlich ein Weißkopfadler, schaffen eine Atmosphäre, die Lichtjahre von Victorias Stadtidylle entfernt scheint.

Jahrhundertelang lebten hier die Salish-Indianer von Lachsfang, Muscheln, Beeren und Vögeln. Durch Stammeskriege stark dezimiert, waren nur noch wenige Familien ansässig, als 1849 die ersten weißen Siedler kamen. Der Leech River-Goldrausch von 1864 brachte einen Bevölkerungsboom und mit ihm auch eine Straße, ein Postamt und die Schule.

Mehr Betrieb ist auf der Straße nach **Sooke,** wenn Ende Juli im kleinen Holzfällerort am All Sooke Day ein großes Volksfest stattfindet, bei dem die Muskelmänner aus den Wäldern ihre Kraft demonstrieren. Nach den Wettkämpfen findet am Abend ein Lachs-Barbecue statt, dessen Duft bis nach Victoria zu

spüren sein muss: So viele Besucher aus der Stadt finden sich dann dort ein. Sehenswert ist das **Sooke Region Museum,** man kann gut essen gehen oder eine Walbeobachtungs-Exkursion unternehmen.

Von Sooke nach Jordan River sind es noch einmal 30 km. In der Nähe dieser kleinen *logging town* erstreckt sich mit **China Beach** einer der schönsten und beliebtesten Strände von British Columbia, der allerdings nur durch eine halbstündige Wanderung durch den Regenwald zu erreichen ist. Ein paar Kilometer weiter endet der Highway 14 in Port Renfrew, dem Ausgangspunkt für den West Coast Trail (s. S. 150 ff.).

Victorias Umgebung

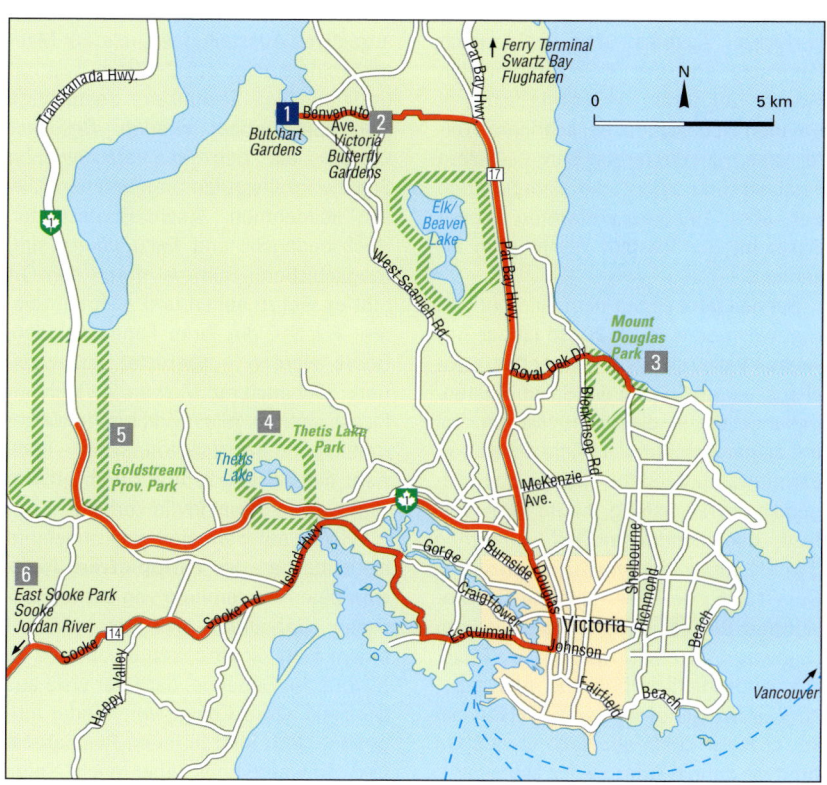

Inselfahrten: Von Victoria nach Cape Scott und zu den Regenwäldern an der Westküste

Karte   S. 138

Von Victoria nach Parksville

Victoria – Cowichan Bay – Duncan – Chemainus – Ladysmith – Nanaimo – Parksville (155 km)

Tipps & Adressen   Cowichan Bay S. 355, Duncan S. 359, Nanaimo S. 378

Von Victoria führt der Transkanada Highway zunächst zur **Malahat Ridge.** Von der 350 m über dem Meeresspiegel gelegenen Passhöhe genießt man einen herrlichen Ausblick über die Saanich Peninsula und die im schimmernden Wasser der Strait of Georgia schwimmenden Gulf Islands. Bei schönem Wetter kann man die fernen Berge auf dem Festland und selbst die Schneekappe des über 150 km entfernten Mount Baker im Bundesstaat Washington erkennen.

Schnell geht es auf dem vierspurigen Highway voran. Nach 20 km ist das Cowichan Valley erreicht, Heimat der Cowichans, einem Stamm der Salish-Küstenindianer, die in diesem idyllischen Tal mit seiner geschützten Bucht schon seit Jahrhunderten leben – früher überwiegend vom Lachsfang, heute vom Verkauf der handgestrickten *Cowichan Sweaters* und anderem Kunsthandwerk. Der 3400 Einwohner zählende Ort **Cowichan Bay** ❶ liegt etwas abseits vom Highway 1 an der Cowichan Bay Road. Die landschaftlich hübsche Alternativstrecke zweigt nördlich vom Mill Bay bei km 45,5 zur Küste ab. Nach etwa 8 km führt sie dann wieder an den Highway 1.

Der malerische Fischerort mit seinen auf Stelzen in die Bucht gebauten Holzhäusern und den bunten Hausbooten lohnt den kleinen Abstecher. Es gibt ein paar Läden, wo örtliches Kunsthandwerk verkauft wird, und die Restaurants bieten neben leckeren Meeresfrüchten auch einen wunderschönen Blick über Bucht und Hafen.

Einen Besuch lohnt auch das **Cowichan Bay Maritime Centre,** unterhalten von der *Wooden Boat Society and School,* einer gemeinnützigen Einrichtung, die sich der Geschichte und Kunst des Bootsbaus verschrieben hat. Neben attraktiven Ausstellungen, u. a. zur Meeresökologie zeigt das Zentrum, wie mit traditionellen Techniken seetüchtige Holzboote gebaut werden. Besucher können an den in verschiedenen Schwierigkeitsstufen angebotenen Kursen teilnehmen. Auch Bootscharter, Hochseeangeln und Exkursionen sind möglich. Beim Bummel durch den Ort gibt es viel zu sehen und zu fotografieren: Fischer, die ihren Fang ausladen, Boote werden ausgerüstet und repariert, oder auch nur Möwen, die sich um Fische streiten. Alles wirkt irgendwie gemütlich und gar nicht touristisch – noch zieht der Reiseverkehr auf dem großen Highway an dieser Idylle vorbei.

Wieder auf dem Highway angelangt sieht man an der **Whippletree Junction** eine Ansammlung von bunten rustikalen Gebäuden. Hier hat man auf einem Platz direkt neben der Straße 14 historische Gebäude, darunter viele aus Duncans altem Chinatown, wieder aufgebaut. Jetzt sind in ihnen Restaurants und Souvenirshops, aber auch einige

Antiquitätenläden mit durchaus interessantem Angebot untergebracht.

Bald darauf ist **Duncan** ￼ **2**, die »Stadt der Totempfähle«, erreicht. Vielleicht wollte man den Erfolg, den das benachbarte Chemainus mit seinen Wandmalereien hatte, in Duncan wiederholen – also gab man bei den Cowichan-Schnitzern Totempfähle in Auftrag. Seit 1985 wurden über 40 Totems am Highway und im Stadtgebiet aufgestellt.

Das **Native Heritage Center** des Cowichan-Stammes (in der Stammessprache Quw'utsun' Cultural and Conference Centre) auf einem fünf Hektar großen Gelände am Ufer des Cowichan River vermittelt einen guten Eindruck von Volkstum und Legenden, Kunst- und Kunsthandwerk der Westküsten-Indianer. Man kann miterleben, wie nach traditioneller Art gewebt und geschnitzt wird, und im *carving shed* fliegen die Späne, wenn hier ein neuer Totempfahl entsteht. Tänze und andere kulturelle Darbietungen runden das Programm ab. Dazu kann man leckeren Lachs probieren – auf indianische Art geräuchert schmeckt er besonders gut. Im *craft shop* des Kulturzentrums wird neben den üblichen Andenken Kunsthandwerk von Museumsqualität angeboten.

Zur Zeit, als die ersten weißen Siedler ins Cowichan Valley kamen, lebten dort etwa 60 000 Cowichan-Indianer in 213 Dörfern. Heute ist der Cowichan-Clan mit 2500 Mitgliedern der größte Stamm in British Columbia. Die neun Reservate mit sechs der ursprünglichen Dörfer umschließen fast 2500 ha Land in der Umgebung von Duncan. Der Stammesrat mit zwölf Mitgliedern und einem gewählten Häuptling leitet die Geschicke der Cowichan.

Im **British Columbia Forest Museum** lässt sich die Geschichte der Holzindustrie an der Westküste eindrucksvoll nachvollziehen. Außer umfangreichen Ausstellungen zur Technologie der Holzverarbeitung gibt es ein authentisches altes *logging camp* mit Vorführungen in der Sägemühle und der alten Schmiede. Hautnah spürt man, unter welch rauen Bedingungen die Holzfäller früher leben und arbeiten mussten. Die verschiedenen Attraktionen des 40 ha großen Forstmuseums sind durch eine Fahrt mit einem alten Schmalspur-Dampfzug, schon allein ein lohnendes Ereignis, miteinander verbunden.

Wenige Kilometer hinter Duncan führt der Highway 1 durchs Chemainus Valley, eines der ältesten europäischen Siedlungsgebiete an der Westküste. Schon 1862 eröffnete hier eine kleine Sägemühle den Betrieb. Seither hat Holzwirtschaft die ökonomischen Geschicke der Region bestimmt.

Auf einer Nebenstraße, der Route 1A, gelangt man zum kleinen Ort **Chemainus** ￼ **3**. Als Anfang der 1980er Jahre mit der Schließung des riesigen Sägewerks, damals eines der größten der Welt, auch der wichtigste Arbeitgeber des Ortes verschwand, hat das Holzfällerstädtchen sich etwas Besonderes einfallen lassen, um der Wirtschaftskrise zu entgehen: Es lud Künstler aus ganz Kanada ein, die die Geschichte und Tradition der Region auf zahlreichen großflächigen Wandmalereien darstellten. Lebensnah bis ins kleinste Detail sieht man Holzfäller beim Fällen einer riesigen Fichte, eine alte Dampflokomotive, die ihre Fracht über eine Brücke zieht, Portraits indianischer Häuptlinge, die Holzbarone der Region, chinesische Kulis bei ihrer schweren Arbeit, malerische Szenen aus dem Dorfleben und eine 33 m lange Collage der Küste von Chemainus mit dem Segel-

Übersichtskarte Vancouver Island ▷

Prince Rupert

Calvert
Island

Smith
Sound

Queen Charlotte Strait

Kingcome
Inlet

Thompson
Sound

Sullivan Bay

Simoon Sound

Gilford I.

Broughton I.

Scott Channel

19 Cape
Scott P.P.

Cape
Scott

18 Port Hardy

Holberg

Port
McNeill

17 Alert Bay

Telegraph Cove

16

Port Neville

Sayward

19

Port Alice

Nimpkish Lake

19

Woss

Schoen
Lake Park

12

Woss Lake

Kyuquot

Zeballos

Tahsis

Vancouver Island

Gold River

Golde
(22

14

Muchalat Inlet

Friendly
Cove

Nootka

15

Nootka Sound

Flores I.

9 Tofino

Lon

10 Pacif

Pazifischer Ozean

N

0   40 km

Mount Waddington
(4016m)

13
Quadra I.

River

Lund

Powell River

Egmont

11
Courtenay

Comox

Texada

Texada
Island

101

Port
Mellon

Sechelt

Squamish

99

North
Vancouver

Horseshoe Bay

Vancouver

1A

Strait of Georgia

99

19

6
Parksville

Qualicum Beach

Lantzville

MacMillan P.P.

Tsawwassen

Central
Lake

4

Departure Bay

Port Alberni

5 Nanaimo

Sproat Lake

7

4

ncona
cial Park

ttle
ke

Kildonan

Mount Arrowsmith
(1817m)

Alberni Inlet

4 Ladysmith

3
Chemainus

Lake
Cowichan

Duncan

Wipple Tree
Junction

Swartz Bay

elet

Broken
Islands
Group

Cowichan Lake

2

Sidney

Bamfield

Nitinat Lake

1 Cowichan Bay

Mill Bay

17

Barkley Sound

Pacific Rim N.P.

West Coast Trail

Port Renfrew

Malahat

Saanich
Peninsula

14

Sooke

Victoria

Jordan River

Juan de Fuca Strait

Wandmalerei in Chemainus

schiff, das die ersten Siedler brachte. Über die Jahre kamen immer neue *murals* dazu. Über 30 Wandmalereien schmücken heute fast jede größere Wandfläche in Chemainus. Und über 300 000 Besucher kommen jährlich in die wohl größte Freilichtgalerie des Nordwestens.

Ladysmith 4, an einem Berghang über dem Hafen gelegen, ist um 1900 gegründet worden. Viele der alten Gebäude sind schön restauriert worden, sodass sich ein Bummel durch den historischen Kern des Ortes lohnt. Besonders hübsch: das **Black Nugget Museum** im ehemaligen Jones Hotel mit einer umfangreichen Sammlung von Antiquitäten und Memorabilien des 19. Jh.

Ein paar Kilometer vor Nanaimo sind im **Petroglyph Provincial Park** über 1000 Jahre alte, in den Sandstein gestemmte Indianerzeichnungen zu bewundern.

Mit 72 000 Einwohnern ist **Nanaimo** 5 die zweitgrößte Stadt auf Vancouver Island und wichtigster Hafen der Insel. Von hier werden Fisch, Holz und landwirtschaftliche Produkte verschifft. Bei den Angelsportlern ist die Stadt für ausgezeichnetes Lachsfischen bekannt. Nach der Entdeckung von großen Kohlevorkommen entstand der Ort 1851 auf einem Platz, den die Indianer *snenymo,* ›mächtiges Volk‹, nannten. Nanaimo hat eine attraktive Uferpromenade und zahlreiche Parks mit hübschen Picknickplätzchen. Viele der historischen Gebäude sind liebevoll restauriert worden. Die alte Bastion am Hafen wurde 1852 von der Hudson's Bay Company errichtet, um möglichen Indianerüberfällen zu trotzen. Im Sommer zieht hier die ›Wache‹ in historischen Kostümen auf,

um mit der alten Kanone den Mittagssalut zu feuern. Am Fisherman's Wharf kann man frische Meeresfrüchte kaufen oder sie in einem der Restaurants gleich probieren. Aktivitäten wie Segeln, Tennis und Golf ergänzen das reichhaltige kulturelle Angebot. Von hier starten die ›B. C.‹-Autofähren über die Strait of Georgia zum 50 km entfernten Festland nach Tsawwassen und Horseshoe Bay. Jedes Jahr am vierten Wochenende im Juli findet in Nanaimo das Bathtub Race statt. Das »verrückteste Rennen der

Welt« mit zahlreichen farbenfrohen motorisierten Badewannen sorgt dann landesweit für Schlagzeilen und lockt unzählige Besucher an.

Von Nanaimo geht es dann auf dem Highway 19 weiter. Bei Lantzville beginnt das *beach country* mit seinen weiten Badestränden. Im **Arbutus Grove Park,** kurz vor Nanoose Bay, kann man die bizarr geformten Arbutus-Bäume (Erdbeerbäume) mit ihrer rotbraunen, sich ständig abblätternden Rinde bewundern. Nanoose Bay ist ein Treff-

punkt der Segler und Windsurfer. Bei den populären Badeorten **Parksville** 6 und **Qualicum Beach** findet man die schönsten Badestrände der Insel – auch für Familien mit kleinen Kindern bestens geeignet. *Beachcombing* und das Bauen von Sandburgen sind bei Ebbe beliebte Freizeitvergnügen. Höhepunkt der Saison sind denn auch die alljährlich im August stattfindenden *International Sandcastle Competitions* in Parksville. Den Siegern winken Preisgelder von mehreren Tausend Dollar.

Durchs Alberni Valley zum Pacific Rim National Park

Parksville – Port Alberni – Tofino
(210 km)

Tipps & Adressen Port Alberni
S. 380, Ucluelet S. 392, Tofino S. 391

Von Parksville verläuft der Highway 4 quer durch das Innere der Insel zum Pacific Rim National Park an der Westküste von Vancouver Island. Bis nach Long Beach und zu den Orten Tofino und Ucluelet sind es 160 km. Unterwegs hat man Gelegenheit zu verschiedenen kürzeren, aber sehr lohnenden Wanderungen, z. B. durch urtümlichen Regenwald zu den Wasserfällen des Englishman River oder des Little Qualicum River. Auch ein Picknick im **MacMillan Park** mit 800 Jahre alten Beständen von Douglasien und Red Cedars ist ein Erlebnis.

Port Alberni 7 ist nach weniger als einer Stunde Fahrt erreicht. Der 18 000 Einwohner zählende Ort lebt von der Forstindustrie. Durch das Alberni Inlet mit dem Ozean verbunden, dient der Hafen auch als Basis für Fischerboote und Sportangler. Die Stadt ist berühmt für ihren Lachsreichtum – über 3000 Tonnen werden hier jedes Jahr von rund 500 000 Booten an Land gezogen. Die Geschichte der Forstindustrie wird am Beispiel der **McLean Mill Historic Site** anschaulich dargestellt. Etwas außerhalb der Stadt in Richtung Beaver Creek ist der Familienbetrieb der McNeals mit Camp und dem dampfbetriebenen Sägewerk restauriert worden. Rundgänge, Säge-Demonstrationen und Aufführungen werden angeboten. Auch der in der Nähe befindliche **Stamp Falls River Park** lohnt einen Abstecher.

Das landschaftlich reizvolle Alberni Valley hat in den letzten Jahren für zunehmende Tourismuszahlen gesorgt. In dieser Region gibt es Hunderte von Seen und Wassersport-, Wander- und Angelmöglichkeiten. Besonders gut zum Schwimmen und Kanufahren eignet sich der **Sprout Lake.** Touren zu den **Della Falls,** die mit 500 m zu den höchsten der Welt gehören, lohnen sich ebenso wie eine Halbtagswanderung zum schneebedeckten **Mount Arrowsmith.** Man durchstreift dorthin Heide-

Tofino

flächen, bekommt seltene Alpenblumen zu Gesicht und kann einzigartige Ausblicke über Täler, Berge und das Meer genießen.

Im weiteren Verlauf des Highway 4 wird der Scheitelpunkt der Bergkette im Inselinneren passiert, der auch die Wetterscheide zwischen Ost- und Westküste bildet. Hier kann man häufig die ersten Nebelwolken beobachten, die malerisch in den Bergen oder über dem ausgedehnten Kennedy Lake hängen. Sie sind die Vorboten der pazifischen Luftmassen, die die Regenwälder an der Westküste entstehen ließen.

Ucluelet 8 und **Tofino** 9 sind pittoreske Fischerdörfer mit Restaurants, die sich auf leckere Meeresfrüchte spezialisiert haben. Beide Orte fungieren als Basis für Unternehmungen im Pacific Rim National Park und werden in den Hauptreisemonaten stark frequentiert, sodass sich eine frühzeitige Reservierung empfiehlt.

Pacific Rim National Park

Tipps & Adressen   S. 379

10 Dieser Nationalpark stellt zweifelsohne die Hauptattraktion an der Westküste dar. Er besteht aus drei Abschnitten: **Long Beach,** mit 20 km langem, sanft abfallendem feinem Sandstrand (mit dem Auto leicht zu erreichen), einsamen Buchten und Regenwald, der **Broken Group Islands,** einem Gewirr von über 100 Inseln, von denen viele dicht bewaldet, manche nur winzige Felsskulpturen sind, ein Paradies für Kajaksportler, das nur mit dem Schiff zu erreichen ist (s. S. 156, »Lady Rose«), und dem **West Coast Trail,** der über 77 km durch Wildnis, Regenwald, Sümpfe, über Flüsse und zerklüftete Strandland-

schaften führt (ausführliche Trailbeschreibung s. S. 150).

Vor wenigen Jahrzehnten hatte der Sand von Long Beach noch nicht seine goldbraune Färbung. Durch die Mischung mit dem Kalk der zermahlenen Muscheln war er fast weiß. Mittlerweile werden die Muscheln schneller aufgesammelt, als sie angeschwemmt werden. Parkranger schätzen, dass ca. 7 t jährlich von den 300 000 Besuchern des Strands mit nach Hause genommen werden. Die abgeschiedenen Buchten weisen noch die ursprüngliche weiße Färbung auf. Außer Baden und Surfen – Long Beach ist der einzige Surfstrand in British Columbia – locken viele reizvolle Trails. Mit etwas Glück kann man hier beobachten, wie sich Grauwale der Küste nähern, bei Radar Beach und Grice Bay leben Seehunde und Otter, und im Frühsommer finden sich Hunderte von Stellar-Seelöwen bei den vor der Küste liegenden Sea Lion Rocks ein.

Von Tofino aus werden auch Walbeobachtungs-Touren angeboten. Sollte dabei kein Wal gesichtet werden, darf man die Exkursion kostenlos wiederholen. Doch allein die Fahrt entlang der zerklüfteten Küste lohnt sich. Wer nicht nur beobachten, sondern auch angeln möchte, findet im Pacific Rim National Park Gelegenheit dazu. Eine Vielzahl von Seefischen, vom Hai bis zur Flunder, wird hier gefangen, und die Fischerboote gehören zur Parkszene. In den flachen Gewässern, gleich unter der Wattenzone, bietet eine spektakuläre und farbenprächtige Tierwelt ein Paradies für Taucher – allerdings nicht für Unerfahrene, denn es gibt gefährliche Strömungen. Strandläufer finden die verschiedensten Muscheln, Seesterne, Korallen und große Glaskugeln, die sich von den Netzen japanischer Fischer gelöst haben.

Im Pacific Rim National Park

Auf jeden Fall sollte man den gut einen Kilometer langen Rundweg auf dem **Rain Forest Trail** nicht auslassen, der etwa 9 km nördlich der Tofino-Ucluelet-Wegegabelung verläuft. In diesem urweltlichen Regenwald wachsen mächtige, 800 Jahre alte Riesenlebensbäume *(Red Cedars)* und Tannen, die unzählige raue Winterstürme ›abgewettert‹ haben. Von den Zweigen wuchern als hängende Gärten Farne und Moose herab, aus denen ständig Wassertropfen fallen. Mit den falschen Azaleen, Salmonbeeren und roten Heidelbeeren, die wie ein dichter Teppich den Boden bedecken, bilden sie ein Mosaik satter Grünschattierungen. Der enge Trail windet sich auch am Tage durch grünes Dämmerlicht und führt an gigantischen Baumstümpfen mit weit ausfächernden Wurzelenden und umgestürzten, fast verrotteten Riesenlebensbäumen vorbei, aus denen schon wieder kräftige Bäume wachsen. Kaum, dass einmal ein Knistern der Zweige oder der Ruf eines Vogels die tiefe Stille durchbricht.

Ein paar Kilometer nach dem Parkeingang liegt das **Wickaninnish Centre** direkt am Strand von Long Beach. Hier sind interessante Ausstellungen über den Park zu sehen, und vor allem sollte man sich den herrlichen Blick über den endlos weiten Strand und die Bucht nicht entgehen lassen.

Von Parksville nach Campbell River

(120 km)

Tipps & Adressen
Campbell River S. 352

Von Parksville erreicht man nach einer guten Stunde Fahrt das **Comox Valley.** Hier hat man etwa die Mitte der Strecke Victoria – Cape Scott erreicht. Das Tal mit seinen schneebedeckten Bergketten im Westen ist das wohl schönste Feriengebiet der Insel für alle Jahreszeiten. Praktisch alle Freizeitaktivitäten sind möglich: Wandern, Reiten, Campen,

Jagen, Angeln, Tauchen, Schwimmen, Golf und auch Skilaufen.

Courtenay 11 ist das städtische Zentrum des Tals. Hier ist ganzjährig Saison und kulturell wird viel geboten: Theater, Konzerte, Galerien und Festivals. Für junge Leute besonders interessant ist das Courtenay Youth Music Centre, bekannt als Kanadas Sommertreffpunkt von Musikern aus der ganzen Welt. In Courtenay ist die Endstation der *Esquimalt & Nanaimo Railroad,* die täglich nach Victoria fährt. Nördlich von Comox, in Little River, legt die Fähre nach Powell River ab. Reisende brauchen also nicht den ganzen Weg nach Nanaimo zu fahren, um aufs Festland zu gelangen.

Kurz hinter Courtenay führt eine Abzweigung in das Skigebiet des **Mount Washington** mit dem Alpine Resort und dem direkt angrenzenden **Paradise Meadows**-Teil des Strathcona Provincial Parks. Auf 1100 m Höhe beginnt ein Netz von fast ebenen und auch anspruchsvolleren Wanderwegen, die in abwechslungsreiches alpines Gelände mit Bergseen und einem herrlichen Bergpanorama führen. Der auch im Sommer betriebsbereite Sessellift erschließt weitere Wege und bietet großartige Ausblicke über die Strait of Georgia und die schneebedeckten Gipfel der Coast Mountains auf dem Festland.

Fischfang bestimmt das tägliche Leben in **Campbell River** 12, einer Stadt mit 30 000 Einwohnern, die sich im Sommer in ein Mekka der Lachsfischer und Angelsportler aus der ganzen Welt verwandelt. Höhepunkt: das Salmon Festival im Juli. In der Saison sind deshalb die Preise auch für bescheidene Hotelzimmer relativ hoch. Gute Ausflugsmöglichkeiten bestehen zu den Quadra- und Cortes-Inseln, auf denen man Kanu fahren, wandern, fischen oder Muscheln und Austern sammeln kann.

Das **Gildas Box of Treasures House** im **Discovery Harbour Centre** nördlich von Campbell River öffnete erstmals im Spätsommer 2000. Laichwiltach-Indianer stellen hier ihr kulturelles Erbe mit Tänzen, Gesängen, Geschichten und Masken vor. Die drei unterschiedlichen Aufführungen pro Tag, in denen auch Potlatch-Zeremonien erläutert werden, sind unterhaltsam und informativ. Der *gift shop* bietet ein ausgezeichnetes Angebot an Kunsthandwerk.

Campbell River hält noch einen besonderen Leckerbissen für Naturliebhaber bereit. Mehrere Veranstalter bieten Exkursionen mit dem Zodiac-Boot in die Wildnisgebiete an der gegenüberliegenden Festlandküste an. Dort im Knight und Bute Inlet lassen sich Schwarzbären und die mächtigen Grizzlies beobachten, wie sie sich ihr Winterfett mit Lachsen anfuttern. Die Teilnehmergruppen sind klein, und die Bärenbeobachtung findet vom sicheren Boot oder von einer Aussichtsplattform aus statt. Auch zur Robson Bight werden Exkursionen mit dem Boot unternommen. Hier tummeln sich Schwertwale im Küstengewässer.

Mit der Fähre gelangt man in zehn Minuten nach **Quadra Island** 13. Hier gibt es wildromantische Küstentrails, alte Totempfähle, Petroglyphen, ein exzellentes Indianermuseum, und häufig lassen sich auch Wale, Seelöwen und Otter beobachten. Das **Kwagiulth Museum** im kleinen Indianerdorf Cape Mudge südlich des Fähranlegers beherbergt eine berühmte Sammlung alter *Potlatch*-Utensilien, Tanzkostüme und Zeremonien-Masken die nach dem *Potlatch*-Verbot von 1927 (s. S. 45) konfisziert und 1980 von der kanadischen Regierung zurückgegeben wurden. Gut übernachten und unter indianisch inspirierten Menüs wählen kann man in der stammeseigenen **Tsa-Kwa-Luten Lodge**,

Wale an der Nordwestküste

Wale nahezu aller Arten kann man an der Westküste von Vancouver Island beobachten

Die Westküste Kanadas, besonders in den Küstengewässern um Vancouver Island, bietet je nach Jahreszeit gute Möglichkeiten, die faszinierenden Meeressäuger zu beobachten. Am häufigsten sind Grauwale *(Gray Whale)* und Schwertwale *(Killer Whale* oder *Orca)*, aber auch Buckelwale *(Humpback Whale)*, Zwergwale *(Minke Whale)* und Schweinswale *(Harbor Porpoise)* bekommt man gelegentlich zu sehen, seltener dagegen Blauwale *(Blue Whale)*, Finnwale *(Fin Whale)* und Pottwale *(Sperm Whale)*.

Überwiegend sind es Grauwale, deren Wanderungen im Frühjahr und Herbst an der Westküste der Insel vorbeiführen. Jedes Jahr im Februar beginnen die mächtigen Säuger zu Tausenden ihren großen Treck von der Halbinsel Baja California zu den Futtergründen in der Beringsee und der Arktik. Nach einigen Monaten Aufenthalt machen sie sich im September auf die 16 000 km lange Rückreise, um im Winter in den warmen mexikanischen Gewässern ihre Jungen zur Welt zu bringen. Bei einer Tragzeit von elf bis zwölf Monaten gebären die Kühe alle ein bis drei Jahre. Den Gesamtbestand der seit 1946 geschützten Tiere vor der Westküste Nordamerikas schätzt man auf 16 500. Außerdem gibt es noch eine kleine Population vor der asiatischen Küste.

Wenn die große Herde der Wale sich Ende März bis Anfang April Vancouver Island nähert, bietet sich ihnen zum ersten Mal seit dem letzten Sommer in der Arktik Gelegenheit zur Nahrungsaufnahme. Bei **Long Beach** kommen die Grauwale besonders nah an die Küste heran. Dazu verführt sie ein dünner, langer Wurm *(Onuphis elegans!)*, der hier in Massen in der sandigen Wickaninnish Bay zu finden ist und den Hauptbestandteil ihrer Nahrung ausmacht. Für die *whale watchers* eine ausgezeichnete Chance, Dutzende der bis zu 14 m langen und 35 t schweren Geschöpfe in Aktion zu erleben. Mit etwas Geduld und Glück sieht man ihre eleganten Sprünge, mit denen sie sich ganz aus dem Wasser herauskatapultieren, um mit einem donnernden Aufklatschen wieder in die Meerestiefe abzutauchen. Als beste Aussichtspunkte gelten die Felsen bei Schooner Cove, Quisitis Point und Wya Point. Dort kommen die Meeressäuger oft bis auf 100 m ans Ufer heran. Etwa 40–50 Grauwale leben das ganze Jahr über in ihren Futtergründen bei der Wickaninnish und Florencia Bay und bei Schooner Cove.

Von Ende April bis Anfang Juni ziehen die Grauwale dann an den *Queen Charlotte Islands* vorbei. Die Inseln sind vom Festland aus mit der Fähre oder dem Flugzeug zu erreichen.

Im Naturschutzgebiet von **Robson Bight,** in der Johnstone Strait im Nordwesten von Vancouver Island, kann man im Sommer Schwert- und Zwergwale beobachten. Die Schwertwale kommen hier häufig in großer Zahl ganz nah ans Ufer, um sich an den Sandbänken zu scheuern. Ein beeindruckendes Erlebnis, einer Schule dieser Spezies beim übermütigen Spiel zuzuschauen: Immer wieder tauchen die stromlinienförmigen schwarzweißen Gesellen aus dem Wasser auf – in gleichmäßigem Auf und Ab, manchmal aber auch mit elegantem Überschlag weit aus dem Wasser herausspringend. Besonders neugierige Tiere umkreisen das Boot, manchmal so nah, dass man die Rückenfinne greifen könnte. Durch ein Unterwassermikrofon kann man ihrer ›Unterhaltung‹ lauschen. Sie verständigen sich durch ein ganzes Instrumentarium von sonderbaren Sing- und Pfeiftönen. Dabei spricht jede Schule ihren eigenen ›Dialekt‹.

Schwertwale, auch Orcas genannt, gehören zur Familie der Delphine. Sie bevölkern alle Weltmeere und ziehen in Schulen (feste Gruppen von Männchen, Weibchen und Jungen) von 5–20 Tieren umher. Die Reisegeschwindigkeit der 7–10 m langen und bis zu 8 t schweren Tiere liegt bei 5–8 km/h, sie können jedoch eine Geschwindigkeit von über 50 km/h erreichen. Gemeinsam machen sie Jagd auf Fische, aber auch auf Meeressäugetiere wie Seehunde und Seelöwen. Selbst große Wale werden gelegentlich angegriffen. Diese Jagdweise wurde bereits von den Seeleuten des 18. Jh. beobachtet, die ihnen deshalb den Namen Killer- oder Mörderwal gaben. Menschen gegenüber verhalten sie sich aber durchaus freundlich. Die etwas kleineren Weibchen gebären bei einer Tragzeit von 14 Monaten im Durchschnitt alle zehn Jahre ein Kalb. Der Gesamtbestand der Schwertwale ist nicht bekannt, scheint jedoch nicht gefährdet zu sein.

Von **Telegraph Cove** aus werden Bootstouren zur Robson Bight unter naturkundlicher Leitung angeboten. Dabei erfährt man alles Wissenswerte über diese faszinierenden Meeressäuger. Auch geführte Kajakfahrten sind möglich.

mit Stilelementen eines traditionellen *Big House* gebaut und wunderschön am Strand gelegen.

Von Campbell River zum Strathcona Provincial Park und nach Gold River

(90 km)

Tipps & Adressen
Strathcona Provincial Park S. 390

Von Campbell River führt der Highway 28 zur Westseite von Vancouver Island, Endpunkt ist der kleine Holzfällerort Gold River am Muchalat Inlet. Die 100 km lange Strecke führt durch den **Strathcona Provincial Park 14**, ein 1,5 Mio. ha großes Wildnisgebiet mit dem fast 2200 m hohen Golden Hinde als Mittelpunkt. Die Fahrt durch das Parkgebiet ist außerordentlich reizvoll: raue Hochgebirgslandschaft mit dichten Wäldern von mächtigen Douglas-Tannen, tiefe Schluchten und rauschende Bäche, stille Seen mit verstreuten Inseln, die scheinbar noch nie betreten worden sind – ganz so, wie man sich die kanadische Wildnis vorstellt. Oberhalb der Baumgrenze wachsen Heide, Lupinen, Phlox und Moose. Selbst bei schlechtem Wetter übt diese Landschaft eine starke Anziehungskraft aus; tief hängende Nebelschwaden wabern zwischen den großen Bäumen, Himmel und Erde scheinen zu verschmelzen und schaffen eine fast unwirkliche Stimmung. Hier leben Elche und Vielfraße, die man allerdings kaum zu Gesicht bekommt. Eher begegnet man schon den Schwarzbären, die gern die Nahrungsvorräte unvorsichtiger Camper durchstöbern.
    Kurz bevor man in das Parkgebiet fährt, biegt die Straße nach links ab und verläuft 30 km am Ostufer des Buttle Lake entlang. Hier gibt es mehrere Campingplätze, die neben den üblichen Einrichtungen auch über Rampen zum Wassern von Booten verfügen.
    In **Gold River** selbst ist nicht viel los, aber wenige Kilometer hinter dem Ort kann man von der Station am Sund dreimal in der Woche mit dem Motorschiff »Uchuck III« das Muchalat Inlet hinunter in den **Nootka Sound 15** fahren. Ein historisches Gewässer, in dem Kapitän Cook kreuzte und seine Basis für weitere Expeditionen errichtete. Die Fähre sorgt für den Berufsverkehr zwischen den kleinen Siedlungen Nootka, Friendly Cove, Tahsis und Zeballos. In der Meerenge springen die Lachse, vor den hohen Bergketten schwebt ab und zu ein Weißkopfadler und kleine Schlepper ziehen riesige Flöße von Holzstämmen. Im kleinen Indianerdorf **Friendly Cove** wird Kunsthandwerk betrieben.
    Als Abkürzung für die Fahrt von Gold River zur Nordspitze nach Port Hardy bietet sich eine 75 km lange Schotterstraße *(logging road)* an, die von der Forstwirtschaft unterhalten wird. Bei Woss trifft sie auf den Highway 19. Von dort sind es noch ca. 100 km bis nach Port Hardy.

Von Campbell River nach Port Hardy und Cape Scott

(300 km)

Tipps & Adressen
Alert Bay S. 345, Port Hardy S. 381

Nördlich von Campbell River führt der Highway durch einsame Waldregionen, nur vereinzelt gibt es Häuser und Rastplätze. Bis zum 200 km entfernten Port McNeill (2600 Einwohner) passiert man nur die beiden Orte Sayward (1200 Einwohner) und Woss. Ab und zu begegnet man mächtigen *logging trucks* – und kann nur mit Mühe ausweichen. Jetzt zeigt sich auch deutlich die problematische Seite der Holzindustrie, die fast ein Viertel aller Arbeitsplätze in British Columbia stellt. Hässliche Kahlschläge wechseln ab mit Neuanpflanzungen und jüngeren Waldbeständen. Ganze Berghänge liegen kahl vor uns, nur noch die Baumstümpfe ragen aus dem Boden, die ursprünglichen Wälder mit den Riesenbäumen sind verschwunden. Da bieten die großen Tafeln, auf denen die Holzindustrie mitteilt, wann abgeholzt und wann wieder aufgeforstet wurde, nur einen schwachen Trost.

Bei km 442,5, etwa 10 km vor Port McNeill, zweigt eine Straße ab nach **Telegraph Cove** 16, einer Siedlung mit nur zwei Dutzend Bewohnern, die ursprünglich nur der Endpunkt einer Telegrafenlinie war und auch später nur aus ein paar Hütten für Sägewerksarbeiter bestand. Heute beherbergen die Holzhäuschen Läden und Gaststätten und einige auch Ferienwohnungen. Eine Menge Besucher kommen im Sommer in das verschlafene Nest. Dann nämlich lassen sich hier von Juni bis Oktober auf Bootstouren in die nur 15 km entfernte **Robson Bight Ecological Reserve** in der Johnstone Strait, die Schwertwale in ihrer natürlichen Umgebung am besten beobachten (s. S. 146). Auch der Ort selbst ist sehenswert: viele der Häuser und Hütten stehen malerisch auf Stelzen im Wasser.

Bei **Port McNeill** werden Besichtigungstouren von Holzfällercamps und Sägewerken angeboten. Auf jeden Fall lohnt sich ein Abstecher mit der Fähre nach **Alert Bay** 17, einer Indianersiedlung auf Cormorant Island in der Queen Charlotte Strait. Alle Sehenswürdigkeiten der Insel sind gut zu Fuß erreichbar. 100 Jahre alte Häuser an der Uferstraße, ausdrucksstarke bemalte Totempfähle auf dem Nimpkish Indianer-Friedhof, das **Alert Bay Museum,** und vor allem das **U'Mista Cultural Centre** mit einem traditionellen Kwakiutl Big House, einer *Potlatch*-Zeremonien-Sammlung und anderen hervorragenden Beispielen für Kunst und Handwerk der Kwakiutl-Indianer von prähistorischer bis zur modernen Zeit. Im Center werden auch Indianerkinder in ihrer ursprünglichen Kultur, Sprache, Gesang und Tänzen unterrichtet.

Port Hardy 18 lebt hauptsächlich von der Holzwirtschaft und vom Fischfang. Von hier aus legt auch die Fähre nach Prince Rupert ab. Im örtlichen Tourismusbüro an der Market Street erhält man die notwendigen Detailkarten und Informationen über die *logging roads* der Umgebung. Auf einer dieser Forststraßen gelangt man über Holberg nach 60 km zum **Cape Scott Provincial Park** 19, einem 150 qkm großen, wilden Terrain an der äußersten Nordspitze der Insel, wo bis zum Erscheinen des weißen Mannes die Jagdgründe der Kwakiutl-Indianer lagen. Von der Parkgrenze führt eine etwa achtstündige Wanderung zum Cape Scott Lighthouse. Das abgeschiedene Gebiet, häufig von tagelangen orkanartigen Regenstürmen heimgesucht, mit Niederschlägen von über 5000 mm im Jahr, eignet sich allerdings mehr für einen ›Survival-Trip‹ als für eine vergnügliche Wandertour. Die wenigen provisorisch in die Wildnis geschlagenen Pfade sind streckenweise wieder zugewachsen und das Vorwärtskommen im Dickicht ist nur durch die tunnelartigen Schwarzbärwechsel möglich. Die Strände sind oft glitschig und durch starke Gezeitenunterschiede nicht ungefährlich. Freilich: Elch, Wolf, Puma, Schwarzbär, Rotwild, Biber, Nerz und Waschbären fühlen sich hier wohl und ungestört. Den Forellen in den

Flüssen geht es nicht anders. Zwischen Juni und September kommen die Lachsschwärme und vor der Küste sind Grau- und Schwertwale, Seelöwen und Delphine zu Hause. Tausende von Kanadagänsen machen hier jährlich auf ihrer Wanderung Station, um sich am wilden Reis zu laben.

Kribbeln in der Magengegend – Auf dem West Coast Trail

Karte S. 152
Wichtige Informationen S. 427

Traum eines jeden Hiking-Enthusiasten ist der West Coast Trail. Er führt durch eine ursprüngliche Landschaft mit einigen der letzten noch verbliebenen Regenwäldern und bietet damit ein Naturerlebnis, wie es sonst nur schwer zu finden ist. Für viele bedeutet der West Coast Trail eine Herausforderung, um auf diesem Weg die eigenen Grenzen kennen zu lernen.

Die Geschichte des Trails beginnt traurig. Seit 1880 sind an seiner Küste über 20 Schiffe an den Felsbänken zerschellt. Nicht zu Unrecht spricht man deshalb vom ›Friedhof des Pazifiks‹. Schon 1890 begann man mit der Arbeit an einem provisorischen Pfad durch den Urwald, um gestrandeten Seeleuten schneller Hilfe bringen zu können. Nachdem 1906 in einem schweren Januarsturm der Dampfer »Valencia« in der Nähe des Pachena Point auf Grund lief und fast die gesamte Besatzung ums Leben kam, entschloss man sich, den Pfad, der bis dahin wenig mehr als ein Wildwechsel war, zu einem brauchbaren Rettungstrail auszubauen. Alles musste mit primitiven Werkzeugen und mit dem Material, das der Wald lieferte, gebaut werden – über 20 Brücken, zahlreiche Hütten mit Notausrüstung und Proviant sowie eine Telefonleitung. Bis in die 50er Jahre waren die *linemen* der Telefongesellschaft und das Leuchtturmpersonal die einzigen weißen Bewohner der Gegend. Als die Schiffe sicherer und die Rettungsmethoden modernisiert wurden, versank der Trail langsam wieder im Urwald. Um der gestiegenen Wanderlust entgegenzukommen, entschloss sich die Provinzregierung 1969, den West Coast Trail zu restaurieren und in den Pacific Rim National Park einzugliedern. Seither hat »Parks Canada« immer mehr Verbesserungen an den rund 50 Brücken, Leitern und Geländern der gefährlichsten Punkte durchgeführt, sodass in den letzten Jahren eine Spur von Komfort in die Wildnis gedrungen ist. Das schließt jedoch Härtetests nach wie vor nicht aus. Morastige Wegstrecken, Auswaschungen, steile Abhänge, schlüpfrige Felsen und Baumstämme, reißende Gewässer, starke Brandung und Gezeiten machen das Wandern recht mühsam. Und ein Verirren auf den Seitenpfaden oder plötzlich hereinbrechende Dunkelheit dürfen für den erfahrenen Wanderer kein Grund zur Panik sein.

Auf dem Highway 14 gelangen wir per Anhalter oder mit Bus von Victoria zum etwa 100 km entfernten Ort Port Renfrew am San Juan Inlet, eine *logging town,* die von der Holzwirtschaft und vom Fischfang lebt. Hier werden Ausrüstung und Vorräte (die für 8 Tage reichen müssen) ein letztes Mal auf Vollständigkeit und Funktion überprüft, denn auf dem 72 km langen Trail besteht keine Gelegenheit mehr dazu. Vor uns liegen acht Tage auf einem Trail von Port Renfrew bis nach Bamfield – durch dichte Urwälder mit mächtigen Douglasfichten, die teilweise älter als tausend Jahre sind, und über wilde und einsame Küstenstriche. Flüsse und reißende Wasserläufe zu überqueren, erfordert Geschicklichkeit, denn es geht oft über schlüpfrige Baumstämme und provisorische Holzbrücken. Um steile Hänge, moorigen Grund und wucherndes Unterholz zu überwinden, braucht man Kondition. An größeren Tierarten gibt es Elch, Rotwild, Bär und Puma. Allerdings sind sie selten zu sehen, da die dichten Waldgebiete guten Schutz gewähren. Wer sich auskennt, kann seinen Proviant durch verschiedene Beeren- und Pilzarten ergänzen. Angler kommen voll auf ihre Kosten, ob sie nun Seefisch von der Küste oder Forellen aus Bächen und Seen bevorzugen. Sockeye- und Chum-Lachse springen das ganze Jahr über am Cheewhat River. Muscheln gibt es reichlich, sie können allerdings im Sommer giftig sein, auch wenn keine Schilder darauf hinweisen. Ist beim Probieren mit der Zungenspitze ein leichtes Brennen zu spüren, Hände weg!

Einige Kilometer hinter Port Renfrew treffen wir nach dem Überqueren einer schmalen Brücke und einer weiten sandigen Bucht auf das erste Hindernis: die Mündung des Gordon River mit seinen kalten und schnellen Wassern. Der Versuch, hier durchzuwaten, ist aussichtslos, und für ein paar Dollar bringt uns ein Pacheenaht-Indianer mit seinem Boot ans andere Ufer. Von hier nach Thrasher Cove, unserem Tagesziel, führt der Trail die nächsten 6 km durch Wälder mit morastigen Abschnitten und über alte Holzbrücken und Baumstämme; zeitweilig bieten sich herrliche Ausblicke auf das San Juan Inlet bis hin zur amerikanischen Küste mit den Olympic Mountains. Nach vierstündiger

Streckenweise führen die Trails und Wanderwege durch urweltlichen Regenwald

West Coast Trail

Wanderung stehen wir vor einem tiefen Einschnitt. Unten rauscht über moosbewachsene Steine ein Bach. Sehr vorsichtig und mit einem leichten Kribbeln in der Magengegend passieren wir die steilen Uferhänge auf 10 m hoch gelegenen Baumstämmen.

Am Log Jam Creek gibt es frisches Wasser und die Feldflaschen werden wieder aufgefüllt. Weiter geht es nach **Thrasher Cove** über mehrere Leitern mit rutschigen Sprossen abwärts. Die sandige Bucht mit viel Treibholz fürs Feuer ist ein guter Platz für das Nachtlager. Nach der siebenstündigen Wanderung schmecken die Spaghetti mit Salami besonders gut. Satt und müde suchen wir uns noch einen Platz an der Sonne: Wir beobachten, wie der große blutrote Ball in der Juan de Fuca-Straße versinkt. Dann geht es in die Schlafsäcke.

Noch vor Sonnenaufgang brechen wir auf nach Camper Creek, direkt am Wasser entlang. Das geht nur bei Ebbe; andernfalls kommt nur der Trail durch den Wald infrage.

Am Strand ragen die knorrigen Formen angeschwemmter Baumstämme aus dem Morgendunst, man hört das eintönige Rauschen der Brandung. Auf den glattgewaschenen und schlüpfrigen Felsen kommen wir erstaunlich gut voran. In der Baumspitze einer großen Rottanne am Ufer nistet ungestört ein Weißkopfseeadler. Hinter Owen Point hat das Meer eine Kraterlandschaft mit vielen natürlichen Becken auf dem Felsenschelf gewaschen, in denen es von mannigfaltigem Meeresgetier wimmelt. Bei Thrisle Creek zwingt uns eine tiefe Meeresspalte, den Haupttrail über der Küste zu benutzen, der hier wegen eines riesigen Gewirrs umgestürzter Bäume »The Blow Down« genannt wird. Zum Camper Creek geht es wieder über Leitern die Steilküste hinunter zur Flussmündung. Über den Fluss sind Seile gespannt, an denen kleine Gondeln hängen. In ihnen kann man sich durch einen raffinierten Mechanismus selbst von einem Ufer ans andere ziehen. Aber wir trauen uns nicht. Und da der **Camper**

Creek nicht allzu viel Wasser führt, waten wir lieber hindurch. Am Ufer suchen wir uns gleich einen Zeltplatz.

Da wir am nächsten Tag wieder am Wasser entlanglaufen wollen, überprüfen wir anhand der Gezeitentabelle, ob ausreichend Zeit bei Niedrigwasser für die etwa 2 km bis Sandstone Creek zur Verfügung stehen. Eine Stunde vor Sonnenaufgang wandern wir schon auf dem Sandsteinschelf. Es geht schneller voran als auf dem Trail, obwohl wir durch einige Einschnitte waten müssen. Bei Sandstone Creek ragen die Felsen wie eine Barriere bis ins tiefe Wasser. Um wieder auf den Trail zu gelangen, steigen wir über die moosbewachsenen Felsen das Bachbett hinauf. Schließlich klettern wir über einen kleinen Wasserfall, wobei wir uns an einem gespannten Kabel festhalten. Von Cullite Cove bis zum Logan Creek geht es über einen Holzsteg durch ein 1 km langes Sumpfgebiet mit einer seltenen Pflanzenwelt. Über die malerische kleine Holzbrücke am Logan Creek erreichen wir den Strand, ein guter Platz zum Rasten oder fürs Nachtlager. Wir campen am **Walbran Creek.** Ein natürliches Becken im Bachbett eignet sich hervorragend zum Schwimmen.

Auch über den Walbran Creek spannt sich eine Seilbahn mit Gondeln. Mit gegenseitiger Hilfe klappt das Überqueren des Flusses wider Erwarten gut. Der schwierigste Teil des West Coast Trails liegt hinter uns. Die nächsten drei Tagesabschnitte zum Carmanah Creek, nach Clo-oose und zu den Tsusiat-Fällen sind die landschaftlich schönsten und abwechslungsreichsten der ganzen Strecke: Dichte Waldgebiete mit idyllischen Bächen und kleinen Wasserfällen kennzeichnen das Terrain, dazwischen Pfade, die zu pittoresken Buchten hinunterführen, weite ebene Sandstrände mit selt-

samen Treibholzansammlungen, ausgewaschene Höhlen in der Steilküste, romantische Felsformationen und die satten Grün- und Braunschattierungen des Schelfs mit seinem faszinierenden Meeresgetier.

Etwa einen Kilometer westlich der Bay of Cribs tauchen bei Ebbe Überreste des Dampfers »Santa Rita« auf, der hier 1923 auf Grund lief. Der Trail führt durch mehrere Indianerreservate. Am Cheewhat River, über den eine schöne Hängebrücke führt, erinnern sandige Felder, ein paar Obstbäume und ein alter Friedhof an eine frühere Siedlung und den fruchtlosen Versuch, hier Landwirtschaft zu betreiben. Die nicht weit entfernte Indianersiedlung **Clo-oose** an der kleinen sandigen Bucht, umgeben von steilen Felsen, ist jetzt eine Geisterstadt: Grabsteine, verwilderte Gärten und verlassene Häuser mit zerbrochenen Fensterscheiben, durch die der Wind saust. Auch wenn der Verfall offenkundig ist, gehört das Gebiet den Indianern, und dies sollte man unbedingt respektieren. Das bedeutet: Nichts verändern und keine ›Souvenirs‹ mitnehmen!

Um 1890 kamen die ersten Missionare und weißen Siedler in das Indianerdorf, dessen Einwohner sich dann später durch ihren Heldenmut bei der Rettung von Schiffbrüchigen auszeichneten. Die Schließung der Fischverarbeitung am Nitinat Lake und schließlich die Stilllegung der Versorgungslinie durch den Küstendampfer »Maquinna« in den 1950er Jahren bestimmten den Niedergang der einsamen Ortschaft. Viele ließen die Einrichtung in den Häusern. Der Abtransport war zu beschwerlich.

Von Clo-oose folgt der Haupttrail den steilen Klippen mit großartigen Ausblicken auf das Meer, besonders bei Sonnenuntergang. Wir schlagen unser Camp gleich hinter Clo-oose an einer

sandigen Bucht auf. Alte Felszeichnungen der Indianer und ein großer Anker auf dem Schelf – letztes Überbleibsel eines gestrandeten Schiffes. Bei **Whyac,** wenige Kilometer weiter, führt der Trail abermals durch Indianergebiet. Die historische Siedlung, eine der ältesten an der Westküste Nordamerikas, ist die Heimat der einst für ihre Grausamkeit bekannten Nitinat-Indianer. Heute sind die noch verbliebenen Familien gastfreundlich, betreiben Fischfang und verkaufen frische Krabben und andere Meeresfrüchte. Leider ist in den letzten Jahren durch die zunehmende Benutzung des Trails diese Gastfreundschaft arg strapaziert worden. Da sich Fälle von

Vandalismus häuften, müssen *hiker* jetzt auf dem Trail bleiben, ein Besuch des Ortes ist nur mit Erlaubnis möglich. Die Nationalparkverwaltung hat einen Vertrag mit dem Stamm abgeschlossen, sodass während der Sommermonate ständig jemand anwesend ist, um Wanderer gegen geringes Entgelt mit dem Boot über die **Nitinat Narrows** zur anderen Seite des Trails zu bringen. Diese so idyllisch wirkende Meerenge gehört zu den landschaftlich spektakulärsten, aber auch zu den gefährlichsten Punkten an der Westküste. Schon viele haben hier ihren Leichtsinn mit dem Leben bezahlt.

Besonders tückisch ist die Meerenge, wenn die abfließenden Wasser des Niti-

rung. Wir erreichen die **Tsusiat-Fälle**, wo sich die schäumenden Wassermassen des Tsusiat River über eine steile, breite Felswand auf den Strand stürzen, um dort auf die anrollenden Brecher des Pazifik zu treffen. Ein prächtiges Panorama: die Meeresbrandung mit dem blendenden Weiß der Fälle und dahinter der Urwald.

Nach einem kühlen Bad in der Nachmittagssonne wandern wir noch den Fluss entlang, über Felsbrocken und umgestürzte Bäume, zum Little Tsusiat-See mit seinen vielen Wasserlilien – und haben sogar noch Anglerglück! Abends werden die Forellen in Folie gewickelt und in der Glut des Lagerfeuers gebacken – ein wahrer Festschmaus nach entbehrungsreichen Wandertagen.

Von den Tsusiat-Fällen bis zum Klawana River verläuft der Trail ausschließlich durch Waldgebiete. Der Strand ist einige Male nur über unwegsames Terrain und steil abfallende Klippen zu erreichen. Den breit daherfließenden Klawana überqueren wir mühsam in Gondeln. Am **Michigan Creek** liegen noch die Überreste des Schoners »Michigan«, der hier 1893 unterging. Dort schlagen wir unser letztes Nachtlager auf. Der Rest der Strecke ist bis auf die zahlreichen, tief eingeschnittenen Wasserläufe leicht zu wandern. Auf den Flat Rocks, in der Nähe des Pachena Point und seines Leuchtturms, befindet sich eine Seelöwenkolonie. Besonders im Frühjahr wimmelt es dort von Seelöwen. Mittags erreichen wir **Camp Ross** am Ende des Trails. Noch ein paar Kilometer auf der Straße, und im Hafen von Bamfield gehen wir an Bord der »Lady Rose«, die uns nach Port Alberni bringen wird (s. S. 156). Von dort geht es mit dem Bus nach Victoria zurück.

nat Lake, eines Gezeitensees, auf die ansteigende Flut vom Pazifik treffen. Es bilden sich in den *narrows* gewaltige stehende Wellen und Mahlströme – wehe dem Boot, das sich dann in der Meerenge befindet! Wirklich gefahrlos ist die Überfahrt nur während der kurzen Zeit, wenn die Flut ihren höchsten Stand erreicht hat. Ein Indianer aus Whyac bringt uns mit seinem Kanu trotz rascher Strömung und schon deutlich sichtbaren Wirbeln sicher ans andere Ufer.

Der Trail nach Tsusiat Falls verläuft bis auf wenige Unterbrechungen am Strand entlang. Die Meerhöhlen von Tsuquadra und Tsusiat Point sind beeindruckende Höhepunkte der Wande-

Mit der »Lady Rose« nach Bamfield

Ein Trip ganz besonderer Art ist die Fahrt mit der legendären »M. V. Lady Rose« von Port Alberni (s. S. 380) durch das Inlet und den Barkley Sound. Die robuste Lady ist ein 32 m langer Frachter, der auch etliche Dutzend Passagiere aufnehmen kann. 1937 in Schottland gebaut, wurde er im gleichen Jahr auf die lange Reise zur kanadischen Westküste geschickt. Seit 1960 befördert er Fracht und Passagiere zwischen den Fischerdörfern und Holzfällercamps im Südwesten von Vancouver Island. Die Fahrt mit dem nostalgischen kleinen Schiff ist ein besonderes Erlebnis. Man schaut zu, was den Anrainern

am Sund so alles geliefert wird – vom Sofa bis zum Dieselmotor, für Bamfield sind Bananen, Gemüse und Getränke bestimmt und für eine Gruppe Wassersportler, die die Broken Group Islands im Barkley Sound erkunden wollen, hat man ein Dutzend bunte See-Kajaks an Bord genommen. Unter Deck brutzeln in der Kombüse Pfannkuchen, Speck und Spiegeleier. Der Kapitän hat nichts dagegen, wenn Passagiere ihn auf der kleinen Kommandobrücke besuchen und gibt bereitwillig Antwort auf alle Fragen.

Um 8 Uhr oder so ungefähr, d. h. sobald die Ladung verstaut ist, verlässt die »Lady Rose« das Argyle Street Dock in Port Alberni. Tuckernd dreht der Frachter, und dann geht es fast genau in südlicher Richtung das Alberni Inlet hinunter. 25 Meilen lang – 100 Faden tief und eine halbe Meile bis zwei Meilen breit ist der von Bergwänden umsäumte Fjord. Dieser von Gletschern geschürfte Pass verbindet Port Alberni mit den großen Häfen der Welt. Zwanzig Minuten nach dem Auslaufen wird Coos Creek Flats passiert. Dort, hinter einer kleinen Bucht, sitzt ein Adler auf einem Baumstumpf. Sein Stammplatz, wie der Kapitän sagt. Manchmal sind auch Schwarzbären und Rehwild am Ufer zu sehen.

Je nach Bedarf macht der Dampfer Station – oft ist es nur ein einzelnes Holzhaus am Ufer, oder ein Hausboot mit schwimmendem Steg. In Kildonan am Uchucklesit Inlet holen Bewohner

Kartons mit Lebensmitteln ab, die Holzfällercamps von Snug Cove und Silber Creek erhalten Nachschub, Fisch- und Muschelfarmen werden angelaufen, im Barkley Sound Resort in Congreve Bay wird Wäsche geliefert, oder man stoppt für Passagiere oder Lebensmittel bei einem Ferienlager auf Tzartus Island.

Dann, von der Dünung sanft geschaukelt, pflügen wir westwärts in Richtung **Bamfield** am Barkley Sound. Am West Dock wird entladen. Dort ist dann auch Zeit für einen einstündigen Landgang, Zeit genug, den *store* zu besuchen oder zum Bradys Beach zu wandern. Ein Plankenweg windet sich am Wasser entlang, vorbei an malerischen Holzhäusern, die manchmal auf Stelzen stehen. In der Zwischenzeit fährt die »Lady Rose« zum East Dock. Hier nimmt sie die erschöpften Wanderer auf, die den West Coast Trail hinter sich haben, und von Bord gehen die Unternehmungslustigen, die diesem Abenteuer noch entgegenfiebern. Auf der Rückfahrt wird manchmal noch ein Abstecher zur Austernfarm im Useless Inlet gemacht. Am späten Nachmittag, zwischen fünf und sieben Uhr, ist dann Port Alberni erreicht.

Von Juni bis September fährt die »Lady Rose« und ihr Schwesterschiff, die »Frances Barkley«, abwechselnd Bamfield oder Ucluelet an, den Rest des Jahres nur Bamfield.

Beide Touren steuern die **Sechart Whaling Station** an, wo es die Möglichkeit gibt, die Inselgruppe auf einer dreistündigen Tour mit einem kleineren Boot näher zu erkunden. Auch Kombinationen Bamfield–Sechart oder Ucluelet–Sechart sind möglich. In Bamfield kann man die Tour auch unterbrechen und für einige Stunden von Bord gehen, um danach zur Rückfahrt nach Port Alberni wieder zuzusteigen.

Die 1995 auf dem Gelände einer früheren Walfangstation in Sechart errichtete **Sechart Whaling Station Lodge** ist das Zentrum der Wassersportaktivitäten in der ursprünglichen Inselwelt der Broken Islands. Das Gebäude der Lodge beherbergte ursprünglich die Büros einer großen Holzfirma und wurde auf abenteuerliche Weise über 35 Seemeilen per Schleppkahn hierher transportiert. Die Zimmer sind freundlich und modern ausgestattet; das Haus hat Gemeinschaftsduschen und ein Restaurant. Man kann Zimmer mit und ohne Verpflegung sowie Kanus und Kajaks zu einem recht günstigen Preis über die Lady Rose Marine Services in Port Alberni buchen. Auch Kurzaufenthalte sind möglich. Neuerdings gibt es zusätzlich eine »Day Lodge«, die bei zeltenden Wassersportlern sehr beliebt ist.

Die über 100 Inseln und Inselchen zählende Broken Group Islands ist Teil des Pacific Rim Nationalparks. Mit ihren versteckten Buchten und Höhlen, urwüchsiger Regenwaldvegetation und einem Reichtum an Wild, Seevögeln und Meeressäugern bieten die Inseln Naturliebhabern und Wassersportlern nicht nur bei schönem Wetter ein besonderes Erlebnis. Den besonderen Reiz der Region macht das Wechselspiel von Wolken, Regen, Sonne, Wind und Nebel aus. Vor allem in den Monaten Juli/August erlebt man oft traumhafte Bilder. Wenn sich die Sonne vormittags durch den Nebel kämpft, wenn Insel für Insel auftaucht und der Blick auf den weiten Horizont frei wird, begeistert das jeden Naturfreund. Auch für nur mittelmäßig geübte Kajakfahrer sind die relativ geschützten Gewässer der Broken Group Islands ein gutes Revier; allerdings sollte man mit Kompass und Seekarte umgehen können.

Alberta –
Hochgebirge und weite Prärien

Edmonton: Albertas Sprungbrett zum Norden

von Dieter Kreutzkamp und Kurt Ohlhoff

Karte S. 164
Tipps & Adressen S. 359

■ Kanada-Kenner wissen es seit hundert Jahren: Edmonton ist *Gateway to the North* – Sprungbrett ins Abenteuer. Spätestens seit dem Klondike-Goldrausch wusste es die Welt. Wie eine Spinne im Netz wirkt Kanadas *Oil Capital* auf der Karte, die Fäden hält sie fest in der Hand: Nach Westen und Osten verläuft der Yellowhead Highway (nördliche Parallelroute des Transkanada Highway), Highway 2 führt in südlicher Richtung nach Calgary. Für den Norden Kanadas ist Edmonton die Ausgangsbasis schlechthin, wo mächtige Ströme wie Peace, Athabasca und Yukon River zu Kanuabenteuern einladen. Süd- und Nord-Alberta sind durch ein rechtwinkliges Netzwerk bestens ausgebauter Straßen verbunden, das nördlich von Edmonton endet. Hier beginnen einige der berühmten Nordlandstraßen (Alaska Highway und Yellowhead Highway). Seit dem Bau des Alaska Highway gilt Edmonton auch als Ausgangspunkt für Exkursionen in die ›Eisbox Amerikas‹. Auch für den Luftverkehr ist die Stadt zur Drehscheibe geworden, und seit ein paar Jahren führt VIA Rail's Canadian Route als einzige Transkanada-Eisenbahnverbindung für Passagierzüge durch Edmonton.

Man wird also gar nicht umhinkommen, Edmonton einen Besuch abzustatten. Aber das ist auch gut so, man hätte sonst viel versäumt. Den Blick auf den North Saskatchewan River zum Beispiel, der, als wolle er jede Seite Edmontons genau betrachten, gemächlich durch die Stadt mäandert. Man tut gut daran, sich an ihm ein Beispiel zu nehmen. Dem mächtigen Strom verdankt Edmonton seine Existenz. Wieder einmal waren es Pelzhändler der Hudson's Bay Company, die den Reichtum des Westens, aber auch die Handelsmöglichkeiten mit den USA erkannten und 1795 an seinem Ufer Fort Edmonton erbauten. Noch heute kann man ihren Fährten folgen, sei es im Rahmen einer Paddeltour auf dem North Saskatchewan River Richtung Rocky Mountains oder auf den Spuren des Trappers *Tête Jaune* in den Jasper National Park, von dem viele behaupten, er sei der schönere, wildere der beiden berühmten Nationalparks Banff und Jasper – auf jeden Fall ist er der stillere. Die ›Edmontonians‹ sind mächtig stolz darauf, eines der grandiosesten Wildnisgebiete der Welt vor ihrer ›Haustür‹ zu haben. Schließlich ist Jasper nur 300 km entfernt – ein Katzensprung für kanadische Verhältnisse …

Edmontons Einwohner, jung (im nationalen Vergleich eine der jüngsten Stadtbevölkerungen) und dynamisch wie die Stadt selbst, haben sich auf ihre touristische Schlüsselposition eingestellt. Eine große Mietwagenflotte steht Besuchern zur Verfügung und generell findet man hier preiswertere Unterkünfte als in Calgary. 1892 lebten gerade mal 700 Menschen im Fort Edmonton. Zählt man die Bevölkerung der angrenzenden Ortschaften von *Greater Edmonton* hinzu, kommt man heute auf etwa 930 000 Einwohner – wenig mehr als ein Jahrhundert später! Somit steht Edmonton an fünfter Stelle der Metropolen Kanadas und ist damit seinem Rivalen Calgary eine Nasenlänge voraus. Poker-

Edmontons Skyline vom Saskatchewan River Valley

ten die beiden Städte noch bis vor Jahren um Macht und Ansehen im Ölgeschäft, so scheint es, als wolle heute die eine die andere durch immer brillantere, futuristischere Architektur ausstechen.

Es lohnt sich, auf einer der zehn Brücken auf die Südseite des Saskatchewan River zu fahren und das Bild der ständig höher strebenden Skyline mit den reflektierenden Fassaden in Bronze, Blau, Grün und Gold auf sich wirken zu lassen. Man spürt, dass hier Geld im Spiel ist. Mehr als 80 % aller Ölpumpen Albertas nicken behäbig im Einzugsbereich Edmontons und ›schlürfen‹ dabei wertvolles Öl aus dem Prärieboden und gut die Hälfte der bedeutendsten Ölfelder Albertas liegt in einem 150-Kilometer-Radius um die City. So hat denn auch die Erdöl, Kohle verarbeitende und petrochemische Industrie mit fast 40 % einen hohen Anteil an der industriellen Produktion.

Dennoch ist Edmonton eine erfrischend grüne Stadt mit einem zumeist freundlichen, tiefblauen Himmel, den es einem stabilen kontinentalen Klima verdankt. Mittleren sommerlichen Höchsttemperaturen an der 17 °C-Marke steht im Winter ein Temperaturmittel von −15 °C gegenüber. Im Juni laden 17 Stunden Tageslicht zum Bummel durch die 460 (!) Stadtparks ein. Den Höhepunkt stellt zweifellos die kultivierte Wildnis längs des North Saskatchewan River dar, vom Hermitage Park im Nordwesten bis Kinsmen Park unterhalb der High Level Bridge. 74 000 ha Grünland und 25 km *nature trails* machen Edmontons grüne Lunge zum größten städtischen Parkland Nordamerikas.

Man könnte Edmonton mit der Nabe eines Rades vergleichen, um das sich das Leben eines riesigen Hinterlandes dreht. Um nicht zu vergessen – Alberta reicht vom US-Bundesstaat Montana bis hoch zum Athabasca Lake. Dazwischen liegen mächtige Ströme, große Seen, unendliche Wälder, weite Getreidefelder und Grasflächen, auf denen Albertas Stolz, die großen Rinderherden weiden. Hier sind Cowboys noch immer richtige Cowboys. Im Sommer kann man sie auf den Dorf- und Kleinstadt-Rodeos erleben, wenn sie mit achtspännigen *chuck wagon* über den Parcours jagen, mit Bullen ringen oder wildgewordene *broncos* reiten. Hier wird man den Puls Albertas spüren, etwas verstaubt, aber hautnah zwischen Cowboys und -girls.

Zugegeben, vor Jahren sah man sie auch noch häufiger in der City, mit mächtigen Galonenhüten, blitzenden Gürtelschlössern und hochhackigen Boots. Die kraftstrotzende Pioniermentalität lebt heute auf andere Weise fort. Zum Beispiel auf dem Eis, wenn die Hockey Champs der ›Edmonton Oilers‹ zwischen Oktober und April das Northland Coloseum fast zum Kochen bringen. Ähnliches gilt für die ›Edmonton Eskimos‹. Zwischen Juni und November spielen die Stars am Football-Himmel vor über 60 000 Zuschauern, während das Baseball-Team der ›Edmonton Trappers‹ zwischen April und August im John Ducey Park ›den richtigen Schlag besorgt‹.

Mag Calgary ruhig mit seiner weltberühmten Stampede glänzen, in Edmonton finden mit dem **Canadian Finals Rodeo** und den Klondike Days zwei große kanadische Wildwest-Ereignisse statt. Ende Juli geht es während der **Klondike Days** zehn Tage lang drunter und drüber. Der Klang von Bands, Fiedlern und Honky-Tonk-Pianos erfüllt die Luft. Postkutschen, begleitet von wild dreinblickenden Reitern, rollen die kilometerlange Jasper Avenue entlang. Für wenige Tage verstecken sich moderne Fassaden hinter Attrappen im Stil vergangener Jahrhunderte. Von Ochsen gezogene Planwagen rumpeln durch die Straßen. Beschrieben als Nordamerikas

größte Party, durchlebt Edmonton noch einmal den Goldrausch, der, traut man der Legende, aus einer friedlichen Kleinstadt des Jahres 1897 eine explodierende *boom town* machte, durch die Tausende von Glücksrittern den Weg zum Klondike fanden. Fast scheint es, als sei der Klondike zum Nebenfluss des North Saskatchewan River geworden und Dawson City, das Dorado am Yukon, nicht Tausende von Kilometern entfernt.

Doch die Fakten, die Edmonton mit dem *gold rush* in Verbindung bringen, sind eher spärlich. Kaum 1500 Goldsucher waren es, die sich 1898 von Edmonton zur *Bonanza* am Klondike quälten. Weniger als die Hälfte erreichte das Ziel.

Edmontons Superlative sollen noch um einen weiteren ergänzt werden: ›Canada's Festival City‹ nennen die Einwohner liebevoll ihre Stadt. Die ethnische Vielfalt prägt das kulturelle Angebot. 22 % der Bevölkerung sind britischer Abstammung, Deutsche und Ukrainer stellen mit je 7 % die nächststärksten Bevölkerungsgruppen. Den Rest bilden 50 weitere Nationen. Jede hat Straßenbild, Architektur, Speisekarten und das kulturelle Leben bereichert. So waren es die vier im Iran geborenen Ghermezian-Brüder, die mit der **West Edmonton Mall** **1** den weltweit größten Shopping- und Vergnügungskomplex schufen.

Im Juli und August meldet sich die kosmopolitische Gesellschaft beim Edmonton Heritage Festival im Hawrelak Park zu Wort. Aus mehr als 50 Pavillons dringen Klänge und Düfte der Küchen ebenso vieler Nationalitäten. Sommer ist nun mal Festivalzeit: Während des Du-Maurier Jazz City-Festivals spielen Kanadas beste Jazz-Musiker auf. Vier Tage lang erklingt im Spätsommer im Gallagher Park das Edmonton Folk Music Festival.

Eine komfortable Kunstwelt: Edmonton Mall

Keine Frage, sie ist auf Anhieb die Nummer eins in Edmonton geworden – die attraktive Edmonton Mall, die weltweit ihresgleichen sucht. Hier wird, was neueste Konsum- und Freizeitarchitektur angeht, wahrlich nicht gekleckert. Hunderte von Geschäften, Boutiquen, Freizeitangebote, Kinos, Restaurants – alles ist großzügig ausgelegt und von überwältigender Üppigkeit.

Vom Eisstadion ist es nicht weit bis zur künstlichen Lagune, in der die Delphine ihre Show abziehen, eine Nachbildung von Kolumbus' »Santa Maria« in voller Größe zu bewundern ist und Miniatur-U-Boote zu Rundfahrten einladen. Hier hat Disneyland Pate gestanden. Besonders bei allem, was Kinderherzen höher schlagen lässt: von der Superachterbahn mit doppeltem Looping über Kettenkarussell, Geisterhöhle, Autoscooter bis zum schönen, alten Karussell mit Holzpferd-

chen, auf denen man reiten kann – eine Luxusausführung der orgelpfeifenbestückten Kirmesknüller der 1950er Jahre.

Einsame Spitze aber sind die nassen Späße, die man im Hallenbad der Mall treiben kann – ein Schwimmbad mit Pfiff, das mit wogenden Wellen, riesigem *hot tub* und einem ganzen Dutzend kirchturmhoher Rutschbahnen für jedes Quentchen Mut aufwartet.

Auch das Fantasyland Hotel and Resort ist anders als ein normales Hotel, versteht sich. Hier kann man sich in ›Themen-Zimmern‹ in eine andere Welt versetzen lassen: Hollywood-Traumsuiten, Gemächer aus einem römischen Palast, ja sogar Betten auf einer Ladefläche von *pick up-trucks* – der Fantasie sind wirklich keine Grenzen gesetzt. Die Geschäftsleitung behauptet, dass manche Besucher anreisen, um in der Edmonton Mall eine komplette Urlaubswoche zu verbringen.

Stadtbesichtigung

Wie in allen kanadischen Städten lässt sich auch Edmontons Downtown am besten zu Fuß und mit öffentlichen Verkehrsmitteln erobern. Bei Ausflügen im Stadtgebiet und in der Umgebung kommt man mit dem Auto gut zurecht, die Straßen sind übersichtlich nummeriert, und genügend Parkplätze sind vorhanden.

Zwischen 109th Street und 97th Avenue, dort, wo die High Level Bridge den Fluss überspannt, steht Albertas **Legislative Building 2**, das Parlamentsgebäude der Provinz. Oberhalb des alten Fort Edmonton errichtet, wurde es 1912 fertig gestellt. Auch wenn das Gebäude mit romanischer Kuppel und bombastischem Äußerem manchen Provinzler anziehen mag, so ist es doch ein anderes Bauwerk, das die Aufmerksamkeit auf sich lenkt: **Hotel MacDonald 3**, das älteste Luxushotel der Stadt. Die *grande dame* der Downtown-Hotels wurde 1991 nach längerer Umbauzeit und einem 28-Millionen-Dollar-›*Facelift*‹ wiedereröffnet.

Ein guter Ausgangspunkt, um Edmonton auf eigene Faust kennen zu lernen, ist der **Sir Winston Churchill Square** im Herzen der City. Hier lohnt zunächst die **Edmonton Art Gallery 4** mit exzellenten Sammlungen Kanadischer Kunst einen Besuch. Damit sich die Kleinen nicht langweilen, gibt es in der *Children's Gallery* »Kunst zum Anfassen«. Weitere Attraktionen befinden sich gleich in der Nähe wie etwa das **China Gate** (102nd Ave./97th St.), der Eingang zu Chinatown. Das Kontrastprogramm bietet nebenan die 1992 eröffnete **Edmonton City Hall,** eine achtstöckige gläserne Pyramide. Beeindruckend ist

Edmonton

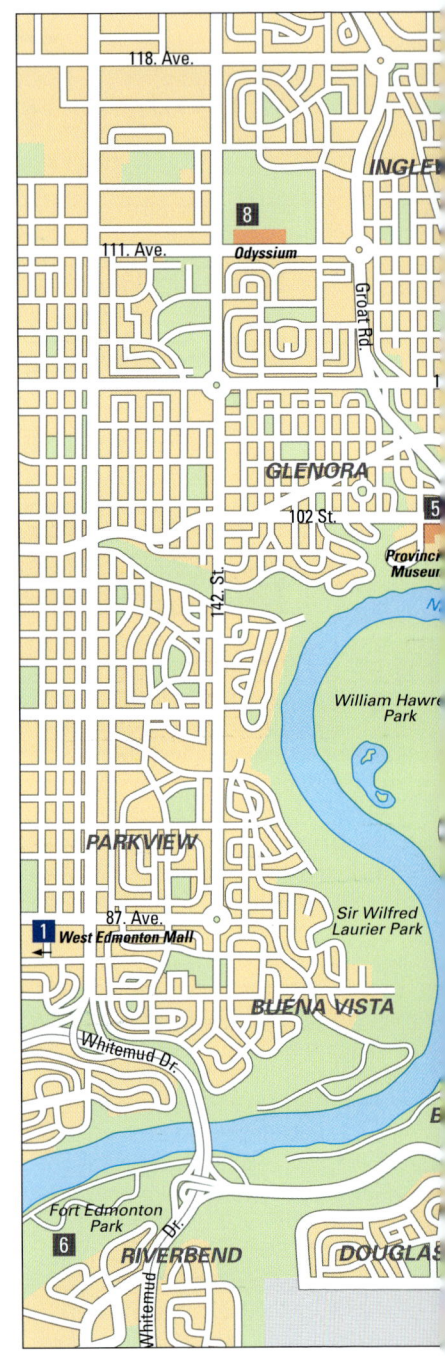

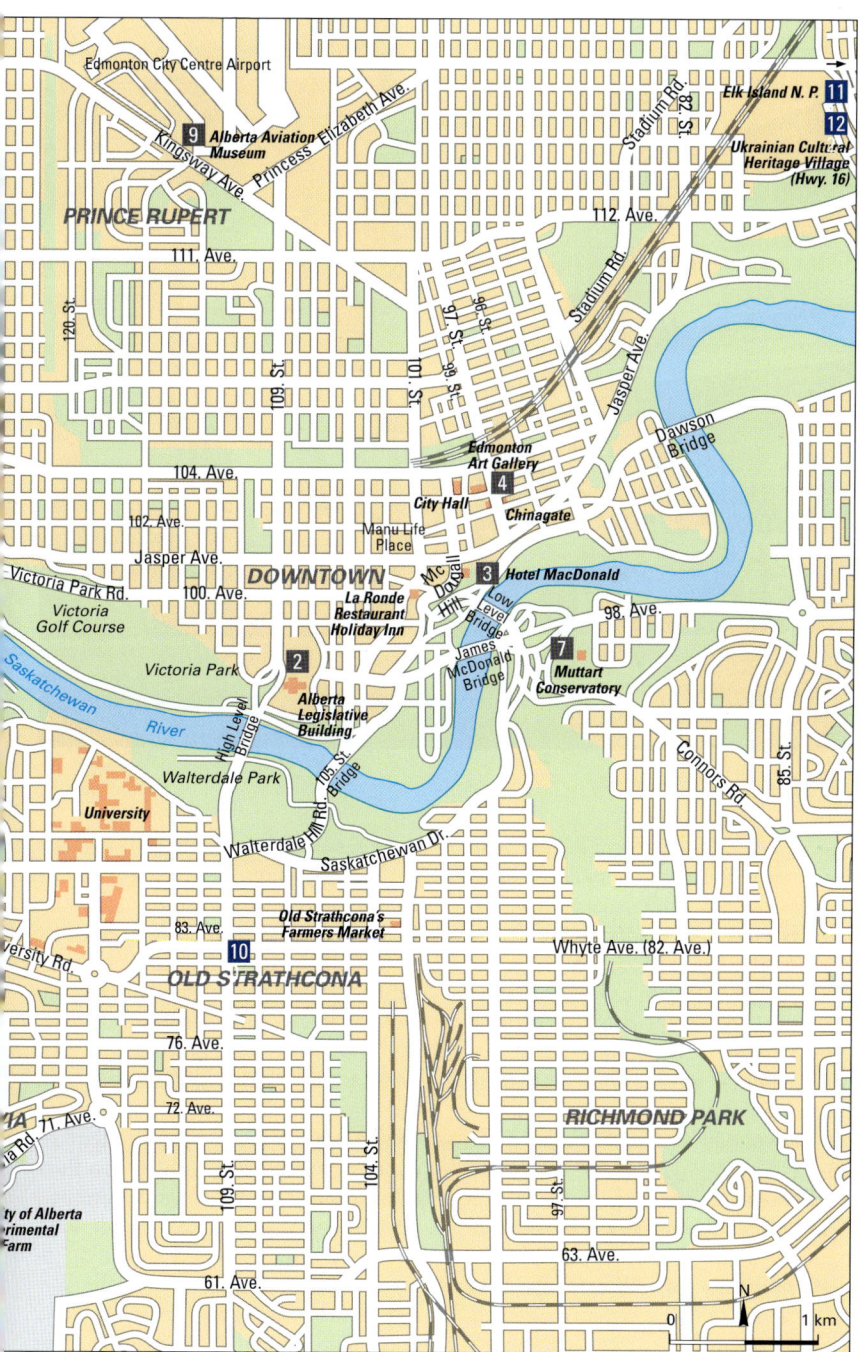

Edmonton City Centre Airport

9 Alberta Aviation Museum

Kingsway Ave.

Princess Elizabeth Ave.

PRINCE RUPERT

111. Ave.

120. St.

109. St.

104. Ave.

102. Ave.

Jasper Ave.

Victoria Park Rd.

DOWNTOWN

100. Ave.

Victoria Golf Course

Victoria Park

2

Saskatchewan

River

High Level Bridge

Walterdale Park

University

105. St.

Walterdale Hill Rd.

Saskatchewan Dr.

83. Ave.

University Rd.

Old Strathcona's Farmers Market

10

OLD STRATHCONA

76. Ave.

72. Ave.

109. St.

11. Ave.

ia Rd.

IA

ty of Alberta
rimental
arm

61. Ave.

112. Ave.

Stadium Rd.

23. St.

Elk Island N. P. **11**

Ukrainian Cultural Heritage Village (Hwy. 16) **12**

Stadium Rd.

97. St.

99. St.

101. St.

Jasper Ave.

Edmonton Art Gallery

4

City Hall

Chinagate

Manu Life Place

McDougall Hill

3 Hotel MacDonald

Low Level Bridge

James McDonald Bridge

La Ronde Restaurant Holiday Inn

Alberta Legislative Building

Dawson Bridge

98. Ave.

Connors Rd.

85. St.

7 Muttart Conservatory

Whyte Ave. (82. Ave.)

RICHMOND PARK

97. St.

104. St.

63. Ave.

N

0   1 km

Edmontons historisches Viertel Old Strathcona

der bläulich schimmernde ManuLife Place, ein 36-stöckiger Wolkenkratzer. Moderne Architektur besticht auch beim Canada Place, dem Sitz der Bundesbehörden. Den spektakulärsten Blick auf die Stadt hat man vom La Ronde Restaurant, hoch oben auf dem Holiday Inn Crown Plaza.

Und immer wieder trifft man beim Stadtbummel auf den Fluss, der Edmonton in zwei Hälften trennt und auf diese Weise die Strenge der aufstrebenden Hochhauszeilen etwas mildert.

Unvollständig bliebe ein Besuch Edmontons ohne den Besuch des **Provincial Museum of Alberta** 5, Ecke 102nd Ave./ 120th St., in dem die kanadische Tierwelt mitsamt ihren ›natürlichen

Lebensräumen‹ täuschend ähnlich nachgestellt wird. Adler füttern Junge im Nest, und wachsam äugt ein äsender Elch aus dem Herbstwald. Man entdeckt handgearbeitete Birkenrindenkanus neben Ausstellungen über Geschichte und Lebensgewohnheiten der Indianer. Die *Syncrude Gallery of Aboriginal Culture* ist eine der besten Ausstellungen Kanadas zu indianischen Kulturen. Für diesen Ausflug ist das Auto erforderlich, genauso wie für den Besuch von **Fort Edmonton Park** 6, eines der größten historischen Dörfer in Knanda. Im originalgetreu rekonstruierten Fort und *Trading Post* wird die abenteuerliche Vergangenheit des kanadischen Westens noch einmal lebendig: Händler in alten

Trachten schleppen Pelzbündel und ein Typ wie Casey Johnes brettert mit seiner fauchenden Dampflok über das Gelände (Kamera und genügend Filme mitnehmen). Frühaufstehern serviert man hier ein *pioneer breakfast* im Jasper House Hotel in der 1885th Street. Ein Besuch der 1905th Street ist ein Schritt zurück in jene Zeit, als Edmonton die Hauptstadt Albertas wurde (1905).

Unter den markanten und fotogenen vier Glaspyramiden des **Muttart Conservatory** 7 (96thA St.) gibt es 700 Pflanzenarten aus aller Welt in ihren unterschiedlichen Klimazonen zu bestaunen und im **Odyssium** 8 (142nd St., früher: Edmonton Space & Science Centre) kann man den ›Sprung ins nächste Jahrhundert‹ wagen. Außer simulierten Space Missions erlebt man den Sternenhimmel im Margaret Zeidler Star Theatre, Nordamerikas größtem Planetarium und überwältigende Filmszenen im IMAX Theatre. Im **Alberta Aviation Museum** 9, ein paar Kilometer weiter östlich beim Edmonton City Centre Airport, unternimmt man dann eine Reise in die Vergangenheit der Luftfahrt, mit interessanten Ausstellungen und zahlreichen originalen Flugzeugen aus den Anfängen der Fliegerei in Alberta um 1920 bis zu historischen und modernen Kampfflugzeugen.

Von der Downtown in das historische Viertel Edmontons gelangt man ganz stilvoll mit der *High Level Streetcar*, einer restaurierten antiken Straßenbahn, die über die High Level Bridge nach **Old Strathcona** 10 mit seinen schönen alten Backsteingebäuden fährt. Hier kann man gemütlich bummeln, Antiquitäten einkaufen oder in einem der zahlreichen gemütlichen Restaurants, Pubs und Straßencafés in der Vergangenheit schwelgen. 1891 hatte die Eisenbahntrasse hier die Südseite des North Saskatchewan River erreicht. 1912 beschlossen die 7200 Einwohner Strathconas, sich mit ihrer Schwesterstadt zu vereinen. Das Viertel hat sich nun auf seinen Charme von gestern besonnen. Touristisches Zentrum ist die Whyte Avenue (82nd Ave.) mit hübschen Fassaden und dem farbenfrohen Farmer's Market.

Edmontons Umgebung

Tipps & Adressen
Elk Island National Park S. 361

Städte sind oft die Schlüssel zur Region. Für Edmonton und das menschenarme Hinterland gilt das ganz besonders. Der zünftigste Einstieg in Landschaft und Tierwelt der Prärien erfolgt schon 45 km vor den Toren der City. **Elk Island National Park** 11 heißt das Wildnisgebiet am Yellowhead Highway 16 östlich von Edmonton. Damals grasten noch 60 Mio. Bisons in den Prärien. Ende des 19. Jh. waren sie auf ein paar Hundert dezimiert. Heute beherbergt das 195 qkm große Schutzgebiet rund 600 Bisons, Elche, eine Herde Wapitihirsche und mehrere Biberkolonien. Im Mittelpunkt der Freizeitaktivitäten im Park steht der Astotin Lake mit Kanufahren, Camping und Wandern.

In der Nähe des Nationalparks, ebenfalls über den Yellowhead Highway 16 zu erreichen, liegt das **Ukrainian Cultural Heritage Village** 12. Dieses einzigartige Museumsdorf mit 34 historischen Gebäuden lässt den Besucher die Geschichte der ukrainischen Siedler in der Provinz von 1892 bis in 1930er Jahre erleben. Kostümiertes Museumspersonal vermittelt ein authentisches Bild vom frühen Siedlerleben der ukrainischen Volksgruppe.

Traumstraße der Rocky Mountains: Auf dem Icefields Parkway von Jasper nach Banff

Karte S. 169

Türkisfarbene Gletscherseen, dramatische Felsgipfel und tiefgrüne Berghänge, Wapitihirsche, Bergziegen und Grizzlybären am Straßenrand: der Highway 93, der die beiden Nationalparks Banff und Jasper verbindet, gilt unbestritten als die schönste Panoramaroute West-Kanadas. Als ›Gletscherstraße der kanadischen Rockies‹ führt er mitten durch das Herz des Felsengebirges, immer an dessen Hauptgrat entlang.

Ob im Rahmen einer Rundreise durch British Columbia (s. S. 116) oder als krönender Höhepunkt einer Alberta-Reise – eine Fahrt über den Icefields Parkway darf in keiner Routenplanung für West-Kanada fehlen, auch wenn der Highway im Hochsommer zur beliebten Reisestrecke (fast) aller Besucher wird, mit Kolonnen von Wohnmobilen, teilweise stark überfüllten Aussichtspunkten und kleinen Verkehrsstaus bei jedem Bären, der friedlich am Straßenrand grast. Um dem zu entgehen, bricht man am besten früh morgens, mit Picknickutensilien versorgt, zu der 285 km langen Fahrt von Jasper nach Banff auf. Unterwegs kann man auf zwei- oder dreistündigen Wanderungen schnell in die stille Natur gelangen und abseits des Trubels die unberührte Bergwildnis so richtig genießen. Die reine Fahrstrecke kann theoretisch an einem Tag bewältigt werden, doch wäre es angesichts der unzähligen landschaftlichen Höhepunkte schade, die Region im Schnelldurchgang ›abzuhaken‹. In welcher Richtung die Strecke befahren wird, ist im Prinzip gleich. Von Norden nach Süden zu reisen hat jedoch

den Vorteil, dass die attraktivsten Panoramen dann rechter Hand liegen, man also die einzelnen Aussichtspunkte ansteuern kann, ohne die Fahrbahn queren zu müssen.

Jasper National Park

Tipps & Adressen S. 370

Jasper Townsite 1, am Nordende der Route, hat etwa 4000 Einwohner, die hauptsächlich für die beiden großen Arbeitgeber der Region arbeiten – für den Tourismus und die Canadian National Railroad. Und obwohl hier im Sommer ebenfalls lebhafter Betrieb herrscht, ist der Ort im Gegensatz zum mondäneren Banff eher ruhig und bestens für einen preiswerteren Familienurlaub geeignet. Auch die Bergwelt rings um den Ort wirkt noch ursprünglicher als die des weiter südlich gelegenen Banff-Nationalparks. Während Banff von der Nähe zu Calgary profitiert, ist Jasper bequem vom 370 km entfernten Edmonton zu erreichen: auf dem Yellowhead Highway (Hwy. 16) mit dem Auto oder viermal täglich mit dem Greyhound-Bus. Und seit die VIA-Rail den regulären Betrieb auf der Südroute über Banff eingestellt hat, führt heute die einzige Eisenbahnverbindung quer durch Kanada über Edmonton und Jasper nach Vancouver.

Jasper ist eine vergleichsweise junge Stadt. Erst 1911, als der Schienenstrang der Grand Trunk Pacific Railroad von Ed-

Jasper und Banff National Park/
Icefields Parkway

Mt. Robson (3954 m)

Fraser River

Miette River

Yellowhead Pass (1131)

16

Amethyst Lakes

4

The Whistlers (2464 m)

Pyramid Lake

Patricia Lake

Mt. Edith Cavell (3363 m)

Angel Glacier

93A

5

Athabasca Falls

Brûlé Lake

Jasper Lake

Pocahontas

3

Miette Hot Springs

Lac Beauvert

Jasper

1

Medicine Lake

2

Maligne Lake

Mt. Kerkeslin (2956 m)

Sunwapta Falls

Continental Divide

Sunwapta

Mt. Brazeau (3470 m)

Brazeau Icefield

Sunwapta Peak (3315 m)

Brazeau Lake

Athabasca Glacier

Mt. Columbia (3747 m)

Columbia Icefield

6

93

Sunwapta Pass (2035 m)

Glacier Lake

Parks Canada Icefield Centre

Saskatchewan

Mistya River

Icefields Pkwy.

Saskatchewan River Crossing

Mistya Canyon

Peyto Lake

7

Bow Lake

Hector Lake

Kicking Horse Pass (1647 m)

Yoho

9

National Park

Plain-of the Six Glaciers

8

Moraine Lake

Lake Louise

Glacier National Park

Rodger's Pass (1323 m)

1

Columbia River

Kootenay National Park

93

BRITISH COLUMBIA

Jasper National Park

ALBERTA

Edmonton

Hinton

16

Yellowhead Hwy.

Bighorn

Wildland

David Thompson Hwy.

North Saskatchewan

11

Recreation

Area

Banff

National

Park

Castle Mountain

Cascade Mountains

Stoney Mountain

Banff

10

93

Lake Minnewanka

11

Sulphur Mountain

Canmore

Kananaskis

Transkanada Hwy.

Bow River

Calgary

Schwarzbären

bahnlinie, der Canadian Northern, die die ersten Touristen in die Region brachte, erhielten Ort und Nationalpark 1913 offiziell die Bezeichnung Jasper. Im **Jasper Yellowhead Museum** (400 Pyramid Lake Rd.) kann man sich anhand von historischen Fotos und Dokumenten eingehender über die Geschichte informieren.

Das heutige Städtchen selbst hat zwar kaum Sehenswürdigkeiten zu bieten, eignet sich jedoch hervorragend als Ausgangspunkt für Tagesausflüge und Wanderungen in die grandiose Bergwelt ringsum. Im **Park Information Centre,** gegenüber vom Bahnhof, erhält man detaillierte Informationen und umfangreiches Material über den Nationalpark, über Campingmöglichkeiten und *hiking trails.* Am Connaught Drive, der Hauptstraße von Jasper, befinden sich die meisten Restaurants und Geschäfte.

Den besten Überblick auf die Umgebung erhält man vom **Whistlers Mountain,** ein paar Kilometer südlich des Ortes. Mit der **Jasper Tramway** geht es fast 1000 m steil bergauf. Von der Bergstation in 2278 m Höhe bietet sich ein herrlicher Blick über Jasper und die Täler von Athabasca und Miette River mit zahlreichen Seen und Bergketten. An klaren Tagen ist im Nordwesten sogar der 80 km entfernte gletscherbedeckte Gipfel des Mount Robson zu sehen – mit 3954 m der höchste Berg der kanadischen Rockies. Die spektakuläre Aussicht lässt sich entweder gemütlich vom Restaurant aus genießen oder während der einstündigen Wanderung zum 2464 m hohen Gipfelpunkt des Whistlers. Unterwegs gewinnt man einen guten Einblick in das alpine Ökosystem und kann Erdhörnchen, Raben und Murmeltiere beobachten. Die pfeifenden Gesellen haben dem Berg seinen Namen gegeben.

monton nach Prince Rupert durch das Athabasca-Tal zum Yellowhead-Pass verlegt wurde, begann sich der Ort zu entwickeln – zunächst noch unter dem Namen »Fitzhugh«, benannt nach dem Vizepräsidenten der Eisenbahngesellschaft. Die Anfänge sind allerdings viel früher zu suchen: Der Trapper William Henry, mit der Thompson-Expedition in die Region gekommen, ließ sich bereits 1811 in der Nähe der heutigen Jasper Townsite nieder. Die erste europäische Siedlung in den Rockies, »Henry House« genannt, wurde schnell zur willkommenen Raststätte für die Pelzhändler der North West Company auf ihrem beschwerlichen Weg über den Athabasca-Pass.

1813 baute dann der Pelzhändler Jasper Hawes am Ufer des Brûlé Lake am Osteingang des heutigen Parks als weiteren Stützpunkt für die Handelsbrigaden der North West Company das »Jasper House« und später ein provisorisches Hotel für Reisende. Nach der Gründung des Nationalparks im Jahre 1907 und dem Bau einer zweiten Eisen-

Ausflüge in die Umgebung von Jasper

Tipps & Adressen Jasper S. 370

Nördlich von Jasper führt die 5 km lange Pyramid Lake Road zu zwei der größten und schönsten Seen in der Umgebung des Ortes: Patricia und Pyramid Lake, stille Waldseen mit guten Möglichkeiten zum Wandern, Kanufahren, Segeln, Windsurfen, Angeln und Trailreiten.

Wie in Banff gibt es auch im Jasper National Park ein ehrwürdiges großes *Railroad Hotel,* die **Jasper Park Lodge** am idyllischen Lac Beauvert. Die erste Lodge, damals die größte Blockhütte der Welt, wurde 1922 von der neu gegründeten Canadian National Railway erbaut. Sie brannte 1952 ab und wurde durch das heutige luxuriöse Resort-Hotel ersetzt. Auch wenn man hier nicht übernachten will, lohnt sich ein Besuch, vielleicht verbunden mit einem guten Dinner bei schöner Aussicht.

Bemerkenswert ist der Wildreichtum der Region: Stattliche Wapitihirsche plündern so manches Mal die Blumenrabatten an Jaspers Hauptstraße, und auch die Bighorn-Schafe am Ortsausgang kümmern sich wenig um die motorisierten Touristen. Auf Fahrten und Wanderungen in der Umgebung sind häufig Elche und Schwarzbären zu beobachten, und in den entlegeneren Bergregionen leben auch Grizzlies. So ist es keine übertriebene Vorsicht, wenn die Parkverwaltung durch Schilder und Broschüren immer wieder darauf hinweist, dass man sich im *Bear Country* befindet und diese Tatsache entsprechend respektieren sollte. Das bedeutet, vor allem beim Campen keine Nahrungsmittel und Abfälle offen liegen zu lassen, sondern in den extra dafür aufgestellten bärensicheren Behältern oder in freier Natur auf Bäumen zu deponieren (s. S. 51). Für Autofahrer gilt die Mahnung, jederzeit mit Wild auf der Fahrbahn zu rechnen und entsprechend vorsichtig zu fahren. Die zahlreichen Wildunfälle im Jasper-Nationalpark unterstreichen die Berechtigung solcher Ratschläge.

Besondere Vorsicht empfiehlt sich denn auch auf der 50 km langen Strecke zum Maligne Lake, wo man vor allem in den Morgen- und Abendstunden mit Sicherheit Wild begegnen wird. Eine ausgezeichnete Gelegenheit zum Fotografieren – sogar vom Auto aus lassen sich einmalige Aufnahmen von Elchen und Bären machen. Auch an landschaftlichen Attraktionen hat der Weg zum See einiges zu bieten, daher sollte man sich für diesen Ausflug genügend Zeit nehmen.

Bereits wenige Kilometer außerhalb von Jasper beginnt eine Art geologisches ›Wunderland‹, der **Maligne Canyon,** den der Maligne River (1846 vom Jesuitenmissionar Pater de Smet benannt, der den Fluss nur unter großen Schwierigkeiten überqueren konnte) im Laufe der letzten 11 000 Jahre bis zu 55 m tief in die Kalksteinfelsen geschliffen hat. An manchen Stellen ist der Canyon so schmal, dass Eichhörnchen ihn mühelos überspringen können. Die Luft ist kühl und feucht, uralte Douglas-Fichten klammern sich an die bemoosten Felsen über der Schlucht. Der am Canyonrand entlangführende Trail (Hinweisschilder) ist an mehreren Stellen von der Maligne Road aus zugänglich. Der kürzeste Rundweg dauert weniger als eine halbe Stunde, man kann der Schlucht aber auch zwei Stunden lang folgen.

Eine geologische Besonderheit ist auch der **Medicine Lake.** Sein Wasser und das des Maligne River verschwindet alljährlich im Herbst in einem Höhlensystem des verkarsteten Untergrun-

des. Erst im 17 km entfernten Maligne Canyon taucht es wieder auf. Vom Herbst bis zum Frühjahr durchziehen nur dünne Rinnsale den ausgetrockneten Seeboden, bis dann im Sommer das starke Schmelzwasser der Gletscher den See auffüllt und auch der Maligne River wieder munter durch sein Bett strömt. Die Höhlen und Kanäle des unterirdischen Flusses können ein Wasservolumen von fast 60 m³/Sek. befördern. Das Karstsystem des Maligne ist einzigartig und gilt als das größte dieser Art in der Welt – einer der Hauptgründe, weshalb der Jasper Park von der UNESCO zur World Heritage Site erklärt wurde.

Am Ende des Tals ist dann auch das Ziel dieses Ausflugs erreicht – **Maligne Lake** 2. Wohl nur Lake Louise dient so oft als Fotomotiv wie dieses Juwel des Jasper National Parks. 1875 trafen die ersten weißen Pioniere auf den See, ohne ihm viel Beachtung zu schenken. Erst im Jahre 1908 entdeckte die Fotografin und Schriftstellerin Mary Schäfer den Bergsee neu und machte ihn durch ihre Aufnahmen bekannt.

Mit 22 km Länge, einer durchschnittlichen Breite von einem Kilometer und einer Tiefe von bis zu 96 m ist der Maligne Lake der größte See der kanadischen Rockies. Gespeist wird er von den Schmelzwassern der Brazeau Icefields. Neben seiner sprichwörtlichen Schönheit ist der See auch als ein Angelgewässer für ›Rekordforellen‹ bekannt. Weithin leuchtet das rote Dach des historischen Bootshauses, wo Kanus gemietet werden können, und Ausflugsschiffe bringen den Besucher zur ›Postkarteninsel‹ **Spirit Island** und bis ans Ende des von schneebedeckten Dreitausendern umrahmten Sees. Zwei Stunden dauert die eindrucksvolle Rundfahrt mit dem Boot. Ein etwa 3 km langer Wanderweg führt am Seeufer entlang.

Wie in vielen anderen Regionen der Rockies gibt es auch im Jasper Nationalpark heiße Quellen. Ab Jasper folgt der Highway 16 in nordöstlicher Richtung dem hier bereits breit mäandernden Athabasca River, der sich nach einigen Kilometern zum Jasper Lake weitet. Bei

der **Mount Edith Cavell** spiegeln. Der 3363 m hohe Berg wurde nach einer englischen Krankenschwester benannt, die im Ersten Weltkrieg belgischen Kriegsgefangenen zur Flucht verhalf und von einem deutschen Kriegsgericht zum Tode verurteilt wurde. Ein kurzer Pfad führt über eine Moräne zu einem Aussichtspunkt, der einen herrlichen Blick über Tal und Bergmassiv bietet. Das schönste Fotolicht herrscht abends oder ganz früh am Morgen. Hier beginnt auch einer der beliebtesten Trails des Jasper Backcountry – eine 42 km lange Rundstrecke zum tiefgrünen, idyllischen Tonquin Valley mit den **Amethyst Lakes 4**. Wer sie nicht zu Fuß erwandern möchte, kann die Landschaft auch auf dem Pferderücken erleben, denn Outfitter veranstalten hier mehrtägige Trailritte.

Kurz bevor der Highway 93A auf den Highway 93 trifft, sind die **Athabasca Falls 5** erreicht. 12 m tief donnern die Wasser des Athabasca River über Quarzgestein in einen kurzen engen Canyon. Auf einem Lehrpfad gelangt man, durch Geländer geschützt, dicht an die Fälle heran, auf Tafeln wird die Entstehungsgeschichte erklärt. Sprühnebel sorgen für einen Regenbogen, und die immer feuchte Luft für einen dichten grünen Bewuchs des Canyons mit Moosen, Flechten, Wildblumen und Schatten liebenden Büschen. Östlich der Fälle ragt der Mount Kerkeslin auf, dessen Name in der Sprache der Indianer Vielfraß bedeutet.

Wir befinden uns hier schon auf dem **Icefields Parkway,** wie der 230 km lange Teil des Highway 93 zwischen Jasper und Lake Louise genannt wird. Sicherlich eine der schönsten Bergstraßen

Pocahontas, einem ehemaligen Minenort, der bis 1921 vom Kohlebergbau lebte, bildet der Athabasca kleine Seen, an deren Ufern oft Biber und besonders im Frühjahr und Herbst viele der 200 im Jasper National Park vorkommenden Vogelarten zu beobachten sind. Hier zweigt die Straße nach **Miette Hot Springs 3** ab. Die Mineralquellen von Miette sind mit 54 °C nicht nur die heißesten der Rockies, sie sprudeln auch am kräftigsten. Schon die Indianer, Siedler und Trapper wussten ihre wohltuende Wirkung zu schätzen. Erst die Bergarbeiter von Pocahontas bahnten jedoch 1910 einen Weg zur Quelle und bauten dort einen kleinen Pool. Heute führt eine bequeme Straße dorthin. Ein Chalet mit Restaurant sorgt für den nötigen Komfort.

Ein schöner Tagesausflug ist die Rundfahrt über den Highway 93 und 93A zu den Athabasca Falls, knapp 30 km südlich von Jasper Townsite. Vom 93A lohnt ein 15 km Abstecher zum Cavell Lake, in dem sich das bläulich schimmernde Eis des Angel Glacier und

Spezialfahrzeuge (snow-coaches) *bringen Besucher in die Gletscherwelt der Rocky Mountains*

der Welt, führt sie entlang der kontinentalen Wasserscheide mitten durch das Herz der kanadischen Rockies, vorbei an zahlreichen Gletschern, rauschenden Wasserfällen, leuchtenden Seen, grandiosen Bergketten, durch weite Flusstäler und tiefgrüne Fichtenwälder. Indianer und Trapper benutzten schon Anfang des 19. Jh. diese Route, die sie den ›Wundertrail‹ nannten.

Der heutige Highway 93 entstand im Rahmen einer Arbeitsbeschaffungsmaßnahme während der Wirtschaftskrise der 30er Jahre. 1940 rollten die ersten Autos über den Parkway, der 1961 in seiner jetzigen Form ausgebaut wurde. Heute befahren jährlich über eine Million Menschen die Strecke zwischen Jasper und Lake Louise. Dennoch, mit Ausnahme der Hauptreisezeit im Juli/August ist von zu großer Verkehrsdichte kaum etwas zu spüren.

Nach etwa 25 km tauchen die malerischen **Sunwapta Falls** auf. Von hier ab führt der *Parkway* durch das weite von Gletschern geformte Tal des Sunwapta River. Nach weiteren 50 km nähert man sich dem Höhepunkt der Fahrt, dem **Columbia Icefield** **6**, dem der Mount Columbia, mit 3747 m zweithöchster Berg der kanadischen Rockies, seinen Namen verlieh. Es ist das größte Eisfeld der Rocky Mountains. In 3000 m Höhe bedeckt die über 360 m dicke und 325 qkm große Eisfläche die Berge und Täler an der kontinentalen Wasserscheide *(continental divide)*. Acht Gletscher haben hier ihren Ursprung und ihr Schmelzwasser speist drei von Kanadas großen Flusssystemen, die in drei Meeren münden: im Westen fließt der Columbia River zum Pazifik, im Norden der Athabasca zum Eismeer und im Osten der North Saskatchewan River über die

Hudson Bay zum Atlantik. Mehr als zehn Meter Schnee pro Jahr sorgen für den nötigen Nachschub. Drei der Gletscher sind vom Icefields Parkway aus sichtbar: Stutfield, Dome und Athabasca. Einen Vorgeschmack auf das riesige Eisfeld vermittelt der Blick auf das ›Amphitheater‹ des Stutfield-Gletschers.

Am leichtesten zugänglich ist der mächtige **Athabasca Glacier.** Bis auf 1,5 km reicht er an den Highway heran. Im Columbia Icefield Chalet gibt es Unterkünfte, ein Restaurant und eine Tankstelle. Im **Parks Canada Icefield Centre** werden Diashows gezeigt und man erhält Informationen und Broschüren über das Eisfeld und die Gletscher. Auf der gegenüberliegenden Seite des Highway führt eine Straße zum Parkplatz am Sunwapta Lake, von hier läuft man über das Geröll der Endmoräne ein paar Minuten bis zum Fuß des Gletschers. Hinweisschilder entlang der Straße zeigen den jeweiligen Stand des Gletschers in den vergangenen Jahrzehnten an. Noch vor 100 Jahren hätte man den Highway durch den Gletscher bauen müssen. Zurzeit zieht er sich jedes Jahr einige Meter zurück. Man kann auch über das Eis laufen, aber hier auf dem schmuddelig grauen Ausläufer des Gletschers ist das nicht besonders attraktiv. Entweder sollte man an einer der mehrstündigen geführten **Gletscherwanderungen** teilnehmen oder aber mit *snow coach tours* eine Exkursion auf den Gletscher unternehmen. Diese äußerst geländegängigen, 20 t schweren Spezialfahrzeuge können mit ihren überdimensionalen Reifen auch auf Eis Steigungen bis zu 32 Grad bewältigen. Sie fahren mehrere Kilometer weit auf den Gletscher, wo die Passagiere aussteigen und die grandiose Eislandschaft des Athabasca Glacier hautnah erleben können. Die blendend weiße, zerklüftete Schnee-

fläche ist unterbrochen von hellblau schimmernden Eisspalten und munter sprudelnden Schmelzwasserbächen, die manchmal gurgelnd in die Tiefe einer ›Gletschermühle‹ verschwinden. Fast jeder Besucher taucht einmal die Hände in den Gletscherbach und probiert das Wasser vom Dach der Rocky Mountains.

Banff National Park

Tipps & Adressen Banff National Park S. 348, Lake Louise S. 376, Yoho National Park S. 407

Gleich nach dem Athabasca Glacier folgt der 2035 m hohe **Sunwapta-Pass.** Er markiert die Grenze zum Banff National Park und die Wasserscheide zwischen Sunwapta und North Saskatchewan River. Nahezu auf Passhöhe führt vom Parker Ridge Trailhead ein drei Kilometer langer Rundweg durch Fichtenwald, bizarres Krummholz und alpine Tundra zu einem Bergkamm mit einem überwältigenden Ausblick auf den Saskatchewan Glacier, aus dessen Schmelzwasser auch der gleichnamige Fluss entsteht. Auch wenn man auf dem Icefields Parkway keine Wanderungen geplant hat, diese sollte man auf keinen Fall verpassen. Von Mitte Juni bis Mitte Juli blühen zahlreiche Bergblumen: alpine Heide, Immergrün, Schneeröschen – und in auffallendem Farbkontrast das Blau des Enzian und Vergissmeinnicht mit den dichten rosa Blütenpolstern des Campion-Mooses. Die Parker Ridge ist auch einer der besten Plätze, um Schneeziegen aus der Nähe zu beobachten. Warm anziehen sollte man sich auf jeden Fall, denn hier oben weht meist ein böiger Wind und durch die Nähe des Eisfeldes ist es hier bis zu 10 Grad kälter als im Tal.

Der Bow Lake am Icefield Parkway

Am **Saskatchewan River Crossing,** 55 km südlich vom Sunwapta-Pass, wird der North Saskatchewan überquert, der sich hier in einem breiten Tal den Weg nach Osten durch die *Front Range* der Rockies bahnt. Hier zweigt der David Thompson Highway ab, der dem Fluss in Richtung Osten nach Rocky Mountain House folgt. Von der Passhöhe bis hierher hat der Icefields Parkway bereits 700 Höhenmeter verloren und da durch das breite Saskatchewan-Tal vom Osten her wärmere und trockene Luft strömt, gleicht die Landschaft hier eher den *foothills* als einem alpinen Hochgebirge. Bevor die Brücke über den Saskatchewan River gebaut wurde, war die Durchquerung des Flusses immer ein kritischer Moment für die Pferdekarawanen auf dem Weg von Lake Louise nach Norden. So manche Expedition musste hier abgebrochen werden, weil die Vorräte verloren gingen.

Vom **Howse River-Aussichtspunkt** öffnet sich ein beeindruckender Panoramablick über das weite Tal des North Saskatchewan und die Täler seiner Zuflüsse, des Mistaya und Howse River. Ein paar Kilometer weiter führt von einem *turnout* ein kurzer Weg hinab zu einer Fußgängerbrücke über den **Mistaya Canyon** (s. Titelbild). Hier hat sich der Fluss in Jahrtausenden tief in den Kalksteinfels eingegraben und durch mitgeführte Steine und Felsbrocken Treppen, Bögen, Kessel und Höhlen aus dem Fels geschliffen.

Am Bow Summit, mit 2069 m der höchste Pass des Icefields Parkway, führt eine kurze Straße zum **Peyto Lake Viewpoint.** Hier bietet sich ein atemberaubender Panoramablick über den in intensivem Türkis leuchtenden ›Bilderbuch‹-See und das Tal des Mistaya River. Ein steiler Pfad führt zum 240 m tiefer gelegenen See hinunter. Der **Peyto Lake 7**, bis zum Juni mit Eis be-

Lake Louise am Fuße des mächtigen Victoria-Gletschers

deckt, ist ein Gletschersee, der durch die im Schmelzwasser enthaltenen Sedimente seine typische Farbe erhält. Die extrem feinen Gesteinspartikel reflektieren besonders das blaugrüne Farbspektrum. Deshalb ist der See bei Beginn des Sommers noch tiefblau, um dann mit zunehmendem Sedimentanteil eine seiner berühmten Grünschattierungen anzunehmen. Seinen Namen erhielt der See nach ›Wild‹ Bill Peyto, einem der ersten Bergführer und späteren Ranger des Parks.

Bei **Lake Louise Village,** wenige Kilometer hinter der Einmündung des Highway 93 in den Transkanada Highway, endet der Icefields Parkway nach insgesamnt 230 km. Der kleine Ort besitzt ein paar Geschäfte und Hotels sowie eine Bahnstation. Eine Gondelbahn führt hinauf zur 2034 m hoch gelegenen Bergstation des Mount Whitehorn (2669 m). Die Fahrt dauert fast 20 Minuten. Oben gibt es neben üblichem

Restaurant und Souvenirshop alpine Wiesen und selbstverständlich auch Panoramablicke auf schneebedeckte Berge und den Lake Louise in der Ferne. Im Winter gilt der Berg als eines der größten und schönsten Skigebiete Kanadas.

Die Hauptattraktion dieser Region ist natürlich **Lake Louise** 8 mit dem mächtigen Victoria-Gletscher. Der blaugrün schimmernde See, von einer malerischen Bergkulisse umrahmt, ist wohl der meistbesuchte der Rocky Mountains. Tom Wilson, ein Arbeiter der Canadian Pacific Railroad, war der erste Europäer, der diese ›Perle der Rockies‹ zu Gesicht bekam. Am Seeufer thront inmitten schöner Blumenanlagen das trutzige Château Lake Louise mit Übernachtungsmöglichkeiten für über 1000 Gäste, ursprünglich 1890 von der Canadian Pacific Railroad gebaut und nach einem Feuer 1924 wieder neu errichtet. Man kann Kanus mieten und ein Netz von gut markierten Wanderpfaden erschließt die Berglandschaft ringsum. Besonders reizvoll sind die Wanderungen zum **Lake Agnes** (3,5 km) und zum **Plain of the Six Glaciers** (5,5 km), einem Bergplateau mit subalpiner Vegetation und schöner Aussicht auf sechs Gletscher. Gelegentlich hört man das Geräusch von Gletscherabbrüchen und ins Tal polternden Felsbrocken. Beide Wanderungen beginnen mit einem Spaziergang entlang des rechten Seeufers und an ihren Endpunkten wartet jeweils ein *teahouse,* wo man gemütlich rasten und das mitgebrachte Lunch verzehren kann.

Ein weiterer schöner Ausflug führt über eine 12 km lange Stichstraße zum **Moraine Lake** im ›Tal der zehn Gipfel‹. Der stille, milchig blaue Gletschersee, umrahmt von den wild gezackten, schneebedeckten Felsgipfeln der Wenkchemna Peaks, wurde erst wenige Jahre vor 1900 entdeckt. See und Berge, die über zwanzig Jahre lang die Rückseite der kanadischen 20-Dollar-Note zierten, sind landschaftlich genauso attraktiv wie Lake Louise, nur nicht so überlaufen. Vom Moraine Lake aus lassen sich Wandertouren unternehmen, Kanus können gemietet werden, und für Unterkunft und Verpflegung sorgt die Moraine Lake Lodge.

Von Lake Louise lohnt sich ein landschaftlich äußerst reizvoller Abstecher zum nahen **Yoho National Park** 9, der über den Transkanada Highway schnell zu erreichen ist. Schon nach wenigen Kilometern westwärts überquert man den Kicking Horse Pass. Hier beginnt die Provinz British Columbia und – direkt an den Banff Park angrenzend – auch der 1300 qkm große Yoho-Nationalpark an der Westflanke der Rocky Mountains. Ein noch relativ wenig erschlossenes Schutzgebiet, das Banff mit grandiosen Hochgebirgslandschaften, reißenden Flüssen, tosenden Wasserfällen und stillen Seen in nichts nachsteht. Vom Transkanada Highway, der einzigen Straße durch den Park, führen kurze Stichstraßen zu Aussichtspunkten und den Hauptattraktionen. Höhepunkte sind das Yoho Valley, die 384 m hohen **Takakkaw Falls** und der leuchtend grüne **Emerald Lake.** *Yoho* bedeutet in der Sprache der Cree-Indianer ›Erstaunen‹, ›Verwunderung‹ – was die grandiose Bergwelt mühelos rechtfertigt.

Vor der knapp 60 km langen Fahrt von Lake Louise nach Banff muss man sich entscheiden: Entweder nimmt man den schnelleren Transkanada Highway westlich vom Bow River mit besonders schöner Aussicht auf den Fluss und den imposanten Castle Mountain – oder man trödelt gemütlich auf dem Bow Valley Parkway südwärts, einer idyllischen, weniger befahrenen Nebenstrecke östlich des Flusses, mit guten Möglichkeiten zum Wandern, Angeln und Wild beobachten. Beide Strecken sind etwa gleich lang und landschaftlich reizvoll.

Banff und die Upper Hot Springs

Tipps & Adressen   S. 348

Hübsch gelegen im Tal des Bow River und umgeben von den schroffen Gipfeln der Cascade und Stoney Mountains im Norden, dem Tunnel Mountain im Osten und dem bewaldeten Sulphur Mountain im Süden, ist **Banff** 10 das touristische Zentrum des Nationalparks. Der Ort hat heute über 5000 Einwohner, eine Zahl, die durch den Besucherstrom im Sommer leicht auf über 35 000 anwachsen kann. An der breiten **Banff Avenue,** wo die meisten Geschäfte,

Restaurants und Hotels zu finden sind, herrscht dann dichtes Gedränge. Neben den üblichen Souvenirs und Touristen-kitsch präsentieren die Schaufenster teuren Schmuck und exklusive Mode ebenso wie Ausrüstungen für Bergwanderer, Mountainbiker und Angler.

Viele *backpacker* benutzen den Ort als Ausgangspunkt für Aktivitäten in der Umgebung und abends trifft man sich in der Disko. Im Verhältnis zu seiner Größe hat Banff ein erstaunlich reges Nachtleben. Auffallend sind die vielen japanischen Touristen, die den Ort in den letzten Jahren mehr und mehr erobert haben. In vielen Geschäften und Restaurants gibt es bereits japanische Schilder und Speisekarten, und die Einheimischen beschweren sich schon mal, dass die Hälfte der Stadt in japanischem Besitz ist. Dennoch, bei allem Trubel lohnt sich ein Aufenthalt von wenigstens ein paar Tagen, denn die herrliche Bergwelt rings um das Städtchen macht vieles wieder wett. Neben guten Hotels finden sich auch zahlreiche gemütliche Restaurants und Cafés.

Auch kulturell hat Banff einiges zu bieten. Im **Banff Centre and School of Fine Arts** finden das ganze Jahr über Ausstellungen und Veranstaltungen statt, die ihre Höhepunkte während des sommerlangen Banff Festival of the Arts finden. Dann lockt ein buntes Programm die Besucher aus aller Welt: Kunstausstellungen und Workshops, Literaturlesungen, Oper, Musicals, Theater, Ballett, klassische Musik und Jazzkonzerte – für jeden Geschmack und Anspruch etwas. In der Galerie des **Whyte Museum of the Canadian Rockies** werden – mit thematischem Schwerpunkt auf den Rocky Mountains – Arbeiten von örtlichen und nationalen Künstlern gezeigt und Vorträge und Lesungen gehalten. Ein umfangreiches Archiv ent-hält Memorabilien, Dokumente und Fotos zur Geschichte von Banff und der Region. Interessant sind auch die Manuskripte und Tonbandaufzeichnungen von zahlreichen Pionieren und Outfittern aus den Anfangsjahren des Banff National Parks.

Das **Buffalo Nations Luxton Museum** am südlichen Ufer des Bow River beschäftigt sich mit dem Leben der Prärie-Indianer. Gebäude und Exponate sind das Lebenswerk von Norman Luxton, einem Redakteur, Zeitungsverleger und frühen Promoter des Tourismus, der die Banff Indian Days organisierte und den Banff Winter Carnival ins Leben rief. Luxton hatte sich durch seine Aufrichtigkeit und Hilfsbereitschaft den Respekt und das Vertrauen der Stoney-Indianer erworben. 1952 eröffnete er mit den Sammlungen aus seiner schließlich sechzigjährigen Freundschaft mit den Stoneys das kleine Indianermuseum in einem rekonstruierten *trading post* am Bow River.

Im Ortszentrum, an der Banff Avenue, gibt es zwei kleine naturgeschichtliche Museen. Das schon etwas angestaubte **Banff Park Museum** ist West-Kanadas ältestes Naturkundemuseum. Hier sind praktisch alle Säugetiere und Vögel des Banff National Parks untergebracht – ausgestopft natürlich. Auch wenn man sonst nichts für präparierte Tiere übrig hat, gewinnt man hier doch wertvolle Einsichten für die spätere Naturbeobachtung in freier Wildbahn. Die Trophäen stammen übrigens aus der Anfangszeit des Parks, als das Jagen in der Region noch erlaubt war. Das historische Gebäude des Museums, 1903 erbaut und innen ganz mit Douglasien-Holz eingerichtet, steht unter Denkmalschutz. Im **Natural History Museum** erläutern Displays das Höhlensystem der Region, einschließlich der Castlegar-

Höhle unter dem Columbia Icefield. Außerdem sind noch Dinosaurierschädel und diverse fossile Exponate zu sehen.

Im **Parks Canada Infocentre** (224th Banff Avenue) gibt es hervorragendes Karten- und Informationsmaterial über Banff und den Nationalpark: Sehenswürdigkeiten, die besten Wander- und Fahrradwege, Campingplätze, aktuelle Wettervorhersagen – und man weiß auch wann und wo in letzter Zeit Bären gesichtet wurden. Denn die gibt es natürlich auch im Banff-Nationalpark – wenn auch nicht so häufig wie in Jasper.

Den Namen Banff erhielt ›Siding 29‹, wie der kleine Eisenbahnposten zuvor schlicht genannt wurde, übrigens in Erinnerung an das schottische Banffshire, Geburtsort von Sir George Stephen – erster Präsident der Canadian Pacific Railway. Bei den Straßen hat man sich an die heimische Tierwelt gehalten: Bis auf die Banff Avenue und einige andere heißen sie Caribou, Moose, Wolf, Beaver ...

Westlich der Stadt führt eine zehn Kilometer lange Straße parallel zum Transkanada Highway zu den **Vermillion Lakes.** Die drei Seen liegen in einem Überschwemmungsgebiet des Bow River und sind ein Wild- und Vogelparadies. Fischadler und *Bald Eagles* (Weißkopfseeadler) horsten hier, und auf dem **Fenland Trail,** einem idyllischen 1,5 km langen Rundweg, sieht man Biber, Wapiti und manchmal auch Elche. Eine kleine Herde *Wood Bison* kann man im **Buffalo Paddock,** einem umzäunten Schutzgebiet nördlich des Transkanada Highway, beobachten.

Den besten Überblick über das 1384 m hoch gelegene Banff und das Bow Valley bekommt man vom 2285 m hohen Gipfel des **Sulphur Mountain.** Acht Minuten lang hat man während der Fahrt mit der Sulphur Mountain Gon-dola zur Bergstation Zeit, den herrlichen ›360°-Panoramablick‹ zu genießen. Oben angelangt, kann man dann in Kanadas höchstem Restaurant dinieren oder sich auf dem einen Kilometer langen Summit Ridge Trail und dem ebenfalls kurzen Vista Trail zum nahen Samson Peak die Beine vertreten. Von hier überblickt man die gesamte Stadt mit dem Bow Valley, bis zu den Ausläufern des **Lake Minnewanka** 🔟, dem größten See des Parks, der 1941 zu seiner jetzigen Größe aufgestaut wurde, ein beliebtes Ausflugsziel, vor allem für Wanderer und Angler. Besonders letztere finden hier die rechten Fischgründe – vor einigen Jahren wurde ein 30-pfündiger Seesaibling *(lake trout)* aus dem kühlen Wasser geholt. Am Nordufer führt ein 27 km langer Trail entlang, auf dem man häufig äußerst zutraulichen Bighorn-Schafen begegnet. Wer nicht wandern möchte, kann den See auch auf einer anderthalbstündigen Bootstour genießen.

Doch zurück zum **Sulphur Mountain,** denn hier betritt man geschichtsträchtiges Terrain. An seiner Flanke wurden vor gut hundert Jahren die Schwefelquellen entdeckt, die zur Gründung des damals noch kleinen Nationalparks führten und den Kurort Banff bald weltberühmt machten. Im **Cave and Basin National Historic Site** (311 Cave Ave.) am Fuße des Berges ist die historische Höhle der *hot springs* zu besichtigen. Zur Jahrhundertfeier 1987 hat man das alte Badehaus neben dem Schwimmbecken wieder rekonstruiert. Drinnen erläutern Ausstellungen die Geologie der Rockies und die Auswirkungen des warmen Schwefelwassers auf Flora und Fauna der Region. Insgesamt sprudeln acht heiße Quellen in der Umgebung von Banff, fünf davon am Sulphur

Blick auf Banff Townsite

Die Entstehung
der Rocky Mountains

Über mehrere Hundert Millionen Jahre bedeckte ein urzeitliches Meer einen großen Teil des westlichen Nordamerika. Prähistorische Flüsse transportierten Sedimente heran, die sich unter dem Druck der nachfolgenden Ablagerungen zu Gesteinsschichten verdichteten (die häufigsten sind Quarzit, Schiefer, Kalk- und Sandstein). Jede Schichtstufe ist charakteristisch für eine bestimmte Zeitperiode.

Durch die Verschiebung der pazifischen Platte unter die nordamerikanische Kontinentalplatte hoben sich diese Gesteinsschichten vor rund 100 bis 65 Mio. Jahren und wurden scheinbar nach Osten gedrückt. Große Gesteinseinheiten wurden verfaltet oder schoben sich übereinander, teilweise über eine Entfernung von 50 bis 60 km. Unter gewaltigem Druck hoben sich die Schichtstufen zu den für die Rocky Mountains typischen, parallel verlaufenden Bergketten. So sind heute mehrere Hundert Millionen Jahre alte Gesteinsschichten an den Berghängen der Rocky Mountains zu erkennen.

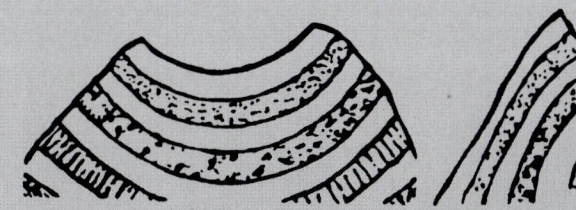

antiklinal

synklinal

Zum Teil bildeten sich so genannte *synklinale* (muldenförmige) und *antiklinale* (bogenförmige) Strukturen, die unterschiedlich schnell erodieren. Synklinale Berge weisen durch die hohe Komprimierung bei der Verformung an ihrer Basis festere, weniger erodierende Gesteinsschichten auf; bei antiklinalen ist das Gestein der Kuppe gedehnt, damit geschwächt und der Erosion viel schneller preisgegeben.

Wind und Wetter und die großen Eiszeiten mit ihren mächtigen Gletschern schufen dann das Bild der Rockies, wie wir es heute sehen. Die Gletscher fräsen tiefe, U-förmige Täler aus, schliffen Hänge ab und ließen Moränenhügel und Seen zurück. Reißende Flüsse zerschnitten Felsen und gruben V-förmige Täler. Die verbliebenen Gletscher der letzten Eiszeit sind das Ursprungsgebiet der vier großen Ströme: Columbia, Fraser, Athabasca und Saskatchewan River.

Vor Millionen von Jahren falteten sich die Rocky Mountains in parallel verlaufende Bergketten auf

Das Banff Springs Hotel

Mountain, darunter auch die mit 42 °C wärmsten, die **Upper Hot Springs** nahe der Talstation der Gondola.

Die Indianer kannten die heilsame Wirkung der Quellen schon lange. Aber es bedurfte erst eines Zufalls, um die Cave and Basin Hot Springs, wie sie später genannt wurden, zu entdecken. An einem Novembertag des Jahres 1883 nutzten die Eisenbahnarbeiter Frank McCabe, Thomas McCardell und sein Bruder William ihre Freizeit dazu, um nach Gold und Silber zu schürfen. Nuggets fanden sie nicht, aber sie stießen zuerst auf das Quellbecken und danach auch auf die Höhle. Über einen umgestürzten Baumstamm kletterten sie hinein, um ein warmes Bad zu nehmen. In den Pioniertagen des Westens bedeutete heißes Wasser im Überfluss echten Luxus. Die Hobby-Prospektoren hatten flüssiges Gold gefunden. Mangelndes Verhandlungsgeschick brachte sie jedoch um die Früchte ihrer Entdeckung, sie

wurden schließlich von der Regierung mit ein paar Tausend Dollar abgefunden. Erfolgreicher waren die Eisenbahnmagnaten Sanford Fleming und Cornelius van Horne. Auf ihren Vorschlag hin wurde im November 1885 ein 26 qkm großes Schutzgebiet um die Hot Springs errichtet – mit besonderen Erschließungsrechten für die Canadian Pacific Railway. 1887 wurde das Gebiet zum Rocky Mountains Park erweitert.

Um der eben erst fertig gestellten transkontinentalen Eisenbahn wirtschaftlichen Auftrieb zu verschaffen, suchte man das Potential der heißen Quellen und der einmaligen Landschaft zu nutzen. »Wenn wir die Landschaft nicht exportieren können, dann müssen wir eben die Touristen importieren« – mit diesem Motto leitete Eisenbahndirektor van Horne die Werbekampagne für den neu gegründeten Kurort ein. 1888 wurde das von der CPR gebaute **Banff Springs Hotel** eröffnet. Der massige, schlossartige Bau mit seinen Türmen und Erkern, hoch über dem Bow River gelegen, war damals mit 250 Zimmern das größte Hotel der Welt. Sogar die heißen Schwefelquellen holte man sich ins Haus – durch Röhren von den zwei Kilometer entfernten Upper Hot Springs. 5000 Gäste kamen schon im ersten Jahr. Von 1925 bis 1928 wurde das Hotel erweitert und renoviert – mit einem Aufwand und Luxus ohnegleichen. Seit seiner Eröffnung sind die Großen dieser Welt hier zu Gast gewesen, haben Könige und Präsidenten, Showstars und Industrielle hier genächtigt. Heute geht es demokratischer zu, sind japanische Touristen und Pauschalreisende dazugekommen. Es tut dem Flair des Hauses keinen Abbruch.

Mitte der 1890er Jahre reisten dann die ersten Bergtouristen aus Europa und Amerika an, um die Gipfel der Rockies zu bezwingen. Als die Canadian Pacific Railway um 1900 schließlich sogar Bergführer aus der Schweiz nach Banff und Lake Louise holte und damit das Bergsteigen sicherer machte, entwickelte sich der Klettertourismus zum großen Geschäft.

Aus dem 26 qkm kleinen Schutzgebiet der Hot Springs von 1887 entstand der heutige Banff National Park mit 6641 qkm – Teil eines zusammenhängenden Gebietes von vier Nationalparks mit einer Gesamtfläche von 20 160 qkm. Über drei Millionen Besucher kommen jedes Jahr nach Banff. So sehr der Ort auch dem touristischen Rummel verfallen sein mag – ringsum in der wilden Natur des Parks hat sich nur wenig verändert. Im Bergwandern, Trailreiten, Kanufahren und Angeln finden die ursprünglichen Fortbewegungsarten ihre komfortable und beliebte Fortsetzung.

Manhattan in der Prärie: Calgary

Karte S. 190
Tipps & Adressen S. 350

■ Nach tagelanger Fahrt durch die Weite des Westens wird die Landschaft hügeliger. Plötzlich fällt der Blick auf schimmernde Türme. Glasflächen glänzen orangefarben im Sonnenlicht. Eine Fata Morgana: Wolkenkratzer in der Prärie, die Hochhäuser der Stadt Calgary, die Energiemetropole und eine der wachstumsstärksten Städte Kanadas. Etwa 770 000 Einwohner zählt sie heute. Bis vor ein paar Jahrzehnten hatte die Stadt noch eine relativ homogene Bevölkerungsstruktur. Zwar waren mit dem Eisenbahnbau bereits Chinesen und um 1900 Italiener, Deutsche und Osteuropäer in die Stadt gekommen, aber Calgarys Einwohner waren überwiegend britischer Herkunft. Das änderte sich dann in den 1960er und 70er Jahren, als verstärkt Einwanderer aus Indien, Pakistan, Sri Lanka, Bangladesh, Vietnam und Südamerika kamen und der Stadt ihr kosmopolitisches Gepräge gaben. Auch in den Jahren vor 1997, als Hongkong Teil der Volksrepublik China wurde, erlebte die Stadt einen Zustrom chinesischer Neubürger.

Der Slogan ›Go West‹, um das Glück zu machen, hat immer noch Gültigkeit – hauptsächlich für Techniker und Spezialisten. Ein neues Mekka für Ingenieure, Wirtschaftsberater, Rechtsanwälte, Geologen und Computerspezialisten. Den-

noch, Calgary hat nie sein Western-Image verloren. Immer noch träumt die Stadt von Öl, Geld und Rindern. Ihre raue Schale zeigen die Calgarians schon durch ihre Kleidung. Zum Cowboylook gehören Designer-Jeans, Cowboy-Shirt mit Perlmuttdruckknöpfen und V-Einsatz vorn und hinten. Und der Gürtel muss mit einem großen, verzierten Gürtelschloss versehen sein. Dazu der weiße *Stetson*-Hut und Cowboystiefel, versteht sich. Eine elegantere Version ist der so genannte *frontier suit,* der mehr dem traditionellen Anzug ähnelt.

Calgary ist zur Hauptstadt der kanadischen Ölindustrie und Hochfinanz geworden. Von den Öl- und Erdgasgesellschaften des Landes haben die weitaus meisten, mehrere Hundert, hier ihr Hauptquartier. Dazu kommen ebenso viele Zulieferfirmen und Dienstleistungsbetriebe, die mit der Ölindustrie verbunden sind. Außer allen kanadischen Banken sind auch rund ein halbes Hundert internationale Finanzinstitute vertreten. Am schnellsten wachsen die High-Tech-Industrie und der Tourismusbereich. Auch die Filmindustrie hat in

Tradition und Moderne: Im Stampede Park
mit dem Saddle Dome vor der Skyline von
Calgary findet das große Rodeo statt

es 600 000 und 2001 zählte man über 770 000 Calgarians.

Die *rush hour* beginnt im Vergleich zu anderen kanadischen Städten besonders früh und in den meisten Büros setzt schon um 7 Uhr morgens Hektik ein. Durch den dreistündigen Zeitunterschied bedingt, öffnet dann nämlich die Börse in Toronto.

Der traditionelle ›Calgary Lunch‹ ist nichts für schwache Mägen. Zum kräftigen Steak gehört nämlich ein kaltes *Red Eye,* eine eigenartige Mischung aus Bier und Tomatensaft, oder ein *Bloody Caesar* aus Wodka, Tomatensaft und scharfen Gewürzen. Als Kur für einen *hangover* nach einem ausgedehnten Barbesuch bewähren sich die Drinks bestens.

Man sagt den Calgarians nach, dass sie auf Reisen kaum Steaks oder Roastbeef essen, denn sie meinen, nirgendwo auf der Welt wären sie mit der heimatlichen Qualität vergleichbar. Nun, der Feinschmecker muss sich nicht auf dieses Standardmenü beschränken. Es gibt zahlreiche exzellente Restaurants und die Zuwanderer haben für kulinarische Vielfalt gesorgt. Selbst Fisch und Meeresfrüchte sind frisch: Sie werden von den beiden kanadischen Küsten täglich eingeflogen.

Durch den Ölreichtum der Provinz und das enorme Kapital, das sich in Calgary zusammenballt, sowie ein ausgeprägtes Mäzenatentum, gibt es eine Vielzahl von hervorragenden kulturellen Einrichtungen: Museen, Kunstgalerien, Theater, Oper und Symphonieorchester erfüllen höchste Ansprüche, und das Entertainment in den zahlreichen Bars und Nachtclubs wird immer internationaler.

den vergangenen beiden Jahrzehnten zunehmend Gefallen an Calgary gefunden.

Die wirtschaftliche Entwicklung in den 1960er und 70er Jahren veranlasste eine Baulust ohnegleichen, die bis heute angehalten hat. Ein Büropalast nach dem anderen schoss aus dem Boden. Entsprechend hektisch verlief auch der Bevölkerungszuwachs: 1875 als Polizeiposten der Northwest Mounted Police am Zusammenfluss von Bow und Elbow River gegründet, hatte die Stadt um 1900 rund 4000 Einwohner, 1980 waren

Calgarys Downtown zu Fuß

Die Sehenswürdigkeiten der Downtown erkundet man am besten zu Fuß, einen Parkplatz zu finden wäre schwierig. Noch bequemer wird der Stadtbummel, wenn man sich dabei des *C-Train* bedient, der in der Downtown entlang der 7th Avenue parallel zum Stephen Avenue Walk verläuft. In der Downtown ist die Benutzung dieser modernen Straßenbahn sogar kostenlos.

Ein beliebter Treffpunkt der Calgarians ist die **Stephen Avenue Mall,** eine quirlige Fußgängerzone, die sich über mehrere Straßenblocks auf der 8th Ave. in Downtown erstreckt. Umgeben von schimmernden Wolkenkratzern stehen an diesem Straßenzug, eher bescheiden wirkend, die ältesten Gebäude der Stadt, ganz im Baustil des ausgehenden 19. Jh. mit Sandsteinfassaden, aufgesetzten Giebeln und bogenförmigen Fenstern. Auf der Einkaufsstraße herrscht immer buntes Treiben: Straßenmusikanten und manchmal auch Gaukler werben um die Aufmerksamkeit der Passanten, Eis- und Snackverkäufer machen gute Geschäfte, und auf den Bänken verbringen viele Angestellte der Downtown-Büros ihre Mittagspause. Auch wenn kein Bedarf an Cowboystiefeln oder *stetsons* besteht, sollte man doch einmal in einen der traditionsreichen *western stores* hineinschauen. Etwa bei Riley & McCormick, Calgarys ältestem *Western outfitter.* Hier gibt es alles, was das Cowboyherz begehrt: Sättel, handgearbeitete Gürtel, Jeans, Berge von *stetsons* für alle Anlässe und an den Wänden endlose Reihen von Stiefeln in allen Farben und Lederqualitäten. Man kann zuschauen wie ein Rodeoreiter beraten wird und findet vielleicht auch ein Western-Souvenir, das in den Koffer passt.

Am Ostende der Stephen Avenue mündet die Fußgängerzone in die **Olympic Plaza 1**. Hier trafen sich während der Olympischen Winterspiele allabendlich Zehntausende, um der Siegerehrung und dem Feuerwerk zuzuschauen und spontane Straßenfeste zu feiern. Zusammen mit der anschließenden Municipal Plaza bildet der große Platz das Herz der Stadt. Zierlich wirkt das Sandsteingebäude des alten Rathauses mit seinem Uhrturm und den roten Ziegeldächern vor dem blau schimmernden treppenförmigen Glaspalast des neuen **Municipal Building,** wo Calgarys 1700 Stadtangestellte arbeiten. Im **Calgary Tourist Information Center** am Stephen Avenue Walk versorgen freundliche Mitarbeiter den Besucher mit Broschüren und Karten und wissen auf fast jede Frage eine Antwort. Ein paar Schritte weiter, an der 8th Avenue liegt das **Centre for the Performing Arts,** Calgarys moderner Theater- und Konzertkomplex. Hier finden die Aufführungen des Philharmonic Orchestra, der Calgary Opera, des Alberta Theatre Project und des Theatre Calgary statt.

Gleich nebenan, Ecke 9th Ave. und 1st Street E., ist das **Glenbow Museum 2**, ein einzigartiges Kunst- und Kulturzentrum des kanadischen Westens und der Prärieindianer. Der achtstöckige Bau beherbergt Ausstellungen von internationalem Rang. Vor allem die umfangreichen Sammlungen über die Geschichte des Westens und seiner Besiedlung gehören zu den besten Kanadas. Man erfährt, wie die Indianer zur Zeit der großen Bisonherden lebten und wird über die Entstehung und Entwicklung der Ölindustrie ebenso wie über den Aufbau der Hutterer-Kolonien in Alberta informiert. Dem Museum angeschlossen sind ein hervorragendes Archiv mit

Die Stephen Avenue Mall ist die beliebteste Einkaufsstraße in Calgary

einer umfangreichen Sammlung historischer Fotos sowie Dokumente und eine Bibliothek. Das Museum ist ein gutes Beispiel für die Spendierfreudigkeit von Calgarys Hochfinanz: Sowohl das Gebäude wie auch der größte Teil der Sammlungen wurden der Stadt vom Ölmagnaten Eric Harvie vermacht.

Gegenüber ragt der **Calgary Tower** 192 m hoch in den blauen Präriehimmel. Vom rotierenden Restaurant und Aussichtseck reicht der Blick von den Wolkenkratzern der Downtown über das Stadtpanorama mit seinen vielen Parks im Süden bis zu der weiten Prärielandschaft im Osten und den schneebedeckten Gipfeln der Rocky Mountains im Westen. Calgarys historisches **Palliser Hotel,** ein paar Schritte westlich vom Tower, wurde 1914 im Jahr der ersten Ölfunde im Turner Valley, knapp 40 Jahre nach Gründung der Stadt, gebaut. Das Hotel stand im Zentrum des Ölbooms, hier feierte man rauschende Feste, hier wurden Vermögen gemacht –

und verloren. Noch über Jahrzehnte dominierte das zwölfstöckige Sandsteingebäude mit seinen drei massiven Flügeln das Bild der Downtown.

Bürgersteige, die viereinhalb bis sechs Meter hoch liegen, würden in jeder Stadt als Unikum gelten. Die Calgarians haben sich an das System dieser *sky walks* gewöhnt. Mit über 30 verglasten Brücken verbindet der so genannte **Plus 15 Skywalk** auf einer Gesamtlänge von über 5 km viele Downtowngebäude, Malls und Shoppingcenter. In den kalten Wintern und bei schlechtem Wetter braucht man also praktisch gar nicht nach draußen, um Einkäufe zu erledigen oder zum Lunch zu gehen. Mit dem *Skywalk* verbunden sind auch die **Devonian Gardens** 3 im 4. Stock des Toronto Dominion Square am Westende der Stephen Avenue Mall. Ganzjährig bilden hier an die 20 000 üppig wuchernde Pflanzen, Pools und kleine Wasserfälle ein 10 000 qkm großes subtropisches Paradies. In monatlich wechselnden Ausstellungen werden Werke örtlicher Künstler vorgestellt.

Einige Straßenzüge nördlich der Stephen Avenue Mall gelangt man auf der Center Street zur **Chinatown**. Seitdem hier vor ein paar Jahren Kanadas größtes **Chinese Cultural Centre** 4 errichtet wurde, ist das kleine Chinesenviertel der Stadt um eine erstklassige Attraktion reicher. Mittelpunkt des Kulturzentrums ist die sechsstöckige große Halle mit der auf goldverzierten Säulen ruhenden, mit prächtigen Mosaikfliesen gestalteten Kuppel. Vorbild war der ›Tempel des Himmels‹ in Peking. Im Gebäude sind neben Versammlungsräumen, Geschäften und einer Bibliothek auch ein Museum, eine Kunstgalerie und ein Restaurant untergebracht. Ausstellungen, Festivals und andere Veranstaltungen der chinesischen Kommune finden das ganze Jahr über statt. Am Prince's Island Park, wenige Schritte nördlich vom Chinatown, liegt der neue **Eau Claire Market** 5 mit zahlreichen Läden, Boutiquen, Kinos, Restaurants und Cafés und einem IMAX Theater.

Für Wissensdurstige und Technikbegeisterte lohnt sich eine Tour zum westlichen Teil der Downtown. Um Öl, Erdgas, Teersände, Kohle und Wasserkraft dreht sich alles im **Energeum** 6 in der Lobby des Energy Resources Building (6405th Avenue S. W.). Ausstellungen, Displays, Modelle, Computerspiele, auch zum Anfassen, vermitteln tieferes Verständnis über die Quellen des Reichtums der Provinz. Auch im **Alberta Science Centre/Discovery Dome** 7 (701-11th St. W.) wird der ganzen Familie Technik zum Anfassen geboten. Da-

neben sorgen Lasershows, Hologramme und optische Täuschungen für Unterhaltung.

Östlich der Downtown, wo Bow und Elbow River zusammenfließen, ist auf dem Gelände des ursprünglichen Polizeipostens der **Fort Calgary Historic Park** 8 entstanden. Rekonstruierte Blockhütten und ein Interpretive Centre mit Ausstellungen sowie audio-visuellen Präsentationen und authentisch kostümiertes Personal vermitteln einen Eindruck von Calgarys abenteuerlicher Gründungszeit. Gegenüber dem Fort, auf der anderen Seite des Elbow River, kann man im **Dean House Historic Site & Restaurant,** dem restaurierten Wohnhaus des ehemaligen Kommandeurs von Fort Calgary, Lunch, Tea oder Dinner einnehmen. Abends sogar mit Unterhaltung – dann werden zum Essen Krimi-Komödien aufgeführt.

Auf der anderen Seite des Bow River befinden sich die großzügigen Anlagen des **Calgary Zoo, Botanical Garden and Prehistoric Park** 9, mit über 1000 Tieren in gut gestalteten Freigehegen, schönen Gärten mit einem Tropenhaus und einem Dinosaurierpark mit beeindruckenden Nachbildungen fossiler Flora und Fauna, so wie es in prähistorischer Zeit in Alberta ausgesehen haben könnte.

Ausflüge innerhalb der Stadt und ihrer Umgebung

Tipps & Adressen
Calgary S. 350, Kananaskis S. 373

Auf dem MacLeod Trail (Hwy. 2) geht es in Richtung Süden. Ein paar Kilometer außerhalb Downtowns liegt der **Cal-**

Calgary

gary **Exhibition and Stampede Park** 🔟 mit dem Olympic Saddle Dome. Die bekannteste Veranstaltung des Parks ist sicherlich die Calgary Stampede, aber auch sonst finden vor der großen Tribüne das ganze Jahr über Pferde- und Trabrennen statt. Das sattelförmige Stadion, 1988 zur Winterolympiade gebaut, ist schnell zum Wahrzeichen der Stadt geworden. Hier finden außer den Spielen der Basketball- und Eishockeyprofis auch große Rockkonzerte statt. Im *Round-up Center* des Parks ist die **Grain Academy** untergebracht. Die Ausstellung, zu der auch funktionierende Modelle von Eisenbahn und Getreidespeicher gehören, befasst sich mit der Geschichte des Weizenanbaus und der Farmökonomie der Provinz.

Im **Heritage Park Historical Village** 🔟 (1900 Heritage Drive SW), mit über 150 Gebäuden Kanadas größtes Freilichtmuseum, wird auf einem 25 ha großen Areal das Leben im kanadischen Westen vom Ende des 19. Jh. bis etwa 1914 gezeigt. Es gibt eine Siedlung mit alten Blockhütten, in denen das karge Leben der frühen *homesteader* dargestellt wird, einen Hudson's-Bay-Handelsposten, ein Tipi, wie es von den Indianern im Winter benutzt wurde, die Hütte eines Landvermessers – alles originalgetreu eingerichtet. Ein Bummel entlang der Main Street eines kleinen Präriestädtchens versetzt den Besucher in die Zeit um 1900. Und die Western-Town mit den ›falschen Fassaden‹ ist sogar echt – man hat historische Gebäude aus ganz West-Kanada zusammengetragen, sie hier wieder aufgebaut und detailgetreu mit originalen Einrichtungsgegenständen ausgestattet. Aus der Dorfbäckerei weht der Duft von

Originalgetreu eingerichtete Schmiede im Heritage Park

frisch gebackenem Brot und im Wainwright Hotel gibt es deftige Pionierkost. Höhepunkt sind eine Fahrt mit einem schnaufenden Dampfzug und die Kreuzfahrt mit dem alten Schaufelraddampfer ›S. S. Moyie‹ auf dem Glenmore Reservoir.

Ein paar Kilometer weiter südlich des Glenmore Reservoir, am westlichen Ende der Anderson Road, beginnt das Reservat der Sarcee-Indianer. Im **Tsuu T'ina Culture Museum** informiert eine kleine Ausstellung über diesen vor 100 Jahren zugewanderten Stamm, der trotz seiner kulturellen Verschiedenheit mit den hier ansässigen kriegerischen Blackfoot in Frieden lebte.

Am Transkanada Highway, knapp 20 km von der Innenstadt entfernt, liegt der **Canada Olympic Park.** Hier fanden 1988 die olympischen Wettbewerbe der Bobfahrer, Rodler und Skispringer statt. In der ›Ehrenhalle‹ erinnern Fotos und Displays an die Sportler vergangener Olympischer Winterspiele. Die Einrichtungen des Geländes können besichtigt werden und wer Nervenkitzel sucht, kann mit dem *Bobsleigh Bullet* die Bobbahn ausprobieren. Ein paar Kilometer weiter am Highway 1 wartet dann richtiger Familienspaß. Als einer der größten Vergnügungsparks in Kanada bietet der **Calaway Park** neben Super-Achterbahnen und Rutschen, Musikveranstaltungen und Ballspielen auch einen Streichelzoo und Programme für die Kleinsten der Familie.

Bei Cochrane, eine gute Viertelstunde westlich von Calgary (Hwy. 1A und 22), liegt die **Cochrane Ranche Provincial Historic Site.** Hier wird man im **Western Heritage Centre** über alles, was mit Ranches, Rinderzucht und Rodeos zu tun hat, informiert. Das im Ranchstil erbaute Center mit schönem Blick über das Bow River Valley und auf die Foot-

Chinook – Wettermacher aus den Rocky Mountains

Eine klimatische Besonderheit der Südwestregion Albertas sind die Chinook-Winde, die für extreme Temperaturschwankungen sorgen, wie sie sonst kaum woanders zu finden sind. So ist am 27. Januar 1962 in Pincher Creek innerhalb einer Stunde ein Temperaturanstieg von –20 °C auf +3 °C gemessen worden. Das eigentliche Phänomen besteht jedoch darin, dass sich die pazifischen Luftmassen auf ihrem Weg über die Rockies zuerst abkühlen, sich dann aber durch die Fallgeschwindigkeit und den Feuchtigkeitsverlust noch auf das Doppelte der ursprünglichen Temperatur erwärmen. Die Chinook-Winde machen sich hauptsächlich im Winterhalbjahr bemerkbar. Besonders nach extremen Kältewellen klärt der Himmel schlagartig auf und im Westen ist der typische Chinook-Wolkenbogen am Himmel zu sehen. Die dann herrschenden Frühlingstemperaturen lassen nicht selten Blumen sprießen und Bäume grünen – und das mitten im Januar oder Februar.

Kaum verwunderlich, dass dieses Phänomen Gegenstand vieler Legenden und *big tales* im ›Chinook Country‹ ist, wie die Region gern genannt wird. Jeden Winter hört man in Calgary die Geschichte vom Farmer, der mit seinem Schlittengespann auf dem Heimweg vom Chinook überrascht wird. Kaum, dass er im Westen den Wolkenbogen des bevorstehenden Wettergeschehens gesehen hat, treibt er seine Pferde mit der Peitsche an, um mit viel Mühe die vorderen Kufen seines Schlittens auf dem Schnee zu halten, während die hinteren schon im Matsch schleifen und das Ersatzpferd hinter dem Schlitten bereits den Staub aufwirbelt. Die Indianer erzählen die Sage von einem schönen Mädchen namens *Chinook,* das sich zu weit von seinem Stamm entfernt in den Rockies verlaufen hatte und trotz langen Suchens von den tapferen Kriegern nicht mehr gefunden wurde. Als eines Tages der warme, sanfte Wind von Westen blies, hielten sie ihn für den Atem der schönen Squaw.

hill Mountains bietet ein Museum mit Ausstellungen, interaktiven Displays, Filmvorführungen sowie eine Westernbibliothek und die Canadian Rodeo Hall of Fame. Andenkenladen und Restaurant komplettieren das Angebot.

Calgary hat Hunderte von Parks und Grünflächen. Es gibt zahlreiche Golf-, Tennis- und Picknickplätze und segeln

kann man auf dem Glenmore Lake. Mehr als 200 km Fahrradwege durchziehen alle Gebiete der Stadt. Im **Riley Park** nördlich der Downtown bietet sich ein farbenprächtiges Bild, wenn Dutzende von Heißluftballons aufsteigen und über der Stadt schweben. Ein wahrhaft erhebendes Erlebnis – und gar nicht so teuer.

Durch ihre zentrale Lage ist die Stadt idealer Ausganspunkt für Ausflüge in die landschaftlich und geologisch faszinierende Umgebung. Im Westen, knapp zwei Autostunden entfernt, erheben sich die Bergketten der Rocky Mountains mit dem Banff National Park, einer der schönsten Bergregionen der Welt mit romantischen Wäldern, Gletscherbächen und schimmernden Seen. Im Winter ist dort Skilaufen Trumpf. Südlich von Banff, am Highway 40, liegt der **Kananaskis Provincial Park,** ein großes alpines Erholungs- und Freizeitgebiet, wo 1988 die alpinen Disziplinen der Olympischen Winterspiele stattfanden.

Im Nordosten, knapp drei Autostunden entfernt, liegen die Drumheller Badlands, eine beeindruckende, urweltliche Landschaft mit Fossilien und Dinosaurierskeletten. Auf dem Highway 2 in Richtung Süden fährt man durch verschlafene Farmkommunen und riesige Ranches und erreicht nach wenigen Stunden das große Naturschutzgebiet des Waterton Lakes National Park an der Grenze zu Montana, an den sich der Glacier National Park mit seiner gewaltigen Gletscherlandschaft anschließt (s. S. 212 f.).

Die Sommer in Calgary sind warm und trocken, tiefblauer Himmel und Sonnenschein die Regel. Im Winter muss man allerdings auf das andere Extrem des Prärieklimas gefasst sein: Temperaturen unter –40 °C. Bei solchen Minusgraden bringt dann nur der legendäre ›Chinook‹ die ersehnte Erleichterung (s. auch Richtig Reisen – Thema, S. 194). Wenn dieser warme, trockene Wind kräftig von den Rocky Mountains herunterbläst, sind Temperaturanstiege von 20 bis 30 °C keine Seltenheit. Dabei kann eine Schneedecke von 50 cm Höhe regelrecht über Nacht verschwinden.

Cowboys und Rodeos: Die Calgary Stampede

In jedem Juli steht Calgary für zehn Tage Kopf. Dann findet hier die Stampede statt, die »größte Schau der Welt«, wie die Calgarians mit texanischer Bescheidenheit ihr Mammut-Rodeo nennen: eine Mischung von Wildwestspektakel, Viehmarkt und Volksfest. Dann lebt in der supermodernen Stadt die ›Cowtown‹-Ära von vor hundert Jahren wieder auf. Mehr als sonst sieht man die Leute in hochhackigen Cowboystiefeln, steifen Stetsonhüten, engen Jeans und Westernshirts von oft so exklusivem Design, dass man für den Preis eines Hemdes einen echten Cowboy von Kopf bis Fuß einkleiden könnte.

Während der Stampede befreit sich die schnelllebige Stadt von ihren Alltagszwängen. Selbst Banken legen sich ein Ranch-Ambiente zu. Sie drapieren ihre Schalterhalle, bis sie wie ein Pferdekorral aussieht. Natürlich geht man im Western-Look ins Büro und die Geschäfte führen *Stampede specials.* In Einkaufszentren, auf den Straßen und Plätzen in Downtown und in den Vororten wird von den *chuckwagons* (Küchenwagen), die auf den *Stampede grounds* die Rennen fahren, frühmorgens kostenlos ein herzhaftes *Flapjacks*-Frühstück (kleine dicke Pfannkuchen mit Sirup nach Westernart) mit gebratenem Speck, Kaffee und Orangensaft serviert. Bunter Trubel herrscht, es gibt Musik und *square dance*, und in den Bars schlagen die Wellen hoch. Die oft gehörte freundliche Begrüßung »Howdy Pardner« wird Losungswort. Bankiers, Hausfrauen, Rechtsanwälte, Politiker, Arbeiter, Börsenmakler fehlen hier ebensowenig wie echte Cowboys mit silberner Gürtelschnalle und wettergebleichten Hüten, dazwischen die ›Newcomer‹ unter den Stampede-Cowboys, leicht zu erkennen durch ihren nagelneuen Western-Outfit. Berühmt sind die großen *Stampede breakfasts,* die auf einigen Ranches in der Umgebung stattfinden und zu denen bis zu 3000 Leute eingeladen werden.

Seit 1922 ist die Stampede ein alljährliches Ereignis. Damals wurde auch das *chuckwagon*-Rennen in das Programm aufgenommen. Es erinnerte an die Wagenrennen, die Cowboys manchmal im offenen Ranchland veranstalteten, aber auch an die Zeit der Landnahme im Westen, als die Siedler ihre Gespanne vorwärtspeitschten, um das beste Stück Land zu erwischen. Früher war es oft geübte Praxis, dass Cowboys nach dem *round up* auf der Prärie in konkurrierenden Teams mit ihren *chuckwagons* über die letzte halbe Meile bis zur nächsten Stadt ein Wettrennen veranstalteten, um dort als erste ihren Durst zu löschen. Die letzte Crew musste den Whiskey bezahlen.

Heute ist die Stampede eine Reiter- und Western-Schau der Superlative. Über 200 festangestellte und 1500 freiwillige Mitarbeiter wirken bei der Planung und Durchführung mit, und über eine Million Zuschauer, davon einige Hunderttausend von außerhalb, sind alljährlich dabei. Es winken Preisgelder von insgesamt fast einer Million Dollar, die höchste Summe in der Geschichte des Rodeosports. Gut 300 der zähesten Cowboy-Profis versuchen die wildesten Bullen und Pferde zu bezwingen, um nach zahlreichen Ausscheidungskämpfen die Endrunde der letzten vier in den fünf Hauptdisziplinen zu erreichen, die zugleich für die Nordamerikanische Meisterschaft gewertet werden. Im *saddle bronc, bareback bronc, bull riding, steer wrestling* und *calf roping* erhält der Sieger dann jeweils 50 000 Dollar Prämie, das begehrte silberne Gürtelschloss und eine Trophäe in Form einer Skulptur, die die jeweilige Disziplin darstellt.

Man trifft sich gut gelaunt bei der Calgary Stampede: schöne Cowgirls ...

... und kernige Cowboys

Beim *saddle bronc*-Reiten, dieser klassischen Rodeodisziplin, muss der Cowboy sich acht Sekunden lang auf einem bockenden Mustang bewähren, der in dieser Zeit 8 bis 13 Luftsprünge macht. Das Wildpferd ist zwar gesattelt, aber Halt findet der Reiter nur an einem Strick, der mit dem Halfter verbunden ist. Verliert der Reiter einen Steigbügel oder berührt er mit dem frei schwingenden Arm Pferd oder Ausrüstung, wird er disqualifiziert. Beim *bareback bronc* gelten gleiche Bedingungen, nur geht es noch wilder zu, wenn sich die *chute,* das Tor des Korrals, öffnet und der Reiter wie auf einer rasenden Furie in die Arena geschossen kommt. Einen Sattel gibt es dabei nicht. Der einzige Halt des Cowboys ist das *riggin,* ein Lederriemen, der dicht hinter den Vorderbeinen um den Pferdeleib geschnallt ist. Bei dieser jüngsten Rodeodisziplin wird die Wildheit des Pferdes besonders hoch gewertet. Beim ersten Sprung des Mus-tangs aus der *chute* müssen sich die ungeschärften Sporen des Cowboys über den Schultern des Pferdes befinden, bevor dieses wieder mit den Hufen den Boden berührt.

Das gefährlichste Ereignis, dem Zehn-tausende auf den Rängen entgegenfie-bern, ist das *bull riding.* Was für ein Bild: So ein drahtiger, fast schmächtig wirken-der Cowboy auf einer 1000 kg schweren Muskelmasse! Vor dem Ritt schlingt der Reiter in der engen *chute* ein Seil um das Tier. Dies ist der einzige Halt für den festen Griff der handschuhgeschützten Hand. Schon während der Stress-Sekun-den vor dem Öffnen des Gatters besteht die Gefahr, dass der Bulle die Beine des Cowboys an die Wände quetscht. Er muss also jederzeit darauf vorbereitet sein, blitzschnell die Hand aus dem Seil zu lösen und sich in Sicherheit zu brin-gen. Der Cowboy signalisiert mit einem Kopfnicken seine Bereitschaft, das Horn ertönt: Stier und Reiter explodieren in die

Eine der klassischen Disziplinen auf der Stampede: das saddle bronc riding

Arena. Die Sekunden ziehen sich auf dem bockenden Tier endlos lange hin, bis schließlich das erlösende Signal ertönt. Der Reiter hat die volle Distanz geschafft. Sein Ritt gilt. Aber seine Kraft reicht nicht mehr. Im nächsten Augenblick fliegt er in hohem Bogen in den Staub. Sofort nimmt sich der schnaubende Bulle den verhassten Reiter vor. Dies ist der Moment für die beiden Clowns. Sie haben bisher in der Arena herumgealbert und den Bullen gereizt. Hinter ihren spaßigen Masken stecken äußerst mutige Männer, die das wütende Tier vom abgeworfenen Reiter ablenken, damit dieser sich in Sicherheit bringen kann.

Nervenkitzelnde, aber auch komische Momente erlebt man gewöhnlich beim *steer wrestling,* wobei ein junger Stier mit bloßen Händen zu Boden geworfen werden muss. Der *steer wrestler* arbeitet mit einem Partner, dem *hazer,* zusammen, der neben dem freigelassenen Jungstier reitet, um ihn in eine möglichst gerade Richtung laufen zu lassen. Der *wrestler* springt dann in einem genau abgepassten Moment aus vollem

Ritt vom Pferd, um den Stier bei den Hörnern zu packen. Unter Einsatz seines Körpergewichtes, mit viel Kraft und Geschicklichkeit zwingt er den Stier zu Boden, bis er flach auf der Seite liegt. Die Zeit entscheidet. Nur wer das Ganze in wenigen Sekunden schafft, hat Chancen. Die Sache ist auch nicht ungefährlich: Die Hörner des Stiers oder die Hufe der galoppierenden Pferde haben schon manchen Cowboy verletzt. Spaßig wird es erst, wenn sich der Cowboy verschätzt, den Stier verpasst und geradewegs in den Staub hechtet.

Cowboy-Können ist auch beim *calf roping* gefragt. Auf rasant angaloppierendem Pferd und mit gekonntem Lassowurf wird das Kalb eingefangen und mit einem Strick an den Beinen so gefesselt, dass es sich innerhalb von sechs Sekunden nicht wieder befreien kann.

Zwischen diesen klassischen Nummern gibt es viele Einlagen. Das *buffalo riding,* bei dem Prärie-Indianer auf buckelnden Bisons ihre Reitkünste zeigen. Das *barrel racing* ist eine Spezialität für die Cowgirls, die auf einem mit Fässern markierten Kurs um die Wette reiten. Komik ist beim *wild cow milking* Trumpf: Zweimannteams versuchen dabei, möglichst schnell ein paar Tropfen Milch von widerborstigen Kühen in eine Flasche zu melken.

Allabendlicher Höhepunkt der wilden Spiele sind die *chuckwagon races*. 36 Teams kämpfen um den Siegertitel und 340 000 Dollar Prämien. Am Schluss der Stampede wird die Weltmeisterschaft zwischen den vier übrig gebliebenen Teams entschieden. Jeweils vier Planwagengespanne gehen auf den Rundkurs, von jeweils vier Vollblütern gezogen und von vier *outriders* (Außenreiter) begleitet. Mit einem Gewehrschuss rasen sie los: 32 Pferde und vier Chuckwagons, jeweils mit einem *cookstove* (Kochherd) beladen. Die Außenreiter kämpfen im gefährlichen Gedränge der Jagd um die besten Positionen und aus dem Lautsprecher dröhnt die erregte Stimme des Kommentators.

Nach den Rennen herrscht in der Arena noch viel Trubel: Bands, internationale Sänger und örtliche Talente heizen die Stimmung an und ein prächtiges Feuerwerk erleuchtet den Himmel über der Stadt. Zweifelsohne ist die Calgary Stampede zuallererst einmal eine Show für hochbezahlte Profis, mit Riesenaufwand perfekt organisiert, ein Geschäft – bis hin zu den teuren Werbeslogans auf den Planen der *chuckwagons*. Aber hinter dem Spektakel steckt noch mehr. Allein die große Zahl der freiwilligen Helfer zeigt die Verbundenheit der Region mit dieser Veranstaltung, die durch ihre enorme Publizitätswirkung Millionen Menschen die Mythen des Westens lebendig hält. Die Begeisterung, die man während der Stampede rundherum spürt, ist nicht minder echt als die Cowboys, die dort unten in der Arena ihr Handwerk in höchster Präzision vorführen.

Bei aller Wettkampfstärke spürt man die Kameradschaft der Rodeoreiter auch vor dem Wettkampf. Da beim Rodeo zwischen dem Zweiten und dem Sieger oft nur ein Quäntchen Glück liegt – das aber bei der Calgary Stampede die Differenz zwischen ein paar Tausend und über 50 000 Dollar ausmacht, wird vor der Entscheidung die Siegprämie meist geteilt.

Wem es weniger auf sportliche Höchstleistungen ankommt, sondern mehr auf das gesamte Drum und Dran, der sollte lieber eins der vielen Country-Rodeos in den kleinen Kommunen auf dem Lande besuchen. Da die Spitzenprofis schließlich nicht von der Stampede oder einigen anderen großen Rodeos in den USA leben können, sind auch immer einige von ihnen bei den Country-Rodeos dabei. Hier kann der Besucher auch mal hinter die Kulissen gucken, zu den Ställen gehen, wo die Pferde gestriegelt werden und wo die Cowboys rauchend und diskutierend auf den Balken der *bucking chutes,* den engen Korrälen mit wild buckelnden Pferden und Stieren, sitzen.

Faszinierend sind auch die Rodeos in den Indianerreservaten, die oft mit einem großen *pow wow* verbunden sind. Indianer der verschiedenen Stämme – Blood, Sarcee, Blackfoot, Peagan, Stoney und Crow – reisen mit Kind und Kegel von weither an und leben während der Zeit der Aktivitäten in ihren mitgebrachten Tipis, die viele Familien für solche Zwecke noch haben und von denen die schönsten prämiert werden. Außer den Reiterwettkämpfen gibt es Wettbewerbe in den traditionellen Tänzen wie *chicken dance, owl dance, men's and women's buckskin* und den *rabbit dance* – alle mit ursprünglichen Gesängen, Trommelrhythmen und mit Tänzern in vollem, farbenprächtigem Federschmuck.

Rundreise durch Süd-Alberta – Im Land der Schwarzfuß-Indianer und Dinosaurier

Karte   S. 202

Süd-Alberta ist ein Urlaubsgebiet, das kaum Wünsche offen lässt. Landschaftlich präsentiert sich die Region äußerst vielfältig: sattgrünes Farmland, sanftes, hügeliges Prärieland, Canyons und bizarre Sandsteinformationen in den Badlands und im Westen die grandiose Bergwelt der Rocky Mountains. Dies ist auch ›Cowboy Country‹, das Land der großen Ranches. Hier werden noch riesige Rinderherden getrieben – wie einst im Wilden Westen. Die Menschen in den verschlafenen Provinznestern tragen Jeans und karierte Hemden und sind von einer besonders herzlichen Freundlichkeit. Liegen die Orte an der Bahnlinie, ist ihr Antlitz oft durch die großen, bis zu 70 m hohen, bunt angestrichenen Getreidespeicher, die ›Kathedralen des Westens‹, geprägt. In vielen kleinen Städten gibt es Pioniermuseen, in denen die Westerntradition wieder lebendig wird und im ›Tal der Dinosaurier‹ kann man einen Blick in prähistorische Zeiten werfen. Calgary ist ein idealer Ausgangspunkt für Rundreisen in dieser Region.

Die ›Badlands‹ von Drumheller

Karte   S. 201
Tipps & Adressen   S. 358

Nach etwa 30 km auf dem Transkanada Highway in Richtung Osten geht es auf dem Highway 9 weiter nach Norden. In der Nähe des kleinen Örtchens Beiseker

Blick über den Horsethief Canyon

fährt man an einer Kolonie der Hutterischen Brüder vorbei. Schnurgerade führt die Straße durch die Weizen- und Rapsfelder, die sich im Wechsel von sattem Grün und leuchtendem Gelb endlos bis zum Horizont erstrecken. Nach einer guten Stunde Fahrt sieht man vor Drumheller dann plötzlich links den 150 m tiefen **Horseshoe Canyon.** Stark verwitterte Felsformationen kontrastieren das Grün der umliegenden Prärielandschaft. Im Horseshoe Canyon Interpretive Centre sind Ausstellungen zur Geschichte, Geologie, Flora und Fauna der Region zu sehen. Der Horseshoe Canyon ist aber nur ein Vorgeschmack auf das große, sonnendurchglühte ›**Tal der Dinosaurier**‹ an den Ufern des Red Deer River, in dessen Mittelpunkt der Ort **Drumheller** liegt.

Vor 70 Mio. Jahren erstreckten sich rund um das heutige Drumheller an den Ufern eines riesigen Binnenmeeres tropische Regenwälder, Sümpfe und Marschen. Zu dieser Zeit gab es die Rocky Mountains im Westen noch nicht. Ausbrüche großer Vulkane im Südwesten ließen Ascheregen niedergehen. Gegen Ende der Dinosaurierzeit türmten sich dann die Bergketten der Rocky Mountains auf. Flüsse brachten Schlamm und Gesteinsablagerungen aus den Bergen in die jetzige Drumheller Region. Millionen Jahre später ließen dann Klimaveränderungen das Land unter einer dicken Eisschicht verschwinden.

Das Ende der letzten Eiszeit vor etwa 13 000 Jahren brachte Schmelzwasserströme und Gletscheraktivitäten, und die Erosion von Wind und Wetter in Tausenden von Jahren formte schließlich das Tal, so wie es der Besucher heute antrifft. Die farbenprächtigen Fels-

Die Umgebung von Drumheller
mit dem Dinosaurier Trail

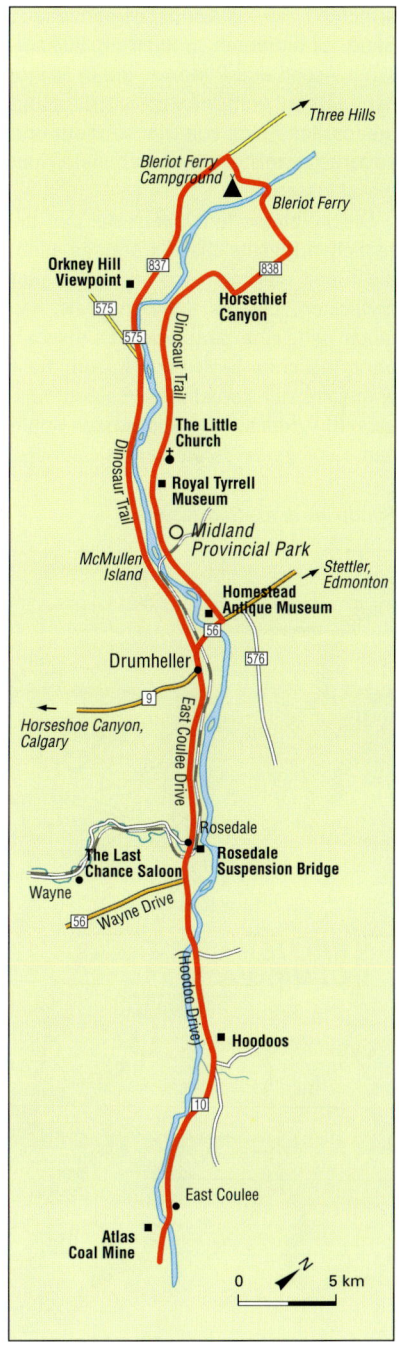

schichten der Talwände bestehen aus Sand, Sedimenten, Schlamm, vulkanischer Asche und Pflanzen, die in Millionen Jahren komprimiert wurden und die fossilen Reste von Dinosauriern und anderen prähistorischen Lebensformen einschlossen.

Die versteinerten Überreste der urzeitlichen Riesenechsen waren es auch, die zuerst das Interesse an der Region erweckten, die bis dahin nur als *bad lands* galt, eine semi-aride Landschaft ohne jeglichen Sinn und Nutzen. 1884 entdeckte der kanadische Geologe Joseph B. Tyrrell auf der Suche nach Kohle den Kopf eines versteinerten Sauriers.

Weitere Funde im Tal des Red Deer River folgten: Skelette und Schädel von über dreißig verschiedenen Saurierarten. Viele davon sind heute Stolz der Museen in New York, Chicago, London und anderen Metropolen. Prachtstücke bietet vor allem das Royal Tyrrell Museum of Paleontology (s. unten).

Das heute 8000 Einwohner zählende **Drumheller** 1 wurde 1910 gegründet, doch bereits 1902 trafen die ersten Siedler ein. Kohlefunde brachten Wohlstand in die Region – in wenigen Jahren wurden über 40 Bergwerke eröffnet. Nach dem Zweiten Weltkrieg endete der Boom, Öl und Erdgas verdrängten die

Rundreise durch Süd-Alberta

Kohle. Heute wird das ›schwarze Gold‹ im Umkreis von 50 km aus über 3000 Quellen gefördert.

Drumheller ist Ausgangspunkt für den **Dinosaurier Trail,** einer etwa 50 km langen Rundstrecke durch das urweltliche Tal des Red Deer River. Man sollte sich für die Fahrt einige Stunden Zeit nehmen – ein Besuch des Royal Tyrrell Museums eingeschlossen, ist auch ein ganzer Tag nicht zu viel. Das **Drumheller Badlands Historical Center** informiert über die geologische und kulturelle Geschichte der Region. Am Anfang des Trails konfrontiert das **Homestead Antique Museum** zunächst mit wesentlich jüngerer Zeit. Das Mini-Museum zeigt Gegenstände aus dem Alltag der Pioniere und Siedler, klassische Automobile, Relikte aus der Indianerzeit, Militaria, Werkzeuge aus dem Kohlebergbau und eine umfangreiche Waffensammlung.

Bald folgt **McMullen Island** im Midland Provincial Park, eine grüne Oase in der heißen Semi-Wüste der *badlands.* Hier, an einem toten Seitenarm des Red Deer River, wachsen im fruchtbaren Schwemmland Balsapappeln, Weiden, Dogwood- und Rosenbüsche, unter denen Rehwild, Kaninchen und zahlreiche Vogelarten Schutz finden.

Etwa 10 km westlich von Drumheller bietet das **Royal Tyrrell Museum of Paleontology** einen exzellenten Einblick in Geologie und Paläontologie der Region. Das 1985 gegründete Museum zeigt einige Dutzend vollständige Skelette von Dinosauriern, darunter das seltene komplette Skelett eines Tyrannosaurus Rex, das 10 m lange Skelett des Edmontosaurus mit seinem riesigen ›Entenkopf‹, den 400 kg schweren Schädel eines Pachyrhinosauriers oder das Skelett eines Eiszeitbisons, in dessen Schädel noch die Speerspitze eines prä-

historischen Jägers steckt. Durch Panoramascheiben kann man beobachten, wie Wissenschaftler an Fundstücken arbeiten. Neben Vorträgen und anderen Veranstaltungen ermöglicht das Museum durch spezielle ein- oder siebentägige Exkursionen auch die Teilnahme bei Ausgrabungsarbeiten.

Zum Museum gehört ein Gewächshaus mit Pflanzen, die einen zigmillionen Jahre alten Stammbaum haben und so oder ähnlich auch zu Dinosaurierzeiten wuchsen. Seit seiner Eröffnung im Jahre 1985 sind über vier Millionen Besucher in das auch architektonisch interessante Gebäude gekommen. Von einer Anhöhe hat man einen schönen Blick über die großzügigen modernen Anlagen, die sich harmonisch in die Landschaft fügen.

Gleich hinter dem Royal Tyrrell Museum taucht eine malerische Winzlingskirche auf. Der weiße Holzbau wird jährlich von Tausenden besucht, aber nur sechs Personen passen gleichzeitig hinein.

Beim **Horsethief Canyon** schweift der Blick über ein weites Tal, mit fossilen Austernbänken und von Wind und Erosion geschaffenen steilen Hügeln, die in der grellen Sonne glänzen. Mitten in der Prärie sieht das Land hier aus, als ob die Erde eingestürzt wäre – eine trostlose, windverwehte Einöde – genau der richtige Drehort für Filme, die eine prähistorische Kulisse erfordern. Am Anfang des 20. Jh. war dies ein ideales Versteck für die Pferdediebe *(horse-thiefs)* der Umgebung.

Bald darauf, 27 km nordwestlich von Drumheller, ist der Scheitelpunkt des Dinosaur Trail erreicht. Hier führt die Straße hinunter zum Ufer des Red Deer River. Von quietschenden Stahlseilen gezogen, geht es mit einer alten Fähre, wie sie in den Pioniertagen gebräuchlich war, über den Fluss. Die **Bleriot Ferry,** 1913 gebaut, ist eine der letzten Kabelfähren Albertas. Bis zu acht Autos können damit befördert werden.

Auf der anderen Seite gelangt man dann auf dem Südzweig des Dinosaurier Trail (Route 837) wieder zurück nach Drumheller. Gleich bei der Anlegestelle gibt es einen kleinen Campingplatz (ohne Service-Einrichtungen). Nördlich davon erstreckt sich ein reiches Fundgebiet von Fossilien, der ›Friedhof der Dinosaurier‹. Nach etwa 10 km hat man beim **Orkney Hill Viewpoint** einen großartigen Panoramablick über den Red Deer River mit den umgebenden *badlands*. In der Nähe des Aussichtspunktes befinden sich die Überreste eines prähistorischen *buffalo jumps.* Hier trieben Indianer auf der Jagd früher die Bisonherden über die Klippen.

Südlich von Drumheller führt der Highway 10 auf dem **Hoodoo Trail** zum 25 km entfernten Ort East Coulee. In der Region wurde früher Kohlebergbau betrieben und hin und wieder bekommt man noch Überreste aus dieser Zeit zu sehen. Im kleinen Bergwerksort Rosedale führt eine Hängebrücke über den Red Deer River. Früher wurde sie von Bergleuten benutzt, heute hat man von ihr einen schönen Blick über das Flusstal. Von hier aus lohnt sich der kleine Abstecher (etwa 10 km) auf der Route 10X nach **Wayne** mit seinem historischen **Rosedeer Hotel** und dem ›Last Chance Saloon‹ – immer noch in Betrieb. Hier gibt es auch einen Campingplatz und gelegentlich sind in der Gegend auch Film-Crews tätig.

Auf der Fahrt nach East Coulee kommt man durch das Tal der **Hoodoos,** den eigenartigen pilzförmigen Türmen, die Wind und Wetter aus dem Sandsteinfelsen geschliffen haben. Die Erosion schreitet schnell voran – Geolo-

gen schätzen, dass in kaum 100 Jahren nur noch wenige überdauert haben werden. Schwarzfuß- und Cree-Indianer hielten sie für versteinerte Riesen, die nachts lebendig wurden und Felsbrocken auf Ruhestörer warfen.

In **East Coulee** erinnern ein kleines Museum und die ›Atlas Mine‹ an die geschäftige Zeit des Kohlebergbaus zu Beginn des 20. Jh., als hier Tausende lebten und arbeiteten. Heute ist der Ort fast eine *ghost town*. Die verwitterten Gebäude der ›Atlas Mine‹ sind restauriert und können besichtigt werden.

Durch das Land der Blackfoot: Zum Dinosaur Provincial Park und nach Fort MacLeod

Tipps & Adressen   Gleichen S. 365, Writing-on-Stone Provincial Park S. 406, Lethbridge S. 376, Fort MacLeod S. 363, Cardston S. 354

In südlicher Richtung geht es ab Cambria auf dem Highway 56 bis zum Transkanada Highway ins Land der Schwarzfuß-Indianer. Von der einst so stolzen Kultur der Prärie-Indianer ist wenig übrig geblieben. Bei den kleinen Orten **Gleichen** und **Cluny** leben sie im Reservat in verstreut liegenden, eher armseligen Häusern.

Im September 1877 versammelten sich die Stämme der Blackfoot Nation bei Blackfoot Crossing am Bow River, wenige Kilometer südlich von Cluny – über 4000 Indianer mit 15 000 Pferden und Ponys unter Führung des großen Häuptlings Crowfoot. Er und die Häuptlinge Old Sun, Red Crow, Bull Head, Medicine Calf, Many Spotted Horses, Sitting On An Eagle Trail und andere unterzeichneten mit einem »X« den *Treaty*

Badlands *im Dinosaur Provincial Park*

No. 7, der ihnen von einer Handvoll Weißer präsentiert wurde. Damit übergaben sie dem weißen Mann 50 000 Quadratmeilen Land in der Hoffnung, dass damit ihre Zukunft gesichert werde. Ein Trugschluss, denn schon wenige Monate danach starben Hunderte der Schwarzfuß-Indianer den Hungertod.

Auf dem Friedhof des Reservats liegen hinter Reihen von neuen Gräbern die älteren: Jim Big Eye, Haughton Running Rabbit, Annie Yellow Old Woman, Benedict Prairie Chicken. Bei **Cluny,** 8 km südlich vom Transkanada Highway, findet man auf einer Anhöhe inmitten wilder Prärieblumen die Grabstätte von Chief Crowfoot mit einem aus Felsbrocken gemauerten Denkmal. Ganz in der Nähe stand auch sein letztes Tipi. Den kleinen Abstecher ins Indianerreservat kann man mit einer Kabelfährenfahrt über den Bow River verbinden und so wieder zum Transkanada Highway zurückkehren.

Etwa 60 km östlich auf dem Transkanada liegt die Stadt **Brooks,** Ausgangspunkt zum **Dinosaur Provincial Park** 2, den man nach weiteren 50 km auf Nebenstraßen (542, 544) in nordöstlicher Richtung erreicht. Der Park ist ein natürliches Museum, fast 10 000 ha groß. Der Blick über diesen Abschnitt der Badlands beeindruckt noch mehr als der bei Drumheller (120 km flussaufwärts gelegen): Man steht plötzlich vor dem 12 km breiten Tal des Red Deer River und einem Panorama aus einer anderen Welt – mit surrealen Effekten. Lange und tiefe Erosionsrillen in den Felswänden, steil geformte Felsnadeln und -kegel in Verbindung mit den horizontalen Linien der verschiedenen Schichten aus Ton, Sandstein und eisenhaltiger Erde ergeben ein Puzzle voller Schattierungen von Pastell-, Grau-, Braun- und Grüntönen, besonders schön im Licht der späten Nachmittagssonne. Obwohl die Erosion rasch fortschreitet und die Lebensbedingungen für Tiere und Pflanzen erheblich erschwert, leben dennoch Antilopen, Biber, Kojoten und Luchse in diesem sonnendurchglühten Tal, dessen einzige baumbewachsene Grünzone die Ufer des Flusses säumt. Das war vor 70 Mio. Jahren anders. Damals ließ das feuchtwarme Klima Palmen, Feigenbäume, Redwoods und Magnolien wachsen. Krokodile und Haie schwammen in den Zuflüssen des Bear-Paw-Meeres und in den Niederungen streiften Saurier der verschiedensten Arten umher.

Heute ist das Gebiet des Dinosaur Provincial Parks, in dem das Royal Tyrrell Museum eine Außenstelle unterhält, die größte prähistorische Fundstätte der Welt. 1979 wurde der Park von der UNESCO zur World Heritage Site erklärt. Rund 150 vollständige Skelette von über 30 verschiedenen Arten sind hier gefunden worden. Es gibt Lehrpfade, zu denen man eine Begleitbroschüre erhält, und die Parkranger geben Auskunft über alles, was den Park und die Geschichte der Region betrifft. Das Ausgrabungscamp ist von Mai bis Oktober geöffnet und bietet Ausstellungen und Möglichkeiten, bei Arbeiten an Fossilienfunden zuzuschauen. Der Dinosaurierpark wird auch gern als Ausgangs- oder Endpunkt für Kanutouren auf dem Red Deer River genutzt. Ein Campingplatz unter schattigen Bäumen ermöglicht einen mehrtägigen Aufenthalt in dieser bizarren Welt. In der Nähe kann die Siedlerhütte von Albertas legendärem schwarzen Cowboy John Ware besichtigt werden, und auf dem **Cottonwood Trail** lassen sich über 130 Vogelarten beobachten.

Immer wieder werden bei Wanderungen in den Badlands entlang des Red Deer River neue Lager von fossilen Knochen entdeckt, die Wasser und Erosion freigelegt haben. Man sollte aber daran denken, dass in Alberta das Sammeln von prähistorischen Fundstücken streng verboten ist!

Von Brooks gelangt man auf dem Highway 36 nach 110 km zum Städtchen **Taber.** Will man nicht gleich auf dem Highway 3 nach Lethbridge abbiegen, empfiehlt sich die Weiterfahrt über die Highways 4 und 501 zum **Writing-on-Stone Provincial Park 3** an der Südgrenze von Alberta. Der Provinzpark am Milk River ist ein geologisches Wunderland mit vielen bizarren Sandsteinformationen, Säulen, Türmen und natürlichen Brücken. In die Sandsteinwände haben Indianer aus prähistorischer Zeit Piktogramme und Motive von Bisons, Bären und Schild tragenden Kriegern geritzt – die größte Konzentration von Felszeichnungen dieser Art in der nordamerikanischen Ebene.

Lethbridge 4 ist eine lebendige Universitätsstadt und mit über 63 000 Einwohnern Mittelpunkt der Südwestregion Albertas. Auf den breiten Straßen trifft man Farmer und Cowboys beim Einkaufen, genauso wie Indianer und altertümlich gekleidete Hutterer. Die Stadt war schon in den 1860er Jahren ein Handelszentrum. Es waren raue Zeiten damals, als hier Pelze und Bisonhäute gegen Whiskey getauscht wurden. Die Invasion gesetzloser Whiskeyhändler und Desperados aus Fort Benton in Montana in der Zeit von 1869 bis 1874 führte zur Errichtung von über 40 ›Whiskey-Forts‹ in Südalberta. Im Gebiet des heutigen Lethbridge stand das größte und auch das berüchtigste: Fort Whoop-Up. Bei Siedlern und Indianern häuften sich die Klagen über Ausschreitungen und rücksichtslose Handelspraktiken der Whiskeyhändler, die man als ernste Bedrohung für Kanadas junge Westprovinzen empfand. Kein Wunder, dass die

Richig Reisen
Tipp

Leben wie die Cowboys

Eine echte *working ranch,* mit *cattle drive, branding* und allen typischen Ranch-Aktivitäten findet man bei Granum im Südwesten von Alberta. Auf hügeligem Weideland der **Willow Lane Ranch** am Fuße der Rockies züchten Keith und LeAnne Lane Rinder und Pferde. Für ein paar Gäste ist immer Platz. Hier gibt es die besten Steaks der Rocky Mountains, man kann so viel reiten wie man möchte und die Rancher-Familie veranstaltet nach Wunsch Trailritte in die Berge, oder als besonderen Leckerbissen, zum historischen Head-Smashed-In-Buffalo-Jump (s. S. 209). Mit der ganz in der Nähe liegenden Hutterer-Kolonie unterhalten die Lanes gutnachbarliche Beziehungen und können dort auch einen Besuch vermitteln.

Northwest Mounted Police im Fort Whoop-Up zuerst aufräumte, als sie zu Beginn der 1870er Jahre in die Region kam, um für Recht und Ordnung zu sorgen. Nach und nach wurden alle Whiskey-Forts geräumt und der Verkauf von Alkohol an die Indianer verboten.

Am Westrand der Stadt, im Oldman River Valley, liegt der **Indian Battle Park.** Er erhielt seinen Namen nach der letzten großen Indianerschlacht in Kanada, die bis 1870 zwischen den Cree- und den Blackfeet-Indianern stattfand. Im Park ist ein rötlicher Felsbrocken zu sehen, den die Indianer als heiligen ›Medizinstein‹ verehrten und auf dem sie ihre Opfergaben niederlegten. Die Attraktion des Parks stellt natürlich das wieder aufgebaute **Fort Whoop-Up** dar. Durch Ausstellungen, Darbietungen und Führungen wird Albertas frühere Geschichte hier wieder lebendig. Lohnend ist auch ein Besuch im **Sir Alexander Galt Museum** mit seiner umfangreichen Sammlung aus der Pionierzeit bis zur jüngeren Geschichte der Stadt. Vom Museum hat man einen schönen Blick über das Tal des Oldman River.

Der Stolz der Stadt sind die **Nikka Yuko Japanese Gardens,** einer der größten japanischen Gärten Nordamerikas und eine gelungene Mischung von traditioneller asiatischer Gartenkunst mit kanadischer Prärieumgebung. Ein idyllisches Fleckchen zum Spazierengehen. Errichtet wurden sie als Freundschaftssymbol und auch wohl zur Erinnerung an die schlechte Behandlung, die Westkanadas japanische Bürger im Zweiten Weltkrieg erdulden mussten.

Lethbridge auf dem Highway 3 in westlicher Richtung verlassend, folgt man den Spuren der Northwest Mounted Police, die im Spätherbst 1874 nach der Einnahme von Fort Whoop-Up nun auf der Suche nach einem Winterlager war. Ihr Méti-Scout Jerry Potts fand den richtigen Platz auf einer Insel im Oldman River. Hier wurde das erste Fort MacLeod errichtet. Wegen einer Überschwemmung verlegte man es neun Jahre später auf höher gelegenes Terrain. Kunstbegeisterte werden auch einen Besuch der **Southern Alberta Art Gallery** einschließen, um sich die zeitgenössischen Werke kanadischer Künstler anzusehen.

So ist das 3000-Einwohner-Städtchen **Fort MacLeod** [5] Süd-Albertas älteste Siedlung und durchaus einen Aufenthalt wert. Viele der ursprünglichen Sandsteinhäuser an der Main Street sind erhalten geblieben, sodass die Provinzregierung das Zentrum der Stadt zum *historic area* erklärt hat. Im Gebäude der »MacLeod Gazette«, eine der ältesten Zeitungen Albertas, lassen sich in alten Ausgaben bis zum Jahr 1882 die abenteuerlichen Ereignisse des Westens zurückverfolgen und im 1912 erbauten **Empress Theatre,** einst eine gut besuchte *Vaudeville*-Bühne, werden heute wieder historische Musicals aufgeführt.

Am Stadtrand ist hinter Palisaden eine Replika des historischen Polizeipostens als **Fort MacLeod Museum** wieder aufgebaut worden, mit faszinierenden Gegenständen und Dokumenten aus der Gründerzeit: Polizeiwaffen und Uniformen aus dem ursprünglichen Fort, die Schmiede, eine Kapelle, der medizinische Behandlungsraum mit dem alten fußbetriebenen Zahnbohrer und ein Originaldokument mit einem heute sicher amüsanten Inhalt, nämlich die alte Hausordnung des MacLeod Hotels: »Alle Gäste müssen um 6 Uhr morgens aufstehen. Dies ist erforderlich, weil die Bettlaken als Tischtücher gebraucht werden. Tätlichkeiten gegenüber dem Koch sind verboten. Gäste, die

Tipis im Head-Smashed-In Buffalo Jump

hier umgebracht werden, dürfen nicht im Haus bleiben.« Auf dem Gelände des Museums steht auch das originale Blockhaus von Fred Kanouse, Pelzhändler aus dem 19. Jh. und Weggefährte des legendären Kootenay Brown. Die tägliche Reiterparade von Studenten in den historischen scharlachroten Uniformen der Royal Canadian Mounted Police ist im Sommer immer ein Publikumsmagnet. Nur 20 km westlich von Fort MacLeod, auf der Landstraße 785 zu erreichen, liegt der **Head-Smashed-In Buffalo Jump** 6, einer der ältesten und am besten erhaltenen Jagdplätze der Indianer in Nordamerika und eine kulturhistorische Stätte ersten Ranges, die von der UNESCO zur World Heritage Site erklärt wurde. Schon vor über 5500 Jahren trieben hier Indianer Bisonherden über die Klippen der Porcupine Hills, um ihre Fleischvorräte für den Winter zu sichern. In der *kill site* unterhalb des Abhangs, wo die Indianer die

verletzten Tiere schlachteten, hat man bis zu einer Tiefe von 10 m Überreste, Knochen und Pfeilspitzen von aufeinander folgenden *jumps* gefunden.

Heute hat man hier ein hervorragendes, auch architektonisch einfühlsam gestaltetes **Interpretive Centre** in die sanftwellige Prärie gebaut, direkt neben den Abhang, wo sich die Bisons zu Tode stürzten. Auf mehreren Ebenen wird die Lebensweise der prähistorischen Prärie-Indianer und die der späteren Blackfoot-Indianer vor und nach der Verdrängung durch den ›weißen Mann‹ erklärt. Im unteren Teil des Museums gewinnt man einen Überblick in die Arbeit der Archäologen, die die ausgefeilte Jagdtechnik erklären, durch die eine verhältnismäßig kleine Gruppe von Indianern, die ja noch nicht im Besitz von Pferden waren, riesige Bisonherden über die Klippen treiben konnte.

Vor Ankunft des weißen Mannes lebten über 60 Mio. Bisons auf den Prärien

Nordamerikas. Sie bildeten die Lebensgrundlage der indianischen Völker dieser Region, wodurch ihr Bestand in keiner Weise gefährdet war. Fell, Fleisch, Sehnen und Knochen, alles wurde verwertet. Auch in die Region der Porcupine Hills kamen die wandernden Herden der Bisons. Mit Bisonhäuten getarnte Jäger lockten die Leitkühe einer vorbeiziehenden Herde in die Nähe des *jumps,* dort versuchten weitere Indianer die Herde zur *stampede* (Flucht) zu bringen, bis sie sich blindlings über den Abgrund stürzten. Auf der Ebene unterhalb der Klippen wurden die Bisons geschlachtet und zerlegt, im nahen Camp trocknete man das Fleisch und verarbeitete die Häute.

Der Name des Jagdplatzes führt auf eine 150 Jahre alte indianische Legende zurück. Damals postierte sich ein junger Blackfoot-Krieger direkt unter einem vorspringenden Felsüberhang, um von diesem ›Logenplatz‹ aus dem *jump* zuzusehen. Wie ein Mann hinter einem Wasserfall beobachtete er den Sturz der Bisons über die Klippen. Die Jagd an diesem Tage war außerordentlich gut und die aufeinander fallenden Körper der Bisons häuften sich, sodass er bald zwischen ihnen und den Felsen gefangen war. Als die Indianer mit dem Schlachten der Tiere begannen, fanden sie den jungen Krieger mit zerschmettertem Schädel. Seither heißt der Ort »Head-Smashed-In Buffalo Jump«.

Bei **Stand Off,** etwa auf halber Strecke zwischen Fort MacLeod und dem Ort Cardston, führt der Highway 2 durch die **Blood Indian Reservation** 7. Schon früher war Stand Off ein wichtiger Handelsposten für die Blood-Indianer, die der Blackfoot Confederacy angehören. Ihr Reservat ist mit über 1000 qkm das größte in Kanada. In den über das ganze Gebiet verstreuten Häusern

und Siedlerstellen leben etwa 7500 Indianer von Viehzucht, Weizenanbau und in den letzten Jahren auch von den Einkünften aus Erdgas und Öl, das auf ihrem Land gefördert wird und einen gewissen Wohlstand in das Reservat gebracht hat. In den Produktionsstätten der stammeseigenen Kenai Industries werden Fertighäuser hergestellt. Nach Voranmeldung kann man das Werk besichtigen. In den nahe gelegenen Belly Buttes-Hügeln feiern die Blood-Indianer in jedem Herbst ihr Erntedankfest mit dem *Sun Dance.* Zwischen farbenfrohen, mit alten Symbolen bemalten Tipis wird dann Tag und Nacht getanzt. Die Tänze beruhen auf uralten Traditionen, aber die grausamen Tapferkeitsriten fehlen, die früher beim Sun Dance ausgeübt wurden und die damals für die jungen Männer unumgänglich waren, um als geachtete Krieger in den Stamm aufgenommen zu werden. Zu den *pow wows,* den farbenprächtigen Tanzfesten, die in den Sommermonaten stattfinden, kommen Tausende von Indianern aus West-Kanada und den nördlichen US-Staaten. Auch weiße Gäste sind dazu herzlich willkommen. Das größte dieser Indianerfeste findet Mitte Juli in Stand Off statt: bei den **Stand Off Indian Days and Pow Wow** gibt es dann außer den Tanzwettbewerben indianische Spiele, Ausstellungen von Kunsthandwerk und ein großes Rodeo.

In Stand Off kann man in einer Galerie die Arbeiten von Gerald Tail Feathers, einem Maler und Illustrator aus dem Stamme der Blood, bewundern. Bevor er ins Reservat zurückkehrte, arbeitete er als Maler und Grafiker für große Kaufhäuser, Ölfirmen und New Yorker Werbeagenturen.

Festlich gekleidete Teilnehmer bei einem pow wow *in Stand Off*

An einem alten Indianerfriedhof vorbei führt die Straße dann weiter nach **Cardston** 8, das als erste Mormonensiedlung in Alberta 1887 von Charles Ora Card, dem Schwiegersohn des Sektenführers Brigham Young, gegründet wurde. Heute steht hier Kanadas einziger Mormonentempel, ganz aus weißem Granit gebaut. Betreten werden darf er allerdings nur von gläubigen Mormonen. Dafür kann man sich aber das **C. Ora Card Home,** die erste Heimstätte von Ora Card ansehen, eine Blockhütte, die heute als Museum dient.

1993 hat Cardston eine weitere Attraktion dazubekommen: im **Remington-Alberta Carriage Centre** kann sich der Besucher in die Zeit zurückversetzen, als Pferd und Wagen die einzigen Transportmittel waren. Neben Ausstellungen alter Kutschen und Fuhrwerke ist auch ein Besuch in der authentischen Hufschmiede, der Sattlerei und beim Pferde- und Kutschenverkäufer inbegriffen. Abgerundet wird die Reise ins 19. Jh. dann mit einer Kutschfahrt im eleganten Landauer.

In der Nähe von Cardston befindet sich eine der etwa 40 Kolonien der Hutterischen Brüder in Alberta, die gemäß ihren jahrhundertealten Traditionen leben, ihr Land gemeinschaftlich bewirtschaften und immer noch den alten hochdeutschen Dialekt sprechen. Die ganz in Schwarz gekleideten Hutterer haben nichts dagegen, wenn man sie in ihrer florierenden Kolonie mit den adretten weißen Holzhäusern besucht. Die ersten Hutterer in Süd-Alberta kamen 1918 aus den USA, um hier landwirtschaftliche Kommunen aufzubauen.

Im Waterton Lakes National Park

Tipps & Adressen   S. 401

9 Auf dem Highway 5 dauert die Fahrt von Cardston zum Waterton Lakes National Park weniger als eine Stunde. Mit 525 qkm eines der kleineren Naturschutzgebiete Kanadas, ist der Park dennoch einmalig im System der National-

Im Waterton Lakes National Park

parks, weil sich hier auf relativ engem Raum völlig verschiedene Landschaftszonen mit entsprechender Flora und Fauna begegnen. Nach der sanfthügeligen Prärie vollzieht sich abrupt der Wechsel zum Hochgebirge. Die majestätischen Berggipfel schimmern in roten, grünen, weißen, blaugrünen, braunen und violetten Schattierungen, eine Farbpalette hervorgerufen durch die verschiedenen im Felsgestein enthaltenen Mineralien.

Als weitere geologische Besonderheit weist der Park das älteste, über 1,5 Mrd. Jahre alte Sedimentgestein in Nordamerika auf. Durch massive Erdbewegungen vor 65 Mio. Jahren schoben sich riesige Massen des uralten Gesteins über das viel jüngere. Gletscheraktivitäten haben danach die vielen tiefen Seen, Täler und Wasserläufe geschaffen.

Weitsichtige Männer wie John ›Kootenay‹ Brown in Kanada und George Bird Grinnell in den USA betrieben 1895 die Gründung des Waterton Lakes National Park und 1910 die des wesentlich größeren **Glacier National Park** 10 im angrenzenden Montana. Beide Parks bilden eine geografische Einheit mit gleicher Flora und Fauna. Man sollte sich für dieses grandiose Gebiet schon einige Zeit nehmen und möglichst auch den amerikanischen Teil in seine Entdeckungsreisen einbeziehen. Die Rundfahrt durch das Parkgebiet zum amerikanischen Parkeingang bei **St. Mary,** über den Logan-Pass und die Highways 2, 89 und 17 (vielleicht mit einem Abstecher nach Browning im großen US-amerikanischen Reservat der Blackfoot) lässt sich an einem Tag bewältigen. Sie führt durch eine beeindruckende Gebirgs- und Gletscherlandschaft, über die *continental divide,* die Wasserscheide des amerikanischen Kontinents, vorbei an zahlreichen Gletscherseen und über mehrere Pässe mit fantastischen Ausblicken.

Auch etliche kleinere Autotouren sind möglich. Gleich hinter dem Eingang zum Park auf der kanadischen Seite führt eine Straßenschleife durch die **Bison Paddocks,** wo eine kleine Herde Präriebisons auf dem hügeligen Steppenland weidet. Nach etwa fünf Kilometern, vorbei am Lower Waterton Lake, verläuft rechts die 15 km lange, schmale Red Rock Canyon Road am Blakiston Creek entlang, um schließlich am **Red Rock Canyon** zu enden (s. Abb. S. 8). An dieser Straße ist fast immer Wild zu beobachten. Besonders Dickhornschafe kommen in Gruppen bis ans geparkte Auto. An der Straße liegt ein Campingplatz und zahlreiche Hiking Trails führen ins *back country.* Vor allem der etwa einen Kilometer lange Pfad entlang der Schlucht des Blakiston Creek mit tiefgrünen Tannen auf leuchtend roten Gesteinsformationen und kristallklaren Pools bietet viele prächtige Fotomotive. Durch das Tal des Blakiston zogen schon die Kootenay-Indianer aus den Bergen British Columbias zu den Prärien, um dort Bisons zu jagen.

Auf den Park-Highway zurückgekehrt, ist man dann nach wenigen Kilometern im **Waterton Village** am Upper Waterton Lake. Kurz vor dem Ort liegt auf einer Anhöhe das 1927 errichtete, schlossähnliche Prince of Wales Hotel, sicherlich eines der schönsten Gebäude Albertas. Auch wenn man dort nicht übernachten will, sollte man einmal durch die schöne große Lobby gehen, um dann den herrlichen Panoramablick zu genießen: weit über den tiefblauen See mit den Häusern des Dorfes an seinem Ufer bis zu den majestätischen Berggipfeln Montanas. Direkt im Ort gibt es einen hübschen Wasserfall zu bewundern: die **Cameron Falls.**

Waterton verfügt auch über einen schönen 18-Loch-Golfplatz und ein beheiztes Schwimmbad. Man kann Tennis spielen, Wasserski laufen, Pferde für eine Reittour in die Berge mieten, mit dem Boot fahren oder auf dem Waterton-See eine zweistündige Kreuzfahrt unternehmen. Mehrere Campingplätze sind komfortabel eingerichtet, während die zahlreichen kleineren Zeltplätze an den Trails mehr für den *hiker,* der der Zivilisation entfliehen möchte, geeignet sind. Jagen darf man im Waterton- und Glacier-Nationalpark natürlich nicht, aber dafür angeln. Ein *permit* (Erlaubnisschein) gibt es bei den Rangerstationen.

Der Akamina Parkway folgt von Waterton einem Bergfluss zum malerischen **Cameron Lake.** Die 16 km lange Straße passiert Albertas erste Ölquelle, die 1902 gebohrt wurde, aber nicht lange in Betrieb war. ›Kootenay‹ Brown tauschte das ölige Sumpfloch von den Blood-Indianern gegen ein Pferd. Er merkte bald, dass sich mit der übel riechenden schwarzen Flüssigkeit, die er vom Morast abschöpfte, ein gutes Geschäft machen ließ. Nach dieser Entdeckung am Ende der 1890er Jahre gründete man sogar eine Ölgesellschaft, die

Indian Paint Brush setzt rote Tupfer

aber bald einging, da sich die Förderung nicht mehr lohnte. Am Cameron Lake kann man ein Kanu mieten und damit sogar einen Ausflug in die USA unternehmen – der See liegt direkt an der amerikanischen Grenze.

Richtig lernt man den Waterton/Glacier Park erst auf den unzähligen *hiking trails* abseits der Straßen kennen. Allein auf der kanadischen Seite winden sie sich über 180 km durch die Berge und Täler des *back country,* und auf der amerikanischen Seite sind es über 1200 km Wanderwege.

Auf den Prärien an der Ostseite des Parks wachsen rote und weiße Geranien, Astern, Indian Paintbrush und köstliche Beeren. Die Bergregionen überziehen dichte, farbige Teppiche aus Gletscherlilien und anderen Alpenblumen und an den Hängen wachsen die kerzenförmigen weißen Stauden des Bärengrases. In den kühlen Wäldern wuchern riesige Pilze und von den Bäumen baumelt das ›Squaw hair‹ – eine Parasitenpflanze mit langen schwarzen Strähnen.

Zur reichhaltigen Tierwelt des Parks gehören Dickhornschafe, Schneeziegen, Elche, Wapitihirsche, Biber, Schwarzbären, der seltene Berglöwe und das größte Raubtier des amerikanischen Kontinents, der Grizzly. Zu sehen bekommt man Grizzlies oder Pumas allerdings kaum. Eher entdeckt man schon mal einen Biberdamm, mit dem die fleißigen Nager einen kleinen Bergbach zu einem Teich gestaut haben. Mit einem pistolenschussähnlichen Knall, hervorgerufen durch einen Schlag mit seinem breiten Schwanz auf die Wasseroberfläche, erschreckt der Biber den unvorbereiteten Eindringling und warnt seine Artgenossen. Unterwegs im Park lässt sich manchmal eine unfreiwillige Wartepause nicht vermeiden, wenn eine Herde Dickhornschafe die Straße kreuzt.

Elche sieht man oft am Straßenrand

Sie lassen sich durch eifriges Fotografieren nicht stören. Sie wissen halt, dies ist ihr Territorium.

Waterton/Glacier ist aber nicht nur ein Tipp für Wildnisliebhaber. Außer den schwierigen *back country trails* gibt es auch viele Pfade, die leicht zu erwandern sind. Der Park verbindet beides: unberührte Wildnis und die Annehmlichkeiten der Zivilisation, mit guten Hotels, Lodges und Restaurants.

Von Pincher Creek zum Crowsnest Pass und durchs Turner Valley zurück nach Calgary

Tipps & Adressen
Pincher Creek S. 380, Longview S. 377, Turner Valley S. 392

Auf dem Highway 6 geht es in nördlicher Richtung zum Rancher-Städtchen **Pincher Creek** 11. Im **Kootenay Brown Historical Park** mit 20 originalen *cabins* und alten Ranchgebäuden wird die Geschichte des alten Westens und der frühen Pioniere erzählt. Hier steht auch die Blockhütte von ›Kootenay Brown‹, dem ersten Weißen in der Waterton Lakes Region. Er war englischer Armeeoffizier, Pony Express Reiter, Abenteurer und Trapper, mit einer Indianerin verheiratet – und er war auch einer der ersten Naturschützer. Die Gründung des Waterton Lakes National Parks geht zurück auf die Gespräche, die Kootenay Brown in seiner Hütte mit dem einflussreichen Rancher F. W. Godall führte. Der schrieb einen Brief an die kanadische Regierung, die daraufhin bereits 1895 den Kern des Gebietes zum Naturschutzgebiet erklärte und Kootenay als Parkranger bestellte.

Nach ein paar Kilometern ist der Highway 3 erreicht. Er führt auf den nächsten 60 km durch die Bergregion am **Crowsnest Pass** 12, bekannt geworden durch eine große Naturkatastrophe und Aben-

teuerlegenden. Am 29. April 1903 brach hier vom Turtle Mountain eine gigantische Kalksteinmasse aus dem Berg: über 1000 m breit, 450 m hoch und 150 m dick. Das Ganze donnerte zu Tal und begrub das kleine Städtchen Frank unter sich. Noch heute sieht man die große weiße Spalte des ›Frank Slide‹ im Bergmassiv.

Auf dem Highway 22 geht es dann zurück nach Calgary. Die Straße führt durch hügeliges Weideland der Porcu-

pine Hills mit freiem Blick auf die endlose Weite der Prärie im Osten, während im Westen die rauen Bergketten der Rocky Mountains zum Greifen nahe scheinen. Dies ist das Gebiet der großen Ranches. Die Cowboys der ›Bar U Ranch‹ am Pekisco Creek, zu denen auch der berüchtigte Sundance Kid gehörte, trieben in ihren besten Zeiten über 30 000 Rinder und die Percival Ranch hatte mehr als 15 000 Longhorns auf der *range.* Beim Abzweig der Route 540

quelle, *Dingman No. 1,* entdeckt wurde (s. Abb. S. 29). Zwischen 1926 und 1947 kamen aus diesem Tal 90 % der kanadischen Ölproduktion. Schon 1913 machte ein schwefeliger Geruch William Stewart Heron neugierig: Er entdeckte Erdgas am Sheep Creek. Um Investoren zu überzeugen, entzündete er ganz einfach das aus einer Erdspalte strömende Gas und briet Eier und Speck darauf: ein Frühstück, das Geschichte gemacht hat. Ein wilder *rush* setzte ein, und fast 500 Ölfirmen wurden gegründet. Bevor die Pipeline nach Calgary gebaut wurde, brachte man das Rohöl mit sechsspännigen Pferdewagen zum 27 km entfernten Okotoks. Da es für Erdgas noch keinen Markt gab, fackelte man es einfach ab. *Hell's Half Acre* nannte man das Tal, weil die zahllosen Gasfackeln die Nacht zum Tage machten. Es war so hell, dass nachts Kaninchenjagden veranstaltet wurden. In der **Turner Valley Gas Plant National Historic Site** 10 bei **Millarville** erfährt der Besucher mehr über die Pionierzeit von Albertas Öl- und Erdgasindustrie.

Bei der Millarville-Tankstelle zweigt eine Straße nach Osten ab, auf der es nach 8 km eine originelle Kirche zu besichtigen gibt: die **Christ Church**, eine der ältesten Kirchen in Alberta, 1895 im Blockhüttenstil erbaut. Ihre Besonderheit: Die Baumstämme sind senkrecht angeordnet. Zurück in westlicher Richtung, gelangt man über die Landstraße 762 durch ein Indianerreservat nach **Bragg Creek** 10. Hier feiern die Sarcee-Indianer im Sommer eines der größten *pow wow* der Region mit traditionellen Tänzen und einem Rodeo. Nach einer knappen Stunde Fahrt auf dem Highway 8 ist man wieder in Calgary.

südlich von **Longview** lohnt ein Besuch der **Bar U Ranch National Historic Site** 13. Sie vermittelt einen guten Einblick in die Zeit der großen Ranches und in das tägliche Leben der Cowboys, die, tief verbunden mit dem Land, für geringen Lohn härteste Arbeit leisteten. Im Besucherzentrum kann man auch deftige Cowboy-Kost probieren.

Von Black Diamond bis Millarville durchzieht der Highway 22 das **Turner Valley,** in dem Albertas erste große Öl-

Saskatchewan und Manitoba: Kanadas Prärie-provinzen

DIE KORNKAMMER KANADAS

von R. W. Hamberger und K. J. Ohlhoff

Auf der Reise durch den Westen Kanadas, von Winnipeg in Manitoba bis nach Saskatchewan und Alberta, hat der Reisende oft das Gefühl, durch ein einziges riesiges Getreidefeld zu fahren. Hier wird das kanadische Getreide erzeugt, das zum Großteil in alle Welt exportiert wird.

Als gegen Ende des 19. Jh. die Eisenbahn durch den Süden der Prärieprovinzen fertig gestellt war, kamen auch Einwanderer aus der Ukraine, die hier ähnliche Klima- und Bodenverhältnisse vorfanden wie in ihrer alten Heimat. Bereits in der zweiten Generation nach der Landnahme hatten sie große Prärieflächen in West-Kanada erfolgreich unter den Pflug genommen. Durch anhaltende Anwerbung von Einwanderern und Landarbeitern entwickelte sich im 20. Jh. zwischen dem Südwestrand des Kanadischen Schildes am Lake Winnipeg und den *foothills* der Rocky Mountains in Alberta eines der größten Getreideanbaugebiete der Welt.

Dennoch ist es nicht das Land, in dem Milch und Honig fließen. Die Provinzen Manitoba und Saskatchewan gehören zwar zu den sonnenreichsten Zonen Kanadas, aber der über die Ebenen des Südens heranbrausende Wind erschwert vielerorts die Bewirtschaftung. Um den Boden vor der Erosion zu schützen, nutzt man teils altbewährte, teils moderne Techniken, die gemeinsam mit Wissenschaftlern erarbeitet wurden, die ihre Erfahrungen aus wind- und dürreanfälligen Gegenden Afrikas oder Australiens nach Kanada brachten.

Auch die kurze Zeitspanne der eigentlichen Vegetationsperiode bringt die Farmer unter Druck, denn erst Mitte Mai kann mit der Aussaat begonnen werden. Mit riesigen Traktoren, die oft zehn Meter breite Sämaschinen im Schlepptau haben, werden die oft über 10 qkm großen Flächen bearbeitet. In einem Arbeitsgang werden die Stoppeln umgepflügt und gleichzeitig Saat und Dünger in die frischen Furchen verteilt. Oft genug können Schnee und frühe Kälteeinbrüche schon Ende September die Ernte gefährden.

Bei der sommerlichen Fahrt durch gelbe, wogende Felder denkt man kaum an die Probleme des Farmbetriebs. Für die Mehrheit der Reisenden bleiben vor allem die optischen Eindrücke, die bunten, hölzernen Getreidesilos entlang der Eisenbahnlinien als weithin sichtbare Wahrzeichen der kanadischen Prärien und äußeren Symbole eines soliden, aber schwer erarbeiteten Wohlstandes.

Saskatchewan –
Riesige Felder und ein unwegsamer Norden

Karte S. 222

Wäre sie nicht landwirtschaftlich so intensiv genutzt, könnte man diese einsame Prärieprovinz mit den besiedelten Weiten Australiens vergleichen. Der Landschaftsgürtel zwischen dem 49. Breitengrad, der Grenze zu den USA, und etwa dem 54. Breitengrad, der die südliche Grenze der Nadelwaldzone markiert, gleicht aus der Luft einem riesigen Schachbrett. Lediglich einige Seen und Flusstäler, der aus Alberta kommende South Saskatchewan River, der Lake Diefenbaker und das Qu'Appelle Valley lockern die geometrischen Strukturen etwas auf.

Zu Zeiten der ersten Einwanderungswellen gegen Ende des 19. Jh. wurde das jungfräuliche Land einfach in Quadratmeilen (= 2,56 qkm) vermessen, die oftmals zum Preis von einem Dollar verkauft wurden. Dabei muss natürlich bedacht werden, dass die Siedler mitten im Niemandsland die Eisenbahn verließen und größte Not hatten, mit Hilfe ihrer bescheidenen Habe und wenigen Werkzeugen ein Quartier herzustellen, in dem sie den ersten Winter überleben konnten. Viele Neueinwanderer hatten keine andere Wahl, als sich Erdgrubenhäuser zu graben, die notdürftig mit dem wenigen Holz, das sich finden ließ, abgedeckt werden konnten. Vor allem das extreme Klima machte ihnen zu schaffen: Große Hitze im Sommer und die gefürchteten Blizzards im Winter – mehrere Tage anhaltende Schneestürme und Temperaturen von unter –30 °C machen ein Verlassen jeglicher Schutzzonen unmöglich. Die Nachfah-

ren dieser Pioniere heute – wie auch in Manitoba – ein Mosaik ethnischer Volksgruppen. Die Gesamtbevölkerung beträgt etwas über eine Million, wobei jeder fünfte Einwohner deutsche Vorfahren hat. Die beiden größten Städte der Provinz sind Saskatoon mit 195 000 und die Hauptstadt Regina mit 180 000 Einwohnern.

Regina – Kulturelles Zentrum von Saskatchewan

Tipps & Adressen S. 384

1 Die Geschichte der Provinzhauptstadt Regina beginnt erst 1882, als im Zuge

Die Royal Canadian Mounted Police kümmert sich rechtzeitig um den Nachwuchs

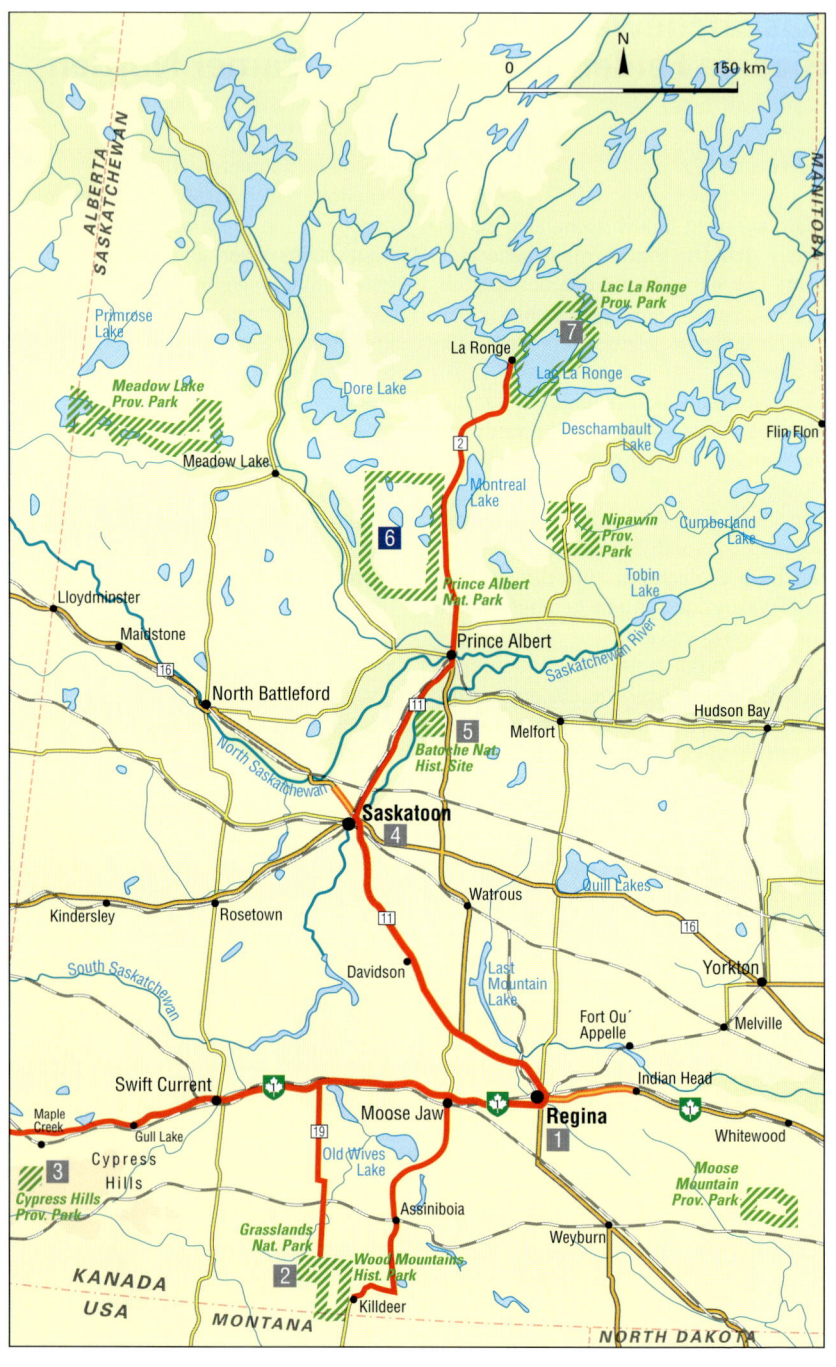

der Erschließung des kanadischen Westens hier eine kleine Pioniersiedlung entstand. Doch bereits neun Jahre zuvor wurde in der Region die berittene Polizeitruppe der Northwest Mounted Police eingesetzt, aus der die heutige Bundespolizei RCMP (Royal Canadian Mounted Police) hervorging. Sie sollte damals bei den unvermeidlichen Zwistigkeiten zwischen Einwanderergruppen die öffentliche Ordnung gewährleisten.

Im modernen **RCMP Centennial-Museum** wird die Verbundenheit der Polizeitruppe mit der Erschließung der Prärien sehr eindrucksvoll dargestellt. Hier befindet sich auch die nationale Trainingsakademie der RCMP, in der jedes Jahr 600 Rekruten gedrillt werden. Die täglich auf dem Exerzierplatz stattfindenden Paraden bieten durch die leuchtend roten Uniformen ein prächtiges Bild und locken große Zuschauermengen an. Noch mehr kommen allerdings zu den Spielen der Saskatchewan Roughriders, Kanadas wohl beliebtestem Football Team. Das **Regina Plains Museum** bietet sehenswerte Ausstellungen über die Métis und First Nations und über das Leben der Pioniere der Provinz.

Im **Wascana Park,** der mit 930 ha Größe eine beachtliche Grünfläche im Stadtzentrum bildet, sind einige interessante öffentliche Bauten zu besichtigen, darunter der Sitz der Provinzregierung, das 1912 fertig gestellte **Legislative Building.** Das Gebäude mit der großen Kuppel vereinigt Elemente der englischen Renaissance mit dem Baustil von Louis XVI. Sehenswert ist auch das **Diefenbaker Homestead,** in dem die Vorfahren des ehemaligen kanadischen Premiers ein bescheidenes Leben führten. (Leider ist es z. Zt. nicht zugänglich; es soll im Sommer 2004 an einen anderen Ort verlegt werden.) Im **Saskatchewan Museum of Natural History,** ebenfalls im Wascana Park gelegen, wird v. a. die Naturgeschichte der Prärie, von der Zeit der Saurier bis zu den indianischen Ureinwohnern gezeigt.

Sehenswertes in der Provinz

Tipps & Adressen   Grasslands National Park S. 366, Cypress Hills Provincial Park S. 355, Saskatoon S. 385, Prince Albert National Park S. 382, Lac La Ronge Provincial Park S. 376

Saskatchewan ist erstaunlich reich an Naturschutzgebieten und historischen Sehenswürdigkeiten. Es gibt über 200 *Parks* mit einer Gesamtfläche von 1,9 Mio. ha. Dazu gehören zwei Nationalparks und mehrere National Historic Sites. Im Südwesten der Provinz bekommt man einen Vorgeschmack auf die *badlands,* die im angrenzenden Alberta noch größeren Raum einnehmen.

An der Südgrenze der Provinz, über den Transkanada und Highway 19 zu erreichen, steht seit kurzem im **Grasslands National Park** 2 eines der wenigen naturbelassenen Präriegebiete unter staatlichem Schutz. Hier bekommt man eine Vorstellung, wie die Landschaft vor Ankunft der Pioniere aussah. Dabei beeindrucken nicht nur die ›wogenden‹ Hügel, wenn der ständig wehende Wind den blühenden Halmen einen seidigen Glanz verleiht. Im östlichen Teil des Gebietes dominieren die **Killdeer Badlands** mit grotesken Formen und Farben einer stark erodierten Erdoberfläche. Kojoten, Adler, Klapperschlangen und Antilopen haben hier ein ungestörtes Refugium. Schon in der Vorzeit war diese Region den Menschen

Saskatchewan

bekannt. Es finden sich prähistorische Ausgrabungen und Klippen *(buffalo jumps)*, über die die Indianer Bisonherden trieben, um leichte Jagdbeute zu machen (s. S. 209 f.).

Im **Cypress Hills Provincial Park** ❸ im äußersten Südwesten finden wir mit fast 1400 m die höchsten Erhebungen Saskatchewans, die nicht von Eiszeitgletschern bedeckt waren. Auffallend ist die mannigfaltige Vegetation mit einer Vielzahl von Orchideen sowie einer Mischung von Wald und Hügeln, wie sie sonst nur den Vorbergen der Rocky Mountains zu Eigen ist. Ganz in der Nähe liegt der **Fort Walsh National Historic Park,** ein ehemaliger Posten der Northwest Mounted Police und eine restaurierte Handelsstation aus dem Jahre 1872.

Über den gut ausgebauten Highway 11 gelangt man vom Transkanada Highway schnell nach **Saskatoon** ❹ (benannt nach einer schmackhaften kanadischen Wildbeere). Die Stadt entwickelte sich mehr und mehr zum eigentlichen Wirtschafts- und Wissenschaftszentrum der Provinz. Am Yellowhead Highway

fährt man viel über 6000 Jahre indianische Geschichte. Im Tal gibt es 19 archäologische Grabungsstätten von Bedeutung. Das Interpretive Centre zeigt Ausstellungen, Modelle und kulturelle Darbietungen.

Fährt man weiter nach Norden, ändert sich die Landschaft ähnlich wie in den benachbarten Provinzen Manitoba und Alberta. Eiszeitliche Ablagerungen oder der felsige Untergrund des Kanadischen Schildes erschweren die landwirtschaftliche Nutzung zusehends und mehr und mehr beherrschen Wälder und Seen das Landschaftsbild.

Zwischen Saskatoon und Prince Albert liegt etwas abseits vom Highway 11 der **Batoche National Historic Park** 5. Hier wird die dramatische Geschichte des Métis-Revolutionärs Louis Riel in einem ausgezeichneten Museum wieder lebendig. An dieser Stelle musste sich 1885 der Anführer des bewaffneten Aufstandes von Indianern und Mestizen gegen die kanadische Regierung schließlich ergeben. Er wurde zum Tode verurteilt und noch im November desselben Jahres gehängt.

Auf dem Highway gelangt man zur letzten Stadt vor der ›Wildnis‹: Prince Albert, Tor zum benachbarten **Prince Albert National Park** 6. Dieser riesige Nationalpark bietet unberührte Wildnis und komfortable Urlaubsmöglichkeiten zugleich. Die touristische Infrastruktur des von Wald und Seen geprägten Mittelgebirges erinnert stark an den Riding Mountain National Park in Manitoba. Über 388 000 ha Land erstrecken sich ausgedehnte Laub- und Nadelwälder, 20 % dieser Fläche sind von Wasser bedeckt – über 1500 Seen liegen innerhalb des Naturschutzgebietes. In den Flusstälern weiden auch heute noch Bisons.

gelegen, profitiert sie vom Durchgangsverkehr nach Edmonton und Alaska. Gleichzeitig entstanden hier zur Verarbeitung der Pottasche-Vorkommen moderne Industrien, die neue Arbeitsplätze schaffen. Besonders für wissenschaftlich Interessierte zu empfehlen sind die Besichtigungstouren an der University of Saskatchewan mit ihrer Agricultural Research Station, wo Untersuchungen über die Verbesserung der Ernteerträge durchgeführt werden. Sehenswert ist auch der **Wanuskewin Heritage Park,** 3 km nördlich von Saskatoon. Hier er-

Blockhaus von ›Grey Owl‹, einem englischen Aussteiger der 1930er Jahre

Beliebt sind die Wanderungen zum Blockhaus des legendären ›Grey Owl‹. In der kleinen Hütte an einem Seeufer setzte der Engländer Archibald Belaney während der 1930er Jahre seine romantischen Jugendträume in die Tat um, nahm einen indianischen Namen an und lebte im Einklang mit der Natur der nördlichen Wälder. In einer Zeit, als noch niemand an alternative Bewegungen und ökologische Erkenntnisse dachte, wurde er als Referent und Autor zu einer bekannten Persönlichkeit.

Weiter führt der noch geteerte Highway 2 in den **Lac La Ronge Provincial Park 7**, wo kapitale Hechte und Saiblinge gefangen werden können. Hier sind wir bereits weit in die nördliche Waldlandschaft des Kanadischen Schildes vorgedrungen. Nur noch wenige Schotterstraßen führen als Stichstraßen zu Holzfällercamps, kleinen Bergwerken und fischreichen Seen.

Über den Highway 55 gelangt man dann über den **Meadow Lake Provincial Park** bis zur Provinz Alberta. Die Strecke führt durch eine für Kanada so typische Einsamkeit, in der auch heute noch der heisere Schrei des Weißkopfseeadlers und nachts der klagende Ruf des *loon* (Eistaucher) über den Wassern zu hören ist.

Weißkopfseeadler

Manitoba – Kanadas zentrale Provinz

In der so genannten Prärieprovinz trifft man aufgrund verschiedener Klimaeinflüsse auf erstaunlich unterschiedliche Landschaften. Während der Südwesten an der Grenze zu Saskatchewan und Nord-Dakota mit großer Sommerhitze bis über 40 °C steppenhaft trocken ist, steht der Nordosten an der Hudson Bay bereits unter dem Einfluss der nahen Arktis. Dazwischen erfährt der Reisende fließende Übergänge zwischen landwirtschaftlich genutzten Zonen, bewaldeten Mittelgebirgen, weiten, grünen Flusstälern und wüstenartigen Steppengebieten, in denen Kakteen wachsen und seltene Schlangen vorkommen. Der flächenmäßig größte Teil der Provinz gehört zum Kanadischen Schild, einem alten Felsplateau, das sich rund um die Hudson Bay bis Labrador erstreckt. Er besteht hauptsächlich aus Granit und Gneis und gehört zu den ältesten Gesteinen der Erde. Geologen stellten fest, dass sich diese riesige Platte bereits vor 2 Mrd. Jahren bildete. Urwälder und unwegsame Landschaften kennzeichnen diese fast unbesiedelte Region. Manitoba, mit etwas mehr als einer Million Einwohner, zeigt auch die größte ethnologische Vielfalt aller kanadischen Provinzen mit fast fünfzig Volksgruppen unterschiedlicher Herkunft.

Winnipeg – Kontraste in der Ebene

Karte S. 228
Tipps & Adressen S. 404

Kommt man aus der östlich gelegenen Nachbarprovinz Ontario nach Manitoba, erkennt man im tischebenen Grasland die Silhouette Winnipegs bereits aus über 50 km Entfernung. Die Bürotürme der Downtown inmitten der weiträumigen Stadt (knapp 670 000 Einwohner) ragen hoch in den Präriehimmel. Obwohl Wasser hier knapp ist, muss es dennoch gebändigt werden. Der von Süden kommende Red River und der aus Saskatchewan heranfließende Assiniboine River vereinigen sich nahe der Stadtmitte. Um verheerende Frühjahrsfluten nach der Schneeschmelze zu verhindern, die früher häufig auftraten, wurde das gesamte Stadtgebiet mit einem ringförmigen Kanal umgeben, dem Red River Floodway, der die Wassermassen bändigt.

Archäologische Funde lassen darauf schließen, dass hier am Zusammenfluss von Red und Assiniboine River schon vor 6000 Jahren Ureinwohner siedelten und Handel trieben. Als erste Europäer kamen 1738 die Voyageure unter Pierre de La Vérendrye und gründeten Fort Rouge. 1804 folgten die Pelzhändler der North West Company und errichteten Fort Gibraltar. 1821 baute dann die Hudson's Bay Company eine Pelzhandelsstation, Upper Fort Garry, das sich bald zu einem der bedeutendsten Zentren ihres Handels entwickelte. Wegen der häufigen Überflutungen am Zusammenfluss der beiden Flüsse verlegte man die Station später etwa 30 km flussabwärts an den Red River und nannte sie Lower Fort Garry.

Im gleichen Jahr der Gründung von Fort Garry brachte Lord Selkirk Siedler aus dem schottischen Hochland in die Region, die jedoch auf offene Feindseligkeiten der Trapper und Pelzhändler stießen, die nicht zu Unrecht durch eine wachsende Erschließung der Region eine Beeinträchtigung des Pelzhandels befürchteten. Trotz der anfänglichen Probleme überlebte und wuchs die kleine Red River Siedlung. Verstärkte Einwandererwerbung führte in der zweiten Hälfte des 19. Jh. zu neuen Siedlerströmen aus allen Ländern Europas und dem frankokanadischen Quebec. So entstand 1874 die Stadt Winnipeg. Die Fertigstellung der Transkanada-Eisenbahn 1885, zentrale Lage und rasches Wirtschaftswachstum ließen den Ort innerhalb weniger Jahrzehnte zur Großstadt und zum Verwaltungszentrum der Provinz werden.

Ein Besuch Winnipegs lässt sich vor allem in kultureller Hinsicht mit einem vielfältigen Programm verbinden. Die Stadt hat über drei Dutzend Museen, 17 Theater, viele Kunstgalerien. Auch international berühmt sind das ausgezeichnete Winnipeg Symphony Orchestra und das Royal Winnipeg Ballet, das bereits in den meisten Ländern der Erde aufgetreten ist. Unter Mitarbeit von Tausenden freiwilliger Helfer findet jedes Jahr im August das zweiwöchige **Folklorama** statt. Hier zeigt sich die ethnische Vielfalt der Volksgruppen Manitobas. Ein farbenfrohes Festival für Auge, Ohr und Gaumen. Die Vielfalt der Kulturen zeigt sich natürlich auch in den Speisekarten der exotischen Restaurants, wo von indischen bis ukrainischen Leckerbissen so ziemlich alle Gerichte der Welt angeboten werden. Winnipeg ist auch

Winnipeg

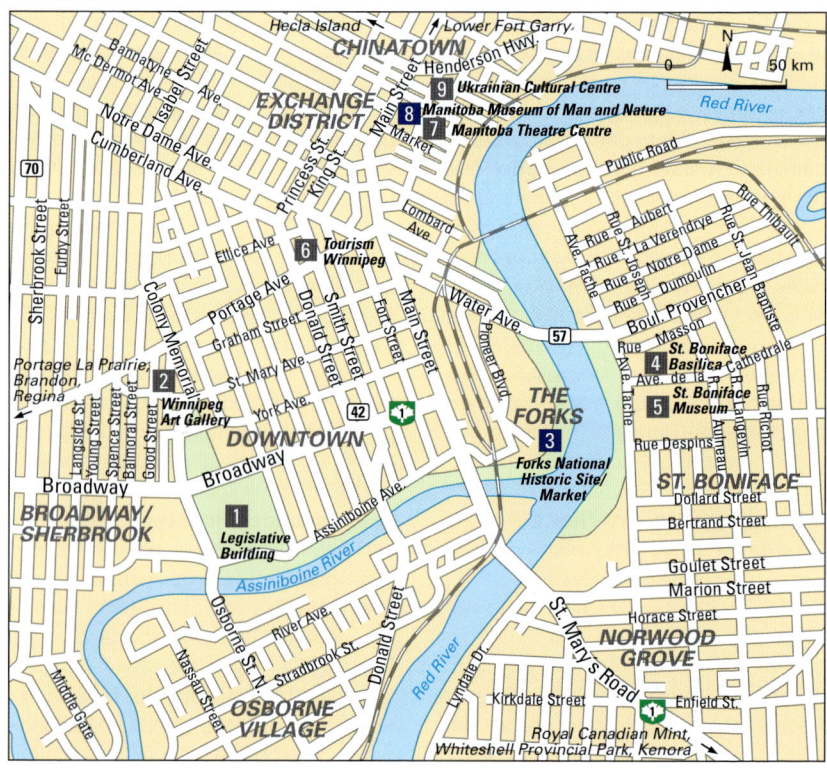

eine ausgesprochen einkaufsfreundliche Stadt – auch in den bitterkalten Wintern. Shopping Malls, Geschäfte und Restaurants im Zentrum sind durch Tunnels und Glasbrücken verbunden, sodass es für die Passanten selbst bei Kälte und schlechtem Wetter nicht an Komfort mangelt.

Downtown zu Fuß

Sehenswert ist das von gepflegten Parkanlagen umgebene **Manitoba Legislative Building** 1 an Broadway und Osborne Street im Herzen der Stadt. Auf der Kuppel des Parlamentsgebäudes thront der weithin sichtbare ›Golden Boy‹. Mit einer Weizengarbe in der Hand symbolisiert er die Fruchtbarkeit der Prärieprovinz. Weiter auf der Osborne Street lohnt die **Winnipeg Art Gallery** 2 mit ihren hervorragenden Ausstellungen zeitgenössischer Inuit-Kunst einen Besuch. Die Sammlung ist die weltweit größte dieser Art.

The Forks 3, ein 23 ha großer Uferpark am Zusammenfluss von Red und Assiniboine River ist Winnipegs Vorzeigeprojekt zur Stadterneuerung: Mit schönen Parkanlagen und Wanderwegen am Flussufer, einer Vielfalt von kulturellen Veranstaltungen und der gelungenen Mischung aus Einkaufen, Essen und Vergnügen. Ein 5 ha großer Teil des Parks am Westufer mit schönem Blick über das Wasser auf den Stadtteil St. Boniface ist als **The Forks National Historic Site** eingetragen. Dies ist historischer Boden. Schon vor 6000 Jahren trafen sich hier Ureinwohner, im 18. Und 19. Jh. wurden Pelzhandelsforts und auch die erste Siedlung gegründet. Danach wurde das Gelände von der Canadian National Railway als Verschiebebahnhof und zur Wartung der Züge benutzt. In den letzten beiden Jahrzehnten wurde das Gelände saniert, die Gleise

entfernt und Parkanlagen geschaffen. Heute sind in die alten Lagerhäusern und Hallen wie dem schön restaurierten **Johnston Terminal** aus den 1920er Jahren Läden, Boutiquen, Restaurants und Cafés eingezogen. Im quirligen, kunterbunten **Forks Public Market** gibt es neben Obst, Gemüse, Backwaren, frischen Meeresfrüchten und Fleischspezialitäten auch handgefertigten Schmuck, Kunsthandwerk und Folklore. Auch für die Unterhaltung des Nachwuchses ist gesorgt: Das **Manitoba Children's Museum** bietet interessante Ausstellungen und interaktive Displays und im Theatre for the Young richten sich die Aufführungen speziell an Jugendliche. Im **Forks Historic Port,** wo früher die York-Boote und Schaufelraddampfer anlegten, kann man heute Kanus und Ruderboote mieten, oder mit dem **Water Bus,** der auch Taxi-Service zwischen den Docks bietet, halbstündige Touren auf dem Assiniboine und Red River unternehmen. Daneben sind auch Fahrten mit nostalgischen Schaufelradddampfern möglich.

Auf der anderen Seite des Flusses, über eine Brücke oder mit dem »Wasserbus« zu erreichen, liegt **St. Boniface,** das französische Viertel der Stadt. Hier ist die älteste Kathedrale West-Kanadas, die **St. Boniface Basilica** 4 zu besichtigen – das heißt, was davon übrig geblieben ist. 1818 errichtet, nach mehreren Feuern immer wieder aufgebaut, steht heute nur noch die ursprüngliche klassische Fassade vor dem 1972 neu errichteten Gebäude. Auf dem benachbarten Friedhof befindet sich das Grab des Métis-Helden und Revolutionärs Louis Riel. Nebenan ist im ältesten Gebäude der Stadt, dem 1846 bis 1851 aus mächtigen Eichenbalken erbauten früheren Konvent, das **St. Boniface Museum** 5 (494 Taché Ave.) un-

Das Parlamentsgebäude in Winnipeg

tergebracht. Hier lässt sich die Geschichte der Frankokanadier und der Métis, den mischblütigen Nachfahren der französichen Pelzhändler und Indianer, verfolgen. Nach Quebec und New Brunswick leben in Manitoba die meisten frankophonen Bürger im Verhältnis zur Einwohnerzahl der Provinz. Dabei ist zu berücksichtigen, dass von den etwa 1,2 Mio. Einwohnern Manitobas über die Hälfte in Winnipeg wohnen.

Zu Fuß oder mit dem Wasserbus kommt man zum **Exchange District** nördlich von Portage Avenue und Main Street. Im Visitor Bureau von **Tourism Winnipeg** 6 kann man sich mit Karten und Info-Material versorgen. Das um 1900 etablierte Viertel mit seinen gut erhaltenen Terrakotta- und Sandsteingebäuden ist das ursprüngliche Zentrum von Kultur und Kommerz. Geführte Touren sind möglich. An Portage und Main Street steht »The Bay«, das Stammhaus der Hudson's Bay Company. Hier befindet sich auch der quirlige Theater- und Entertainment-Bezirk mit zahlreichen

Restaurants, Cafés und Bars. An der Ecke von Main Street und Market, in der **Centennial Concert Hall,** sind das *Royal Winnipeg Ballet* und das *Winnipeg Symphony Orchestra* zu Hause. Das **Manitoba Theatre Centre** 7, MTC Warehouse Theatre und Pantages Playhouse Theatre befinden sich östlich der Main Street. Die historischen Gebäude des Old Market Square District beherbergen viele Galerien, Studios und Workshops.

Auf jeden Fall besuchen sollte man das hervorragende **Manitoba Museum of Man and Nature** 8, das zu den besten Kanadas gehört. Hier wird die Geschichte Manitobas und seiner Bewohner, die geografischen Zonen der Provinz, ihre Pflanzen- und Tierwelt sowie das Phänomen des Nordlichts, der *aurora borealis,* anschaulich dokumentiert. Auch das im Maßstab 1:1 naturgetreu nachgebaute Segelschiff ›Nonsuch‹ kann besichtigt werden. Das Schiff segelte im Jahr 1668 von England aus in die Hudson Bay und brachte eine wertvolle Ladung Pelze zurück – Anlass für die Gründung der Hudson's Bay Company. Dem Museum angeschlossen ist auch ein Planetarium und ein Science Centre.

Nur ein paar Schritte vom Museum entfernt liegt das kleine pittoreske **Chinatown** mit »Willkommenstor«, chinesischen Gärten und seinen typischen Restaurants und Spezialitätenläden. Auch das **Ukrainian Cultural Centre 9**, das bedeutendste Museum ukrainischer Kultur außerhalb der Ukraine, liegt gleich in der Nähe.

Im Süden der Stadt (520 Lagimodière Blvd.) werden im pyramidenförmigen Glaspalast der **Royal Canadian Mint** kanadische und auch ausländische Münzen geprägt. Geführte Touren durch die Münzanstalt werden angeboten.

Sehenswertes in der Provinz

Karte S. 233
Tipps & Adressen Selkirk S. 386, Whiteshell Provincial Park S. 404, Hecla Island Provincial Park S. 368, Steinbach S. 390, Riding Mountain National Park S. 385, Dauphin S. 356, Churchill S. 354

Lower Fort Garry National Historic Site 1 in der Nähe des Ortes **Selkirk** vor den Toren der Großstadt Winnipeg, ist eine Hauptattraktion der Region. Der älteste aus Stein erbaute Pelzhandelsposten in Nordamerika ist noch gut erhalten, die Gebäude sind liebevoll restauriert und original ausgestattet. Kostümiertes Personal in den Rollen des Gouverneurs von Prince Rupert's Land und der Hudson's Bay-Trapper versetzen den Besucher in die Blütezeit des Pelzhandels in der Mitte des 19. Jh. Höhepunkt ist das Red River Rendezvous, das jedes Jahr im August im Fort

stattfindet. Es gibt ein Restaurant, und im Besucherzentrum informieren Ausstellungen und Diavorträge über die Geschichte des Pelzhandels.

Im Osten Manitobas, direkt an der Grenze zu Ontario, liegt der **Whiteshell Provincial Park 2**. Der 2600 qkm große Park, ein Mosaik aus Fels, Wald und Wasser, bietet ursprüngliche Wildnis und komfortables Freizeitvergnügen zugleich. Hier locken ein Anglerparadies mit über 200 Seen, einer der besten Golfplätze und der größte Segelclub der Provinz.

Einige sehenswerte Vogelschutzgebiete mit herrlichen Dünen und Badestränden mit vielfältigem Freizeitangebot findet man nördlich von Winnipeg, am Südzipfel des Lake Winnipeg und besonders im **Hecla Island Provincial Park 3**, einer Insel, die über einen Damm zu erreichen ist. Durch das Sumpfland der Grassy Narrows Marsh, im Sommer Heimat von über 50 000 Wasservögeln, führt ein bequemer Plankenweg – man kann nach Herzenslust beobachten und fotografieren. Früher siedelten auf der Insel isländische Fischer. Im Hecla Village stehen pittoreske alte Häuser und das alte Dock erinnert an die Zeit, als Fischfang eine große Rolle spielte. Heute legen nur noch selten Fischerboote an.

Südöstlich von Winnipeg, über Highway 1 und 12 zu erreichen, liegt **Steinbach 4**, ein mennonitisches Siedlungsgebiet mit ursprünglichen Farmhäusern. In der alten Tracht ihrer Vorväter bestellen Mennoniten die Felder und gehen traditionellem Handwerk nach. Rund um Steinbach findet sich eine ganze Reihe kleiner Dörfer mit deutschen Namen wie Rosenthal und Blumenort.

Der Transkanada Highway ist sicher die meistbefahrene Strecke Manitobas. Obwohl ihn viele nur zur Durchfahrt be-

Im Museumsdorf von Steinbach

nutzen, befinden sich unweit davon doch verlockende Ziele, die einen Abstecher lohnen. Auf dem Weg nach Westen führt die vierspurige Straße bei Carberry durch eine mit Buschwerk und einzelnen Tannen bewachsene wüstenartige Dünenlandschaft. Südlich vom Highway 1 gelangt man dann in den **Spruce Woods Provincial Park 5**, wo der Assiniboine River eine weite Schleife zieht. Von hier führt ein Trail in das eigentliche Dünengebiet, die **Spirit Sands.** Hier gibt es riesige, bis 30 m hohe Sanddünen mit Herden von Wapitihirschen, die sonst nur in den Rocky Mountains heimisch sind. Die verbreiteten Sandvorkommen in dieser Region sind Reste von Schwemmsänden, die das Mündungsdelta nach den Eiszeiten im Lake Agassiz ablagerte. Dieses ›Binnenmeer‹ nahm damals das Schmelzwasser einer riesigen Region auf. Lake Winnipeg und Lake Manitoba, die beiden größten Seen der Provinz, sind heute Reste dieser eiszeitlichen Gewässer.

Nach einer weiteren Stunde Fahrt gelangt man nach **Brandon 6**. Mitten im *farm country* gelegen nennt sich Brandon selbst *The Wheat City,* die ›Weizenstadt‹. Tatsächlich kommen Farmer aus allen Himmelsrichtungen hierher, um ihre Maschinen warten zu lassen, Saatgut zu kaufen und um etwas Kultur zu tanken, denn im dünn besiedelten Manitoba bietet selbst eine Kleinstadt wie Brandon mit rund 40 000 Einwohnern Abwechslung genug. Die Stadt hat nicht nur eine Universität, Museen und eine Kunstgalerie, es finden auch Konzerte und Theateraufführungen statt. Den größten Zulauf haben jedoch Rodeos und die Eishockeyspiele im Keystone Centre.

Von Brandon aus führt der Highway 10 direkt nach Norden in die Gebiete der Provinz, in denen man echte Abenteuerferien erleben kann. Reiten, Angeln und eine Kanutour auf der historischen Route der *voyageurs* sind hier möglich. Dabei bieten sich ausgezeichnete Gelegenheiten, Elche, Schwarzbären und Woodland-Karibus zu fotografieren.

Allmählich ändert sich die Landschaft. Die großflächigen Felder werden mehr und mehr durch Hügel und kleine Baumgruppen aufgelockert. Tümpel mit zahlreichen Wasservögeln bereichern das Landschaftsbild. Schließlich ist man nach etwa 100 km am Rande des 3000 qkm großen **Riding Mountain Natio-nal Park** 7 angelangt. In diesem knapp 800 m hohen Mittelgebirge fallen mehr Niederschläge, und die Hügelketten sind mit dichtem Wald überzogen. **Wasaga-ming,** nahe am Südeingang des Parks, bietet zahlreiche Freizeitaktivitäten. Hier können am Strand des Clear Lake Pad-del-, Motor- und Segelboote gemietet werden. Der glasklare See ist für seinen Fischreichtum bekannt. Unterkünfte stehen in verschiedenen Preisklassen zur Verfügung.

In der Nähe des Lake Audy weiden auf einem 530 ha großen Präriegebiet Bisons, die man während einer Fahrt durch das riesige Freigehege meist gut beobachten kann. Nach Regenfällen sind die Grasflächen von duftenden Blüten übersät und auf den Rohrkolben der Schilfflächen singen *Blackbirds* (Amseln), die uns überall im kanadischen Westen begegnen. Mit etwas Glück bekommt man auch Schwarzbären oder Elche zu sehen.

Nördlich vom Nationalpark liegt das Farmerstädtchen **Dauphin** 8. Im nahe gelegenen **Ukrainian Village** findet jedes Jahr im August das National Ukrainian Festival statt – mit bunter Folklore und kulinarischen Leckerbissen der osteuropäischen Einwanderer.

Der Highway 10 führt in ein weiteres Bergland, die **Duck Mountains.** Wie die Riding Mountains und die weiter im Norden gelegenen Porcupine Mountains sind sie Teil des so genannten Manitoba Escarpments, einer Kette von Moränenwällen aus der Eiszeit, die sich bis zu 800 m über den Meeresspiegel erheben und als bewaldete Mittelgebirge

Manitoba

Eisbären an der Hudson Bay

An der stürmischen Westküste der Hudson Bay zwischen Churchill, Manitoba und der Mündung des Nelson River verbringen jedes Jahr etwa 600 Eisbären den Sommer. Im Juli, wenn am Ende des arktischen Frühlings das Eis der Hudson Bay aufreißt und zu schmelzen beginnt, verlassen die Bären ihre Jagdgründe am Rand des Eises und ziehen aufs Festland und in die küstennahe Tundra. Ende November, wenn es wieder kalt ist und das Eis trägt, wandern sie wieder hinaus ans offene Wasser vor der Küste, um ihrer Lieblingsbeschäftigung, der Robbenjagd, nachzugehen. Nur die trächtigen Weibchen bleiben in der Tundra zurück, um ihre Jungen zu gebären. Sie kommen erst im März zusammen mit ihrem Nachwuchs aufs Eis.

Mitte Oktober, wenn die Kälte einsetzt, Schnee fällt und die ersten Winterstürme über die Tundra fegen, sammeln sich die Bären und beginnen auf der Suche nach tragfähigem Eis an der Küste entlang nach Norden zu wandern. Churchill, früher Trapperstation, heute Getreidehafen und genau auf dieser uralten Wanderroute erbaut, wird dann zur ›Eisbärenhauptstadt‹ der Welt. Seit Jahrtausenden gewohnt, hier an der Flussmündung zu warten, bis die Bay zufriert, lassen die Bären sich von den Menschen nicht stören. Die lockenden Gerüche der Stadt und die fette Beute versprechenden Abfallkübel und Müllhalden sind eine weitere Attraktion für hungrige Bären.

Lange glich Churchill zu dieser Zeit einer belagerten Stadt; erst in den letzten Jahren, seitdem der Müll verbrannt wird

von vielen Seen durchsetzt sind. Sie erstrecken sich von den Rocky Mountains bis zur Hudson Bay.

Auf der Fahrt nach Norden wird die Besiedlung merklich dünner. Stundenlang säumen einsame Wälder die Straße. An jeder Tankstelle wird man freundlich begrüßt und muss sogleich über Herkunft und Fahrtziel berichten. Gut gemeinte Ratschläge und die neue Bekanntschaft mit dem Tankwart werden oftmals noch mit einer gemeinsamen Kaffeepause besiegelt. Im Nebenzimmer der Tankstellenstation, die mit ihrem kleinen Laden auch als Kommunikationszentrum für einen größeren Umkreis dient, sitzen Truckfahrer und Einheimische zusammen und tauschen Neuigkeiten aus. Wer keine abgegriffene Baseballkappe trägt, kann nur ein Fremder sein.

Der hohe Norden Manitobas bleibt nur wenigen Reisenden vorbehalten. Dort geben sich auf rekordverdächtigen Gewässern die Angler ein Stelldichein. Allerdings sind die Seen mit den größten Fischen – Hechte oder Saiblinge von bis zu 20 kg – meist nur mit dem Wasserflugzeug zu erreichen. Überraschenderweise liegen aber an ihren Ufern sehr komfortable Unterkünfte. Lediglich im Oktober gibt es in **Churchill** am Ufer

und allzu neugierige Bären gefangen und im Flugzeug nordwärts verfrachtet werden, ist es sicherer geworden.

Die Gegend um Churchill bietet von Mitte Oktober bis Mitte November eine einmalige Möglichkeit, Eisbären in ihrer natürlichen Umgebung zu beobachten. Einzige Alternative dazu ist die Pirsch-fahrt auf dem Eis der Arktis, was wohl nur den wenigsten offenstehen wird. Die Bären von Churchill zu sehen – etwa hundert halten sich in unmittelbarer Nähe der Stadt auf – ist einfacher. Geländegängige Fahrzeuge, die *tundra buggies,* bringen den Besucher zu den Eisbären hinaus in die Tundra und an die Küste.

(Wolfgang R. Weber)

der Hudson Bay noch eine Hochsaison, wenn nämlich die Eisbären am Stadt-rand vorbeiziehen. Während des Sommers verkehren Boote von Churchill aus zu den Überresten des alten **Fort Prince of Wales,** das 1731 von der Hudson's Bay Company erbaut wurde und heute eine National Historic Site ist. Auf diesen zweieinhalbstündigen Exkursionen können oft Belugawale beobachtet werden. Churchill ist nur mit dem Flugzeug oder der Eisenbahn (Via Rail) von Winnipeg und Thompson aus zu erreichen.

Neben dem Transkanada Highway führen noch zwei weitere, nicht minder interessante Strecken ins benachbarte Saskatchewan und weiter nach Alberta.

Bei Portage La Prairie zweigt der nach einer alten Legende auch Yellowhead Highway genannte Highway 16 nach Westen ab. Er führt auf einer Länge von über 3000 km über Edmonton bis nach Prince Rupert am Pazifik.

Von der Bergwerksstadt Flin Flon aus verläuft die Northern Wood and die Water Route durch die Taiga nach Westen. Sie führt durch die nördliche Einsamkeit der Provinzen Manitoba und Saskatchewan, an vielen Seen und Mooren vorbei, bis zum Lesser Slave Lake in Alberta.

Northwest Territories und Nunavut – Kanadas hoher Norden

Schlittenhunde-Gespann in Yellowknife

Das Gebiet der Northwest Territories (1,542 Mio. qkm) und von Nunavut (1,994 Mio. qkm) nimmt fast ein Drittel der Gesamtfläche Kanadas ein. Die fast 3,4 Mio. qkm große Landmasse erstreckt sich vom 60. Breitengrad, der Grenze zu British Columbia, Alberta und den Prärieprovinzen bis fast zum Nordpol und vom Yukon bis nach Grönland im Osten – über 3200 km Ausdehnung in beiden Richtungen. Dabei besiedeln nur rund 67 000 Menschen das riesige Land (NWT 42 000, Nunavut 25 000) – nicht mehr als die Sportstadien der großen Städte Nordamerikas fassen. Das nur 1700 km lange Straßennetz umfasst einen Teil des Dempster Highway vom Yukon nach Inuvik und ein paar Schotterstraßen, die in der äußersten Südwestecke am Great Slave Lake einige kleinere Orte und Yellowknife, die Hauptstadt der NWT verbinden. Von hier führt der Liard Highway nach Fort Nelson in British Columbia und der Mackenzie Highway nach Grimshaw in

Alberta. Die 28 Orte des östlichen Territoriums Nunavut haben keine Straßenverbindung (Ausnahme: eine 21 km lange Verbindung zwischen Arctic Bay und Nanisivik). Kein Wunder, dass das Flugzeug Verkehrsmittel Nr. 1 ist. Die meisten Orte Nunavuts und der Northwest Territories sind per Linienflug (meist jedoch nur einmal pro Woche und abhängig vom Wetter) erreichbar. Kleine Charterflugzeuge gibt es überall, genauso selbstverständlich wie Taxis in der Stadt. Die Versorgung aus der Luft bedeutet aber auch, dass das Reisen und Leben im Norden teurer ist.

Dennoch lohnt sich ein Besuch der beiden Territorien. Wer dem ›Ruf des Nordens‹ folgt, erlebt überwältigende Landschaften, die sich seit den Tagen der ersten Entdecker und Forscher kaum verändert haben, eine großartige Tierwelt und Menschen, fremdartig und doch beeindruckend gastfreundlich.

Im Westen liegt die wilde Bergwelt der Mackenzie Mountains mit schäumenden Wildwassern, Heimat von Schwarzbär, Luchs und Dallschaf. Hier strömt der Mackenzie River gen Norden – der historische Wasserweg zur Arktik. Im Süden erstrecken sich dunkle Fichtenwälder mit glitzernden Seen und Flüssen, das Revier von Elch und Biber. Nördlich der Baumgrenze erstreckt sich die weite Tundra, im Winter windumtost und unwirtlich, im Sommer dagegen erstaunlich sanft mit explodierenden Farben im Herbst. Urweltliche Moschusochsen und die Tausende zählenden Karibu-Herden ziehen übers Land. Im Norden erscheinen die Bergketten der hohen Arktis wie gigantische Festungen mit schimmernden Eiskappen. Narwale, Belugas und Seehunde finden reichlich Nahrung in den polaren Gewässern und Eisbären jagen an den Rändern des ewigen Eises.

Die wenigen über das weite Land verstreuten Siedlungen mindern kaum das Gefühl von Weite, Einsamkeit und schier endloser Wildnis. Die Menschen dieser Region sehen sich als Teil der Natur, und viele sind noch immer als Jäger, Fischer und Trapper von ihr abhängig. Die Bevölkerung setzt sich aus fünf größeren Gruppen zusammen, den Dene, Métis, Inuit, Inuvialuit und einer kleineren Gruppe Euro-Kanadiern. Neun offizielle Sprachen werden gesprochen, aber die meisten Bewohner sprechen auch Englisch oder verstehen es zumindest (s. S. 37).

Die Vorfahren der Dene kamen vor 20 000–30 000 Jahren über die Beringstraße und verbreiteten sich über das Gebiet der nördlichen Wälder, die sie auf Schneeschuhen mit Spieß und Bogen durchstreiften, um Karibus, Schwarzbären, Wildenten, Gänse und anderes Kleinwild zu jagen. Hundeschlitten benutzten sie erst nach der Ankunft der Europäer.

Die weißen Pelzhändler, Voyageure und Pioniere heirateten einheimische Frauen – ihre Nachkommen wurden ›Métis‹ genannt. Inzwischen haben die Métis aus dem Erbe ihrer weißen wie auch der indianischen Vorfahren eine ganz eigene unverwechselbare Kultur entwickelt.

Den Lebensraum der Inuit bilden die Küsten und Inseln des nördlichen Eismeeres. Sie kamen ebenfalls über die Beringstraße – aber relativ spät, erst vor etwa 5000 Jahren. Die heutigen Inuit sind Nachkommen eines als *Thule* bezeichneten Volkes. Früher – und häufig auch heute noch – als *Eskimo* (in der Sprache der Cree-Indianer »Rohfleischesser«) bezeichnet, nennen sie sich selbst *Inuit,* was ganz einfach ›Mensch‹ bedeutet. Sie jagen Wale, Seehunde und auch Karibus.

Erst in den letzten Jahrzehnten des 18. Jh. kamen die *Inuvialuit* in das Mackenzie River-Delta. Sie lebten ursprünglich in Alaska und verdrängten die Mackenzie Inuit, die durch die von weißen Walfängern eingeschleppten Krankheiten bereits dezimiert waren.

Dazu gesellte sich ein buntes Gemisch von ›Neuankömmlingen‹ aus anderen kanadischen Provinzen und auch Einwanderer aus Europa. Die ersten Weißen trafen schon im 16. Jh. ein – immer wieder trotzten sie mit ihren zerbrechlichen hölzernen Schiffen den gewaltigen Eismassen und ließen sich auf der Suche nach der legendären Nordwestpassage zum Pazifik von keiner noch so großen Gefahr und Unbill abschrecken. Der Engländer Martin Frobisher versuchte es 1576 bis 1578 dreimal. Er schaffte es ›nur‹ bis zur Baffin Bay. Henry Hudson entdeckte 1610 die später nach ihm benannte Hudson Bay. Erst in der Zeit von 1903–1906 durchfuhr der Norweger Roald Amundsen mit einem kleinen For-

Inuit-Junge

schungsschiff die Nordwestpassage in ihrer ganzen Länge, nachdem die Existenz der legendären Schifffahrtsroute Mitte des 19. Jh. von einer englischen Expeditionsmannschaft belegt worden war. 1789 gelang dem Engländer Samuel Hearne als erstem Weißen die Durchquerung der Northwest Territories. Im Auftrag der Hudson's Bay Company sollte er neue Pelzgründe, Kupfervorkommen und natürlich auch die Verbindung zum Pazifik entdecken. Nach zweimaligem Scheitern erreichte er schließlich in einer anderthalbjährigen Expedition unter mörderischen Bedingungen von Fort Prince of Wales an der Hudson Bay über den Coppermine River das Polarmeer. Auch der Schotte Alexander Mackenzie suchte im Auftrag der Northwest Company eine befahrbare Route zum Pazifik. Er startete von Fort Chipewyan am Athabaska-See in Richtung Norden. Außer ihm saßen in dem zehn Meter langen Kanu vier frankokan-

adische Paddler und ein Deutscher namens Johann Steinbruck. Nach der Fahrt durch den Großen Sklavensee erreicht er über den nach ihm benannten Fluss das Nordpolarmeer.

Die jahrhundertelange Suche nach der Nordwestpassage öffnete die Arktik für Walfänger, Pelzhändler und Missionare. Erst in der zweiten Hälfte des 20. Jh. sind dann Abenteurer, Prospektoren, Ingenieure, Buschpiloten und Geschäftsleute an ihre Stelle getreten. So hat die moderne Zeit auch vor Kanadas hohem Norden nicht Halt gemacht. Vieles hat sich in den letzten Jahren geändert und alte Lebensweisen verschwinden zunehmend. Mehr und mehr ersetzen Kleinunternehmertum und Jobs in Öl- und Erdgasindustrie, Bergbau, Verwaltung und Tourismus das Fallenstellen. Der Tourismus gewinnt zunehmend an Bedeutung. Vor 20 Jahren kamen 600 Besucher jährlich – heute sind es über 40 000.

Dennoch, alte Kultur und Traditionen sind noch vorhanden. Zwar wird vielerorten schon das Schneemobil zur Jagd benutzt und über Satellit hat auch das Fernsehen inzwischen seinen Einzug gehalten – doch viele der Dene, Métis, Inuvaluit und Inuit sind für ihren Lebensunterhalt auf Jagd und Fischfang angewiesen und benutzen auch noch traditionelle Techniken zur Herstellung von Kleidung und Gebrauchsartikeln und zum Konservieren und Zubereiten ihrer Nahrung. Die außergewöhnlichen handwerklichen Fähigkeiten haben durch den wachsenden Tourismus sogar zusätzlichen Auftrieb erhalten. So werden bei den Dene kunstvoll verzierte Mokassins und Kleidung aus gegerbtem Karibu-Leder und Körbchen aus Birkenrinde hergestellt; in der östlichen Arktik findet man geschnitzte Figuren, Puppen und Modelle von Kajaks und Werkzeugen. Weltberühmt sind die Speckstein-skulpturen der Inuit von der Baffin Bay.

Politisch hat sich in jüngster Zeit einiges verändert. Den Dene, Métis und Inuvialuit in den westlichen Gebieten wurden Landrechte zugesprochen und die Inuit, die im östlichen Teil rund 80 % der Bevölkerung ausmachen, erhielten ihr eigenes Territorium, Nunavut. Am 1. April 1999 wurden die Northwest Territories in eine westliche (unter dem alten Namen NWT) und eine östliche Hälfte (Nunavut) geteilt. Offizielle Landessprache ist jetzt Inuktitut, aber Englisch und zu einem geringeren Teil auch Französisch werden ebenfalls in den meisten größeren Orten gesprochen. Im Rahmen des *Nunavut Land Claims Agreement* wurden den Inuit von der kanadischen Bundesregierung außer der politischen Selbstverwaltung auch Landrechte über fast 360 000 qkm, Beteiligung an den Bodenschätzen sowie 1,2 Mrd. Dollar als Finanztransfer zugestanden. Hohe Arbeitslosigkeit und die immensen Kosten für die Infrastruktur machen den Start in die politische Selbständigkeit nicht eben leicht. Man ist aber optimistisch: die Bundesregierung wird auch weiterhin helfen, der Tourismus hat noch Wachstumspotential und die Bevölkerung ist jung, 60 % sind unter 25 Jahre alt.

Reisen in den Northwest Territories

Karte S. 242

Yellowknife – Am Großen Sklavensee

Tipps & Adressen Yellowknife S. 406, Hay River S. 367, Wood Buffalo Park S. 406, Fort Smith S. 364

1 Die Hauptstadt der Northwest Territories am Great Slave Lake ist einer der wenigen Orte, die im Norden mit dem Auto erreichbar sind. Faszinierend ist die 1500 km lange Fahrt auf dem Mackenzie Highway von Edmonton, bei der zwei große Flüsse mit der Fähre überquert werden. Dennoch bevorzugen die meisten Besucher die Anreise per Flugzeug – von Calgary, Edmonton, Iqaluit oder auch Montreal. Yellowknife (ca. 17 500 Einwohner) vereint die Kontraste einer schnell wachsenden Stadt mit modernen Hotels, Shopping Centre, Bürohochhäusern und regem Straßenverkehr mit einer noch immer spürbaren *frontier*-Atmosphäre, wo Hundeschlitten, Kajaks und Kanus genauso selbstverständlich sind wie Motorschlitten und Lastwagen. Hier befindet sich auch das Hauptquartier für die meisten Ausrüster und Flugcharterer. Auf dem Großen Sklavensee kann man Bootstouren unternehmen und in einigen der etwa 30 Restaurants arktische Spezialitäten wie Steaks vom Karibu und Moschusochsen probieren.

Die ersten weißen Siedler kamen erst 1934 nach Yellowknife, nachdem am Seeufer Gold gefunden wurde. Anfang der 40er Jahre waren die ersten Quellen des begehrten Edelmetalls bereits erschöpft und Yellowknife eine Geisterstadt. Der 1945 einsetzende zweite Goldrausch hielt länger an. Die Stadt blieb auf der Landkarte bestehen und hat heute noch zwei prosperierende Goldminen, Cominco und Giant Yellowknife.

Das **Prince of Wales Heritage Centre,** erst 1979 eingeweiht, dient als Schaufenster des Nordens und ist auch architektonisch interessant. In Ausstellungen, Dioramen und Multimedia Shows erfährt man alles über die abenteuerliche Geschichte des Nordens, seiner Bewohner und seiner Tierwelt. Hauptthema ist das Überleben in einer unwirtlichen Umwelt.

Auf einem Hügel über den Schuppen und Hütten von *Old town,* dem Überbleibsel der Siedlung aus Zeiten der ersten Goldfunde, steht das **Bush Pilots Monument**, von dem man einen guten Blick auf die Stadt und den See hat. Das Denkmal wurde zu Ehren der Buschpiloten errichtet, die wesentlich

zur Erschließung des Landes beigetragen haben.

Auf dem Highway 3 gelangt man nach 100 km zu den Orten Rae und Edzo am Nordarm des Great Slave Lake. **Fort Rae** ist die größte Indianersiedlung in den Northwest Territories. Neben den Häusern auf den Uferfelsen stehen Motorschlitten, auf Trockengestellen ist Fisch ausgebreitet. Schlittenhunde sind angepflockt und begrüßen den Besucher mit lautem Gebell. Neben dem Ort befindet sich ein traditioneller Friedhof. Die Fahrt zum 200 km entfernten Fort Providence führt durch das **Mackenzie Bison Sanctuary,** ein Schutzgebiet für eine große Herde reinblütiger *Wood Bison*. In Fort Providence locken gute

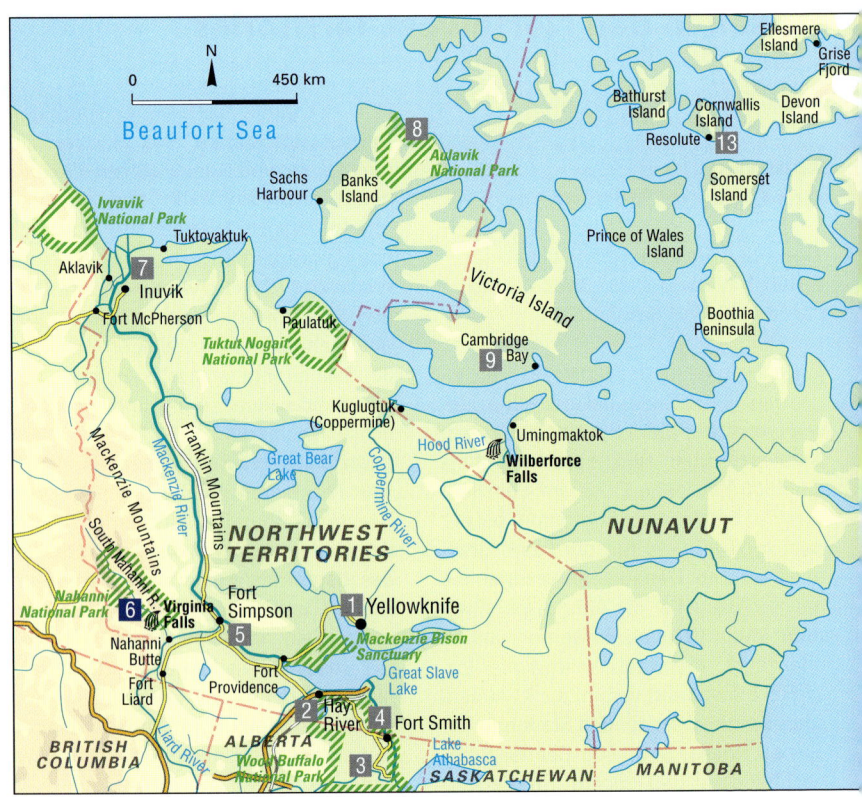

Angelmöglichkeiten – Boote können gemietet werden.

Hay River  (3600 Einw.) am Südufer des Great Slave Lake, ist mit 5000 Einwohnern ein geschäftiger Fischereihafen. Im Sommer legen hier die großen Frachtkähne an, die den Nachschub in die Siedlungen des Nordens bringen. Ausgrabungen in der Nähe belegen, dass die Dene hier schon vor mehreren Tausend Jahren gesiedelt haben. Die Stadt hat mehrere Hotels und Restaurants. 50 km südlich lohnt sich ein Besuch der Alexandra Falls. Hier stürzen sich die Wasser des Hay River in die Tiefe.

Der Highway 5 führt in den **Wood Buffalo National Park** an der Süd-grenze der Provinz. In der subarktischen Wildnis im Peace- und Athabasca River-Delta leben 3500 Bisons, die größte noch frei lebende Herde Amerikas. Außerdem gibt es Biber, Bisamratten und 200 verschiedene Vogelarten. Touren in den Nationalpark werden von **Fort Smith** aus arrangiert. Im **Northern Life Museum,** 110 King St., sind neben Pioniergegenständen vor allem interessante Ausstellungen zur Naturgeschichte des Nordens und der Kultur der Inuit und der Indianer zu sehen

Fort Simpson und Nahanni National Park

Tipps & Adressen   Fort Simpson S. 363, Nahanni National Park S. 378

Fort Simpson (1300 Einw.), 630 km von Yellowknife entfernt, am Zusammenfluss des Mackenzie und des Liard River, ist der nördlichste Punkt des Mackenzie Highway. 1804 als *Fort of the Forks* erbaut, wurde es später zu Ehren des Hudson's Bay Company-Gouverneurs George Simpson umbenannt. Das Gebiet ist die Heimat der Slavey Dene. Viele der Männer betätigen sich noch als Jäger und Trapper. Im örtlichen *store* kann man das attraktive Kunsthandwerk der Dene-Frauen bewundern. Besonders schön: Körbchen, verziert mit den gefärbten *quills* der Stachelschweine.

Im Ort können Sightseeing-Flüge und Exkursionen in den **Nahanni National Park** organisiert werden, ein rund 5000 qkm großes Wildnisareal von überwältigender landschaftlicher Schönheit. Das Parkgebiet erstreckt sich zu beiden Seiten eines etwa 320 km langen Abschnitts des South Nahanni River mit

Northwest Territories und Nunavut

tiefen Schluchten, steil aufragenden Bergen, Wildwassern, heißen Quellen und Sinter-Terrassen. Sogar Orchideen wachsen hier. Im Zentrum des Parks liegen die tosenden **Virginia Falls,** 98 m tief stürzen die Wasser des South Nahanni River in die Tiefe. Ein Traumziel für Wildnisfanatiker und Wildwasserfahrer.

Von Fort Simpson fährt man auf der Schotterstraße des Liard Highway nach **Fort Liard.** Eine Strecke von 285 km – von dort sind es dann noch einmal 229 km bis Fort Nelson in British Columbia. Fort Liard wird von den Northerners schon als ›tropisch‹ angesehen, so grün und üppig präsentieren sich hier Bäume und Gärten. Im Durchschnitt ist denn auch das Klima wesentlich wärmer als in den meisten Orten des Nordens.

Die westliche Arktik

Tipps & Adressen   Inuvik S. 369

Dicht an der Grenze zum Yukon Territory liegt **Fort McPherson,** ein alter Handelsposten an der Uferbank des Peel River. Danach kommt **Arctic Red River,** ein malerischer kleiner Ort der Gwich'in Dene-Indianer inmitten grüner Hügel, abseits vom Dempster Highway und nur mit einer Fähre zu erreichen.

Inuvik 7 ist der westlichste Ort der Northwest Territories. Hier endet, 200 km über dem Polarkreis, Amerikas nördlichster Highway, der Dempster, und hier mündet auch der Mackenzie River mit Kanadas größtem Flussdelta in das Eismeer (s. Kapitel »Dempster Highway: Mit dem Auto zum Eismeer«, S. 274 ff.).

Von Inuvik sind Exkursionen mit Boot oder Flugzeug möglich: Beeindruckend

ist der Flug über das riesige Delta nach Aklavik am Rande der Baumgrenze und nach Tuktoyaktuk und Paulatuk, zwei traditionellen Inuvialuit-Dörfern. Das kleine Dorf Sachs Harbour auf Banks Island wurde durch die Suche nach der Nordwestpassage bekannt. Auf Banks Island gibt es den nördlichsten navigierbaren Fluss Kanadas, den Thompsen

River und einen neuen Nationalpark. Der **Aulavik National Park** 8 bietet gute Möglichkeiten für Kanu- oder Floß- exkursionen und ist ein Paradies für Na- turfotografen. Im Frühjahr sorgen Inuvi- aluit-Führer mit Hundeschlittenteams dafür, dass Eisbären und Moschusoch- sen dicht genug vor die Kamera kom- men, und im Sommer kann man riesige Schwärme von Wildgänsen und Seevö- geln beobachten.

Wohl deshalb konnte hier eine der äl- testen permanenten Siedlungsstätten der Northwest Territories nachgewiesen werden. Archäologische Ausgrabungen am nahen Fisherman Lake haben 9000 Jahre alte indianische Gegenstände ans Tageslicht gebracht.

Reisen in Nunavut

Karte   S. 242

Die mittlere Arktik-Küste

Tipps & Adressen
Cambridge Bay S. 352

Ein weites Tundragebiet mit Seen, die bis Mitte Juli vom Eis bedeckt sind und unzählige Inseln werden unter diesem Begriff zusammengefasst. Im Sommer färbt ein unendlicher Teppich von winzigen Blüten die Tundra bunt. Hier ist die Heimat der zigtausendköpfigen Karibu-Herden, die Tausende von Kilometern über das Land ziehen. Weit verstreut liegen die wenigen kleinen Inuit-Siedlungen, fast immer dort, wo gute Möglichkeiten für Jagd und Fischfang bestehen. Auch Angler und Jäger aus allen Teilen der Welt zieht es in diese Region.

In **Kugluktuk** (1300 Einw.), früher Coppermine, an der Mündung des gleichnamigen Flusses in den Coronation Gulf, existieren schon seit Urzeiten Inuit-Siedlungen. Ein Trail führt am Coppermine River entlang zu den Bloody Falls, benannt nach dem Massaker, das die indianischen Chippewayan-Führer des Entdeckers Samuel Hearne trotz seines hilflosen Protests hier an den friedlichen Inuit verübten. Touren zu den Wasserfällen oder entlang der landschaftlich außerordentlich reizvollen Küste können im Ort arrangiert werden.

Mit über 1400 Einwohnern ist **Cambridge Bay** 9 auf Victoria Island einer der größeren Orte des hohen Nordens und Transport- und Verwaltungsmittelpunkt der Region. Sehenswert ist die malerische Steinkirche. Interessant ist

Wanderer am Pangnirtung Pass

auch ein Besuch der kooperativen Fischverarbeitungsanlage, die hier in den Sommermonaten 50 000 kg Arctic Char (Eismeersaibling), den delikatesten Fisch des Nordens, verarbeitet. In Cambridge Bay lassen sich auch traditionell angefertigte Parkas und Kunsthandwerk erwerben. Am Bathurst Inlet liegt **Umingmaktok** (50 Einw.), auf Inuktitut der »Ort der vielen Moschusochsen«, die einzige Inuit-Siedlung ohne weiße Einwohner. Der althergebrachte Lebensstil mit Fischen und Jagen hat hier überdauert. Ein Dorado für Naturfotografen, denn außer Moschusochsen kann man Karibus, Grizzlies, Seehunde und über 80 Vogelarten fotografieren. Umingmaktok ist nur mit dem Charterflugzeug ab Yellowknife oder Cambridge Bay zu erreichen.

Baffin Island und der äußerste Norden

Tipps & Adressen   Iqaluit S. 369, Auyuittuq National Park S. 348, Pangnirtung S. 379, Cape Dorset S. 353, Resolute S. 385, Ellesmere National Park S. 361

Eisberge und riesige Eisschollen, Gletscher, die sich zum Meer winden, Eisbären, Wale und Walrosse und die Kultur der Inuit – wohl kaum eine andere Region kommt unseren Vorstellungen von der ›wirklichen‹ Arktik so nah. Baffin symbolisiert auch den jahrhundertelangen Traum von Generationen furchtloser Entdeckernaturen, denn hier liegt der Eingang zur legendären Nordwestpassage. Es ist wohl auch eine der zu Recht bekanntesten Regionen des

Trekking im Auyuittuq National Park auf Baffin Island

hohen Nordens. Möglichkeiten für Aktivurlauber gibt es genug: Im Frühjahr Fahrten mit dem traditionellen Hundeschlittengespann, Ausflüge mit Motorschlitten oder Skiwanderungen in die Fjorde bis an den Rand des schwimmenden Eises; im Sommer Trekking, Kanutouren auf den Flüssen, Exkursionen mit Booten entlang der Küste. Hauptattraktion ist natürlich der Treck durch den Auyuittuq National Park.

Iqaluit 🔟, früher Frobisher Bay genannt, an der Ostküste von Baffin Island, ist mit einer Bevölkerung von über 2500 Einwohnern der größte Ort der Insel, Verwaltungssitz der Regierung und ›Verkehrsknotenpunkt‹. Im Ort gibt es mehrere Hotels und Restaurants. Ausführliche Informationen erhält man im **Unikkaarvik Visitor Centre,** wo auch die Region in Ausstellungen und Displays vorgestellt wird. Hervorragende arktische Kunst und kunsthandwerkliche Exponate sind im **Nunatta Sunakkutaanngit Museum** zu sehen. Museum und Shop, wo erstklassige Souvenirs und Kunsthandwerk verkauft werden, sind in einem historischen Lagerhaus der Hudson's Bay Company untergebracht. Eine 20-minütige Bootsfahrt führt zu einer historischen Siedlungsstätte der Thule, die hier vor 2600 Jahren lebten. Auch Besuche von Künstlerwerkstätten, Ausflüge und Exkursionen zu anderen Orten Nunavuts können arrangiert werden. Iqaluit ist im Linienverkehr von Montreal, Ottawa, Edmonton und Yellowknife zu erreichen. Von Iqaluit gibt es auch regelmäßige Flugverbindungen zu den anderen Orten auf Baffin. Eine Reihe von örtlichen Veranstaltern arrangieren Charter und Touren.

Der 21 500 qkm große **Auyuittuq National Park** 11 ist urzeitliche Wildnis: mächtige Berge, Gletscher und himmelhohe senkrechte Felswände, riesige Geröllhalden und Wiesen voller arktischer Blumen. Das Inuit-Wort bedeutet ›das Land, das niemals auftaut‹. Ein passender Name für Kanadas letztes Überbleibsel der jüngsten Eiszeit. Die Gletscher der Penny Ice Cap, über 2000 m hoch, bedecken über 3500 qkm des Parks. Häufig besucht ist das Tal des Weasel River, das hinaufführt zum Pangnirtung Pass, von dem sich ein überwältigendes Panorama bietet. Gelegentlich lassen sich Eisbären, Walrosse, Belugawale und Narwale mit ihrem bis zu drei Meter langen Horn beobachten. Von Mai bis Juni hat man hier 24 Stunden Tageslicht. Die Anreise erfolgt mit dem Flugzeug über Iqaluit nach **Pangnirtung.** Hier ist auch das Park Office, wo der Weitertransport zum Park vermittelt wird. Beste Zeit für den Besuch ist Ende Juni bis Anfang August. In Pangnirtung, 2300 km von Yellowknife entfernt, leben etwa 900 Inuit vom Fischfang, von der Jagd auf Karibu, Walross und Seehund und auch vom Verkauf ihrer begehrten kunsthandwerklichen Arbeiten. In einer zweistündigen Exkursion mit dem Boot lässt sich der **Kekerten Historic Park** erreichen. Hier findet man die Steinfundamente einer alten Walfangstation aus der Mitte des 19. Jh. und Überreste von Erdhäusern der Inuit.

Cape Dorset 12, eine Inuit-Siedlung mit 700 Einwohnern am Südwestzipfel von Baffin Island, ist international als ›Künstlerdorf in der Arktik‹ berühmt für die dort angefertigten, wunderschön geschnitzten Specksteinfiguren und die künstlerisch hochwertigen Lithografien und Drucke. Die Inuit-Künstler haben sich in der West Baffin Eskimo Co-Operative zusammengeschlossen, die den Verkauf der Kunstwerke übernommen hat und der größte Arbeitgeber des Ortes ist. Bei Cape Dorset fanden Archäologen Überreste einer prähistorischen Zivilisation, die sie ›Dorset-Kultur‹ nannten. Mit Hundeschlitten oder Boot kann man die Grabungsstätten erreichen.

Für die Unternehmungslustigen unter den Nordlandreisenden bietet sich **Resolute** 13 auf Cornwallis Island an. Von hier aus arrangiert ein Outfitter Touren zum Magnetischen Nordpol in der Nähe von Bathurst Island, zum Ellesmere National Park oder gar zum Nordpol.

Als Zwischenstation eignet sich **Grise Fjord,** der nördlichste Ort Amerikas. Die Inuit-Siedlung mit nur 100 Seelen, landschaftlich außerordentlich schön zwischen Meer und mächtigen Bergen gelegen, gilt als einer der faszinierendsten Orte des hohen Nordens. Auf der anderen Seite des Fjords findet man uralte Steinhütten, Zeltringe und Fischwehre, und noch heute leben die Dorfbewohner von der traditionellen Jagd. Einheimische Führer bringen den Gast auf die riesigen Eisflöße, um Eisbären oder Vögel zu beobachten.

Der **Ellesmere National Park** 14 mit seinen 40 000 qkm unerschlossener Wildnis liegt hoch im Norden der arktischen Insel Ellesmere, nur etwa 800 km vom Nordpol entfernt. Der Besuch ist ein beeindruckendes Erlebnis: blendend weiße Gletscher zwischen Geröllhügeln und Felsen in den verschiedensten Schattierungen von Gelb, Braun und Schwarz, Eisberge in den Fjorden und ein großer Binnensee, der Lake Hazen. Das Gebiet um den See ist eine polare Wüste, windig und trocken. Hier gibt es eine beträchtliche Anzahl Schneehasen, die oft in Kolonien von Hunderten von Tieren anzutreffen sind. Außerdem kann man Peary-Karibus, Moschusochsen und Wölfe beobachten.

Yukon Territory –
Auf den Spuren der Goldsucher

Das Yukon Territory im äußersten Nordwesten Kanadas ist heute touristisch recht gut erschlossen. Komfortable Lodges und gut ausgebaute Highways machen die Reise in den Norden einfach. In den Supermärkten der Orte gibt es – etwas teurer zwar – alle Genüsse, die auch der Süden Kanadas zu bieten hat. Doch dies ist nur eine Seite des gewaltigen Landes: Rechts und links der (wenigen) Highways dehnt sich wie seit Urzeiten ein einsames Wald- und Tundragebiet, und beim abendlichen Lagerfeuer an einem der stillen Seen kommt auch heute noch mühelos ›Jack-London-Stimmung‹ auf. Im Hinterland warten namenlose Bergketten auf Wildniswanderer und völlig unberührte Flüsse auf Kanuten und Schlauchbootfahrer.

Über Jahrzehnte war der 1942 erbaute, legendäre Alaska Highway die einzige Landverbindung ins Yukon Territory, eine abenteuerliche Rüttelpiste ins Nordland. Zwar ist der Highway heute geteert, aber er führt noch immer durch menschenleere Wildnisregionen, und nur alle 30 bis 50 km verspricht eine Lodge am Highway den Komfort der Zivilisation. Als Alternativroute hinzugekommen ist der Cassiar Highway, der von Hazelton im Nordwesten British Columbias entlang der Coast Mountains 733 km nordwärts bis nach Watson Lake im Yukon Territory führt und dort an den Alaska Highway anschließt. So kann man heute eine Rundfahrt ins Yukon Territory gut von Edmonton aus planen: Über den Alaska Highway nach Norden und über den Cassiar Highway wieder zurück (s. unten). Noch schöner, aber nur nach langer Vorausbuchung machbar, ist eine Hin- oder Rückfahrt mit der Alaska Ferry durch die Inside Passage Alaskas von Prince Rupert nach Skagway – die alte Route der Goldgräber auf ihrem Weg nach Dawson City. Man kann jedoch auch von Edmonton nach Whitehorse fliegen und dort einen Leihwagen nehmen.

Bester Ausgangspunkt für die Reise ist Edmonton in Alberta, hier gibt es gute Auto- und Campervermietungen, und in den Supermärkten kann man sich preiswert mit Vorräten für die lange Tour eindecken. Über Grande Prairie in Nord-Alberta geht es dann nach Dawson Creek, dem Ausgangspunkt des Alaska Highway und über den Yellowhead Highway kehrt man vom Cassiar Highway kommend über den Jasper National Park wieder nach Edmonton zurück.

Zwei bis drei Wochen sollte man sich schon Zeit nehmen für eine Fahrt ins Yukon Territory und zu den sagenhaften Goldfeldern am Klondike – mehr noch, wenn man nach Alaska weiterfahren möchte. Die beschriebenen Routen führen zu historischen Pionierorten, über einsame Highways und durch wilde Urlandschaften. Um die grandiose Natur des Nordens in ihrer Ursprünglichkeit zu erleben, sollte man auch einige Tage – abseits der großen Highways – in der Wildnis einplanen: vielleicht mit einer geführten Wanderung oder Kanutour, einem Aufenthalt in einer abgelegenen Wildnislodge oder einer Schlauchbootfahrt auf den tosenden Gletscherflüssen des Kluane National Park.

Herbststimmung am Alaska Highway

Der Alaska Highway –
Geschichte einer Legende

Januar 1940, Zweiter Weltkrieg: 72 000 Menschen leben zu diesem Zeitpunkt in Alaska. Über Nacht rückt das Land, bis dahin ein kaum beachtetes nördliches »Anhängsel«, in den Blickpunkt nationaler Interessen. Die Sowjetunion, Nachbar jenseits der Beringsee, baut wenige Kilometer vor der Westküste einen Militärflughafen, und die Bedrohung durch die Japaner nimmt zu. Die Soldaten des Tenno erobern wenig später sogar zwei Inseln der äußeren Aleuten. Alaska mit seinen 1 518 000 qkm ist zu diesem Zeitpunkt militärisch nahezu ungeschützt.

Am 2. Februar 1942 beschließen die amerikanische und die kanadische Regierung den Bau einer Militärstraße mit Routenführung durch die kanadischen Provinzen Alberta, British Columbia und das Yukon Territory. Zwölf Tage später, am 14. Februar 1942, erfolgt der erste Spatenstich. Alles in allem werden in diesem Jahr 11 000 Männer am so genannten »Alcan Highway« arbeiten. »Alcan«, die Bezeichnung steht für Alaska und Kanada. Erst nach Freigabe für nichtmilitärische Zwecke wird sich die Bezeichnung »Alaska Highway« durchsetzen.

Dawson Creek, Meile Null des Highways: Es wimmelt jetzt von Soldaten in dem früher verschlafenen Ort. Die Route soll dem alten Winterpfad der Indianer und Trapper nach Norden folgen. Namen, die bisher kaum einer kennt, erscheinen auf Militärkarten: Fort St. John, Fort Nelson. Zur gleichen Zeit startet ein Gegentrupp mit dem Bau in Alaska – 1200 Meilen entfernt.

März 1942: Noch liegen die Temperaturen bei –20 °C. Nur langsam kommt der Frühling, aber mit ihm auch Myriaden stechender Moskitos. Trotz allem, an manchen Tagen werden bis zu sieben Kilometer der Straße in die Wildnis hineingeschlagen. Der beginnende Nordlandsommer ermöglicht es den Männern, rund um die Uhr zu arbeiten. Für die Ingenieure entsteht ein neues Problem. Wie baut man eine Straße auf permanent gefrorenem Boden und *muskeg,* dem tiefen Moos des Nordens? Das Unternehmen fordert seinen Tribut. Maschinen halten den Dauerbelastungen nicht stand. Soldaten verunglücken in großer Zahl. Am 14. Mai 1942 ertrinken elf Mann im Charlie Lake.

Nach Monaten extremer Härte, am 24. September 1942, treffen sich die Regimenter von Norden und Süden am Contact Creek. Eine Pionierstraße ist geschaffen, mehr als 1500 Meilen lang, in einer Rekordzeit von acht Monaten und zwölf Tagen.

(Dieter Kreutzkamp)

Auf zum Yukon!

Auf dem Alaska Highway von Dawson Creek nach Whitehorse

Dawson Creek – Fort St. John – Fort Nelson – Watson Lake – Teslin – Whitehorse (1475 km)

Karte S. 255
Tipps & Adressen
Dawson Creek S. 357, Watson Lake S. 401, Teslin S. 391

In **Dawson Creek** 1 im nördlichen British Columbia beginnt am Milepost ›0‹ der legendäre Alaska Highway. Dawson Creek, das noch vor Jahren nur ein einsamer Außenposten der Zivilisation war, hat in den letzten Jahren kräftig zugelegt und ist heute eine geschäftige Stadt mit 12 000 Einwohnern. Ringsum blühen im Sommer knallgelbe Rapsfelder bis zum flachen Horizont, Sägewerke und Sperrholzfabriken verarbeiten das Fichtenholz aus den Wäldern des Hinterlandes. Und nicht zuletzt hat auch der Erdgas-Boom der letzten 20 Jahre für Arbeitsplätze gesorgt.

Sehenswert ist neben dem berühmten ›0‹-Meilenstein im Ortszentrum der **Northern Alberta Railway Park.** Hier ist in einer restaurierten Eisenbahnstation ein Museum mit Erinnerungsstücken aus den letzten 75 Jahren Bahngeschichte untergebracht und einen historischen Getreidespeicher hat man in eine faszinierende Galerie verwandelt, in der Kunst und Kunsthandwerk örtlicher Künstler zu bewundern und auch zu erwerben ist. Im Park steht auch das Tourismusbüro der Stadt. Das **Walter Wright Pioneer Village** mit authen-

Anreise zum Yukon Territory

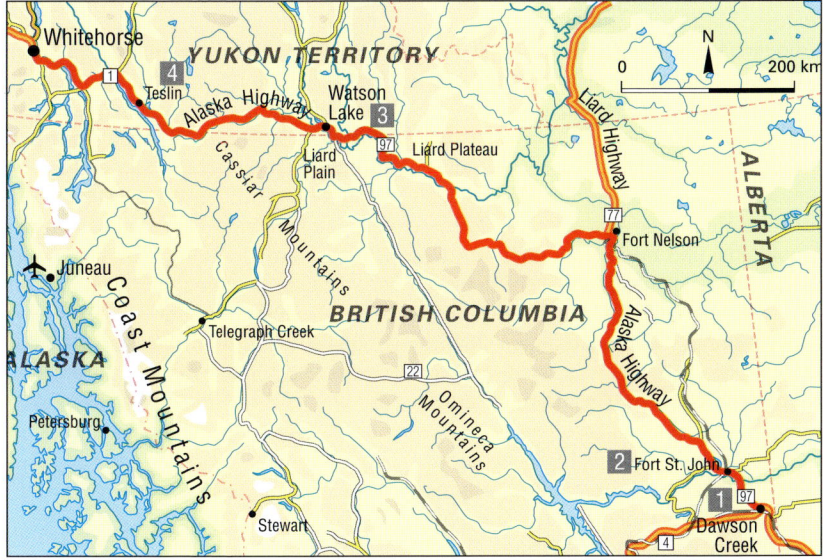

tisch eingerichteter Kirche, Schmiede, General Store und Trapper Cabin spiegelt das Leben der ersten Pioniere der Region wider.

Dann beginnt die lange Fahrt nach Norden. Doch von einem mühevollen Weg und staubiger Schotterpiste kann nicht mehr die Rede sein – die alte Alaska Road ist hier längst zu einem perfekt geteerten, sofasanften Highway ausgebaut. Der kurvige alte Highway wurde in British Columbia weitgehend durch eine neue Straße ersetzt. Nur bei km 28 kann man noch auf einer kurzen Stichstraße den alten Militärhighway von 1942 ein Stück weit fahren und auch noch die einzige erhaltene originale Holzbrücke bewundern, die **Kiskatinaw River Bridge.**

Rund 50 km weiter liegt **Fort St. John** 2, 14 000 Einwohner, eine der ältesten nicht-indianischen Siedlungen in British Columbia und heute Zentrum der Öl- und Erdgasindustrie. Schon 1794 entstand an den schlammigen Bänken des Peace River die Pelzhandelsstation Rocky Mountain Fort. 1793 machte Alexander Mackenzie auf seiner Entdeckungsreise zum Pazifik hier Station. Das kleine Museum im Centennial Park informiert über die Pionierzeit.

Von Fort St. John bis Fort Nelson führt der Highway durch einsame Waldstrecken, klettert am Trutch Mountain über die nördlichen Ausläufer der Rocky Mountains, und nur alle 30 oder 40 km sorgen eine kleine Lodge, ein kleiner Waldsee oder ein kreuzender Elch für Abwechslung. Bei Kilometer 764,7 kommt die Abzweigung zum **Liard River Hot Springs Provincial Park.** Mitten in der Wildnis sprudelt hier heißes Quellwasser aus dem Boden – eine willkommene Badegelegenheit schon damals für die Indianer und Trapper. Seitdem hat man einen hölzernen Plankenweg durch den Sumpf um die Quellen gelegt und Badehäuschen gebaut. Die Quellbecken selbst aber sind nach wie vor naturbelassen und ein herrliches Plantschvergnügen.

Bei **Watson Lake** 3 (km 1021) ist man bereits im Yukon Territory. Ein einfacher GI legte beim Bau des Highways den Grundstein für die Popularität von Watson Lake. Vom Heimweh geplagt, nagelte er das Ortsschild seiner Heimatgemeinde an einen Baum. In mehr als 40 Jahren entstand daraus der größte und verrückteste Schilderwald auf Erden: ein Meer von bunten Tafeln, vom Highway aus nicht zu übersehen. Irgendwo dazwischen gibt es auch das Schild: »Mitführen und Laufenlassen von Hunden verboten. Stadt Augsburg, Gartenamt.« Im **Yukon Visitor Reception Centre** gibt es Informationsmaterial und eine nette Diashow über die Region zu sehen. Wen das Phänomen »Aurora Borealis« interessiert, sollte dem **Northern Lights Centre** mit seinen interaktiven Displays und täglichen Nordlichtinszenierungen im Electric Sky Theatre einen Besuch abstatten.

Von den 480 Einwohnern des Ortes **Teslin** 4 sind die meisten Indianer, die großteils noch von Fischfang und Fallenstellen leben. Im **George Johnson Museum** ist die größte Sammlung von Tlingit-Kunst im Yukon zu sehen. Der fast 140 km lange Teslin Lake, dem der Highway am Nordufer folgt, bietet ausgezeichnete Angelmöglichkeiten. Weiter nördlich überquert der Highway eine Hügelkette und führt dann am Ufer des flachen, lichtblauen Marsh Lake entlang, der bereits zum Flusssystem des Yukon gehört. Wenig später ist Whitehorse erreicht.

Rundreisen im Yukon – mit ›Stippvisiten‹ in Alaska

Karte S. 258

Whitehorse

Tipps & Adressen S. 402

1 In Whitehorse, seit 1953 Hauptstadt des Yukon Territory, leben über zwei Drittel aller Bewohner des Territoriums. Mit 22 000 Einwohnern ist die Stadt, in der 250 Tage im Jahr Frost herrscht, die größte im nördlichen Kanada. Ihre Geschichte reicht zurück bis ins Frühjahr 1898, als Zehntausende Goldsucher über den Chilkoot und den White Pass kamen, um vom Lake Lindeman oder Lake Bennett mit Booten den Yukon River hinunter nach Dawson zu fahren. Die White Horse Rapids im Miles Canyon, die gefährlichsten Stromschnellen des Yukon, drohten zum Massengrab der unerfahrenen Bootsführer zu werden. Deshalb richtete man eine acht Kilometer lange Pferdebahn als Umgehung des Canyons ein. Wo die Boote wieder beladen wurden, erstreckte sich bald eine riesige Zeltstadt, aus der sich schnell die Stadt Whitehorse entwickelte.

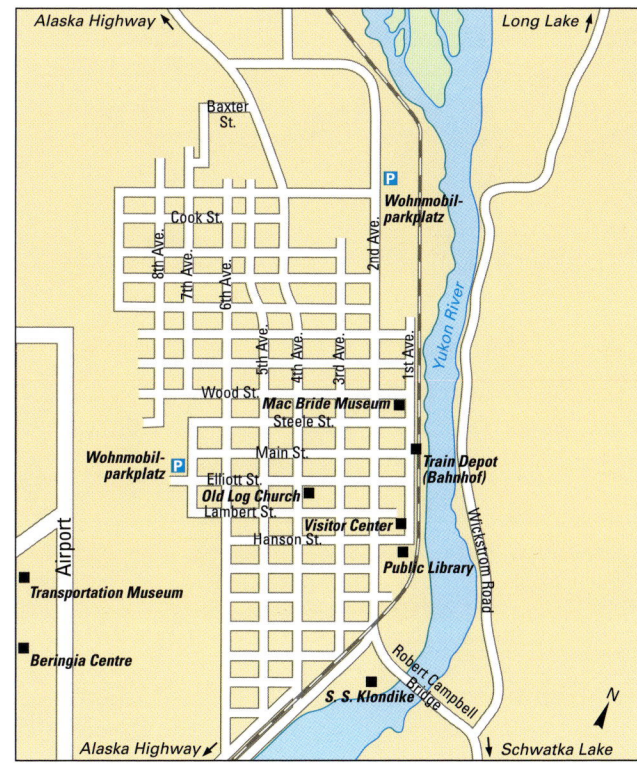

Whitehorse

Als im Jahr 1900 die White Pass & Yukon Railroad das aufblühende Städtchen erreichte, wurden hier Fracht und Passagiere auf die Schaufelraddampfer gebracht, die die Reise nach Dawson auf dem Fluss fortsetzten. Im Zweiten Weltkrieg kam dann noch einmal ein Boom, als die Stadt während der Bauarbeiten am Alcan Highway zum Knotenpunkt wurde. Dawson City, zuvor die Hauptstadt des Territory, verlor immer mehr an Bedeutung, und Whitehorse entwickelte sich nach dem Zweiten Weltkrieg zur Metropole des Nordens.

Rundreisen im Yukon

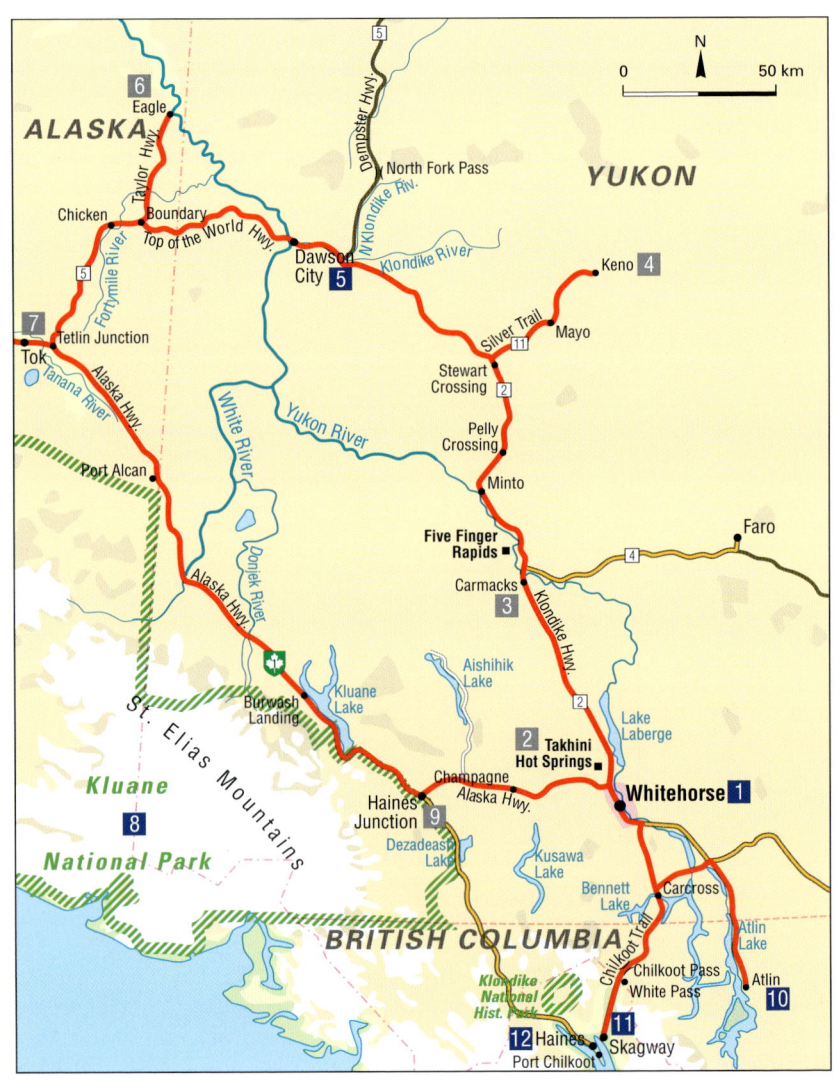

Am Ufer des Yukon in der Nähe der Robert-Campbell-Brücke liegt auf einer Sandbank die **»S. S. Klondike«**. Der schön restaurierte Schaufelraddampfer beförderte von 1937 bis 1955 Fracht und Passagiere auf dem Yukon von Whitehorse nach Dawson City. Anderthalb Tage dauerte damals die Reise flussabwärts, viereinhalb Tage flussaufwärts. In den 50er Jahren wurden dann alle Yukon-Dampfer aus dem Verkehr gezogen, weil die inzwischen gebauten Brücken für die Schiffe zu niedrig waren. 1966 wurde die »S. S. Klondike« zum National Historic Site erklärt und an ihren jetzigen Platz an der Uferpromenade gebracht, restauriert und originalgetreu eingerichtet – einschließlich der Zeitschriften aus dem Jahr 1937. Die einstündige Besichtigungstour sollte man nicht versäumen.

Weitere Erinnerungen an die Pionierzeit warten im **MacBride Museum** in der Innenstadt. Displays und Hunderte von Fotos vermitteln einen faszinierenden Einblick in die Jahre des großen Goldfiebers. Wer sich eingehender über die Geschichte des Yukon informieren möchte, findet in der **Whitehorse Public Library** und vor allem in den Yukon Archives eine Fülle von Fotos, Dokumenten, Zeitschriften und Büchern, die zum Teil bis auf das Jahr 1846 zurückgehen.

In der **Old Log Church** aus dem Jahr 1900 an der 3rd Ave. und Elliott Street kann man sich über die Missionierungsgeschichte im Nordland informieren. Die Atmosphäre der turbulenten Goldrausch-Jahre wird in der Vaudeville-Show der **»Frantic Follies«** mit Sketches von Robert Service wieder lebendig. Seit fast 30 Jahren findet die beliebte Show im Westmark Whitehorse Hotel statt.

Lohnend sind auch die zweieinhalbstündigen Bootstouren auf dem Yukon

River. Flussabwärts fährt man mit der der »MV Schwatka«, beginnend am Dock gegenüber dem MacBride Museum. Vom Dock des Schwatka Lake führt eine Tour flussaufwärts durch den landschaftlich reizvollen **Miles Canyon.** Und am Südufer des Yukon River kann man im Sommer in einer Fischleiter die Lachse beobachten, die stromaufwärts zu ihren Laichgebieten schwimmen.

Im **Yukon Beringia Interpretive Centre** beim Airport werden interessante Displays über das Yukon Territory zu prähistorischer Zeit gezeigt und im **Yukon Transportation Museum** gibt es dann Ausstellungen aus der jüngeren Geschichte zu sehen: vor allem über Hundeschlitten, Buschpiloten, Flussdampfer und die Whitepass & Yukon Railroad. Im **Captain Martin House** stellt die Yukon Art Society Werke von über 150 Künstlern aus dem Yukon vor.

Auf dem Klondike Highway von Whitehorse nach Dawson City

Whitehorse – Takhini Hot Springs – Lake Laberge – Carmacks – Minto – Pelly Crossing – Steward Crossing – Dawson City (540 km)

Tipps & Adressen
Takhini Hot Springs S. 390, Keno S. 374, Carmacks S. 354

Von Whitehorse führt der Klondike Highway (Hwy. 2) im Tal des Yukon durch riesige Waldgebiete nach Norden. 20 km nördlich von Whitehorse lohnt ein kurzer Abstecher zu den **Takhini Hot Springs** 2, wo heißes Quellwasser ein Badebecken füllt und man nebenan gut campen kann. Von dort verläuft der Highway entlang des **Lake Laberge,** einem See im Flusssystem des Yukon. Der lang gestreckte, oft vom Wind aufgewühlte See inspirierte den Dichter Robert Service, den Barden des Klondike, zu seiner berühmten Ballade »Die Verbrennung des Sam McGee«.

Carmacks 3 hat ein historisches Hotel, wo auch Bootstouren angeboten und Kanus verliehen werden. Sehenswert ist auch die **Carmacks Roadhouse Heritage Site,** ein erst 1996 restauriertes historisches Rasthaus.

Kurz nach Carmacks erreicht man die **Five Finger Rapids,** wo zur Goldgräberzeit so mancher Raddampfer zerschellte. Pilzsucher können im Gebiet um **Minto,** dem historischen Landeplatz der Dampfer, leicht eine Abendmahlzeit finden – hier gibt es einen schönen Campingplatz am Yukon-Ufer. Der nächste Ort ist **Pelly Crossing,** eine kleine Siedlung der Selkirk-Indianer. Hier kann man noch einmal tanken und Vorräte ergänzen. Bis Dawson City sind es dann noch 260 km.

Bei **Steward Crossing** zweigt der Yukon Highway (Hwy. 11) nach Mayo (500 Einwohner) und Keno City ab. Die ersten 55 km des Highway, der durch die enormen Silberfunde in der Region um Keno auch *Silver Trail* genannt wird, sind geteert, die letzten 60 km ab Mayo nur noch Schotterstraße. Der Bergwerksort **Keno** 4 war 1920 eine turbulente *boom town.* Heute hat der Ort nur noch 50 Einwohner, ein Hotel mit Bar, einen *coffee shop* und einen Campingplatz. Im kleinen Keno Mining Museum wird die Bergwerksgeschichte der Region dargestellt.

Noch einige Hügelketten, noch mehr Wälder, dann erreicht man das Tal des **Klondike River** – und stößt auch bald auf die ersten Schutthalden aus der Goldgräberzeit. Breite Kiesbänke säumen die Ufer des Flusses, an dem vor

fast 100 Jahren die Abenteurer jeden Stein umdrehten, um ihre Träume vom schnellen Reichtum zu erfüllen. Die riesigen Geröllhalden sind allerdings erst später durch die Schaufelbagger entstanden. Noch heute sieht man am Bonanza Creek moderne Goldsucher mit schwerem Gerät ihre *claims* ausbeuten. Dawson City – einst als ›Paris des Nordens‹ bezeichnet – ist erreicht.

Dawson City:
Gold und raue Männer

von Wolfgang R. Weber

Tipps & Adressen   S. 356

5 Joseph Ladue lebte schon seit 16 Jahren im Yukon, als er von einem großen Goldfund am Rabbit Creek hörte. Doch statt mit den anderen hinter dem Gold herzujagen, kaufte er das kleine flache Stück Land am Zusammenfluss von Klondike und Yukon, ließ es vermessen und in Parzellen aufteilen und begann Grundstücke zu verkaufen. Auf dieser einstigen Elchweide, einem schlammigen Uferland, entstand innerhalb eines Sommers aus Holzhäusern und Zelten Dawson City. 1897 lebten hier 5000 Leute aus allen Ecken der Welt. 1898, als der Hauptschwall der Goldsucher eintraf, stieg die Bevölkerung auf rund 30 000 an. Dawson City wurde zur größten kanadischen Stadt westlich von Winnipeg. Joseph Ladue hatte sich eine eigene ›Goldmine‹ geschaffen. Es dauerte nicht lange, und er besaß auch richtige Goldminen, Sägewerke und eine Dampfschifflinie auf dem Yukon.

Während der nächsten zwei bis drei hektischen Jahre war Dawson City Kanadas äußerste Grenze der Zivilisation. Riesige Vermögen wurden gemacht und

Blick auf Dawson City – am Zusammenfluss von Yukon und Klondike River

verloren. Danach ging es abwärts mit der Goldgräberstadt. Große Firmen kauften die einzelnen *claims* auf, um sie in großem Stil auszubeuten. Die Meute der Goldsucher zog weiter nach Alaska, als neue Funde in der Gegend von Fairbanks und bei Nome an der Beringsee die Hoffnung auf schnellen Reichtum wieder aufleben ließen.

1906 wühlten bereits vier große Schaufelradbagger im Grund der Täler am Klondike, um noch mehr Gold auszuwaschen. Die wenigen Tausend Personen, die noch in der Gegend lebten, arbeiteten fast alle für die großen Minengesellschaften. Um 1940 war Dawson ein Dorf mit weniger als 1000 Einwohnern. 1953 wurde auch die Regierung des Territoriums nach Whitehorse verlegt.

Dawson City verfiel, das Unkraut wuchs hoch zwischen den verrottenden hölzernen Bürgersteigen. Weiden- und Birkenbüsche drangen in die Stadt, verwischten ihre einstigen Grenzen und versteckten unter ihrem Grün die rostenden Überreste der glorreichen Zeit. Hoch oben vom Midnight Dome, dem Berg über der Stadt, ist das Schachbrettmuster der Straßen noch gut zu erkennen. Da ganz Dawson zum historischen Nationalpark erklärt wurde, versucht man die alte Goldgräber-Atmosphäre so gut wie möglich zu erhalten. Erst durch den Tourismus ist der Ort in den letzten Jahren wieder gewachsen. Etwa 1900 Einwohner leben zurzeit ganzjährig in Dawson. Neue Häuser entstehen, alte Gebäude werden instand gesetzt. Einige Bauten aus der Goldrauschzeit wurden von der kanadischen Regierung restauriert und dienen heute als Museen, Geschäfte oder Wohnhäuser. Im kurzen Sommer schwillt die Bevölkerung für einige Monate an, wenn die Saisonarbeiter aus dem Süden kommen, um die vielen Besucher zu versorgen – besonders, wenn am dritten Montag im August während der Discovery Days jener 16.

Goldrausch im Yukon

Die Geschichte von Dawson City beginnt am 16. August 1896. Vier Männer, Jim Mason und George Carmack mit ihren indianischen Freunden Dawson Charlie und Patsy, dem Neffen Dawson Charlies, campierten am Rabbit Creek, einem Seitenbach des Klondike River. Vor wenigen Tagen hatten sie Robert Henderson getroffen, der ihnen etwas von Gold in den Bächen der Gegend erzählte. Daher waren sie, statt wie geplant Lachse zu fischen, über die Berge gestiegen und hatten sich Hendersons *claim* angesehen, ohne jedoch selber einen *claim* abzustecken. Auf dem Rückweg rasteten sie am Rabbit Creek. George Carmack fiel auf, dass das Wasser des Bachs über geriffeltes Felsgestein lief, und mehr aus Gewohnheit als aus Absicht sah er sich den Boden des Bachs etwas näher an. Irgendetwas erregte seine Aufmerksamkeit. »Ich bückte mich, langte hin und

hielt ein Nugget, ungefähr in der Größe eines 10-Cent-Stücks, in meiner Hand«, erzählte er später. »Ich steckte es zwischen meine Zähne, biss darauf, so wie ein Zeitungsjunge, der einen *quarter* auf der Straße gefunden hat. Ich hielt es zwischen Daumen und Zeigefinger hoch in die Luft und schaute mich nach meinen zwei Begleitern um und rief: ›Hey. Ihr! Gold! Bringt Pfanne und Schaufel, schnell!‹ Ich nahm die Schaufel und grub etwas von dem verwitterten Felsgestein auf. Als ich die ebenen Bruchstücke umdrehte, konnte ich das rohe Gold in dicken Lagen zwischen den verwitterten Felsstücken liegen sehen, wie Käse in einem Sandwich.«

George Washington Carmack, der Entdecker des Goldes, war ein seltsamer Typ: mehr Elchjäger als Goldsucher, mehr an Silberlachsen interessiert als am Gold. Er war 1885 in den Norden gekommen und hatte sich schnell an

August gefeiert wird, an dem der spektakulärste Goldfund des Jahrhunderts gemacht wurde.

Vieles hat sich geändert am Klondike, aber noch heute gibt es Goldgräber, die die Täler durchwühlen und Tonnen von Schlamm und Geröll auswaschen, um einige Gramm Gold zu gewinnen. Der Yukon ist allerdings nicht mehr die große Verkehrsader. Auf dem Fluss ist es still geworden, Dampfschiffe verkehren nicht mehr. Der Verkehr rollt heute über die Highways, die in den 50er Jahren des 20. Jh. gebaut wurden. Nur am

Samstagabend, wenn die modernen Goldsucher von ihren *claims* in die Stadt hereinkommen, ist es noch wie damals: In den Saloons geht es hoch her, im Casino von ›Diamond Tooth Gertie's‹ wird gepokert, auf der Bühne schwingen die Cancan-Girls ihre Beine.

Der heutige Reisende betritt die Stadt quasi durch die Hintertür (vorne ist das Flussufer). Der Klondike Highway führt ihn auf den letzten Kilometern mitten durch die hohen Schotterhügel, die die überdimensionalen, schwimmenden Goldwaschanlagen im Tal des Klondike

das Indianerleben gewöhnt. Er verbrachte die meiste Zeit mit Jagen und Fischen und baute sich eine Hütte nahe den Five Finger Rapids, wo er mit seiner indianischen Frau lebte und gelegentlich Gedichte schrieb. Doch jetzt verbrachten er und seine Begleiter den Rest des Tages damit, überall im Kies des Bachs nach dem glänzenden Metall zu suchen. Wo auch immer sie gruben, fanden sie Gold! Ihre *claims* waren schnell abgesteckt, und binnen zwei Jahren waren aus den Vieren am Rabbit Creek 30 000 fieberhaft in der Erde wühlende Goldsucher am neu benannten Bonanza Creek geworden.

Jim Mason wurde unter seinem Spitznamen Skookum Jim genauso wie Dawson Charlie und George Carmack als Entdecker der Klondike-Goldfelder berühmt. Weil Dawson Charlie aus Tagish stammte, hieß er bald Tagish Charlie und ging unter diesem Namen auch in die Geschichte von Dawson City ein. Nur Patsy ging bei der Geschichte leer aus. Weil er noch nicht volljährig war, durfte er keinen *claim* abstecken und wurde auch nie richtig bekannt.

Dawson City, nur 150 Meilen südlich des Polarkreises gelegen, hieß schnell »das Paris des Nordens«: mit Hotels, Theatern, Tanzhallen und Bars, Kirchen und Hospitälern Seite an Seite mit Blockhütten und Lagerhäusern. Die Bevölkerung bestand aus einem bunten Gemisch von Goldgräbern, Ärzten, Tanzmädchen, Pfarrern und so schillernden Persönlichkeiten wie Diamond Tooth Gertie, Klondike Kate oder auch Jack London. Jeden Sommer kamen Raddampfer Tausende von Meilen den Yukon heraufgefahren und brachten französischen Wein, Bücher, Kleider nach der neuesten Mode, Pianos und Goldgräberausrüstungen. Über allem hing das Geräusch von Barpianos, Rouletterädern, Kirchenglocken und Schiffssirenen.

Wer wirklich das Gold fand, ist nicht klar. Carmack behauptete, er sei der Finder, aber Skookum Jim und Tagish Charlie behaupteten, Skookum Jim habe das Gold gefunden, als er einen Kochtopf im Rabbit Creek reinigen wollte, während Carmack schlafend unter einer Birke lag. Fest steht nur, dass an diesem Abend des 16. August 1896 vier Männer einen der größten Goldfunde der Geschichte machten.

River hinterließen. Wo Klondike und Yukon sich vereinigen, biegt die Straße zum Yukon-Ufer ab und geht in die Front Street über. Hier erinnern der Steinbau der **Canadian Imperial Bank of Commerce** und der hoch auf dem Trockenen sitzende Raddampfer **»S. S. Keno«,** ein typischer Yukon-Schaufelraddampfer aus der Zeit um 1900, noch an die glorreichen Tage.

Hölzerne Gehsteige begleiten die unbefestigten Straßen und führen den Besucher immer tiefer hinein in ein lebendes Museum. Dawson City ist lebendige Geschichte, keine sterile Geisterstadt oder synthetische Vergangenheitsbewältigung. Neben leeren, von Unkraut überwucherten Parzellen, auf denen alte Maschinen und Gerümpel herumliegen, sinken die hölzernen Gebäude mit ihren im harschen Klima ergrauten hölzernen Fassaden langsam in den Dauerfrostboden. Durch leer gähnende Fenster- und Türöffnungen blitzt das Blau des Himmels. Wände in grotesker Schieflage tragen verblichene Schilder, auf denen Waren und Dienstleistungen längst vergangener Zeit angepriesen werden.

Dann wieder pulsiert das Leben in Dawson City – nicht zuletzt durch die zahlreichen Touristen, die sich jeden Sommer einfinden: Hinter den bunten Fassaden der originalgetreu restaurierten Häuser finden sich Geschäfte und Hotels, Werkstätten, ein Theater und Kneipen, und hier besonders »Diamond Tooth Gertie's« Bar. Das **Palace Grand Theatre** wurde an der King Street originalgetreu rekonstruiert, so wie es Arizona Charley Meadows 1899 erbaut hatte. Auf der Bühne erinnert im Sommer jeden Abend die Show der ›Gaslight Follies‹ an die große Zeit der Stadt.

Schräg gegenüber vom Palace Grand, an der Ecke von King Street und 3rd Avenue, steht das 1902 erbaute **Post Office,** das auch heute noch in Betrieb ist. Das Postgebäude und die alte **Commis-** **sioner's Residenz** sind hervorragende Beispiele für Kanadas viktorianische Architektur des ausgehenden 19. Jh.

Aber nicht nur von außen gibt es etwas zu sehen: Im **Harrington's Store** an der Ecke 3rd Avenue/Princess Street illustriert eine Fotoausstellung die frühen Tage der Stadt. Die beste Sammlung zur Geschichte des Goldrausches aber zeigt das Dawson City Museum im alten Gebäude der Territorialregierung. Dia-Shows und historische Filmaufnahmen aus den Goldgräbertagen runden die reichhaltigen Ausstellungen ab. Nebenan im Minto-Park stehen alte Lokomotiven der Eisenbahnlinie, mit der man für wenige Jahre Dawson und die Goldfelder erreichen konnte.

Am Ortsrand erinnert die **Robert Service Cabin** an den berühmten Dich-

Dawson City

Laden in Dawson City

ter, im Norden noch immer als ›Barde des Yukon‹ verehrt. Gleich nebenan steht die rekonstruierte Hütte des noch berühmteren Jack London. In beiden Blockhütten werden im Sommer Lesungen veranstaltet.

Die historischen Goldfelder liegen etwas außerhalb von Dawson und können in einem halbtägigen Ausflug besucht werden. Nur wenige Kilometer stromaufwärts am Klondike River zweigt eine Schotterstraße, die Bonanza Creek Road, nach Süden hin ab und folgt dem Verlauf des berühmten **Bonanza Creek.** Riesige Schotterhalden, die *tailings,* säumen das schmale Rinnsal kilometerweit ins Hinterland. Hier und dort sieht man noch heute moderne Goldgräber, die sich mit Baggern oder Hochdruck-Wasserstrahlen in die Berghänge buddeln, um an die Nuggets zu kommen. Es lohnt sich offenbar immer noch – besonders, wenn der

Goldpreis wieder einmal steigt, nimmt die Aktivität der Buddler um Dawson kräftig zu.

Mehrere kleine Unternehmen entlang der Straße wie etwa der **Claim 33** bieten Goldwaschen für Besucher an. Der Erfolg ist garantiert, krummer Rücken inklusive. Etwas weiter liegt die riesige, heute zum Museum restaurierte **»Gold Dredge No. 4«,** einer der gewaltigen Schaufelradbagger, die nach 1900 im großen Stil die Bachtäler am Klondike durchwühlten, um auch noch jedes kleine Fitzelchen Gold herauszuwaschen. Gleich danach erreicht man dann den **Discovery Claim,** den ältesten *claim* der Region, wo einst George Carmack und seine Freunde das erste Gold entdeckten.

Alle Wege in Dawson führen früher oder später zu Gertie's, denn hier geht es immer noch hoch her. **Diamond Tooth Gertie's Gambling Hall and**

Saloon war über Jahrzehnte das einzige legale Spielkasino Kanadas. Während auf der Bühne Cancan-Girls die Röcke schwingen und ein Klavierspieler für Untermalung sorgt, drängen sich an den Roulette- und Blackjack-Tischen stoppelbärtige *placer miner* neben Indianern und Touristen. Gertie's ist auch der informelle Treff- und Sammelpunkt der ganzen Gegend. Über das Klappern der Roulettekugeln, die gedämpft klingenden Ansagen der Blackjack-Dealer und das Geklimpere des Pianisten tönt von den Tischen der Bar von Zeit zu Zeit ein dröhnendes Lachen: Dort stecken die Oldtimer die Köpfe zusammen und erzählen sich die schauerlichsten Geschichten. Ob wahr oder nicht, wen kümmert's schon.

Auf dem Top-of-the-World Highway nach Tok in Alaska

(280 km)

Tipps & Adressen   Tok S. 392

Nach ein paar Tagen des Schwelgens in historischer Atmosphäre verlässt man Dawson mit der staatlichen Fähre, die hier die Brücke ersetzt, über den Yukon River nach Westen.

Der **Top-of-the-World Highway** zur alaskanischen Grenze ist eine der einsamsten und beeindruckensten Strecken des kanadischen Nordens – durch Tundra- und Taigaregionen windet sich die Straße die windzerzausten Bergkuppen entlang. Bis zum fernen Horizont dehnen sich grüne Hügelzüge ohne die geringsten Zeichen menschlicher Zivilisation. Gut 100 km geht das so, ehe die Grenze zu Alaska auftaucht: zwei einsame Grenzhäuschen, wo nur einige pfeifende Murmeltiere den Zöllnern Ge-

sellschaft leisten. Einige Kilometer hinter der Grenze steht das erste Haus in Alaska: die **Boundary Lodge** mit einer Tankstelle und einem urigen Saloon. 20 km weiter zweigt der Taylor Highway nach Norden hin ab. Der rund 100 km lange Abstecher nach **Eagle** 6, einem weltverlassenen historischen Pionierstädtchen der Goldsucher und Trapper am Yukon-Ufer, lohnt sich. Wildniskanuten können von hier zu einer Tour auf dem Yukon durch das Yukon-Charley Rivers National Preserve aufbrechen; wer es lieber etwas bequemer hat, kann mit der »Yukon Queen« auf dem Fluss von Eagle nach Dawson fahren.

In südlicher Richtung folgt der Taylor Highway dem Fortymile River, einem der Goldflüsse Alaskas. Was noch heute deutlich zu sehen ist, denn der Highway passiert mehrere Camps moderner Goldgräber, die mit Bulldozern und anderem schwerem Gerät die Sandbänke am Ufer durchwühlen. Auch der Fortymile ist ein bei Kanufahrern beliebter Fluss, der sogar von der US-Regierung zum Wild and Scenic River erklärt wurde.

Der einzige Ort entlang der Strecke ist **Chicken,** eine alte Goldgräber- und Trappersiedlung, die durch Ann Purdys Buch »Tisha« bekannt wurde, in dem die Autorin ihr Leben als Lehrerin im damals noch völlig von der Außenwelt abgeschnittenen Wildnisnest Chicken beschreibt. Noch mehr Wälder, noch mehr Hügelketten, dann ist schließlich **Tetlin Junction** erreicht und damit der Alaska Highway. Auch wenn man hier wieder nach Süden weiterfährt, lohnt sich ein kurzer Abstecher – nun auf Asphalt – bis **Tok** 7, der »Schlittenhunde-Hauptstadt« Alaskas. Dort herrscht wieder Zivilisation mit Motels, Souvenirläden und Luxuscampingplätzen.

Von Tok nach Whitehorse

(630 km)

Tipps & Adressen   Kluane National
Park S. 375, Haines Junction S. 367

Durch das Gebiet der Tetlin Indian Reservation führt der hier gut ausgebaute Alaska Highway im breiten Flussbett des Tanana River nach Süden. Bei **Port Alcan** ist die kanadische Grenze erreicht. Beiderseits der Grenzmarkierung sieht man eine breite, schnurgerade Schneise durch die lichten Nadelwälder laufen: Auf sechs Meter Breite und fast 1000 km Länge schlugen hier Vermessungstrupps zwischen 1904 und 1920 eine Bresche in die Wildnis, um die internationale Grenze zu markieren. Immer entlang des 141. Längengrades vom Polarmeer im Norden bis tief hinein in die Wrangell-St. Elias Mountains.

Hinter der Grenze ist der Alaska Highway wieder schlechter zu befahren. Er ist zwar immer noch geteert, schmiegt sich aber in zahllosen Kurven an die Hügel und bremst jeden forschen Fahrer durch große Schlaglöcher ab. Die mächtigen Gletscherströme des White und Donjek River werden überquert.

Als **Burwash Landing** verläuft die Straße auf gut 60 km Länge entlang des Kluane Lake, des größten Sees im Yukon Territory. Zur Rechten bilden die mächtigen, fast 6000 m aufragenden **St. Elias Mountains** mit ihren eisbedeckten Gipfeln eine beeindruckende Kulisse. Hier beginnt der **Kluane National Park** 8, ein völlig unerschlossenes, 13 600 qkm großes Wildnisgebiet. In diesem größten Gletscherareal außerhalb der Arktis ist der Mount Logan mit 5959 m der höchste Berg Kanadas. 1980 wurde diese Hochgebirgsregion zusammen mit dem angrenzenden Wrangell-St. Elias National Park (s. S. 307) in Alaska von der UNESCO zur World Heritage Site erklärt. Der Kluane Lake fungiert als Stützpunkt einiger Wildnis-Outfitter, die hier Angel-, Rafting, Kanu- und Backpacking Trips arrangieren. Am Südende des Sees zweigt eine Straße zur Geisterstadt Silver City ab.

In **Haines Junction** 9 empfiehlt sich ein Besuch im **Visitor Center** des Kluane National Park, um sich die ausgezeichnete Diashow über die Hochgebirgsregionen des Parks anzusehen. Wer Zeit hat und wunderbare Stille in unberührter Natur genießen möchte, kann noch einen Abstecher zum Aishihik oder zum Kusawa Lake unternehmen. 90 km vor Whitehorse folgt dann noch ein völkerkundlicher und fotografischer ›Leckerbissen‹: Ein Indianerfriedhof mit farbig bemalten *spirit houses* bei **Champagne.** In den auf den Gräbern errichteten ›Geisterhäuschen‹ sollen die Seelen der Verstorbenen eine Bleibe finden. Die Indianer wollen nicht, dass der Friedhof selbst betreten wird, was auf jeden Fall respektiert werden muss.

Whitehorse – Skagway – Haines

(580 km einschließlich Fährfahrt)

Tipps & Adressen
Carcross S. 353, Atlin S. 347,
Skagway S. 388, Haines S. 366

Für diese landschaftlich besonders abwechslungsreiche Rundfahrt durch den Südteil des Yukon-Territoriums und ein kleines Stückchen Alaska braucht man etwa 4–5 Tage. 20 km südlich von Whitehorse biegt der Klondike Highway Nr. 2 vom Alaska Highway ab. Dichte Wälder mit türkis schimmernden Seen wie dem **Emerald Lake** säumen die Strecke.

*Der Kluane National Park
ist ein Paradies für Freunde der Wildnis*

Parallel zur historischen White Pass & Yukon-Schmalspurbahn fährt man nach **Carcross** am Lake Bennett (s. S. 338). Das historische Städtchen erhielt erst 1978 Straßenanschluss an die Außenwelt, hat aber seinen verschlafenen Charakter bis heute nicht verloren, wie das alte Hotel, der General Store oder der Wildwest-Bahnhof, in dem heute das Tourismusbüro untergebracht ist, beweisen. Sehr zu empfehlen ist hier ein Abstecher in das 150 km entfernte **Atlin** **10,** das bereits südlich der Grenze in Bri-

tish Columbia liegt. Der malerische alte Goldgräberort steht am Westufer des kristallklaren, von schneebedeckten Gipfeln umrahmten Atlin Lake inmitten unberührter Bergwildnis. Zwar wird in der Umgebung noch immer nach Gold geschürft, aber der 500-Seelen-Ort ist heute vor allem ein Refugium für Zivilisationsmüde und Künstler. Im Sommer treffen sie sich im **Atlin Centre for the Arts.** Hier erhält man detaillierte Informationen über die Region.

Weiter auf dem Klondike Highway, durch alte Bergbaugebiete, erreicht man am 1003 m hohen **White Pass** Alaska und folgt dem Tal des Skagway

River in karger Felslandschaft mit gewaltigen Wasserfällen nach **Skagway**
[11] (s. auch Alaska-Kapitel S. 338). Das
historische Städtchen war um 1900 der
wichtigste Hafen der Goldgräber, die
zum Klondike wollten. Der Friedhof am
Stadtrand und die restaurierten Häuser
am Broadway, wie z. B. das mit 20 000
Aststückchen verzierte Gebäude der
›Arctic Brotherhood‹, erinnert an die
Pionierzeit.

Von Skagway muss man dann mit
einer Fähre des Alaska Marine Highway
nach **Haines** [12] (s. auch Alaska-Kapitel
S. 335) übersetzen (verkehrt täglich, eine
Reservierung ist meist nicht nötig). Von

beiden Orten aus ist eine Schiffstour
oder ein Sightseeing-Flug zur nahe gelegenen Glacier Bay möglich. Haines und
Skagway bieten sich auch als Anlauf-
punkte im Rahmen einer Fährfahrt
durch die Inside Passage an (Beschreibung s. S. 319 ff.).

Ab Haines folgt man dem Chilkat
River, dem berühmten Winterplatz der
Weißkopfseeadler (bis zu 3500 wurden
hier an einem Tag gesichtet!), in die
Küstenberge und gelangt über den
Dezadeash Lake an die Grenze zum
Kluane National Park nach Haines Junc-
tion. Bis Whiterhorse sind es dann noch
160 km.

Auf den Spuren der Goldgräber:
Über den Chilkoot-Pass zum Yukon

von Wolfgang R. Weber

Karte S. 271
Tipps & Adressen Skagway S. 388

»Der Dampfer Portland, auf dem Weg von St. Michael, Alaska, nach Seattle, lief heute morgen mit einer Tonne Gold an Bord im Hafen ein.« (17. Juli 1897)

Diese Schlagzeile auf der Titelseite des »Seattle Intelligencer« löste den größten Goldrausch in der Geschichte Nordamerikas aus. Tausende hörten und lasen die Berichte vom Gold im Rabbit Creek irgendwo im Norden Kanadas, ließen alles stehen und liegen und machten sich auf den Weg nach Norden. Sie kamen zu Fuß und zu Pferd über Land, drangen mit Dampfschiffen über die Bering-Straße den Yukon hinauf an den Klondike vor, oder reisten gar von Europa aus über den Panamakanal an.

Die kürzeste und populärste Route aber führte von Seattle aus per Schiff durch die heute legendäre Inside Passage nach Dyea, dem späteren Skagway, und dann über die Berge zum Lake Bennett oder Lake Lindeman. Von dort waren es noch 600 Meilen über die Seen und den Yukon hinunter bis nach Dawson City und zu den sagenhaften Goldfeldern am Klondike River. Zwei Wege führten über die Berge: von Skagway über den White Pass zum Lake Bennett, genannt »des reichen Mannes Route«, weil der Weg für Packtiere begehbar war, und ein alter Handelspfad der Chilkat-Indianer, von Dyea über den Chilkoot-Pass zum Lake Lindeman. Die große Masse der Goldsucher bevorzugte diesen kürzeren Weg.

Unter den 25 000 Menschen – nahezu ausschließlich Männer –, die im Winter 1897/98 über den Chilkoot gingen, war

Dem ›Lockruf des Goldes‹ folgten Tausende durch Eis und Schnee über den Chilkoot-Pass

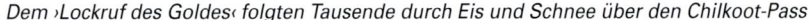

auch ein einundzwanzigjähriger Kalifornier, der später seine Erlebnisse am Chilkoot (»Alaska-Kid«) und im Yukon (»Lockruf des Goldes«) aufschrieb: Jack London. Schon im Sommer '98 verließ er den Yukon wieder. Sein *claim,* Nr. 54 am Henderson Creek, enthielt kein Gold!

Der Trail, über den London und so viele andere Abenteurer zogen und über den Charlie Chaplin seinen berühmten Film »Gold« drehte, ist heute einer der schönsten und beliebtesten Wanderpfade des Nordens. Zum Glück muss man heute die Tour nicht wie die Goldsucher im Winter unternehmen, um rechtzeitig zum Eisaufbruch im Yukon Territory zu sein. Und als Gepäck reicht ein Rucksack mit Zelt und Verpflegung – und nicht Ausrüstung für ein ganzes Jahr. So reduziert sich der gut dreimonatige Treck der alten Goldgräber auf eine anstrengende, aber großartige Wandertour von vier Tagen. Gutes Informations- und Kartenmaterial über die Route erhält man im Visitor Center des **Klondike Gold Rush National Historic Park** in Skagway. Die Strecke über den Pass wurde nämlich mittlerweile unter Denkmalschutz gestellt, und die Park Ranger sorgen dafür, dass die Wanderer gut vorbereitet losziehen und der historische Boden unversehrt bleibt.

Startpunkt ist **Dyea:** Pfostenstümpfe, die sich eine halbe Meile schnurgerade vom Schwemmland des Taya River ins Watt des Lynn-Kanals hinausziehen, vereinzelte Andeutungen von Fundamenten und ein Friedhof im Wald: mehr ist nicht geblieben. Dyea, das Tor zum Chilkoot, hatte sich 1897 innerhalb weniger Wochen von einem indianischen Handelsposten zu einer der größten Städte in Alaska gemausert: 1899, nach Eröff-

Route der White Pass & Yukon-Eisenbahn mit dem Chilkoot Trail

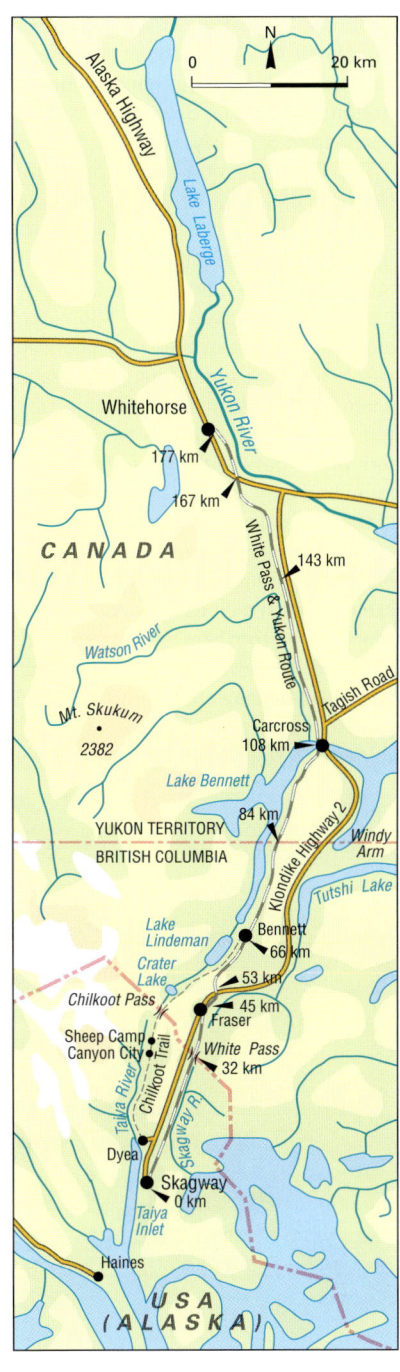

nung der White-Pass-Eisenbahn, geriet es schnell in Vergessenheit, und seine Holzhäuser dienten nur noch als Brennholzquelle für die Bewohner des benachbarten Skagway.

Der Trail beginnt an der Straßenbrücke über den Taya River und steigt auf den ersten 500 m steil an. Er führt durch üppigen Regenwald, der für diesen Küstenstrich am Westhang der Berge typisch ist. Nach zweieinhalb Kilometern stößt man auf einen alten Holzfällerweg, der zur Old Sawmill Site, den Resten einer Sägemühle aus den vierziger Jahren, führt. Nach weiteren zwei Kilometern endet der Waldweg bei Finnegan's Point und geht in einen Pfad über, der in kräfteraubendem Auf- und Abstieg tiefer in den Wald aus Sitka- und Hemlocktannen hineinführt. Zwischen Granitblöcken hindurch geht es über Wurzeln und Steine hinab zum Ufer des Taya River. Es folgt spärlich bewachsenes Geröll eines alten Bachbettes neben sumpfigen Stel-

len, Farn und *Devil's Club,* einem äußerst unangenehm mit Stacheln übersäten Gestrüpp. Von Zeit zu Zeit gibt die Wildnis den Blick frei auf die andere Seite des Tals, wo weißblaues Gletschereis tief den Berghang hinunterreicht und Schmelzwasserbäche wie weiße Girlanden den Berg verzieren.

Nahe **Canyon City** steht die erste Schutzhütte entlang des Trails, ein willkommener Unterschlupf für durchnässte Wanderer und zugleich Nachrichtenbörse für Informationen über den Zustand des Weges. Canyon City war vor dem Goldrausch ein Lagerplatz für die Indianer und Prospektoren auf dem Weg ins Innere des Kontinents. Im Sommer 1897 entwickelte sich binnen weniger Wochen am Eingang der zwei Meilen langen und nur 20 m breiten Schlucht des Taya eine große Ansiedlung. Heute führt eine schwankende Hängebrücke aus Holz und Stahlseilen über den Fluss zu den Resten verfallener Blockhütten. Teile eines Kochherds, rostende Kaminrohre und die Ruinen eines Dampfkessels finden sich zwischen Büschen und spärlichen jungen Bäumen.

Nicht weit hinter der Canyon-City-Brücke beginnt der steile Anstieg zum Canyonrand. Dichter Wald, bemooste Granitfelsen und Reste einer Telegrafenleitung begleiten den Wanderer zum **Pleasant Camp,** dem (feuchten) Lagerplatz am oberen Rand des Canyons. Blauer Himmel und Sonnenschein sind auf der Westseite der Berge auch im Sommer eine Ausnahme.

Bei **Sheep Camp,** einem weiteren Lagerplatz mit Schutzhütte, beginnt der lange Anstieg. Zwölf bis achtzehn Grad Steigung auf den ersten drei Meilen, dann fünfundzwanzig Grad. Immer wieder muss der mit eiskaltem Schmelzwasser gefüllte Taya durchquert werden. Die Verschnaufpause folgt in einem kleinen

Auf dem Chilkoot Trail

Tal zu Füßen des Passes, das als *The Scales,* die Waage, bekannt wurde. Hier rasteten auch die Goldsucher und ihre indianischen Träger und wogen ihre Lasten, bevor sie die ›Goldene Treppe‹, die letzte zermürbende 45-Grad-Steigung hinauf zur Passhöhe, in Angriff nahmen.

Knochenreste liegen herum, rostende Wasserkessel, modernde Schuhe und Fetzen von Stoff, Stahlseile und Maschinenteile, Reste von Geschirr, Schaufelblätter und verrottendes Holz. Viele Enttäuschte standen damals hier, blickten hinauf und verkauften voller Verzweiflung ihre Habe, die sie in wochenlanger Schinderei bis hierher geschleppt hatten. Andere ließen einfach alles liegen und gingen, ohne einen Blick zurückzuwerfen, hinunter an die Küste, um in die Zivilisation zurückzukehren.

An den *Scales* beginnt der letzte, der steilste und anstrengendste Anstieg hinauf zum **Chilkoot Pass.** Im Winter 1897/98 bedeckten Eis und Schnee die Geröllhalde. Auf über 1200 Eisstufen quälte sich damals eine endlose Kette schwer bepackter Gestalten den Hang hinauf. »Eine Kette von Verdammten«, schrieb Jack London. Für jeden einzelnen zwanzig-, dreißigmal dieselbe Qual, bis er die vorgeschriebene Tonne Ausrüstung und Lebensmittel endlich zur Passhöhe geschafft hatte. Der Weg ist gesäumt von Requisiten dieses allgemeinen Wahnsinns, der sich Goldrausch nannte: Stahlseile, Schaufelblätter, Lagerblöcke, Blechdosen und oben, auf einer Hangkante, die Reste einer alten Winde. Erst sieht es so aus, als sei hier die Passhöhe erreicht, aber es ist nur ein Ansatz, hinter dem ein letzter geröllübersäter Steilhang hinauf zur Grenzlinie zwischen Himmel und Berg führt. Ein Steinobelisk erinnert an die *stampeders,* die den »Vorraum zur Hölle«, wie ihn Jack London nannte, bezwangen.

Auf den Felsen darüber liegt eine Anzahl zerlegter Boote aus Holz und Stoff, die Goldrausch-Version unserer heutigen Faltboote. Nach einem letzten Blick zurück nach Alaska, zum Lynn-Kanal und den Küstenbergen mit ihren Gletschern, geht es über ein Schneefeld hinunter zum **Crater Lake.** Hier, wo die trockene Luft des Yukon die von Westen über den Pass ziehenden Wolken auflöst, scheint sogar häufig die Sonne.

Der Weg vom Crater Lake hinunter zum Canyon vor dem Long Lake verläuft bequem durch Heide, Moos und blühende Wildblumen zum nächsten Camp, das ganz treffend »Happy Camp« genannt wird. Noch drei anstrengende Meilen den Schotter im Canyon bis hinab zum Camp am Deep Lake, dann wird der Pfad bequemer: hinüber zum Canyon, wo der Moose Creek als Wasserfall den See verlässt, von dort zwischen Fichten hinunter zu den Rangerhütten am **Lake Lindeman** und weiter auf den Bergrücken über dem See. Die letzten zehn Kilometer führen gemütlich durch Wald und Blaubeergebüsch, vorbei an kleinen Seen und einer verfallenen Blockhütte zu einer hölzernen Kirche am Ende des **Lake Bennett.**

Von hier fällt dann der Blick auf den ersten Außenposten der Zivilisation: die **Bennett Station** der »White Pass and Yukon Route«-Eisenbahn (s. S. 338). Viele Wanderer nehmen den Zug von hier zurück nach Skagway. Alternativ kann man sich auch in Bennett mit einem Motorboot abholen lassen oder von Lake Lindeman nach Log Cabin (an der Straße nach Skagway) gehen, um von dort per Bus oder Anhalter weiterzukommen. Vier Tage Wildniswanderung sind zu Ende – die Goldgräber von einst mussten noch einige Wochen auf dem eisigen Yukon flussabwärts paddeln, um an ihr Traumziel zu gelangen.

Mit dem Auto zum Eismeer: Auf dem Dempster Highway von Dawson nach Inuvik

(1500 km hin und zurück)

von Wolfgang R. Weber

Karte S. 275
Tipps & Adressen Dawson City S. 356, Eagle Plains S. 359, Inuvik S. 369

Der 1978 fertig gestellte **Dempster Highway** ist die große Wildnisstraße der kanadischen Arktis. Mit Ausnahme des Dalton Highway in Alaska, der 1974 als Servicestraße für den Bau der Alyeska Pipeline gebaut wurde, führt der Dempster als einzige Straße Nordamerikas über den Polarkreis hinaus bis zur Nordküste des Kontinents. Er ist ein Highway in die Einsamkeit: Über die gesamte Länge beginnt die Wildnis direkt am Wegesrand. Auf knapp 750 km Länge liegen nur ein einziges Hotel und zwei winzige Indianersiedlungen entlang der gesamten Strecke. Sonst gibt es nur Wälder mit dünnen, vom eisigen Winter verkrüppelten Bäumen, karge Tundra und grandiose Panoramablicke bis zum fernen Horizont.

Der Dempster Highway folgt im wesentlichen einem jahrhundertealten Handelsweg der Kutchin-Indianer und dem alten Dawson-McPherson Trail. Auf dieser Route zogen von 1904 bis 1921 die Hundeschlittenpatrouillen der Northwest Mounted Police von Dawson City über McPherson bis hinauf zur Walfangstation auf Herschel Island an der Eismeerküste des Yukon Territory, um den Kontakt mit den isolierten Trappern, Indianern und Prospektoren aufrechtzuerhalten und ihnen alle paar Monate einmal Post zu bringen. Die Straße trägt den Namen jenes berühmten Corporal Dempster, der mehr Schlittenreisen auf diesem Trail machte als jeder andere mountie.

Als 1954 die Ölexploration begann, folgten die von Raupenschleppern gezogenen Schlittenzüge mit schwerem Bohrgerät dieser Route. 1958 wurden dann die ersten 116 km des Dempster als ›Straße zu den Bodenschätzen‹ über die Ogilvie Mountains gebaut. Dann wurde es wieder ruhig in der Region. Erst in den 70er Jahren, zur Zeit der großen Öl- und Gasfunde in Nordalaska, kam neuer Schwung in das Projekt einer Versorgungsstraße in das Mackenzie-Delta und zu den neuen Explorationsvorhaben in der Beaufort Sea. 1978 wurde der Highway schließlich bis Inuvik fertig gestellt.

Vor dem Bau der Straße war das gesamte nördliche Yukon Territory und das Mackenzie-Delta eine völlig unerschlossene und nahezu unerreichbare Region: Gewaltige Sümpfe, menschenfeindliche, fast vegetationslose Bergzüge und unüberbrückbare Flüsse machten jedes Reisen zur extremen Expedition. Hinzu kamen Tagestemperaturen von bis zu +35 °C im Sommer, begleitet von Myriaden von Moskitos und Winternächte, in denen das Thermometer auf −45 °C sank. Daran hat sich bis heute nichts geändert, und die Straße ist immer noch ein Wildniserlebnis, eine spektakuläre Nordlandroute für Naturfreunde.

Das breite Schotterband des Dempster nimmt seinen Anfang etwas östlich von Dawson City an der Südflanke der Ogilvie Mountains. Zuerst folgt der Highway dem Tal des North Klondike River durch dichten Fichtenwald, aufgelockert durch einzelne Stände von Espen

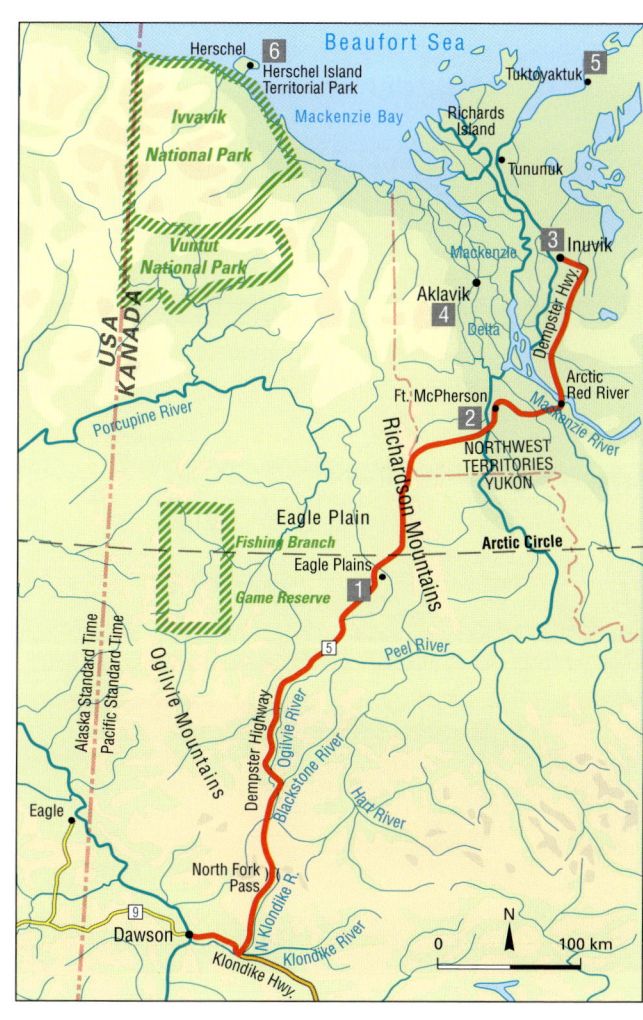

Auf dem Dempster Highway von Dawson nach Inuvik

und Birken, die im Herbst in sattem Gelb leuchten. Schnell lässt man die Schutthalden der Goldgräber von Dawson hinter sich, Einsamkeit umfängt die Straße. Nur am Wolf Creek, bei km 51, steht eine kleine Trapperhütte mit *cache*, einem für den Norden typischen Vorratslager auf hohen Pfählen – *off limits* (unerreichbar) für Raubwild.

Bei km 72 liegt der kleine **Tombstone Mountain Campground,** einer der we-

nigen Campingplätze entlang der Strecke. Hier ist schon fast die Waldgrenze erreicht, die Straße steigt nun hinauf zum **North Fork-Pass,** der Wasserscheide zwischen Pazifik und Eismeer. Vom Pass aus reicht der Blick über das Tal des oberen North Klondike hinauf zum Tombstone Mountain. Der keilförmige Grabstein-Berg war früher ein wichtiger Orientierungspunkt für die Prospektoren und Trapper, die sich in

die südlichen Ogilvie Mountains wagten.

Nördlich des Passes verläuft die Straße zwischen kahlen Bergen, deren steile Flanken mit riesigen Geröllhalden überzogen sind. Bei km 87 senkt sie sich schließlich in das von Adlern, Falken und vielen anderen Vogelarten bewohnte Tundragebiet des **Blackstone-Hochlandes.** Am Cache Creek beginnen die nördlichen Ogilvies: abgerundete Berge und Hügel aus stark

verwittertem Kalkstein und Schiefer – riesige graue, unbewachsene Schotterhaufen über bewaldeten Tälern. Bei km 170 färben Schwefel- und andere Mineralquellen die Bäche dunkel. Diese Mineralienvorkommen werden von Dallschafen und anderem Wild besucht.

Die Straße folgt jetzt dem Ogilvie River. Die riesigen Geröllkegel am Wegesrand tragen Kronen, Türme und Zinnen aus bizarr erodierten Felsen. Die zwischen km 210 und 240 entlang des

Auf dem Dempster Highway

Herbst, wenn der erste Schnee die Bergkegel weiß überzieht und das Tal im bunten Herbstlaub von Weide, Birke und *Bearberry* erglüht, bietet sich von hier ein unvergessliches Panorama.

Das **Eagle Plains Hotel** 1 (km 365) markiert die Hälfte des Wegs nach Inuvik. Auch wer hier nicht essen oder übernachten möchte, sollte sich die Lodge von innen ansehen. An den Wänden hängen sehenswerte alte Fotos aus der Zeit der *mountie*-Patrouillen und der Schlittenzüge während der frühen Exploration.

Km 403: der **Polarkreis.** Hier beginnt das Reich der Mitternachtssonne und der langen, dunklen Wintertage. Der Dempster folgt über eine weite Strecke den Hügeln am Westrand der Richardson Mountains. Diese Landschaft von schlichter Schönheit besticht durch ihre klaren Linien: Weite Tundratäler, umgeben von den Kuppen der Berge und Hügel aus Geröll und Kies, begleiten die einsame Straße. Permafrost und stetiger Wind erzeugen ein arktisches Mikroklima, in dem Bäume nur an den geschützten Ufern der tief eingeschnittenen Bäche existieren können.

Zwischen Polarkreis und Rock River (km 433) kreuzt die Wanderroute einer Karibuherde den Dempster. Vom Parkplatz bei km 465 – die Grenze zu den Northwest Territories – fällt der Blick noch einmal zurück auf die vom schwarzen Schotterband durchschnittene Ebene und die südlichen Richardson-Berge, bevor die Straße mit einer jähen Wendung nach Osten in den Tälern verschwindet. Nun beginnt der Abstieg in das Mackenzie-Delta. Gut 160 km breit erstreckt sich das Tiefland an der Mündung des gewaltigen Stromes in das Polarmeer, ein Labyrinth von Seen und

Ogilvie River reichlich wachsenden Beeren locken im August Grizzlies an, und oft finden sich ihre Spuren in den Schlamm- und Sandbänken des Flusses. Bei km 240 verlässt die Straße den Fluss, und der Anstieg ins Hochplateau der Eagle Plains beginnt.

Ab km 268 verläuft die Straße auf dem Kamm einer Hügelkette. Nach Süden schweift der Blick über das weite Tal des Ogilvie River zur Kette der nördlichen Ogilvie Mountains. Besonders im

Sümpfen, durch das der träge fließende Mackenzie weite Schleifen zieht.

Von der Fähre über den Peel River (km 545), einem der großen Nebenflüsse des Mackenzie, sind es noch 11 km bis **Fort McPherson** 2 – einem alten Handelsposten der Hudson's Bay Company, aus dem über die Jahre eine kleine Siedlung der Dene-Indianer entstand. Auf den nächsten 70 km windet sich die Straße durch sumpfigen Fichtenwald nach **Arctic Red River** zur Fähre über den Mackenzie River. Die malerisch auf dem Steilufer gelegene Siedlung, deren weiß gestrichene Kirche weit über den Fluss leuchtet, ist nur mit der Fähre zugänglich. Die etwa hundert Einwohner, hauptsächlich Indianer, leben überwiegend vom Jagen, Fischen und Fallenstellen.

Nochmals 130 km durch monotones Flachland und sumpfigen Krüppelwald, dessen Bäume selten höher als einige Meter werden, dann ist **Inuvik** 3 (s. auch S. 244) erreicht, ›der Platz der Menschen‹ in der Eskimosprache. 1954 wurde die Stadt quasi aus der Retorte an den Rand des Mackenzie-Deltas gestellt, um einen Ersatz für die jedes Jahr von Frühjahrshochwasser überflutete Siedlung Aklavik mitten im Delta zu schaffen. Der moderne Ort dient als Verwaltungs- und Versorgungszentrum für das Mackenzie-Delta und die Öl- bzw. Gasexploration in der Beaufort-See. Der harsche Kontrast zur ursprünglichen Natur wirkt wie ein Symbol: für die Folgen des plötzlichen Ansturms einer erschließungswütigen Industriegesellschaft auf ein Land, das seit Anbeginn der Zeit nur von den Kräften der Natur regiert wurde.

Dennoch, das so pionierhaft roh in die Wildnis gesetzte Inuvik hat auch seine Vorzüge: Die bunt gestrichenen Häuser, die der Stadt den Spitznamen Ostereierstadt eingetragen haben, setzten bunte Farbkleckse in die einförmig grüne Landschaft. Die tatsächlich wie ein Schneehaus aussehende **Igloo Church** lohnt einen Besuch wegen ihrer von der Inuit-Künstlerin Mona Thrasher gemalten Kreuzwegbilder. Und von Inuvik aus kann man sehr eindrucksvolle Sightseeing-Flüge über das Mackenzie-Delta unternehmen. Zu buchen sind hier auch Tagesexkursionen nach **Aklavik** 4, einer traditionellen Indianersiedlung im Delta, oder nach **Tuktoyaktuk** 5, einem Inuit-Dorf am Eismeer. Besonders zu empfehlen ist die Tour nach **Herschel Island** 6, wo eine verlassene Walfangstation besichtigt werden kann.

Dann geht es wieder die einsamen 750 km zurück durch die arktische Weite.

Missionskirche in Fort McPherson

Das Mackenzie River Delta

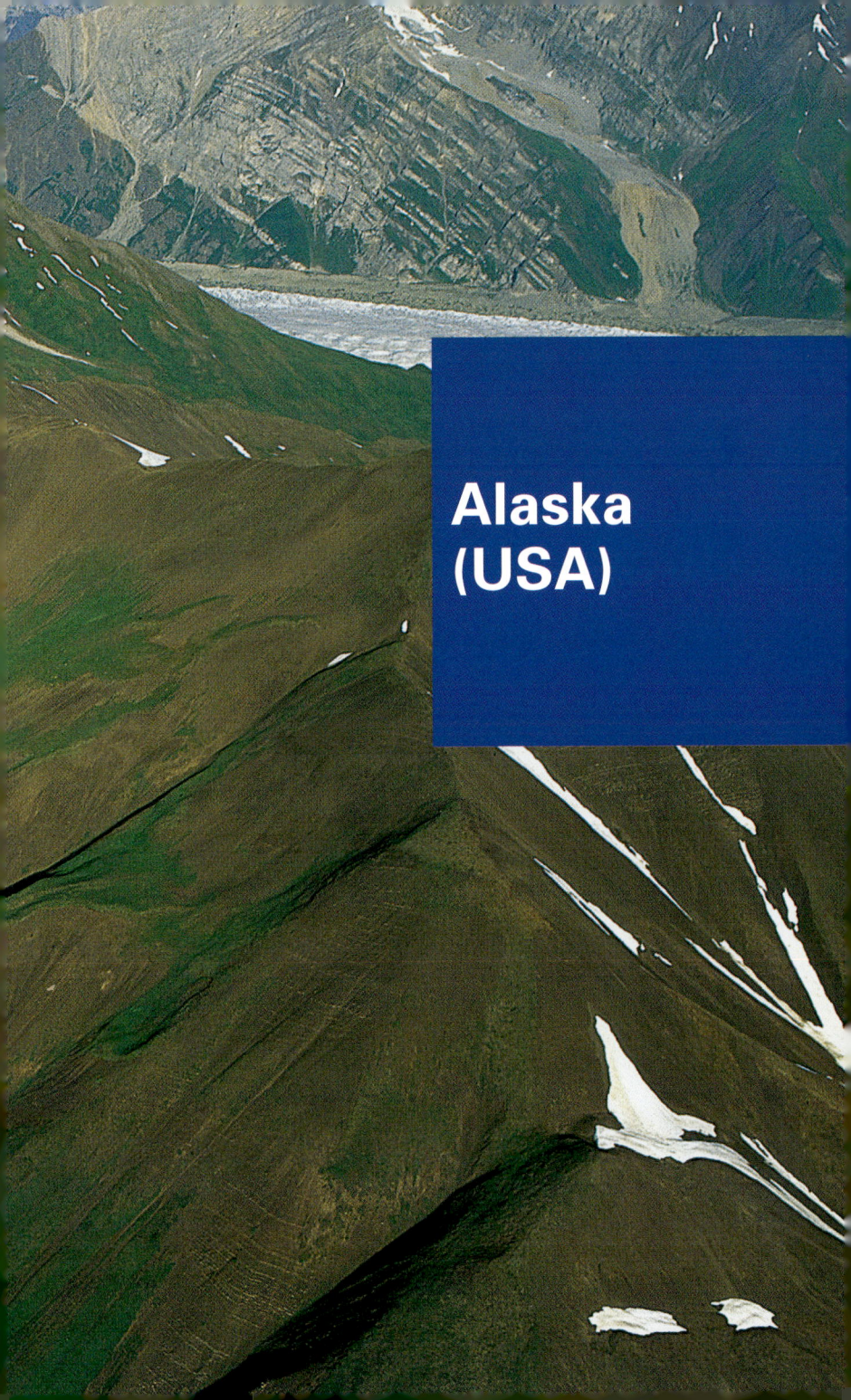

Alaska
(USA)

›North to the Future‹ – Auf Alaskas Highways

Karte   S. 284

von Karl Teuschl und Kurt J. Ohlhoff

Amerikas größter und zweitjüngster Bundesstaat – nur Hawaii wurde noch später in die Union aufgenommen – ist gut viermal so groß wie Deutschland. Ein gewaltiges Land mit 6000 m hohen Bergketten, breiten Wildnisflüssen und einsamen Küsten am Pazifik, an der Beringsee und am Polarmeer. Nur ein gutes Dutzend Highways erschließen einen Teil dieser immensen Landfläche – ein weit gespanntes, löchriges Netz von Teer- und Schotterstraßen, das vor allem die Städte Anchorage und Fairbanks im Süden Alaskas umspannt. Große Teile des Landes wie etwa die windumtoste Inselkette der Aleuten, die Beringseeküste oder auch das Fjord- und Insellabyrinth des Südostens sind nur per Flugzeug oder Schiff zugänglich.

Wer per Flugzeug ankommt, ist wahrscheinlich zuerst einmal enttäuscht: Was da unter den Triebwerken des Jets auftaucht, sieht aus wie eine ganz normale Großstadt. Nur die steil aufragenden, gletscherbedeckten Berge im Hintergrund lassen erahnen, dass man in Alaska landet. Wer mit dem Wohnmobil oder Mietwagen von Kanada her anreist, hat es da schon besser – 2400 km Alaska Highway stimmen auf das bevorstehende Naturerlebnis des ›Great Land‹ ein. Noch schöner ist die Anreise per Fährschiff durch die grüne Inselwelt der *Inside Passage* im Südosten.

Einmal angekommen, ist die Routenauswahl leicht: Es gibt nur drei große Durchgangsstraßen, die in einem Dreieck Anchorage mit Tok bzw. Delta Junction und Fairbanks verbinden. Ein Rund-

Das Flugzeug ist in Alaska wichtigstes Transportmittel

kurs, in den man sich von Anchorage oder, wenn man zu Lande anreist, auch von Tok aus einklinken kann. Hinzu kommen einige lohnende Stichstraßen in die Wildnis oder an die Küste, zum Beispiel nach Valdez und zum Prince William Sound. Nicht verpassen sollte man einen Ausflug auf die gut erschlossene Kenai-Halbinsel südlich von Anchorage – hier wartet ein Bilderbuch-Alaska mit herrlichen Bergseen, Eisgipfeln und Fjordküsten. Für die Rundfahrt inklusive dem Abstecher auf die Kenai-Halbinsel sollte man sich rund zwei Wochen Zeit lassen, mit einigen Wanderungen oder Bootstouren sind drei Wochen sinnvoll.

Für Alaska gilt übrigens wie im Yukon Territory: Man sieht und erlebt viel von den Highways aus, aber das ursprüngliche, wilde Alaska zeigt sich erst im Hinterland. Von Anchorage und Fairbanks aus werden Exkursionen zu den Eskimo-Orten Nome, Kotzebue und Prudhoe Bay angeboten, zum Tierparadies der Pribiloff-Inseln, zu der für ihre riesigen Braunbären berühmten Insel Kodiak und zum Katmai National Park. Ebenso schön ist ein Aufenthalt in einer Wildnislodge oder ein Flugabstecher in den Busch. Air-Taxis, meist Wasserflugzeuge, gehören in Alaska zum Alltag, und viele der Buschpiloten haben ihre eigenen besonderen Plätzchen – oft ein einsames Camp in der Wildnis, wo einem der See vor der Haustüre ganz alleine gehört.

Anchorage – die Metropole Alaskas

Tipps & Adressen S. 346

1 *Crossroads of the World* – ›Knotenpunkt der Welt‹: So nennt es sich gerne, das frühere Eisenbahnercamp an der Mündung des Sheep Creek ins Cook Inlet. Der Name stammt noch aus den 1970er Jahren, als Anchorage für die internationalen Fluglinien ein wichtiger Tankstopp auf der Polroute nach Fernost war. Moderne Flugzeuge mit größerer Reichweite und neue Flugrouten von Europa über Russland nach Japan ließen die Bedeutung von Anchorage seither wieder verblassen. Doch der Ölboom Alaskas und die stetig wachsende Rolle der Stadt als touristischer Ausgangspunkt für eine der letzten Wildnisregionen unserer Erde haben Anchorage fest auf der Landkarte verankert. Und seit dem Ende des Kalten Krieges ist die Stadt nun auch Drehscheibe für den neuen Flugverkehr nach Sibirien.

Anchorage ist eine typisch amerikanische Metropole und mit knapp 260 000 Einwohnern die einzige echte Großstadt in Alaska. Ihre Gründung verdankt sie den Goldfunden in Fairbanks kurz nach 1900, als die US-Regierung den Bau einer Eisenbahnlinie von Seward auf der Kenai-Halbinsel nach Fairbanks beschloss. Am Ufer des Cook Inlet an der Südküste Alaskas wurde damals ein Bahnarbeitercamp errichtet, das sich über die Jahre zur wichtigsten Stadt des Nordens mauserte. Nahezu jeder zweite Einwohner Alaskas lebt heute im Stadtgebiet von Anchorage.

Mit seinen ausufernden Vorstädten und der betriebsamen Innenstadt verkörpert Anchorage das Alaska des ›weißen Mannes‹. Es ist ein Tentakel, den die amerikanische Massenkultur nach Norden vorgestreckt hat – mit *fastfood* und *rush hour*. Viele Bewohner der Stadt leben in *mobile homes* oder Wohnwagen. So können sie schneller umziehen, wenn ein Job sie in eine andere Gegend ruft. Immerhin gibt es in Alaska Arbeitsplätze – mehr und besser bezahlte als unten in den *lower 48*. Die brauchen die

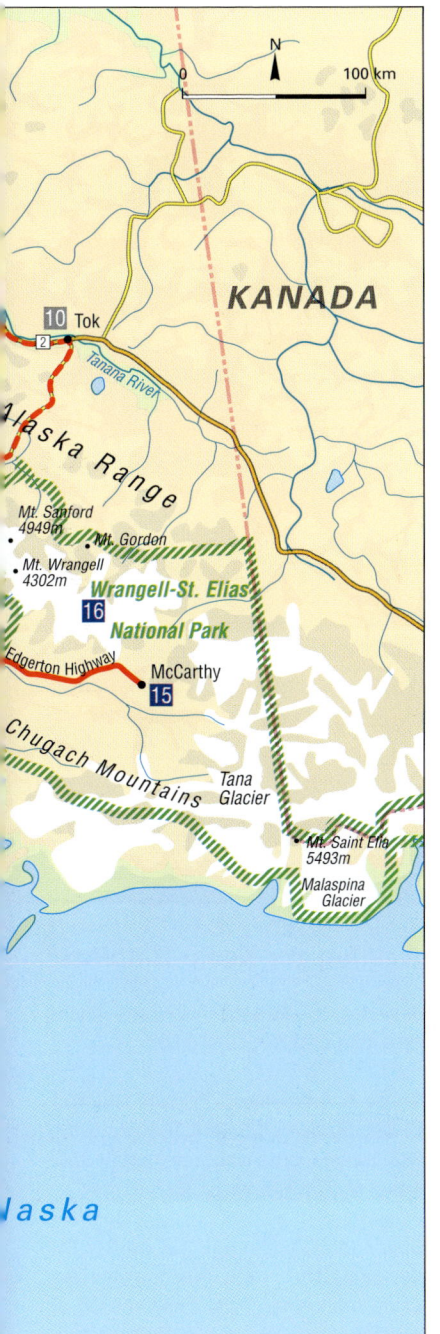

Alaskaner auch, denn die Lebenshaltungskosten sind hoch – Mieten, Lebensmittel, Kleidung, fast alles kostet um ein Drittel mehr als im US-Durchschnitt.

Doch trotz aller amerikanischer Einflüsse ist Anchorage unverkennbar ein Teil Alaskas. Die grandiose Natur beginnt vor der Haustür. Direkt am Stadtrand ragen die wilden, gletscherbedeckten Chugach Mountains auf, mit herrlichen Erholungsgebieten. In so manchem Vorgarten knabbert im Winter ein Elch an den Ziersträuchern, und im Sommer laichen nur 500 m vom Rathaus entfernt im Ship Creek die Lachse. In welcher anderen Stadt kann man im Schatten von Bürogebäuden Lachse beobachten – oder auch angeln?

Auch die Attraktionen der Stadt verdienen einen Besuch, ehe man ins Hinterland aufbricht: Im **Log Cabin and Downtown Visitor Information Center** an der Ecke 4th Avenue und F Street erhält man ausführliche Informationen und jede Menge Broschüren und Kartenmaterial. Die große Blockhütte mit dem Grasdach ist zu einem Wahrzeichen von Anchorage geworden. Das **Alaska Public Lands Informations Center** schräg gegenüber zeigt Ausstellungen über die Naturparks sowie die Flora und Fauna Alaskas, und das Personal hilft mit nützlichen Tipps zu Wanderungen und Exkursionen weiter. Ebenfalls eine gute Einstimmung auf die Tour ist ein Besuch im **Anchorage Museum of History and Art,** 121 W. 7th Ave., das umfangreiche Sammlungen zur Kultur der Urbevölkerung und der europäischen Entdeckung und Besiedlung Alaskas, zum Goldrausch und zur modernen alaskanischen Kunst beherbergt. Und das **Alaska Experience Theatre** an

Rundreise – Auf Alaskas Highways

der 6th Avenue zeigt auf einer Riesen-
leinwand beeindruckende Filme über
das Erdbeben von 1964 und über Regionen Alaskas, die man als Besucher sonst
kaum zu sehen bekommt. Entlang der
2nd Avenue findet man noch einige historische Gebäude aus den ersten beiden
Jahrzehnten des 19. Jh., und das
Alaska State Trooper Museum, 6th
Ave. und D St., erzählt die Geschichte
der Männer, die Gesetz und Ordnung
nach Alaska brachten.

Ganz im Südwesten der Stadt, nahe
beim Internationalen Flughafen, liegt
noch eine weitere Attraktion: **Lake
Hood,** der größte Wasserflughafen der
Welt. Hier und auf dem angrenzenden
Lake Spenard starten und landen an
Sommerwochenenden täglich mehr als
800 Maschinen. Die Haltung eines eigenen Flugzeugs ist in Alaska kaum teurer
als die eines großen Wagens, und so
setzen sich viele Städter am Wochenende hinter den Steuerknüppel ihres
floatplane und fliegen hinaus an einen
der unberührten Seen. Das **Alaska Aviation Heritage Museum** am Ufer des
Lake Hood zeigt Flugzeug-Oldtimer und
illustriert die Geschichte der Buschpiloten. Etwas außerhalb, am Glenn Hwy.
und Muldoon Rd., liegt das **Alaska Native Heritage Center** in einem 10 ha
großen Waldgebiet. Hübsch um einen
See gelegen sind hier traditionelle Be-
hausungen der fünf eingeborenen
Volksgruppen Alaskas nachgebaut, und
faszinierende Ausstellungen informieren über Geschichte und Kultur der Ureinwohner. Im Center werden Filme gezeigt, es gibt Tanz- und Musikdarbietungen und man kann traditionelles
Kunsthandwerk kaufen.

Ausflug zur Kenai-Halbinsel

Anchorage – Seward – Homer – Anchorage (hin und zurück 870 km)

Tipps & Adressen Portage Glacier
S. 381, Girdwood S. 364, Seward S.
386, Kenai Fjords National Park S. 374,
Kenai S. 374, Homer S. 368

Bevor man Anchorage auf großer Ent-
deckungsfahrt nach Norden verlässt,
sollte man einen Abstecher auf die abwechslungsreiche Kenai-Halbinsel im

Süden der Stadt nicht versäumen. Meer, Wälder, Berge und Gletscher bestimmen das Landschaftsbild. Hier erlebt man Alaska, wie man es aus Filmen und Bildbänden kennt – und das bei angenehmen Sommertemperaturen zwischen 20 °C und 25 °C.

Von Anchorage aus führt der **Seward Highway** in südöstlicher Richtung gut 70 km an einer flachen Meeresbucht entlang. Den Namen »Turnagain Arm« erhielt dieser Fjord im Jahre 1794 von Captain Cook aufgrund eines Naturphänomens, das mit etwas Geduld auch heute zu beobachten ist. Die Länge und Trichterform des Meeresarms sowie der ungewöhnliche Gezeitenhub, der über 10 m erreichen kann, führen dazu, dass das bei Ebbe abfließende Wasser noch in der Bucht von der Flut überrollt wird und dabei eine Flutwelle bis zu zwei Meter Höhe entsteht – das Wasser kehrt sozusagen um.

Dunkles Wasser mit immer wechselnden Schlickbänken und schneebedeckte Bergkuppen, am Fuße von Wäldern umsäumt, bestimmen die Eindrücke entlang der gewundenen Küstenstraße.

Gleich zu Anfang passiert man das **Anchorage Coastal Wildlife Refuge,** ein 920 ha großes Feuchtgebiet (Potter Marsh), wo ein Brettersteig den Hobby-Ornithologen das Beobachten der Vogelwelt in diesem Marschgebiet erleichtert. Im **Potter Section House Historic Site** ist das Hauptquartier des Chugach State Park untergebracht.

Dann kurvt der Highway an den steilen Berghängen am Fjord entlang. Im hinteren Teil der Bucht werden in Seitentälern die ersten Gletscher sichtbar. Etwa 60 km von Anchorage entfernt zweigt eine kurze Stichstraße nach **Girdwood** und zum **Mount Alyeska** ab, einem der wenigen Skigebiete Alaskas. In den letzten Jahren wurden Lifte und Pisten hier kräftig ausgebaut; einerseits, weil man versucht, hier einmal eine Winterolympiade auszurichten und andererseits, weil neuerdings die Japaner entdeckt haben, wie gut man in Alaska Ski laufen kann. Ein Abstecher lohnt sich aber auch im Sommer, denn mit einem Sessellift kann man auf den Berg fahren und von dort den Blick auf die Gletscherwelt um den Turnagain Arm genießen. Wer möchte, kann sogar auf einem Gletscher Ski fahren. Unten im Tal lohnt sich ein Besuch der **Crow Creek Mine,** ein restauriertes Goldgräbercamp von 1898. Sein Glück im Goldwaschen kann man hier versuchen.

Am östlichen Ende des Turnagain Arm zweigt im alten Ort Portage, der beim Erdbeben 1964 fast völlig zerstört wurde, eine Stichstraße zur **Portage Glacier Recreation Area** 2 ab, dem ersten und vielleicht schönsten Ziel der Tour auf die Kenai-Halbinsel. Zu Anfang der neun Kilometer langen Seitenstraße bietet sich der Blick auf einen herrlichen, blau-weiß strahlenden Hängegletscher, dann folgen die Einfahrten zu mehreren Busch-Campingplätzen des Forest Service (schön gelegen am Portage River, leider auch mit vielen Moskitos), und am Ende der Straße öffnet sich unvermittelt ein grandioses Panorama auf den von Eisbergen übersäten **Portage Lake.**

Die malerische Komposition von Eisbergen, glitzerndem Seewasser und dem breit aus den Bergen strömenden Gletscher macht den See zu einem der schönsten Alaskas. Das **Begich Boggs Visitor Center** am Seeufer zeigt einen hervorragenden Film über die Wunderwelt des Gletschereises, die Ranger helfen mit Tipps für Wanderwege weiter und bieten mehrmals am Tag geführte Wanderungen an. Wer den in den See kalbenden Gletscher hautnah erleben möchte, kann mit dem Ausflugsschiff »MV Ptarmigan« eine kleine Kreuzfahrt auf dem eisigen See unternehmen. Auch wenn man nicht länger auf der Halbinsel bleiben möchte, ein Tagesabstecher von Anchorage zum Portage Lake gehört zu jeder Alaska-Tour.

In der Nähe des Visitor Center beginnt der einspurige (gebührenpflichtige) **Portage Glacier Highway,** der durch einen 4 km langen Tunnel (übrigens der längste Nordamerikas) unter den Bergen nach **Whittier** am Prince William Sound (s. S. 297) führt. Er ersetzt seit Mitte 2000 den Verladebahnhof der Alaska Railroad. Bootstouren in der spektakulären Meeresbucht, in die zahlreiche Gletscher münden, kann man auch kurzfristig in Anchorage buchen, eine Fahrt mit der Autofähre des Alaska Marine Highway von Whittier nach Valdez sollten Sie bereits vorab von Europa aus reservieren.

Für die weitere Fahrt nach Süden, nach Seward oder hinaus bis Homer, sollte man drei bis vier Tage einplanen. Ab Portage verläuft die Straße auf der Kenai-Halbinsel im Landesinnern durch dicht bewaldete, tief eingeschnittene Täler nach Süden bis zur **Tern Lake**

Junction. Wenn man sich links hält, erreicht man auf der Alaska Route 9 nach 25 km den lang gestreckten Kenai Lake, der seine milchig-hellgrüne Färbung durch das zufließende Gletscherwasser erhält. Parallel zur alten Bahnlinie geht es dann entlang dem Seeufer weiter südwärts.

Der lebhafte kleine Hafen **Seward** 3 mit seinen Ausflugsschiffen, Fischerbooten und Kreuzfahrtschiffen, ist der Endpunkt von Straße und Eisenbahnlinie. Alexander Baranof, russischer Pelzhändler und Gouverneur Alaskas, fand hier am Auferstehungssonntag 1791 Schutz vor einem Sturm und benannte die Bucht nach diesem Feiertag Resurrection Bay. Als Verladehafen der Eisenbahnlinie wuchs Seward dann in den letzten hundert Jahren zur Stadt heran. Von hier wird Kohle nach Korea verschifft und Lachs nach Japan.

Die Fischerei ist ein wichtiger Wirtschaftszweig der Region. Alljährlich im August sammeln sich Hunderttausende von Pink- und Silberlachsen in der Bucht, um dann in die angrenzenden Flüsse und Bäche aufzusteigen – zum Laichen und Sterben. Die kommerziellen Fischer holen sich ihren Teil, aber auch die Sportangler kommen nicht zu kurz. Seit nunmehr gut 40 Jahren findet Mitte des Monats im Salzwasser der Bay das Silver Salmon Derby statt, bei dem fast 50 000 US-Dollar Preisgelder zu gewinnen sind. Wer nicht Angeln will, kann am 4. Juli beim Mount Marathon Race mitmachen (oder zusehen), einem wilden Wettlauf auf den 921 m hohen Berg über der Stadt. Im **Alaska Sealife Center,** direkt am Meer gelegen, kann man das Ökosystem der Küstenlandschaft mit seinen Seevögeln und Meerestieren studieren. Im kleinen **Seward Historical Society Museum** erfährt man dann mehr über die Geschichte der Region.

Aus touristischer Sicht ist Seward vor allem als Ausgangspunkt für Touren in den **Kenai Fjords National Park** 4 von Bedeutung. Das gut 2600 qkm große Schutzgebiet umfasst die spektakulären Fjorde, Gletscher und Bergzüge an der Südseite der Kenai-Halbinsel. Das **Harding Icefield** bedeckt auf einer Fläche von 1800 qkm die Bergketten und sendet seine Gletscher hinunter ins Meer, wo Robben, Wale und Seeotter einen geschützten Lebensraum finden. Von Seward aus werden sehr empfehlenswerte Bootsausflüge und Flightseeing-Exkursionen in den Park angeboten, und das Visitor Center des Parks am Hafen von Seward zeigt eine interessante Diashow über die kaum zugänglichen Gletscherregionen des Schutzgebietes. Der einzige Landzugang in den Park liegt etwas nördlich von Seward am Ende der Exit Glacier Road: Von hier schlängelt sich ein gut 1 km langer Wanderweg zum weißblau strahlenden Exit Glacier, und längere Trails führen tiefer in die Parkwildnis hinein bis zum Harding Icefield.

Auf dem Rückweg von Seward biegt man an der **Tern Lake Junction** auf die Alaska Route 1, den Sterling Highway, nach Westen ab. Der zentrale Teil der Kenai-Halbinsel, den man nun erreicht, gilt als hervorragendes Jagd- und Angelrevier. Im für Angler legendären **Kenai River** an der Westseite der Halbinsel kämpfen sich Königslachse, die hier bis zu 40 kg Gewicht haben, stromaufwärts zu ihren Laichgründen. Im Sommer sieht man auf der Fahrt entlang des Ufers allerorten die Petrijünger im seichten Wasser stehen und auf den großen Fang hoffen – den sie sich allerdings manchmal mit den Bären teilen müssen.

Soldotna und Kenai am Cook Inlet sind alte russische Siedlungsräume.

Wanderer der Meere
Die wunderbare Reise der Pazifik-Lachse

Seit Urzeiten kennt der Mensch die exakt vorhersagbaren und doch so mysteriösen Wanderungen der Lachse. Für die Indianer der Nordwest-Küste bedeuteten sie die wichtigste Nahrungsquelle, die ihnen letztlich auch die notwendige Muße bescherte, eine so reiche Kultur entwickeln zu können.

An der Westküste Nordamerikas kommen fünf Lachsarten vor, die je nach Region von den Fischern mit unterschiedlichen Namen belegt werden. Berühmteste und größte Art sind die Königslachse, oft auch *Spring Salmon* oder *Chinook Salmon* genannt, die ein Gewicht von über 60 kg erreichen und bis zu sieben Jahre alt werden können. Etwas kleiner und ›nur‹ bis zu 20 kg schwer werden *Sockeye*-Lachs und Silberlachs, letzterer wird oft auch als *Coho Salmon* bezeichnet und wegen

seines festen roten Fleisches besonders geschätzt. Die kleinsten in der Familie sind der *Pink Salmon* und der *Chum Salmon,* die nur etwa fünf bis zehn Pfund schwer und nur zwei bis drei Jahre alt werden.

Der geheimnisvolle Lebenszyklus der Lachse steht seit Jahrtausenden fest: Im Sommer oder Herbst laichen die Muttertiere, jedes Weibchen legt bis zu 8000 Eier im klaren, schnell fließenden Wasser eines Baches tief im Hinterland Kanadas oder Alaskas. Aus roten, halbzentimeterdicken Eiern entwickeln sich während des folgenden Winters winzige Fischlein, die ihr erstes Lebensjahr noch in ihrem Geburtsbach verbringen, ehe sie im nächsten Frühjahr als ›Fingerlinge‹ mit der Strömung in den Ozean schwimmen. Je nach Art leben sie dann ein bis fünf Jahre im Meer, werden erwachsen, fressen sich dick und rund und ziehen als Wanderer der Meere durch den ganzen Nordpazifik bis hinauf zu den Aleuten. Dann, von einem übermächtigen Instinkt getrieben, kehren sie im Sommer oder Herbst an die Mündung ›ihres‹ Flusses zurück und schwimmen mit unglaublicher Präzision wieder genau an jene Stelle tief im Landesinneren, an der sie geboren wurden. Dort laichen sie und sterben. Der Kreis schließt sich.

Bis heute sind die Wanderungen der Lachse und vor allem ihr phänomenaler Orientierungssinn noch nicht völlig erforscht. Fest steht, dass sie ihr Geburtsgewässer am ›Geschmack‹ des Wassers erkennen. Unter Hunderten von Seitenbächen etwa am Fraser oder am Yukon River erkennen sie exakt, welche Abzweigung sie bei ihrer Rückwanderung nehmen müssen. Je nachdem, in welchem Wasser sie geboren werden und wo sie ihre ersten Lebensmonate verbringen, setzt sich in ihrem Gehirn ein genauer ›Geschmacksabdruck‹ dieses Gewässers fest. Eine Erkenntnis, die übrigens heute auch in Lachszuchtanlagen genutzt wird, denn so kann man auch wieder Tiere in Gewässern ansiedeln, aus denen sie durch Überfischung oder Naturkatastrophen verschwunden waren.

Während ihres gesamten Wanderlebens dienen die gewaltigen Lachsschwärme als Nahrung für Mensch und Tier. Wasservögel fressen die Jungfische, Seelöwen und Killerwale die erwachsenen Tiere. Und wenn die Lachse dann in großer Zahl in ihre Laichflüsse zurückkehren, ist der Tisch reich gedeckt für Weißkopfseeadler und Bären. Selbst die verwesenden Körper der Fische dienen noch anderen Wassertieren als Nahrungsquelle.

Auch wenn im Durchschnitt nur ein Pärchen aus 4000 Eiern seinen Geburtsbach erreicht, blieb das Gleichgewicht der Natur dennoch über Jahrtausende erhalten. Auch der Lachsfang der Indianer änderte daran nichts. Doch grenzenlose Ausbeutung im Verlaufe von nur 150 Jahren weißer Zivilisation dezimierte den Bestand auf ein bedrohliches Maß. Zur zwangsläufigen Überfischung kamen noch weitere menschliche Eingriffe in die Natur hinzu, die sich für die Lachsbestände katastrophal auswirkten. Zum Beispiel dann, wenn bei Straßen- oder Gleisbauarbeiten infolge Sprengungen Schutt in die Flüsse gelangt und die Strömungsgeschwindigkeit erhöht, was den Lachsen das Weiterschwimmen fast unmöglich macht.

Nach jahrelangem Raubbau wird heute der Lachsfang in Kanada und Alaska strikt reguliert. Staatliche Biologen überwachen genau, wann wie viele Lachse in einen Fluss schwimmen. Erst wenn genügend Fische ihren Zug an den Oberlauf angetreten haben, sodass der Bestand gesichert ist, dürfen die Fischer an der Flussmündung ihre Netze auslegen. Zudem verstärken zahlreiche Zuchtanstalten die natürliche Reproduktion, und man versucht, gefährdete Bestände wieder hochzupäppeln. Glücklicherweise ist trotz des Raubbaus die Natur noch nicht zerstört – und bis heute steigen in rund 1300 Flüssen und Bächen in British Columbia die Lachse auf.

Einige der *salmon runs* sind sogar zu Touristenattraktionen geworden. So etwa der berühmte Adams River Run, der etwa alle vier Jahre im Oktober nahe Kamloops in British Columbia stattfindet, nächstes Mal 2006: Mehr als eine Million feurig rote Sockeye-Lachse drängeln sich dann im seichten Wasser des Adams River, sodass man fast trockenen Fußes auf den Leibern der Fische übers Wasser gehen könnte. Ein spektakuläres Naturschauspiel – wie seit Urzeiten. *(Karl Teuschl)*

Ausgemusterte Soldaten des Zaren erhielten hier zu Anfang des 19. Jh. Land
zugewiesen und versuchten – ohne großen Erfolg –, Hafer und Kartoffeln anzu-
bauen.

Kenai **5**, 1791 gegründet, ist die
zweitälteste weiße Siedlung Alaskas.
Gleich am Ortseingang steht das moderne **Kenai Visitors and Cultural
Center,** dessen Museum auch die Kultur der Ureinwohner und die russische
Geschichte der Region behandelt. Etwas
weiter, am Steilufer über dem Kenai
River, liegt das rekonstruierte **Fort**

Kenai, das 1869 von den ersten amerikanischen Truppen in Alaska gegründet
wurde. Gleich gegenüber grüßt die malerische **russisch-orthodoxe Kirche,**
die – lange nach der ersten Missions-
gründung 1795 – im Jahre 1896 erbaut
wurde. Zur russischen Zeit war Kenai
eine der wichtigsten Missionsstationen:
Die Missionare hatten außer der Bekeh-
rung der ›Eingeborenen‹ noch andere
wichtige Aufgaben. Sie unterhielten
Schulen und mussten auf Anordnung
des Bischofs hin die Bevölkerung imp-
fen. Um 1850 umfasste das Gebiet der

che anzugehören. Seit 1969 amtiert wieder ein orthodoxer Priester in Kenai, die Kirche wurde restauriert und die Gemeinde wächst allmählich wieder an.

Die rund 6000 Einwohner Kenais leben heute von Fischerei und Tourismus, hauptsächlich aber vom Öl, denn bereits in den 50er Jahren wurde im Cook Inlet das erste Erdöl und später auch Erdgas entdeckt. Nicht so viel wie an der Prudhoe Bay im Norden, aber genug, um einen kleinen Boom auszulösen. Von 5 Ölbohrinseln wird heute das Öl zu den Tankerterminals bei Kenai geleitet.

Hinter **Soldotna** führt die Route 1 fast die ganze 125 km lange Strecke bis Homer am Meer entlang. An den Stränden, z. B. am Clam Gulch, findet man außer schmackhaften Muscheln oft auch Kohlestückchen, die von den Wellen aus den offenliegenden Flözen der Steilküste gebrochen werden. Bei **Ninilchick,** ebenfalls eine russische Gründung, steht über dem kleinen Ort wieder eine hübsche weiße Kirche mit Zwiebeltürmchen.

Bei **Homer** 6 (3700 Einw.), in der südwestlichen Ecke der Kenai-Halbinsel, endet schließlich die Straße. Das Fischerstädtchen ist unter den Bewohnern von Anchorage als Wochenendziel beliebt. Während die Väter draußen in der Bucht Heilbutt fischen, der als Winterverpflegung in der Tiefkühltruhe landet, sammeln die Kinder am Strand Muscheln, die an Ort und Stelle in den Kochtopf wandern.

Der Ort des Geschehens ist in Homer der **Homer Spit,** eine lang gestreckte Kiesbank, die weit in die Kachemak Bay hinausreicht. Fischrestaurants, Bars und einfache Campingplätze locken die Besucher an, vor den kleinen Piers des Spit drängeln sich die Charterboote der Heil-

Pfarrei die gesamte Kenai-Halbinsel und die Westseite des Cook Inlet. Zwei Jahre benötigte damals der Missionar Pater Nikolai, um per Boot alle Schäflein seiner Gemeinde zu besuchen.

Später, als die Amerikaner Alaska übernahmen, wurde es schwieriger für die russische Gemeinde. Andere, amerikanische Missionare kamen ins Land, und für einige Zeit gab es nicht einmal mehr einen Popen. Außerdem war es auf dem Höhepunkt des Kalten Krieges in den 50er und 60er Jahren nicht besonders vorteilhaft, einer russischen Kir-

buttfischer, ringsum ragen die schneebedeckten Gipfel der Kenai Mountains auf.

Ein oder zwei Tage Aufenthalt lohnen sich in der malerischen Szenerie von Homer. Das naturkundliche **Pratt Museum** vermittelt das Rüstzeug für Ausflüge in die Umgebung. Man kann an der East End Road einen Ausflug entlang der Kachemak Bay unternehmen oder mit der Fähre für einen Tag zum historischen Fischerhafen **Seldovia** fahren, der auf der Südseite der Bucht liegt. Von Homer aus werden auch Flugexkursionen zur fast völlig unbesiedelten Westküste des Cook Inlet organisiert, wo an den Lachsflüssen die Braunbären im Sommer zum Fischen kommen.

Von Anchorage nach Valdez

Anchorage – Glennallen – Valdez
(485 km)

Tipps & Adressen   Eklutna S. 361, Palmer S. 379, Glennallen S. 365, Wrangell-St. Elias National Park S. 406

Zurück von der Kenai-Halbinsel geht es quer durch Anchorage weiter ins Landesinnere. Man verlässt die Stadt auf dem Glenn Highway, der Alaska-Route 1, nach Osten in Richtung Palmer. Nach etwa elf Kilometern taucht linker Hand **Fort Richardson** auf, ein Stützpunkt der US-Armee. Am Haupteingang erhält man nach Vorlage eines Ausweispapiers einen Passierschein und kann auf dem Militärgelände im Gebäude 600 eine großartige Kollektion von 250 Tierpräparaten sehen, die alle alaskanischen Tierarten umfasst. Sie wurden dem Museum von Soldaten geschenkt, die in militärischen Sperrgebieten frei jagen dürfen. Eine gute Gelegenheit, all jene

Tiere kennen zu lernen, die einem begegnen können, vom Vielfraß bis zum Grizzly.

Nach etwa 30 km erreicht man auf der gut ausgebauten Schnellstraße den **Eklutna Historical Park** mit dem Indianerdorf **Eklutna,** das auf eine russische Mission zurückgeht. Neben der alten Missionskirche – komplett mit Ikonostase – steht heute ein modernes Gotteshaus. Dahinter liegt der russisch-orthodoxe Indianerfriedhof mit bunt bemalten und mit Schnitzereien verzierten Grabhäuschen *(spirit houses),* die von den Tanaina Athapaska-Indianern in den traditionellen Familienfarben und -mustern angefertigt werden.

Etwa 20 km jenseits der Gletscherflüsse Matanuska und Knik liegt das Zentrum der **Matanuska-Susitna** (Mat-Su)-Landwirtschaftsregion. Das heute 3000 Einwohner zählende **Palmer** 7 wurde 1916 als Bahnstation gegründet und war seinerzeit Ausgangspunkt für die Erschließung des fruchtbaren Tals. Die alten *sourdoughs* – so werden seit den Goldrauschzeiten erfahrene Alaskaner genannt, weil sie auf ihren Streifzügen durch die Wälder immer etwas Sauerteig bei sich trugen, um Teig für ihr Brot ansetzen zu können – erinnern sich noch an die ersten Tage des *farming* im Matanuska-Tal: Während der Wirtschaftskrise der 30er Jahre siedelte die amerikanische Regierung hier Farmer an, die ihre Höfe verloren hatten. Die Bauernkolonie war damals nicht besonders erfolgreich, doch heute hat sich das Matsu-Tal dank neuer Anbaumethoden zur wichtigsten Farmregion Alaskas entwickelt. 80 bis 110 frostfreie Tage können die Bauern pro Jahr erwarten, aber sie haben es in sich, denn die Sonne scheint fast 24 Stunden täglich. So wachsen vor allem Kohlköpfe, Karotten, Salat und anderes Gemüse in kürzester Zeit in riesigen Dimensionen heran. Ein 30 oder 40 Pfund schwerer Kohlkopf ist keine Seltenheit. Im **Independence Mine State Historical Park** an der Hatcher Pass Road kann man eine restaurierte Goldmine aus den 1930er und 40er Jahren besichtigen, und in der **Musk Ox Farm** am Milepost 50.1 am Glenn Highway erhält man Einblick in die Haltung von Moschusochsen und die Verarbeitung der wertvollen Wolle durch Eskimos.

Von Palmer aus folgt der Glenn Highway dem Tal des Matanuska River nach Osten. Bald rücken die Küstenberge rechter Hand näher an die Straße heran, und die ersten Gletscher kommen in Sicht. Zum **Matanuska Glacier,** der in einer gut 6 km breiten, leuchtend weißen Front aus den Bergen strömt, kann man sogar auf einer Privatstraße durch das Glacier Park Resort heranfahren.

300 km von Anchorage entfernt, erreicht man den rund 1000 Einwohner zählenden Ort **Glennallen** 8, der sich über mehrere Kilometer am Highway entlangzieht.

Der Ort ist Sitz mehrerer *fly-in guides,* die Abenteuerlustige zum Jagen und Fischen in die umliegende Wildnis führen, und der beste Ausgangspunkt für Touren und Expeditionen in den 1981 geschaffenen, größten Nationalpark der USA, den **Wrangell-St. Elias Park** (Beschreibung s. S. 307). Bereits bei der Anfahrt nach Glennallen sieht man Mount Drum (3661 m), Mount Wrangell (4302 m) und Mount Sanfort (4949 m) östlich des Ortes aufragen. Im Wrangell-St. Elias National Park erhebt sich weiter östlich an der kanadischen Grenze mit 5492 m auch der zweithöchste Berg Alaskas, der Mount Saint Elias.

In Glennallen erreicht man den aus Fairbanks kommenden Richardson Highway (Alaska Route 4), der von hier parallel zur berühmten Alyeska Pipeline nach Süden zum Hafen Valdez führt. Hier und dort sieht man die meist auf Stelzen gebaute silbrig glänzende Pipeline im Wald neben der Straße aufblitzen (s. S. 33). Zumeist aber schweift der Blick über das weite Flusstal des Copper River und die spektakulären Schneegipfel dahinter.

Südlich des Örtchens Copper Center verlässt der Richardson Highway das Flusstal und klettert hinauf in die Chugach Mountains. Ehe man weiter in die Berge fährt, lohnt sich ein Abstecher (nicht für große Wohnmobile zu empfehlen) auf dem 94 km langen **Edgerton Highway,** eine 98 km lange Schotterstraße entlang des Chitina River, die tief in die Wrangell Mountains bis zum alten Bergwerksort **McCarthy** führt (Beschreibung s. S. 307 ff.). Das letzte Stück des Richardson Highway ist eine der schönsten Bergstrecken entlang der Route: In breiter Front strömt der **Worthington Glacier** direkt neben der Straße herab ins Tal, im engen **Keystone Canyon** schäumen zahllose Wasserfälle die steilen Felswände herab. Dann öffnet sich das breite, von schroffen Gipfeln überragte Tal von Valdez.

Valdez und der Prince William Sound

Tipps & Adressen   S. 393

Das 4100 Einwohner zählende **Valdez** 9 ist seit 1900 einer der wichtigsten Häfen Alaskas. Hunderte von Abenteurern landeten hier 1897 auf dem Weg zu den Goldfeldern des Klondike; viele kamen auf dem Marsch über die Gletscher der Chugach-Berge ums Leben. Die Stadt ist aber nicht wegen ihrer Goldgräbergeschichte bekannt, sondern

Valdez, Stadt am Fuße der Chugach Mountains und Endpunkt der Alyeska Pipeline

vor allem als Endpunkt der Alyeska Pipeline, die über 1280 km das Rohöl vom *north slope,* der Nordküste Alaskas, zum riesigen Tankerterminal am Ostufer der Bucht von Valdez bringt. Die beim Visitor Center beginnende zweistündige **Alyeska Pipeline Marine Terminal Tour** vermittelt einen Eindruck vom riesigen Tankerterminal am Ostufer der Bucht.

Hier im Prince William Sound, wenige Kilometer vor Valdez, war es auch, wo im Frühjahr 1989 der Supertanker »Exxon Valdez« auf Grund lief und die bislang größte Ölkatastrophe Amerikas verursachte. Gut 40 Mio. Liter Rohöl strömten in den Sund und verseuchten Meer und Küste mit einer klebrigen schwarzen Ölschicht. Fast 2000 km Küste im Prince William Sound und auf der Kenai-Halbinsel wurde verschmutzt, Hunderttausende von Wasservögeln, Seeottern, Robben und Weißkopfseeadlern starben. Die Ölgesellschaft Exxon gab sich schuldbewusst, zahlte Milliar-

den an den Staat Alaska und an die Stadt Valdez, und die – nun arbeitslosen – Lachsfischer der Region wurden als Putzer verpflichtet. Mit Hochdruckstrahlen heißen Wassers reinigte man die Felsen und Strände an der Küste und schamponierte den Seeottern das Öl aus dem Pelz. Der Aufschrei in der Öffentlichkeit war groß – aber mittlerweile ist wieder alles beim Alten. Die Bewohner von Valdez haben von den Aufräumarbeiten kräftig profitiert, und heute läuft der Tankerbetrieb wieder, als sei nichts gewesen, obwohl die Angelegenheit für Exxon noch nicht ausgestanden ist. 1994 wurde die Ölgesellschaft zu etlichen Milliarden Dollar Schadensersatz verurteilt, und über weitere Forderungen wird noch verhandelt.

Verblüffenderweise hat sich die Natur viel schneller erholt, als man zunächst befürchtet hatte: Das Wasser ist wieder sauber und die Lachse sind zurückgekehrt. Otter schwimmen in der Bucht und Weißkopfseeadler nisten wieder in den Bäumen am Ufer. Und an den Stränden, die nicht gereinigt wurden, hat sich die Gezeitenflora viel schneller regeneriert als an den gesäuberten. Wellen und Wetter haben das Öl weggewaschen. Die langfristigen Schäden sind allerdings noch nicht absehbar, denn es wird Jahrzehnte dauern, bis sich der auf den Meeresgrund abgesunkene Ölschlick zersetzt hat. Und man weiß auch noch nicht, wie sich die Ölpest auf lange Sicht auf das Reproduktionsvermögen der Tierwelt auswirkt.

Business as usual also in Valdez, und die in grandiose Fjordlandschaft eingebettete, oft als ›Switzerland Alaskas‹ bezeichnete Stadt verdient durchaus den Besuch. Das **Valdez Museum** zeigt die Geschichte der Region von den Tagen der Goldgräber über das große Erdbeben im Jahr 1964, das den alten Ort völlig zerstörte, bis hin zu den Aufräumarbeiten nach der Ölkatastrophe.

Die Krönung eines Besuchs in Valdez aber ist ein Ausflug in die Wunderwelt des **Prince William Sound:** dicht bewaldete, tief eingeschnittene Fjorde mit kleinen malerischen Buchten, in denen Weißkopfseeadler fischen, zahllose kleine Inseln, vor deren Ufer Seeotter zwischen Fischerbooten spielen, und von den steil aufragenden Bergen herabfließende Gletscher, die in die glitzernden Wasser der Seitenfjorde münden. Mehrere Veranstalter bieten Bootstouren in den Sund an.

In der fast 40 000 qkm großen Meeresbucht treiben Eisschollen, auf denen sich die Robben sonnen. Manchmal begleiten Tümmler das Boot, und vielleicht taucht sogar ein Buckelwal oder ein Schwertwal zwischen den Eisbergen auf. Hauptattraktion der Sightseeing-Fahrten ist der **Columbia-Gletscher:** In fast 10 km breiter Front wälzt sich die gewaltige Eiszunge aus dem Bergmassiv des

Im Prince William Sound

Mount Einstein und taucht ins Meer. Mit gut 1100 qkm Oberfläche und über 60 km Länge stellt der nach der New Yorker Universität benannte Gletscher eine der größten Eismassen Alaskas dar. Je nach Wasserstand brechen immer wieder riesige Eisberge unter donnerndem Krachen aus der 80 m hohen Stirnseite und bringen das Boot zum Schaukeln. Ein unvergessliches Erlebnis.

Durch das Landesinnere: Von Valdez nach Fairbanks

Valdez – (Tok) – Delta Junction – Fairbanks (585 km)

Tipps & Adressen   Tok S. 392

Zurück von Valdez folgt man ab Glennallen dem **Richardson Highway** etwa 250 km nach Norden bis Delta Junction. Der Umweg auf dem Glenn Highway nach **Tok** 10, gut 220 km von Glennallen am

Mit Schwimmern, Skiern und Propellern: Buschpiloten in Alaska

Wasserflugzeuge, Air-Taxis und kleine Frachtflieger gehören in Alaska zum täglichen Leben wie Fahrräder, Autos und Lastwagen ins Straßenbild einer deutschen Stadt. Seit der alaskanische Luftfahrtpionier Ben Eielson 1924 zum ersten Mal mit einem Doppeldecker von Fairbanks zum Goldgräbercamp McGrath flog, sind die Piloten des Nordens untrennbar mit der Erschließungs- und Pioniergeschichte Alaskas – und natürlich auch des kanadischen Nordens – verbunden.

Und es gibt sie heute noch, die Buschpiloten des Nordlandes. Sie bringen Lebensmittel, Ausrüstung, Post und Medikamente in die einsamen Camps und Dörfer ohne Straßenanschluss. Sie fliegen Patienten in die Krankenhäuser, suchen Vermisste und bringen Geologen zu ihren Forschungen in die entlegensten Regionen. Ohne Buschpiloten wäre das Leben in den kleinen Orten des Nordens bei weitem nicht so erträglich und fortschrittlich. Und auch als Besucher kann und sollte man sich den Buschfliegern Alaskas anvertrauen – mit ihnen lassen sich Wildnisregionen erleben, von denen man entlang der Highways sonst nur träumen kann.

Anchorage und Fairbanks sind die beiden wichtigsten Stützpunkte der Buschflieger. Lake Hood und Lake Spenard in Anchorage bilden zusammen den größten Flughafen für Wasserflugzeuge weltweit. Und das kleine Merrill Field am östlichen Stadtrand von Anchorage zählt nach der Anzahl der Flug-

Ostrand des Bundesstaates gelegen, lohnt sich vor allem für Hundefans: In Tok beschäftigt sich jeder dritte Einwohner mit Hundezucht oder -rennen. Fast jeden Abend werden während des Sommers Vorführungen der Hundeschlittenfahrer gegeben. Das große Alaska Public Lands Information Center und das Tok Visitor Center nebenan helfen mit Landkarten, Broschüren und Tipps allen Besuchern, die über den Alaska Highway angereist sind und in Tok erstmals Station machen (s. auch S. 266).

Doch zurück zum Richardson Highway: Er führt das Tal des Gulkana River stromaufwärts und klettert dann hinauf in die **Alaska Range,** die höchste Bergkette Nordamerikas. In Paxson zweigt der Denali Highway nach Westen ab und folgt der Südseite der Berge. Wer nur begrenzt Zeit zur Verfügung hat, kann auf dieser (ungeteerten) Abkürzung in einem halben Tag den Denali National Park (s. S. 302 ff.) erreichen und dabei unberührte Wildnis und Einsamkeit erleben. Elche und Bären halten sich häufig entlang der Straße auf, und wenn man einen Moment unaufmerksam ist, verpasst man die einzigen vier Häuser auf der 200 km langen Strecke.

bewegungen zu den 100 größten Flughäfen Amerikas. Gut 1300 Starts und Landungen verzeichnet das Flugfeld an einem betriebsamen Tag.

Doch von »tollkühnen Männern in ihren fliegenden Kisten« ist hier nicht die Rede. Die modernen Buschpiloten Alaskas haben zwar immer wieder gefährliche Situationen zu bestehen, die Wildnis und unberechenbares Wetter mit sich bringen, aber tollkühn sind sie nicht. Ihr eigenes Leben ist ihnen lieb und teuer, ihre Maschinen checken sie samt der vorgeschriebenen Notausrüstung höchst penibel.

Ein noch härterer Job, aber ein wichtiges finanzielles Standbein für viele Buschflieger, ist das *fishspotting*, bei dem im Frühjahr aus der Luft die Heringsschwärme vor der Küste geortet und die Kapitäne der Fangschiffe zu den Fischen gelotst werden. Da jeder Skipper seinen eigenen Piloten hat, sind manchmal auf engstem Raum bis zu 60 Flugzeuge in der Luft. Ein gut bezahlter, aber höchst gefährlicher Einsatz, bei dem es um Sekunden geht, denn der Kapitän, der als erster sein Netz auswirft, dem gehört der größte Teil des Fangs.

Die langjährige Praxis bringt es mit sich, dass Buschpiloten mit sicherem Auge auch die verstecktesten Landeplätze erkennen. Die Palette reicht vom besseren Acker bis hin zum mit Öl-Kies bedeckten Highway oder Flussufer. Im Winter wird mit Skikufen geflogen und im Sommer häufig auch mit Schwimmern, um überall landen zu können.

Auch wenn die meisten Piloten von Anchorage aus starten, gibt es die kleinen Charterflieger überall. Nahezu jeder noch so kleine Ort im Norden Alaskas und Kanadas hat eine eigene Charter-Airline und einen Flugplatz sowieso. Auf Kodiak und Katmai fliegen die Piloten von *Andrew Airways* Fotografen zu den Riesenbären von Katmai. Und in Talkeetna in der Nähe des Denali National Park gibt es keinen, der sich so gut mit den launischen Wetterverhältnissen am Mount McKinley auskennt wie Jim Okonek von *K2 Aviation*. Von ihm wird behauptet, dass er in dieser extremen Welt aus Fels, Schnee und Eis jede Gletscherspalte kennt (s. Abb. S. 58/59).

Auf der Nordseite des Isabel-Passes in der Alaska Range beginnt Zentral-Alaska, das im Wesentlichen das gewaltige Einzugsgebiet des Yukon River umfasst. Abgeschirmt durch die zwei hohen Bergketten im Süden, herrscht hier extremes, trocken-sonniges Kontinentalklima. Sommertemperaturen von über 30 °C sind keine Seltenheit, dafür kann im Winter das Thermometer bis unter –50 °C absinken, mehrere Wochen mit Temperaturen von –30 °C sind die Regel. Im Tal des Tanana River hat die US-Army östlich von Delta Junction ein ›Cold Region Test Center‹ eingerichtet, wo Menschen und Material unter härtesten Winterbedingungen erprobt werden.

Im kleinen Ort **Delta Junction,** dem Zentrum einer wichtigen Landwirtschaftsregion, stößt der Richardson auf den Alaska Highway. Von hier begannen die Soldaten 1942 nach Süden zu bauen. In dem Dreieck am Schnittpunkt der beiden Highways steht vor dem Informationszentrum der viel fotografierte letzte Meilenstein des Alaska Highway. Einige Kilometer weiter nördlich blieb noch eines der alten *road houses* der Pionierzeit Alaskas erhalten, **Rika's Roadhouse & Landing.** Gleich daneben überspannt die Transalaska Pipeline den Tanana River.

Die Straße führt nun über kleinere Hügelketten parallel zum Fluss in Richtung Nordwesten. Immer wieder öffnen sich über das breite Tal herrliche Panoramen auf die schneebedeckten Dreitausender der Alaska Range. 20 km vor Fairbanks glaubt man plötzlich seinen Augen nicht zu trauen: Eine zehn Meter hohe Nikolausfigur grüßt von der anderen Straßenseite! Der kleine Ort im dahinter liegenden Wald heißt **North Pole.** Hierhin schicken die amerikanischen Kinder ihre Weihnachtswünsche. Denn wo sollte Santa Claus wohl sonst wohnen als in Nordpol, Alaska? Der bekanntheitsträchtige Name wird denn auch weidlich ausgenutzt: Ein riesiger Weihnachtsladen neben dem Nikolaus verkauft Christbaumschmuck und winterlichen Nippes.

Fairbanks und Umgebung

Tipps & Adressen S. 362

Hinter North Pole nimmt der Verkehr spürbar zu. Rechter Hand liegen noch zwei Militärstützpunkte (wichtige Faktoren für die Wirtschaft der Region), und schließlich erreicht man **Fairbanks** 🔟. Der Ursprung der ›Metropole‹ Zentral-Alaskas – heute leben in der Region rund 85 000 Menschen – geht auf einen Goldrausch in den Jahren 1903 und 1904 zurück. Der eigentliche Aufschwung kam jedoch erst während des Zweiten Weltkriegs, als West-Alaska von den Japanern bedroht war, der Alaska Highway erbaut und der Nachschub für die Sowjetunion über Fairbanks nach Nome und von da weiter nach Sibirien geleitet wurde (s. S. 254). Die USA stellten der Sowjetunion Kriegsgüter im Wert von 9 Mrd. US-Dollar zur Verfügung. Amerikanische Flieger brachten Tausende von Flugzeugen von Montana nach Alaska, wo russische Piloten sie übernahmen und über Sibirien an die Front in Osteuropa flogen.

Die kriegerische Geschichte der Stadt ist längst passé. Fairbanks ist heute die zweitgrößte Stadt Alaskas und *der* Ausgangspunkt für die Exploration des hohen Nordens. Von hier aus werden all die kleinen Buschsiedlungen an der Beringstraße und am Polarmeer versorgt, von hier aus wird auch die Ölförderung im Norden gesteuert. Die geschäftige Innenstadt liegt am Südufer des Chena River, wo auch das **Log Cabin Visitor Information Centre** die Besucher bei ihren Besichtigungsplänen berät.

Sehr zu empfehlen ist ein Besuch der **University of Alaska,** die auf einem Hügel im Nordwesten der Stadt liegt. Das **University Museum** gibt einen ausgezeichneten Überblick über die Natur- und Kulturregionen des Staates, und an einem klaren Tag kann man von dort oben auch den Mt. McKinley in der Ferne erspähen. Unten in der Stadt bietet sich mit dem Schaufelraddampfer **»Discovery«** eine Tour auf dem Chena und Tanana River an.

Ein Besuch in **Alaskaland,** einem Stadtpark und Freilichtmuseum, versetzt einen auf seine Art in die Pioniertage zurück. Nach der Besichtigung des Geländes nimmt man im Mining Valley an einem *salmon bake* teil, einem Lachsgrillfest und geht vielleicht später in den Palace Saloon, bestellt einen *pitcher* Bier, lehnt sich zurück und genießt die Wildwest-Atmosphäre bei Country-Musik und traditionellen Songs. Noch uriger wird es etwas außerhalb von Fairbanks im alten Goldgräberort **Ester,** wo im historischen **Malemute Saloon** abends der Whisky fließt und der Nordland-Poet Robert Service vor der origi-

Fairbanks, First Settler Landmark

nal erhaltenen Kulisse – einschließlich des mit Sägemehl bestreuten Fußbodens – in Gestalt eines Schauspielers zu Dichterlesungen wieder aufersteht. Im Ester Gold Camp stehen noch alte Gebäude aus der Goldgräberzeit.

Nur 15 km nördlich von Fairbanks blieb bei **Fox** am Old Steese Highway einer der riesigen alten Schaufelradbagger, Gold Dredge Number 8, aus den Goldgräbertagen erhalten – ein verblüffender Kontrast zur supermodernen Alyeska Pipeline, die direkt daran vorbeiführt. Es gibt eine 90-minütige Tour und Besucher können ihr Glück beim Goldwaschen versuchen. Von hier aus führt der fast 700 km lange **Dalton Highway** nach Norden bis zum Polarmeer. Die Schotterpiste wurde ursprünglich 1974 als Service Road für den Bau der Pipeline angelegt und in den letzten Jahren immer weiter für die Öffentlichkeit zugelassen. Aber ehe man eine Fahrt über die Brooks Range nach Norden wagt, sollte man sich zuvor in Fairbanks und dann an den Servicestationen entlang des Wegs

genau nach dem Straßenzustand erkundigen. Lohnend ist auch ein Ausflug von Fairbanks aus nach Norden – zu den heißen Quellen von **Chena Hot Springs** oder von **Manley Hot Springs.**

Zum Mount McKinley und Denali National Park

Fairbanks – Denali National Park – Anchorage (576 km)

Karte   S. 303
Tipps & Adressen   S. 358

Über niedrige Hügelketten mit Blick über das Panorama der Alaska Range fährt man auf dem **George Parks Highway** (Alaska Route 3) wieder nach Süden. Zehn Kilometer hinter Fairbanks zweigt zwischen den alten und neuen Schutthalden der Goldgräber eine kurze Seitenstraße nach Ester ab (s. o.).

Der kleine Ort **Nenana** an der Mündung des gleichnamigen Flusses in den breiten Tanana River ist in ganz Alaska für sein *Ice Classic* bekannt. In diesem seit 1917 alljährlich stattfindenden Wettbewerb geht es um den genauen Zeitpunkt des Eisaufbruchs auf dem Tanana. Gegen eine Gebühr von zwei Dollar können die Bewohner Alaskas, des Yukon-Territoriums und Besucher an über 150 Verkaufsstellen im Staat ein Lotterieticket erwerben und ihre Schätzung für Tag, Stunde und Minute des Aufbruchs abgeben. Am letzten Februarwochenende wird dann im Rahmen eines großen Festes in Nenana der Tripod, eine dreibeinige Holzkonstruktion, auf dem Eis des Tanana aufgestellt und durch ein Seil mit der Stoppuhr am Ufer verbunden.

Ende April oder Anfang Mai ist es dann soweit – die ganze Einwohnerschaft des Ortes sortiert die Lotterietickets chronologisch, und 24 Stunden am Tag wird Wache gehalten, damit alle den Eisaufbruch miterleben können. Bei den ersten leichten Bewegungen im Eis schlägt der Wächter Alarm, und prompt versammeln sich alle Nenanaer am Ufer. Einige Stunden später beginnt die Eismasse aufzubrechen, um sich dann unter gewaltigem Getöse stromabwärts zu schieben. Das Seil vom Tripod zum Ufer strafft sich, wird durch einen Fallbeilmechanismus gekappt und die Uhr bleibt stehen. Nun kann der glückliche Gewinner von gut 100 000 Dollar benachrichtigt werden.

Im Sommer drehen sich auf dem **Tanana River** die *Salmon Wheels* der Indianer. Diese baggerartigen Holzgerüste mit zwei Schaufeln schwimmen fest verankert im Fluss, werden durch die Wasserkraft gedreht und schaufeln sehr effektiv alle durchschwimmenden Lachse in das daneben liegende Boot. Ursprünglich haben die Weißen diese Fangmethode eingeführt, doch heute dürfen nur noch die Indianer so fischen

– und holen auf diese Weise jedes Jahr Tausende von Chum- und King Salmon-Lachsen an Land. Die Fische werden entweder tiefgefroren und an die Restaurants verkauft oder für den Eigenverbrauch im Winter zubereitet. Hinter so mancher Hütte in Nenana sieht man einen Räucherofen dampfen: Der Lachs wird zuerst in Streifen geschnitten, dann luftgetrocknet und danach etwa zwei Wochen über Eschenholz geräuchert. Diese *salmon strips* halten sich Jahre. Noch ein kurzer Besuch im **Alaska Railroad Museum,** das im alten Bahnhof von Nenana untergebracht ist, dann geht es weiter nach Süden.

Vorüber am ältesten Kohlebergwerk Alaskas bei **Healy,** in dem heute jährlich 800 000 t gefördert werden, führt der Highway hinein in die Alaska Range. Noch einige Kilometer im engen Canyon des Nenana River, dann erreicht man den Höhepunkt jeder Alaskafahrt – den 1917 gegründeten Denali National Park mit dem höchsten Berg Nordamerikas, dem 6194 m hohen Mount McKinley.

Denali National Park

[12] Gleich am Parkeingang gibt es im Visitor Center Landkarten und Tipps für den Parkbesuch. Ein Stück weiter stößt man auf das **Denali National Park Hotel,** das in komfortabel möblierten Eisenbahnwaggons der Alaska Railroad untergebracht ist. Wenn Sie allerdings hier, im einzigen Hotel innerhalb des Nationalparks schlafen möchten, sollten Sie schon lange vorab reservieren – und auch die Hotels am Parkeingang sind meist ausgebucht. Die sechs Campingplätze des Nationalparks werden im *first come, first serve*-System belegt, also wer zuerst kommt (und das bedeutet ab 6 Uhr morgens am Visitor Center anstehen), der bekommt dann auch einen Platz.

Um die Natur des Parks so wenig wie möglich durch den Menschen zu belasten, sind nur die ersten 20 km der Straße in den 2,4 Mio. ha großen Nationalpark im Sommer für den öffentlichen Verkehr freigegeben (es sei denn, man hat einen registrierten Stellplatz auf dem Teklanika Campground). Vom Park Hotel aus kann man sich einer *wildlife tour* anschließen. Für den Individualisten bietet sich eine andere Möglichkeit: Alaskanische Schulbusse mit ihrer typisch gelben Farbe werden von der Parkverwaltung von Juni bis September als kostenlose Shuttle-Busse eingesetzt und bringen die Touristen in die grandiose Bergwelt der Alaska Range. Etwa die Hälfte der Shuttle-Plätze sind für telefonische Reservierungen bestimmt, für die andere Hälfte muss man sich anstellen. Die *tokens,* eine Art Fahrkarte für die Busse, werden bis zu zwei Tage im Voraus ausgegeben. Hat man nicht reserviert, sollte man sich also gleich bei der Ankunft am Besucherzentrum die *tokens* holen. Hier fährt auch um 6 Uhr morgens der erste Bus ab. Bei großem Andrang zur Hochsaison muss man eventuell ein bis zwei Tage warten, während derer man Wanderungen am Parkeingang, einen Flightseeing-Ausflug in die grandiose Bergwelt ringsum oder

Denali National Park

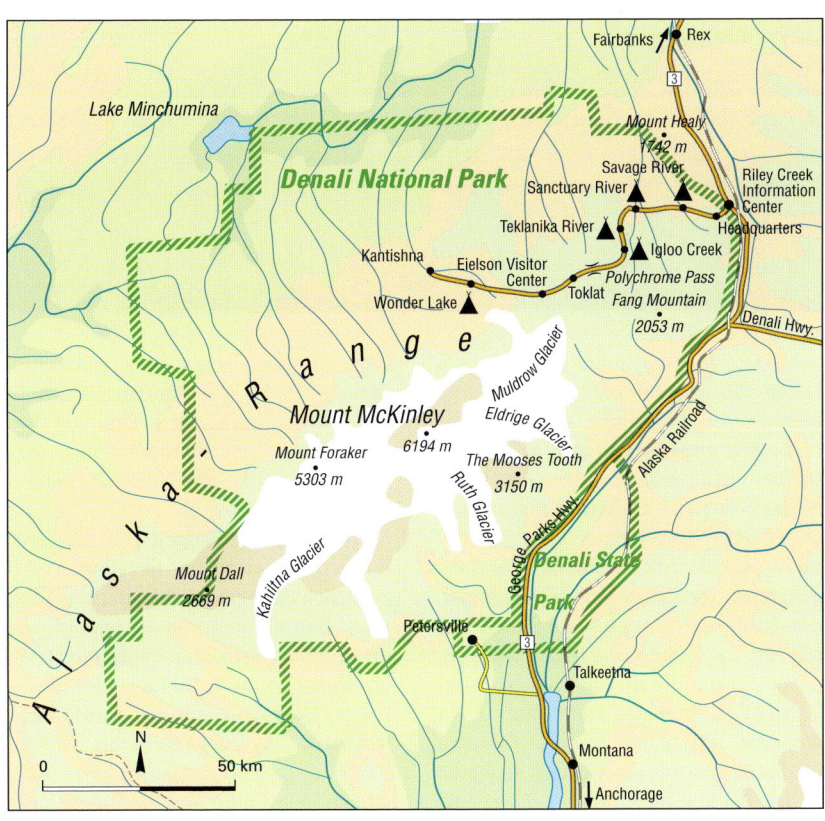

auch eine Schlauchboottour auf dem Nenana River unternehmen kann.

Hat man die Marke ergattert und seine Zeit abgewartet, geht es auf rüttelnder Piste los: 7$\frac{1}{2}$ Stunden Fahrt zum **Eielsen Visitor Center** direkt gegenüber dem Bergmassiv des Mount McKinley oder gar 10 Stunden Fahrt bis zum **Wonder Lake.** Aber keine Angst, der Bus hält oft, denn immer wieder gibt es Tiere am Wegesrand zu beobachten: Elche, Bären oder Karibus zum Beispiel. Unterwegs kann man ohne weiteres aussteigen, einige Stunden wandern und mit einem der nächsten Busse wieder weiterfahren. Noch ein

Tipp: Bringen Sie ein Lunchpaket mit, denn im Park gibt es keinerlei Möglichkeit, etwas Essbares zu kaufen. Am Parkeingang gibt es aber einen Laden, wo man sich mit dem Nötigsten versorgen kann.

Die Straße schlängelt sich zunächst durch dicht bewaldetes Elch-Terrain und zieht sich dann über kahle, dabei vielfarbige Berghänge, immer wieder mit großartigem Blick über die breiten Gletschertäler an der Nordflanke der Alaska Range. Der Bereich um den **Sable Pass** ist Grizzlygebiet, hier darf man als Wanderer zwar nicht aussteigen, man kann jedoch die Könige der Tundra in ihrem

Im Denali National Park erhebt sich Nordamerikas höchster Berg, der Mount McKinley

Der **Mount McKinley** ist der einzige Berg dieser Größenordnung so nahe am Polarkreis, sodass im Sommer auf seinem Gipfel die Mitternachtssonne scheint. Vier alaskanische Goldgräber, echte *sourdoughs,* bestiegen 1910, durch eine Wette angestachelt, ohne besondere Ausrüstung und Vorkenntnisse den Berg – verirrten sich aber auf den etwas niedrigeren Nordgipfel. Erst 1913 wurde der Eisberg dann zum ersten Mal bestiegen: Walter Harper, ein junger Athapasken-Indianer aus Nenana, war der erste Mensch auf dem 6194 m hohen Gipfel. Heute erklettern viele Expeditionen jährlich den Berg. Klettertechnisch nicht besonders schwierig, drohen aber aufgrund der nördlichen Lage den Bergsteigern in den oberen Regionen der Eiskappe auch im Sommer Temperaturen von –40 °C. Der Mount McKinley ist wohl der Berg mit den extremsten Witterungsbedingungen auf unserer Erde – und jedes Jahr sind unter den Bergsteigern mehrere Todesfälle zu beklagen.

silbrig braunen Pelzwams häufig vom Bus aus beobachten. Dann ist es soweit, das Zittern beginnt: Ist der Berg heute zu sehen, oder dräuen dichte Wolken? Gut 40 km vom Parkeingang entfernt besteht zum ersten Mal die Möglichkeit, den zuvor hinter den Vorbergen versteckten Mount McKinley zu sehen. An zwei von drei Tagen hüllen Wolken den Gipfel des Eisberges ein, doch mit Glück erwischt man ja einen der klaren Tage … (zum Trost: auch die Tierwelt allein ist schon die Fahrt wert). Vom Eielsen Visitor Center aus ist das Bergmassiv dann in seiner vollen, gletscherumgebenen Pracht zu bewundern.

Die Strecke zwischen dem **Eielson Visitor Center** und dem **Wonder Lake** bietet immer wieder attraktive Ansichten des Bergmassivs. Spätestens jetzt sollte man sich vom Busfahrer absetzen lassen (man kann jederzeit entlang der Strecke ein- und aussteigen), ein Stück durch die Tundra wandern und mit einem der späteren Busse weiterfahren. Ein Teppich winziger, bunter Tundrablumen und absolute Stille in einer weit ausladenden Urlandschaft belohnen diesen Entschluss. Solange man sich merkt, ob man sich nördlich oder südlich der Straße befindet, ist es nicht schwer, sich im Park zurechtzufinden.

Ganz in Weiß – Alaska im Winter

K nirschender, strahlend weißer
Schnee überzieht Straßen und
Häuser. Kleine Wölkchen von
Atemdampf schweben um die dick in
Pelze und Daunenjacken eingemumm-
ten Menschen, und der Blick schweift
unter stahlblauem Himmel ungehindert
über die in Raureif gehüllten Bäume bis
zur entfernten Alaska Range: So präsentiert sich Anchorage im Winter,
wenn Tausende von Alaskanern zum
›Fur Rendezvous‹ zusammenströmen.
Seit es 1936 als Pelzauktion für Trapper
begann, hat sich das alljährlich Mitte
Februar abgehaltene ›Fur Rondy‹ zum
größten und buntesten Ereignis der
Stadt gemausert. Trauben von Menschen säumen die 4th Avenue, wenn
eines der hochdotierten Hundeschlittenrennen ›abgeht‹. An die 4000 Felle
wechseln bei der Pelzauktion ihre Besitzer. Die kalten Füße, die man sich leicht
holt, wärmen sich beim Softball-Spiel
auf Schneeschuhen schnell wieder auf.
Sogar ein Heißluftballon-Rennen steht
auf dem Programm dieses fünftägigen
Winterkarnevals, der abends seine

Krönung im ›Miners and Trappers Ball‹
findet.

Alaska im Winter hat durchaus seine
Reize: Anchorage und Fairbanks liegen
noch weit südlich des Polarkreises, sodass selbst im Januar hier noch keine
dunkle Polarnacht herrscht, wie in den
Eskimo-Orten hoch im Norden. Eis und
Schnee gibt es dafür auch im Süden
reichlich, aber die Kälte im Landesinneren ist trocken und gut verträglich.
Zudem trifft man im Winter auf eine
stabilere Wetterlage als im Sommer,
was die Chancen, den Mount McKinley
in seiner ganzen Pracht zu sehen, deutlich erhöht.

Winter in Alaska ist vor allem die Zeit
der Hundeschlittenrennen. In vielen
kleinen Orten werden Wettbewerbe
ausgerichtet, deren Höhepunkt das Idi-
tarod-Rennen darstellt. Jedes Jahr im
März fällt in Anchorage der Startschuss
für das berühmte Hundeschlittenrennen, das über eine 1688 km lange Strecke an die Küste nach Nome führt.

Zahlreiche Veranstalter bieten auch
Touren an, bei denen man selbst einen
Hundeschlitten durch die weiße Winter-
wildnis lenken kann. Oder man beobachtet die in bunten Farben über den
Himmel tanzenden Nordlichter, geht
zum Skifahren ins (natürlich absolut
schneesichere) Alyeska Resort etwas
außerhalb von Anchorage, bucht eine
Fahrt mit der Alaska Railroad durch die
winterliche Landschaft, besucht einen
Trapper in der Wildnis, oder ... oder ...
oder ...

Man darf nur den letzten Bus nicht verpassen, der gegen 22 Uhr am Parkeingang eintrifft.

Zurück nach Anchorage

Tipps & Adressen
Talkeetna S. 391, Wasilla S. 400

Vom Denali-Park aus führt die Route 3 weiter nach Süden über den Broad Pass in das Tal des Susitna River und seiner Nebenflüsse. Das Gebiet ist bis hinunter zum Cook Inlet unter den Sportfischern bekannt für seine zahlreichen großen Lachszüge, die zwischen Juni und September die Bäche in Paradiese für Angler verwandeln.

Zentrum der Region bildet das 25 km vom Highway 3 gelegene **Talkeetna** 13 (450 Einwohner), in dem ländliche Atmosphäre und alt-alaskanischer Charme den Besucher erwarten. »Wir fliegen die Bergsteiger zum Einstieg hinauf zu einem der großen Gletscher auf der Südseite des Mount McKinley«, erzählt Jim Okonek von K2 Aviation, und er als Air Taxi-Pilot muss wissen, wovon er redet, wenn er von den wildreichen Wäldern und wilden Gletscherströmen an der Südflanke der Alaska Range schwärmt.

Im **Museum of Northern Adventure** an der Main Street gegenüber vom Post Office informieren Displays über die Naturgeschichte und Besiedlung des nördlichen Alaska, und im **Talkeetna Historical Society Museum** sind in rekonstruierten Blockhütten örtliche Memorabilien zu sehen.

Eine gute Stunde von Talkeetna erreicht man nach Wasilla wieder den Glenn Highway (Route 1). In **Wasilla** 14 lohnt sich noch ein Besuch im **Museum of Alaska Transportation & Industry,** das alte Flugzeuge und Farmgerät aus den Pioniertagen zeigt, und im Visitor Center des **Iditarod Trail Committee** wird die Geschichte des berühmtesten Hundeschlittenrennens der Welt dargestellt.

Die restlichen 50 km bis Anchorage hat man auf der Schnellstraße bald geschafft. Und der Kreis der Rundfahrt durch das *great land up north* schließt sich, durch eines der letzten Gebiete unserer Erde, das reich ist an Entwicklungsmöglichkeiten, aber auch reich an Natur und Wildnis für die Zukunft des Menschen – wenn die Ressourcen richtig genutzt und geschützt werden. Das staatliche Motto drückt es treffend aus: ›North to Alaska, North to the Future!«

Wrangell und St. Elias Nationalpark: Ghost Towns und Gletscher

Tipps & Adressen McCarthy S. 378, Wrangell-St. Elias National Park S. 406

Im Herzen von Amerikas größtem Nationalpark, einem riesigen Wildnisgebiet mit gewaltigen, gletscherbedeckten Bergketten, steil aufragenden Felswänden, endlosen Wäldern und reißenden Flüssen, liegt der winzige Ort **McCarthy** 15 mit der benachbarten *ghost town* **Kennicott,** eine der schönsten in ganz Alaska. McCarthy/Kennicott sind nicht ganz ohne Mühe zu erreichen, denn die letzten zwei Drittel der 150 km langen Straße haben es in sich. Doch die Eindrücke im **Wrangell-St. Elias National Park** 16 lohnen den Aufwand allemal.

Der 1980 gegründete Nationalpark schlägt viele Rekorde. In dem über 53 000 qkm großen Gebiet, in das der Yellowstone-Nationalpark fast sechsmal hineinpassen würde, erheben sich 16 der höchsten Berggipfel der USA. Zu-

*Der
Kennicott Glacier
im Wrangell-St.
Elias National Park*

sammen mit dem angrenzenden Kluane National Park auf der kanadischen Seite bildet er eines der größten zusammenhängenden Ökosysteme der Welt – Heimat von Grizzly, Elch, Wolf, Vielfraß, Karibu, Dallschafen und Bergziegen. Trotz seines rauen und wilden Terrains ist der Wrangell-St. Elias Park mit Hilfe der Buschpiloten relativ leicht zugänglich. Anders als in den Nationalparks in den *lower 48* dürfen Piloten im Wrangell-St. Elias überall landen, wo sie ihre Maschine sicher herunterbringen können.

Das Hauptquartier und Informationszentrum des Nationalparks befindet sich 16 km südlich von Glennallen am Richardson Highway. Informationsmaterial und Videofilme vermitteln einen Eindruck über das bevorstehende Abenteuer. Über Copper Center erreicht man nach weiteren 36 km die Abzweigung des **Edgerton Highways**, der – zunächst noch als Teerstraße – mit langen, steilen Steigungen durch einsames, dicht bewaldetes Gebiet führt. Immer wieder bieten sich schöne Fernsichten auf die schneebedeckte Bergkette der Wrangell Mountains. Bei schönem Wetter sind Mount Drum (3661 m), Mount Wrangell (4317 m) und Mount Blackburn (4996 m) klar zu erkennen. Auf der letzten Hälfte folgt die Straße dem breit mäandernden Copper River. Hier bieten sich schöne Ausblicke auf den Fluss mit den Bergen im Hintergrund. Nach 50 km geruhsamer Fahrt ist **Chitina** erreicht. Der kleine Ort wurde 1908 als Versorgungsposten für die Eisenbahn und die Kennicott Bergwerke gegründet. Weniger als 50 Einwohner leben hier. Neben einem Restaurant und einer Bar gibt es eine Tankstelle, einen *general store* und eine Rangerstation des Nationalparks, die in einer historischen Blockhütte untergebracht ist. Hier kann man sich über die bevorstehende Fahrt nach McCarthy informieren.

Hauptanziehungspunkt für Sportfischer und Zuschauer sind die großen Lachsschwärme, die von Juni bis September den Copper River hinaufziehen. Auf der O'Brien Creek Road gelangt man zu den Sandbänken am Fluss, wo die Einheimischen die ›Lachsernte‹ mit Tauchnetzen und *fish wheels* (Fischfallen, die mittels eines Wasserrades die Lachse aus dem Wasser schaufeln) einbringen. Diese Art des Fischens ist jedoch nur Alaskanern erlaubt, die zudem eine besondere Genehmigung haben müssen.

Ein paar Kilometer hinter Chitina endet der geteerte Edgerton Highway, und mit der Fahrt auf der McCarthy Road beginnt das Abenteuer. Auf dem alten Bahndamm der Copper River & Northwestern Railway verläuft die Straße über 95 km durch völlig menschenleere Wildnis. Mit etwa vier Stunden Fahrtzeit sollte man mindestens rechnen. Zwar braucht man nicht unbedingt einen Geländewagen, um die schmale, schlaglochübersäte Straße zu meistern, aber schwierig ist das Fahren allemal. Bei trockenem Wetter wird man in eine Staubwolke gehüllt, regnet es, verwandelt sich die Straße in eine Schlammbahn. Darüber hinaus muss man aufpassen, dass man nicht über einen aus der Fahrbahn ragenden Schwellennagel fährt und sich die Reifen zersticht.

Nach 25 km führt die Straße über die Holzplanken der ehemaligen, 117 m hohen Eisenbahnbrücke über den Kuskulana River. Bevor man hier 1988 ein Geländer anbrachte, war die Überfahrt der absolute Nervenkitzel auf der Strecke. Am Kennicott River endet die Straße und man muss das Auto auf dem (kostenpflichtigen) Parkplatz abstellen. Bis vor ein paar Jahren noch musste man in einem schwankenden Gestell sitzend mit einer handbetriebenen Seilbahn das breite Flussbett des eiskalten und schnell fließenden Kennicott River überqueren. Jetzt geht man bequem über eine Fußgängerbrücke. Am anderen Ufer des Flusses führt eine 500 m lange Straße nach **McCarthy.** Man kann sich abholen lassen oder mit einem Shuttle fahren.

Man kann den Ort jedoch auch auf weniger mühsame Weise erreichen. Nach vorheriger Vereinbarung mit Wrangell Mountain Air in McCarthy lässt man sich mit dem Buschflugzeug vom kleinen Flugfeld am Ufer des Copper River, 7 km vor Chitna, abholen. Das Auto kann man für ein paar Tage ruhig am Flugfeld stehenlassen. Der Flug über die schneebedeckten Gipfel der Wrangell Mountains und die in der Sonne gleißenden Eisfelder der Riesengletscher ist ein einmaliges Erlebnis. Aus der Luft hat man einen guten Überblick über die verstreut in einem Pappelhain liegenden Holzhäuser von McCarthy, den breiten, silbrig glänzenden Fluss und die benachbarte Geisterstadt Kennicott. Der Pilot dreht eine weite Runde über den Ort. Deutlich ist die McCarthy Lodge und die hellblau gestrichene Westernfassade des alten Pionierhotels zu erkennen. Zwischen Gletscher und Bergkette, nur ein paar Kilometer ent-

In der McCarthy Lodge treffen sich Einheimische und Besucher

fernt, leuchten die roten Bergwerksge-
bäude von Kennicott mit den schmucken weißen Fensterrahmen in der
Abendsonne. Von der staubigen kleinen
Flugpiste etwas außerhalb von McCarthy wird der Besucher dann mit dem
pick up truck in den Ort gefahren.

In McCarthy leben in Blockhütten und
restaurierten historischen Gebäuden
etwa zwei Dutzend Zivilisationsmüde,
unter ihnen ein paar Maler, Fotografen,
Geologen, Piloten, Lehrer und Schlitten-
hunde-Züchter. Im Sommer allerdings
beleben mehr und mehr Touristen den
Ort.

Das Leben in McCarthy ist nicht leicht,
denn die Abgeschiedenheit bringt spezi-
fische Probleme mit sich. Elektrischer
Strom muss durch einen Generator erzeugt werden, und es gibt keinen Tele-
fonanschluss. Will man jemanden in
McCarthy erreichen, schickt man die
Botschaft am besten an die Radiostation
KCAM in Glennallen. Der Radiosprecher
bringt die Nachricht dann in seinem Programm »Caribou Clatters«, dem ›Busch-

telegrafen‹, das viermal täglich gesen-
det wird. Einmal pro Woche kommt die
Post, und jeglicher Nachschub muss aus
dem eine Tagesreise entfernten Anchorage geholt und dann über die Fußgängerbrücke gekarrt werden. Die großen
Fässer mit Flugbenzin und Dieselöl für
den Generator werden im Winter auf
Schlitten über den zugefrorenen Fluss
gezogen. Dann ist die McCarthy Road
auch nicht mehr befahrbar – man muss
also für die Wintermonate vorgesorgt
haben.

Der Ausbau der Straße würde vieles
erleichtern, doch das lehnen die Bewohner von McCarthy ab (die Fußgängerbrücke wurde gegen ihren Willen gebaut) – man will sich den besonderen Lebensstil bewahren und die Zahl der
Besucher auf ein überschaubares Maß
begrenzen. Auf gar keinen Fall möchte
man hier den alljährlichen Touristenrummel des Denali-Nationalparks erleben.

Betty Hickling betreibt die McCarthy
Lodge, ein uriges Holzgebäude mit
einem mächtigen Elchgeweih über dem

Kennicott –
Die reichste Kupfermine der Welt

Die Geschichte von Kennicott begann kurz vor 1900, als Prospektoren im Gebiet des Chitina River an mehreren Fundorten Kupfer und andere wertvolle Mineralien entdeckten. Jack Smith und Clarence Warner, auf der Suche nach einem Zugang von Westen, trauten ihren Augen kaum, als sie in der Nähe des Bonanza Creek oberhalb der Baumgrenze auf dem Kamm eines Höhenzuges die grün schimmernden Klippen sahen – sie bestanden aus nahezu reinem Kupfer. Diese Entdeckung führte schließlich zur Gründung der Kennecott Copper Corporation (durch einen Druckfehler bei der Firmengründung wurde damals aus dem »i« in Kennicott ein »e«). Finanziert wurde das Unternehmen von den New Yorker Finanzmagnaten Guggenheim und J. P. Morgan.

Der wagemutige Eisenbahnbauer Michael Heney, der schon die Eisenbahn von Skagway nach Whitehorse gebaut hatte, schlug die Trasse von Cordova am Prince William Sound mitten durch die Wildnis bis zum Fuß des Kennicott-Gletschers. Im Frühjahr 1911 erreichte die erste Ladung Erz Cordova. In diesem Jahr förderte die größte Kupfermine der Welt bereits über 10 000 t hochgradiges Erz. Nur mit großem Aufwand ließ sich die Eisenbahnlinie instand halten. Um die Schienen im Winter schneefrei zu halten, wurden die größten Schneepflüge der Welt eingesetzt.

Die Kennecott-Bergwerksgesellschaft hatte ein eigenes Kraftwerk, ein Krankenhaus, Läden, eine Schule und Wohnhäuser für die bis zu 550 Arbeiter und Ingenieure mit ihren Frauen und Kindern. ›Glacier City‹, wie Kennicott scherzhaft genannt wurde, war eine florierende Stadt, die sich sogar ein Orchester leistete. Bars und ›leichte Mädchen‹ waren jedoch nur im sieben Kilometer entfernten McCarthy zu finden – um die Moral in Kennicott zu wahren, hatte die Bergwerksdirektion die ›sündige Vorstadt‹ gegründet.

Über ein Vierteljahrhundert herrschte am Kennicott-Gletscher geschäftiges Treiben, hallte der dumpfe Klang der Dynamit-Explosionen durch die Wildnis, dann war alles vorbei. Die Entdeckung großer und leicht zugänglicher Kupferlager in Chile und ein weltweiter Preisverfall führten zur Schließung der Bergwerke. Der letzte Zug verließ Kennicott am 11. November 1938. Die Beschäftigten waren überzeugt, die Minen würden bald wieder geöffnet und nahmen deshalb nur das wichtigste mit. Sie irrten sich – zurück blieb eine Geisterstadt. Bis zur Schließung der Minen wurden in Kennicott Kupfer und Silber im Gesamtwert von rund 250 Mio. Dollar produziert – mit einem Nettogewinn von über 100 Mio. Dollar.

Eingang und einem *frontier saloon* aus der Zeit um 1900. Die Lodge ist der Mittel- und Treffpunkt des Ortes. Im Restaurant trifft man sich morgens bei Kaffee und *pancakes, bacon and eggs,* Betty Hicklings Spezialität. Abends herrscht im Saloon Hochbetrieb. Das schräg gegenüberliegende Ma Johnson's Hotel gehört ebenfalls zur Lodge. Die Pionierherberge mit der überdachten Holzveranda aus dem Jahr 1916 könnte auch gut in einem Western als Kulisse dienen. Die fünf kleinen Räume sind stilgetreu eingerichtet, und das Bad liegt am Ende des Flurs – immerhin mit fließend Wasser.

Das kleine, aber sehenswerte Museum im alten Eisenbahndepot zeigt eine faszinierende Sammlung von Gegenständen und Fotos aus der Bergwerksgeschichte der Region. Hier ist auch ein detaillierter Führer erhältlich, in dem die einzelnen Gebäude des verlassenen Bergwerksortes Kennicott beschrieben sind. Die *ghost town* mit über 40 Gebäuden ist heute ein National Historic Site und die Hauptattraktion der Region. Man versucht, die langsam verfallenden Gebäude so gut es geht zu erhalten, ohne dabei den ursprünglichen Charakter des Ganzen zu verändern.

Eine etwa 8 km lange, unbefestigte Straße führt von McCarthy nach **Kennicott.** Eine schöne Wanderung – man kann sich aber auch mit dem Minivan hinbringen lassen. Von der Kennicott Glacier Lodge folgt man den Eisenbahnschienen bis ins Herz des alten *mining camps.* Die Lodge, ursprünglich eines der historischen Gebäude des Bergwerksortes, das nach einem Feuer wieder aufgebaut wurde, hat ein gutes Restaurant und bietet 25 der komfortabelsten Zimmer in McCarthy/Kennicott.

Das riesige, 14 Stockwerke hohe Hauptgebäude des Bergwerks erstreckt sich über mehrere Ebenen den Berg hin-

auf. Es ist relativ gut erhalten. Aber manche der rostroten Holzgebäude sind schon arg verwittert und lehnen sich bedenklich zur Seite, bei anderen ist das Dach verschwunden oder eingestürzt und der Fußboden verrottet. Ungehindert beschleunigen Regen, Schnee und Wind den Verfall. Alte Planken, große gusseiserne Schwungräder und andere Maschinenteile sind über das Gelände verstreut. Sie wirken wie stille Mahnmale eines gescheiterten technologischen Versuchs, die Wildnis zu bezwingen. Seit ein paar Jahren stehen die Ruinen unter Verwaltung der Nationalparkbehörden und können nur auf einer Führung besichtigt werden.

Zu den Aktivitäten der Region gehören *backpacking* in unberührter Wildnis, Bergsteigen, Gletschertouren, Floßfahrten und Wildbeobachtung (vor allem Bergschafe und -ziegen). Das Piloten-Ehepaar Kelly und Natalie Bay betreibt einen Air Taxi Service und fliegt *hiker* in die Wildnis und Abenteuerlustige zum Goldwaschen. Mit der kleinen und leichten ›Super Cub‹ lässt sich sogar auf Uferstreifen, Sandbänken, Bergwiesen oder Gletschern landen. Möchte man die Gegend auf weniger abenteuerliche Weise kennen lernen, wählt man den bequemen, dabei nicht weniger eindrucksvollen Rundflug über den Kennicott-Gletscher. Außerdem werden Trailritte nach Kennicott und in die Berge veranstaltet, und auf dem Root Glacier kann man das Klettern auf einem Gletscher erlernen.

Ohne Wildniserfahrung sollte man alleine keine längeren Exkursionen ins *back country* unternehmen. Die Trails sind nicht markiert und dramatische Wetterwechsel kommen in der Region häufiger vor. Kürzere Trailwanderungen in der näheren Umgebung des Ortes sind jedoch völlig unproblematisch.

Kodiak und Katmai: Land der Bären und Lachse

Ein Besuch der ›grünen Insel‹ Kodiak und der Katmai Peninsula abseits der Touristenrouten in Süd- und Südost-Alaska ist zugleich eine Reise zu den Ursprüngen von Russisch-Amerika. Herzliche Gastfreundschaft, ein Lodge-Aufenthalt inmitten unberührter Natur mit reichen Angelgewässern, eine Kajaktour entlang der wildromantischen Küste oder die Begegnung mit den großen Braunbären sind Grund genug für einen Abstecher oder eine Extrawoche Alaska.

Zwei Fluggesellschaften, MarkAir und Era Aviation, unterhalten mit rund einem Dutzend Flügen täglich einen Liniendienst von Anchorage nach Kodiak. Mit der Boeing 737 dauert der Flug eine knappe Stunde, mit den kleineren Maschinen etwa $1^1/_2$ Stunden. Will man sein Auto auf die Insel mitnehmen, wählt man die Fährverbindung von Homer oder Seward. Die Seereise von beiden Häfen nach Kodiak dauert etwa 12 Stunden. Auf der Insel bieten verschiedene Veranstalter Sightseeing-Touren an, doch sind auch Mietwagen zu haben. Ein Auto lohnt jedoch nur für ein oder zwei Tage, da es nur ein paar Straßen in der Umgebung von Kodiak gibt und die Sehenswürdigkeiten der Stadt bequem zu Fuß erreichbar sind. Möchte man die Insel genauer kennen lernen, Bären beobachten oder Angel-Camps und Wildnislodges besuchen, fliegt man mit dem Air Taxi. Die Charterpiloten bieten auch Sightseeing-Flüge an.

Von Kodiak aus kann man per Charter nach Katmai fliegen. Will man nur Katmai besuchen, bietet sich ein Flug von Anchorage nach King Salmon am Westrand des Katmai National Parks an. Hier befindet sich die Nationalpark-Verwaltung, von der aus man mit dem Wasser-flugzeug zu den Lodges im Park fliegen kann. Die Flüge werden von Juni bis Mitte September angeboten, der besten Reisezeit für Kodiak und Katmai. Dann bewegen sich die Temperaturen zwischen 10 °C und 25 °C, mitunter auch an einem Tage sehr schnell wechselnd.

Kodiak Island

Karte S. 315
Tipps & Adressen S. 375

■ Regenkleidung sollte man nicht vergessen, denn plötzliche Regenstürme sind im Kodiak-Sommer keine Seltenheit. Über 1700 mm Niederschlag im Jahr sorgen für die üppig grüne Vegetation, der Kodiak das Prädikat *Emerald Island* verdankt. Der meiste Regen fällt im Winter, der jedoch nicht so kalt ist wie im übrigen Alaska. An klaren Tagen präsentiert sich Kodiak in atemberaubender Schönheit, mit schneebedeckten Bergen, leuchtend grünen Hängen, Blumenwiesen und blaugrünen Buchten.

Von der 9376 qkm großen Insel wurden bereits 1941 knapp 7700 qkm als **Kodiak National Wildlife Refuge** zum Schutz der Bären eingerichtet. Die 16 000 Einwohner, darunter 2200 Aleuten, verteilen sich auf sechs Dörfer. Vielfältige Landschaftsformen sorgen für Abwechslung: dichte Wälder im Norden, Wiesen und Feuchtgebiete in den Küstenregionen, im Landesinneren bis zu 1200 m hohe Berge mit tiefen Seen und unzähligen Bächen und Flüssen. Fjordähnliche Meeresarme reichen überall tief ins Land, sodass kein Punkt der Insel mehr als 25 km vom Meer entfernt ist.

Auf Kodiak Island befindet sich die älteste russische Siedlung Amerikas: **Old Harbor** an der Three Saints Bay, 1784 von Pelzhändlern der Russisch-Amerikanischen Gesellschaft gegründet. 1792 wurde das Hauptquartier der Gesellschaft in das Gebiet der heutigen Stadt **Kodiak** verlegt. Bereits 1763 hatten die Russen versucht, auf der Insel Fuß zu fassen, wurden aber damals von den Aleuten vertrieben. Russische Kultur und orthodoxer Glaube sind auch heute noch auf Kodiak präsent. Viele Aleuten tragen russische Namen und fünf russisch-orthodoxe Priester, die dem Bischof in Sitka unterstellt sind, kümmern sich um das Seelenheil der Gläubigen. Besucher sind zum Gottesdienst in der russisch-orthodoxen Kirche herzlich eingeladen. Die **Russian Orthodox Church,** ein weißes Holzgebäude mit zwei strahlend blauen Zwiebeltürmen und goldenen russischen Kreuzen, weithin sichtbar auf einer Anhöhe über dem Ort, ist das Wahrzeichen von Kodiak – man sollte ihr auf jeden Fall einen Besuch abstatten.

Von der Anhöhe blickt man auf den Stadtpark und das **Baranof Museum.** Hier hat man zahlreiche Gegenstände aus Kodiaks langer Geschichte zusammengetragen: Knochen- und Steinwerkzeug aus prähistorischer Zeit, Ikonen, Samoware, Perlen aus der Zeit des russischen Handelsimperiums sowie Möbel und Gebrauchsgegenstände aus der US-amerikanischen Pionierzeit. Das Museum befindet sich im ältesten russischen Gebäude Amerikas, 1808 errichtet. Das zweistöckige Holzhaus wurde damals von Alexander Baranof als Lagerhaus für Seeotterfelle benutzt. Heute ist es ein National Historical Landmark. Im Museum Shop gibt es Bücher über Kodiak und hübsche Andenken.

Das **Alutiiq Museum & Archeological Repository** am Rezanof Drive wurde von der Kodiak Native Association gegründet, um Sprache, Kultur und historisches Erbe der Ureinwohner zu bewahren. Im Museum gibt es Ausstellungen historischer Fotos, prähistorische Gebrauchsgegenstände, ein Alutiiq Kajak und traditionelles Kunsthandwerk, Körbe und Perlenstickereien zu sehen. Letztere kann man dort auch als originelle Mitbringsel erwerben.

Im **Kodiak National Wildlife Refuge Visitor Center** an der Buskin River Road, 6 km außerhalb in Richtung Flugplatz, kann man sich über Flora und Fauna des Naturschutzgebietes und besonders über die Kodiak-Braunbären informieren.

Naturfreunde kommen auf Kodiak voll auf ihre Kosten. Steller-Seelöwen und Seeotter leben direkt in der Nähe der Stadt, und die Insel ist ein wahres Paradies für Ornithologen und Hobby-Vogelkundler. Weißkopfseeadler, Falken, Puffins, Kormorane, Eiderenten sind zahlreich vertreten und können entlang der Küstenstraße beobachtet werden.

Die Gewässer von Kodiak sind für ihren Fischreichtum bekannt. Jedes Jahr kommen an die hundert Millionen Lachse, um in den 400 Bächen und Flüssen von Kodiak zu laichen. Dicht gedrängt warten dann die Fischerboote vor der Küste auf das offizielle Signal, das die Fangsaison eröffnet. Sie ist oft nur auf wenige Tage begrenzt, doch ein einziger erfolgreicher Tag kann jedem Besatzungsmitglied mehrere Tausend Dollar einbringen. Fischfang und -weiterverarbeitung stellen Kodiaks Hauptwirtschafszweig dar. Allein der Lachsfang bringt rund 40 Mio. Dollar pro Jahr, weitere 40 bis 50 Mio. Dollar werden durch Hering, Kabeljau und Heilbutt erzielt. Kodiak ist Heimathafen für die zweitgrößte Fischereiflotte der USA. Der zweite große Arbeitgeber der Insel ist die Küstenwache, die hier ihren alaskanischen Hauptstützpunkt unterhält.

Das regenreiche Klima sorgt für sattgrüne Weiden, und so versuchen ein paar hartnäckige Rancher seit einigen Jahrzehnten, auf Kodiak Vieh zu züchten. Sie haben es nicht leicht: Die Heuernte ist wegen des feuchten Klimas für den Winter nicht ausreichend – und dann sind da noch die Braunbären. Obwohl der Lachsreichtum ihnen bereits ein Leben im Überfluss beschert, sehen sie die Rinder auf den Weiden als willkommene Bereicherung ihrer Speise-

Kodiak Island

›Rendezvous‹ mit Alaskas Braunbären

Dean Andrew, ein Charterpilot in Kodiak, kennt sein Revier und weiß, wo die Bären zu finden sind und wie man sich in ihrer Nähe verhalten muss. Am liebsten fliegt er seine Gäste nach Katmai, um ihnen dort das Erlebnis einer ganz individuellen Begegnung mit *Ursus arctos middendorffi* zu vermitteln.

Unter dem Flugzeug schimmert in einem fast unwirklichen Blau die Shelikof Street, und in der Ferne glänzen blendend weiß die gletscherbedeckten Bergketten der Katmai Range. Dann taucht die Küste von Katmai auf. Hochragende Bergzüge, durchschnitten von tiefen Fjorden und silbrig glänzenden Flüssen, die mit zahlreichen schlängelnden Armen durch weite, sattgrüne Marschen ins Meer fließen. Braunbären lieben diese Ebene, und das aufmerksame Auge des Piloten hat auch schon mehrere braune Punkte an einem Flussufer entdeckt. Nach einer weiten

Schleife wassert die Maschine in einer geschützten Bucht. Der Pilot klettert aus der Kabine und zieht das leichte Flugzeug die letzten Meter auf den Strand, um es hier mit einem Anker zu befestigen. Ganz ohne nasse Füße gelangen wir nicht ans Ufer. Wir schlagen einen weiten Bogen, um mit dem Wind an den Fluss zu gelangen – die Bären sollen unsere Gegenwart rechtzeitig bemerken und Gelegenheit haben, sich an uns zu gewöhnen. Nach einer halben Stunde Marsch durch knietiefes Gras ist hinter einer Düne das Flussbett erreicht. Vor uns liegt ein Prachtexemplar von einem Katmai-Braunbären und lässt sich die Sonne auf den Pelz scheinen. Zwei weitere Bären suchen in der Nähe nach Wurzeln oder Beeren. Sie haben uns längst bemerkt und zeigen nur mäßiges Interesse durch gelegentliches Wittern in unsere Richtung. Auch das Klicken der Kamera stört sie nicht.

karte an. Kein Wunder, dass die Rancher frustiert sind und von einem totalen Jagdschutz für Bären auf der ganzen Insel nicht viel halten. In dem 7689 qkm großen Schutzgebiet leben etwa 3000 Braunbären und zwar die größten Exemplare in der Welt. Ein ausgewachsener männlicher Bär kann bis zu 700 kg schwer werden und aufgerichtet eine Höhe von über drei Metern erreichen! Obwohl mit einem eigenen Namen versehen, werden die riesigen Kodiakbären von Wissenschaftlern nicht für eine eigene Spezies gehalten. Sie sehen den Grund für deren immense Größe in ihrer besonders proteinhaltigen Nahrung.

Doch es gibt Probleme im Bärenparadies: Über 1300 qkm Land im Schutzgebiet, mit den besten Lachsflüssen der Insel, gehören den Ureinwohnern. Land, das Mitglieder der drei Alaska Native Corporations verständlicherweise auch nutzen möchten. Sie sehen dafür zwei Alternativen: Entweder soll die Regierung ihnen das Land abkaufen, oder man will es selbst für den Tourismus entwickeln. Letzteres könnte den Lebensraum der Bären bedrohen. Seit 1994 hat man deshalb begonnen, mit Geldern der »Exxon«-Entschädigungssumme (s. S. 296) den Ureinwohnern das Land abzukaufen. 1400 qkm sind auf diese Weise bereits der National Wildlife Refuge hinzugefügt worden.

Um auf Kodiak Braunbären zu beobachten, bucht man am besten einen Charterflug. Die Piloten wissen, wo und wann die Bären zu finden sind. Ein guter Platz ist der Frazer Fish Pass unterhalb des **Frazer Lake.**

Der Flug mit der kleinen Cessna der Andrews Airways und den vier Passagieren dauert 45 bis 60 Minuten. Ugak Bay, das kleine Dorf Old Harbor, die Three Saints Bay und Deadman Bay werden

überflogen, dann schwenkt die Maschine ins Landesinnere ab. Der Pilot kreist über dem Dog Salmon Creek, so hat man einen besseren Blick auf die dort versammelten Bären. Dann landet die Maschine auf dem Frazer Lake. Nach eine Fußmarsch von etwa einem Kilometer ist die kleine Beobachtungsplattform in der Nähe des Wasserfalls erreicht. Seit das Alaska Fish and Game Department 1963 hier eine Fischleiter eingerichtet und damit den Lachsen den Zugang zum See ermöglicht hat, versammeln sich am *fish pass* auch immer mehr Bären. Wenn die Lachse springen, halten sich manchmal bis zu einem Dutzend der großen Raubtiere im kaum metertiefen Gewässer auf. Die stärksten Tiere sichern sich natürlich die besten Plätze. Es ist erstaunlich, mit welcher Geschicklichkeit die Bären die Lachse mit der Tatze aus dem Wasser schlagen, um sie dann mit dem Maul aufzufangen. Mitunter gibt es Streitigkeiten, wenn die Platzordnung neu etabliert werden muss. Dann wird die Lachsjagd für kurze Zeit unterbrochen, um mit Drohlauten den Rivalen zu vertreiben. Eine Bärin mit Jungen hat es dabei doppelt schwer, da sie zusätzlich noch auf die Kleinen aufpassen muss, die sich vor den anderen Bären durchaus nicht sicher fühlen können. Nur ein paar Hundert Meter entfernt, beobachtet die kleine Gruppe der Zuschauer hinter ihren Kameras das faszinierende Schauspiel.

Auf der Katmai Peninsula

Karte   S. 318
Tipps & Adressen   S. 373

■ Der **Katmai National Park** am nördlichen Ende der Alaska Peninsula ist berühmt geworden durch das **Valley of Ten Thousand Smokes**, dem ›Tal der zehntausend Rauchsäulen«. Eine Vulkaneruption im Jahr 1912 bedeckte das Tal mit einer teilweise 200 m hohen Ascheschicht. Der Ausbruch, bei dem die Kuppe des Mount Katmai in die Luft flog und ein neuer Vulkan Novarupta entstand, hüllte die gesamte Region tagelang in völliges Dunkel. Auch auf Kodiak ging ein meterdicker Ascheregen nieder. Mehr als zwölfmal so viel Gestein und Asche wie beim Ausbruch des Mount St. Helens wurden damals freigesetzt.

1916 entdeckte eine National Geographic-Expedition unter Führung von Robert F. Griggs das bizarre Tal mit seinen unzähligen Fumarolen. Beeindruckt von diesem grandiosen Naturschauspiel schrieb er: »So weit wir blicken konnten, war das ganze Tal voll von Hunderten, ja Tausenden – nein, buch-

stäblich Zehntausenden von Rauchsäulen, die von seinem mit Spalten durchzogenen Boden aufstiegen. Es war, als seien alle Dampfmaschinen der Welt vereint, als seien plötzlich alle Sicherheitsventile geplatzt und pufften nun den überschüssigen Dampf um die Wette in die Welt hinaus.«

Inzwischen ruht die vulkanische Tätigkeit in der Region und die Fumarolen sind schon seit den 20er Jahren nicht mehr zu sehen. Doch mit seinen seltsamen Formen und Farbenspielen ist das Tal immer noch einen Besuch wert. Den richtigen Einstieg erhält man am **Three Forks Overlook.** Hier bietet sich ein überwältigender Panoramablick über eine mondähnliche Landschaft aus Felsen, Schlacke und Vulkanasche, durch die der Lethe River eine 30 m tiefe Schlucht gegraben hat.

Katmai National Park

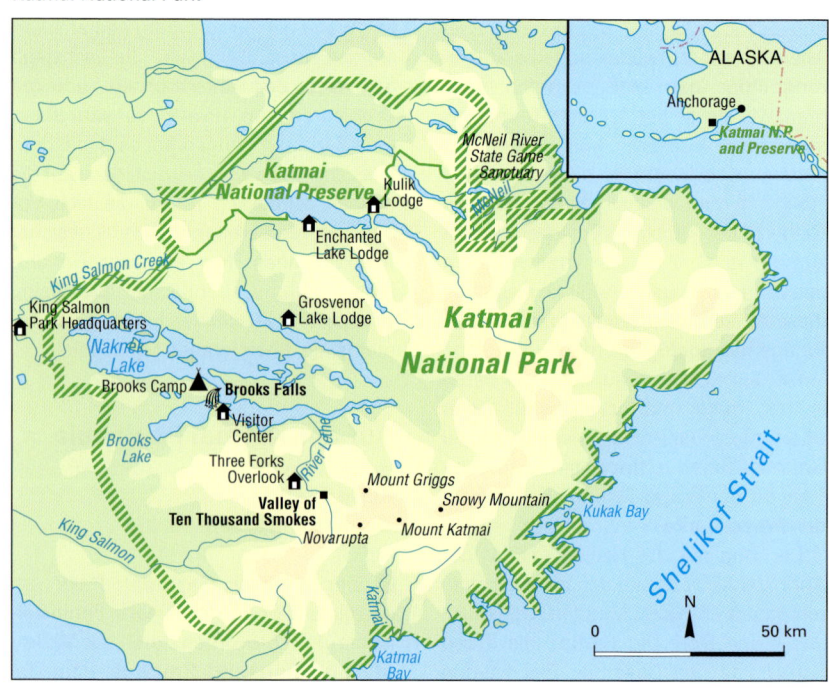

Und natürlich ist Katmai auch durch seine Bären bekannt geworden, die hier nicht weniger imposant sind als ihre Artgenossen auf Kodiak. In der **McNeil River State Game Sanctuary,** die sich im Norden an den Nationalpark anschließt, gibt die Parkverwaltung einer kleinen Zahl von Zuschauern durch Losentscheid die Möglichkeit, Bären zu beobachten.

In Katmai ist der Lebensraum der Braunbären jedoch weniger gefährdet als auf Kodiak, denn in das riesige Gebiet des Nationalparks, fast 17 000 qkm groß, führen keine Straßen. Lediglich durch ein halbes Dutzend Lodges mit jeweils einigen Blockhütten, über den Nordwesten des Parks verstreut, wird die Präsenz des Menschen sichtbar. Die Lodges sind nur mit dem Wasserflugzeug erreichbar. Vor allem der Brooks River ist ein Paradies für Angler und Wildnisliebhaber. Wenn sich dort jedoch ein Bär dem Fluss nähert, muss der Angelplatz verlassen werden, um eine Konfrontation zu vermeiden – hier haben Bären Vorrang. Flussaufwärts jedoch, an den **Brooks Falls,** hat man neben dem Flussufer eine Plattform geschaffen, von der aus man unter Aufsicht von Parkrangern die Bären beim Lachsfang in den Stromschnellen beobachten kann. Im Brooks Camp gibt es außer Übernachtungsmöglichkeiten auch eine Rangerstation und einen kleinen *store.* Man erhält Informationsmaterial und kann an organisierten Aktivitäten teilnehmen. Von hier aus werden geführte Wanderungen oder Bustouren zum Valley of Ten Thousand Smokes veranstaltet. Zum Camp kann man auch für Tagestouren aus Anchorage einfliegen.

Südost-Alaska:
Mit der Fähre durch die ›Inside Passage‹

Karte S. 321

Kalte, klare Wasserstraßen durch dicht bewaldete Fjord- und Insellandschaften mit hohen vergletscherten Bergketten, zahllosen Buchten und Landzungen bilden die Lebenslinien Südost-Alaskas. Von der Hauptstadt Juneau bis zum kleinsten Nest liegt alles am Wasser – an den Docks, wo die Fischerboote den Lachs entladen, Fracht holen und bringen und wo die Alaska-Fähren und Kreuzfahrtschiffe die Passagiere anlanden (s. auch Richtig Reisen – Thema, S. 320). Die Bewohner der etwa 20 Orte entlang des 800 km langen Küstenstreifens leben vorwiegend vom Fischfang und von der Holzindustrie.

Nur die Orte Haines, Hyder und Skagway sind durch Straßen mit der Außenwelt verbunden, selbst in größeren Ortschaften führen alle Wege nach einigen Kilometern in die Wildnis. Alle größeren Orte können auch mit dem Flugzeug erreicht werden. Aber Südost-Alaskas große Verkehrsverbindung ist der ›Marine Highway‹, die Route der Alaska-Fähren, die die Orte der Inside Passage miteinander verbindet. Südost-Alaska ist ein touristisches Wunderland der Superlative: Wasserfälle, vier Millionen Hektar Wald, über 60 größere Gletscher, 25 000 Braunbären, 15 000 Weißkopfseeadler. An der großartigen Landschaft hat sich kaum etwas geändert, seit Tlingit- und Haida-Indianer, Händler und

Der »Alaska Marine Highway«

Außer dem Flugzeug stellen die **Alaska-Fähren** auch das einzige öffentliche Verkehrsmittel in Südost-Alaska dar. Die modernen und im Allgemeinen recht pünktlichen Schiffe transportieren Passagiere und Fahrzeuge. Mit ihren komfortablen Kabinen, Aussichtsdecks, Cafeterias, Lounges und Bars bieten die Alaska-Fähren dem Touristen nicht nur eine preiswerte Möglichkeit, Südostalaska zu erkunden. Auf verglasten und beheizten Sonnendecks kann man auch in Schlafsäcken übernachten. Hat man keine Kabine reservieren können, lässt sich die Nacht auch einigermaßen bequem in den Sesseln der großen Lounge verbringen. *Stopover* sind gegen Aufpreis möglich. Sie sind meistens auch erforderlich, wenn man die angelaufenen Orte etwas eingehender erkunden will, denn der Aufenthalt dauert nur so lange, wie für das Entladen der Fahrzeuge nötig ist. Während des Sommers sind die Fähren gut belegt – man sollte Kabinen und Fahrzeugplätze Monate vorher reservieren.

Von Prince Rupert oder Seattle aus steuern sie alle wichtigen Häfen der »Inside Passage« an. Nach Prince Rupert gelangt man von Edmonton, Jasper und Prince George mit der kanadischen Eisenbahn »VIA Rail« oder mit den »B. C. Ferries«, die zwischen Prince Rupert und Port Hardy an der Nordspitze von Vancouver Island verkehren.

Zwischen Prince Rupert, Ketchikan, Wrangell, Petersburg, Sitka, Juneau, Haines und Skagway besteht tägliche Verbindung. Zusätzlich zu den großen Fähren, die die oben genannten Strecken bedienen, gibt es kleinere Fährschiffe, die abgelegenere Orte wie Metlakatla, Angoon oder Hoonah von Ketchikan bzw. Juneau aus anlaufen. Auf diese Weise lassen sich auch sehr gut Tagestouren zu entlegeneren Orten auf verschiedenen Inseln, wie z. B. zum Admiralty Island, und nach Tenaka Springs durchführen.

Der Fahrpreis für die zweitägige Fahrt von Prince Rupert nach Skagway beträgt pro Person etwa $ 140, für einen Pkw ca. $ 350 und Aufpreis für einen Kabinenschlafplatz $ 135.

Auch für die Planung von Rundreisen in Süd-Alaska lohnt es sich, das Streckennetz der Alaska-Fähren mit einzubeziehen. Auf preiswerte Weise lassen sich so die Eindrücke von individuell gestalteten Autotouren mit einer Kreuzfahrt durch die Inselwelt des Golfes von Alaska verbinden. Auch hier gilt: rechtzeitig reservieren (am besten 6–8 Monate im Voraus). Dennoch hat man auch vor Ort häufig Erfolg mit kurzfristigen Reservierungen, da immer wieder Buchungen rückgängig gemacht werden. Wie in Südost-Alaska sind auch in Süd-Zentralalaska und Südwest-Alaska alle wichtigen Küstenorte durch Fähren miteinander verbunden.

Reservierungen, Fahrpläne und Preise: Alaska Marine Highway,1591 Glacier Ave., Juneau, AK 99801-1427, Tel. 1-800-642-0066, Fax 907/277-4829, www.state.ak.us/ferry.

Südost-Alaska

Pelztierjäger vor über 100 Jahren dieses Gebiet durchstreiften.

Das Klima ist im Winter rau und regnerisch, wenn auch nicht so kalt wie im übrigen Alaska. Auch im Sommer regnet es häufig und sonnige Hochsommertage sind eher selten. Dennoch, feuchtes Wetter gehört irgendwie zu dieser Landschaft. Statistisch gesehen sind Mai und Juni am trockensten – mit Durchschnittstemperaturen von 10 bis 12 °C – und damit auch die besten Reisemonate. Allerdings herrscht dann oft auch ziemlicher Trubel, wenn in den sonst eher verträumten Orten (besonders in Ketchikan, Juneau und Skagway) mehrere große Kreuzfahrtschiffe auf einmal ihre Passagiere ausladen. Der erste Hafen, den Kreuzfahrtschiffe und Fähren auf ihrer Fahrt von Seattle oder Prince Rupert anlaufen, ist Ketchikan auf Revillagigedo Island. Vom Anleger der Fähre erreicht man mit Bus oder Taxi die drei Kilometer südlich gelegene Downtown.

Alter Totempfahl bei Ketchikan

Ketchikan – Tor zum Südosten Alaskas

Tipps & Adressen   Ketchikan S. 374, Misty Fjords National Monument S. 378

1 Alaskas südlichste und mit 14 000 Einwohnern viertgrößte Stadt nennt sich stolz »Lachshauptstadt der Welt«. Da ist schon etwas dran, denn Ketchikan lebt hauptsächlich vom Fischfang. Von hier gehen alljährlich Millionen Kisten Dosenlachs in alle Welt. Darüber hinaus spielen Holzwirtschaft und in den letzten Jahren auch der Tourismus eine Rolle. Die erste Lachsverarbeitungsfabrik wurde bereits 1886 gegründet, zu einer Zeit, als es hier nur ein Tlingit-Dorf an der Mündung der Ketchikan Creek gab. Als dann 1898 Gold gefunden wurde, entwickelte sich die kleine Siedlung rasch zur Boomtown. Wenig mehr als ein Jahrzehnt später saßen die letzten Goldsucher wieder in Seattle – die meisten genauso arm wie sie losgezogen waren. Eine Reihe von Holzhäusern an einem auf Pfählen gebauten Plankenweg über dem Ufer des Ketchikan Creek war der turbulente Treffpunkt von Goldgräbern, Bergleuten, Seeleuten und Holzfällern. Dorthin hatte man um 1900 die Bars und Freudenhäuser verbannt, um den Rest der Stadt ›ehrbarer‹ zu machen. Auch heute liegt noch etwas von der Boomtown-Atmosphäre in der Luft. An der geschäftigen Waterfront liegen dicht an dicht die Fischerboote, hier legen im Sommer die Kreuzfahrtschiffe an, und in den zahlreichen Bars löschen Fischer, Holzfäller, Touristen und auch Tsimshian- und Tlingit-Indianer ihren Durst.

Informationen erhält man im **Ketchikan Visitor Center** an den Cruise Ship Docks und im **Southeast Alaska Discovery Center,** ein paar Schritte weiter an der Main Street. Hier werden auch sehenswerte Ausstellungen und Filme über die Kultur der Ureinwohner und das Ökosystem Regenwald in Südost-Alaska gezeigt.

Die historische **Creek Street,** ein Plankensteg auf Pfählen, ist heute eine der Hauptattraktionen von Ketchikan. In den pittoresken Häusern sind jetzt Galerien, Buchläden, Cafés und Restaurants untergebracht, und die jungen Leute einer bunten Künstlerkolonie haben Black Jane, Dolly Arthur und ihre Kolleginnen abgelöst. **Dolly's House,** ein ehemaliges Bordell, ist heute ein Museum. Im Juli/August kann man im Bach unter der Veranda die Lachse springen sehen, die alljährlich hierher zum Laichen kommen. Die Footbridge über den Ketchikan Creek ist ebenfalls ein guter Platz um Lachse zu beobachten. Etwas weiter bachaufwärts gelangt man auf der Creek Street zur **Fish Ladder,** wo man den zum Laichen bachaufwärts schwimmenden Lachsen eine Umgehung der Fälle geschaffen hat. Auch die **Thomas Street** an Bootshafen ist ein historischer Plankensteg, der früher Teil der New England Fish Company war.

Der ganze Bezirk ist im National Register of Historic Places eingetragen.

Das **Tongass Historical Museum** bietet einen guten Einblick in die Geschichte der Region. Schwerpunkte sind Ausstellungen über Holzwirtschaft und Fischerei sowie die Kultur der Indianer vor Ankunft der Weißen. Neben dem Eingang steht der *Raven-Stealing-the-*

Ketchikan

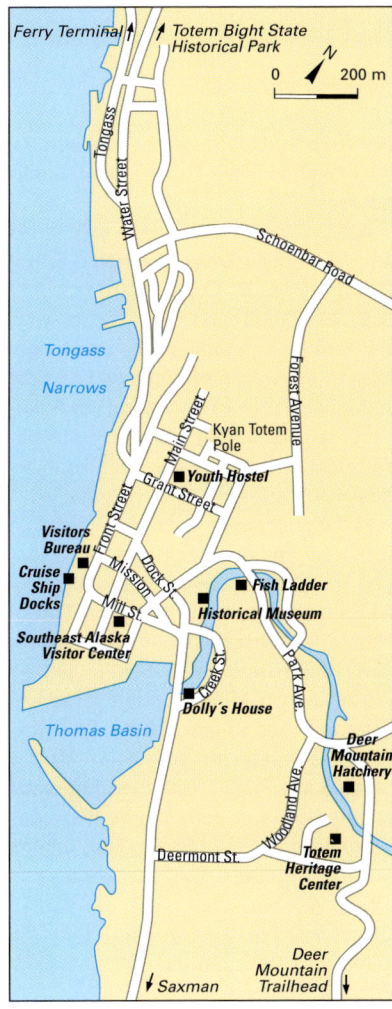

An der Inside Passage

Sun-Totem. Im Museumsgebäude ist auch die Ketchikan Public Library untergebracht.

Am Ende der Park Avenue liegt direkt am City Park die **Deer Mountain Tribal Hatchery and Eagle Center.** Über 350 000 Königs- und Coho-Lachse werden hier jährlich aufgezogen und freigelassen. Indianische Führer erklären die Anlagen auf einem Rundgang. Im Adlerzentrum beschäftigt man sich mit der Aufzucht und Pflege von Weißkopfseeadlern.

Auf der anderen Seite des Ketchikan Creek ist eine der schönsten Sammlungen von historischen Totempfählen in Nordamerika zu besichtigen. Im **Totem Heritage Center** hat man aus verlassenen Tlingit- und Haida-Siedlungen an die 30, zum Teil über hundert Jahre alte Totempfähle und geschnitzte Hauspfosten zusammengetragen. In Workshops werden alte Pfähle restauriert und neue angefertigt. Auf Führungen wird das Programm zur Rettung der alten Totems erklärt. Auf dem Gelände steht eine *Raven-Woman* – Totem des bekannten Schnitzers Nathan Jackson, und ein Lehrpfad macht mit der einheimischen Pflanzenwelt vertraut.

Eine ebenso schöne Sammlung von 30 Totempfählen befindet sich im Totem Park des kleinen Tlingit-Dorfes **Saxman,** vier Kilometer südlich von Ketchikan. Auch hier stehen Totempfähle, die man von verlassenen Dörfern und Friedhöfen geholt hat, um sie vor dem Verfall zu retten. Im *carving shed* kann man zusehen, wie indianische Künstler Totems und Masken schnitzen. Während des Sommers führen Mitglieder der Cape Fox Dancers im Beaver Tribal House ihre traditionellen Tänze in farbenprächtiger Tracht auf. Zwanzig Kilometer nördlich von Ketchikan stehen im **Totem Bight State Historical Park** inmitten üppig grüner Vegetation und mächtiger Bäume weitere Totempfähle und ein rekonstruiertes Stammeshaus. Vom Park her bietet sich ein schöner Ausblick über die Tongass-Meerenge.

Ketchikan ist auch Ausgangspunkt für Touren mit dem Boot oder per Flugzeug zum 80 km östlich gelegenen **Misty Fjords National Monument** **2**, ein 930 000 ha großes Naturschutzgebiet mit einer wildromantischen Fjordlandschaft, steilen Klippen, ursprünglichen Regenwäldern, Gletschern und über 1000 m hohen Wasserfällen.

In der 20 km südwestlich von Ketchikan gelegenen Indianersiedlung **Metlakatla** (mit der Fähre zu erreichen) beherbergt das **Duncan Museum,** untergebracht im ursprünglichen Wohnhaus des Missionars William Duncan, eine Sammlung zur Geschichte des Stammes der Tsimshian-Indianer und zur Missionsarbeit ihres geistigen und politischen Führers.

Wrangell

Tipps & Adressen S. 406

3 Der nächste Stopp der Fähre ist in Wrangell, Alaskas zweitältester Siedlung und die einzige, über der drei verschiedene Fahnen wehten. Von 1834 bis 1839 hatten die Russen das Sagen, von 1840 bis 1867 war der Ort ein Pelzhandelsposten der Hudson's Bay Company, von den Engländern Fort Stikine genannt. Seitdem ist der Ort in amerikanischem Besitz, benannt nach dem russischen Baron von Wrangell. Als 1872 in der Cassiar-Region in British Columbia Gold entdeckt wurde, überfluteten Tausende von Abenteurern den Ort, um dann mit Booten auf dem Stikine River weiterzufahren. Ende der 1890er Jahre kamen Goldsucher auf dem Weg zum Yukon Territory.

Wrangell wird nicht von den großen Kreuzfahrtschiffen angelaufen und hat sich daher sein etwas verträumtes altalaskanisches Ambiente bewahrt. Die 2600 Einwohner zählende Stadt lebt vom Fischfang und von einem Sägewerk. Frachtflugzeuge und ein riesiges *hovercraft* (Luftkissenboot) bringen Erz von einer kanadischen Goldmine zur Verladung nach Wrangell. Im Stikine Inn an der Front Street gibt es ein kleines **Visitor Center.** Das in einem historischen

Schulhaus untergebrachte **Wrangell Museum** zeigt interessante Ausstellungen: Historische Fotos, Totempfähle, Werkzeuge, Kleidung der Westküstenindianer, Mineraliensammlungen und Artefakte aus der Pionierzeit des Ortes. Das **Chief Shakes Community House** auf der kleinen gleichnamigen Insel im Hafen ist über eine hölzerne Fußbrücke zu erreichen. Hier stehen einige schöne Totempfähle und der Nachbau eines Tlingit-Langhauses. Sehenswert sind die uralten Petroglyphen auf den Felsen am Strand, etwa einen halben Kilometer nördlich vom Fährterminal. Ein ausgeschilderter Plankenweg führt zu den Felszeichnungen, deren Alter auf 8000 Jahre geschätzt wird.

50 km südlich von Wrangell unterhält der U.S. Forest Service das **Anan Bear**

Wrangell

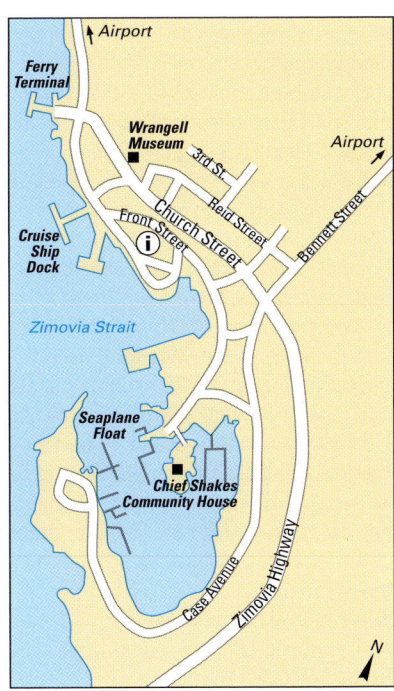

Observatory, zugänglich nur mit dem Schiff oder Charterflugzeug. Von Juli bis Anfang September kann man hier von einem Aussichtspunkt Bären und Weißkopfseeadler beobachten, die sich an den stromaufwärts wandernden Lachsen gütlich tun.

Petersburg – ›Klein-Norwegen‹ in Alaska

Tipps & Adressen   S. 380

4 Gegründet wurde der Fischerort 1891 von dem norwegischen Einwanderer Peter Buschmann, nach ihm ist er auch benannt worden. Viele der etwa 3500 Einwohner sind Nachfahren der ersten norwegischen Siedler. Sie leben hauptsächlich vom Fischfang und dessen Weiterverarbeitung. Hier kann man in den *canneries* sehen, wie Seelachs, Heilbutt, Krabben und Muscheln konserviert werden.

Der hübsche, blitzblanke Ort mit seinen weiß gestrichenen Häusern, grünen Rasenflächen und bunten Blumengärten hat viel von seiner skandinavischen Tradition bewahrt und wird deshalb auch ›Klein Norwegen‹ genannt. Die pittoreske Hafenpromenade mit den Fischerbooten und den schneebedeckten Bergen im Hintergrund ist ein beliebtes Fotomotiv.

Auf der Fahrt von Wrangell nach Petersburg müssen die Fährschiffe die gefährlichen Wrangell Narrows passieren, eine 33 km lange und bei Ebbe kaum mehr als sieben Meter tiefe Meerenge zwischen Kupreanof und Mitkof Island. Im Zickzack fahren die Schiffe dabei durch einen mit blinkenden Bojen ausgewiesenen Slalomkurs. Weil die großen Kreuzfahrtschiffe die Narrows meiden, hat Petersburg seine idyllische Ruhe bewahren können.

Sehenswert ist das **Clausen Memorial Museum.** Hier werden Gegenstände aus der Pioniergeschichte, Fischfang und Verarbeitung, ein Tlingit-Einbaum-Kanu und zwei Weltrekord-Lachse gezeigt (wovon einer 57 kg wiegt). Hübsch anzusehen ist die 1911 erbaute **Sons of Norway Hall** mit ihren bemalten Fensterläden, Sitz des Heimatvereins und Community Center. Auf dem alljährlich im Mai stattfindenden Little Norway Festival feiert man mit Volkstänzen in farbenprächtigen Trachten die norwegische Herkunft.

Sitka – Auf den Spuren russischer Geschichte

Tipps & Adressen   S. 387

5 Die Stadt an der Westseite von Baranof Island ist sicherlich einer der bezauberndsten Orte an der Südostküste Alaskas. Eingebettet in einen Kranz dunkelgrüner Wälder, umgeben von schneebedeckten Bergen und dem Sund mit seinem Gewirr von Inseln und Fischerbooten wartet das Bilderbuchstädtchen auf seine Besucher. Um Sitka zu erreichen, müssen die Fähren und Kreuzfahrtschiffe die schmale Meerenge zwischen Chichagof und Baranof Island passieren und sich dabei den Gezeiten anpassen. Häufig kommt es vor, dass Schiffe mehrere Stunden im Hafen von Sitka warten müssen – vorteilhaft für den Besucher, der nicht über Nacht bleiben möchte – so bleibt mehr Zeit für einen Stadtbummel. Am Fähranleger warten Busse, um die Passagiere zur 12 km südlich gelegenen Stadt zu bringen.

So farbig wie die Stadt ist auch ihre Geschichte. Nova Arkhangelsk, wie der Ort zuerst hieß, war in der ersten Hälfte des 19. Jh. die wirtschaftliche, religiöse und kulturelle Metropole des russischen Alaska und die erste größere Stadt an der Nordwestküste. Das ›Paris des Nordens‹ hatte eine Kathedrale, eine Bibliothek mit mehreren Tausend Bänden, eine Wetterstation, ein Krankenhaus, eine Schiffswerft und zahlreiche andere Einrichtungen.

Bereits 1799 gründete Alexander Baranof, Gouverneur der Russisch-Amerikanischen Gesellschaft, unter einer Charter des russischen Zaren den Pelzhandelsposten an der Westseite von Baranof Island. Das Gebiet gehörte ursprünglich den Tlingit-Indianern, die sich mit den neuen Herren nicht anfreunden konnten und 1802 die Warenhäuser plünderten und das Fort niederbrannten. Zwei Jahre später kam Baranof mit einem Kriegsschiff und 200 russischen Soldaten und 800 aleutischen Hilfstruppen zurück. Die Tlingit unterlagen – es war der letzte größere Widerstand der Westküsten-Indianer überhaupt – und die mitgebrachten aleutischen Otterjäger, die wie Sklaven gehalten wurden, sorgten bald für den Reichtum der späteren Metropole. Von 1808 bis 1867 war Sitka Hauptstadt des russischen Amerika. 1867 wechselte Alaska in amerikanische Hände über, und in den folgenden Jahren kehrten die meisten Russen ins Mutterland zurück.

Heute hat die Stadt etwa 8700 Einwohner, die von Fischfang, der Holzindustrie und zunehmend vom Tourismus leben. Hauptanziehungspunkt sind indianische und russische Traditionen, die man auch entsprechend kultiviert. Die **New Archangel Dancers** führen in authentischen Kostümen russische und ukrainische Volkstänze auf, und in den Geschäften der Downtown werden russische Andenken verkauft. Auch sonst ist die russische Vergangenheit nicht zu übersehen. Das 1842 aus Baumstämmen gebaute und jetzt schön, mit zum Teil originalen Möbeln restaurierte **Russion Bishop's House,** heute Teil des Sitka National Historical Parks, war Residenz, Büro und private Kapelle des ersten Bischofs von Alaska, Patriarch Innozenz Weniaminow. Das historische Wahrzeichen der Stadt ist die **St. Michael's-Kathedrale** aus dem Jahr

Sitka

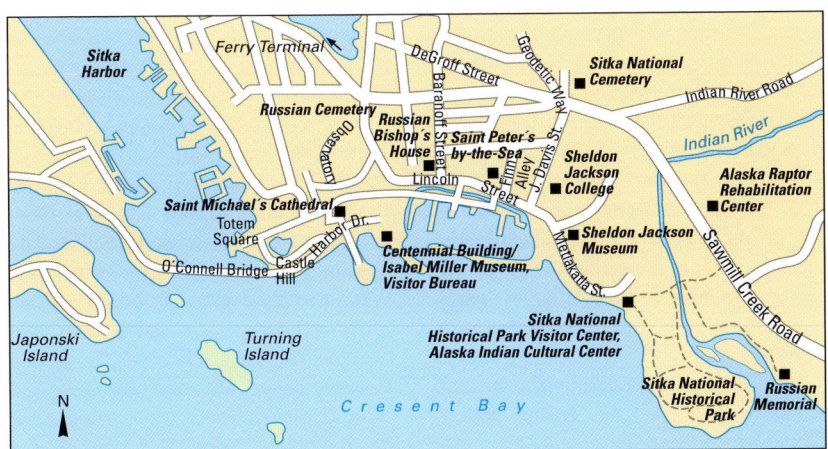

Russisch-orthodoxe Kirche in Sitka

1844. Obwohl sie 1966 bei einem Brand zerstört wurde, konnten die kostbaren Ikonen, einige noch aus der Zeit vor 1800, gerettet werden. Sie hängen heute wieder in der originalgetreu wieder aufgebauten russisch-orthodoxen Kirche. Auf dem **Old Russian Cemetary** liegen russische Siedler und Adlige begraben, darunter Prinzessin Maksoutof, Gattin des letzten russischen Gouverneurs. Neben dem alten *post office* an der Lincoln Street führt eine Treppe auf den **Castle Hill,** wo Baranofs herrschaftliche Residenz stand. Hier fand 1867 die Übergabe der russischen Kolonie an die USA statt. Vom Berg bietet sich ein schöner Blick über die Stadt. Ein weiteres schönes Panoramabild bietet sich von der Brücke über den Hafen zum Japonski Island.

Im Centennial Building am Harbor Drive befindet sich das **Isabel Miller Museum** mit Exponaten zu Sitkas reicher Geschichte: Gemälde verschiedener Zeitperioden, russische Werkzeuge und Ausstellungen zur Fisch- und Holzwirtschaft. Interessant ist auch ein detailgetreues Modell der Siedlung im Jahre 1867. Im Museum erhält man auch alle anderen touristischen Informationen. Das Cenntennial Building ist auch erste Anlaufstation für die Passagiere der Kreuzfahrtschiffe. Wenn sie in Sitka Station machen, herrscht in der Stadt Hochbetrieb.

Viel ruhiger ist es dann im Sitka National Historical Park auf einer Halbinsel im Südosten der Stadt. Auf dem gemütlichen Bummel dorthin sollte man sich im **Sheldon Jackson Museum** ein paar Stunden gönnen. Das Museum am 104 College Drive auf dem Gelände des Sheldon Jackson College, der ältesten öffentlichen Schule Alaskas, zeigt eine ganz hervorragende Sammlung der materiellen Kultur der Urbevölkerung Alaskas: Eskimo-Masken, Kajaks und Schlitten, Kleidung, Werkzeuge und Kunsthandwerk der Tlingit, Haida, Athapasken und Aleuten. Die meisten der Exponate sammelte der Missionar Dr. Sheldon Jackson auf seinen Reisen in den 80er Jahren des 19. Jh.

Im Visitor Center des **Sitka National Historical Park,** zu dem außer dem Bishop's House auch 43 ha Regenwald mit schönen Wanderwegen gehören, sind ebenfalls Ausstellungen und Präsentationen zur Kultur- und Naturgeschichte der Region zu sehen. Im **Southeast Alaska Indian Cultural Center** werden in einer Werkstatt Masken geschnitzt. Vom Visitor Center führt ein Wanderweg durch gründämmerigen schweigenden Regenwald, wo eindrucksvolle Totempfähle der Tlingit und Haida-Indianer auf den weiten Sitka Sound hinausblicken. Hier stand auch das befestigte Tlingit-Dorf, wo 1804 der

Kampf zwischen den Russen und Indianern stattfand.

An der Sawmill Creek Road lohnt das **Alaska Raptor Rehabilitation Center** einen Besuch. Hier werden verletzte Raubvögel gepflegt, und Besuchern bietet sich eine gute Gelegenheit, Weißkopfseeadler, Eulen, Habichte und andere große Vögel von nahem zu sehen.

Juneau – Alaskas Hauptstadt

Tipps & Adressen   S. 371

6 Die nach den Goldfunden der Prospektoren Joseph Juneau und Richard Harris gegründete Stadt am Gastineau Channel ist eine bunte Mischung von malerischen Gebäuden aus der Pionierzeit des späten 19. Jh., viktorianischen Villen und moderner Glas- und Betonarchitektur der Verwaltungszentren. Mit knapp 30 000 Einwohnern ist Juneau Regierungssitz und drittgrößte Stadt Alaskas. Die Fähren legen 22 km nordwestlich der Stadt am Auke Bay Terminal an. Die großen Kreuzfahrtschiffe haben ihre eigenen Docks direkt vor der Downtown.

Die Häuser der Downtown drängen sich auf dem schmalen Landstreifen zwischen Wasser und den steil aufragenden Bergmassiven des Mount Juneau und Mount Roberts mit ihren dunkelgrünen Tannenwäldern, in denen zahlreiche Wasserfälle zu Tal stürzen. Die beiden größten Arbeitgeber sind Tourismus und die Regierungsbürokratie. Etwa 300 000 Touristen, davon 270 000 per Kreuzfahrtschiff, besuchen die Stadt. Dennoch hat Juneau, das auch häufig als ›Little San Francisco‹ bezeichnet wird, sich den Charme einer Kleinstadt mit viel Atmosphäre und Geschichtsbewusstsein bewahrt. Die engen Straßen der Downtown lassen sich am besten zu Fuß erschließen. Informationen erhält der Besucher im Tourismusbüro in der **Davis Log Cabin,** einem rekonstruierten Blockhaus an der 3rd Street.

Fischverarbeitung bei Juneau

Erinnerungen an die Pionierzeit Alaskas weckt der äußerst beliebte **Red Dog Saloon** mit seiner leuchtend rot gestrichenen Holzfassade und der urigen Inneneinrichtung, zu der eine mächtige alte Theke aus poliertem Edelholz genauso gehört wie der mit Sägemehl bestreute Fußboden. *Honkytonk* oder Rockmusik lassen die Wogen hoch schlagen. Unterhaltung mit Pionieratmosphäre gibt es auch im historischen **Alaskan Hotel** an der Franklin Street. Eine lange Tradition hat auch das *Gold Creek Salmon Bake,* ein tägliches Grillfest am Gold Creek, wo sich Besucher und Einheimische preiswert nach Herzenslust an leckeren Lachssteaks laben.

Die 1894 erbaute **St. Nikolas Russian Orthodox Church** an 5th und Gold Street ist die älteste original russische Kirche in Südost-Alaska, in der noch Gottesdienste abgehalten werden. Einen Besuch wert sind auch die beiden Museen. Das **Alaska State Museum** (Egan Dr. und Whittier St.) bietet hervorragende Ausstellungen zur Kultur der Tlingit und Athapasken-Indianer, Eskimos und Aleuten und eine historische Abteilung über die Besiedlung Alaskas durch Russen und amerikanische Pioniere sowie die folgende moderne Ent-

Juneau

Juneaus Downtown

wicklung. Interessant sind auch die wechselnden Ausstellungen moderner alaskanischer Künstler. Im **Juneau Douglas Museum** in der Nähe des State Capitol konzentriert man sich auf die örtliche Geschichte, besonders auf die Zeit des Goldbooms um 1900.

Sehenswert ist auch das mit Alaska-Memorabilien ausgestattete ehemalige Domizil des berühmten Richters Wickersham in der **Wickersham State Historical Site.** Der prächtige weiße Säulenbau der **Governor's Mansion** dient seit 1913 als Residenz von Alaskas Regierungschefs. Gruppenführungen sind möglich. In der **Juneau Library** findet man interessante Literatur über die Region – und darüber hinaus einen schönen Ausblick über Juneau, Douglas Island und den Gastineau Channel. Wer noch höher hinaus will, nimmt die **Mount Roberts Tramway,** Juneaus jüngste Attraktion. Von der Franklin Street am Anleger der Kreuzfahrtschiffe führt eine Gondelbahn auf die über 600 m hoch gelegene Bergstation. Hier gibt es die üblichen touristischen Ser-

viceeinrichtungen, Shopping und Restaurant. Aber bemerkenswert ist ein Film über die Tlingit-Indianer im Chilkat Theater und vor allem der fantastische Panoramablick über die grünen Berggipfel und den tiefblau schimmernden Gastineau Channel. Auf den schönen Wanderwegen lässt man den Trubel auch schnell hinter sich.

Ausflüge zum **Mendenhall Glacier** bringen den Besucher an die schimmernde Eisfläche, 20 km vor den Toren der Stadt. Seinen Ursprung hat der Gletscher im riesigen **Juneau Icefield** auf den Bergketten östlich der Stadt. Das 3800 qkm große Eisfeld speist außer dem Mendenhall auch die anderen Gletscher der Region: Taku, Eagle und Herbert Glacier. Der Mendenhall ist der einzige Gletscher Südost-Alaskas, der direkt mit dem Auto zu erreichen ist. Vom Besucherzentrum führt ein kurzer Trail bis zum Gletschersee. Ein Naturpfad am Steep Creek in der Nähe des Parkplatzes am **Visitor Center** bietet die Möglichkeit, im Spätsommer laichende Lachse zu beobachten.

Mehr über den faszinierenden Lebenszyklus der Lachse erfährt man in der **Gastineau Salmon Hatchery** (2697 Channel Dr.). Hier schlüpfen jedes Jahr über 100 Mio. winzige Lachse. Ausstellungen und Salzwasser-Aquarien geben Einblick in Südost-Alaskas maritime Flora und Fauna.

Die Umgebung von Juneau bietet zahlreiche hervorragende Wandermöglichkeiten. Einer der schönsten *hiking trails* führt vom Ende der Basin Road zu den Ruinen der alten **Alaska-Juneau** **(A-J-)Goldmine** im Last Chance Basin, eine knappe Stunde von der Stadt entfernt. Hier haben 1880 die Prospektoren Juneau und Harris an einem klaren Bergbach, der heute Gold Creek heißt und durch Juneaus Downtown fließt, das Gold entdeckt, das zur Gründung von einem halben Dutzend Minen – und damit auch der Stadt führte. Die A-J-Mine war noch bis 1944 in Betrieb. Wanderführer für das Last Chance-Gebiet und auch für die Treadwell Mine in Douglas sind im Stadtmuseum und im Touris-

Glacier Bay National Park

Tipps & Adressen   S. 365

7 Umgeben von den mächtigen eisbedeckten St. Elias- und Fairweather-Ber-
gen ist die Glacier Bay eines der spektakulärsten Gletschergebiete der Welt.
5000 m hohe Berge, ins Meer kalbende
Gletscher, Buckel- und Schwertwale,
Grizzlies, Bergziegen und Weißkopfseeadler sind die Hauptattraktionen des 1,4
Mio. ha großen Glacier Bay National
Park, etwa 100 km westlich von Juneau
gelegen.

Der kleine Ort **Gustavus** an der Icy
Strait ist durch eine 16 km lange Schotterstraße – die einzige, die in den Park
führt – mit **Bartlett Cove,** dem Hauptquartier des Nationalparks verbunden.
Beide Orte sind Ausgangspunkte für
Exkursionen zu den Gletschern der Bay
und bieten auch die einzigen Übernachtungsmöglichkeiten. Bartlett Cove hat
einen kleinen Zeltplatz und die komfortable **Glacier Bay Lodge.** Am stilvolls-
ten wohnt man sicher im historischen
Gustavus Inn, wo den Besucher auch
erstaunlicherweise eine Verpflegung erwartet, wie sie in einem Drei-Sterne-
Restaurant nicht besser sein könnte. Das
Gemüse wird im eigenen Garten gezogen und der Fisch täglich frisch gefangen.

Schon Captain George Vancouver berichtete 1794 über die riesigen Gletscher, die hier bis ans Meer reichten. Die
Glacier Bay gab es allerdings zu seiner
Zeit noch nicht. Erst in den letzten beiden Jahrhunderten haben sich die Gletscher stetig zurückgezogen und damit
die heutige Bay mit ihren bis zu 100 km
tief ins Landesinnere einschneidenden

musbüro erhältlich. Hier können auch
alle anderen Aktivitäten arrangiert werden. Von Juneau können Flightseeing-
Trips mit dem Hubschrauber auf das Juneau Icefield und den Mendenhall-Glet-
scher unternommen werden. Mehrere
Schiffs- und Fluggesellschaften bieten
tägliche Exkursionen zur Glacier Bay und
zum Tracy Arm sowie nach Haines und
Skagway an. Mit dem Air Taxi kann man
nach Admiralty Island fliegen und dort
am Pack Creek Braunbären beobachten.
Das Permit dafür erhält man in Juneau.

Haines

Inlets und Fjorden geschaffen. In aller Welt bekannt wurde die Glacier Bay durch den amerikanischen Naturschützer und Forscher John Muir, der 1879 nach seiner Alaska-Reise von diesem »Fjord, in den sich Flüsse von Eis ergießen«, berichtete. Zu dieser Zeit hatten sich die Gletscher schon 60 km ins Landesinnere zurückgezogen. 1925 wurde die Region unter Schutz gestellt.

Die Bucht ist ein ›lebendes Laboratorium‹, in dem sich die Entstehung der Vegetation an der pazifischen Nordwestküste studieren lässt. An den Ufern am Eingang der Bay (seit über 200 Jahren eisfrei) stehen schon mächtige Fichten und Hemlocktannen, während in den Regionen, die vor kurzem noch vom Gletscher bedeckt waren, lediglich Moose und Gräser als erste Vorboten der Vegetation erscheinen. Mit Ausflugsschiffen, die auch Paddler und ihre Kajaks mitnehmen, kann man bis dicht an die Gletscherwand heranfahren und

Robben auf treibenden Eisschollen beobachten. Am beeindruckendsten ist es natürlich, wenn ein Gletscher mit donnerndem Getöse abbricht oder ›kalbt‹, wie es heißt.

Haines und Skagway – Das Tor zum Gold

Tipps & Adressen
Haines S. 366, Skagway S. 388

Nördlich von Juneau, zwischen Chilkat Range und den Coast Mountains, ragt der Lynn Canal etwa 100 km ins Landesinnere hinein. Teilweise über 800 m tief, ist er einer der tiefsten Fjorde Nordamerikas. An seinem nördlichen Ende liegen die beiden Goldgräberorte Haines und Skagway. Beide Städte sind durch Straßen mit dem Alaska Highway im angrenzenden Yukon Territory verbunden, doch als Verbindung zwischen den beiden Orten bietet sich praktisch nur die Fähre an, die die 20 km Luftlinie in kurzer Zeit bewältigt, während auf der Straße ein Umweg von 580 km erforderlich ist. In Haines legen die Alaska-Fähren fünf Kilometer nördlich vom Zentrum an, in Skagway befindet sich der Terminal direkt am Ort.

Haines

8 Der malerische Fischerort mit der imposanten Bergkulisse im Hintergrund begann 1881 als Missionsstation. Zuvor hatten John Muir und der presbyterianische Missionar Samuel Young gemeinsam eine Erkundungsreise in die Region unternommen. Man fand das Gebiet, in dem sich seit langem Siedlungen der Chilkat- und der Chilkoot-Tlingit befanden, für die Missionsarbeit bestens geeignet. Von den ehemals fünf Indianerdörfern ist nur noch Klukwan am Chilkat River mit etwa 130 Bewohnern übrig geblieben. Aus dem traditionellen Dorf kamen Meisterschnitzer und die Weber der berühmten Chilkat-Decken aus der feinen Wolle von Bergziegen. Heute lebt der 1300-Einwohner-Ort hauptsächlich vom Fischfang; in den letzten Jahren ist der Tourismus für Haines zunehmend wichtiger geworden.

Im Süden von Haines liegt **Fort William H. Seward,** das von der U. S. Army kurz nach 1900 erbaut und 1978 in ein National Historic Landmark umge-

Haines

Pflegen traditionelle Tänze: die Chilkat Dancers

wandelt wurde. In den gut erhaltenen Gebäuden leben und arbeiten jetzt Künstler, Kunsthandwerk wird verkauft, und im ehemaligen Offiziersheim, dem jetzigen Halsingland Hotel, kann man stilvoll übernachten und speisen. Die Hauptattraktion des Forts ist das **Chilkat Center for the Arts.** Hier finden die etwa 45-minütigen Aufführungen der weltberühmten *Chilkat Dancers* statt, die in farbenprächtigen traditionellen Kostümen mit ihren rituellen Tänzen die Mythen und Legenden der Tlingit interpretieren. Und im *Alaska Indian Arts Workshop* wird das traditionelle Kunsthandwerk der Tlingit ge-

pflegt. Der Besucher ist herzlich eingeladen, den Totempfahl-Schnitzern bei der Arbeit zuzusehen. Von ihnen stammt auch das Tribal House, ein schön verziertes Stammeshaus auf dem Paradeplatz des Forts. Im Sommer findet hier abends das *Port Chilkoot Potlatch* mit gegrilltem Lachs und anderen Leckereien statt.

Sehenswert ist auch das **Sheldon Museum and Cultural Center** mit einer faszinierenden Sammlung von Kunst- und Gebrauchsgegenständen der Tlingit. Gezeigt werden auch einige der seltenen *Chilkat*-Decken mit ihren dekorativen Mustern. Daneben gibt es noch Memorabilien aus der Goldrausch-Zeit zu sehen.

Der **Lookout Park** in der Nähe des Hafens ist ein ideales Fleckchen für ein Picknick. Von hier bietet sich ein schöner Blick über den Lynn Canal und die ein- und auslaufenden Fischerboote. Hinter dem Park befindet sich ein Pionierfriedhof mit Gräbern aus dem 19. Jh. Die Uferstraße führt vorbei an verfallenden Fischkuttern und einsamen Buchten.

Die meisten Reisenden werden zwar die Region im Sommer besuchen wollen, doch hat der Winter in Haines ein ganz besonderes Erlebnis zu bieten: In der Zeit vom späten Oktober bis Januar versammeln sich im **Chilkat Bald Eagle Preserve,** knapp 30 km nördlich des Ortes, Tausende von Weißkopfseeadlern. Ein beeindruckendes Bild: Auf den Sandbänken und Bäumen zu beiden Seiten des Chilkat-Flusses warten die Adler auf die späten Lachsschwärme, die zum Laichen den Fluss hinaufziehen.

Vom Haines Highway, der durch das 20 000 ha große Naturschutzgebiet führt, kann man die majestätischen Vögel beobachten, wie sie immer wieder ins Wasser stürzen und mit einem zappelnden Fisch in den Fängen zu ihrem Warteplatz zurückkehren. Doch auch im Sommer kann man immer noch einige Hundert *Bald Eagle* beobachten, z. B. auf einer gemütlichen Floßfahrt auf dem Chilkat River.

Der Haines Highway, der nach Norden zum Alaska Highway führt, folgt dem alten Dalton Trail, den Pionier Jack Dalton während des Goldrausches durch die Wildnis schlagen ließ. Dalton war ein cleverer Geschäftsmann – er kassierte für die Benutzung des 490 km langen Trails die damals stolze Summe von 150 Dollar. Bewaffnete Männer sorgten dafür, dass auch jeder Goldsucher bezahlte. Die meisten zogen deshalb den mühsameren, aber billigeren Weg über Skagway vor.

Im Chilkat Bald Eagle Preserve warten Weißkopfseeadler auf die Lachsschwärme

White Pass & Yukon Route

Von Skagway kann man heute auf bequemere Art den Spuren der Klondike-Abenteurer folgen. Entlang des alten Goldsuchertrails führt die *White Pass & Yukon Route* von Skagway zur Station Fraser in British Columbia durch eine der schönsten und wildesten Berglandschaften Nordamerikas. Die Fahrt mit der historischen Eisenbahn über den White Pass ist ein einmaliges Erlebnis.

Angeboten werden: täglicher Service zwischen Skagway und Fraser, B.C., 3-stündige Fahrten zur Passhöhe und zurück, 8-stündige Exkursionen mit der Dampflok zum Lake Bennett, Exkursionen nach Carcross und eine Kombination von Eisenbahn und Bus von Skagway nach Whitehorse. Chilkoot Trail Trekker fahren nach der Wanderung mit der Bahn von Lake Bennett nach Skagway oder per Bus nach Whitehorse.

Skagway

9 War der Ort einst Ausgangspunkt zu den Goldfeldern des Klondike, ist er heute der nördlichste Hafen der Inside Passage. Die gut erhaltenen Westernfassaden, hölzernen Bürgersteige, Hotels und Saloons erinnern an die turbulenten Tage des Jahres 1897, als Skagway innerhalb von vier Monaten von 2000 auf über 20 000 Einwohner anwuchs. In wenigen Wochen strömten mehr als 40 000 Goldsucher auf dem Weg nach Dawson City durch die Stadt. Noch im August 1896, als George Carmack und seine Gefährten das Gold am Klondike fanden, stand in Skagway nur eine einzige Trapperhütte.

Mit Packpferden machten sich die wohlhabenderen der Goldsucher auf den Weg über den **White Pass,** der angeblich der ›bequemere‹, für Lasttiere geeignete Trail sein sollte. Er war es nicht: mehrere Tausend Pferde und Maultiere und nicht wenige ihrer Führer kamen auf dem schmalen Pfad im zerklüfteten Berggelände ums Leben. Noch heute erinnert

die *Dead Horse Gulch,* die ›Schlucht der toten Pferde‹, an die verzweifelten Goldsucher. So blieb der steile, aber nicht so gefährliche Weg von Dyea über den Chilkoot Pass die Hauptroute für Zehntausende schwer beladener Goldgräber, die den mühsamen Aufstieg sogar bis zu vierzigmal machen mussten, da die Northwest Police im Yukon nur Goldsucher ins Territorium ließ, die für mindestens ein Jahr Vorräte mitbrachten.

Dyea ist heute eine *ghost town* und in Skagway leben das Jahr über etwa 800 Menschen. Jetzt sind es Touristen, die an manchen Tagen zu Tausenden durch die Stadt strömen. Praktisch die gesamte Downtown von Skagway ist Teil des **Klondike Gold Rush National Historical Park,** zu dem noch der Chilkoot Trail (detaillierte Beschreibung s. S. 270 ff.) und der White Pass gehören. Zur Erinnerung an die große Zeit werden in historischen Kostümen Melodramen aufgeführt, die sich vor allem um den Desperado und Barbesitzer Jefferson R.

»Soapy« Smith und seine Spießgesellen drehen. Nachdem der berüchtigte Soapy Smith monatelang die Goldgräber ausgeraubt, betrogen und Schutzgelder erpresst hatte, wehrten sich die Bürger. Es kam zum *shoot out* zwischen Soapy und dem Stadtvermesser Frank Reid. Bei dem Revolverduell blieben beide auf der Strecke. Ihre Gräber kann man im alten Goldgräberfriedhof neben denen von Goldgräbern und Pionieren finden. Der **Gold Rush Cemetary** ist auf einer gemütlichen Wanderung, etwa 2,5 km nördlich vom Stadtzentrum zu erreichen.

Auf keinen Fall sollte man einen Besuch des **Trail of '98 Museum** in der 7th Avenue versäumen. Das Pionier- und Goldgräbermuseum ist im 2. Stock des ältesten Steingebäudes in Alaska untergebracht – damals war es das Gerichtsgebäude, heute dient es als Rathaus. Neben einem Kriegskanu und anderen Gebrauchsgegenständen der Tlingit sowie Exponaten aus der Goldgräberzeit sind hier auch persönliche Gegenstände des Bösewichts »Soapy« Smith zu besichtigen. In alten Ausgaben der »Skagway News« kann man Interessantes aus der gesetzlosen Zeit des Ortes nachlesen. Sehenswert und kurios ist die aus über 20 000 Treibholzstangen errichtete Fassade der **Arctic Brotherhood Hall.** 1898 als Gemeinschaftshalle der Goldgräber errichtet, ist hier heute das **Visitor Bureau** untergebracht. Im ältesten Hotel Alaskas, dem **Golden North Hotel,** konnte man bis 2002 im Stil der Goldgräberzeit logieren; heute werden hier Souvenirs verkauft. Stilechtes Entertainment gibt es im ›Red Onion Saloon‹ und im ›The Days of '98 Theater‹ in der Eagles Hall. In ›Moe's Frontier Bar‹ treffen sich die Einheimischen, heute noch herrscht hier Pionier-Atmosphäre.

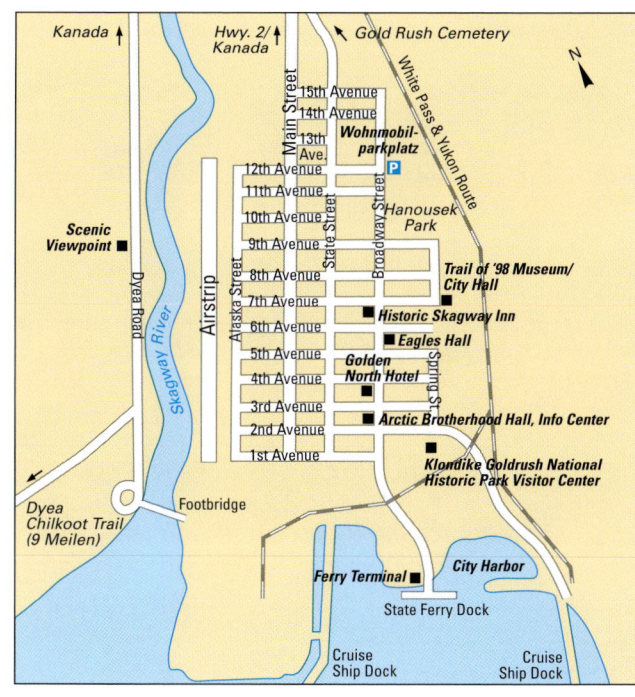

Skagway

Information

Unterkunft

Restaurant

Sehenswert

Museen

Einkauf

Nachtleben

Unterhaltung

Feste

Aktivitäten

Verkehr

Tipps &
Adressen

Inhalt

Inhalt

343

■ Reiseinformationen von A bis Z

Tipps & Adressen von Ort zu Ort

■ Preiskategorien Unterkunft

sehr teuer . . . . ab 250 $
teuer . . . . ab 150 $
moderat . . . . 110–150 $
günstig . . . . 80–110 $
sehr preiswert . . . . bis 80 $
(zwei Personen im Doppelzimmer ohne
Frühstück; B & B pro Person mit Frühstück)

Bei Bed & Breakfast-Unterbringung sind
häufig mehrere Mahlzeiten im Preis enthalten, in Wildnislodges und auf Guest
Ranches sogar oft sämtliche Exkursionen,
Ausritte etc. Hier kann sich hinter einer
hohen Kategorie also durchaus ein günsti-
ges Preis-Leistungs-Verhältnis verbergen.

■ Preiskategorien Restaurants

günstig . . . . .bis 10 $
moderat . . . . .bis 25 $
teuer . . . . .über 25 $
(jeweils für ein Hauptgericht ohne
Getränke)

(in Kanada CAN $, in Alaska US $)

■ Postalische Abkürzungen

AB (Alberta), AK (Alaska), BC (British
Columbia), MB (Manitoba), NT (Northwest
Territories), NU (Nunavut), SK (Saskat-
chewan), YT (Yukon Territory)

100 Mile House (BC)

Lage: Hintere Umschlagkarte F3/4
Vorwahl: 250

 South Cariboo Info Centre,
422 Cariboo Hwy. 97, 100 Mile
House, Tel. 395-5353, 1-877-511-5353

 108 Mile Ranch Heritage Site,
Hwy. 97, 15 km nördl. von 100 Mile
House, Tel. 791-5288, 791-1971: Sehens-
wertes Museumsdorf; Ende Mai – Anf.
Sept. 10–16 Uhr

Alert Bay (BC)

*Lage: Hintere Umschlagkarte D2, östlich
von Port McNeill*
Vorwahl: 250

 Alert Bay Travel Info Centre,
118 Fir St., Alert Bay, BC VON 1A0,
Tel. 974-5213, Fax 974-5026,
www.alertbay.com, www.alertbay.bc.ca

 Orca Inn, 291 Fir St., P.O. Box 368,
Alert Bay, BC VON 1AO,
Tel. 974-5322, www.orcainn.com: Mit Blick
auf die Broughton Strait, sechs Zimmer,
Restaurant und Bar, vor der Überfahrt mit
der Fähre unbedingt reservieren; sehr
preiswert

U'Mista Cultural Centre,
Front St., 2 km vom Fähranleger,
Alert Bay, BC, Tel. 974-5403: Kulturzentrum
der Westküstenindianer mit Ausstellungen
und Vorführungen; Victoria Day–Labour
Day (Ende Mai–Anf. Sept.), tägl. 9–17 Uhr,
Rest des Jahres Mo–Fr 9–17 Uhr

Alert Bay Library and Museum,
118 Fir St., Alert Bay, BC, Tel. 974-
5721: Bibliothek und Gegenstände der
Kwakiutl-Kultur, Juli–Aug. Mo–Sa 13–16,
Mi auch 19–21 Uhr; Rest des Jahres Mo,
Mi 19–21, Fr, Sa 13–16,

Sea Orca Expeditions, P.O. Box
483, Alert Bay, BC VON 1AO, Tel.
974-5225, 1-800-668-6722, Fax 974-5225,

www.seaorca.com: Exkursionen mit einer Segeljacht, geführte Touren mit dem Seekajak zu verlassenen Indianerdörfern, lautlos Wale beobachten

BC-Fähren, Port McNeill nach Alert Bay; Auskunft und Reservierung: Tel. 956-4533, 1-888-223-3779

Anchorage (AK)

Lage: Karte S. 448 D2
Vorwahl: 907

Anchorage Convention & Visitors Bureau, Log Cabin Visitor Information Center, 4th Ave. und F St., Anchorage, AK 99501, Tel. 276-4118, 1-800-478-1255, Fax 278-5559, www.anchorage.net
Alaska Public Lands Information Center, 605 W. 4th Ave., Tel. 271-2737, www.nps.gov/aplic/center, www.dnr.stat.ak.us/parks/: Informationen und Ausstellungen über State und National Parks, Kultur der Ureinwohner, Juni–Aug. 8–20 Uhr, Rest des Jahres Mo–Fr 10–17.30 Uhr

Hotel Captain Cook, P.O. Box 102280, 5th St./K St. Anchorage, AK 99510, Tel. 276-6000, Fax 343-2298, www.captaincook.com: Luxushotel mit Blick auf Berge und Bay, mehrere Restaurants, Lounge, Coffee Shop, Fitnessraum, Pool; teuer
Anchorage Hotel, 330 E St., Anchorage, AK 99510, Tel. 272-4553, 1-800-544-0988, Fax 277-4483, www.historicanchoragehotel.com: Schön renoviertes kleines Hotel in historischem Gebäude in der Downtown; moderat
Alaska Private Lodgings Stay with a Friend, P.O. Box 200047, Anchorage, AK 99520-0047, Tel. 258-1717, 1-800-401-7444, Fax 258-6613: Bed & Breakfast-Vermittlung, 300 Zimmer in Anchorage und Umgebung; günstig–moderat
Day's Inn, 321 E. 5th Ave., Anchorage, AK 99501, Tel. 276-7226, Fax 265-5145, www.daysinnalaska.com: Modernes Hotel in der Innenstadt, gutes Restaurant, Airport Shuttle; günstig–moderat

Anchorage Guesthouse,
2001 Hillcrest Dr., Anchorage, AK 99517, Tel./Fax 274-0408, www.alaska.net/~house: Am Coastal Trail, nahe der Downtown, Schlafsaal und private Zimmer, Frühstück, Küchenbenutzung, Waschsalon, Fahrradverleih; sehr preiswert
Hostelling International Anchorage, 700 H-St., Anchorage, AK 99501, Tel. 276-3635, www.alaska.net/~hianch: Zentral gelegen; sehr preiswert
Camping:
Hillside on Gambell Motel & RV Park, 2150 Gambell St., Anchorage, AK 99503-2299, Tel. 258-6006, 1-800-478-6008, Fax 279-8972, www.hillside-alaska.com: Ruhiger Platz, Restaurants und Einkaufsmöglichkeiten in der Nähe, auch Motelzimmer und Cabins
Anchorage RV Park, 1200 N Muldoon Road, Anchorage, AK 99506, Tel. 338-7275, 1-800-400-7275, Fax 337-9007, www.anchrvpark.com: Mit Bäumen bestandener Platz, 10 Min. von der Downtown

Anchorage Top of the World Hilton Hotel, 3rd Ave./E. St., Anchorage, Tel. 265-7111: Buffet und gepflegte Hotelküche, Reservierung angeraten; teuer
Gwennie's Old Alaska Restaurant, 4333 Spenard Road, Anchorage, Tel. 243-2090: Alaskanische Spezialitäten in Pionier-Atmosphäre: Rentier-Omelett, geräucherter Lachs, Alaska King Crab; Breakfast, Lunch, Dinner; moderat
Phyllis's Cafe, 436 D-St., Anchorage, Tel. 274-6576: Alaska-Spezialitäten vom Grill, besonders lecker: Salat, Lachsfilet und alaskanisches Bier; moderat
Sourdough Mining Company, 5200 Juneau St., Anchorage, AK 99518, Tel. 563-2272, Fax 562-4690: Alaskanische Spezialitäten in uriger Atmosphäre, Meeresfrüchte, Geräuchertes, original Sourdough Bread; moderat
Dianne's Restaurant, 550 W. 7th Ave., Anchorage, Tel. 279-7243: Naturkost, selbst gebackenes Brot, herzhafte Suppen, leckere Desserts, auch rein vegetarische Gerichte; günstig

Alaska Native Heritage Center, 8800 Heritage Center Dr., Anchorage, AK 99506-1655, Tel. 330-8000, 1-800-315-6608, Fax 338-1488, www.alaskanative.net: Geschichte und Kultur der Ureinwohner, Museumsdorf, Ausstellungen, Filmvorführungen, Tanz- und Musikdarbietungen, Verkauf von traditionellem Kunsthandwerk, Mitte Mai–Sept. 9–18 Uhr

Alaska Aviation Heritage Museum, 4721 Aircraft Dr., Lake Hood Südufer, Anchorage, Tel. 248-5325: Mi–Mo 10–18 Uhr

Alaska State Trooper Museum, 6th Ave. (zwischen C und D St.), Anchorage, Tel. 279-5050: Polizeimuseum

Anchorage Museum of History & Art, 121 W. 7th Ave., Anchorage, AK, Tel. 343-4326, www.alaskamuseum.org: 17. Mai–12. Sept. tägl. 10–18 Uhr, im Winter Di–Sa 13–17 Uhr, So und an Feiertagen geschlossen

Alaska Unique, 3601 Minnesota Dr., Anchorage, AK 99503, Tel. 561-9498, Fax 561-9490: Alaskanisches Kunsthandwerk, Schnitzkunst aus Walknochen und fossilem Elfenbein, Masken, Speckstein-Skulpturen, Körbchen, Schmuck

Artique Ltd., 314 G. St., Anchorage, AK, Tel. 277-1663, www.artiqueltd.com: Moderne nichttraditionelle Kunst, u. a. Rie Munoz und Fred Machetanz, Gemälde, Drucke, Skulpturen

David Green Master Furrier, 130 W. 4th Ave., Anchorage, AK, Tel. 277-9595: Exklusives, alteingesessenes Pelzgeschäft, Mäntel, Jacken, Stolas

Cook Inlet Book Company, 415 W. 5th Ave., Anchorage, AK, Tel. 258-4544, www.cookinlet.com: Die beste Auswahl an Büchern über Alaska und den hohen Norden

Oomingmak-Musk Ox Producers Coop, 604 H St., Anchorage, AK, Tel. 272-9225: Erstklassige Strickwaren aus Moschusochsenwolle

Chilkoot Charlies, 2435 Spenard Rd., Anchorage, Tel. 272-1010, www.koots.com: Nachtleben à la Alaska. Rustikaler Saloon mit Unterhaltung

 Alaska Experience Theater, 705 W. 6th Ave., Anchorage, Tel. 276-3730: Stündlich Filmvorführungen, im Sommer 9–21 Uhr, im Winter 12–18 Uhr

Fur Rendezvous: Winterkarneval, Pelzauktion, Hundeschlittenrennen, 2. Februarwoche; **Iditarod Trail Sled Dog Race:** Anchorage – Nome Hundeschlittenrennen-Klassiker; Anf. März

ERA Aviation, 6160 Carl Brady Dr., Anchorage, AK 99502, Tel. 248-4422, 266-8351, 1-800-843-1947, 1-800-866-8394, Fax 266-8383, www.eraaviation.com: Hubschrauber-Rundflüge in und um Anchorage, Denali und Valdez, Charter und Linienflüge nach Kenai, Homer, Kodiak, Valdez und Whitehorse

Euro Alaska-Tours, Rose Waldstein, P.O. Box 220004, Anchorage, AK 99522, Tel. 274-1596, Fax 274-1587, www.euro-alaskatours.com: Flüge in den Chugach Mountains, individuelle Touren ins Hinterland, auch längere mit Übernachtung, Flugunterricht, deutschsprachig

Gray Line of Alaska, 745 W. 4th Ave., Anchorage, Tel. 277-5581, 1-800-478-6388, www.graylineofalaska.com: Rundfahrten und Touren in ganz Alaska

Alaska Railroad, 327 W. Ship Creek Ave., Anchorage, AK 99510, Tel. 265-2494, 1-800-544-0552, Fax 265-2323, www.akrr.com: Eisenbahn-Exkursionen

Alaska Direct Busline, P.O. Box 501, Anchorage, AK 99510, Tel. 277-6652, Fax 338-1951: Hauptstopps: Skagway, Whitehorse, Tok, Glennallen, Anchorage, Denali, Fairbanks, Delta Junction

Atlin (BC)

Lage: Karte S. 448 F2, südöstlich von Carcross
Vorwahl: 250

Atlin Visitors Association, P.O. Box 365, Atlin, BC V0W 1A0, Tel./Fax 651-7522, www.atlin.net: Informationszentrum und Museum

The Atlin Inn, P.O. Box 39, Atlin, BC VOW 1AO, Tel. 651-7546, Fax 651-7500: Schönes Hotel am Atlin Lake, von Deutschen geführt; Zimmer, Cottages, Restaurant; günstig

Glacier Wings Flying Service, Judith und Stefan Vosswinkel, Atlin, Tel. 651-7603, Fax 651-7757, www.flying-safaris.com: Rundflüge für bis zu 3 Personen über den Atlin Lake, Llewellyn Glacier und die Coast Mountains, zum Taku Valley sowie Charterflüge nach Whitehorse, Telegraph Creek, Skagway und Juneau
Atlinart/Atlinquest, Gernot Dick, Atlin, Tel. 651-7659, 1-800-651-8882, www.atlinquest.com: Geführte Wanderungen, Gletschertouren, Kunstkurse, mehrtägige Abenteuerprogramme

Auyuittuq National Park (NU)

Lage: Vordere Umschlagkarte H6
(siehe Pangnirtung, S. 379)

Banff National Park (AB)

Lage: Hintere Umschlagkarte I4
Vorwahl: 403

Banff National Park, P.O. Box 900, Banff, AB T1L 1K2, Tel. 762-1550
Banff/Lake Louise Tourism Bureau, P.O. Box 1298, 317 Banff Ave., Suite 375, Banff, AB T0L 0C0, Tel. 762-8421, Fax 762-8163, www.banfflakelouise.com, www.banffview.com

Fairmont Banff Springs Hotel, 405 Spray Ave., Banff, AB T1L 1S4, Tel. 762-2211, 1-800-441-1414, Fax 762-5755, www.fairmont.com: Dieses Canadian-Pacific-Hotel gehört zu Kanadas besten Häusern. Südlich von Banff am Zusammenfluss von Bow- und Spray River in prachtvoller Berglandschaft gelegen. Mehrere exquisite Restaurants, Cocktail-Lounges, Boutiquen, Geschäfte, Riesenpools, hervorragender Golfplatz; sehr teuer
Banff Caribou Lodge, 521 Banff Ave.,

Banff, AB T1L 1A4, Tel. 762-5887, 1-800-563-8764, Fax 762-5918, www.bestofbanff.com: Großes Hotel, schöne Lobby mit großem Kamin; beliebtes Steak-Restaurant; teuer
Mount Royal Hotel, 138 Banff Ave., Banff, AB T1L 1A7, Tel. 762-3331, 1-800-267-3035, Fax 762-8938, www.mountroyalhotel.com: Geräumige Zimmer, rustikaler Speiseraum, abends mit Country und Folk; teuer
Rundle Manor, 348 Marten St., Banff, AB T0L 0C0, Tel. 762-2207, 1-800-563-8764, Fax 762-0703: Apartments, geeignet für Familien oder kleine Gruppen, voll eingerichtete Küchen; teuer
Homestead Inn, 217 Lynx St., Banff, AB T1L 1A7, Tel. 762-4471, Fax 762-8877: Chaletstil, zentral gelegen. Nebenan ›Melissa's Missteak‹ mit ausgezeichneter Küche; günstig
Camping:
Castle Mountain, Banff National Park, Tel. 762-1550: 30 km westl. von Banff am Hwy. 1A, 43 Plätze
Tunnel Mountain Village, Banff National Park, Tel. 762-1550: 3 km von Banff entfernt; Village 1 (622 Plätze), Village 2 (189 Plätze)

Le Beaujolais, Ecke Banff Ave./Buffalo St., Banff, Tel. 762-2712: Französische Küche, elegante Atmosphäre, schöner Blick; tägl. 18–23 Uhr; teuer
Giorgio's Trattoria, 219 Banff Ave., Banff, Tel. 762-5114: Stets gut besuchtes italienisches Restaurant; moderat–teuer
Dining Room & Lounge Caboose, Ecke Elk St./Lynx St. (im Bahnhof), Banff, Tel. 762-3622: Zu empfehlen: Steaks, Hummer, Alaska King Crab, Rocky Mountain-Forelle; tägl. 17–22 Uhr, Reservierung empfohlen; moderat–teuer
Melissa's Restaurant & Bar, 218 Lynx St., Banff, Tel. 762-5511: Restaurant in rustikalem Blockhaus, Frühstück, Lunch und Dinner; tägl. 7.30–22 Uhr; günstig–moderat

Banff Centre and School of Fine Arts, Tunnel Mountain Dr., Banff, AB, Tel. 762-6100, Fax 762-6444, Box Office

762-6300: Ausstellungen, Aufführungen
Banff Park Museum, National Historic
Site, 91 Banff Ave., Banff, AB, Tel. 762-
1558: West-Kanadas ältestes Naturkunde-
museum, tägl. 10–18 Uhr
Buffalo Nations Luxton Museum, 1
Birch Ave., Banff, Tel. 762-2388: Ausstel-
lungen über Rocky Mountains und
Prärieindianer, Mitte Mai–Anf. Okt. tägl.
10–18 Uhr, sonst 13–17 Uhr
Natural History Museum, 112 Banff
Ave., Banff, Tel. 762-4652, Naturge-
schichte, indianische Artefakte
**Whyte Museum of the Canadian
Rockies,** 111 Bear St., Banff,
Tel. 762-2291: Regionales Kunst- und
Rocky Mountains-Archiv; Öffnungszeiten
erfragen

 Great Northern Trading Co.,
201 Banff Ave., Banff, AB,
Tel. 762-4166: Kunsthandwerk, Souvenirs,
Spezialitäten, Kleidung – alles handgefer-
tigt in Alberta
The Bay, 125 Banff Ave., Banff,
Tel. 762-5525: Kanadas traditioneller De-
partment Store, auch gute Auswahl an
Canadiana und Souvenirs, u. a. die be-
rühmten bunten Hudson's Bay-Wolldecken

 Banff Festival of the Arts, Kunstausstellungen, Workshops (während
des Sommers)

 **Banff Sulphur Mountain Gon-
dola,** 3 km von Banff, an der Mountain Ave., Tel. 762-2523: 1. Mai–Anf. Sept.
tägl. 7.30–21 Uhr, weitere Betriebszeiten
erfragen
Brewster Transportation & Tours,
Banff, AB, Tel. 752-6767: Bietet Exkursio-
nen und Rundreisen an: Icefield Parkway
Tour von Banff nach Jasper oder umge-
kehrt, mit Besuch des Lake Louise; bei
Rundreise Übernachtung in Banff oder
Jasper; Columbia Icefield Tour von Banff
aus, ca. 9 Std. Dauer, Mittagspause am
Gletscher
Cave & Basin Hot Springs, Banff,
Tel. 762-1566: Interpretive Centre
ganzjährig geöffnet, Pool von Mitte Juni –
Ende Sept.

Lake Minnewanka Boat Tours, am
Transkanada Hwy., 15 Min. nordöstl. von
Banff, Tel. 762-3473, www.minnewanka
boattours.com: 90-min. Bootsfahrten, Mai
(Victoria Day)–30. Sept.
Warner Guiding and Outfitting, 132
Banff Ave., P.O. Box 2280, Banff, AB T1L
1C1, Tel. 762-4551, www.horseback.com:
Von Frühjahr bis Herbst große Auswahl
von Touren im Banff-Nationalpark; Schlaf-
sack mitbringen

Barkerville (BC)

Lage: Hintere Umschlagkarte F5
Vorwahl: 250

 St. George Hotel, Hwy. 26, Box 4,
Barkerville, BC V0K 1B0,
Tel./Fax 994-0008, 1-888-246-7690,
www.stgeorgehotel.bc.ca: Übernachten
wie zur Goldgräberzeit; historisches Hotel
mit Antiquitäten eingerichtet; moderat

 Barkerville Historic Park, Hwy.
26, Barkerville, BC, Tel. 994-3332:
Etwa 75 historische Gebäude sind gut er-
halten; Victoria Day–Labour Day (Ende
Mai–Anf. Sept.), Theateraufführungen,
Tanz und Musik; Führungen, historische
Kostüme, Besucherzentrum Mitte Juni–
Ende Sept. tägl. 8–17 Uhr, sonst einge-
schränktes Angebot

Bowron Lake Prov. Park (BC)

Lage: Hintere Umschlagkarte F5
Vorwahl: 250

 **Bowron Lake Provincial
Park,** Hwy. 26, Wells, 281
First Ave. N., Williams Lake, BC V2G 1Y7,
Tel. 398-4414, 1-800-435-5622, Fax 398-
4686: Info zum Bowron Lake Park. **Cam-
ping:** 25 Plätze; Mai–Sept.
Beckers Canoe Outfitters and Lodge,
P.O. Box 129, Wells, BC V0K 2R0, Tel. 992-
8864, 1-800-808-4761, www.beckers.bc.ca:
Blockhütten am Bowron Lake (günstig–
moderat), **Campingplatz,** Restaurant;

Vermietung von Kanus und Ausrüstung für den beliebten Kanutrip im Bowron Lake-Provinzpark

 Great Expeditions, 940 West King Edward Ave., Vancouver, BC V5Z 2E2, Tel. 604/257-2040, 1-800-663-3364, Fax 257-2158, www.greatexpeditions.com: Einwöchige Kanu-Exkursionen auf dem Bowron Lakes-Rundkurs; Ausrüstung und alle Mahlzeiten sind inbegriffen

Cache Creek (BC)

Lage: Hintere Umschlagkarte F3
Vorwahl: 250

 Bonaparte Motel, P.O. Box 487, 1395 Cariboo Hwy. 97 N, Cache Creek, BC VOK 1HO, Tel. 457-9693, 1-888-922-1333, sehr nettes Motel, einige Zimmer mit hübscher Gartenterrasse, Pool; günstig
Camping:
Brookside Campsite, (1 km östl. der Kreuzung Hwy 97), 1621 E. Transcanada Hwy 1, Tel./Fax 457-6633: 66 Stellplätze, 30 Zeltplätze, beheizter Outdoor-Pool, Imbiss

 Historic Ranch, Kreuzung Hwy. 12 und 97, Cache Creek, Tel. 457-9722, 1-800-782-0922: Historisches Roadhouse aus der Pionierzeit; tägl. 10–17 Uhr, Anf. Mai–Ende Sept., Führungen

Calgary (AB)

Lage: Vordere Umschlagkarte D2
Vorwahl: 403
Stadtplan: S. 190

Alberta Tourism,
Tel. 1-800-661-8888
Calgary Convention & Visitors Bureau: Information Centre Stephen Ave. Walk, Suite 200, 238-11th Ave. S.E., Calgary, AB, T2G OX8, Tel. 263-8510, 1-800-661-1678, Fax 262-3809, www.tourismcalgary.com, www.visitor.calgary.ab.ca, www.calgaryview.com

Calgary Marriott Hotel, 110–9th Ave./Centre St., Calgary, Tel. 266-7331, 1-800-896-6878, Fax 269-1961, www.marriott.ca: Luxushotel mit Gartenterrasse, Pool, Gourmetrestaurant, Familienbuffet; Zugang zum Palliser Square; Shows und hervorragende Jazzcombos; teuer
The Fairmont Palliser Hotel, 133 9th Ave., Calgary, Tel. 262-1234, 1-800-441-1414, Fax 260-1260, www.fairmont.com: Nähe Calgary Tower, Speiseraum mit Kamin, Entertainment; teuer
Hawthorne Hotel & Suites Calgary Downtown, 618 5th Ave. SW, Calgary, Tel. 403/263-0520, Fax 403/298-4888, 1-800-661-1592, www.hawthornecalgary.com: Apartment-Hotel, alle Zimmer mit Kitchenette; Restaurant, Lounge; moderat–teuer
Blackfoot Inn, 5940 Blackfoot Trail S.E., Calgary, Tel. 252-2253, 1-800-661-1151, Fax 252-3574, www.blackfootinn.com: Nahe den Stampede Grounds, Restaurants, Nachtclub, Lounge; moderat
Lord Nelson Inn, 1020 8th Ave. S.W., Calgary, Tel. 269-8262, 1-800-661-6017, Fax 269-4868: Recht zentral, preiswert, freundlicher Service, Restaurant; günstig–moderat
Regis Plaza Hotel, 124 - 7th Ave. E., Calgary, Tel. 262-4641, Fax 262-1125, www.regisplazahotel.com: Im Zentrum, sehr einfach; preiswert
Camping:
Calaway RV Park & Campground, S.W. Transcanada Hwy. 1 und Springbank Rd., Calgary, Tel. 240-3822: Privater Campground mit 84 Plätzen, alle Services

Panorama Dining Room Calgary Tower, 9th Ave./Centre St. S., Calgary, Tel. 266-7171: Drehrestaurant mit fantastischer Aussicht; tägl. 7.30–21 Uhr; teuer
La Chaumiere, 139–17th Ave. S.W., Calgary, Tel. 228-5690: Feine französische Küche, Soufflés, Reservierung empfohlen, elegantere Kleidung; teuer
Rimrock Dining Room, The Fairmont Palliser Hotel, 9th Ave./1st St. S.W., Calgary, Tel. 260-1219: Kamin, Westerndekor an den Wänden, exzellente Steaks, tägl.

bis 22.30 Uhr; moderat–teuer
Caesar's Steakhouse, 512 4th Ave. S.W., Calgary, Tel. 264-1222, und 10816 MacLeod Trail S., Tel. 278-3930: Exzellente Steaks und Rippchen; moderat
Cannery Row Restaurant, 317-10th Ave. S.W., Calgary, Tel. 269-8889: New Orleans-Atmosphäre, kreolische Küche, frische Meeresfrüchte, Live-Entertainment, Jazz; 11.30–21 Uhr; moderat
Chief Chiniki Restaurant & Handicraft Centre, eine halbe Autostunde westl. von Calgary, Morley, Tel. 881-2762: Restaurant und Shop für Kunsthandwerk, betrieben von Angehörigen des Stoney-Indianerstammes. Kanadische und traditionell indianische Kost wie Bisonfleisch, Wildbraten, Bannock (Indianerbrot) und Lachs; günstig–moderat
Silver Dragon, 106 3rd Ave. S.E., Calgary, Tel. 264-5326: Beliebt bei Chinesen, sehr zu empfehlen, tägl. 10–24 Uhr; günstig
Restaurant Row, 8th Ave. SW (Stephen Ave.): Galgarys Restaurant Hot Spot, hier befinden sich über zwei Dutzend Restaurants – von Fast Food bis zum Feinschmecker-Menue

Calgary Science Centre/Discovery Dome, 701-11th St. S.W., Calgary, Tel. 268-8300, www.calgaryscience. ca: Museum mit Flugzeugen und Raketenmodellen; Juli/Aug. tägl. 9.30–17.30, sonst Di–Do 10–16, Fr–So 10–17 Uhr
Calgary Tower, 101-9th Ave. S.W., Calgary, Tel. 266-7171: Blick auf Calgary und die Rocky Mountains, tägl. 8–22 Uhr
Calgary Chinese Cultural Centre, 197-1st St. SW, Calgary, Tel. 262-5071: Der neue Mittelpunkt von Chinatown, mit Restaurant und Ausstellungen
Canada Olympic Park, West, auf Hwy. 1, Calgary, Tel. 402/247-5452, www.coda.ab.ca: Schauplatz der Winterolympiade von 1988. Im Winter können Touristen eine Fahrt auf der Bob-Bahn wagen. Das Sportmuseum Hall of Fame ist im Sommer tägl. 8–18 Uhr geöffnet;
Cochrane Ranche Provincial Historic Site/Western Heritage Centre, Hwys 1A und 22 bei Cochrane, Tel. 932-1193, 932-2902: Historische Ranch und Museum,

Rodeo Hall of Fame, Westernbibliothek, Displays, Andenkenladen, Wanderwege und Picknickplätze, Mitte Mai–1. Wochenende im Sept.
Devonian Gardens, Toronto Dominion Square, 4. Etage, zwischen 2nd und 3rd St. S.W., Calgary, Tel. 268-5207: Gigantischer Dachgarten mit über 20 000 subtropischen Pflanzen; 9–21 Uhr
Fort Calgary Historic Park, 750-9th Ave. S.E., Calgary, Tel. 290-1875: Ausstellungen und audiovisuelle Präsentation zu Calgarys Geschichte, Dean House Historic Site; 1. Mai–8. Okt. tägl. 9–17 Uhr
Heritage Park Historical Village, 1900 Heritage Dr. S.W., Calgary, Tel. 259-1900, 259-1910, www.heritagepark.ab.ca: In über 90 historischen Häusern, Läden und Werkstätten wird das Leben der frühen Siedler dargestellt; 12. Mai–3. Sept. 9–17 Uhr, auch Wochenenden bis 8. Okt.

Alberta College of Arts, 1407-14th Ave. N.W., Calgary, Tel. 284-7600, www.acad.ca: Ausstellungen moderner Kunst; Mo–Fr 8–16 Uhr
Glenbow Museum, Calgary Convention Centre, 130-9th Ave. S.E., Calgary, Tel. 777-5506, www.glenbow.org: Ausstellungen von Werken indianischer Künstler, Eskimokunst; zahlreiche Exponate aus der Geschichte West-Kanadas, Waffensammlung; Di–Sa 9–17, So 12–17 Uhr
Grain Academy, Plus 15 Ebene, Round-Up-Centre, Calgary Stampede Park, Tel. 263-4594: Wissenswertes über Getreide, Lagerung und Transport; Mo–Fr 10–16 Uhr, 1. April–30. Sept. auch Sa 12–16 Uhr
Tsuut'ina Museum, 3700 Anderson Road, Calgary, Tel. 238-2677: Ausstellung über die Geschichte der Sarcee-Prärieindianer; Mo–Fr 9–16 Uhr

Alberta Boot, 614-10th. Ave., Calgary, Tel. 263-4605: Kanadas größtes Geschäft für Cowboystiefel
Cottage Craft Gifts & Fine Arts, 6503 Elbow Dr. S.W., Calgary, Tel. 252-3797: Indianer- und Eskimokunst. Mo–Fr 9.30–17.30, Sa bis 17 Uhr
Riley and McCormick, 220 8th Ave. SW, Calgary, Tel. 262-1556: Traditionsreicher

Western-Store. Hier gibt es alles, was das Cowboyherz begehrt: Sättel, Stiefel, handgearbeitete Gürtel, Hemden, Jeans und natürlich Stetsons in allen Ausführungen

 Calgary Centre for Performing Arts, 205-8th Ave. S.E., Calgary, Karten Tel. 299-8888, 777-0000, Programminformation Tel. 294-7455: Calgarys Theater- und Konzertzentrum. Veranstaltungen des Calgary Philharmonic Orchestra, des Alberta Theatre Project und das Theatre Calgary
Lunchbox Theatre, Bow Valley Square, 205-5th Ave. S.W., Calgary, Tel. 265-4297: Etwas Besonderes – Theater in der Mittagspause. Das Programm reicht von klassischen Stücken bis zu den neuesten Broadway-Produktionen, Mo–So 12 Uhr
Ranchman's Restaurant, 9615 MacLeod Trail S., Calgary, Tel. 253-1100: Die Western-Bar mit Top-Country-Entertainment; So geschlossen
Stage West, 727-42nd Ave. S.E., Calgary, Tel. 243-7077: Dinner-Theater mit populären Broadway-Produktionen

 Calgary Winterfest, Mitte Feb., www.calgarywinterfest.com;
Calgary Stampede, 2. Juliwoche, www.calgarystampede.com

 Balloon Dimensions, Bay #1 5310 1st SW., Calgary, Tel. 254-5246: Fahrten mit dem Heißluftballon über Calgary und Umgebung
Brewster Transportation & Tours, Tel. 762-6700, 1-800-661-1152, Calgary: Stadtrundfahrt 4,5 Std.: Downtown, Fort Calgary und Heritage Park. Touren in die Rockies, die längste (12 Std.) schließt einen Besuch des Columbia Eisfeldes ein; alle Touren führen über Banff
Calaway Park, Am Hwy. 1, 6 km westl. von Calgary, Tel. 240-3822: West-Kanadas größter Vergnügungspark; 21. Juni–31. Aug. tägl. 10–20 Uhr, 15. Mai–20. Juni Fr 17–22, Sa, So 10–20 Uhr; Sept.–Okt. Sa, So 11–18 Uhr
Calgary Zoo, 1300 Zoo Rd., St. George's Island, Calgary, Tel. 232-9300: Kanadas zweitgrößter Zoo, Tropenhaus, lebensgroße Dinosauriernachbildungen, Streichelzoo; tägl. 9–17 Uhr

 Calgary Transit Information, 240 7th Ave. S.W., Tel. 262-1000

Cambridge Bay (NU)

Lage: Vordere Umschlagkarte E6
Vorwahl: 867

 Arctic Coast Visitor Centre, P.O. Box 1198, Cambridge Bay, NU X0E 0C0, Tel. 983-3224, Fax 983-2802

 Arctic Islands Lodge Inns North, P.O. Box 1031, Cambridge Bay, NU X0E 0C0, Tel. 867/983-2345, 1-888-866-6784, Fax 867/983-2480, www.cambridgebayhotel.com: 25 Zimmer, an der Nordwestpassage gelegen; naturkundliche und historische Exkursionen werden arrangiert
Central Arctic Tours & Outfitters, Luke Coady, Box 1199, Cambridge Bay, NU X0E 0C0, Tel. 983-2024, Fax 983-2821, www.huskydog.com: Individuelle Touren zum Mount Pelly und zur Eismeerküste, Moschusochsen und Karibus beobachten, Angeln; auch Unterkunft in einer Lodge am Queen Maud Gulf möglich

 Omingmak Frolics: Traditionelle Spiele, Hundeschlittenrennen, Mitte Mai

Campbell River (BC)

Lage: Hintere Umschlagkarte D2
Vorwahl: 250

 Campbell River Info Centre, 1235 Shoppers Row, Campbell River, BC V9W 5B6, Tel. 287-4636, 1-866-830-1113, Fax 286-6490, www.campbellriver chamber.ca

Tsa-Kwa-Luten Lodge, P.O. Box 460, Quathiaski Cove, Quadra Island, BC V0P 1N0, Tel. 285-2042,

1-800-665-7745, Fax 285-2532, www.capemudgeresort.bc.ca: Architektonisch interessant, auf Klippen gelegen mit schönem Blick über Discovery Passage, Zugang zum Strand; von Indianern geführt, Sauna, Jacuzzi, Fitness, Touren; indianisch inspirierte Menüs; moderat

Campbell River Lodge Fishing and Adventure Resort, 1760 N. Island Hwy., Campbell River, BC V9W 2E7, Tel. 287-7446, 1-800-663-7212, Fax 287-4063, www.campbellriverlodge.com: Resort 1,6 km nördl. vom Stadtzentrum am Hwy. 19, am Campbell River. Rustikale Atmosphäre, schöner Blick, Lounge, Entertainment, Sauna, Whirlpool, Angeltouren, Tauchen; Ausflüge nach Gold River und zum Strathcona Provincial Park; moderat–günstig

Passageview Motel, 517 Island Hwy., Campbell River, BC V9W 2B9, Tel. 286-1156, 1-877-286-1156, Fax 286-1139: Blick auf Meer und Inseln, Hochseeangeln; 1 km südl. von Campbell River; günstig

Heriot Bay Inn, P.O. Box 100, Heriot Bay, BC V0P 1N0, Tel. 285-3322, Fax 285-2708, www.heriotbayinn.com: In schöner Lage auf Quadra Island; Bed & Breakfast, Restaurant, Cottages, **Camping;** mit der Fähre von Campbell River nach Quadra Island, dann 10 Min. Fahrt zum Anleger der Cortez-Fähre

 Kwagiulth Museum and Cultural Center, Quadra Island, BC, Tel. 250/285-3733, Fax 285-3753, www.island.net/~kmccchin/: 3,6 km südl. vom Fähranleger; Ausstellung traditioneller Potlatch-Gegenstände; nach Renovierung neue Öffnungszeiten erfragen

Gildas Box of Treasures Theatre: 1370 Island Hwy., Campbell River, BC V9W 8C9, Tel. 287-7310, Fax 286-1702, www.gildastheatre.com: Indianisches Kulturzentrum, Kunstgewerbe, Aufführungen mehrmals tägl., Einzelheiten erfragen

 Eagle Eye Adventures, Campbell River, Tel./Fax 286-0809, www.eagleeyeadventures.com: Exkursionen mit dem Zodiac-Boot nach Bute Inlet zum Beobachten von Grizzlies (4 Std.),

Orcas beobachten bei Robson Bight

Tide Rip Tours, 1660 Robb Ave., Comox, Tel. 339-5320, 1-888-643-9319, Fax 339-6294, www.tiderip.com: Wildnistouren mit Grizzly- und Schwarzbärenbeobachtung im Knight und Bute Inlet, ab Campbell River oder Telegraph Cove

River City Adventures, Tel. 287-7715, 1-800-567-6511, Fax 287-7573, www.connected.bc.ca/~adventure/: Wildnistouren mit Grizzlybären- und Walbeobachtung, Unterbringung, fremdsprachiger Service

 B.C.-Fähren, Campbell River nach Quadra Island; Auskunft und Reservierungen: Tel. 286-1412

Cape Dorset (NU)

Lage: Vordere Umschlagkarte G5
Vorwahl: 867

 The Beach House, Huit-Huit Tours Tourist Home, Box 4, Cape Dorset, NU X0A 0C0, Tel. 897-8806, Fax 897-8434, www.capedorsettours.com: Komfortable Zimmer, Vollpension oder Küchenbenutzung möglich, Touren und Exkursionen in der Cape Dorset-Region können arrangiert werden; moderat

Kingnait Inn, P.O. Box 89, Cape Dorset, NU X0A 0C0, Tel. 897-8863, Fax 897-8907; moderat

Carcross (YT)

Lage: Karte S. 448 E/F2
Vorwahl: 867

 Yukon Visitor Reception Centre, in der historischen Eisenbahnstation der White Pass & Yukon Route, Tel. 821-4431, Mitte Mai–Mitte Sept. 8–20 Uhr

Spirit Haven Bed and Breakfast (km 115 South Kondike Hwy), P.O. Box 99, Carcross, YT Y0B 1 B0, Tel. 821-4722, www.bbcanada.com/spirithavencarcross: Hübsch am Spirit Lake gelegen, nah beim alten Goldgräberort, gute Küche

 **Caribou Crossing Trading Post** (3 km nördlich von Carcross), Tel. 821-4055, www.cariboucrossing.ca: Restaurant, frische Backwaren, örtliches Kunsthandwerk, Andenken, gleich nebenan das **Yukon Museum of Natural History** mit Ausstellungen zur Fauna des Yukon, geöffnet Mai–Sept.

Cardston (AB)

Lage: Vordere Umschlagkarte D2, südlich von Lethbridge
Vorwahl: 403

 Remington-Alberta Carriage Centre, 623 Main St., Cardston, AB, Tel. 653-5139: Über 200 Kutschen aus dem 19. und frühen 20. Jh. und weitere Ausstellungen; 15. Mai–15. Sept. 9–18 Uhr, im Winter 10–17 Uhr
C. Ora Card Home, 337 Main St., Cardston, AB, Tel. 653-4322: Blockhütte des Mormonenführers; Juni–Aug. Mo–Sa 9–18 Uhr

Carmacks (YT)

Lage: Karte S. 448 E2
Vorwahl: 867

 Carmacks Hotel, P.O. Box 160, YT Y0B 1C0, Tel. 863-5221, Fax 863-5605: Historisches Hotel mit Restaurant, Lounge, Cabins, Stellplätze für Camper, Bootstouren, Kanuverleih; moderat

 Carmacks Roadhouse Heritage Site, km 431,3, Klondike Hwy., Carmacks, Tel. 863-6271: 1996 restauriertes historisches Rasthaus am Overland Trail

Castlegar (BC)

Lage: Hintere Umschlagkarte H2
Vorwahl: 250

 Best Western Fireside Inn, 1810–8th Ave., Castlegar, BC V1N 2Y2, Tel. 365-2128, 1-800-499-6399, Fax 365-2158, www.bestwestern.com: Zweistöckiges Gebäude mit Restaurant, Zimmer mit Kühlschrank, z. T. Balkon; günstig

 Doukhobor Historic Village, Hwy. 3A, East Castlegar, BC, Tel. 365-6622: Museumsdorf, in dem das Leben der Duchoborzen, einer russischen Sekte, um die Jahrhundertwende gezeigt wird; im Sommer tägl. 10–18 Uhr

Chilliwack (BC)

Lage: Hintere Umschlagkarte F2
Vorwahl: 604

 Minter Gardens, 19 km östl. vom Ort an Hwy. 1 und Hwy. 9, Tel. 794-7191, 1-888-646-8377: Schöne Gartenanlagen am Fuß der Coastal Mountains; 9–17 Uhr, im Sommer 8.30–19 Uhr

Churchill (MB)

Lage: Vordere Umschlagkarte F4
Vorwahl: 204

Parks Canada Visitor Reception Centre, Bayport Plaza, Churchill, MB, Tel. 675-8863, Fax 675-2026: Ausstellungen zur Pelzhandelsgeschichte

Polar Inn & Suites, 153 Kelsey Blvd., Box 1031, Churchill, MB R0B 0E0, Tel. 675-8878, 1-877-765-2733, Fax 675-2647, www.polarinn.com: Zimmer und Suites mit Kitchenette; moderat–teuer
Tundra Inn, 34 Franklin St., Box 999, Churchill, MB R0B 0E0, Tel. 675-8831, Fax 675-2764, 1-800-265-8563, www.tundrainn.com: Mit Whirlpool; moderat
Bear Country Inn, Box 788, Churchill, R0B 0E0, Tel. 675-8299, Fax 675-8803: Schlichte Zimmer; sehr preiswert–günstig

 Arctic Trading Company/The Trader's Table, Churchill, MB, Tel. 204/ 675-8804: Memorabilien und Kunsthandwerk aus dem hohen Norden. Originelles Ambiente, man speist am Pelzhändler-Tisch, besonders empfehlenswert sind Nordlandspezialitäten wie Karibufleisch, Elcheintopf und gebratener Saibling; moderat–teuer

 Eskimo Museum, La Verendrye St., Churchill, MB, Tel. 675-2030: Exponate aus der Kulturgeschichte der Eskimos; gute Eskimokunst; Juni–Okt. Mo 13–17, Di–Sa 9–12, 13–17 Uhr, Rest des Jahres Mo–Sa 13–16.30 Uhr

Northern Images, Churchill, Tel. 675-2781: Kunsthandwerk, Speckstein-Skulpturen, Drucke

Churchill Wilderness Encounter, P.O. Box 9, Churchill, MB ROB OEO, Tel. 675-2248, Fax 675-2045, 1-800-265-9458: Tundratouren in Tundra Buggies, Beobachtung von Eisbären; Saison: Ende Okt./Anf. Nov. Im Sommer Vogelpirsch und Beobachtung von Belugawalen
Prince of Wales Fort, National Historic Site, Churchill, MB, Tel. 675-2195: Bootstouren zu den Überresten des HBC Forts; Start: Besucherzentrum in Churchill

VIA-Rail Ticket Office, 123 Main St., Winnipeg, MB, Tel. 204/949-7400, 1-888-842-7245: Sechstägige Bahnreise von Winnipeg nach Churchill an der Hudson Bay; ganzjährig, 3mal wöchentlich

Clinton (BC)

Lage: Hintere Umschlagkarte F3
Vorwahl: 250

 South Cariboo Historical Museum, Cariboo Hwy., Clinton, BC, Tel. 459-2442: Pioniermuseum im ehem. Gerichtsgebäude des *hanging judge* Matthew Begbie; Ende Juni–31. Aug. 11–17.30 Uhr

Cowichan Bay (BC)

Lage: Hintere Umschlagkarte E1, südlich von Duncan
Vorwahl: 250

 www.cowichanbay.com

Anchor's Guesthouse, 1793 Cowichan Bay Rd., Tel. 748-7206, 1-877-991-1199, Fax 748-7209, www.anchors-guesthouse.com: Stilvolles B & B, direkt an der Cowichan Bay mit herrlicher Aussicht, Zimmer, Suites und Cottage; eig. Anleger mit Ruderboot; moderat
Camping:
Cowichan Bay Camping & RV Park, 2289 Cowichan Bay Rd., Tel. 748-7875

Bluenose Restaurant, 1765 Cowichan Bay Road, Cowichan Bay, Tel. 748-2841: Direkt am Wasser; Meeresfrüchte und Gegrilltes; moderat

Cowichan Bay Maritime Centre, 1761 Cowichan Bay Road, Box 787, Duncan, BC V9L 3Y1, Tel. 746-4955, Fax 746-9989, www.classicboats.org: Ausstellung, Kurse und Workshops

Great Northwestern, Cowichan Bay, B. C. V0R 1N0, Tel. 746-1720, Fax 748-6525, www.greatnorthwestern. com: Segeltörns mit einer 18-m-Ketch, zweitägige Exkursionen zu den Gulf Islands

Cypress Hills Prov. Park (AB)

Lage: Vordere Umschlagkarte D2
Vorwahl: 403

Cypress Hills Provincial Park, P.O. Box 12, Elk-Water, AB TOJ 1C0, Tel. 893-3777

Cypress Hills Prov. Park (SK)

Lage: Vordere Umschlagkarte D2
Vorwahl: 306

 **Cypress Hills Provincial Park,** Hwy. 21, südl. von Maple Creek, SK, Tel. 662-5411: Reiten, Wandern, **Camping**

Fort Walsh National Historic Park, am Hwy. 271, 55 km südwestl. von Maple Creek, SK, Tel. 662-3590, 662-2645: Restaurierter Stützpunkt der Northwest Mounted Police und Pelzhandelsstation; Mitte Mai–Anf. Sept. tägl. 9–17.30 Uhr

Dauphin (MB)

Lage: Vordere Umschlagkarte F2, nördlich vom Riding Mountain National Park
Vorwahl: 204

 Ukrainian Heritage Village, 12 km südl. von Dauphin, Tel. 638-9401: Restaurierte Siedlerstätte mit Kirche

 Canada's National Ukrainian Festival, Ende Juli, www.infoukes.com

Dawson City (YT)

Lage: Karte S. 448 E3
Vorwahl: 867
Stadtplan: S. 264

 Dawson City Visitor Reception Centre, Front St./King St, Dawson City, Tel. 993-5566: Informationen und Material über Unterkunft, Aktivitäten und Sehenswürdigkeiten, Austellungen zur Geschichte von Dawson City
Klondike Visitors Association, P.O. Box 389, Dawson City, YT Y0B 1G0, Tel. 993-5575, Fax 993-6415, www.dawson-city.org

 Dawson City Bed & Breakfast, 451 Craig St., P.O. Box 954, Dawson City, YT Y0B 1G0, Tel. 993-5649, Fax 993-5644, www.dawsonbb.com: moderat
The Downtown Hotel, 2nd Ave., Queen St., P.O. Box 780 Dawson, YT Y0B 1G0, Tel. 993-5346, Fax 993-5076, www.downtown. hotel.ca: Restauriertes Goldgräberhotel mit Komfort und Atmosphäre, gutes Restaurant und die richtige Stimmung im Sourdough Saloon; moderat

Triple J Cabins & Motel, Queen St./ 5th St., P.O. Box 359, Dawson City, YT Y0B 1G0, Tel. 993-5323, Fax 993-5030, www.triplejhotel.com: Nettes Motel am Rand der Downtown, auch Hütten mit Kitchenette; günstig–moderat (Cafeteria: herzhaft und preiswert; moderat)
Klondike Kate's Cabins, Rooms & Restaurant, P.O. Box 417, Dawson City, YT Y0B 1G0, Tel. 993-6527, Fax 993-6044: Zimmer und Hütten in authentischer 1898er Goldrausch-Atmosphäre, Lounge, Restaurant mit guter Auswahl, guter Kaffee, Mai–Sept. 7–23 Uhr; günstig–moderat
Dawson City River Hostel/Tenting, P.O. Box 32, westl. von Dawson City, YT Y0B 1G0, Tel. 993-6823, www.yukonhostels.com: Cabins für 2–6 Personen, großer Gemeinschaftsraum, **Zeltplätze,** Fahrrad- und Kanuvermietung; sehr preiswert
Camping:
Bonanza Gold RV Park, Bonanza Creek Rd., südl. von Dawson City, Tel. 993-6789, Fax 993-6777: Alle Services, Restaurant
Gold Rush Campground, 5th Ave. & York St., P.O. Box 198, Dawson City, YT Y0B 1G0, Tel. 993-5247, Fax 993-6047: Im Ort, Sehenswürdigkeiten sind bequem zu Fuß zu erreichen

 Klondike Institute of Arts and Culture, 2nd und Princess Street, Dawson City, Tel. 993-5005, Fax 993-5838, www.kiac.org: Kunstgalerie, Aufführungen in historischem Gebäude.
Dawson Historical Complex, National Historic Site, Tel. 993-7200, Fax 993-7299, www.parkscanada.pch.gc.ca: Informationen über die historischen Sehenswürdigkeiten von Dawson City sowie geführte Touren: *Dredge #4* und *Bear Creek Gold Room,* größter Schwimmbagger des Goldrausches und historischer Ladenkomplex, *Harrington's Store,* Fotos und Dokumente aus der Goldgräberzeit in historischem Laden, *Palace Grand Theatre* von 1899, *Robert Service Cabin,* Blockhütte des Yukon-Barden, *S.S. Keno,* einer der letzten Schaufelraddampfer des Yukon, *Commissioner's Residence,* sorgfältig restaurierter Wohnsitz des Commissioner für den Yukon,

1901 Post Office, heute noch in Betrieb
Dawson City Museum & Historical Society, 5th Ave./Church St., Dawson City, Tel. 993-5291, www.gold-rush.org: Ausstellungen über die Goldgräberzeit, Film- und Dia-Vorführungen; im Sommer tägl. 10–18 Uhr

Robert Service Cabin, 8th Ave./Church St., Dawson City, Tel. 993-5462: Hütte des Dichters Robert Service; Mitte Mai–11. Sept. tägl. 9–17 Uhr, Dichterlesungen um 10 und 15 Uhr

Tr'ondek Hwechn'in Cultural Centre, Front Street, Dawson City, Tel. 993-5385, Fax 993-6553, www.trondek.com: Neu erbautes Kulturzentrum der Tr'ondek Hwechn'in mit Ausstellungen zur Geschichte und Kultur der Ureinwohner der Klondike-Region; Touren, Video-Präsentationen

 Claim 33, km 10 am Bonanza Creek, Dawson City, Tel. 993-5804: Souvenirs, preiswerter Goldschmuck direkt aus den *claims;* wer will, kann selbst Gold waschen

 Diamond Tooth Gertie's Saloon & Gambling Hall, 5th Ave./Queen St., Dawson City, Tel. 993-5575: Black Jack und Roulette mit historischem Ambiente; 15. Mai–20. Sept. tägl. 19–2 Uhr morgens

Gaslight Follies at the Palace Grand Theatre, King St./3rd. Ave., Dawson City, Tel. 993-6217: historisches Opernhaus der Goldgräber; Mitte Juni–Mitte Aug. Mo–Do 20.30, Fr–Sa 19 und 21 Uhr, Mitte Mai–Mitte Juni und Mitte Aug.–Anf. Sept. tägl. 20 Uhr großes Melodrama und Varieté

 Yukon Gold Panning Championships: Anf. Juli; **Discovery Days Festival:** Erinnerung an den großen Goldrausch, 3. Juliwoche

 Ancient Voices Wilderness Camp, P.O. Box 679, Dawson City, YT Y0B 1 G0, Tel. 993-5605, Fax 993-6532, www.ancientvoices.ca: Camp unter indianischer Leitung mit Unterkunft in Blockhütten und Zelten, Exkursionen und Lachsgrillen

Dawson Trading Post, P.O. Box 889, Dawson City, YT Y0B 1 G0, Tel. 993-5316: Vermietung von Kanus, Camping-, Angel- und Jagdausrüstung

Gold Bottom Mining Tours, Dawson City, Tel. 993-5023, Fax 993-6715, www.goldbottom.com: Besichtigung einer Placer Gold Mine in Betrieb, Vorführungen historischer und moderner Goldschürfmethoden.

Gold City Tours, Front St., gegenüber S.S. Keno, Dawson City, Tel. 993-5175, www.goldcitytours.com: Sightseeing, geführte Stadttouren, Goldwaschen

Trans North Helicopters, P.O. Box 388, Dawson City, YT Y0B 1 G0, Tel. 993-5494, Fax 993-5413, www.tntaheli.com: Hubschrauberflüge über Dawson City, Tombstone Mountains, Heli-Hiking und -Fishing

Dawson Creek (BC)

Lage: Hintere Umschlagkarte F7
Vorwahl: 250

 Dawson Creek Visitor Information Centre, Northern Alberta Railway Park, 900 Alaska Ave., Tel. 782-9595, Fax 782-9538, www.tourismdawsoncreek.com: Mit **Dawson Creek Station Museum, Dawson Creek Art Gallery;** im Sommer tägl. 8–19 Uhr, im Winter Di–Sa 10–12 und 13–16 Uhr

Inn on the Creek, 10600 8th St., Dawson Creek, BC V1G 3R3, Tel. 782-8136, 1-888-782-8136, Fax 782-7535, www.innonthecreek.bc.ca: Große freundliche Zimmer, auch mit Kitchenette; günstig

Camping:
Mile ›0‹ RV Park & Campground, Mile 2,5 Alaska Hwy., Dawson Creek BC V1G 4T9, Tel. 250/782-2590, Fax 782-2897: Eine Meile westl. der Kreuzung von Hart und Alaska Hwy.

 Walter Wright Pioneer Village, Alaska Hwy. und Hart Hwy.,

Tel. 782-7144: Museumsdorf, Souvenir-shop, Restaurant, Mitte Mai–Ende Aug. 9–18 Uhr

Denali National Park (AK)

Lage: Karte S. 448 C/D2/3
Vorwahl: 907

🏠 **Denali National Park and Preserve,** P.O. Box 9, Denali National Park, AK 99755, Tel. 683-2294, 272-7275 (Campingplatz-Reservierung), Fax 683-9612, www.nps.gov/dena: Informationen und Reservierung für Campgrounds

🛏️🍴 In der Umgebung des National-parks, vor allem am Parks Highway gibt es zahlreiche Lodges, Hotels, Motels und Campgrounds. Trotzdem sind die Unterkünfte in der Hochsaison relativ teuer und oft ausgebucht. Preiswertere Angebote als in direkter Nähe des Parkeingangs findet man in Healy, 15 km nördlich des Parks.

Camp Denali, P.O. Box 67, Denali National Park, AK 99755, im Sommer Tel. 683-2290, Fax 683-1568, www.camp-denali.com: Am Fuß des Mt. McKinley im Herzen des Nationalparks, komfortable Hütten mit Küche, Pauschalangebot, inkl. Mahlzeiten und Aktivitäten, geführte Wanderungen, Kanufahren, Fotokurse; teuer

Denali West Lodge, PO Box 40 AC, Lake Minchumina, Alaska 99757, Tel./Fax: 674-3112, www.denaliwest.com: Exzellente Fly in-Lodge für Wildnisliebhaber nahe Mount McKinley, schöne Blockhütten, ganzjähriger Betrieb, im Winter Schlittenhundetouren in den Denali Nationalpark, im Sommer u. a. Kanutouren und Wanderungen, man spricht deutsch; teuer

Denali Cabins, P.O. Box 229, Denali National Park, AK 99755, Tel. 683-2643, Fax 683-2595, www.denali-cabins.com: 43 Blockhütten in der Nähe des National-parkeingangs; moderat

Denali Mountain Morning Hostel and Lodge, Mile 224 Parks Hwy., P.O. Box 208, Denali National Park, AK 99755, Tel. 683-7503, Fax 683-7504, www.hostelalaska.

com: Blockhütten und Zimmer, Küchenbenutzung, Trekking-Ausrüstung (Verkauf und Vermietung), Zeltplätze; günstig–moderat

White Moose Lodge, Mile 248, Parks Hwy., P.O. Box 68, healy, AK 99743, Tel. 683-1231, 1-800-481-1232, Fax 683-1232, www.whitemooselodge.com: Motel mit gemütlichen Zimmern mit eigenem Bad, ein einfaches Frühstück ist inbegriffen und wird in der Lobby serviert

Camping:

Denali Riverside RV Park, Mile 240, Parks Hwy., Tel. 425/497-1212, 1-888-778-7700, www.alaskarv.com: Am Nenana River, Einkaufsmöglichkeiten

Mc Kinley RV & Campground, Mile 248.5 Parks Hwy., nördl. vom Denali National Park, P.O. Box 340, Healy, AK 99743, Tel. 683-2379, 1-800-478-2561, Fax 683-2281: Schöne Lage, Einkaufsmöglichkeiten

🍴 **Overlook Bar & Grill at the Crow's Nest,** Denali National Park, Tel. 683-2723, www.denalicrowsnest.com: Kostenloser Zubringer; Lunch und Dinner mit herrlicher Aussicht auf die Alaska-Berge, Steaks, Meeresfrüchte, Hamburger, Mitte Mai–Mitte Sept.; moderat

🏠 **Kantishna Wilderness Trails,** P.O. Box 130, Denali National Park, AK 99755, Tel. 459-2121, 1-800-230-7275, www.seedenali.com: Eintägige Exkursion in den Park, Abholung von den Hotels

Drumheller (AB)

Lage: Vordere Umschlagkarte D2
Vorwahl: 403

🏠 **Drumheller Chamber of Tourism and Development,** Tel. 823-8100, Fax 823-4469, www.dinosaurvalley.com, www.drumhellerview.com

🛏️ **Hoo-Doo Motel,** Drumheller, AB T0S 0Y0, Tel. 823-5662, www.cadvision.com: Preiswertes Hotel, 1 km südl. von Drumheller am Hwy. 9; günstig

Rosedeer Hotel and Last Chance

Saloon, Wayne, Tel. 823-9189: Historisches Hotel mit originellem Western Saloon, sehr preiswerte Zimmer; sehr preiswert
Camping:
Dinosaur Trail RV Resort, Drumheller, AB, Tel. 823-9333, Fax 823-2090: In den Badlands, am Fluss gelegen, 220 Plätze; geheizter Pool, Kanufahren, alle Services

 Atlas Coal Mine Museum, 18 km östl. am Hwy. 10, Drumheller, Tel. 823-2220: Geführte Touren; 16. Mai–1. Sept. 9–18 Uhr
Badlands Drumheller Valley Historical Centre, 335 1st St. E., Drumheller, Tel. 823-2593: Behandelt die Geschichte der Ureinwohner sowie Natur und Umwelt der Region, Mai–Okt 10–18 Uhr
Homestead Antique Museum, Hwy. 9, 901 Dinosaur Trail, Tel. 823-2600: Gegenstände der Ureinwohner und Pioniere, Mitte Juni–Anf. Sept. 10–20 Uhr
Royal Tyrrell Museum of Paleontology, Dinosaur Trail (Hwy. 838) nordwestl. von Drumheller, Tel. 823-7707, 1-888-440-4240, www.tyrrellmuseum.com: Mit 35 vollständigen Dinosaurierskeletten eine der größten Sammlungen der Welt; Ende Mai (Victoria Day) bis Anf. Sept. (Labour Day) tägl. 9–21 Uhr, nach Labour Day bis 2. Mo im Okt. 10–17 Uhr, Rest des Jahres Di–So 10–17 Uhr

Duncan (BC)

Lage: Hintere Umschlagkarte E1
Vorwahl: 250

 Visitor Info Centre, 381A Transcanada Hwy., Duncan, Tel. 746-4636, Fax 746-8222, www.duncancc.bc.ca

 Village Green Inn, 141 Transcanada Hwy. 1, Duncan, Tel./Fax 746-5126, 1-800-665-3989: Zimmer mit Kitchenette, Restaurant, Bar & Grill; günstig
Camping:
Riverside Campground, 1-3065 Allenby Rd., Duncan, Tel. 746-4352: Cabins und

Stellplätze am Fluss, der Ort ist gut zu Fuß erreichbar

 British Columbia Forest Museum, 2892 Drinkwater Road, Hwy. 1 (1,5 km nördl. von Duncan), Tel. 715-1113, Fax 715-1170, www.bcforestmuseum.com: BCs größtes Forstmuseum; Ausstellungen, Führungen, Fahrt mit dem *logging train;* Mai–Sept. tägl. 10–18 Uhr
Native Heritage Centre/Quw'utsun' Cultural and Conference Centre, 200 Cowichan Way, westl. vom Hwy. 1, Duncan, BC, Tel. 746-8119, 1-877-746-8119, www.quwutsun.ca: Kultur der Nordwestküsten-Indianer; Ausstellungen, Vorführungen, Workshops, traditionelles Lachsgrillen; Mai–Sept. tägl. 9–18, Okt.–April 10–17 Uhr

Eagle Plains (YT)

Lage: Karte S. 448 E3
Vorwahl: 867

 Eagle Plains Hotel, Dempster Hwy., km 371,7, Tel./Fax 993-2453: Hotel, Restaurant, **Campground;** moderat

Edmonton (AB)

Lage: Vordere Umschlagkarte D3
Vorwahl: 780
Stadtplan: S. 164

Edmonton Tourism, 104-9797 Jasper Ave., Edmonton, AB T5J 1N9, Tel. 496-8400, 1-800-463-4667, www.tourism.ede.org, www.edmontonview.com: Auskünfte über Sport- und Freizeitaktivitäten

The Fairmont Hotel Macdonald, 10065–100 th St., Edmonton, AB T5J 0N6, Tel. 424-5181, 1-800-441-1414, Fax 429-6481, www.fairmont.com: Edmontons klassisches Hotel im Chateau-Stil, renoviert, Hallenbad, gutes Restaurant; mit schönem Blick über das Flusstal; teuer

Fantasyland Hotel, West Edmonton Mall, 17700–87 Ave., Edmonton AB T5T 4V4, Tel. 444-3000, 1-800-737-3783, Fax 444-3294, www.fantasylandhotel.com: Es gibt Themen-Zimmer, z. B. Hollywood-Traumsuiten, römischer Palast, sogar Betten auf der Ladefläche von Pick up-Trucks. Die normalen Zimmer sind groß, gut eingerichtet, mit Jacuzzi im Zimmer und einer voll verglasten Wand, die einen weiten Blick über die Stadt erlaubt; teuer

Delta Edmonton Centre Suite Hotel, 10222-102nd St., Edmonton, AB T5J 4C5, Tel. 429-3900, 1-800-268-1133, Fax 428-1566, www.deltahotels.com: Erstklassiges Hotel mit Pool, Restaurant, zentral gelegen; sehr zu empfehlen; teuer

Saxony Hotel, 15540 Stony Plain Rd., Edmonton, Tel. 484-3333, 1-800-556-4156, Fax 489-3774, www.saxonyhotel.ca: Etwa 10 Min. vom Zentrum, spanisches Dekor, preiswert; erstklassiges Restaurant, Coffee Shop, geheizter Dachpool; günstig

Camping:

Klondike Valley RV Park + Services, 1660 Calgary Trail, Edmonton, am Südrand der Stadt, Hwy. 2 und Ellerslie Rd., Tel. 988-5067: 160 Plätze, ruhige Lage am Blackmud Creek, kompletter Service

La Ronde Revolving Restaurant, 10111 Bellamy Hill (Crowne Plaza-Chateau Lacombe) Edmonton, Tel. 428-6611: Schöner Panoramablick; Mo–Sa 17.30–23.30, So 10.30–14.30, 17.30–23.30 Uhr; moderat–teuer

Yeoman Steak House, 10030-107th St., Edmonton, Tel. 423-1511: Die Adresse für Gegrilltes; stilvoll eingerichtete Räume, köstlich der heiße Apfelstrudel mit Rumsoße; tägl. bis 24 Uhr; teuer

The Crêperie, 10220–103rd St., Edmonton, Tel. 420-6656: Beliebt und gemütlich; zu empfehlen: Cordon bleu, Geflügel, Crêpes, Schokoladenfondue; Mo–Do, So bis 21, Fr/Sa bis 23 Uhr; moderat

The Russian Tea Room, 10312 Jasper Ave., Edmonton, Tel. 426-0000: Gemütlich; ukrainische Spezialitäten; moderat

 Alberta Legislature Building, 97 Ave./107th St, Tel. 427-7362,

www.assembly.ab.ca: 1912 erbautes, klassizistisches Gebäude mit Informationszentrum, Führungen

Odyssium (früher Edmonton Space and Science Centre), 111th Ave./142nd St., Edmonton, Tel. 451-3344, www.odyssium.com: Größtes Planetarium in Kanada, Raumfahrt- und Technikmuseum zum Anfassen, Ausstellungen und Workshops, Imax-Kino; Mitte Juni–Anf. Sept. tägl. 10–21, sonst So–Do und feiertags 10–17, Fr/Sa 10–21 Uhr

Fort Edmonton Park, Whitemud Dr./Fox Dr., Edmonton, Tel. 496-8787: Nachbau des Hudson's Bay-Handelspostens Fort Edmonton und historischer Straßen aus dem Edmonton des 19. Jh. Ende Mai (Victoria Day Weekend) bis Anf. Sept. (Labour Day Weekend) 10–18 Uhr, Öffnungszeiten im Winter telefonisch erfragen

Muttart Conservatory, 98th Ave./ 96 A St., Edmonton, Tel. 496-8755, www.gov.edmonton.ab.ca/muttart: Botanische Gärten in vier großen Glaspyramiden, Mo–Fr 9–18, Sa, So, feiertags 11–18 Uhr

Edmonton Art Gallery, 2 Sir Winston Churchill Square, 99th St. und 102nd A Ave., Edmonton, Tel. 422-6223: Kunstausstellungen mit Rahmenprogramm, über 1200 Exponate kanadischer und internationaler Kunst; Mo–Fr 10.30–17, Do 10.30–20, Sa, So 11–17 Uhr

Edmonton Aviation Museum, 11410 Kingsway Ave., Edmonton, Tel. 451-1175: Flugzeug-Oldtimer und Ausstellungen, Mo–Sa 10–16, So und feiertags 11–16 Uhr

Provincial Museum and Archives of Alberta, 12845-102nd Ave., Edmonton, Tel. 453-9100: Große Ausstellungskomplexe zu Albertas Geschichte – Indianer, Pelzhändler und Siedler; tägl. 9–17 Uhr; Archives: Di–Sa 9–16.30 Uhr

Ukrainian Cultural Heritage Village, am Hwy. 16, 25 Automin. östl. von Edmonton, Tel. 662-3640: Restaurierte ukrainische Siedlung mit über 30 Gebäuden, kostümiertes Personal stellt das Pionierleben um 1900 nach; 15. Mai–Anf. Sept. tägl. 10–18 Uhr

Alberta Craft Council, 0186-106 St, Tel. 488-5900: Gemeinnütziges Unternehmen mit originellem breitgefächertem Angebot an Kunstgewerbe und Schmuck aus Alberta

The High Street, 124th St. (zwischen 102nd Ave. und 109th Ave.), Edmonton: Boutiquen, Buchläden, Bistros, Restaurants, Kunstgalerien

Old Strathcona, Whyte Ave. (zwischen 99 St. und 109 St.), Edmonton: Historische Gebäude mit zahlreichen Geschäften, Restaurants und Boutiquen

West Edmonton Mall, 87 Ave./170th St., Edmonton,Tel. 444-5300: Über 800 Geschäfte und der weltgrößte Indoor-Vergnügungspark unter einem Dach; Wellenbad mit Strand; auch So geöffnet

 The Citadel Theatre, 9828–101 A Ave., Edmonton, Tel. 426-4811: Theater, Workshops, Seminarräume und ein Restaurant unter einem Dach; faszinierende Glasarchitektur; Klassiker und Stücke zeitgenössischer kanadischer Autoren

Jubilee Auditorium, 11455–87th Ave., Edmonton, Tel. 427-2760: Programm von Ballett bis Jazz

Mayfield Inn Dinner Theatre, Mayfield Inn, 16615–109th Ave., Edmonton, Tel. 483-4051: Eines der erfolgreichsten Dinner-Theater in Kanada: Spannendes auf der Bühne, leckere Menüs; tägl. 20.30 Uhr

Cook County Saloon, 8010-103rd St. (Old Strathcona), Edmonton, Tel. 432-2665: Top live Country Music Club

Francis Winspear Centre for Music, 9720-102 A Ave., Tel. 428-1414: Große Konzerthalle; hier spielt u. a. das Edmonton Symphony Orchestra

The Armory, 10310-85th Ave (Old Strathcona), Edmonton, Tel. 432-7300, www. armorydancelounge.com: Populäre Disco und Dance Lounge; vielfältiges Programm

Klondike Days, Ende Juli; **Edmonton Heritage Festival**: Kulturelles und Kulinarisches aus aller Welt, Anf. Aug., www.edmontonheritagefestival.ca; **Canadian Finals Rodeo,** 2. Novemberwoche, www.canadianfinalsrodeo.com

 Klondike Jet Boats, Laurier Park (beim Valley Zoo), Edmonton, Tel. 486-0896: Ausflugstouren mit dem Jet-Boot auf dem North Saskatchewan River; Mai–Sept., Reservierung erforderlich

Magic Times Tours, Edmonton, Tel. 940-7479, 438-6090: Stadtrundfahrten, Touren nach Drumheller, Banff, Lake Louise, Jasper

Valley Zoo, 134th St./Buena Vista Rd., Edmonton, Tel. 496-8787: Kleiner Zoo mit Vergnügungspark; Mai–Juni 9.30–18 Uhr, Juli–Anf. Sept. (Labour Day) 9.30–20 Uhr

Windship Aviation, 5615-103rd St., Edmonton, Tel. 438-0111, Fax 438-6756, www.windship.com: Fahrten mit dem Heißluftballon

 Edmonton Transit, Downtown Information Centre, 100A St. und Jasper Ave., Tel. 496-1611

VIA-Rail, Tel. 422-6032, 1-888-842-7245

Eklutna (AK)

Lage: Karte S. 448 D2, südlich von Palmer
Vorwahl: 907

Eklutna Historical Park, Mile 26 Glenn Hwy., Eagle River, AK 99577, Tel. 696-2828, Fax 696-2845, www.eklutna.com: Historische Kirche mit Indianerfriedhof, Führungen, 15. Mai–15. Sept 8–18 Uhr

Elk Island National Park (AB)

Lage: Vordere Umschlagkarte D3
Vorwahl: 780

Elk Island National Park, Site 4, R.R. 1, Fort Saskatchewan, AB T8L 2N7, Tel. 992-2950

Ellesmere National Park (NU)

siehe Quttuirpaaq National Park

Fairbanks (AK)

Lage: Karte S. 448 D3
Vorwahl: 907

Fairbanks Convention & Visitors Bureau, 550 1st Ave., Fairbanks, AK 99701, Tel. 456-5774, 1-800-327-5774, Fax 452-2867, www.explorefairbanks.com
Alaska Public Lands Information Center, 250 Cushman St., Tel. 456-0531, www.nps.gov/aplic/center: Infos über State und National Parks

Westmark Inn, 1521 S. Cushman St., Fairbanks, AK 99701, Tel. 456-6602, 1-800-544-0970, Fax 452-2724, www.westmarkhotels.com: Komfortable Zimmer, Restaurant und Lounge, Flughafen-Transfer kostenlos; moderat– teuer
Bridgewater Hotel, 723 First Ave., Fairbanks, AK 99701, Tel. 452-6661, 1-800-528-4916, www.fountainheadhotels.com: Kleineres komfortables Hotel am Chena River im Herzen der Stadt, Restaurant; moderat
Ester Gold Camp Hotel, P.O. Box 109, 2660 MainSt., Ester, AK 99725, Tel. 479-2500, 1-800-676-6925, Fax 474-1780, www.akvisit.com: Preiswerte Zimmer in historischem Hotel, 5 Meilen außerhalb der Stadt am George Parks Hwy., Restaurant, Malemute Saloon, Entertainment; günstig
Fairbanks Bed & Breakfast, Barbara Neubauer, 902 Kellum St., Fairbanks, AK 99701, Tel. 452-4967, Fax 451-6955: In ruhiger Lage, hübsch eingerichtet, an Buslinie; günstig
Billie's Backpackers Hostel, 2895 Mack Rd., Fairbanks, AK 99709, Tel. 479-2034, Fax 457-2034, www.alaskahostel.com: Gemütliches und sehr beliebtes Hostel in günstiger Lage, 4-Betten-Schlafräume, Fahrradverleih, sehr preiswert
Camping:
Chena Hot Springs, Mile 56.6, 100 km nordöstl. von Fairbanks am Ende der Chena Hot Springs Rd., Tel. 451-8104, 1-800-478-4681, Fax 488-4058, www.chenahotsprings.com: Heiße Quellen, Stellplätze, gemütliche Lodge, Wanderwege

River's Edge RV Park, 4140 Boat St., Fairbanks, AK 99709, Tel. 474-0286, 1-800-770-3343, www.riversedge.net: Am Chena River, Nähe Shopping Center

Alaska Salmon Bake & Palace, 3175 College Rd, Fairbanks, Tel. 452-7274, 1-800-354-7274, www.akvisit.com: *spareribs,* Heilbutt, Lachs und Steaks beim traditionellen Barbecue im Freien, Dinner 17–21 Uhr, Comedy Revue 20.15 Uhr; moderat
Malemute Saloon, Ester Gold Camp, Ester, AK, Tel. 479-2500, 1-800-676-6925, www.akvisit.com: Historisches Gebäude, Restaurant mit Pionier-Atmosphäre, Show allabendlich 21 Uhr Ende Mai–Anf. Sept., im Juli auch Mi–Sa 19 Uhr; moderat
The Pump House Restaurant & Saloon, Mile 1,3 Chena Pump Rd., Fairbanks, Tel. 479-8452, www.pumphouse.com: Historisches Gebäude in herrlicher Lage am Chena River; antikes Mobiliar, vorzügliche Küche; beim Mittagsbuffet kann man die Schaufelraddampfer vorbeiziehen sehen; moderat

University of Alaska Museum, 907 Yukon Dr., Fairbanks, Tel. 474-7505, www.uaf.edu/museum: Ausstellungen zur Natur- und Kulturgeschichte, Tänze und Spiele der Ureinwohner, Mai und Sept. Mo–Fr 9–17 Uhr, Juni–Aug. 9–19 Uhr

Alaskan Gold Rush Fine Jewelry, 2272 Sunshine St., Fairbanks, Tel. 456-4991: Nuggetschmuck aus Alaskas traditionellem Goldgebiet um Fairbanks, dem Goldschmied bei der Arbeit zusehen, große Sammlung originaler Goldnuggets
Artic Travellers Gift Shop, 201 Cushman St., Fairbanks AK 99701, Tel. 456-7080: Souvenirs, alaskanisches Kunsthandwerk
Santa Claus House, Mile 349 Alaska-Richardson Hwy., North Pole, AK, Tel. 488-2200, www.santaclaushouse.com: 20 km östl. von Fairbanks; Souvenirs vom Weihnachtsbaumschmuck bis zur Postkarte; der Laden ist einen Besuch wert, hier macht der Kitsch schon wieder Spaß

Pioneer Park, Airport Way, Fairbanks, Tel. 459-1095: Pioniermuseum, Themenpark, Frontierland, Geschäfte, Salmon Bake
Eldorado Goldmine, Mile 1.3 Elliott Hwy., Fox, Tel. 479-0673, 1-866-479-6673, www.eldoradogoldmine.com: Mit der Tanana Valley Railway in die Goldfelder zum Goldwaschen
Fort Knox Gold Mine, #1 Fort Knox Rd. (40 km nördl. von Fairbanks), Tel. 488-4653, Fax 490-2290: Alaskas größte Goldmine, seit 1901 ununterbrochen in Betrieb
Midnight Sun Balloon Tours, Fairbanks, Tel. 456-3028, www.mosquitonet.com/~sracina: Heißluftballonfahrten über Fairbanks
Riverboat Discovery, 1975 Discovery Dr., Fairbanks, Tel. 479-6673, www.riverboat discovery.com: Vierstündige nostalgische Schaufelraddampferfahrt auf Chena und Tanana River; tägl. 8.45 und 14 Uhr

 Winter Carnival, Mitte März; North American Sled Dog Championship, März

Fort Langley (BC)

Lage: Hintere Umschlagkarte F1, östlich von Vancouver
Vorwahl: 604

 Fort Langley National Historic Site, 6 km nördl. des Transkanada Hwy., 23433 Mavis St., Langley, BC V1M 2R5, Tel. 513-4777, Fax 513-4788, www.parkscanada.gc.ca/langley: Originalgetreu rekonstruierter Handelsposten der Hudson's Bay Company; März–Okt. tägl. 10–17 Uhr

 Paddlewheeler Riverboat Tours, 810 Quayside, New Westminster, BC, Tel. 525-4465, www.vancouverpaddlewheeler.com: Touren auf dem Fraser River zwischen New Westminster und dem historischen Fort Langley

Fort MacLeod (AB)

Lage: Vordere Umschlagkarte D2, westlich von Lethbridge
Vorwahl: 403

 Fort MacLeod Chamber of Commerce, 7th Ave., Fort McLeod, Tel. 553-4955

 The Fort Museum, 219-25 St., Fort McLeod, Tel. 553-4703; Calgary: Tel. 403/265-0048: Nachbau des alten Forts und Geschichte der Northwest Mounted Police. Schauritte in der leuchtend roten Uniform der RCMP viermal tägl. im Juli und Aug.; Juli–Aug. tägl. 9–20 Uhr, Rest des Jahres tägl. 9–17 Uhr
Head-Smashed-In Buffalo Jump Interpretive Centre, Hwy. 85 (18 km westl. vom Hwy. 2), Fort MacLeod, Tel. 553-2731; Calgary: 403/265-0048, Fax 553-3141, www.head-smashed-in.com: Einer der größten *buffalo jumps* Nordamerikas: im Sommer tägl. 9–18, im Winter 10–17 Uhr

 Empress Theatre, 235-24th St., Fort McLeod, Tel. 553-4404: Historisches *Vaudeville Roadhouse;* Juni–Aug., Aufführungen tägl. 20 Uhr; Sept.–Mai Fr–Mo um 19.45 Uhr Filmvorführungen

 Head-Smashed-In Buffalo Days Pow Wow and Tipi Village: größtes Indianerfest der Region, 3. Juliwochenende

Fort Simpson (NT)

Lage: Vordere Umschlagkarte D5
Vorwahl: 867

 Fort Simpson Visitor & Tourism Services, P.O. Box 438, Fort Simpson, NT X0E 0N0, Tel. 695-3182, Fax 695-2511, www.fortsimpson.com
Nahanni National Park Reserve, P.O. Box 348, Fort Simpson, NT X0E 0N0, Tel. 695-3151, Fax 695-2446

Nahanni Inn, P.O. Box 248, Fort Simpson, NT X0E 0N0, Tel. 695-2201, Fax 695-3000: 29 einfache Zimmer, teilweise mit Kitchenette, Restaurant und Coffee Shop; moderat

 Simpson Air/Nahanni Mountain Lodge, Ted Grant, P.O. Box 260, Fort Simpson, NT X0E 0N0, Tel. 695-2505, Fax 695-2925, www.cancom.net /~simpair: Transport in den Park, Kanuvermietung und Sightseeing-Flüge, Pauschalangebote, Unterkunft in Blockhütten **Nahanni Wilderness Adventures,** Box 4, Site 6 RR 1, Didsbury, AB T0M 0W0, Tel./Fax 403/637-3843, 1-888-8975223, www.nahanniwild.com: Transport zum Nahanni Nationalpark, Backpack-Exkursionen und Kanufahrten.

Fort Smith (NT)

Lage: Vordere Umschlagkarte D4, im Osten des Wood Buffalo National Park
Vorwahl: 867

 Fort Smith Tourist Information Bureau, 108 King St., Fort Smith, NT, Tel. 872-3065

 Northern Life Museum: Artefakte der Ureinwohner und Pioniere, Juni–Anf. Sept. Mo–Fr 9–17, Sa/So 13–17 Uhr

 Subarctic Wildlife Adventures, Box 685, Fort Smith, NT X0E 0P0, Tel. 872-2467, Fax 872-2126, www.subarcticwildlife.nt.ca: Bed & Breakfast und Veranstalter von Touren zum Peace River und Wood Buffalo Park

Fort St. James (BC)

Lage: Hintere Umschlagkarte E6
Vorwahl: 250

 Camping: Stuart River Campground, Roberts Road, Fort St. James, BC, Tel. 996-8690, Fax 996-7832: Wunderschön am Ufer des Stuart River gelegen, Bootsverleih und geführte Touren

 Fort St. James National Historic Site, Hwy. 27, Fort St. James, BC, Tel. 996-7191: Originalgetreu rekonstruiertes Fort der Hudson's Bay Company, 1806 von Simon Fraser gegründet. Museum, Führungen: Mai–Sept. tägl. 9–17 Uhr

Fort Steele (BC)

Lage: Hintere Umschlagkarte I2
Vorwahl: 250

 Top of the World Guest Ranch, P.O. Box 29, Fort Steele, BC V0B 1N0, Tel. 426-6306, Fax 426-6377, www.topoftheworldranch.com: Ranch mit Rinder- und Pferdezucht, 6 km nördl. von Fort Steele am Fuß der Rockies; kräftiges Essen, Unterbringung in Blockhütten, Trailritte, Angeln und Kanufahren – alles im Preis enthalten; teuer

 Fort Steele Heritage Town, 3 km südwestl. am Hwy. 93/95, Tel. 417-6000, 426-7352: Museumsdorf mit 60 rekonstruierten Häusern; Vorführungen von Handwerkskunst, Museum, Theater, Fahrten mit Postkutsche und Dampflok; Ende Juni–Anf. Sept. tägl. 9.30–17.30 Uhr

Garibaldi Prov. Park (BC)

Lage: Hintere Umschlagkarte E/F2
Vorwahl: 604

BC Parks, Garibaldi/Sunshine Coast, P.O. Box 220, Brackendale, BC V0N 1H0, Tel. 898-3678, Fax 898-4171

Camping: Nur Wildnis-Plätze ohne Anschlüsse

Girdwood (AK)

Lage: Karte S. 448 D2, nördlich von Portage
Vorwahl: 907

Alyeska Prince Hotel, 1000 Arlberg Ave., Girdwood, AK 99587, Tel. 754-1111, www.alyeskaresort. com: Unterkunft sehr teuer; Gondelbahn, Wandern, Restaurants

 Alyeska Home Hostel, P.O. Box 12, Girdwood, AK 99587, Tel. 783-2099; sehr preiswert
Girdwood Bed & Breakfast Referreels, Girdwood, AK 99587, Tel. 222-4858, www.gbba.org

 Crow Creek Gold Mine, Mile 3.1, Crow Creek Road, Girdwood, Tel. 278-8060: Historische Gebäude, Goldwaschen, **Camping**

Glacier Bay National Park/ Gustavus (AK)

Lage: Karte S. 448 E1
Vorwahl: 907

 Glacier Bay National Park and Preserve, Gustavus, AK 99826, Tel. 697-2230

 Gustavus Inn, P.O. Box 60, Gustavus, AK 99826, Tel. 697-2254, Fax 697-2255, www.gustavusinn.com: Kleines, intimes Gasthaus mit exzellentem Essen am Familientisch. Der kleine Gustavus Airport wird tägl. von Juneau aus angeflogen. Abholung durch Gastgeberfamilie. Touren in den wenige Kilometer entfernten Glacier National Park. Geöffnet: 15. Mai–15. Sept.; moderat (pro Person, Mahlzeiten inklusive).
Glacier Bay Lodge, P.O. Box 199, Gustavus, AK 99826, Tel. 697-2226, 1-800-451-5952 (Sommer), Reservierungen, 226 2nd Ave. W., Seattle, WA 98119, Tel. 206/623-7110, Fax 206/623-7809, www.glacierbaytours.com: Schöne Hütten im Wald; mit Gustavus durch eine 15 km lange Straße verbunden; hier beginnen auch die Touren in die Glacier Bay; moderat, auch Unterkunft im Schlafsaal (sehr preiswert–moderat)

Glacier National Park (BC)

Lage: Hintere Umschlagkarte H3
Vorwahl: 250

 Glacier National Park, P.O. Box 350, Revelstoke, BC V0E 2S0, Tel. 837-7500: 3 **Campingplätze**

 Best Western Glacier Park Lodge, Glacier National Park, Rogers Pass (75 km östl. von Revelstoke), Tel. 837-2126, 1-800-937-8376, 1-888-567-4477, Fax 837-2130, www.bestwestern. com: Motel mit Lounge, Cafeteria (durchgehend geöffnet), Sauna, geheizter Pool; moderat

Gleichen (AB)

Lage: Vordere Umschlagkarte D2, östlich von Calgary
Vorwahl: 403

 Siksika Nation Museum of Human History, Oldsun College (südwestl. von Gleichen), Tel. 734-3862: Displays und Exponate aus der Zeit von Colonel MacLeod und Chief Crowfoot; Mo–Fr 9–16 Uhr

Glennallen (AK)

Lage: Karte S. 448 D2
Vorwahl: 907

 Greater Copper River Visitor Center, Glenn und Richardson Hwys, Milepost 189, Tel. 822-5555: 9.30–18.30 Uhr

 Caribou Hotel and Restaurant, Glenn Hwy., Milepost 186,9, Glennallen, AK 99588, Tel. 822-3302, Fax 822-3711, www.alaskan.com/caribouhotel: Schöne Zimmer, einige mit Kitchenette; moderat

Camping:
Northern Lights Campground, Glenn

Hwy., Milepost 188,7 (Nähe Glennallen Visitor's Center), Tel. 822-3199

 Ellis Air Service, P.O. Box 342, Glennallen, AK 99588, Tel. 822-3368: Flightseeing-Tours

 Backcountry Connection, Tel. 822-5292: Busverbindung zwischen Glennallen und McCarthy

Golden (BC)

Lage: Hintere Umschlagkarte H4
Vorwahl: 250

 Golden Info Centre, 500-10th Ave. N., Golden, BC V0A 1H0, Tel. 344-7125, 1-800-622-4653, Fax 344-6688

 Golden Rim Motor Inn, 1416 Golden View Rd., Golden, BC V0A 1H0, Tel. 344-2216, 1-877-311-2216, Fax 344-6673, www.rockies.net/goldrim/: Am Hwy. 1, 1,5 km östl. Hwy. 95; schöner Blick, Zimmer auch mit Kitchenette, Pool, Restaurant; günstig

Grasslands National Park (SK)

Lage: Vordere Umschlagkarte E2
Vorwahl: 306

 Grasslands National Park, P.O. Box 150, Val Marie, SK, S0N 2T0, Tel. 298-2257, 298-2042: Office tägl. 8–16.30 Uhr, Infocenter vom 16. Mai–6. Sept. tägl. 8–18 Uhr

 Convent Country Inn, Box 209, Val Marie, SK S0N 2T0, Tel. 298-4515, www3.sk.sympatico.ca/convent1; günstig

 Prairie Wind and Silver Sage, Box 83, Val Marie, SK S0N 2T0, Tel. 298-4910, Fax 298-2042: Museum mit Museum Shop und Kunstgalerie

Haines (AK)

Lage: Karte S. 448 E2
Vorwahl: 907
Stadtplan: S. 335

 Visitor Center, 2nd und Willard St., P.O. Box 530, Haines, AK 99827, Tel. 766-2234, 1-800-458-3579, Fax 766-3155, www.haines.ak.us: Juni–Aug. tägl. 8–20 Uhr, Sept.–Mai Mo–Sa 8–17 Uhr

Hotel Hälsingland, P.O. Box 1649, Haines, AK 99827, Tel. 766-2000, 1-800-542-6363, Fax 766-2060, www.hotel halsingland.com: Historisches Hotel im Fort William H. Seward, viel Atmosphäre, schöne Lage; **Restaurant** auf frische Meeresfrüchte spezialisiert; sehr zu empfehlen. Buffet im alten Offizierskasino des Forts, Lachs-Grillen im Totem Village; günstig–moderat
The Summer Inn, P.O. Box 1198, Haines, AK 99827, Tel./Fax 766-2970, www.summer inn.wytbear.com: Bed & Breakfast in historischem Gebäude, schöner Blick auf Lynn Canal; günstig
Bear Creek Cabins & International Hostel, P.O. Box 908, Haines, AK 99827, Tel./Fax 766-2259, www.alaskaessay.com; sehr preiswert

Camping:
Port Chilkoot Camper Park, Mud Bay Road, Fort Seward, Haines, AK 99827, Tel. 766-2000, 1-800-542-6363

 Lighthouse Restaurant, Main St., Haines, AK, Tel. 766-2442: Dinieren mit Blick über den Hafen; moderat

 Chilcat Center for the Arts, Alaska Indian Arts Workshop, Fort William H. Seward, Haines, Tel. 766-2160: Im Sommer treten hier auch die Chilkat Dancers auf. Workshop Mo–Sa 9–12, 13–17 Uhr. Dance Shows Mai–Sept. So–Di und Do um 19.30, Mi 20.30 Uhr (Tel. 706-2020)

Sheldon Museum and Cultural Center, Main St./1st Ave., Haines, Tel. 766-2366, www.sheldonmuseum.org: Tlingit-Kultur und Pioniergeschichte, Museumsladen: Im Sommer tägl. 13–17 Uhr

 Alaska Adventure Center, 144 2nd Ave., Haines, AK 99827, Tel. 766-3799, www.alaskaadventurecenter.com: Touren, Glacier Bay-Exkursionen, Verleih von Freizeitausrüstung

Chilkat Cruises & Tours, Haines, Tel. 766-2100, 1-888-766-2103, Fax 766-2101, www.chilkatcruises.com: Exkursionen zur Chilkat Bald Eagle Preserve, täglicher Passagierservice mit der MV Fairweather nach Skagway (35 Min.)

Chilkat Guides, P.O. Box 170, Haines, AK 99827, Tel. 766-2491, Fax 766-2409, www.raftalaska.com: Flussfahrten durch das Weißkopfseeadler-Schutzgebiet am Chilkat River; Kajak und Backpack-Exkursionen im Glacier Bay National Park

Haines Junction (YT)

Lage: Karte S. 448 E2
Vorwahl: 867

 Kluane National Park and Reserve Visitor Center, P.O. Box 5495, Haines Junction, YT Y0B 1L0, Tel. 634-2345, Fax 634-7208, www.parkscanada.pch.gc.ca: Ausstellungen über den Park, Infomaterial und Registrierung für Trekking und Backcountry-Camping, Mitte Mai–Mitte Sept. 8–20 Uhr

Village of Haines Junction, P.O. Box 5339, Haines Junction, YT Y0B 1L0, Tel. 634-7100, Fax 634-2008, www.hainesjunctionyukon.com

 Kluane Park Inn, P.O. Box 2092, Haines Junction, YT Y0B 1L0, Tel. 634-2261, Fax 634-2273: Hotel/Motel mit 20 Zimmern, Restaurant, im Sommer Grillen auf der Terrasse; günstig

Camping:
Kluane R.V. Campground, P.O. Box 5496, Haines Junction, YT Y0B 1L0, Tel. 634-2709, Fax 634-2735: Einkaufsmöglichkeiten, Tankstelle, Wanderwege, Angellizenzen und -ausrüstung

 Dalton Trail Lodge, km 208, P.O. Box 5331, Y0B 1L0, Haines Hwy., YT, Tel. 634-2099, Fax 634-2098, www.daltontrail.com: Schöne Lodge am Dezadeash Lake am Kluane Nationalpark, erstklassiges Restaurant, Wildnis-Blockhütten, Kanus, Motorboote, Mountainbikes, Angeln

Paddle/Wheel Adventures, P.O. Box 2079, Haines Junction, YT Y0B 1L0, Tel. 634-2683, www.paddlewheel adventures.com: Trekking, White Water Rafting, Flightseeing, Angeln, Mountainbike und Kanuverleih, Cabins

 Yukon Trail Riding, P.O. Box 5465, Haines Junction, YT Y0B 1L0, Tel. 634-2386, Fax 634-7040: Einstündige bis mehrtägige Trailritte

Hay River (NT)

Lage: Vordere Umschlagkarte D4
Vorwahl: 867

Hay River Chamber of Commerce, Box 1278, Hay River, NT X0E 0R0, Tel. 874-2565, www.hayriver.com

Ptarmigan Inn Hotel, 10 J Gagnier St., Hay River, NT X0E 1G1, Tel. 874-6781, 1-800-661-0842, Fax 874-3392, www.ptarmiganinn.com: In einem Gebäude mit Restaurant, Bar, Bank, Kunstgewerbeladen; moderat

The Harbour House, #2 Lakeshore Dr., Hay River, NT X0E 0R9, Tel. 874-2233, Fax 874-2249, www.ssicro.com/~greenway: Preiswertes Bed & Breakfast am Ufer des Great Slave Lake; sehr preiswert–günstig

Camping:
Paradise Gardens Campground, Paradise Rd. (Hwy. 2), Hay River, NT X0E 0R4, Tel./Fax 874-4422: 15 Stellplätze

Hazelton (BC)

Lage: Hintere Umschlagkarte C6
Vorwahl: 250

Camping:
'Ksan Campground, Hazelton,
Tel. 842-5940, 842-5297: An den Ufern von
Skeena und Bulkley River; 60 Plätze in der
Nähe des 'Ksan Indian Village

'Ksan Indian Village, Hwy. 16,6 km
nördl. von New Hazelton, BC,
Tel. 842-5544, www.ksan.org: Authentisch
rekonstruiertes Gitksan-Indianerdorf mit
Totempfählen und sieben Stammeshäu-
sern; Workshop für Totempfahlschnitzer;
Village geöffnet Juni–Sept. tägl. 9–17 Uhr,
Rest des Jahres 9.30–16.30 Uhr

Hecla Island Grindstone Prov. Park (MB)

Lage: Vordere Umschlagkarte F2
Vorwahl: 204

Hecla Provincial Park,
P.O. Box 70, Riverton, MB R0C
2R0, Tel. 279-2056, 1-888-482-2267: Erklä-
rende Programme und geführte Touren

Solmundson Gesta Hus,
General Delivery, Hecla,
MB R0C 1K0, Tel./Fax 279-2088: Im historischen isländischen Dorf Hecla, schön gelegen, mit Blick über den Lake Winnipeg;
Einzel- und Doppelzimmer, alle Mahlzeiten; günstig

Hell's Gate (BC)

*Lage: Hintere Umschlagkarte F2, nördlich
von Yale*
Vorwahl: 604

Hell's Gate Air Tram, am
Hwy. 1, 11 km südl. von Boston
Bar, Tel. 867-9277, Fax 867-9279, www.hells
gateairtram.com: Gondelbahn über die
Schlucht des Fraser River mit seinen Fisch-

leitern; Ausstellungen über Lachse, Res-
taurant mit Blick auf den Fraser; Mitte Mai–
Ende Aug. tägl. 9.30–17.30 Uhr, Mitte April
–Mitte Mai und Sept.–Mitte Okt. 10–16 Uhr

Homer (AK)

Lage: Karte S. 448 C2
Vorwahl: 907

Homer Chamber of Commerce,
Box 541, Homer, AK 99603, Tel. 235-
7740, Fax 235-8766, www.homeralaska.org

Bay View Inn, P.O. Box 804, Homer,
AK 99603, Tel. 235-8485, 1-877-235-
8485, Fax 235-8716, www.bayviewalaska.
com: Gemütliches Hotel, auch Kitchenettes; schön gelegen mit herrlichem Blick
über die Kachemak Bay und Kenai Mountains; günstig–moderat
Driftwood Inn, 135 W Bunnell Ave.,
Homer, AK 99603, Tel. 235-8019,
1-800-478-8019, www.thedriftwoodinn.com:
Hübsches Inn am Wasser mit schöner Aussicht über die Kachemak Bay, auch **Stellplätze für Camper;** günstig
Homer Hostel/Inn, 302 W. Pioneer Ave.,
Homer, AK 99603, Tel. 235-1463,
www.homerhostel.com: Schlafraum und
zwei Einzelzimmer; sehr preiswert
Camping:
Oceanview RV Park, P.O. Box 891,
Homer, AK 99603, Tel. 235-3951: Camping
mit schönem Blick auf die Kachemak Bay

Cafe Cups, 162 W. Pioneer Ave.,
Homer, Tel. 235-8330: Künstlercafé
und Gourmetrestaurant; moderat
El Pescador Bar & Grill, 2464 Homer
Spit Rd., Homer, AK, Tel. 235-9333: Leckere
Meeresfrüchte; moderat

Pratt Museum, 3779 Bartlett St.,
Homer, Tel. 235-8635: Natur- und
Kulturgeschichte Südostalaskas, im Som-
mer So–Mi 10–18 Uhr, Do–Sa 10–20, im
Winter Di–So 12–17 Uhr

**Center for Alaskan Coastal Stu-
dies,** Tel. 235-6667, 235-7272,

www.akcoastalstudies.org: Geführte Wanderungen entlang der Kachemak Bay und ins Vogelschutzgebiet
Coastal Outfitters, 38928 Old Sterling Hwy., Anchor Point AK, Tel. 235-8492, Fax 235-2967, www.alaska-vacations.com /coastal: Exkursionen mit dem Tourboot, Bären und Wale beobachten, Angeltrips, Kajaktouren
Homer Tours, Tel. 235-6200: Sightseeing-Touren in Homer

 Alaska-Fähre von Kodiak nach Seldovia, Kodiak, Seward, Port Lions, Valdez und Cordova, Tel. 235-8449, 1-800-9229, Fax 235-6907, www.akmhs.com: Ganzjährig Auskunft und Reservierungen

Hope (BC)

Lage: Hintere Umschlagkarte F2
Vorwahl: 604

 Quality Inn, 350 Old Hope-Princeton Way., Hope, BC, Tel. 869-9951, 1-800-424-6423, Fax 869-9421, www.bctravel.com: Pool und Sauna, auch Zimmer mit Kitchenette; günstig

Inuvik (NT)

Lage: Vordere Umschlagkarte C6
Vorwahl: 867

Tourism Inuvik, Tel. 777-4321, Fax 777-2434, www.inuvik.net, www.inuvikinfo.com
Parks Canada, Box 1840, Inuvik, NT X0E 0T0, Tel. 777-3248, Fax 777-4491, www.pch .gc.ca: Infos und Material über vier National Park Reserves: Aulavik NP, Ivvavik NP, Tuktut Nogait NP, Vuntut NP (alle nördl. des Polarkreises, nur von Inuvik mit Charterflug oder Outfitter zu erreichen)

 Mackenzie Hotel, Box 1410, Inuvik, NT X0E 0T0 (gegenüber der Iglu-Kirche), Tel. 777-2861, Fax 777-3317: Angenehme Atmosphäre, gutes Restaurant und stimmungsvolle Bar; teuer

 Arctic Chalet Bed & Breakfast Inn, Box 2404, 25 Carn St., Inuvik, NT X0E 0T0, Tel. 777-3535, Fax 777-4443, www.yukonweb.com/ tourism/arcticchalet: Sieben Zimmer, teils mit Kitchenette, drei Hütten, Waschsalon, Kajakverleih; moderat

 Midnight Madness: Festival zur Sommersonnenwende, 22. Juni; **Great Northern Arts Festival,** Tel. 777-3536, Fax 777-4445, www.greatart. nt.ca: Größtes Kunstfestival im Norden mit über hundert einheimischen Künstlern, Workshops, Aufführungen, Tänze, Verkauf von Kunsthandwerk, zehn Tage Mitte Juli

 Arctic Wings, Box 1916, Inuvik, NT X0E 0T0, Tel. 777-2220, Fax 777-3440, www.arcticwings.com: Linien- und Charterflüge nach Aklavik, Fort McPherson sowie Touren im Mackenzie Delta und den Richardson Mountains
Arctic Nature Tours, Box 1530, Inuvik, NT X0E 0T0, Tel. 777-3300, Fax 777-3400, www.arcticnaturetours.com: Cultural Tours zu traditionellen Inuvialuit-Siedlungen und Fishing Camps; naturkundliche Exkursionen mit Boot und Wasserflugzeug nach Tuktoyaktuk, Aklavik, Herschel und Banks Island, Richardson Mountains, Mackenzie Delta

Iqaluit (NU)

Lage: Vordere Umschlagkarte H5
Vorwahl: 867

Nunavut Tourism, P.O. Box 1401, Iqaluit, NU X0A 0H0, Tel. 979-6551, 1-800-491-7910, Fax 979-1261, www.nunavuttourism.com
Unikkaarvik Visitors Centre, Tel. 979-4636, 1-866-686-2888

 Discovery Lodge Hotel, P.O. Box 387, Iqaluit, NU X0A 0H0, Tel. 979-4433, Fax 979-6591, www.discoverylodge.com, gutes Restaurant; teuer
Frobisher Inn, P.O. Box 4209, Iqaluit, NU X0A 0H0, Tel. 979-2222, 1-877-422-

9422, Fax 979-0427: Komfortabel, Pool, Laden, Restaurant; moderat–teuer

The Crazy Caribou Bed & Breakfast, P.O. Box 1686, Iqaluit, NU X0A 0H0, Tel./Fax 979-2449, 1-866-341-4441, www.crazycariboubedandbreakfast.com: Komfortables B & B mit vier Gästezimmern, Sauna, Jacuzzi, spektakulärer Blick auf Frobisher Bay; moderat

 Nunatta Sunakkutaangit Museum, Tel. 979-5537, Fax 979-4533: Schöne Sammlung von Inuit-Skulpturen, Drucken und historischen Artefakten in einem historischen Lagerhaus der Hudson's Bay Company; erstklassige Souvenirs und Kunsthandwerk der Inuit im Museumsladen; Di–So 13–17 Uhr

Iqaluit Fine Arts Gallery, Thomas Webster, Box 760, Iqaluit, NU X0A 0H0, Tel. 979-5748, Fax 979-6092: Specksteinskulpturen, traditioneller Schmuck aus Knochen und fossilem Elfenbein, Kleidung, Grafik

 Toonik Tyme: Siebentägiges Frühlingsfest mit Spielen und Hundeschlittenrennen, Anf. April

 Eetuk Outfitting and Equipment Rentals, Box 1090, Iqaluit, NU X0A 0H0, Tel. 979-1984, Fax 979-1994, www.nunanet.com/~eetuk: Besuche von Museen und Künstlerwerkstätten in Iqaluit, Cape Dorset und Pangnirtung, Exkursionen mit Hundeschlitten, Snowmobile und Boot, Wild beobachten, Angeln, Verleih von Ausrüstungsgegenständen.

Inuit Sea Kayaking Adventures, P.O. Box 2170, Iqaluit, NU X0A 0H0, Tel. 979-2055, 1-800-331-4684, Fax 979-2414, www.qajaq.ca: Traditionelle Kajak-Exkursionen mit Inuit-Guides

Jasper (AB)

Lage: Hintere Umschlagkarte G5
Vorwahl: 780

 Jasper National Park, 500 Connaught Dr., P.O. Box 10,

Jasper, AB T0E 1E0, Tel. 852-6161, www.parkscanada.gc.ca/jasper, www.jasperview.com

Jasper Park Tourism and Commerce, 409 Patricia St., P.O. Box 40, Jasper, AB T0E 1E0, Tel. 852-3858, Fax 852-4932, www.jaspercanadianrockies.com

The Fairmont Jasper Park Lodge, Lodge Rd., über Maligne Lake Rd. zu erreichen, P.O. Box 40, Jasper, AB T0E 1E0, Tel. 852-3301, 1-800-441-1414, Fax 852-5107, www.fairmont.com: Luxuriöse Ferienanlage am idyllischen Lac Beauvert; hervorragendes Restaurant; geheizter Pool, komplettes Programm an Aktivitäten; teuer–sehr teuer

Jasper Inn Alpine Resort, Bonhomme St./Geikie St., Jasper, AB T0E 1E0, Tel. 852-4461, 1-800-661-1933, www.jasperinn.com: Am Ortsrand; Chalets mit Küche, Zimmer; Restaurant, Pool, Sauna; teuer

Becker's Chalets, Hwy. 93 (5 km südl. von Jasper), Tel. 852-3779, Fax 852-7202: Chalets mit Kamin und Küche, schöne La-ge. Mai–Okt.; Gourmetrestaurant; moderat

Tekarra Lodge, Am Hwy. 93A (1 km südl. von Jasper), Tel. 852-3058, 1-888-404-4540, Fax 852-4636, www.tekarralodge.com: Geräumige, gemütlich eingerichtete Blockhäuser mit Kamin auf einem Waldgelände am Athabasca River; Restaurant; Ende April–Mitte Okt.; moderat–teuer

Athabasca Hotel, 510 Patricia St., Jasper, AB T0E 1E0, Tel. 852-3386, 1-877-542-8422, Fax 852-4955, www.athabascahotel.com: Schönes älteres Hotel mit Jagdhaus-Atmosphäre, Bergblick; Restaurant, Coffee Shop, Entertainment; moderat

Camping:
Pocahontas, an der Straße nach Miette Hot Springs, Jasper National Park, Tel. 852-6176: 140 Plätze, 15. Mai–1. Sept.

Whistlers, 3 km südl. von Jasper, AB, Tel. 852-6176, www.parkscanada.gc.ca/jasper/camping: 781 Plätze, mit Spielplatz; 1. Mai–15. Okt.

Fairmont Jasper Park Lodge, Lodge Rd., über Maligne Lake Rd. zu erreichen, Tel. 852-3301: Mehrere exzel-

lente Restaurants und Lounges mit herrlicher Aussicht; Breakfast, Lunch, Dinner; moderat–teuer
Something Else Restaurant, 621 Patricia St., Jasper, Tel. 852-3850: Griechische Küche, Spezialitäten vom Grill, Pizzen; tägl. 11–23 Uhr; moderat
Tonquin Prime Rib Village, Juniper St. (zwischen Connaught und Geikie St.), Tel. 852-8728: Jaspers bestes Restaurant für Alberta Steaks, Rippchen und Meeresfrüchte, Speisekarte auch auf Deutsch; Frühstück 7–10 Uhr, Dinner 17–23 Uhr; moderat
Papa George's Restaurant, Astoria Hotel, 404 Connaught Dr., Jasper, Tel. 852-3351: Beliebtes Familienrestaurant mit großer Auswahl; Breakfast, Lunch, Dinner; günstig–moderat

Brewster Transportation & Tours, P.O. Box 400, Jasper, AB T0E 1E0, Tel. 852-3332, www.brewster.ca: Exkursionen zum Whistler Mountain, zum Columbia Icefield und nach Banff
The Boat House, Jasper Park Lodge, BBQ-Deck – Lac Beauvert, Jasper, Tel. 852-6190: Verleih von Booten, Fahrrädern, Angelausrüstung
Columbia Icefield SnoCoach Tours, Icefield Parkway, Jasper National Park, 105 km südl. von Jasper, P.O. Box 1140, Banff AB T0L 0C0, Tel. 1-877-423-7433, www.brewster.ca: 45-minütige Tour mit dem ›Snowcoach‹ auf dem Eis des Columbia-Gletschers; 20. April–Mitte Okt. 9–17 Uhr, 10.–19. April und 1.–20. Okt. 10–16 Uhr
Peter Amann Mountain Guiding and School, P.O. Box 1495, Jasper, AB T0E 1E0, Tel. 852-3237, www.incenter.net/pamann: Klettertouren im Jasper National Park für Anfänger und Fortgeschrittene, halb- bis fünftägige Kurse; auch deutschsprachige Führer
Jasper Tramway, Icefield Pkwy, 7 km südl. von Jasper, Tel. 852-3093, www.jaspertramway.com: Seilbahn auf den Whistler Mountain; 9. April–20. Mai 9.30–17 Uhr, 21. Mai–18. Juni 9–20.30 Uhr, 19. Juni–5. Sept. 8–22 Uhr, 6. Sept.–Ende Okt. 9–17 Uhr

Maligne Lake Tours Ltd., 627 Patricia St., Jasper, Tel. 852-3370, www.maligne-lake.com: Bootstouren auf dem Maligne Lake; auch Wildwasserfahrten, Angeln, Kanuvermietung und Trailreiten
Miette Hot Springs, P.O. Box 452, Jasper, AB T0E 1E0, Tel. 852-3939, www.parkscanada.gc.ca/hotsprings: Heiße Quellen etwa 60 km östl. von Jasper; Verleih von Badesachen; im Sommer tägl. 8.30–22.30 Uhr, Frühjahr/Herbst 11.30–19 Uhr, im Winter geschlossen
Rocky Mountain Voyageurs, P.O. Box 2634, Jasper, AB T0E 1E0, Tel. 852-3343: Floß- und Kanutouren auf dem Athabasca River – auch mit Kindern, Teilnehmer werden in Jasper abgeholt; Mitte Mai–30. Sep., Fahrten um 10.30, 14.30 und 18.30 Uhr
Tonquin Valley Adventures, P.O. Box 1795, Jasper, AB T0E 1E0, Tel. 852-1188, www.tonqinadventures.com: Drei- und viertägie Ritte im Tonquin Valley; Start: Mt. Edith Cavell, Abholen möglich, auch für Kinder geeignet; Übernachtung in Hütten; Juni–Sept.

Juneau (AK)

Lage: Karte S. 448 F1
Vorwahl: 907
Stadtplan: S. 330

Juneau Information Center, Centennial Hall, 11 Egan Dr., Juneau, AK 99801, Tel. 586-2201, Fax 586-6304, www.traveljuneau.com

Westmark Baranof Hotel, 127 N. Franklin St., Juneau, AK 99801, Tel. 586-2660, 1-800-544-0970, Fax 586-8315, www.westmarkhotels.com: Traditionsreiches Hotel, Restaurant, Lounge, Fitnessraum; moderat
Alaskan Hotel, 167 S. Franklin St., Juneau, AK 99801, Tel. 586-1000, 1-800-327-9347, www.alaskanhotel-juneau.com: Historisches Hotel mit Pionieratmosphäre, einige Räume mit Kitchenette; Bar, Sauna, Waschsalon; sehr zu empfehlen; günstig
Blueberry Lodge, 9436 N. Douglas Hwy., Juneau, AK 99801, Tel./Fax 463-5886,

www.blueberrylodge.com: B & B in einer Lodge im Blockhüttenstil auf Douglas Island (10 km von Juneaus Innenstadt entfernt), Aussicht auf das Naturschutzgebiet am Gastineau Channel; preiswert
Juneau International Hostel, 614 Harris St., Juneau, AK 99801, Tel. 586-9559; sehr preiswert
Camping:
Spruce Meadow RV Park, 10200 Mendenhall Loop Rd., Juneau, Tel. 789-1990, Fax 790-7231, www.juneaurv.com: 64 Stellplätze, knapp 4 Meilen vom Fähranleger entfernt

 Summit Restaurant, Inn at the Waterfront, 455 S. Franklin St., Juneau, AK, Tel. 586-2050: Gourmetrestaurant, auf Alaska-Meeresfrüchte spezialisiert; moderat–teuer
Gold Creek Salmon Bake, Salmon Creek, 3 Meilen außerhalb am Egan Dr., Juneau, Tel. 789-0052: Im Sommer traditionelles Lachs-Barbecue; moderat
Red Dog Saloon, 200 Admiral Way, Juneau, Tel. 463-3658 (Restaurant), Tel. 463-3777 (Saloon), www.reddogsaloon.cc: Wohl der berühmteste Saloon Alaskas, mit originaler Atmosphäre; moderat
The Fiddlehead Restaurant and Bakery, 429 W. Willoughby Ave., Juneau, AK, Tel. 586-3150, www.alaska.net/~fiddle: Leckere Meeresfrüchte, Reformkost und frische Backwaren; sehr zu empfehlen; preiswert–moderat

Gastineau Salmon Hatchery, 2697 Channel Dr., 3 Meilen von der Downtown, Juneau, Tel. 463-4810: Lachszuchtanstalt und Aquarien mit Südostalaskas Meeresflora und -fauna, Mo–Fr 10–18, Sa, So 10–17 Uhr
Mount Roberts Tramway, 490 S. Franklin St., Juneau, Tel. 463-3412: Gondelbahn auf den Mt. Roberts, mit spektakulärem Panoramablick, Restaurant, Film über die Tlingit-Indianer, im Sommer 9–21 Uhr
St. Nikolaus Russian Orthodox Church, 5th und Gold St., Juneau, Tel. 586-1023
Wickersham State Historical Site, 213 7th Ave., Juneau, Tel. 586-9001, 465-4563: Führung durch die mit Alaska-

Memorabilien ausgestattete Residenz des berühmten Richters Wickersham; Mitte Mai–Ende Sept. Do–Di 10–12 und 13–17 Uhr, im Winter nur nach Voranmeldung

Alaska State Museum, 395 Whittler St., Juneau, Tel. 465-2901: Ständige Ausstellung zur Kultur der Athapasken-Indianer, Eskimos und Aleuten, historische Abteilung über die Besiedlung Alaskas durch die Weißen und die moderne Entwicklung, wechselnde Ausstellung moderner alaskanischer Künstler; im Sommer tägl. 8.30–17.30 Uhr, im Winter Di–Sa 10–16 Uhr
Juneau Douglas Museum, 4th und Main St., Juneau, Tel. 586-3572: Ausstellungen über Pioniere und Goldgräber, Museumsshop, im Sommer Mo–Fr 9–17, Sa/So 10–17 Uhr

 Thane Ore House, Mile 4,4, Thane Road, Juneau, Tel. 586-3442: Bergwerksmuseum, ›Gold Nugget Revue‹, Vaudeville-Theater, Buffet; tägl. außer Di, Mai–Sept.

Nugget Mall, Nähe Juneau International Airport, Juneau, AK, www.nuggetoutfitter.com: Juneaus größtes Shopping Center; Über-Nacht-Parken für Camper ist erlaubt; Mo–Fr 10–21, Sa 10–18, So 12–17 Uhr
Rie Munoz Gallery, 2101 N. Jordan Ave., Juneau, AK, Tel. 789-7411, www.riemunoz.com: Aquarelle, Siebdrucke, Wandteppiche der bekannten Volkskünstlerin

Alaska Folk Festival, Mitte April; Gold Rush Days, Ende Juni

Tracy Arm Glacier Cruise, 76 Egan Dr., Juneau, Tel. 586-8687, 1-800-820-2628, www.auknutours.com: Kombinierte Flug-/ Schiffstouren in den Tracy Arm Fjord
ERA Helicopters, 6160 S. Airpark Dr., Juneau, Tel. 586-2030, 1-800-843-1947, www.eraaviation.com: Hubschrauber-Rundflüge zum Mendenhall Glacier und Juneau Icefield

Kamloops (BC)

Lage: Hintere Umschlagkarte G3
Vorwahl: 250

 Kamloops Info Centre, 1290 West Transcanada Hwy., Kamloops, BC V2C 6R3, Tel. 374-3377, 1-800-662-1994, www.kamloopsadventure.com

 Thompson Hotel, 650 Victoria St., Kamloops BC, Tel. 374-1999, 1-800-561-5253, Fax 374-9997, www.kamloopsadventure.com: Im Stadtzentrum; Pool, Steakhaus und Coffee Shop; Ausflüge ins Shuswap-Seengebiet, Thompson River Country und zum Wells-Gray-Provinzpark; günstig–moderat
Camping:
Kamloops River View RV & Campground, 1-4395 E. Transkanada Hwy., Kamloops, BC V2C 2J3, Tel. 573-3255: Schön gelegener Campingplatz mit geheiztem Pool, Spielplatz, Einkaufsmöglichkeiten

 Secwepemc Native Heritage Park, 202-355 Yellowhead Hwy., Kamloops, Tel. 828-9801, www.secwepemc.org: Kulturzentrum der Secwepemc-Indianer mit Museum und Nachbau eines traditionellen Indianerdorfes

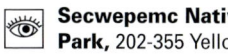 **Kamloops Pow Wow,** Mitte Aug.

Kananaskis (AB)

Lage: Vordere Karte D2, westlich Calgarys
Vorwahl: 403

 www.kananaskisview.com

 Delta Lodge at Kananaskis, P.O. Box 249, Kananaskis Village, AB T0L 2H0, Tel. 591-7711, 1-800-268-1133, Fax 591-7770, www.deltalodgeatkananaskis.com: Hotel und Resort, schön gelegen, Freizeitaktivitäten, Restaurant; günstig–moderat

Katmai National Park (AK)

Lage: Karte S. 448 C1/2
Vorwahl: 907

 Katmai National Park and Preserve, P.O. Box 7, King Salmon, AK 99613, Tel. 246-3305, www.nps.gov/katm
Alaska Dept. of Fish and Game, Attn. McNeil River State Game Sanctuary, 333 Raspberry Rd., Anchorage, AK 99518, Tel. 267-2100

Brooks Lodge, Reservierung über Katmailand, 4125 Aircraft Dr., Anchorage, AK 99502, Tel. 243-5448, 1-800-544-0551, Fax 243-0649, www.katmailand.com, www.bearviewing.com: Pauschalangebote inkl. Flug von Anchorage; Katmailand betreibt mehrere Lodges im Park und veranstaltet Touren zum Valley of Ten Thousand Smokes; außerdem Angeln, Bären beobachten

Kelowna (BC)

Lage: Hintere Umschlagkarte G2
Vorwahl: 250

Thompson Okanagan Tourism Association, 1332 Water St., Kelowna, BC V1Y 9P4, Tel. 860-5999, Fax 860-9993
Big White Ski Resort, P.O. Box 2039, Station R, Kelowna, BC V1X 4K5, Tel. 765-3101, 1-800-663-2772, Fax 765-8200

Lake Okanagan Resort, P.O. Box 1321, Station A, Kelowna, BC V1Y 8B2, 2751 Westside Rd., Kelowna, BC V1Z 3T1, Tel. 769-3511, 1-800-663-3273, Fax 769-6665, www.lakeokanagan.com: Chalets und Zimmer; Restaurant und Lounge, Pools, Reiten, Tauchen, Segeln, Tennis, Golf; März–Nov.; moderat

Cedar Creek Estate Winery, 12 km südl. an der Lakeshore Rd., Kelowna, Tel. 764-8866: Weingut mit schöner Aussicht und Weinprobe

Kelowna Museum, 470 Queensway, Kelowna, Tel. 763-2417: Pionier-geschichte, rekonstruierter Handelsposten

Kenai (AK)

Lage: Karte S. 448 C2
Vorwahl: 907

Kenai Visitors and Cultural Center, Tel. 283-1991, www.visitkenai.com: Museum und Information Center; im Sommer: Mo–Fr 9–20, Sa 10–19, So 11–19 Uhr

Katmai Hotel, Kenai Spur Hwy. & Main, Kenai, Tel. 283-6101, 1-800-275-6101, Fax 283-6217: Mit 24-Stunden-Restaurant, Country Western Lounge; günstig
Camping:
Beluga Lookout R.V. Park, 929 Mission Ave., Kenai, Tel. 283-5999, 1-800-745-5999, Fax 283-4939: 75 Stellplätze, zentral, mit Blick über Kenai River und Cook Inlet

St. Nicholas Russian Orthodox Church, Kenai, Tel. 283-4122: Ältes-te russisch-orthodoxe Kirche Alaskas, Friedhof und Kapelle; Führungen durch den Popen; nebenan **Fort Kenai Museum** zur Geschichte der Region

Kenai Fjords National Park (AK)

Lage: Karte S. 448 C/D2
Vorwahl: 907

Kenai Fjords National Park, P.O. Box 1727, Seward, AK 99664, Tel. 224-3175, www.nps.gov/kefj

Keno City (YT)

Lage: Karte S. 448 E3
Vorwahl: 867

Silver Trail Tourism Association, P.O. Box 268, Mayo, YT Y0B 1M0, www.kenocity.yk.ca

Camping:
Keno City Campground, Tel. 995-2792, www.kenocity.net: 18 Stellplätze an einem Bach in der Nähe des Ortes

Keno City Mining Museum, Tel. 995-2792, Fax 995-2409: Ausstel-lungen zur Geschichte des Silberbergbaus; Juni–Sept.

Ketchikan (AK)

Lage: Karte S. 448 F1
Vorwahl: 907
Stadtplan: S. 323

Ketchikan Visitors Bureau 131 Front St., gegenüber Cruise Ship Dock, Tel. 225-6166, 1-800-770-2200, www.visit-ketchikan.com, www.city.ketchi-kan.ak.us
Southeast Alaska Discovery Center, 50 Main St., Ketchikan, Tel. 228-6220, Fax 228-6234: Ausstellungen zu Alaskas Ökosystem, Totempfähle

Gilmore Hotel, 326 Front St., Ketchikan, AK 99901, Tel. 225-9423, Fax 225-7442, www.gilmorehotel.com: Historisches Hotel im Ortskern, direkt am Wasser, mit Gartenrestaurant; günstig

Annabell's Famous Keg and Chowder House, Gilmore Hotel, 326 Front St., Ketchikan, AK, Tel. 225-6009, 1-800-275-9423, www.gilmorehotel.com: Ketchikans bestes Restaurant, mit Lounge; moderat

Deer Mountain Tribal Hatchery and Eagle Center, 1158 Salmon Rd., Ketchikan, Tel. 225-6760: Lachszucht-anstalt, Weißkopfseeadler im Gehege; 8–16.30 Uhr
Saxman Native Village and Totem Park/Cape Fox Dancers, Milepost 2.5, South Tongass Hwy., Tel. 225-4846, www.capefoxtours.com: Totempfähle und Schnitzwerkstatt, Aufführung traditioneller Tänze im Beaver Tribal House
Totem Heritage Center, 601 Deermount

St., Ketchikan, AK, Tel. 225-5900: Größte Sammlung alter Tlingit- und Haida-Totempfähle; Workshops, in denen alte Pfähle restauriert und neue angefertigt werden; im Sommer tägl. 8–17, sonst Mo–Fr 13–17 Uhr

 Tongass Historical Museum, 629 Dock St., Ketchikan, Tel. 225-5600: Tlingit- und Haida-Kultur; Juni–Sept. Mo–Sa 8.30–17, So 13–17 Uhr; Rest des Jahres Mi–Fr 13–17, Sa, So 13–16 Uhr; auch geöffnet beim Besuch von Kreuzfahrtschiffen

 Scanlon Art Gallery, 318 Mission St., Ketchikan, AK, Tel. 247-4730, www.scanlongallery.com: Gemälde, Drucke alaskanischer Künstler

 Alaska Cruises, P.O. Box 7814, Ketchikan, AK 99901, Tel. 225-6044, Fax 225-8636, www.goldbelttours.com: Kombination von Flug und Bootsfahrt in den Misty Fjords N.M.

Kimberley (BC)

Lage: Hintere Umschlagkarte I2
Vorwahl: 250

 Tourism Rockies, 495 Wallinger Ave., P.O. Box 10, Kimberley, BC V1A 2Y5, Tel. 427-4838, Fax 427-3344, www.bcrockies.com
Kimberley Travel Info Center, 115 Gerry Sorenson Way, Kimberley, BC V1A 3E9, Tel. 427-3666, Fax 427-5378

 Quality Inn of the Rockies, 300 Wallinger Ave., Kimberley, BC V1A 1Z4, Tel. 427-2266, 1-800-661-7559, Fax 427-7621, www.qualityinn.kootenays. com: Ortsmitte, Restaurant, Lounge; günstig–moderat

Kluane National Park (YT)

Lage: Karte S. 448 E2
(siehe Haines Junction, S. 367)

Kodiak (AK)

Lage: Karte S. 448 C1
Vorwahl: 907

 Kodiak Visitor Information Center, Ferry Terminal, 100 Marine Way, Kodiak, AK 99615, Tel. 486-4782, www.kodiak.org: Sommer 8.30–17 Uhr
Kodiak National Wildlife Refuge Visitor Center, 1390 Buskin River Rd., Kodiak, AK 99615, Tel. 487-2600: Info über Freizeitmöglichkeiten im Naturschutzgebiet, Ausstellungen, Filme und Informationen über Kodiakbären
Fish and Game Department, www.state.ak.us

 Best Western Kodiak Inn, 236 Rezanof Dr., P.O. Box 1647, Kodiak, AK 99615, Tel. 486-5712, Fax 486-3430: Kodiaks bestes Hotel; gutes Restaurant; moderat
Wintel's Bed & Breakfast, P.O. Box 2812, Kodiak, AK 99615, Tel./Fax 486-6935, www.wintels.com: Nähe Baranov Museum und russisch-orthodoxe Kirche, schön eingerichtet, hervorragende Küche, Lunch und Dinner auf Wunsch; Nichtraucher; günstig

Russian Orthodox Church, Kashewarof Ave. und Mission Rd., Kodiak, Tel. 486-3524: nach Vereinbarung
Kodiak Tribal Council Barabara, 713 E. Rezanoff Dr., Kodiak, Tel. 486-4449: Traditionelle Tanzvorführungen; Juni–Sept. tägl. 14.30 Uhr

 Baranov Museum, Erskine House, 101 Marine Way, Kodiak, Tel. 486-5920: Sammlungen zur Kultur der Eskimos und aus der russischen Siedlungszeit. Im Museumsladen werden handgeflochtene Körbe und russische Samowars verkauft; Mitte Mai–Aug. Mo–Sa 10–16, So 12–13 Uhr; Sept.–Jan. und März/April Mo–Sa 10–15 Uhr
Alutiiq Museum, 215 Mission Rd., Kodiak, Tel. 486-7004, www.alutiiqmuseum.com: Von den Alutiiq betriebenes Museum. Interessantes archäologisches und ethnographisches Material über die Koniag

Alutiiq; im Sommer Mo–Fr 9–17, Sa 10–17, im Winter Mo–Mi und Fr/Sa 10–15 Uhr

 Kodiak Crab Festival, Ende Mai

 Andrew Airways, P.O. Box 1037, Kodiak, AK 99615, Tel. 487-2566, Fax 487-2578, www.andrewairways.com: Sightseeing-Flüge, Bären beobachten, Flüge zum Katmai Nationalpark
Kodiak Tours, P.O. Box 2904, Homer, AK 99603, Tel. 486-2628: Ganz- und halbtägige Sightseeing-Touren in Kodiak
Kodiak Kayak Tours, Kodiak, Tel. 907/486-2722: Geführte halbtägige See-Kajak-Touren, auch für Anfänger, mit Wildbeobachtung um Kodiak und den nahegelegenen Inseln

 Alaska-Fähre, von Kodiak nach Port Lions, Homer und Seward (ganzjährig), Tel. 486-3800, 1-800-526-6731: Auskunft und Reservierungen

Kootenay National Park (BC)

Lage: Hintere Umschlagkarte H4
Vorwahl: 250

 Kootenay National Park, P.O. Box 220, Radium Hot Springs, BC V0A 1M0, Tel. 347-9615, 1-800-748-7275: Vier **Campingplätze,** www.kootenayview.com

Lac La Ronge Prov. Park (SK)

Lage: Vordere Umschlagkarte E3
Vorwahl: 306

 Lac La Ronge Provincial Park, Hwys. 102 und 915 in Nord-Saskatchewan, Tel. 425-4234

 Trans West Air, La Ronge, SK, Tel. 425-2382, 1-800-667-9356 (nur in SK), www.transwestair.com: Flightseeing und Touren zu den Nistowiak Falls, Exkursionen auf den Spuren der Pelzhändler

Lake Louise (AB)

Lage: Hintere Umschlagkarte H4
Vorwahl: 403

 www.lakelouiseview.com

 Fairmont Chateau Lake Louise, Lake Louise, AB T0L 1E0, Tel. 522-3511, 1-800-441-1414, Fax 762-3834, www.fairmont.com: Von Canadian Pacific betrieben, ca. 50 km westl. Banffs am schönsten See der Rockies; hier sind schon Fürsten und Könige zu Gast gewesen; Restaurants, Pool, Boutiquen und Schönheitssalon; teuer– sehr teuer
Lake Louise Inn, 210 Village Rd., Lake Louise, AB T0L 1E0, Tel. 522-3791, 1-800-661-9237, Fax 522-2018: Schön gelegen, Indoor Pool, Restaurant und Lounge; moderat–teuer
Camping:
Lake Louise Trailer Park, Banff National Park, 1 km östl. von Lake Louise, Tel. 522-3980: 230 Plätze

 Timberline Tours, P.O. Box 14, Lake Louise, AB T0L 1E0, Tel. 522-3743, 1-888-858-3388, www.banff.net/timberline: 3-, 4-, 7- und 10-Tage-Ritte vom Lake Louise aus; Unterbringung in Zelten, Schlafsack mitbringen! Auch für Kinder; max. zwölf Teilnehmer; ab $ 400; Stunden- oder Tagesritte vom Bow Lake aus; Juni–Sept.

Lethbridge (AB)

Lage: Vordere Umschlagkarte D2
Vorwahl: 403

 Chinook Country Tourist Association, 2805 Scenic Dr. S., Lethbridge, Tel. 320-1222, www.lethbridgeview.com

 Lethbridge Lodge, 320 Scenic Dr., Lethbridge, AB T1J 4B4, Tel. 328-1123, 1-800-661-1232, Fax 328-0002, www.lethbridgelodge.com: Indoor Pool, Coffee Shop, Restaurant und Entertainment; günstig–moderat

 Fort Whoop-Up, Indian Battle Park, Lethbridge, Tel. 329-0444: Rekonstruiertes ›Whiskey Fort‹; geführte Touren und Wagenfahrten; Mai (Victoria Day) bis Anf. Sept. (Labour Day) Mo–Sa 10–18, So 12–17 Uhr; Rest des Jahres Di–Fr 10–16, So 13–16 Uhr
Nikka Yuko Japanese Gardens, Henderson Lake Park, 7th Ave. und Mayor Magrath Dr., Lethbridge, Tel. 328-3511: Orientalischer Garten als Symbol japanisch-kanadischer Freundschaft; 23. Juni bis Labour Day tägl. 9–21 Uhr, 13. Mai–22. Juni und Tag nach Labour Day bis 8. Okt. 10–16 Uhr

 Sir Alexander Galt Museum, 1st St./5th Ave. S., Lethbridge, Tel. 320-3898: Exponate aus dem Leben der Indianer, Pelzhändler und Rancher; tägl. 10–16.30 Uhr, in den Winterferien geschlossen
Southern Alberta Art Gallery, 601 3rd Ave. S., Lethbridge, Tel. 327-8770: Di–Sa 10–17, So 13–17 Uhr

Lillooet (BC)

Lage: Hintere Umschlagkarte F3
Vorwahl: 250

 **Lillooet Visitor Info Center**, Tel. 256-43408, www.lillooetbc.com

Lillooet Museum, 790 Main St., Lillooet, BC, Tel. 256-4308: Indianer, Goldsucher und Chinesen sind die Themen der Ausstellungen in den Räumen der historischen anglikanischen Kirche; Juli–Aug. tägl. 9–17 Uhr

Red Rock Trail Rides, Lillooet, Tel. 256-4495: Trailritte auf der historischen Cariboo Road
Fraser River Jet Boat Adventures, Lillooet, Tel. 256-4180, www.adventurelillooet.com: Flussabenteuer auf dem Fraser

Longview (AB)

Lage: Vordere Karte D2, südlich Calgarys
Vorwahl: 403

 Bar U Ranch National Historic Site, Longview, Tel. 395-2163, 1-800-568-4996, www.worldweb.com/Parks-Canada-BarU/: Geschichte der großen Ranches in Alberta, Ausstellungen, Filme, Besichtigungen; Mitte Mai–Anf. Okt. Mo–Fr 10–18 Uhr

Lytton (BC)

Lage: Hintere Umschlagkarte F2
Vorwahl: 250

 Lytton Visitor Info Centre, 400 Fraser St., Lytton, BC V0K 1Z0, Tel. 455-2523, Fax 455-6669, www.lytton.ca

Kumsheen Raft Adventures, Hwy. 1, 6 km östl. von Lytton, BC V0K 1Z0, Tel. 455-2296, 1-800-663-6667, Fax 455-2297, www.kumsheen.com: Wildwasser-Fahrten – bis zu sechs Tagen – auf dem Thompson, Fraser, Chilko und Chilkotin River

Madeira Park (BC)

Lage: Hintere Umschlagkarte E2, nördlich von Sechelt
Vorwahl: 604

 Lowe's Resort, Box 153, Lagoon Rd., Madeira Park, BC V0N 2H0, Tel. 883-2456, 1-877-883-2456, Fax 883-2474, www.lowesresort.bc.ca: Cottages, **Camping,** Bootsverleih, Sightseeing-Bootstouren

Manning Prov. Park (BC)

Lage: Hintere Umschlagkarte F/G2
Vorwahl: 250

Manning Provincial Park,
P.O. Box 3010, Cultus Lake,
BC V2R 5H6, Tel. 840-8836, 1-800-689-9025
(Reservierungen), Fax 840-8700:
Camping 355 Plätze; Mai–Okt.

McCarthy/Kennicott (AK)

Lage: Karte S. 448 D2
Vorwahl: 907

 Kennicott Glacier Lodge,
Reservierung: P.O. Box 103940,
Anchorage, AK 99510, Tel. 258-2350, Fax
554-4478, www.kennicottlodge.com: Im
alten Stil wieder aufgebaute Lodge mit Restaurant, direkt neben dem alten Bergwerk; Touren werden arrangiert; teuer
McCarthy Lodge, McCarthy, AK 99588,
Reservierung: Tel. 554-4402, Fax 554-4404,
www.mccarthylodge.com: Viel Atmosphäre, Zimmer in altem Pionier-Hotel,
Restaurant, urige Bar; Schlauchbootfahren, Hiking, Sightseeing wird arrangiert,
Fahrten nach Kennicott im Preis inbegriffen; günstig–moderat

 Wrangell Mountain Air, McCarthy,
AK 99588, 554-4411, 1-800-478-1160,
www.wrangellmountainair.com:
McCarthys Buschpilot, Sightseeing-Flüge
und Gletscherlandungen, Air-Taxi und tägliche Flüge von Chitina

 Backcountry Connection,
Tel. 822-5292: Busverbindung zwischen Glennallen und McCarthy; **Wrangell Mountain Bus:** Shuttle zwischen
McCarthy und Kennicott

Misty Fjords Nat. Monument (AK)

Lage: Karte S. 448 F1
Vorwahl: 907

 **Misty Fjords National
Monument,** 1817 Tongass
Ave., P.O. Box 6137, Ketchikan, AK 99901,
Tel. 228-6220, www.reserveusa.com: Reservierung von Wildnis-Blockhütten

Moose Jaw (SK)

*Lage: Vordere Umschlagkarte E2, westlich
von Regina*
Vorwahl: 306

 Tourism Moose Jaw, Box 555,
99 Diefenbaker Dr., Moose Jaw,
SK S6H 4P2, Tel. 693-8097, Fax 694-1882

 **Temple Gardens Mineral Spa
Hotel & Resort,** 24 Fairford St. E.,
Moose Jaw, SK S6H0C7, Tel. 694-5055,
1-800-718-7727, www.templegardens.
sk.ca: Komfortables Hotel mit Mineralbädern, Anwendungen, sehr gutes Restaurant; moderat–teuer

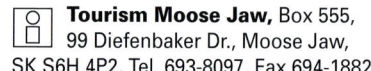 **The Tunnels of Moose Jaw,** 18
Main St., Moose Jaw, SK S6H 3J6,
Tel. 693-7273, www.tunnelsofmoosejaw.
com: Altes Tunnelsystem unter den Straßen der Stadt, das von illegal eingewanderten Chinesen als Versteck angelegt und
später für Alkoholschmuggel benutzt
wurde; Führungen mit kostümierten Guides, Juni–Sept. Mo–Do 9–19, Fr–So 9–
21 Uhr, Rest des Jahres Zeiten erfragen

Mount Revelstoke Nat. Park (BC)

Lage: Hintere Umschlagkarte H3
(siehe Revelstoke, S. 385)

Mount Robson Prov. Park (BC)

Lage: Hintere Umschlagkarte G5
(siehe Valemount, S. 393)

Nahanni National Park (NT)

Lage: Vordere Umschlagkarte C5
(siehe Fort Simpson, S. 364)

Nanaimo (BC)

Lage: Hintere Umschlagkarte E1
Vorwahl: 250

Nanaimo Visitor Info Centre,
2290 Bowen Road, Nanaimo,
BC V9T 3K7, Tel. 756-0106, 1-800-663-7337,
Fax 756-0075, www.tourismnanaimo.com,
www.islands.bc.ca

Harbourview Days Inn, 809 Island
Hwy. S., Nanaimo, BC V9R 5K1, Tel.
604/754-8171, 1-800-329-7466, Fax 754-
8557, www.harbourviewdaysinn.com:
Viele Zimmer mit Hafenblick, auch mit Kit-
chenette; Innenpool, Restaurant; gün-
stig–moderat
Camping:
Shoregrove Campsite & RV Park,
6990 Dickinson Rd., Lantzville,
BC V0R 2H0, Tel. 390-4032: Zwischen
Nanaimo und Parksville, schöner Platz am
Strand, mit Kirschbäumen bewachsen;
Geschäfte und Restaurant sind zu Fuß zu
erreichen; 40 Plätze; 1. April–15. Okt.

 Lighthouse Bistro, 50 Achor Way,
Nanaimo, Tel. 754-3212: Nettes Res-
taurant im Seaplane Terminal an der Wa-
terfront, leckeres Menü, Meeresfrüchte,
Salate, Burger; schöner Blick auf den
Hafen; günstig

**Nanaimo Marine Festival and
Bathtub Race,** verrücktes Rennen
mit motorisierten ›Badewannen‹, Ende
Juli

B. C.-Fähren von Nanaimo nach
West-Vancouver/Horseshoe Bay,
Auskunft und Reservierungen
Tel. 386-3431, 1-888-223-3779

Pacific Rim National Park (BC)

Lage: Hintere Umschlagkarte D/E1
Vorwahl: 250

 Pacific Rim National Park,
P.O. Box 280, Ucluelet,
BC V0R 3A0, Tel. 726-7721; **Camping:**
zwei Campingplätze; Green Point Campground, Tel. 726-4212, 1-800-689-9025

Palmer (AK)

Lage: Karte S. 448 D2
Vorwahl: 907

Visitor and Information Center,
Valley Way, Box 115, Palmer,
AK 99645, Tel. 745-2880

 **Independence Mine State
Historical Park,** 19 Meilen
nördl. an der Hatcher Pass Rd.,
Tel. 745-2827, 745-3975: Museum und 15
restaurierte Gebäude aus der Goldboom-
Ära der 1930er Jahre; im Sommer 11–19
Uhr, im Winter am Wochenende 11–19 Uhr
Musk Ox Farm, Mile 50.1, Glenn Hwy.,
Palmer, Tel. 745-4151: www.muskoxfaram.
org: Alles über Moschusochsen und ihre
Rolle in der Kultur der Ureinwohner; im
Sommer 10–18 Uhr

 Alaska State Fair: Landwirt-
schaftsausstellung, Straßenfeste,
Kunsthandwerk, Rodeo, Ende Aug./Anf.
Sept.

Pangnirtung (NU)

Lage: Vordere Umschlagkarte H6
Vorwahl: 867

Angmarlik Visitor Centre,
P.O. Box 271, Pangnirtung, NU
X0A 0R0, Tel. 473-8737, 1-800-491-7510,
Fax 473-8685
Auyuittuq National Park, P.O. Box 353,
Pangnirtung, NU X0A 0R0, Tel. 473-8828,
Fax 473-8612: Auskünfte und Material über
den Park

 Auyuittuq Lodge,
Pangnirtung, P.O. Box 53, NU
X0A 0R0, Tel. 473-8955, Fax 473-8611:
Komfortable Lodge und Fishing Camp;
10. Juli–20. Aug.; moderat–teuer
Alivaktuk Outfitting, Box 3, Pangnir-
tung, NU X0A 0R0, Tel./Fax 473-8721:
Ein- und mehrtägige Exkursionen mit
Boot, Hundeschlitten, Snowmobile, Wale
beobachten, Angeln

Pangnirtung Music Festival,
Ende Juni

Penticton (BC)

Lage: Hintere Umschlagkarte G2
Vorwahl: 250

 Tourism Penticton,
888 Westminster Ave.W.,
Penticton, Tel. 493-4055, 1-800-663-5052,
www.penticton.org

 The Grist Mill at Keremeos, 1 km
östl. vom Hwy. 3A; RR 1, Upper
Bench Rd., Keremeos, Tel. 499-2888: in
einer Mühle; Mitte Mai bis Thanksgiving

Petersburg (AK)

Lage: Karte S. 448 F1
Vorwahl: 907

 Petersburg Visitor Center,
1st und Fram St., Petersburg,
Tel. 772-4636, www.petersburg.org

 Scandia House, 110 Nordic Dr.,
Petersburg, Tel. 772-4281, Fax 772-
4301, www.scandiahouse.com: Hell und
freundlich eingerichtete Zimmer; günstig–moderat

 Northern Lights Restaurant,
203 Sing Lee Alley, Petersburg, Tel.
772-2900: Schön gelegen mit Blick über
den Bootshafen, Spezialität Meeresfrüchte;
moderat

 Clausen Memorial Museum,
203 Fram St., Petersburg, AK,
Tel. 772-3598: Pioniergeschichte und zwei
Weltrekordlachse; Mai–Mitte Sept. Mo–Fr
10–17.30, sonst Mi und Sa 12.30–16 Uhr

 Little Norway Festival,
Mitte Mai

Pincher Creek (AB)

Lage: Vordere Umschlagkarte D2, nördlich
vom Waterton Lakes National Park
Vorwahl: 403

 Willow Lane Guest Ranch,
P.O. Box 114, Granum,
AB T0L 1A0, Tel. 687-2284, 1-800-665-0284,
Fax 687-2409, www.willowlaneranch.com:
Gastfreundliche Familienranch und Bed &
Breakfast am Ostrand der Rockies; Zimmer
im Ranchhaus und Blockhütten, hervorra-
gende Küche, Trailreiten, Cattle Drive, Aus-
flüge und andere Aktivitäten; günstig–mo-
derat

 **Kootenai Brown Historical Park
and Museum,** James Ave./Grove
St., Pincher Creek, AB, Tel. 627-3684: Pio-
niermuseum und Blockhütten; Mitte
Mai–Mitte Sept. Mo–Fr 8–20, Sa/So 10–20
Uhr, sonst Mo–Fr 8–16.30 Uhr, Sa/So mit
Voranmeldung

Port Alberni (BC)

Lage: Hintere Umschlagkarte E1
Vorwahl: 250

 **Alberni Valley Chamber of
Commerce,** Site 215,
Comp. 10, RR 2, Port Alberni, BC V9Y 7L6,
Tel. 724-6535, Fax 604/724-6560,
www.alberni.net/~avoc

 Timberlodge RV Campground,
5 km östl. am Hwy. 4, Site 210,
Port Alberni, BC V9Y 7L6, Tel. 723-9415,
1-800-455-4496, Fax 723-0311: Zimmer mit
Kitchenette, Indoor Pool, Restaurant,
Lounge; **Camping:** 24 Plätze; günstig

 **McLean Mill National Historic
Site,** Smith Road, Abzweigung von
Beaver Creek Road, Port Alberni, Tel. 723-
1376, Fax 723-5910, www.alberniheritage.
com: Dampfbetriebene Sägemühle, Camp,
Rundgänge, Sägedemonstrationen, Auf-
führungen mehrmals am Tag, Mitte Juni–
Anf. Sept. tägl. 10–17 Uhr

Lady Rose Marine Services, P.O. Box 188, 5425 Argyle St., Port Alberni, BC V9Y 7M7, Tel. 723-8313, 1-800-663-7192, Fax 723-8314, www.ladyrosemarine.com: Die »Lady Rose« sowie die »Frances Barkley« verkehren als Post- bzw. Fracht- und Passagierschiff zwischen Port Alberni, Bamfield und Ucluelet. Auch Buchungen ab Bamfield und Ucluelet; Broken Group Island Tours. Verleih von Wassersportgeräten und Kanus/Kajaks, Transport von eigenem Gerät, Juni–Sept. nach Broken Group Islands/Ucluelet, nach Bamfield ganzjährig; Buchung von Campingplätzen und Unterkünften in der Sechart Whaling Station Lodge sowie in Bamfield

Port Hardy (BC)

Lage: Hintere Umschlagkarte C3
Vorwahl: 250

 Port Hardy Chamber of Commerce, 7250 Market St., P.O. Box 249, Port Hardy, BC V0N 2P0, Tel. 949-7622, www.ph-chamber.bc.ca: Auch Info über Cape Scott Prov. Park

Pioneer Inn, 4965 Byng Road, P.O. Box 699, Port Hardy, BC V0N 2P0, Tel. 949-7271, 1-800-663-8744, Fax 949-7334: In schöner Lage beim Quatse River, Zimmer mit Kitchenette, Restaurant, Coffee Shop, Spielplatz; Pauschalangebote mit Angeln, Tauchen, Wale beobachten, Kanufahren; im Sommer Reservierung ratsam; günstig–moderat
Camping:
Quatse River Campground, 8440 Byng Rd., P.O. Box 1409, Port Hardy, BC V0N 2P0, Tel. 949-2395, Fax 949-9021, www.island.net/~nvisea: Am Quatse River, 61 Plätze; Besichtigung der Quatse River-Fischzuchtanstalt möglich; im Sommer Reservierung ratsam

 B. C.-Fähre von Port Hardy nach Prince Rupert, Ende Mai bis Ende Sept., Auskunft und Reservierungen Tel. 386-3431, 1-888-223-3779

Port McNeill (BC)

Lage: Hintere Umschlagkarte C/D2
Vorwahl: 250

 Port McNeill Visitor Info Centre, 1626 Beach Dr., Port McNeill, Tel. 956-3131: Info über die Region

Portage Glacier (AK)

Lage: Karte S. 448 D2
Vorwahl: 907

 Begich Boggs Visitor Center, Portage Glacier, Tel. 783-2326: Info und Displays zum Thema Gletscher, geführte Touren; im Sommer 9–18 Uhr

Powell River (BC)

Lage: Hintere Umschlagkarte E2
Vorwahl: 604

 Powell River Visitor Info Centre, 4690 Marine Ave., Powell River, BC V8A 2L1, Tel. 485-4701, 1-877-817-8669, Fax 485-2822, www.discoverpowellriver.com: Auch Info über Sunshine Coast Trail

 Coast Town Centre Hotel, 4660 Joyce Ave., Powell River, BC V8A 3B6, Tel. 485-3000, Fax 485-3031, 1-800-663-1144, www.coasthotels.com: Direkt neben Town Centre Mall, Komfortables Hotel mit Restaurant, Bar, Fitnessraum, Konferenzräumen, Golf-, Angel- und Tauchangebote; moderat
Westview Centre Motel, 4534 Marine Ave., Powell River, BC V8A 2K4, Tel. 485-4023, 1-877-485-4023, Fax 485-7736, www.westviewcentremotelcom: Zentral, nahe der Fähre, etliche Zimmer mit Ozeanblick, z. T. mit Küche und Mikrowelle; günstig
Camping:
Saltery Bay Provincial Park, Hwy. 101, 30 km südöstl. von Powell River, Tel. 898-3678, 1-800-689-9025, Fax 898-4171: 42 Plätze am Nordufer vom Jervis Inlet, schön gelegen

Cristy Cove Economy Charters, C-127 Black Point, Powell River, BC V8A 4Z2, Tel. 487-0890, Fax 487-1390: Sightseeing-Touren zum malerischen Desolation Sound und zu den Copeland Islands von Lund aus
Powell River Sea Kayak, C-63 RR2 Malaspina Rd., Powell River, Tel. 483-2160, 1-866-617-4444, Fax 483-2108, www.bcsea kayak.com: Kayak-Touren durch die herrliche Landschaft des Desolation Sound Marine Park

B. C.-Fähren von Powell River nach Comox/Little River und nach Texas Island, Auskunft Tel. 604/485-2953, 604/487-9333, 1-888-223-3779

Prince Albert National Park (SK)

Lage: Vordere Umschlagkarte E3
Vorwahl: 306

Prince Albert National Park, P.O. Box 100, Waskesiu Lake, SK S0J 2Y0, Tel. 663-4522, 1-877-255-7267
Prince Albert Tourism and Convention Bureau, 3700-2nd Ave., Prince Albert, SK S6W 1A2, Tel. 953-4385, 953-4386, www.citypa.com/patour

Prince Albert Inn, 3680-2nd Ave. W., Prince Albert, SK S6V 5G2, Tel. 922-5000, Fax 922-2224, www.padchotels. com: Restaurant und Entertainment; sehr preiswert–günstig
Baker's Waskesiu Bungalows, Waskesiu Dr., nördl. von Waskesiu Lake, SK S0J 2Y0, Tel. 663-5211, Fax 663-5115, www.bakersbungalows.com: Blockhütten am See, Einkaufsmöglichkeiten, **Campingplatz**

Paddlewheeler Tours, Waskesiu Lake, SK, Tel. 663-5253: Einstündige Ausflüge mit dem Schaufelraddampfer im Prince-Albert-Nationalpark; Touren um 13, 15, 17 und 19 Uhr; Ende Juni–Ende Aug.

Prince George (BC)

Lage: Hintere Umschlagkarte E5
Vorwahl: 250

Northern B. C. Tourism Association, P.O. Box 2373, Prince George, BC V2N 2S6, Tel. 561-0432, 1-800-663-8843, Fax 561-0450, www.northernbctravel.com: Informationen über die Region von Prince George bis Prince Rupert und den Queen Charlotte Islands im Westen sowie Atlin im Norden British Columbias
Prince George Info Centre, 1198 Victoria St., Prince George, BC V2L 2L2, Tel. 562-3700, Fax 563-3584, 1-800-668-7646, www.tourismpg.bc.ca

The Coast Inn of the North, 770 Brunswick St., Prince George, BC V2L 2C2, Tel. 563-0121, 1-800-663-1144, Fax 563-1948, www.coasthotels.com: Zentral gelegen, Pool, Sauna, Restaurant und Coffee Shop; Entertainment; moderat–teuer
Connaught Motor Inn, 1550 Victoria St., Prince George, BC V2L 2L3, Tel./Fax 562-4441, 1-800-663-6620: Motel mit Restaurant, Indoor Pool, Sauna, einige Zimmer mit Kitchenette; günstig
Camping:
Purden Lake Provincial Park, Tel. 565-6759, Fax 565-6940: Am Hwy. 16, 40 km östl. von Prince George, in schöner Waldlandschaft am See; 78 Plätze; Mai–Sept.

Fraser-Fort George Regional Museum, 20th Ave. im Fort George Park, Prince George, BC, Tel. 562-1612, www.museum.princegeorge.com: Pioniermuseum mit historischer Eisenbahnstation, kurze Fahrt mit dem *steam train* an Wochenenden. Geöffnet Victoria Day bis Thanksgiving Day tägl. 10–17 Uhr, Rest des Jahres Di–So 10–17 Uhr
Railway and Forestry Museum, Cottonwood Island Park, Prince George, BC, Tel. 563-7351: Mitte Mai–Sept. tägl. 9–17 Uhr

Prince Rupert (BC)

Lage: Hintere Umschlagkarte B5
Vorwahl: 250

Prince Rupert Visitor Info Centre, 210 Cow Bay Rd., Prince Rupert, BC V8J 3S1, Tel. 624-5637, 1-800-667-1994, Fax 627-8009

Coast Prince Rupert Hotel, 118-6th St., Prince Rupert, BC V8J 3L7, Tel. 624-6711, 1-800-663-1144, Fax 624-3288, www.coasthotels.com: Downtown, Hafenblick, Restaurant; moderat
Totem Lodge Motel, 1335 Park Ave., Prince Rupert, BC V8J 1K3, Tel. 624-6761, 1-800-550-0178, Fax 624-3831: Auch Zimmer mit Kitchenette; günstig
Camping:
Park Avenue Campground,
P.O. Box 612, Prince Rupert, BC V8J 3R5, Tel. 624-5861, 1-800-667-1994, Fax 622-2619: Hwy. 16,1 km von den Fähren entfernt, zentrumsnah; 97 Plätze

Museum of Northern British Columbia, 100-1st Ave./McBride St., Prince Rupert, BC, Tel. 624-3207: Indianermuseum, Schnitzwerkstatt, Kunstgalerie und Infobüro; Juni–Aug. Mo–Sa 9–20, So 9–17 Uhr, Rest des Jahres Mo–Sa 9–17 Uhr
North Pacific Historic Fishing Village, 1889 Skeena Dr., Port Edward, BC, Tel. 628-9429: Fischverarbeitung vor der Jahrhundertwende: historische Gebäude und Ausstellungen, Führungen, Shows; Mai–Sept. tägl. 9–18 Uhr, sonst 9–17 Uhr

B. C.-Fähre von Prince Rupert nach Port Hardy (Vancouver Island), Ende Mai–Ende Sept.; zw. Prince Rupert und Skidegate auf den Queen Charlotte Islands; Auskunft und Reservierungen Tel. 386-3431, 1-888-223-3779, Fax 907/277-4829
Alaska-Fähre, Tel. 627-1744, 1-800-642-0066: Von Prince Rupert nach Ketchikan, Wrangell, Petersburg, Sitka, Juneau, Haines, Skagway; ganzjährig, Auskunft und Reservierungen
VIA-Rail, Eisenbahnverbindung nach Edmonton, Auskunft Tel. 1-888-842-7245

Queen Charlotte Islands (BC)

Lage: Hintere Umschlagkarte A4/5
Vorwahl: 250

Parks Canada, Box 37, Queen Charlotte, BC V0T 1S0, Tel. 559-8818: Informationen über den South Moresby National Park
Queen Charlotte Islands Chamber of Commerce, Box 36. Masset, BC V0T 1M0, Tel. 626-3982, 1-888-352-9292, Fax 626-3986, www.massetbc.com

Moresby Island Guest House, 385 Alliford Bay Rd., Box 485, Sandspit, BC V0T 1T0, Tel./Fax 637-5300, www.bbcanada.com/1651.html: Bed & Breakfast an der schönen Single Bay, einige Zimmer mit Kitchenette; preiswert–günstig
Sea Raven Resort Motel, 3301-3rd Ave., P.O. Box 519, Queen Charlotte, BC V0T 1S0, Tel. 559-4423, 1-800-665-9606, Fax 559-8617, www.searaven.com: 3 km vom Skidegate Fähranleger, einige Zimmer mit Kitchenette; Restaurant; Angeltouren und Sightseeing; günstig
Camping:
Naikoon Provincial Park, Skeena District, Bag 5000, Smithers, BC V0J 2N0, Tel. 557-4390: 40 Plätze im Nordosten von Graham Island

Haida Gwai Museum, Skidegate, Tel. 559-4643: Historische und moderne Artefakte der Haida-Kultur, Totempfähle, Longhouse und Kanu, Juni–Aug. Mo–Fr 10–17, Sa, So 13–17 Uhr

Moresby Explorers, Box 109, Sandspit, BC V0T 1T0, Tel./Fax 637-2215, www.moresbyexplorers.com: Zodiac-Bootstouren, Kajakabenteuer, ein- bis viertägige Touren in den Nationalpark

Quesnel (BC)

Lage: Hintere Umschlagkarte E5
Vorwahl: 250

Quesnel & District Info Centre, 703 Carson Ave., Quesnel, BC V2J 2B6, Tel. 992-8716, 1-800-992-4922, Fax 992-2181

Ramada Limited, 383 Laurent Ave., Quesnel, BC V2J 2E1, Tel. 992-5575, 1-800-663-1581, Fax 992-2254, www.ramada.ca: Motel im Zentrum, Indoor Pool, einige Zimmer mit Kitchenette; günstig
Camping:
Roberts Roost Campground, 3121 Gook Rd., Quesnel, BC V2J 4K7, Tel. 747-2015, 1-888-227-8877, Fax 747-0015, www.bcadventure.com/robroost/index.html: Campingplatz an der Westseite des Dragon Lake; Spielplatz, Angeln, Schwimmen, Bootfahren

Cottonwood House Historic Park, Hwy. 26, 28 km östl. von Quesnel, BC, Tel. 992-2071: Restauriertes und original eingerichtetes *roadhouse* am berühmten Cariboo Trail; Juli/Aug. tägl. 10–19, Mai–Juni 10–17 Uhr

Quesnel Museum, 705 Carson Ave., Quesnel, Tel. 992-9580: Alexander Mackenzie, Goldrausch und Pioniergeschichte; im Sommer 8–18 Uhr

Billy Barker Days, Festival der »Pioniere und Goldsucher« am 3. Wochenende im Juli

Quttinirpaaq National Park (NU)

früher Ellesmere Island National Park

Lage: Vordere Umschlagkarte F8
Vorwahl: 867

Quttinirpaaq National Park of Canada, P.O. Box 278, Iqaluit, Nunavut, Canada X0A 0H0, Tel./Fax 975-4643

Regina (SK)

Lage: Vordere Umschlagkarte E2
Vorwahl: 306

Tourism Regina, Victoria Ave. E., P.O. Box 3355, Regina, SK, S4P 3H1, Tel. 789-5099, 1-800-661-5099, Fax 789-3171, www.tourismregina.com: Juli–Aug. Mo–Fr 8–19, Sa/So 10–18 Uhr; sonst Mo–Fr 8.30–16.30 Uhr

Hotel Saskatchewan Radisson Plaza, 2125 Victoria Ave., Regina, SK, Tel. 522-7691, 1-800-333-3333, Fax 757-5521: Schönes altes Hotel mit Blick auf Victoria Park; Restaurant und Nachtclub; moderat
The Plains Hotel, 1965 Albert St., Regina, SK, Tel. 757-8661, 1-800-665-1000: Einfaches Motel, Restaurant; günstig

Bartleby's, 1920 Broad St., Regina, SK, Tel. 565-0040: Holz in dunklen Tönen schafft gediegene Atmosphäre; vorzügliche Steaks und Salatbar, nette Weinbar; sehr zu empfehlen; moderat
Joey's Only Seafood Restaurant, 360 Albert St. N., Tel. 775-3474: Nettes kleines Restaurant, Fischgerichte, große Portionen; moderat
Park Place Restaurant, 3000 Wascana Scenic Dr., Regina, SK, Tel. 522-9999: Sehr luftig im Park am See; Frühstück, Lunch und Dinner, für Abendessen besonders an Wochenenden reservieren; moderat

Diefenbaker Homestead, Wascana Centre, Tel. 522-3661: Haus des ehemaligen Premierministers Diefenbaker; soll an einen anderen Ort versetzt werden, Auskunft erteilt Tourism Regina (s. o.)
RCMP Sergeant Major's Parade, Tel. 780-5777: Mo–Fr 12.45 Uhr, jedoch nicht bei schlechtem Wetter
RCMP Sunset Retreat Ceremonies, Tel. 780-5900: 1. Juli–Mitte Aug. Di um 18.45 Uhr

Regina Plains Museum, 4th Floor des historischen Old Post Office, 1835 Scarth St., Regina, SK, Tel. 780-9435, 352-0861: Ausstellungen über die Geschichte der Prärieindianer und Siedler; ganzjährig Di–Sa 10–16 Uhr
RCMP Centennial Museum, RCMP Training Academy, Dewdney Ave. W., Regina,

SK, Tel. 780-5838: Mitte Juni–Anf. Sept.
tägl. 8–18.45 Uhr, Anf. Sept.–Mitte Juni
tägl. 10–16.45 Uhr
Royal Saskatchewan Museum, College
Ave./Albert St., Wascana Centre, Regina,
SK, Tel. 787-2815: Museum Shop führt
Bücher und Kunsthandwerk; Anf. Mai–
Anf. Sept. tägl. 9–17.30 Uhr, Sept.–April
9–16.30 Uhr

 Antique Mall, 1175 Rose St.,
Regina, SK, Tel. 352-7450:
Rund 30 Antiquitätengeschäfte

 Saskatchewan Centre of Arts,
200 Lakeshore Dr., Wascana Centre,
Regina, SK, Tel. 565-4500, 1-800-667-8497:
Eines der führenden Zentren Nordamerikas
für darstellende Künste mit Theater-, Bal-
lett-, Tanz- und Musikproduktionen, Spiel-
stätte des Regina Symphony Orchestra

 Mosaic – Festival of Cultures,
Ende Mai/Anf. Juni, Tel. 306-757-
5990, www.reginamosaic.com; **Trial of
Louis Riel,** Mi, Do, Fr Mitte Juli–Mitte Aug.

 Regina Transit, 2124-11th Ave.,
nahe Cornwall Centre, Tel. 777-7433,
www.reginatransit.com: Sightseeing-Bus

Resolute Bay (NU)

Lage: Vordere Umschlagkarte F7
Vorwahl: 867

 Quausuittuq Inns North, P.O.
Box 270, Resolute, NU X0A 0V0,
Tel. 252-3900, Fax 252-3766, 1-888-866-
6784, www. innsnorth.com, www.resolute
basy.com: Neues Hotel mit Blick auf die
Nordwest-Passage, Restaurant, Andenkenladen; moderat–teuer

 Nanuk Outfitting, Box 98, Resolute, NU X0A 0V0, Tel. 252-3694, Fax
252-3119: Im Frühjahr mit dem Snowmobil
oder Hundeschlitten auf dem Eis, im Sommer mit dem Allrad-Fahrzeug; ein- bzw.
mehrtägige Touren, Übernachtung im Zelt
oder Iglu, oder Unterbringung in Resolute

Revelstoke (BC)

Lage: Hintere Umschlagkarte G/H3
Vorwahl: 250

 **Mount Revelstoke National
Park,** P.O. Box 350, Revelstoke,
BC V0E 2S0, Tel. 837-7500: Kein Camping
Revelstoke Info Centre, 204 Campbell
Ave., Revelstoke, BC V0E 2S0, Tel. 837-7500,
837-3522, 1-800-487-1493, Fax 837-4223

 Regent Inn, 108 Victoria Road E,
Revelstoke, BC V0E 2S0, Tel. 837-
2107, 1-888-245-5523, Fax 837-9669:
Schöne Zimmer, Restaurant, Saloon;
günstig–moderat
Camping:
KOA Revelstoke, Transcanada Hwy.
East, Revelstoke, BC V0E 2S0, Tel. 837-
2085,1-800-562-3905, Fax 837-2075,
www.koa.com/where/bc/52111.htm: Pool,
Pancake-Breakfast, Einkaufsmöglichkeiten

 **Revelstoke Museum and Archi-
ves,** 315 1st St. W., Revelstoke, Tel.
837-3067

Riding Mountain Nat. Park (MB)

Lage: Vordere Umschlagkarte F2
Vorwahl: 204

 Riding Mountain National Park,
Wasagaming, MB R0J 2H0,
Tel. 848-7275, 1-800-707-8480

 Riding Mountain Nature Tours,
P.O. Box 429, Erickson, MB R0J 0P0,
Tel. 636-2968, Fax 636-2557, www.churchill
naturetours.com: Wildnisabenteuer, Trailreiten

Saskatoon (SK)

Lage: Vordere Umschlagkarte E2
Vorwahl: 306

 Tourism Saskatoon, 6-305 Idylwyld Dr. N., Saskatoon, SK S7K 0Z1,

Tel. 242-1206, Fax 242-1955, 1-800-567-2444, www.city.saskatoon.sk.ca/tourism/

Delta Bessborough, 601 Spadina Crescent E., Saskatoon, Tel. 244-5521, 1-800-268-1133, Fax 665-7262, www.deltahotels.com: Schlossähnlicher Bau am Ufer des South Saskatchewan; elegante Restaurants; moderat–teuer
Saskatoon TraveLodge, 106 Circle Dr. W., Saskatoon, Tel. 242-8881, 1-800-578-7878, Fax 665-7378, www.travelodge.com: Sauberes Motel mit großen Zimmern, Restaurant, Sauna; moderat

David's Restaurant, Richmond Mall, Saskatoon, Tel. 664-1133: Im Stil einer ›San-Francisco-Bar‹ eingerichtet, recht gemütlich; günstig–moderat
Saskatoon Station Place, 221 Idylwyld Dr. S., Saskatoon, Tel. 244-7777: Kanadische und griechische Küche in einer Bahnstation mit zwei Pullman-Zügen; moderat

Saskatchewan Western Development Museum, 2610 Lorne Ave., Saskatoon, Tel. 931-1910, www.wdmuseum.sk.ca: Darstellung der Besiedlung des Westens; Pionierdorf mit über 30 Gebäuden
Wanuskewin Heritage Park, 5 km nördl. am Hwy. 11, 3 km südl. Warman Rd., 2 km östl. Penner Rd., Tel. 931-6767: 19 archäologische Ausgrabungsstätten, z. T. 6000 Jahre alt; Mai–Sept. 9–21 Uhr, sonst 9–17 Uhr

Saskatchewan Craft Council and Gallery, 813 Broadway Ave., Saskatoon, Tel. 653-3616, www.saskcraftcouncil.org

Pion-Era: Pionierfestival, Mitte Juni

Saskatoon Transit, Tel. 975-3100, Bus-Depot Tel. 933-8000

Selkirk (MB)

Lage: Vordere Umschlagkarte F2, nördlich von Winnipeg
Vorwahl: 877

Lower Fort Garry National Historic Site, Hwy. 9, Selkirk, Tel. 534-3678, 1-877-534-3678: Einst Zentrum des Pelzhandels der Hudson's Bay Company, heute ein ausgezeichnetes Museum, in dem das Leben der Pelzhändler um 1850 dargestellt wird; Mai–Anf. Sept. tägl. 9–17 Uhr, ganzjährig zugänglich

Red River Rendezvous, farbenprächtige Darstellung des großen Pelzhändlertreffens im 19. Jh., Mitte Aug.

Seward (AK)

Lage: Karte S. 448 D2
Vorwahl: 907

Seward Visitor Center, 2001 Seward Hwy. und 3rd und Jefferson St., Seward, AK 99664, Tel. 224-8051, www.sewardak.org: In historischem Eisenbahnwagon; Juni–15. Sept. Mo–Fr 8–18, Sa, So 9–17 Uhr)
Kenai Fjords Nat. Park Visitor Center, 1212 4th Ave. (Small Boat Harbor), Seward, AK 99664, Tel. 224-3175

Sauerdough Lodging, 225 Fourth Ave., Seward, Ak 99664, Tel. 224-8946, 1-877-224-8946, www.sauerdoughlodging.com: Unterkunft in 100-jährigem historischen Gebäude; günstig–moderat
The Van Gilder Hotel, 308 Adams St., P.O. Box 2, Seward, AK 99664, Tel. 224-3079, 1-800-204-6835, Fax 224-3689, www.vangilderhotel.com: Stilvolles Hotel in historischem Gebäude; günstig
Camping:
A Creekside Park (6,5 Meilen vor Seward), HCR Box 375, Seward, AK 99664, Tel. 224-3647, Fax 224-2795: Motel, Tankstelle, Campingplatz für RV und Zelte, schön am Bear Creek gelegen; Boots-Exkursionen und Sightseeing-Flüge zum Kenai Fjords National Park können arrangiert werden

Ray's, Waterfront, Seward, AK 99664, Tel. 224-5606: Fischspezialitäten; Blick über den Hafen; moderat

Alaska Sealife Center, Mile 0 Seward Hwy., Seward, Tel. 224-6300, 1-800-224-2525, www.alaskasealife.org: Alaskas Meeresökosystem, Forschungsstätte, Aquarium, Displays; im Sommer 8–20 Uhr, sonst 10–17 Uhr

 Seward Historical Society Museum, Jefferson und 3rd St., Seward, Tel. 224-3902: Ausstellungen zum Erdbeben von 1964, indian. Kunsthandwerk, Pionierartefakte; Sommer 9–17 Uhr

 Alaska-Fähre von Seward nach Kodiak und Valdez, ganzjährig: Auskunft und Reservierung Tel. 224-5485, 1-800-526-6731, wwwstate.ak.us/ferry
Alaska-Eisenbahn, Anschluss nach Anchorage und Fairbanks, ganzjährig, Auskunft Tel. 1-800-544-0552, www.alaskarailroad.com

Sicamous (BC)

Lage: Hintere Umschlagkarte G3
Vorwahl: 250

 Sicamous Travel Info Centre, 110 Finlayson St. beim Government Dock, Sicamous, BC V0E 2V0, Tel. 836-3313, Fax 836-4368, www.sicamouschamber.bc.com

 Waterway Houseboat Charters, 110 Weddup, P.O. Box 248, Sicamous, BC V0E 2V0, Tel. 836-2255, 1-800-663-4022, Fax 836-4955, www.waterwayhouseboats.com: Vermietung von Hausbooten für vier bis zehn Personen am Shuswap Lake
Shuswap Lake Ferry Service, Phoebe Ann Lake Tours, Box 370, Sicamous, BC V0E 2V0, Tel. 836-2200: Fahrten mit der Schaufelradfähre auf dem Shuswap Lake; Tagesfahrten mit der »Phoebe Anne« und der »Moyie I« zum Salmon Arm oder Seymour Arm

Sitka (AK)

Lage: Karte S. 448 F1
Vorwahl: 907
Stadtplan: S. 327

 Sitka Convention & Visitors Bureau (Information Desk) und Isabel Miller Museum, Harrigan Centennial Hall, 330 Harbor Dr., Main Office, 303 Lincoln St., 2nd Floor, P.O. Box 1226, Sitka, AK 99835, Tel. 747-5940, Fax 747-5940, www.sitka.org, Isabel Miller Museum Tel. 747-6455: im Sommer 8–17 Uhr, wenn Fährschiffe einlaufen auch länger: im gleichen Gebäude befindet sich auch die **Centennial Hall,** wo die New Archangel Dancers auftreten.

 Westmark Shee Atika, P.O.Box 78, Sitka, AK 99835, Tel. 747-6241, 1-800-544-0970, Fax 747-5486, www.west markhotels.com: Sitkas bestes Hotel, mit wunderschönem Blick auf Hafen oder Berge, gutes Restaurant; moderat–teuer
Rockwell Lighthouse, Box 277, Sitka, AK 99835, Tel./Fax 747-3056, 747-7821: In einem alten Leuchtturm mit herrlichem Blick auf Sitka und das Küstengebirge; in 10 Min. mit dem Boot von Sitka aus zu erreichen; moderat
Helga's Bed & Breakfast, 2827 Halibut Point Rd. (5 km nördl. von Sitka), P.O. Box 1885, Sitka, AK 99835, Tel. 747-5497, www.ptialaska.net/~jgarrison/helgas.html: Am Wasser gelegen, schöne Aussicht; fünf Zimmer, alle mit Bad; günstig

 The Channel Club, 239 Halibut Point Rd. (zwischen Downtown und Fähre), Sitka, AK, Tel. 747-9916: Top-Restaurant, Salatbar, Steaks und Seafood; moderat–teuer

 Sitka National Historic Park, 106 Metlakatla St., Sitka, Tel. 747-6281, www.nps.gov/sitk: **Visitor Center und Southeast Alaska Indian Cultural Center,** Juni–Sept. tägl. 6–22 Uhr (Visitor Center 8–17 Uhr), Okt.–Mai Mo–Fr 8–17 Uhr.
Russian Bishop's House, Lincoln/Mona-

stery St., Sitka, AK, Tel. 747-6281: Mitte
Mai–Sept. tägl. 9–17 Uhr, Okt.–Mai nach
Vereinbarung
Sheldon Jackson Museum, 104 College
Dr., Sitka, Tel. 747-8981: im Sommer tägl.
9–17 Uhr
St. Michael's Cathedral, Lincoln und
Observatory St., Sitka, Tel. 747-8120:
Juni–Sept. Mo–Fr 9–16 Uhr, So und
Okt.–Mai nach Vereinbarung
Alaska Raptor Center, 1101 Sawmill
Creek Rd., Milepost 0.9, Tel. 747-8662:
Hier werden Raubvögel gesundgepflegt,
Führungen Mo–Fr 8–16 Uhr

 Impressions Gallery, 239 Lincoln
St., Sitka, AK, Tel. 747-5502:
Gemälde und Drucke alaskanischer Künstler, Speckstein-Skulpturen und andere
kunstgewerbliche Artikel

 Alaska-Fähre, Halibut Point, Mile 7,
Tel. 747-8737, 1-800-526-6731,
www.state.ak.us/ferry

Skagway (AK)

Lage: Karte S. 448 E2
Vorwahl: 907
Stadtplan: S. 339

 **Skagway Convention & Visitors
Bureau,** Arctic Brotherhood Hall,
2nd und Broadway St., P.O. Box 10295,
Skagway AK 99840, Tel. 983-2854, 1-888-
762-1898, Fax 983-3854, www.skagway.
org: Anf. Mai–Ende Sept. 8–18 Uhr, sonst
8–17 Uhr

At the White House, Ecke Main
und 8th St., Skagway, P.O. Box 514,
AK 99840-0041, Tel. 983-9000, Fax 983-
9010, www.atthewhitehouse.com: Stilvolles Bed & Breakfast in wiederaufgebautem
historischen Gebäude; günstig–moderat
Skagway Historic Inn, 7th Ave./Broad-
way St., P.O. Box 500, Skagway, AK 99840,
Tel. 983-2289, Fax 983-2713, www.skag
wayinn.com: Schön restauriertes historisches Gasthaus aus der Goldgräberzeit,
1897 als Saloon gebaut; Nichtraucher;

gutes Restaurant, Spezialität: Meeresfrüchte; günstig–moderat
Skagway Home Hostel, 3rd Ave. (Nähe
Main St.), P.O. Box 231, Skagway, AK
99840, Tel. 983-2131, www.skagwayho-
stel.com: Getrennte Schlafräume für Männer und Frauen, Einzel- und Doppelzimmer
in historischem Haus, freundliche Atmosphäre, Waschmaschinen, Fahrräder, keine
Kreditkarten, sehr preiswert
Camping:
Skagway RV & Camping Parks, Pullen
Creek, Skagway, Tel. 983-2768, 1-800-936-
3731: Beim Fähranleger und Bootshafen
Skagway Mountain View RV Park,
12th und Broadway, Skagway, Tel. 983-
3333, www.alaskarv.com

 **Klondike Gold Rush National
Historic Park,** 2nd Ave. und Broadway St. (im restaurierten Railway Depot),
P.O. Box 517, Skagway AK 99840, Tel. 983-
2921: Ausstellungen und Filme zu Skag-
ways Geschichte und Informationen über
den Chilkoot Trail
The Red Onion Saloon, Broadway St.,
Skagway, AK, Tel. 983-2222: Drinks, Sandwiches, Musik und Billard im historischen
Saloon, komplett mit Sägemehl am Boden, Restaurant nebenan
**»Trail of '98« Skagway Museum &
Archives,** 7th Ave., Skagway, AK, Tel. 983-
2420, 983-2564: Pionier- und Goldgräbermuseum im ehemaligen Gerichtsgebäude
und heutigen Rathaus; Sommer 9–17 Uhr

 **Corringston's Alaska Ivory Com-
pany,** Broadway St. zwischen 5th
und 6th Ave., Skagway, AK, Tel. 983-2579,
1-888-222-1898: Kunsthandwerk
Skagway News & Books Depot,
264 Broadway, Skagway, Tel. 983-3354,
Fax 983-2356, www.skagwaybooks.com:
Hervorragende Auswahl an Büchern über
Alaska und Yukon, Klondike Goldrush und
Chilkoot Trail

 The Days of '98 Show, Eagles
Hall, 6th Ave./Broadway St., Skagway, Tel. 983-2545: ›Soapy Smith‹ Vaudeville-Show; Mitte Mai–Ende Sept. tägl.
10.30, 14.30 und 20 Uhr

White Pass & Yukon Railroad Route, P.O.Box 435, Skagway, AK 99840, Tel. 983-2217, 1-800-343-7373, www.whitepassrailroad.com: Anf. Mai–Ende Sept. tägl. Fahrten, 3 Std. Rundfahrt zum White Pass, 8 Std. Rundfahrt zum Lake Bennett, Eisenbahn/Bustouren nach Whitehorse

Skagway Street Car Co., Tel. 983-2908: Skagway-Rundfahrt in alten Tourbussen – vom Landeplatz der Goldgräber bis zum Pionierfriedhof

Skagway Air Service, 4th & Broadway, Skagway, Tel. 983-2218, Fax 983-2948, www.skagwayair.com: Sightseeing, Charter- und Linienflüge

 Alaska-Fähre, Halibut Point, Mile 7, Tel. 983-2941

Smithers (BC)

Lage: Hintere Umschlagkarte C6
Vorwahl: 250

 Smithers Travel Info Centre, 1411 Court St., Box 2379, Smithers, BC V0J 2N0, Tel. 847-5072, 1-800-542-6673, Fax 847-3337, www.bulkley.net/~smicham

 Hudson Bay Lodge, 3251 Hwy. 16 E., Box 3636, Smithers, BC V0J 2N0, Tel. 847-4581, 1-800-663-5040, Fax 847-4878, www.hudsonbaylodge.com: Großzügige Zimmer, Restaurant, Coffee Shop, Lounge, Entertainment; günstig–moderat

Bulkeley Valley Museum, 1425 Main St., Smithers, Tel. 847-5322: Juli–Aug. tägl. 10–17 Uhr, sonst So geschlossen

Sooke (BC)

Lage: Hintere Umschlagkarte E1
Vorwahl: 250

Sooke Harbour House, 1528 Whiffen Spit Rd., Sooke,

BC V0S 1N0 (knapp 40 km südwestlich von Victoria, auf dem Hwy. 14), Tel. 642-3421, 1-800-889-9688, Fax 642-6988, www.sookeharbourhouse.com: Das Gourmetrestaurant in Victoria und Umgebung, spektakuläre Lage auf einer Klippe über dem Meer, romantische Atmosphäre am Kamin. Freizeitkleidung ist durchaus erlaubt; Meeresfrüchte werden direkt von den örtlichen Fischern bezogen; nur Dinner ab 17.30 Uhr; teuer. Bed & Breakfast: 14 Zimmer, liebevoll eingerichtet, alle mit Kamin, Balkon; die Mahlzeiten – Frühstück, Lunch, Dinner und eine Karaffe Portwein – entsprechend denen des Restaurants, daher hohe Preiskategorie; sehr zu empfehlen; teuer–sehr teuer

Seascape Inn, 6435 Sooke Road, Sooke, BC V0S 1N0, Tel. 642-7677, 1-888-516-8811, Fax 642-7677, www.sookbandb.com: Bed & Breakfast direkt am Sooke Inlet, großzügige seperate Apartments, Kamin, voll eingerichtete Küche, erstklassiges Frühstück, *hot tub,* Bootssteg, Bootscharter; moderat–teuer

Sooke Region Museum, 2070 Phillips Rd., 1 km östl. am Hwy. 14, Sooke, BC V0S 1N0, Tel. 642-6351, Fax 642-7089: Zeigt die Geschichte der Westküstenregion, im Sommer wird ein Lachsgrillfest veranstaltet: tägl. Juli– Aug. 9–18 Uhr, sonst Di–So 9–17 Uhr

Squamish (BC)

Lage: Hintere Umschlagkarte E2
Vorwahl: 604

Visitor Info Centre, 37950 Cleveland Ave., Squamish, BC V0N 3G0, Tel. 892-9244, Fax 892-2034, www.squamishchamber.bc.ca

Super 8 Motel, 38922 Progress Way, Squamish, Tel. 815-0883, 1-800-800-8000: Neue Motelanlage, großzügige Zimmer mit Kühlschrank, Indoor Pool, Fitnessraum; moderat

West Coast Railway Heritage Park, 39645 Government Road, Squamish, Tel. 898-9336, www.wcra.org: Über 60 historische Lokomotiven, Waggons, Kranwagen und Schneepflüge; ganzjährig tägl. 10–17 Uhr, Weihnachten und Neujahr geschlossen

B.C. Museum of Mining, Hwy. 99, Britannia Beach am Howe Sound, 11 km südl. von Squamish, Tel. 604/896-2233,1-800-8964044, www.bcmuseumofmining.org: Bergwerksmuseum und National Historic Site; Führungen Mai–Okt. tägl. 9–16.30, Nov./Dez. und Feb.–Apr. Mo–Fr 9–16.30 Uhr

Steinbach (MB)

Lage: Vordere Umschlagkarte F2
Vorwahl: 204

 Mennonite Heritage Village Museum, Hwy. 12, Steinbach, MB, Tel. 326-9661, www.mennoniteheritagevillage.mn.ca: Nachbau eines mennonitischen Dorfes, Juli–Aug. Mo–Sa 10–18 Uhr, So 12–16 Uhr

 Pioneer Days, Anf. Aug., www.mennoniteheritagevillage.com

Stewart (BC)

Lage: Hintere Umschlagkarte B7
Vorwahl: 250

 Stewart Visitor Center, 222-5th Ave., Stewart, Tel. 636-9224, www.stewart-hyder.com

 King Edward Motel, P.O. Box 86, 5th/Columbia St., Stewart, BC V0T 1W0, Tel. 636-2244, 1-800-663-3126, Fax 636-9160: Zimmer auch mit Kitchenette, Coffee Shop, Restaurant; günstig–moderat

Camping:
Rainey Creek Campground, Box 306, Stewart, BC V0T 1W0, Tel. 636-2537, Fax 636-2668: Schöner Campingplatz in der Nähe des Ortes, Tennisplatz, Wanderwege; 102 Plätze

 Stewart Historical Museum, 603 Columbia St., Stewart, Tel. 636-2568: Interessantes Heimatmuseum in historischem Feuerwehrgebäude

 International Rodeo, Mitte Juni

 Alaska-Fähre, Tel. 907/235-8449, 1-800-382-9229: Auskunft und Reservierungen für die Fähre von Stewart nach Ketchikan (fährt einmal pro Monat)

Strathcona Provincial Park (BC)

Lage: Hintere Umschlagkarte D2
Vorwahl: 250

BC Parks, Strathcona District, Box 1479, Parksville, BC V9P 2H4, Tel. 337-2400, Fax 337-8584: Info über den Strathcona Provincial Park;
Camping: 161 Plätze

Strathcona Park Lodge Outdoor Education Centre, Hwy. 28, P.O. Box 2160, Campbell River, BC V9W 5C5, Tel. 286-3122, Fax 286-6010, www.strathcona.bc.ca: Ein- und mehrtägige Wandertouren in den Bergen des Strathcona-Parks und auf Nootka Island, Man erhält Grundkenntnisse im Klettern, Gletscherwandern und Verhalten in der Wildnis: Kanu- und Kajakexpeditionen auf Vancouver Island, Segeln und Surfen. Komfortable Unterkünfte (günstig– moderat)

Takhini Hot Springs (YT)

Lage: Karte S. 448 E2, nördlich von Whitehorse
Vorwahl: 867

 Takhini Hot Springs, Takhini Hot Springs Rd., etwa 30 km von Whitehorse und 10 km westl. vom Klondike Hwy., Tel. 633-2706, www.takhinihotsprings.yk.ca:
Campground und Café neben den Quellen, Trailreiten

Talkeetna (AK)

Lage: Karte S. 448 D2
Vorwahl: 907

 Talkeetna Chamber of Commerce, Tel. 733-2330
Denali National Park Service, Ranger Station, Tel. 733-2231
Talkeetna Travel, Tel. 733-2231: Informationen und Buchungen

 Talkeetna Roadhouse, Main St., P.O. Box 604, Talkeetna, AK 99676, Tel. 733-1351, Fax 733-1353, www.talkeetnaroadhouse.com: 50 Jahre altes Gasthaus mit ›Old Alaska‹-Atmosphäre, ganzjährig geöffnet; Frühstück, Lunch und Dinner; Bäckerei; Angel- und Floßtouren im Sommer, Touren mit Schlittenhunden im Winter; günstig, Schlafsaal (Bunkroom) sehr preiswert
Talkeetna Hostel International, Mile 13.8 Talkeetna Spur Road, Talkeetna, Tel. 733-4678, Fax 733-4679, www.talkeetnahostel.com: Unterkunft im Schlafsaal oder Einzelzimmer; sehr preiswert
Trapper Creek Inn & General Store, Mile 114.8 Parks Hwy., Trapper Creek, Tel. 733-2302: Zimmer, **Camping,** Restaurant, Einkaufen, Tanken

 Cafe Michele, Mile 13.5 Talkeetna Spur & 2nd St., Tel. 733-5300: Bistro mit leckeren Menüs; moderat

 Museum of Northern Adventure, Main St., Talkeetna, Tel. 733-3999: Alaskas Pionierzeit in Dioramen mit Wachsfiguren und Trophäen nachgestellt, Sommer 11–19 Uhr
Talkeetna Historical Society Museum, 1st Alley und Airstrip, Talkeetna, Tel. 733-2487: Ausstellungen über die Pionierzeit in historischen Blockhütten, Sommer 10.30–17.30 Uhr

 Talkeetna Moose Dropping Festival: Lustiges Straßenfest, Anf. Juli

 K2 Aviation, P.O. Box 545, Talkeetna, AK 99676, Tel. 733-2291, 1-800-764-2291, Fax 733-1221, www.flyk2.com: Rundflüge zum Denali National Park, Gletscherlandungen auf dem Mount McKinley und Air-Taxi für Hiker, Angler und Jäger
Talkeetna River Guides, P.O. Box 165, Main St., Talkeetna, AK 99676, Tel. 733-2697, Fax 733-2877, www.talkeetnariverguides.com: Floßtouren in der Denali-Region

Telegraph Cove (BC)

Lage: Hintere Karte D2, östlich Port McNeills
Vorwahl: 250

 Stubbs Island Whale Watching, 24 Boardwalk St., Telegraph Cove, Tel. 928-3185, 1-800-655-3066: Walbeobachtung in der Johnstone Strait

Teslin (YT)

Lage: Karte S. 448 F2
Vorwahl: 867

 Camping: Dawson Peaks Resort & RV Park, km 1.282 Alaska Hwy., Box 80, Teslin, YT Y0A 1B0, Tel. 390-2310, Fax 390-2244, www.yukonweb.com/tourism/dawsonpeaks/: Motelzimmer, Stellplätze für Wohnmobile und Zeltplätze, Hütten, Restaurant, frische Backwaren, Kanu- und Bootsverleih, Tankstelle, Angeln

 George Johnson Museum, Teslin, Tel. 390-2550: Größte Sammlung von Tlingit-Kunst im Yukon, Mai bis Labour Day (Anf. Sept.) 9–19 Uhr

Tofino (BC)

Lage: Hintere Umschlagkarte D1
Vorwahl: 250

Tofino Travel Info Centre, 380 Campbell St., Box 249, Tofino, BC V0R 2Z0, Tel. 725-3414, Fax 725-3296, www.island.net

Pacific Sands Beach Resort, 1421 Pacific Rim Hwy., P.O. Box 237, Tofino, BC V0R 2Z0, Tel. 725-3322, 1-800-565-2322, Fax 725-3155, www.pacificsands.com: Am Hwy. 4 an der Cox Bay mit Blick auf den Pazifik; Strandhäuschen, Apartments, Motelzimmer, teils mit Kamin und Kitchenette; Ausflüge zum Pacific Rim National Park, Surfen, Strandwandern; günstig

Schooner Motel, 311–321 Campbell St., P.O. Box 202, Tofino, BC V0R 2Z0, Tel. 725-3478, Fax 725-3499: Direkt am Hafen, mit schönem Blick, Zimmer z. T. mit Kitchenette; Restaurant; günstig
Cable Cove Inn, 201 Main St., Box 339, Tofino, BC V0R 2Z0, Tel. 725-4236, 1-800-663-6449, Fax 725-2857, www.cablecove inn.com: Gemütliches Bed & Breakfast Inn, Zimmer mit Bad, Kamin und Terrasse, schöner Blick über den Hafen; moderat
Wickaninnish Inn, Osprey Lane at Chesterman Beach, Box 250, Tofino, V0R 2Z0, Tel. 725-3100, 1-800-333-4604, Fax 725-3110, www.wickinn.com: Auf einem Felsvorsprung mit herrlichem Ozeanblick gelegenes Spitzenklassehotel, Top-Restaurant; moderat
Camping:
Bella Pacifica Campground, Pacific Rim Hwy., P.O. Box 413, Tofino, BC V0R 2Z0, Tel. 725-3400, Fax 725-2400, www.bellapacifica.com: Schöner Campingplatz am Mackenzie Beach, 3 km südl. von Tofino

 The Shelter, 601 Campbell St., Tofino, Tel. 725-3353: Salatbar, Krabben und Krebse; moderat

Eagle Aerie, 350 Campbell St. (gegenüber Schooner Restaurant), Tofino, BC V0R 2Z0, Tel. 725-3235, Fax 725-2195: Gemälde, Drucke, Skulpturen, traditionelle Kunst der Nordwestküste; im Sommer tägl. 9–21 Uhr

 Jamie's Whaling Station, Tofino, 606 Campbell St., Tel. 725-3919, 1-800-667-9913, Fax 725-2138, www.jamies.com: Walbeobachtung mit Motorboot oder Floß; März–Okt.

Tok (AK)

Lage: Karte S. 448 D2
Vorwahl: 907

 Alaska Public Lands Information Center, Mile 1314, 1 Alaska Hwy., Tok, AK 99780, Tel. 883-5667: Informationen über State Parks, Ausstellungen zur Geschichte und Flora und Fauna des Landes; 16. Mai–30. Sept. tägl. 8–19 Uhr, 1. Okt.–15. Mai 8–16.30 Uhr
Tok Visitor Center, Main St., Tok, AK, Tel. 883-5775, 883-5887, www.tokalaska info.com: Umfassende Informationen, öffentliche Telefone, Toilette; 1. Mai–1. Okt. tägl. 8–19 Uhr

Golden Bear Motel and Camper Park, P.O. Box 500, Tok, AK 99780, Tel. 883-2561, 1-866-883-2561, Fax 883-5950: Komfortabel und preiswert; **Campingplatz,** Restaurant, Lounge, Waschsalon, Einkaufsmöglichkeiten; günstig

Turner Valley (AB)

Lage: Vordere Karte D2, südlich Calgarys
Vorwahl: 403

 Turner Valley Gas Plant National Historic Site, Turner Valley, Tel. 933-7738, www.town.turner-valley.ab.ca: Geschichte der Erdölförderung in Alberta, Ausstellungen, Filme, Tour, Mai–Aug. 10–18 Uhr

Ucluelet (BC)

Lage: Hintere Umschlagkarte D1
Vorwahl: 250

Canadian Princess Resort, 1948 Peninsula Rd., P.O. Box 939, Ucluelet, BC V0R 3A0, Tel. 726-7771, 1-800-663-7090, Fax 598-1361, www.obmg.com: Einzel- und Mehrbettkabinen auf einem im Hafen von Ucluelet verankerten historischen Westküsten-Dampfer – oder größere Zimmer mit

Kamin im Resort am Ufer; Restaurant; März–Sept.; günstig–moderat
Camping:
Ucluelet Campground, Box 777, 260 Seaplane Base Rd., Ucluelet, BC V0R 3A0, Tel. 726-4355, Fax 762-4414, www.islandwestresort.com: Campingplatz mit Blick auf den Hafen; Angelcharter, Bootsvermietung

Valdez (AK)

Lage: Karte S. 448 D2
Vorwahl: 907

 Valdez Visitor Center, 200 Chenega Ave., Valdez, AK, Tel. 835-2984, Fax 835-4845, 1-800-770-5954, www.valdezalaska.org: Informationen, Karten und Vorschläge zu Wanderungen für die Region um Valdez; tägl. 8–20 Uhr

 Totem Inn, Tel. 835-4443, Fax 834-4430, www.toteminn.com: Schön eingerichtete Zimmer; moderat.
Restaurant mit herzhaften Alaska-Spezialitäten: günstig–moderat
Wild Roses By The Sea, P.O. Box 3396, Valdez, AK 99686, Tel. 835-2930, Fax 835-4966, www.bythesea.alaska.com: Stilvolles Bed & Breakfast mit schönem Blick auf die Bucht von Valdez und Mineral Creek Canyon; moderat
One Call does it all – Bed & Breakfast Reservation Service, Tel. 835-4988, Fax 835-5865, www.valdezalaskavacations.com: Kostenlose Reservierung für über 50 B & Bs, Hotels und Aktivitäten in Valdez
Camping:
Eagles' Rest RV Park, Richardson Hwy. and Pioneer Dr., Valdez, Tel. 835-2373, 1-800-553-7275: Campingplatz in schöner Lage mit vollem Service
Bear Paw R.V. Park, North Harbor Dr., Valdez, Tel. 835-2530, Fax 835-5266, www.bearpaw-valdez.com: Zentrale Lage am Bootshafen, Downtown ist gut zu Fuß erreichbar

 Valdez Museum, 217 Egan Dr., Valdez, Tel. 835-2764: Örtliche Geschichte mit Ausstellungen zum großen Erdbeben und zur Exxon Valdez-Katastrophe; im Sommer Mo–Sa 9–18 Uhr

 Gold Rush Day, Anf. Juli

 Alyeska Pipeline Marine Terminal Tour, Tel. 835-2686
Prince William Sound Cruises and Tours, Valdez, Tel. 835-4731, 1-800-992-1297, www.princewilliamsound.com: Exkursionen im Prince William Sound und zum Columbia-Gletscher, auch mehrtägige Pauschalangebote
Era Helicopters Valdez, Tel. 835-2595, 1-800-843-1947, www.eraaviation.com: Hubschrauberflüge zum Columbia-Gletscher

 Alaska-Fähre von Valdez nach Cordova, Whittier und Seward, Auskunft und Reservierungen (erforderlich): Tel. 835-4436, 1-800-526-6731, www.state.ak.us/ferry

Valemount (BC)

Lage: Hintere Umschlagkarte G5
Vorwahl: 250

 Valemount Visitor Info Centre, 99 Gorse St., Valemount, Tel. 566-4846, Fax 566-4249, www.valemount.bc.org
Mount Robson Prov. Park, P.O. Box 579, Valemount, V0E 2Z0, Tel. 566-4325, 1-800-689-9025 (Reservierungen), www.elp.gov.bc.ca/bcparks: **Camping:** 144 Plätze; Mai–Sept.
Irvins Park & Campground, 360 Loseth Rd., Valemount, Tel. 566-4781, Fax 566-4783, www.irvins.ca: Schön gelegen, viele Freizeitaktivitäten in der Nähe

 Mount Robson Whitewater, Valemount, Tel. 566-4879, Fax 566-9190, www.mountrobsonwhitewater.com: Wildwasserfahrten

Vancouver (BC)

Lage: Hintere Umschlagkarte E/F1/2
Vorwahl: 604
Stadtpläne: S. 72, 82, 86

Vancouver Tourism, 200 Burrard St., Vancouver, BC V6G 3L6, Tel. 683-2000, Fax 682-1717, www.tourismvancouver.com: Anf. Mai–Anf. Sept. tägl. 8–19 Uhr, im Winter Mo–Fr 8.30–17, Sa 9–17 Uhr

Four Seasons, 791 W. Georgia St., Tel. 689-9333, Fax 684-4555, www.fourseasons.com: Zentral, im Pacific Center; Gartenlounge mit üppigem Grün, Springbrunnen und Pianomusik, Restaurant von Weltklasse; sehr teuer

The Fairmont Hotel Vancouver, 900 W. Georgia St., Vancouver, Tel. 684-3131, 1-800-441-1414, Fax 662-1907, www.fairmont.com: Traditionsreichstes Luxushotel, Lounges und Gourmetrestaurants; der Panorama Roof Nightclub ist einer der elegantesten in der Stadt; teuer–sehr teuer

Westin Bayshore, 1601 Bayshore Dr., Vancouver, Tel. 682-3377, 1-800-937-8461, Fax 687-3102, www.westin.com: Nähe Stanley Park, mit schönem Blick auf Jachthafen und Berge, Pool, Marina, Sauna, Lounges, Gartenrestaurants; teuer

Ramada Plaza & Park Plaza Hotel, 10251 St. Edwards Dr., Richmond, BC V6X 2M9, Tel. 278-9611, 1-866-482-8444, Fax 276-1121, www.vacr.bc.ca: Resort-Hotel in der Nähe des Vancouver Airport; Fitnesscenter, Indoor und Outdoor Pool, gutes Restaurant, Spielzentrum für Kinder; ideal für Stopover; moderat–teuer

Empire Landmark Hotel, 1400 Robson St., Vancouver, Tel. 687-0511, Fax 687-2801, www.asiastandard.com: Mit 42 Etagen Vancouvers höchstes Hotel; Lounge, Nachtclub, Saunas, Coffee Shop, Drehrestaurant mit Panoramablick; moderat

Parkhill Hotel, 1160 Davie St., Vancouver, Tel. 685-1311, 1-800-663-1525, Fax 681-0208, www.parkhillhotel.com: Zentral gelegener Hotelturm mit schönem Blick aus den oberen Stockwerken; moderat

Bosman's Hotel, 1060 Howe St., Vancouver, V6Z 1P5, Tel. 682-3171, 1-888-267-6267, Fax 684-4010, www.bosmanshotel.com: Zentral, freundlich, Pool; günstig–moderat

Kingston Hotel Bed & Breakfast, 757 Richards St., Vancouver, Tel. 684-9024, 1-888-713-3304, Fax 684-9917, www.KingstonHotelVancouver.com: Frühstück inbegriffen, Sauna, Waschsalon; nicht alle Zimmer mit eigenem Bad; günstig–moderat

Riviera Motor Inn, 1431 Robson St., Vancouver, Tel. 685-1301, 1-888-699-5222, Fax 685-1335, www.rivieraonrobson.com: Apartmenthotel; komplett eingerichtete Küche, Balkon und schöner Blick; günstig

Hostelling International – Vancouver Central, 1025 Granville St., Vancouver, BC V6Z 1L4, Tel. 685-5335, 1-888-203-8333, Fax 685-5351, www.hihostels.ca: Vancouvers neuestes und modernstes Hostel, zentral gelegen, Gemeinschafts- und Einzelunterkünfte, die meisten Zimmer mit Klimaanlage, Küchenbenutzung, Pub, TV-Raum, Touren und Aktivitäten können arrangiert werden; sehr preiswert

University of British Columbia, Conference Centre, 5961 Student Union Blvd., BC V6T 2C9, Vancouver, Tel. 822-1000, Fax 822-1001, www.ubcconferences.com: Herrliche Lage mit Blick über die English Bay, 15 Min. von Downtown, Gärten, Tennis- und Golfplätze; Einzelzimmer und Apartments Mai–Aug., Mahlzeiten in der Campus-Cafeteria; sehr preiswert

YWCA Hotel, 733 Beatty St., Vancouver, Tel. 895-5830, Fax 681-2550, www.ywcahotel.com: Preiswert und modern, Pool und Sauna nur für Frauen; Lounge, Cafeteria, einige Zimmer mit Bad und Kitchenette, günstig

Raintree-Restaurant, 375 Water St., Vancouver, Tel. 688-5570: In Gastown; Nordwestküstenspezialitäten; Dinner tägl. ab 17.30, Lunch Mo–Fr 11.30 Uhr, Brunch So 11–15 Uhr, (Reservieren); teuer

Teahouse Restaurant in Stanley Park, Ferguson Point, Stanley Park, Vancouver, Tel. 669-3281: Erstklassige Küche in romantischer Atmosphäre, schöne Aussicht; Spezialitäten: Lammbraten, Desserts; 11.30–22 Uhr; moderat–teuer

Salmon House on the Hill, 2229 Folkestone Way, W. Vancouver, Tel. 926-3212: Seit 20 Jahren beliebtes Fischrestaurant in idyllischer Lage mit schönem Meeresblick; West Coast Cuisine, besonders empfehlenswert: gegrillter Pazifiklachs; moderat–teuer

Shaughnessy Restaurant, VanDusen Gardens, 37th and Oak St., Vancouver, Tel. 261-0011: Mit Blick auf prachtvolle Gartenanlagen, Patio zum Draußensitzen, Westküstenspezialitäten; tägl. 11.30–15, 17.30–21 Uhr, Afternoon-Tea 15–17 Uhr, Sa Brunch bis 15 Uhr; teuer

Beijing Restaurant, 865 Hornby St., Vancouver, Tel. 688-7788: Hervorragende nord- und südchinesische Küche, Dim-Sum-Spezialitäten; Lunch und Dinner; tägl. 11–14.30, 17–22.30 Uhr; moderat–teuer

The Sandbar, Granville Island, 1535 Johnston St., Vancouver, Tel. 660-9030: Schöne Lage, Meeresfrüchte, Reservierung erforderlich; moderat–teuer

Shanghai Chinese Bistro, 1128 Alberni St., Vancouver, Tel. 683-8222: Shanghai und Szechuan Cuisine, Dim Sum, besonders empfehlenswert: Meeresfrüchte, beliebt sind die täglichen ›noodle shows‹ – eine schwungvolle Nudelzubereitung am Tisch; moderat–teuer

O'Doul's Restaurant, 1300 Robson St., Vancouver, Tel. 661-1400: Populäres Restaurant mit verglastem Straßencafé; ausgezeichnete Küche; Lunch ab 11, Dinner ab 17 Uhr, Sa und So Brunch; moderat

Greens and Gourmet, 2681 West Broadway, Vancouver, Tel. 737-7373: Exzellente vegetarische Gerichte; Mo–Fr 8–22, Sa, So bis 23 Uhr; moderat

Water Street Cafe, 300 Water St., Gastown, Vancouver, Tel. 689-2832: Im Herzen des historischen Gastown Districts; frische Meeresfrüchte, leckere Nudelgerichte, Lunch ab 11.30 Uhr, Dinner tägl. bis 22 Uhr; moderat

Old Spaghetti Factory, 53 Water St., Gastown, Vancouver, Tel. 684-1288: Beliebtes, originelles Lokal mit einem zum Speisewagen umfunktionierten Straßenbahnwagen; tägl. bis 22 Uhr, So bis 21 Uhr; günstig

 Bloedel Conservatory, 33rd Ave./Cambie St., Vancouver, Tel. 257-8584, www.parksvancouver.bc.ca: Botanische Gärten unter einer Glaskuppel; April–Sept. Mo–Fr 9–20, Sa, So 10–21 Uhr, sonst 10–17 Uhr

Britannia Heritage Shipyard, 5180 Westwater Dr., 718-8050: Mai–Sept. Mi–Sa 10–16, So 12–16 Uhr

Capilano Salmon Hatchery, 4500 Capilano Park Rd., North Vancouver, Tel. 666-1790, www.heb.pac.dfompo.gc.ca/facilities/capilano: Lachszucht; in der Laichsaison kann man die zurückkehrenden Lachse beobachten; 8–20 Uhr

Capilano Suspension Bridge, 3735 Capilano Rd., North Vancouver, Tel. 985-7474, www.capbridge.com: Fußgänger-Hängebrücke über den Canyon; Juni–Anf. Sept. (Labour Day) 8–21 Uhr, Labour Day–30. Sept. 8–19.30 Uhr, 1.–28. Okt. 8.30–18.30 Uhr, 29. Okt.–14. Nov. 9–18 Uhr; sonst 9–17 Uhr

Dr. Sun Yat-Sen Chinese Garden, 578 Carrall St., Vancouver, Tel. 662-3207, www.discovervancouver.com/sun: Klassischer chinesischer Garten; 15. Juni–Ende Aug. 9.30–19 Uhr, sonst 10–16.30 Uhr

Gulf of Georgia Cannery National Historic Site, 12138 4th St., Tel. 664-9009, www.parkscanada.gc.ca/cannery: Museum für Fischindustrie der Westküste, Führungen, 1. Juni–6. Sept. tägl. 10–17 Uhr, Anf. April–Ende Mai und 9. Sept.–31. Okt. Do–Mo 10–17 Uhr

Lynn Canyon Park/Centennial Ecology Centre, Lynn Valley Rd., Vancouver, Tel. 981-3103: Hängebrücke über Wasserfall und Canyon; Filme und Displays; Park geöffnet 6–22 Uhr; Ecology Centre März–Sept. Mo–Fr 10–17 Uhr, sonst Mo–Fr 12–16 Uhr

Science World, 1455 Quebec St., Vancouver, Tel. 443-7440, www.science world.bc.ca: Wissenschaft zum Anfassen; Musik im Elektronik-Zeitalter, Filmvorführungen auf der größten Omnimax-Leinwand der Welt; Mo–Fr 10–17, Sa/So 10–18 Uhr

Steveston Village, National Historic Site, Steveston (Richmond), BC V7E 3J1, am südwestlichsten Zipfel von Richmond

gelegen, Tel. 275-9452, 1-877-247-0777, www.steveston.bc.ca: Fisherman's Wharf, Rundgänge durch den alten Fischerort
Steveston Museum, 3811 Moncton St., Tel. 271-6868: ganzjährig Mo–Sa 9.30–17 Uhr
Storyeum, 142 Water St., Vancouver, Tel. 685-8133, www. storyeum.ca: Vancouvers neueste Attraktion wird im Frühjahr 2004 im Herzen des alten Gastown eröffnet. Dort baut Historical Yperiences Inc. eine 10 000 qm große Erlebniswelt unter der Erde. In einem 80-minütigen Programm wird hier die abenteuerliche Geschichte der Westküste Kanades wieder lebendig; Mai–Okt. tägl. 9–19, Nov.–April 10–18 Uhr
University of British Columbia Botanical Gardens, 16th Ave. & SW Marine Dr., Vancouver, Tel. 822-9666, www.hedgerose. com: 1916 eröffneter, ältester Botanischer Garten einer kanadischen Universität; Mitte März–Mitte Okt. 10–18 Uhr
Vancouver Aquarium Marine Science Center, Stanley Park, Vancouver, Tel. 659-3474, www.vanaqua.org: Über 8000 Tiere aus allen Weltmeeren einschließlich Belugawalen und Delphinshow; Ende Juni–Anf. Sept. (Labour Day) 9.30–21 Uhr, sonst 10–17.30 Uhr
VanDusen Botanical Garden, 5251 Oak St. und W. 37th Ave., Vancouver, Tel. 878-9274: Beeindruckende Gartenanlagen mit schönen Ausblicken, Restaurant, im Sommer 10–21 Uhr

 B. C. Museum of Anthropology, University of British Columbia, 6393 N.W. Marine Dr., Vancouver, Tel. 822-3825: Kunst und Kultur der Nordwestküsten-Indianer; Mitte Mai–Anf. Sept. (Labour Day) tägl. 10–17 Uhr, außerdem Di bis 21 Uhr; sonst Di–So 11–17 Uhr, Di auch bis 21 Uhr
Vancouver Art Gallery, 750 Hornby St., Vancouver, Tel. 257-8300, www.vanartgallery.bc.ca: Gemäldegalerie mit Exponaten klassischer kanadischer, amerikanischer und europäischer Künstler, Werke der Kanadierin Emily Carr; April–Okt. tägl. 10–17.30, Do auch bis 21 Uhr, Nov.–März Mi–So 10–17.30, Do bis 21 Uhr
Vancouver Maritime Museum and St.

Roch, 1905 Ogden Ave., Vanier Park, Vancouver, Tel. 257-8300: Ausstellungen zu Vancouvers Geschichte als Hafenstadt sowie das historische RCMP-Schiff »St. Roch«; 10–17 Uhr
Vancouver Museum, 1100 Chestnut St., Vanier Park, Vancouver, Tel. 736-4431, www.vanmuseum.bc.ca: Im Museum Shop gibt es ausgezeichnete Bücher und Drucke zu kaufen; Juli/Aug. tägl. 10–17 Uhr, sonst Di–So 10–17 Uhr

 Bay Vancouver Downtown, Georgia St./Granville St., Vancouver: Flaggschiff der Bay-Kaufhauskette; elegante Kleidung, große Abteilung für Kanadiana
Pacific Centre, Georgia und Howe St., Vancouver: Kaufhaus Eatons und über 130 Geschäfte
Sinclair Centre, 757 W. Hastings St., Vancouver: Elegante Shopping Mall mit Boutiquen und Restaurants; architektonisch interessant: hier sind historische Gebäude unter einem Glasdach miteinander verbunden
Vancouver Flea Market, 703 Terminal Ave.: Sa, So 9–17 Uhr
Marion Scott Gallery, 481 Howe St., Vancouver, Tel. 685-1934: Von den Inuit und Nordwestküsten-Indianern gefertigtes zeitgenössisches Kunsthandwerk
Images for a Canadian Heritage, 164 Water St., Vancouver, Tel. 685-7046: Kunsthandwerk der Indianer und Inuit; Skulpturen, zeitgenössische indianische Töpferarbeiten und indianischer Schmuck
Inuit Gallery of Vancouver, 206 Cambie St., Vancouver, Tel. 688-7323: Kunsthandwerk der Inuit und Nordwestküsten-Indianer von Museumsqualität
Hill's Native Art, 165 Water St., Vancouver, Tel. 685-5422: Kunsthandwerk der Inuit und Nordwestküsten-Indianer, Drucke und Gemälde kanadischer Künstler
Museum Shop, UBC Museum of Anthropology, Vancouver, 6393 N.W. Marine Dr., Tel. 822-5087: Gute Literaturauswahl, Drucke, Schnitzereien

 Arts Club Theatre, 1585 Johnston St., Granville Island, Vancouver,

Tel. 687-5315: Gemischtes Programm von Theater- und Musikveranstaltungen, auch Produktionen aus London und vom Broadway; ganzjährige Spielzeit

Hiwus Feasthouse, Grouse Mountain, 6400 Nancy Greene Way, North Vancouver, Tel. 980-9311, www.grousemountain.com: Indianisches Potlatch-Dinner umrahmt von Gesängen, indianischen Geschichten und Tanzdarbietungen, Mai–Okt. Mo–Sa um 19 Uhr, sonst nach Terminabsprache, Reservierung erforderlich

Hot Jazz Society, 2120 Main St., Vancouver, Tel. 873-4131: Dixieland-Bands, die tägl. wechseln, Swing und Big-Band-Sound; sehr beliebt

Jazz Hotline, Tel. 872-5200, Vancouver: Informationen über Jazz- und Bluesveranstaltungen

Orpheum Theatre, 884 Granville St., Vancouver, Tel. 665-3050: Schön renovierte Konzerthalle, in der die Aufführungen des Vancouver Symphony Orchestra stattfinden

Richard's on Richard's, 1036 Richard's St., Vancouver, Tel. 687-6794: Eleganter Nachtclub mit Staraufgebot

Shark Club, 180 West Georgia St., Vancouver, Tel. 687-4275: Beliebtes Szenelokal, besonders für Sportfans, leckere Grill-Spezialitäten, 11.30–2 Uhr morgens

Vancouver East Cultural Centre, 1895 Venables St., Vancouver, Tel. 251-1363: Theater, Musik und Tanzveranstaltungen für Erwachsene und Kinder; ganzjährige Spielzeit

Alcan Dragon Boat Festival, Ende Juni; **Vancouver International Jazz Festival,** www.jazzvancouver.com, Ende Juni; **Symphony of Fire – International Fireworks Competition,** Ende Juli/Anf. Aug.; **Christmas Carolships Parade:** Einmalige Bootsparade mit Musik und Lichteffekten, Dez.

Children's Zoo & Miniature Train, Stanley Park, Vancouver: Tiere zum Anfassen, Fahrt mit der Miniatureisenbahn; Juni–Aug. 11–16 Uhr

Fantasy Garden World, 10800 No. 5 Rd., Richmond (am Hwy. 99), Tel. 277-7777:

Nachbau eines europäischen Dorfes, Kapitän Vancouvers Geburtshaus, Mini-Eisenbahn, Vogelpark und exotische Gärten

Gray Line of Vancouver, 255 E 1st Ave., Tel. 879-3363, 1-800-667-0882, Fax 879-1105, www.grayline.ca/vancouver: Verschiedene Stadtrundfahrten zwischen 1,5–6 Std. Dauer. Stanley Park, Granville Island, Grouse Mountain und Aquarium; Abfahrt vom Hotel Vancouver ab 9 Uhr alle 1,5 Std.

Grouse Mountain, 6400 Nancy Greene Way, North Vancouver, Tel. 980-9311, www.grousemountain.com: Gondelbahn zum 1128 m über der Stadt gelegenen Berg; tägl. 9–22 Uhr

Harbour Cruises Ltd., Ferry Terminal/Denman St., Vancouver, Tel. 688-7246, 1-800-663-1500, www.boatcruises.com: Gemächliche Schaufelraddampfer-Touren im Hafen, mit herrlicher Stadtansicht

Helijet International, Downtown und Grouse Mountain, Tel. 270-1484: Sightseeing-Flüge mit dem Hubschrauber

MV Britannia, Harbour Cruises Marina (beim Eingang zum Stanley Park), Tel. 688-7246, 1-800-663-1500, www.boatcruises.com: Exkursion zu Bowen Island, einer idyllischen Insel, 20 km nordwestlich von Vancouver. Die Fahrt mit dem restaurierten Ausflugsschiff dauert 1,5 Stunden, auf der Insel stehen 3 Stunden für den Besuch von Museen, Läden und Kunstgalerien, Memorial Garden , Fischzuchtanlage und Wandern im Regenwald in Crippen Park zur Verfügung; Anf. Juni–Anf. Sept. Sa/So, Abfahrt 9 Uhr

Paddlewheel Harbour Tours, North Foot of Denman St., Vancouver, Tel. 688-7246: Hafenrundfahrten und Sunset Dinner Cruises mit Vancouvers einzigem *sternwheeler,* der »M.P.V. Constitution«, Indian Arm Luncheon, Schiff-/Eisenbahn-Rundfahrt nach Squamish

Paddlewheeler River Boat Tours, Westminster Quay Public Market, 810 Quayside Dr., New Westminster, Tel. 525-4465, 877/825-1302, www.boatcruises.com: Drei- oder siebenstündige Touren auf dem Fraser River mit originalgetreu nachgebautem

Schaufelraddampfer aus dem 19. Jh., Naturbeobachtung, Informationen zur Fischereigeschichte, auf der Tagestour Zwischenstopp in Fort Langley; dreistündige Touren beginnen mittwochs um 11 Uhr, Tagestouren Do, Sa, So um 10 Uhr, Juni–Sept.; Reservierung erforderlich

Playland Familiy Fun, Exhibition Park, Hastings St., Vancouver, Tel. 255-5161: Freizeitpark; Mitte April–Sept.

 B. C.-Fähren: West Vancouver/ Horseshoe Bay nach Nanaimo; Vancouver/Tsawwassen nach Victoria/Swartz Bay: Keine Reservierungen; Auskunft unter Tel. 386-3431, 1-888-223-3779

VIA-Rail: Pacific Central Station, 1150 Station St., Tel. 640-3741, 1-888-842-7245, www.viarail.ca: Eisenbahnverbindung nach Edmonton und mit dem »Rocky Mountaineer« nach Banff (Tel. 606-7200, 1-800-665-7245, www.rockymountaineer.com, Auskunft Tel. 1-800-561-8630)

Bus and Seabus, Info Tel. 521-0400

SkyTrain, Tel. 953-3333

Vernon (BC)

Lage: Hintere Umschlagkarte G3
Vorwahl: 250

O'Keefe Historic Ranch, 12 km nördl. am Hwy. 97, Tel. 542-7868: Eine der ersten Ranches in West-Kanada, heute ein Freilichtmuseum, 9–17 Uhr

Victoria (BC)

Lage: Hintere Umschlagkarte E1
Vorwahl: 250
Stadtplan: S. 128

Greater Victoria Visitor Information Centre, 812 Wharf St., Victoria, BC V8W 1T3, Tel. 953-2033, Unterkünfte 1-800-663-3883, Fax 382-6539, gebührenfrei in Kanada

 The Fairmont Empress Hotel, 721 Government St., Victoria, Tel. 384-8111, 1-800-441-1414, Fax 381-5959, www.fairmont.com: Die Adresse in Victoria. Das Canadian Pacific Grandhotel gegenüber dem Jachthafen kultiviert den Stil des alten England. Es ist schon ein Erlebnis, seinen Tee in der Lobby einzunehmen. Im Hotel eines der besten Restaurants der Stadt, Gartencafé, zwei Bars; teuer–sehr teuer

Chateau Victoria, 740 Burdett St., Victoria, Tel. 382-4221, 1-800-663-5891, Fax 380-1950, www.chateauvictoria.com: Supermodernes und elegantes Hotel mit Lounge, Dachrestaurant, Pool, Sauna; einige Zimmer mit Kitchenette; teuer

Harbour Towers, 345 Quebec St., Victoria, Tel. 385-2405, 1-800-663-5896, Fax 360-2313, www.harbourtowers.com: Beim Parlamentsgebäude, schöner Blick; Pool, Sauna, Restaurant; moderat–teuer

Shamrock Suites on the Park, 675 Superior St., Victoria, Tel. 385-8768, 1-800-294-5544, Fax 385-1837: Am Beacon Hill Park, Apartments mit Kitchenette; moderat–teuer

Admiral Inn, 257 Belleville St., Victoria, Tel. 388-6267, 1-888-823-6472, Fax 388-6267, www.admiral.bc.ca: Kleines, ruhiges Motel am Hafen, einige Zimmer mit Kitchenette; moderat

Cherry Bank Hotel, 825 Burdett Ave., Victoria, Tel. 385-5380, 1-800-998-6688, Fax 383-0949, www.bctravel.com/cherry bank.html: Einfach, doch mit Atmosphäre, in der Nähe des Beacon Hill Parks; im Restaurant leckere *spareribs;* günstig

Camping:

Goldstream Provincial Park, 20 km nördl. von Victoria am Hwy. 1, Tel. 391-2300: Schöne Campingplätze

The Aerie Resort, am Transkanada Hwy., Abfahrt Spectacle Lake, 20 Min. nördl. von Victoria, Tel. 743-7115, 1-800-518-1933, www.aerie.bc.ca: Elegantes Country Inn auf der Malahat Ridge, mit fantastischem Blick über Berge, Fjorde und Gulf Islands; Restaurant der Spitzenklasse und 20 stilvoll eingerichtete Zimmer; teuer–sehr teuer

The Empress Room, Fairmont Empress Hotel, 721 Government St., Victoria, Tel. 384-8111: Elegant, Tafelmusik, Service und Menü erstklassig, Dinner bis 22 Uhr; teuer

The Gatsby Mansion, 309 Belleville St., Victoria, Tel. 388-9191: Gourmetrestaurant mit Meeresblick; Spezialitäten: Austern, Krebse, Kammmuscheln; tägl. Frühstück, Lunch, Tee und Dinner; teuer

Pescatores, 614 Humboldt St., Victoria, Tel. 385-4512, www.pescatores.com: Meeresfrüchte in großer Auswahl, Austernbar; Lunch und Dinner; moderat–teuer

Herald Street Cafe, Herald und Government St., Victoria, Tel. 381-1441: Populäres Restaurant mit Pacific Northwest Cuisine; Meeresfrüchte, Lamm, Pasta, leckere Desserts; Lunch (außer Mo, Di) und Dinner, So Brunch, 11.30–22, Fr/Sa bis 24 Uhr; moderat

Taj Mahal, 679 Herald St., Victoria, Tel. 383-4662: Indisches Restaurant mit exotisch gewürzten Speisen; Dinner 17–22 Uhr; moderat

Bowman's Rib House, Cherry Bank Hotel, 825 Burdett Ave., Victoria, Tel. 385-5380: Sehr populäre *dining lounge;* empfehlenswert: Barbecued Ribs, Steak und Lachs; auch Kinderportionen; tägl. Lunch und Dinner; günstig

 Anne Hathaways Cottage, 429 Lampson St., Victoria, Tel. 388-4353: Nachbildung eines englischen Dorfes aus Shakespeares Zeit, Souvenirshop, Restaurant, geführte Touren, 9.30–17.30 Uhr

Butchart Gardens, 800 Benvenuto Ave., Brentwood, BC, am Hwy. 17 ca. 20 km nördl. von Victoria, Tel. 652-4422, 1-866-652-1422, www.butchartgardens.com: 14 ha Blumen, abends Shows, Juli–Aug. Sa Feuerwerk, Mai–14. Juni 9–17 Uhr, 15. Juni–Ende Aug. 9–22.30 Uhr, 1.–15. Sept. 9–18 Uhr, 16.–30. Sept. 9–17 Uhr

Craigdarroch Castle, 1050 Joan Crescent St., Victoria, Tel. 592-5323: Schloss eines schottischen Emigranten und Kohlebarons, Ende des 19. Jh. erbaut; Juni bis Anf. Sept. 9–19 Uhr, sonst 10–16.30 Uhr

Emily Carr House, 207 Government St., Victoria, Tel. 383-5843: Geburtshaus der Künstlerin; Mitte Mai–Mitte Okt. tägl. 10–17 Uhr

Helmcken House, 10 Elliot St. Square, Thunderbird Park, Belleville St., Victoria, Tel. 361-0021, www.+bc.gov.bc.ca/culture/ schoolnet/helmcken: Pionierhaus mit originalem Mobiliar ausgestattet und kunstvoll restauriert; Mai–Okt. 10–17 Uhr

Miniature World, Empress Hotel, 649 Humboldt St., Victoria, Tel. 385-9731, www.miniatureworld.com: Liliputwelt, historische Darstellungen; Mitte Juni–Anf. Sept. 8.30–21, Mitte Mai–Mitte Juni 9–17 Uhr

Pacific Undersea Gardens, 490 Belleville St., Victoria, Tel. 382-5717: Fenster unter dem Meeresspiegel – einheimische Meeresflora und -fauna; Juli/Aug. 10–20.30 Uhr, Juni 10–18, sonst 10–17 Uhr

Parliament Buildings, Belleville St., Victoria, Tel. 387-3046: Sitz der Provinzregierung; im Sommer tägl. Führungen, sonst nur an Wochentagen

Victoria Butterfly Gardens, W. Saanich Road und Keating Cross, Brentwood Bay, Tel. 877/722-0272: Großer tropischer Garten unter Glas mit vielen frei fliegenden Schmetterlingen, Mitte Mai–Sept. 9–17 Uhr, sonst 9.30–16.30 Uhr

 Art Gallery of Greater Victoria, 1040 Moss St., Victora, Tel. 384-4101: Kunstausstellungen, u. a. Gemälde von Emily Carr; Mai–Sept. Mo–Sa 10–17, So 13–17 Uhr, sonst Di–Sa 10–17, So 13–17 Uhr

Maritime Museum of B. C., 28 Bastian Square, Victoria, Tel. 385-4222, www.mmbc.bc.ca: Schiffsmodelle, Werkzeuge, Marine-Uniformen; 9.30–16.30 Uhr

Royal British Columbia Museum, 675 Belleville St., Victoria, Tel. 356-7226, www.royalbcmuseum.bc.ca: tägl. 9–17 Uhr, Imax-Theatre 9–20 Uhr

Royal London Wax Museum, 470 Belleville St., Victoria, Tel. 388-4461, www.waxworld.com: Wachsfiguren aus Geschichte und Gegenwart sowie Szenen aus dem Märchenland; Mai–Aug. 9–19.30 Uhr, sonst 9.30–17 Uhr

Munro's Books, 1108 Government St., Victoria, Tel. 382-2464 : Stilvoller Bookstore mit viktorianischem Dekor, große Auswahl an Kanadiana

Crown Publications, 521 Fort St., Victoria, BC V8V 1E7, Tel. 386-4636: Bücher und Kartenmaterial zum West Coast Trail.

Roger's Chocolates, 913 Government St., Victoria, Tel. 384-7021: Spezialitäten für Schokoladenliebhaber

Sasquatch Trading Ltd, 1233 Government St., Victoria, Tel. 386-9033: Indianische Cowichan-Pullover, Kunsthandwerk, indianischer Schmuck

Hill's Native Art, 1008 Government St., Victoria, Tel. 385-3911, www.hillsnativeart.com: Nordamerikas größte indianische Kunstgalerie, Arbeiten von über 1200 Künstlern und Kunsthandwerkern sämtlicher Stämme der Nordwestküste, Gemälde, Skulpturen, Schmuck

Market Square, 560 Johnson St., Victoria: Über 40 Lädchen mit originellem Angebot, untergebracht in historischen Backsteingebäuden

Cowichan Trading, 1328 Government St., Victoria, Tel. 383-0321: Cowichan-Pullover, Kunsthandwerk

McPherson Playhouse, 3 Centennial Square, Victoria, Tel. 386-6121, www.rmts.bc.ca: Restauriertes altes Theater; buntes Programm: Operette, Musical, Drama, moderner Tanz

Royal Theatre, 805 Broughton St., Victoria, Tel. 386-6121, www.rmts.bc.ca: Überwiegend Konzerte, aber auch Musicals; hier spielt das Victoria Symphony Orchestra

Strathcona Hotel, 919 Douglas St., Victoria, Tel. 383-7137, 1-800-663-7476, www.strathconahotel.com: Victorias Entertainment-Zentrum mit Nachtclub, Kabarett und Discos; in der Big Bad John's Lounge herrscht rustikale Atmosphäre mit Hillbilly-Kellnern und viel Trubel; günstig

Pagliacci's, 1011 Broad St., Victoria, Tel. 386-1662: Victorias Treff für Jazzfans

The Belfry, 1291 Gladstone St. Victoria, Tel. 385-6815, www.belfry.bc.ca: Comedy Plays, Revuen, Musicals

 Victoria International Blossom Walks: Blumen-Festival, Mitte April; **Swiftsure Race:** Klassische Regatta mit über 450 Booten, Ende Mai; **Victoria Folkfest,** letztes Juniwochenende; **Classic Boat Festival:** Oldtimer-Regatta, Anf. Sept.

Oak Bay Marina, 1175 Beach Drive, Victoria, Tel. 589-4556, www.obmg.com: Bootstouren, Angeltrips, Segeltörns und Charter

Tally Ho Horsedrawn Tours, Menzies & Belleville, Victoria, Tel. 383-5067: Stadtrundfahrten mit der Pferdekutsche

B. C.-Fähren Victoria/Swartz Bay nach Vancouver/Tsawwassen (keine Reservierungen); Victoria nach Seattle (nur für Passagiere). Auskunft Tel. 386-3431, 1-888-223-3779, Reservierungen www.bcferries.com

Public Transport Victoria, Tel. 382-6161

Wasilla (AK)

Lage: Karte S. 448 D2
Vorwahl: 907

 Dorothy G. Page Museum and Visitor Center, Main St., Wasilla, AK, Tel. 373-9071, Fax 373-9072: Auskünfte über die Region und Ausstellungen zur Pioniergeschichte in historischen Gebäuden; im Sommer tägl. 9–17 Uhr, im Winter Di–Sa 9–17 Uhr

Iditarod Headquarters, Mile 2,2 Knik Road, Wasilla, AK, Tel. 376-5155, Fax 373-6998, www.iditarod.com: Informationen und Ausstellungen über das berühmte Schlittenhunderennen; im Sommer tägl. 8–19 Uhr

 **Museum of Alaska Transportation and Industry,** Mile 46,5 Parks Hwy., Wasilla, AK, Tel. 376-1211: im Sommer 10–18 Uhr, im Winter nach Vereinbarung

Iditarod Days Festival: Zehntägiges Festival anlässlich des Iditarod-Rennens, Ende Feb.–Anf. März

Waterton/Glacier Park (AB)

Lage: Vordere Umschlagkarte D2
Vorwahl: 403

 Waterton Lakes National Park, Waterton Park, AB T0K 2M0, Tel. 859-2224, www.watertonpark.com

 Prince of Wales Hotel, im Sommer: Waterton Park, AB T0K 2M0, Tel. 859-2231, Fax 859-2630, www.princeofwaleswaterton.com: Historisches Hotel in schöner Lage, hoch über dem Waterton Lake; Mai–Sept.; teuer
Kilmorey Lodge, Waterton Park, AB, Tel. 859-2334, 1-888-859-8669, Fax 859-2342, www.kilmoreylodge.com: Resorthotel im Landhausstil mit rustikaler Atmosphäre und guter Küche; April–Okt.; moderat–teuer
Camping:
Waterton Townsite, Waterton Park, AB, Tel. 859-2224: 238 Plätze; kompletter Service, Pool, Marina, Freizeitaktivitäten; 1. Mai–9. Okt.

 Waterton Shoreline Sightseeing, Waterton Park, AB, Tel. 859-2362 (Sommer), 859-2180 (Winter): Bootstouren auf dem Waterton Lake mit mehreren Stopps; Abfahrt: Ende Juni bis Labour Day um 9, 10, 13, 16 und 19 Uhr, Anf. Mai bis Ende Juni sowie Tag nach Labour Day bis Mitte Sept. um 10, 14.30 und 16 Uhr, restliche Zeit telefonisch erfragen

Watson Lake (YT)

Lage: Karte S. 448 F2
Vorwahl: 867

 Yukon Visitor Reception Centre, Kreuzung Alaska und Robert Campbell Hwy., Tel. 536-7469, www.watsonlake.net, www.touryukon.com, Informationsmaterial und Diashow.

Gateway Motor Inn, Watson Lake, YT, Y0A 1C0, Tel. 536-7744, Fax 536-7740, www.watsonlakehotels.com: durchgehend geöffnet, Restaurant, Kitchenettes; günstig
Camping:
Downtown RV Park, Alaska Hwy. und Yukon Hwy. 1, Watson Lake, YT Y0A 1C0, Tel. 536-2646, Fax 536-2670: Campingplatz im Ort in der Nähe des Seeufers, Geschäfte

Northern Lights Centre, Watson Lake, Tel. 536-7827, www.northern lightscentre.com: Alles über Aurora Borealis; interaktive Displays; tägl. Nordlichtinszensierung im Electric Sky Theatre

Wells (BC)

Lage: Hintere Umschlagkarte F5, bei Barkerville
Vorwahl: 250

Wells Hotel, 2341 Podey St., P.O. Box 39, Wells, BC V0K 2R0, Tel. 994-3427, 1-800-860-2299, Fax 994-3494, www.wellshotel.com: Historisches B & B Guesthouse mit gemütlicher Atmosphäre; es ist auch Postamt und Mittelpunkt des kleinen Ortes; Aktivitäten können arrangiert werden; günstig–moderat

Wells Gray Prov. Park (BC)

Lage: Hintere Umschlagkarte G4
Vorwahl: 250

Clearwater Chamber of Commerce, P.O. Box 1988, Clearwater BC V0E 1N0, Tel. 674-2646, Fax 674-3693
BC Parks, Thompson River District, Kamloops, Tel. 371-6215, Fax 828-4000, www.gov.bc.ca/bcparks: Info über den Wells Gray Provincial Park; **Camping** mit 83 Plätzen; Mai–Sept.

 Helmcken Falls Lodge, P.O. Box 239, Clearwater, BC V0E 1N0, Tel. 674-3657, Fax 674-2971, www.helmckenfalls.com: Schöne Lodge im Wells Gray Park; Hiking, Reiten, Kanufahren; moderat

Whistler (BC)

Lage: Hintere Umschlagkarte E2
Vorwahl: 604

Whistler Travel Info Centre, 2097 Lake Placid Rd., Box 181, Whistler, BC V0N 2B0, Tel. 932-5528, Fax 932-3755

 Whistler Resort and Club, P.O. Box 644, 2129 Lake Placid Rd., Whistler, BC V0N IB0, Tel. 932-2343, 1-866-932-2343, Fax 932-2969, www.rainbowretreats.com: Resorthotel mit Restaurant und Lounge, geheiztem Pool, Sauna, Whirlpool; Tennis, Golf, Wandern, im Winter Skifahren; Ausflüge in den Garibaldi Provincial Park; moderat–teuer
The Blackcomb Lodge, 4220 Gateway Dr., P.O. Box 400, Whistler, BC V0N 1B4, Tel. 932-4155, 1-800-667-2855, Fax 932-6826, www.blackcomblodge.com: Zimmer und Studios, z. T. mit Kamin und Balkon, Indoor Pool, Restaurant; moderat–teuer
Camping:
Dryden Creek Resorts, Hwy. 99, 20 km südl. von Whistler, P.O. Box 1012, Squamish, BC V0N 1T0; Tel. 898-9726, 1-877-237-9336, Fax 898-9780: Motel und Campground. Aktivitäten: Reiten, Schwimmen, Klettern, Angeln, Floßfahrten; ganzjährig geöffnet

Whistler Art Experience: Festival der bildenden und darstellenden Künstler, Anf. Juni

 Blackcomb Helicopters, Tel. 938-1700, 1-800-330-4354: 45-minütige Gletscher-Flüge

Whitehorse (YT)

Lage: Karte S. 448 E2
Vorwahl: 867
Stadtplan: S. 257

Whitehorse Visitor Reception Centre, 2nd Ave. und 100 Hanson St., Whitehorse, Tel. 667-3084: 8–20 Uhr.
City of Whitehorse, 2121-2nd Ave., Whitehorse, YT Y1A 2C2, Tel. 668-8680, Fax 668-8384, www.city.whitehorse.yk.ca: Informationen, Broschüren, CD über Unterkunft, Aktivitäten, Sehenswürdigkeiten.

River View Hotel, 102 Wood St., Whitehorse, YT Y1A 2E3, Tel. 667-7801, Fax 668-6075, www.riverview.ca: Komfortables Hotel direkt am Yukonufer, Sehenswürdigkeiten gut zu Fuß erreichbar; moderat
Westmark Klondike Inn, 2288-2nd Ave., Whitehorse, YT Y1A 3T3, Tel. 668-4747, 1-800-544-0970, Fax 667-7639, www.westmarkhotels.com: Komfortable Zimmer, interessanter Coffee Shop, ›Sternwheeler Lounge‹, Restaurant, Trappers Pub; moderat
Historical House B & B, 5128-5th St., Whitehorse, YT Y1A 1L6, Tel. 668-3907, Fax 668-3907, www.yukongold.com: Stilvoll eingerichtete Zimmer mit Frühstück in einem historischen Blockhaus mit schönem Garten in der Downtown, Küchenbenutzung, Barbecue im Garten; die Gastgeber wohnen in einem anderen historischen Gebäude gegenüber; günstig
Chilkoot Trail Inn, 4190 4th Av., Whitehorse, Tel. 668-4190, Fax 668-4910: Preiswertes, kleineres Hotel in Downtown; sehr preiswert–günstig
Camping:
Robert Service Campground, 120 R. Service Way, Whitehorse, Tel. 668-3721, Fax 667-6334: Schöner Campingplatz am Yukonufer, mit allen Einrichtungen; Mitte Mai–Anf. Sept.

 Up North Bed & Breakfast, 86 Wickstrom Road, Whitehorse, YT Y1A 2N6, Tel. 667-7905, Fax 667-6334, www.upnorth.yk.ca: Zwei komfortable Zimmer in hübsch gelegenem Haus am Yukonufer gegenüber der Downtown; die Gastgeber vermieten Kanus und bieten eine große Auswahl an Fluss- und Abenteuertouren an, im Winter auch per Hundeschlitten und Snowmobile; günstig

 Arizona Charlies Dining Room/ Westmark Klondike Inn, 288-2nd Ave., Whitehorse, Tel. 668-4747: Gourmetrestaurant mit 1898er-Goldrausch-Atmosphäre, Lunch und Dinner; teuer
Yukon Mining Company, 4051-4th Ave., Whitehorse, Tel. 667-4471, 1-800-554-4471: Beliebtes Restaurant im High Country Inn, Wildspezialitäten, Buffalo Burger, Barbecue, einheimisches Bier, Patio; teuer

 S.S. Klondike National Historic Site, 2nd Ave., Whitehorse, Tel. 667-4511: Restaurierter Schaufelraddampfer am Yukonufer, empfehlenswerte Führungen, im Sommer tägl. 9–19 Uhr
Whitehorse Fishway, Nisutlin Dr., Whitehorse, Tel. 633-5965: Wandernde Lachse können hier die Whitehorse Rapids umgehen; im Sommer 9–21 Uhr

MacBride Museum, 1st Ave./ Wood St., Whitehorse, Tel. 667-2709: In mehreren historischen und modernen Blockhütten werden Ausstellungen über Goldgräberzeit, Pioniere, Ureinwohner und Mounties gezeigt; Juni–Anf. Sept. 10–18 Uhr
Old Log Church Museum, 3rd Ave./ Elliott St., Whitehorse, Tel. 668-2555: Ausstellung zur Missionierungsgeschichte in der historischen Holzkirche; im Sommer Mo–Sa, 9–17, So 12–16 Uhr
Yukon Art Society, 305 Wood St., Whitehorse, Tel./Fax 667-4080: Werke von 150 Künstlern aus dem Yukon werden in der Captain Martin House Gallery ausgestellt; im Sommer 10–18 Uhr
Yukon Beringia Interpretive Centre, Alaska Hwy. beim Airport, Whitehorse, Tel. 667-8855, www.beringia.com: Ausstellung über den Yukon zu prähistorischer Zeit, Ende Mai–Mitte Sept.
Yukon Transportation Museum, 30 Electra Crescent, Whitehorse, Tel. 668-4792: Geschichte der Verkehrsmittel im Yukon, Hundeschlitten, Buschpiloten, Flussdampfer, Whitepass & Yukon Eisenbahn; Mitte Mai–Mitte Sept.

 Murdoch's, 207 Main St., Whitehorse, Tel. 667-7403: Auch wenn man nichts kaufen möchte, sollte man sich die Nugget-Sammlung und den antiken und modernen Nuggetschmuck dieses Juweliers einmal anschauen.
Mac's Fireweed Books, 203 Main St., Whitehorse, Tel. 668-2434: Bücher über den Norden
Hougen's, 305 Main St., Whitehorse, Tel. 667-4222: Kaufhaus mit reichem Angebot an Büchern und Souvenirs bis zu Fotogeräten und Wildnisausrüstung.
Yukon Gallery, 203 Main St., 100-208 Steele St., Whitehorse, Tel. 667-2391: topographische Karten
Whitehorse General Store, 205 Main St., Whitehorse, Tel. 393-8203: Souvenirs, Antiquitäten, Bekleidung etc.

 Frantic Follies Vaudeville Revue, Westmark Whitehorse Hotel, 201 Wood St., Tel. 668-2024: Goldgräber-Musical; tägl. zwei Vorführungen, Mitte Mai–Anf. Sept.

 Yukon Quest International Dog Sled Race: Hundeschlittenrennen von Whitehorse nach Fairbanks, Mitte Feb., www.yukonquest.yk.ca; **Yukon Sourdough Rendezvous Festival,** Ende Feb./Anf. März, Tel. 667-2148, www.yukon rendezvous.com; **Commissioners Potlatch:** Kulturfest der Ureinwohner, Ende Juni/Anf. Juli

 M.V. Schwatka – Yukon River Cruise, Whitehorse, Tel. 668-4716: Zweistündige Fahrt mit dem Schiff auf den Spuren der Goldgräber durch den Miles Canyon
Big Bear Adventures, P.O. Box 31510, Whitehorse, YT Y1A 6K8, Tel. 633-3566, 1-888-633-5657, Fax 633-7526, www. helloyukon.com: Kanu, Kajak, Hiking, Floßfahrten, Fahrradtouren, auch Verleih
Blockhüttenabenteuer Yukon/Kanada, P.O. Box 20125, Whitehorse, Yukon Y1A 7A2, Tel. 633-3566, Fax 668-7526, www. abenteueryukon.com: Geführte Kanu- und Wandertouren (deutschsprachige Guides),

Yukon Rendezvous Tour, Ausrüstungsver-
mietung für Individualreisende
Whitehorse Riding Stables,
91211 Alaska Hwy., P.O. Box 4434,
Whitehorse, YT Y1A 3T5, Tel. 633-3086,
Fax 667-2843: Ein- bis vierstündige Aus-
ritte, Trailritte mit Picknick, Packtrips mit
Angeln

 Gray Line Yukon, P.O. Box 4157,
Whitehorse, YT Y1A 3S9,
Tel. 668-3225, Fax 667-4494: Bustouren
nach Atlin, Dawson City, Eagle, Skagway,
Airport Transfer, Linienbus-Service zwischen Whitehorse und Tok, Fairbanks, Anchorage und Valdez

Whiteshell Prov. Park (MB)

Lage: Vordere Umschlagkarte F2
Vorwahl: 204

 Whiteshell Provincial Park,
Tel. 348-2201, 1-888-482-2267,
www.manitobaparks.com; **Camping.**

 **War Eagle Lake Wilderness
Retreat,** Rennie, MB R0E 1R0,
Tel. 369-5336, 1-877-467-0832, Fax 369-
5629, www.invernessfalls.mb.ca: Wildnis-
abenteuer, Wandern, Kanufahren im
Whiteshell Park

Williams Lake (BC)

Lage: Hintere Umschlagkarte F4
Vorwahl: 250

 Williams Lake Info Centre,
1148 Broadway S., Williams Lake,
BC V2G 1A2, Tel. 392-5025,
Fax 392-3983

 Overlander Hotel, 1118 Lakeview
Crescent, Williams Lake, BC
V2G 1A3, Tel. 392-3321, 1-800-663-6898:
Hotel, Overlander Pub mit Tanz und Enter-
tainment, Steakhouse und Coffee Shop;
Ausflüge nach Barkerville und Bowron
Lake Provinzpark; günstig

 Springhouse Trails Ranch,
P.O. Box 2, R.R.1, 3061 Dog
Creek Road, Springhouse Site,
BC V2G 2P1, Tel. 392-4780, Fax 392-4701,
www.springhousetrails.com: 20 km süd-
westl. von Williams Lake Guest Ranch und
Campground; Trailreiten, Wildnistrips;
Mai–Sept. preiswerte Pauschalangebote;
günstig

 **Museum of the Cariboo Chilco-
tin,** 113 N. 4th Ave., Williams Lake,
Tel. 392-7404: Cowboy Hall of Fame, Ran-
ching und Rodeo, Ureinwohner; Juni–Aug.
Mo–Sa 10–16 Uhr, sonst Di–Sa 11–16 Uhr

 Williams Lake Stampede am
1. Juliwochenende, großes Rodeo
mit Paraden und *pow wow*

Winnipeg (MB)

Lage: Vordere Umschlagkarte F2
Vorwahl: 204
Stadtplan: S. 228

 Tourism Winnipeg, 279 Portage
Ave., Winnipeg, MB R3C 2B4,
Tel. 943-1970, Fax 942-4043,
www.tourism.winnipeg.mb.ca

Fort Garry Hotel, 222 Broadway,
Winnipeg, MB R3C 0R3,
Tel. 942-8251, Fax 956-2351,
1-800-665-8088, www.fortgarryhotel.com:
Elegantes altes Hotel in der Innenstadt,
das kürzlich renoviert wurde; moderat
Sheraton Winnipeg, 161 Donald St.,
Winnipeg, MB R3C 1M3, Tel. 942-5300,
Fax 943-7975, www.sheraton.com: Moder-
nes Luxushotel in der Innenstadt, Swim-
mingpool, Sauna, Restaurant; moderat–
teuer
Place Louis Riel, 190 Smith St.,
Winnipeg, MB R3C 1J8, Tel. 947-6961,
Fax 947-3029, www.placelouisriel.com:
Wohnliches Apartmenthotel in ausgezeich-
neter Lage; günstig–moderat
St. Regis Hotel, 285 Smith St., Winnipeg
R3C 1K9, Tel. 942-0171, Fax 943-3077,
1-800-663-7344: Kleines preiswertes Hotel

in der Innenstadt, Coffee Shop, Restaurant; günstig–moderat

 Le Beaujolais, 131 Provencher Blvd., Winnipeg, Tel. 237-6276: Gourmetrestaurant, im restaurierten St. Boniface-Viertel; eines der 100 besten Restaurants in Kanada; Spezialitäten: Meeresfrüchte, Ente, Lamm, verführerische Desserts. Dinner ab 17 Uhr; teuer
Dubrovnik Restaurant, 390 Assiniboine Ave., Winnipeg, Tel. 944-0594: französische und andere europäische Spezialitäten in einem alten Gebäude am Fluss; moderat–teuer
Alycia's, 559 Cathedral Ave., Winnipeg, Tel. 582-8789: Einfaches Restaurant mit guter ukrainischer Küche; günstig–moderat

 Palomino Club, 1133 Portage Ave., Winnipeg, Tel. 772-0454: Beliebter Classic Rock Club, Live Entertainment, Restaurant, Bar
Celebrations Dinner Theatre, Canadian Inn, Fort Garry, 1824 Pembina Hwy., Winnipeg, Tel. 982-8282: Restaurant mit abendlichen Theateraufführungen; Mi–So

 The Forks, Waterfront, Winnipeg, Tel. 945-3777, **Veranstaltungen** Tel. 957-7618, **National Historic Site** Tel. 983-6757, **Market** Tel. 942-6309, **Manitoba Children's Museum** Tel. 924-4000
Manitoba Legislative Building, Broadway Ave. und Kennedy St., Winnipeg, Tel. 945-5813: Juli–Anf. Sept. 9–18 Uhr, sonst nach Vereinbarung
Oseredok – Ukrainian Cultural and Educational Centre, 184 Alexander Ave., Winnipeg, Tel. 942-0218: Di–Sa 10–16, So 14–17 Uhr
Royal Canadian Mint, 520 Lagimodiere Blvd., Winnipeg, Tel. 257-3359: Interessante Führungen durch die auch architektonisch sehr moderne Münzanstalt; Mai–Aug. Mo–Fr 9–17, sonst 10–14 Uhr
Winnipeg Commodity Exchange, 360 Main St., Winnipeg, Tel. 925-5000, www.wce.mb.ca: Von der Besuchergalerie aus kann man beobachten, wie in hekti-scher Atmosphäre Kanadas Weizen gehandelt wird; Mo–Fr 9.30–13.30 Uhr

 The Manitoba Museum, 190 Rupert Ave., Winnipeg, Tel. 956-2830, www.manitobamuseum.ca: Ein Besuch des Museums lohnt sich auf jeden Fall! Im Sommer tägl. 10–18 Uhr, im Winter Di–Fr 10–16, Sa/So 10–17 Uhr
St. Boniface Museum, 494 Ave. Taché, Winnipeg, Tel. 237-4500, im Sommer Mo–Fr 9–17, Sa 10–17, So 10–20 Uhr
Winnipeg Art Gallery, 300 Memorial Blvd., Winnipeg, Tel. 786-6641: Eine der größten Sammlungen von Eskimokunst in der Welt; nette Cafeteria; Mitte Juni–Ende Sept. tägl. 10–17 Uhr, Mi bis 21 Uhr

 The Upstairs Gallery, 266 Edmonton St., Winnipeg, MB, Tel. 943-2734: Winnipegs größte Galerie für Inuit-Kunst und -Kunsthandwerk
Northern Images, 2nd level Portage Place Mall Store, Winnipeg, Tel. 942-5501: Kunst und Kunsthandwerk der Inuit und Dene

 Centennial Concert Hall, 555 Main St., Winnipeg, Tel. 956-1360, Ticket-Info 956-2792: Ballet, Symphony and Opera Association
Royal Winnipeg Ballet, 380 Graham Ave., Winnipeg, Tel. 956-2792 (Ticket-Info)

Festival du Voyageur, Erinnerung an die Zeit des Pelzhandels, 2./3. Februarwoche, www.festivalvoyageur.mb.ca; **Winnipeg International Children's Festival,** Anf. Juni, www.childrensfestival.mb.ca; **Winnipeg Folk Festival,** Mitte Juli, www.wpgfolkfest.mb.ca; **Folklorama,** 2./3. Augustwoche, www.folklorama.ca

Paddlewheel-River Rouge Tours, Water St./Gilroy Ave., Winnipeg, Tel. 942-4500, Fax 942-8971, www.paddlewheelcruises.com: Sightseeing im Doppeldeckerbus und Schiffstouren auf dem Red River und dem Assiniboine, abends auch mit Dinner
Prairie Dog Central Steam Train,

Inkster Junction (zwischen Sturgeon Road und Metro Route 90), Winnipeg, Tel. 832-5259: Von Winnipeg nach Gros Isle in einem Dampfzug von 1882; Juli–Aug. Sa, So, feiertags; Mai, Juni, Sept. nur So
Tundra Buggy Tours, 173 Ragsdill Road, Winnipeg, MB R2G 4C6, Tel. 949-4790, 675-2121, (Juli–Nov.), 1-800-544-5049, Fax 667-1051, www.tundrabuggytours.com: Tundratouren mit Spezialfahrzeugen, Beobachtung von Eisbären Ende Okt. bis Anf. Nov., im Sommer Vogelpirsch und Belugawale beobachten

VIA-Rail Ticket Office, 123 Main St., Winnipeg, Tel. 949-7400, 1-888-842-7245: Sechstägige Zugfahrt von Winnipeg nach Churchill an der Hudson Bay; ganzjährig, dreimal wöchentlich
Winnipeg Transit, Tel. 986-5700

Wood Buffalo Nat. Park (NT)

Lage: Vordere Umschlagkarte D4
Vorwahl: 867

Wood Buffalo National Park, P.O. Box 750, Fort Smith, NT X0E 0P0, Tel. 872-7960, Fax 872-3910

Wrangell (AK)

Lage: Karte S. 448 F1
Vorwahl: 907
Stadtplan: S. 325

Visitor Center, 107 Stikine Ave., Wrangell, Tel. 874-3901, 1-800-367-9745, Fax 874-3905, www.wrangell.com

Wrangell Museum, 318 Church St., Wrangell, Tel. 874-3770: Im Sommer Mo–Fr 10–17, Sa 13–17 Uhr, und wenn Passagierschiffe anlegen
Chief Shakes Community House, 2nd St., Wrangell, AK, Tel. 874-2303, 874-3747: Öffnungszeit telefonisch erfragen

Anan Wildlife Observatory, U.S. Forest Service, Tel. 874-2323,

1-800-9745: Informationen und Angaben über lizensierte Führer für Exkursionen zum Anan Bear Observatory

Wrangell-St. Elias Nat. Park (AK)

Lage: Karte S. 448 D/E2
Vorwahl: 907

Wrangell-St. Elias National Park and Preserve, P.O. Box 439, Copper Center, AK 99573, Tel. 822-5234, www.nps.gov/wrst

Writing-on-Stone Prov. Park (AB)

Lage: Vordere Umschlagkarte D2, südöstlich von Lethbridge
Vorwahl: 403

Writing-on-Stone Provincial Park, Box 12, Milk River, AB T0J 1C0, Tel. 647-2364

Yale (BC)

Lage: Hintere Umschlagkarte F2
Vorwahl: 604

Hell's Gate Airtram, Am Hwy. 1, zwischen Yale und Lytton, Tel. 867-9277: Gondelbahn über den Fraser Canyon; Restaurant
Fraser River Raft Expeditions, P.O. Box 10, Yale, BC V0K 2S0, Tel. 863-2336, 1-800-363-7238, Fax 863-2355, www.fraserraft.com: Ein- bis achttägige Schlauchbootexpeditionen auf dem Thompson und Fraser River, u. a. durchs Hell's Gate; Ausgangspunkt Yale, 180 km östlich von Vancouver am Transcanada Hwy.

Yellowknife (NT)

Lage: Vordere Umschlagkarte D5
Vorwahl: 867

NWT Arctic Tourism, Box 610,
Yellowknife, NT X1A 2N5,
Tel. 873-7200, 1-800-661-0788,
Fax 873-4059, www.nwttravel.nt.ca
Northern Frontier Visitor Centre,
4807-49th St., Yellowknife, NT X1A 3T5,
Tel. 873-4262, 1-877-881-4262, Fax 873-
3654, www.northernfrontier.com
Canadian Wildlife Service, Box 637,
Yellowknife, NT X1A 2N5, Tel. 920-8531,
Fax 873-8184: Informationsmaterial über
Naturschutzgebiete in den NWT und
Nunavut

Explorer Hotel, Yellowknife, Hwy.
4, am Ortseingang, Tel. 873-3531,
Fax 873-2789, www.explorerhotel.nt.ca:
Modernes, komfortables Hotel mit 110
Zimmern und gutem Restaurant; teuer
Discovery Inn, Box 784, Yellowknife,
NT X1A 2NG, Tel. 873-4151, Fax 920-7948:
Downtown Hotel mit 40 Zimmern, Kitche-
nettes; moderat
The Prospector B & B and Grill,
3506 Wiley Road, Box 1197, Yellowknife,
NT XIA 2N3, Tel. 920-7620, Fax 669-7581,
www.theprospector.net: Attraktives Bed &
Breakfast mit Restaurant und Bar in der
historischen Old Town, schöne Aussicht;
nordische Spezialitäten, Karibu, Muskox,
Hecht und arktischer Saibling; moderat
Blue Raven Bed & Breakfast, 37 Otto
Dr., Yellowknife, NT XIA 2T9, Tel. 873-6328,
Fax 920-4013: drei Gästezimmer, schön
gelegen, mit Blick über den Great Slave
Lake; günstig

Mackenzie Lounge, Yellowknife
Inn, Yellowknife, Downtown,
Tel. 873-2601: Beliebtes Restaurant, Treff-
punkt von Geschäftsleuten, Piloten und
Leuten aus dem Goldminengeschäft; mo-
derat–teuer
The Wild Cat Cafe, 3507 Wylie Rd.,
Yellowknife Old Town, Tel. 873-8850: Urige

Kneipe aus der Gründerzeit; man sitzt auf
Holzbänken an langen Tischen und isst
nordische Spezialitäten wie Karibu Stew
oder Moschusochsensteaks; günstig–
moderat

**The Prince of Wales Northern
Heritage Centre,** Yellowknife, NT,
Tel. 873-7551, www.pwnch.learnnet.ca:
Prächtige Ausstellungen zur Naturgeschichte, Entdeckung und Kultur des Nordens; Juni–Aug. tägl. 10.30–17.30 Uhr;
sonst Di–Fr 10.30–17, Sa, So 12–17 Uhr

Northern Images, YK Centre Mall,
Franklin St./48th St., Tel. 873-5944:
Kunsthandwerk der Indianer und Eskimos;
auch in anderen Orten im Yukon und den
Northwest Territories

Festival of the Midnight Sun:
Fest der Sommersonnenwende,
22./23. Juni; **Raven Mad Daze:** Festival
der Künste, Mitte Juli; **Folk on the
Rocks,** Mitte Juli

Norweta, Tel. 873-5933,
1-877-874-6001 (gebührenfrei),
www.macktravel.com: Tagestouren, Kurz-
trips und Dinner Cruises mit einem historischen Ausflugsschiff auf dem Great Slave
Lake und dem Mackenzie River.

Yoho National Park (BC)

Lage: Hintere Umschlagkarte H4
Vorwahl: 250

Yoho National Park,
P.O. Box 99, Field, BC V0A 1G0,
Tel. 343-6783: Wanderwege und ein
halbes Dutzend Campingplätze,
www.yohoview.com

Reiseinformationen von A bis Z

Ein Nachschlagewerk – von A wie Anreise über N wie Notfälle bis Z wie Zeitungen – mit vielen nützlichen Hinweisen, Tipps und Antworten auf Fragen, die sich vor oder während der Reise stellen. Ein Ratgeber für die verschiedensten Reisesituationen.

Anreise

■ … nach Kanada

Anflughäfen für den Westkanada-Urlauber sind in der Regel Vancouver und Calgary. Die Preise für Flüge sind recht unterschiedlich, Holiday- und Spezialtarife gibt es je nach Reisezeit zwischen 400 und 1000 €.

Die **Lufthansa** (lufthansa.de) fliegt täglich nonstop von Frankfurt nach Vancouver, **Air Canada** (www.aircanada.ca) nach Calgary und Vancouver. **Thomas Cook Airlines** (früher Condor) bietet jeden Samstag einen Charterflug nonstop von Frankfurt nach Vancouver, auch Kombinationen innerhalb Kanadas sind möglich. Die **Air Transat** ist die führende Charterfluggesellschaft in Kanada. Sie fliegt sonntags ab Frankfurt nonstop nach Calgary und direkt nach Vancouver und freitags nonstop nach Edmonton.

Eine besonders preiswerte Möglichkeit, Kanada kennen zu lernen, bietet die Air Canada mit ihrem **Visit North America Airpass**. So sind z. B. drei Coupons schon ab 450 € erhältlich. Sie gelten auf dem gesamten USA- und Kanada-Streckennetz. Durch die Zusammenarbeit mit kanadischen und US-Airlines sind auch recht günstige Anschlussflüge nach Alaska und anderen amerikanischen Städten möglich.

■ … nach Alaska
… mit dem Flugzeug

Von Deutschland aus wird Anchorage nur von Chartergesellschaften direkt angeflogen. Linienflüge gehen über Chicago oder Seattle. Von Seattle, der Drehscheibe für den Flugverkehr nach Alaska, dauert der Flug nach Anchorage 3 $\frac{1}{2}$ Stunden. Die wichtigsten inneramerikanischen Gesellschaften, die nach Alaska fliegen, sind Alaska Airlines, Delta, United und Northwest Orient. Eine schnellere Verbindung besteht von Deutschland über Vancouver und Seattle nach Anchorage.

Am schnellsten und preisgünstigsten fliegt man mit der Charterfluggesellschaft **Thomas Cook** (früher Condor, www.thomascookag.com) von Deutschland nach Alaska und in den Yukon. Sie hat ihr Angebot noch einmal erweitert und eine neue Direktverbindung über Whitehorse im Yukon nach Fairbanks/Alaska eingerichtet. Zur Zeit bietet Thomas Cook drei wöchentliche Verbindungen an (Frankfurt – Anchorage, Frankfurt – Whitehorse – Anchorage sowie Frankfurt – Whitehorse – Fairbanks). Für Fluggäste, die Rundreisen planen, bietet Thomas Cook auch die Möglichkeit, für die Rückreise den Abflughafen Fairbanks oder Anchorage auszuwählen.

… mit dem Auto

Zu Land ist Alaska vom Yukon Territory her über verschiedene Straßen zu erreichen. Der Alaska Highway führt von Whitehorse nach Tok, und von Dawson City aus kann man im Sommer über den Top-of-the-World Highway ebenfalls Tok und damit den Anfang des alaskanischen Straßennetzes erreichen.

Wer von Kanada her kommend mit dem Leihwagen oder Camper einige Zeit im

Nordland verbringen möchte, mietet den Wagen besser schon in Alberta (Edmonton) oder British Columbia, da dort die Preise meist günstiger sind. Noch preiswerter und zuverlässiger mietet man seinen Wagen schon von Deutschland aus.

... mit der Fähre
Fährschiffe verkehren von Seattle oder von Prince Rupert aus, dem nördlichsten Hafen der B.C.-Fähren. Von hier hat man auch Anschluss an die kanadische Eisenbahn VIA-Rail nach Edmonton, Jasper und Prince George.

Ärztliche Versorgung

Die ärztliche Versorgung ist in den Städten West-Kanadas und Alaskas mit der unsrigen vergleichbar. Auch außerhalb der Städte wird Hilfe per Flugzeug gebracht. Für eine Behandlung kann mit Kreditkarte bezahlt werden. Krankenhäuser findet man unter »Hospital«, Apotheken unter »Pharmacies« oder auch unter »Drugstores« in den gelben Telefonbuchseiten.

Autofahren

■ ... in Kanada
Der nationale Führerschein ist ausreichend, es wird jedoch empfohlen, einen internationalen Führerschein mitzubringen. Tankstellen gibt es in Orten und entlang der Fernstraßen reichlich; will man jedoch besonders im Norden entlegenere Seitenstraßen befahren, empfiehlt sich ein stets gefüllter Tank.

Pannen/Unfälle
Mietwagenfahrer sollten sich bei Pannen mit dem Mietbüro in Verbindung setzen, um alle weiteren Schritte abzustimmen. In entlegeneren Gebieten und auf Fernstraßen helfen oft die Lkw-Fahrer weiter, da sie meist mit CB-Funk ausgerüstet sind und über den Notrufkanal 9 Polizei und Rettungswagen herbeirufen können.
    Zwischen den europäischen Automobilclubs und der Canada Automobile Asso-

ciation bestehen Kooperationsverträge. Gegen Vorlage der Mitgliedskarte erhält man in den Büros des CAA Informationen und Landkarten, im Notfall auch Pannenhilfe.

■ ... in den nördlichen Territorien
Das Straßennetz umfasst ganze 1700 km – meist geschottert. Dazu gehört der Dempster Highway, eine Wildnisstraße von Dawson City nach Inuvik (besonders schön Ende Sommer/Anfang Herbst, wenn sich die Tundra verfärbt). Auch Liard und Mackenzie Highway, die vom Great Slave Lake nach Süden (Fort Nelson, BC bzw. Grimshaw, Alberta) führen, lohnen eine Fahrt. Der Ingraham Trail (eine Straße) führt von Yellowknife aus 70 km nach Osten in den Busch.

Info über Autofähren – NT

Hwys. 1, 7 und	
Dempster Hwy. 8	Tel. 1-800-661-0751
o. Inuvik	Tel. 867/777-2678

Straßenzustandsbericht

NWT Hwys. 1 bis 7	Tel. 1-800-661-0750
o. Hay River	Tel. 867/874-2208
Dempster Hwy. 8	Tel. 1-800-661-0750
o. Inuvik	Tel. 867/777-2678
Yukon	Tel. 1-877-456-7623

■ ... in Alaska
Alaskas Hauptverbindungsstraßen sind geteert, Nebenstrecken und Stichstraßen häufig nur geschottert und deshalb nach Regenfällen und im Frühjahr oft unpassierbar. Obwohl die befestigten Straßen alle vier bis fünf Jahre neu asphaltiert werden, können manchmal frostbedingte Bodenwellen und Schlaglöcher Fahrzeug und Passagieren böse zusetzen. An Tankstellen gibt es keinen Mangel, jedoch sollte man Ausflüge ins Hinterland nur mit vollem Tank beginnen. Bevor Sie sich auf einer der Schotterstraßen in die Wildnis begeben, erkundigen Sie sich bei der nächsten Tankstelle oder Lodge nach dem Straßenzustand. Man wird Ihnen dort auch gern allgemeine Tipps und Informationen geben.

Straßenzustandsbericht – Alaska

Anchorage	
(Southcentral)	Tel. 907-273-6037
Fairbanks, Tok, Valdez	Tel. 907-456-7623
gebührenfrei	Tel. 1-800-661-0750

■ Leihwagen

Sofern man nicht eine reine Wandertour, Fähr- oder Zugreise plant, ist der Mietwagen oder Camper wohl die praktischste Möglichkeit, das Land kennen zu lernen. Bei der Anmietung in Kanada oder Alaska sollte man auf jeden Fall eine Kreditkarte vorweisen, da man sonst einige Hundert oder Tausend Dollar Kaution hinterlegen muss. Den Reisepass sollte man niemals als Pfand aus der Hand geben.

Für ein- oder mehrwöchige Auto-/Campermieten empfiehlt es sich in jedem Fall, das Fahrzeug bereits in Deutschland über ein Reisebüro zu reservieren, da die speziellen Urlaubstarife der Autovermieter für Europäer nur hier gebucht werden können und es in der Hauptsaison manchmal schwierig sein kann, vor Ort ein Fahrzeug zu bekommen. Außerdem sind die Angebote in der Regel in Deutschland überschaubarer und notwendige Versicherungen im Mietpreis inbegriffen, die man vor Ort teurer bezahlen müsste.

Die großen Autovermieter wie z. B. Avis, Budget und Hertz bieten in Deutschland Tarife an, die neben freien Kilometern auch ein komplettes Versicherungspaket enthalten – Leistungen, die man in Kanada und Alaska so nicht bekommen kann, oder die dort viel teurer wären. Im Reisebüro kann man leicht das beste Angebot heraussuchen. Die großen Leihwagenfirmen sind in der Regel auch die zuverlässigsten, was Wartung der Mietwagen und eventuellen Pannenservice anbetrifft (besonders in entlegeneren Gebieten), da sie auch das dichteste Netz haben.

■ Camper

Da Camper gerade in der Hauptsaison schnell ausgebucht sind, sollte man unbedingt frühzeitig von Deutschland aus reservieren. Das bringt auch oft finanzielle Vorteile und man ist durch das deutsche Reiserecht abgesichert. Dabei ist der Abschluss einer möglichst umfassenden Versicherung dringend zu empfehlen.

Es gibt Camper in verschiedener Größe, auch mit unbegrenzten Kilometern und kompletter Ausrüstung. One-way-Vermietung zwischen den einzelnen Stationen ist gegen Aufpreis möglich.

Großzügige Campingplätze, oft in den schönsten Naturschutzgebieten gelegen, die sonst keine Unterkünfte bieten, geben dem Reisen mit dem Wohnmobil in Kanada und Alaska seinen besonderen Reiz. Wer den Einstieg in dieses »komfortable Abenteuer« noch scheut, sollte einmal eine geführte Campingreise versuchen. Beratung und Buchung für individuelle und geführte Gruppenreisen bietet: **IMR Reisen,** Dahlienstr. 20, 47459 Rheinberg, Tel. 0 28 43/86 00 69, Fax 0 28 43/86 00 70, www.imrReisen.de

Behinderte

Obwohl viele der in diesem Buch beschriebenen Aktivitäten für Behinderte ggf. nur mit Einschränkungen oder gar nicht möglich sind, sind doch auf einer Kanadareise keinesfalls größere Probleme als in Deutschland, Österreich oder der Schweiz zu erwarten. So hat man in der städtebaulichen Planung in Kanada und auch in den USA schon viel früher als in Deutschland auf behindertengerechte Lösungen geachtet. Die Tourismusbehörden der einzelnen Provinzen können zum Thema »Reisen für Behinderte« weitere Auskünfte geben.

Diplomatische Vertretungen

■ … in Deutschland
Kanadische Botschaft
Einwanderungsabteilung
Friedrichstraße 95, 10117 Berlin
Tel. 030/20 31 24 47, Fax 20 31 21 34
Für besondere Anfragen zur Einreise nach Kanada (Besucher brauchen kein Visum).

■ … in Österreich
Kanadische Botschaft
Laurenzer Berg 2, A-1010 Wien

Tel. 01/5 31 38 30 00,
Fax 5 31 38 33 21

■ ... in der Schweiz
Kanadische Botschaft
Kirchenfeldstr. 88, CH-3005 Bern
Tel. 0 31/3 52 63 81, Fax 3 52 73 15

■ ... in West-Kanada
Federal Republic of Germany
704-999 Canada Place
Vancouver, British Columbia V6C 3E1
Tel. 604/684-8377

Federal Republic of Germany
3127 Bowwood Dr. NW
Calgary, Alberta T3B 2E7
Tel. 403/247-3357

Consulate General of Austria
1525 Coal Harbour Quay
Vancouver, British Columbia, V6G 3E7
Tel. 604/687-3338

Swiss Consulate
790-999 Canada Place
Vancouver, British Columbia, V6C 3E1
Tel. 604/684-2231

■ ... in Alaska
German Honorary Consul
425 G St., Suite 650
Anchorage, AK 99501
Tel. 907/274-6537, Fax 274-8798

Einkaufen

Bis auf Alberta, Yukon und Northwest Territories wird in den kanadischen Provinzen
eine Verkaufssteuer *(sales tax)* erhoben,
die aber Touristen unter bestimmten
Bedingungen zurückerstattet wird (neueste
Regelung im Geschäft erfragen). Alberta
hat eine Übernachtungssteuer und erhebt
5% Aufschlag auf Hotelrechnungen.

In Kanada ist die Ausfuhr von bestimmten Gegenständen eingeschränkt, die über
50 Jahre alt und von historischer oder wis-
senschaftlicher Bedeutung sind. Alkoholische Getränke sind in Kanada nur in den
staatlichen Monopol-Läden erhältlich.

Einreise- und Zollbestimmungen

■ ... für Kanada
Reisende nach Kanada benötigen als Touristen kein Visum. Reisepass bzw. Kinderausweis (ab zehn Jahren ist ein Lichtbild
erforderlich) genügen, sofern er noch mindestens sechs Monate gültig ist. Impfun-
gen sind nicht vorgeschrieben.

Zollfrei eingeführt werden dürfen alle
Gegenstände, die für den persönlichen
Gebrauch während der Reise bestimmt
sind. Außerdem: 1,1 Liter Spirituosen, 200
Zigaretten, 1000 Gramm Tabak und 50
Zigarren. Lebensmittel in begrenztem
Umfang und nur als Konserven, also keine
Früchte und kein Gemüse. Als Geschenk
dürfen Gegenstände im Wert von 40 Dollar
pro zu beschenkender Person eingeführt
werden. Jagd- und Sportwaffen dürfen
zwar mitgebracht werden – hierfür gelten
aber besondere Bestimmungen. Nähere
Auskünfte erhält man bei der kanadischen
Botschaft in Berlin.

**Canadian Customs and Revenue
Agency:** www.ccraadrc.gc.ca

■ ... für Alaska
Auch die Einreise in die USA ist für Besucher aus Deutschland, Österreich und der
Schweiz (bis zu einem Aufenthalt von 90
Tagen) problemlos. Vorgelegt werden
muss ein Reisepass bzw. Kinderausweis
(ab 10 Jahren mit Lichtbild), der für die
Dauer der gesamten Reise gültig sein
muss. Ein Visum wird nicht mehr benötigt.
Das Formular I-94 W zur Befreiung von der
Visumpflicht wird von den Grenzbehörden
oder an Bord des Flugzeugs bzw. Schiffes
zum Ausfüllen ausgehändigt. Außerdem
sind ein Rückflugticket und der Nachweis
ausreichender Mittel für die Dauer des
Aufenthaltes erforderlich.

United States Customs:
www.cusoms.gov./travel/htm

Für **Anschlussreisen** von Kanada in die
USA ist kein Visum erforderlich. Dabei
muss beachtet werden, dass bei mehrfa-
chem Grenzwechsel der *departure record-*

Abschnitt des Einreisedokuments nicht entfernt wird.

Zollfrei mitgebracht werden dürfen Gegenstände des persönlichen Gebrauchs sowie 1 Liter alkoholische Getränke, 200 Zigaretten oder 50 Zigarren oder 1350 g Tabak (nur für Personen ab 21 Jahre). Geschenkartikel bis zum Wert von 100 US-$ dürfen ebenfalls zollfrei eingeführt werden (gilt nicht für Alkohol und Zigaretten).

Nähere Auskünfte über die Einfuhrbestimmungen in Bezug auf Tiere, Autos, Jagdwaffen usw. erhält man von den amerikanischen Konsulaten oder der US-Botschaft.

Frische und konservierte Lebensmittel (Obst, Gemüse, Fleisch und Süßigkeiten mit Alkoholfüllung) sowie Pflanzen, Narkotika, gefährliche Arzneimittel (Ausnahmen mit ärztlichem Rezept) dürfen nicht in die USA eingeführt werden.

Elektrizität

In Kanada und USA beträgt die Stromspannung 110/120 V, 60 Hz Wechselstrom. Wenn Sie elektrische Geräte aus Deutschland mitbringen, müssen diese umschaltbar sein. Außerdem benötigen Sie einen Adapter für die in Nordamerika gebräuchlichen Flachstecker, der übrigens leichter in Deutschland zu bekommen ist.

Entfernungen

s. Übersichtskarte S. 436/437

Essen und Trinken

■ Alaska, Yukon Territory, Northwest Territories, Nunavut

Michelin-Sterne gibt es im Norden keine, dafür aber oft frischen Fisch und einheimisches Wild. Auch mit Steak geht man meist nicht fehl. Im hohen Norden gibt es kaum Restaurants, gegessen wird im Hotel. Dort werden durchaus einheimische Leckerbissen wie Karibu Stew, Moschusochsensteak oder Saibling serviert, auch wenn es

manchmal etwas Überzeugungskraft erfordert, klarzumachen, dass man diese Gerichte Konserven aus dem Süden vorzieht. Kleidungsvorschriften werden auch in den Städten sehr locker gehandhabt.

Übrigens werden in den kanadischen Restaurants kaum Wildgerichte angeboten, da kommerzielle Jagd und der Verkauf von Wild verboten ist – man darf nur für den eigenen Kochtopf jagen.

■ … übriges Kanada

In den Städten des Südens von West-Kanada gibt es hervorragende Restaurants, die keinen Vergleich scheuen müssen. Bedingt durch die ethnische Vielfalt der großen Städte wie Vancouver, Edmonton, Calgary und Winnipeg entdeckt man hier auch eine Bandbreite von kulinarischen Genüssen, wie man sie wohl in keiner europäischen Stadt finden würde.

Das Dinner ist die Hauptmahlzeit des Tages, üblicherweise zwischen 17 und 20.30 Uhr serviert, also etwas früher als bei uns.

■ Kleiner Restaurant-Sprachführer

apple sauce – Apfelmus
bacon – Frühstücksspeck
bass – Goldbarsch
batter – im Teigmantel
bill – Rechnung
black currant – schwarze Johannisbeeren
blackberry – Brombeere
boiled potatoes – gekochte Kartoffeln
braised – geschmort
bread roll – Brötchen
breakfast – Frühstück
brussel sprouts – Rosenkohl
cabbage – Weißkohl
cake – Kuchen
cauliflower – Blumenkohl
cereal – Haferflocken, Cornflakes
cherry – Kirsche
chicken – Hähnchen
cod – Kabeljau
cold cuts – Aufschnitt
cooked, boiled – gekocht
corn – Mais
crab – Krebs
cranberry – Preiselbeere
cucumber – Gurken

cup – Tasse
dumplings – Klöße/Knödel
egg: over easy – Spiegelei, von beiden Seiten gebraten
egg: poached – verlorenes Ei
egg: scrambled – Rührei
egg: soft boiled – weich gekochtes Ei
egg: sunny side up – Spiegelei, nicht gewendet
flounder – Scholle/Flunder
fork – Gabel
french-fries – Pommes frites
fried – gebraten
fried potatoes – Bratkartoffeln
gooseberry – Stachelbeere
gravy – Soße
haddock – Schellfisch
halibut – Heilbutt
ham – Schinken
herring salad – Heringsalat
jam – Marmelade
juice – Saft
knife – Messer
Lamb – Lamm
lettuce – Kopfsalat
lobster – Hummer, Languste
mackerel – Makrele
mashed potatoes – Kartoffelpüree
menu – Speisekarte
mustard – Senf
mutton – Hammel
napkin – Serviette
partridge – Rebhuhn
pastry – Gebäck
pheasant – Fasan
pickled – gebeizt, eingelegt
pigeon – Taube
pike – Hecht
plate – Teller
pork chop – Schweinekotelett
pork – vom Schwein
potato dumpling – Kartoffelknödel
prawn cocktail – Garnelen-Cocktail
roast chicken – Brathähnchen
roast pork – Schweinebraten
roast roe – Rehbraten
roast stag – Hirschbraten
rye bread – Roggenbrot
salmon – Lachs
sausage – Wurst
shrimps – Krabben
smoked – geräuchert

smoked salmon – Räucherlachs
sole – Seezunge
spoon – Löffel
steak rare – rosa Steak
steak medium rare – kurz angebratenes Steak
steak well done – durchgebratenes Steak
stew – Ragout
tablecloth – Tischtuch
trout – Forelle
turkey – Truthahn/Puter
vinegar – Essig
waiter – Kellner
whipped cream – Schlagsahne

Feiertage

■ ... in Kanada

Neujahrstag (1. Januar)
Karfreitag
Ostermontag
Victoria Day (Montag vor dem 25. Mai)
Canada Day (1. Juli)
Heritage Day in Alberta und British Columbia Day in BC (1. Montag im August)
Discovery Day im Yukon Territory (3. Montag im August)
Labour Day (1. Montag im September)
Thanksgiving (2. Montag im Oktober)
Remembrance Day (Heldengedenktag, 11. November)
Christmas Day (25. Dezember)
Boxing Day (26. Dezember)

■ ... in Alaska

Neujahrstag (1. Januar)
Martin Luther King Memorial Day (3. Montag im Januar)
Lincoln's Birthday (12. Februar)
Washington's Birthday (3. Montag im Februar)
Seward's Day (letzter Montag im März)
Memorial Day (letzter Montag im Mai)
Unabhängigkeitstag (4. Juli)
Labour Day (1. Montag im September)
Alaska Day (18. Oktober)
Veterans Day (11. November)
Thanksgiving (4. Donnerstag im November)
1. Weihnachtstag (25. Dezember)

Fernsehen/Rundfunk

Jeder größere Ort hat einen (oder mehrere) lokale Fernseh- und Rundfunksender, und in fast jedem Hotel- oder Motelzimmer steht auch ein Fernseher. Das in Kanada (wie auch in den USA) übliche NTSC-System ist nicht mit dem in Deutschland gebräuchlichen PAL-Standard kompatibel. Dies sollte man beachten, wenn man Videokassetten verwenden möchte.

Fotografieren

Alle gängigen Filme und Fotomaterialien sind in Alaska und Kanada erhältlich, aber generell etwas teurer als in Deutschland. Hat man nicht genügend Filme mitgebracht, empfiehlt es sich, diese in einem Fotogeschäft einer größeren Stadt zu kaufen, dort sind sie meist preiswerter und auch frischer als in kleineren Orten und Souvenirshops.

Geld und Banken

Europäischen Besuchern wird dringend geraten, auf kanadische bzw. amerikanische Dollar ausgestellte **Reiseschecks** mitzubringen. Euroschecks werden nicht akzeptiert, auch beim Umtausch europäischer Währungen gibt es bei den kanadischen Banken mitunter Schwierigkeiten. Reiseschecks tauschen nicht nur die Banken ein, sie werden auch von Hotels, Geschäften und Tankstellen angenommen. Außer einer Kreditkarte und Reiseschecks sollte man noch einen kleinen Barbetrag in der Landeswährung mitnehmen.

■ Kreditkarten

»Eurocard/Mastercard«, »Visa« werden praktisch überall akzeptiert. Es wird dringend empfohlen, eine dieser Karten mitzunehmen. So erspart man sich Probleme, z. B. beim Mieten eines Fahzeugs, das man ohne Kreditkarte gar nicht oder nur bei Hinterlegung einer hohen Geldsumme bekommt.

■ Banken

Banken sind im Allgemeinen in Kanada und Alaska Mo–Fr in der Zeit von 10–15 Uhr geöffnet.

■ Münzen

Obwohl es von 50 c- bis 1 $-Münzen alles gibt, sind praktisch nur 1 c, 5 c *(nickel)*, 10 c *(dime)* und 25 c-Stücke *(quarter)* im Umlauf. Es empfiehlt sich also, immer genügend *quarter* bei sich zu führen, um genügend Kleingeld für Busfahrten, Automaten oder zum Telefonieren zu haben.

■ Banknoten

In Kanada gibt es Banknoten zu 1, 2, 5, 10, 20, 50, 100, 500 und 1000 $, sie sind von verschiedener Größe und Farbe.

In den USA sind Banknoten zu 1, 2, 5, 10, 50 und 100 $ im Umlauf; sie sind von gleicher Größe und grüner Farbe.

Manchmal werden größere Geldscheine über mehr als 50 $ in Läden und Restaurants nicht gern angenommen. Man sollte große Scheine daher besser bei den Banken wechseln.

Gesundheitsvorsorge

Angesichts der extrem hohen Arzt- und Krankenhauskosten oder auch der Notfalltransportkosten sollte man unbedingt vor Reiseantritt eine Reisekrankenversicherung abschließen, bzw. sich bei der eigenen Krankenversicherung über eine Abdeckung der entstehenden Kosten bei Auslandsreisen informieren. So oder so wird aber von Ärzten und Krankenhäusern meist sofortige Bezahlung verlangt – in bar oder mit Kreditkarte.

Spezielle Medikamente sollten Sie mitbringen und eine Rezeptkopie dabei haben, damit ein kanadischer bzw. amerikanischer Arzt das Rezept erneuern kann. Bei Wanderungen und längeren Aufenthalten abseits der Siedlungen sollte man auf jeden Fall eine Reiseapotheke mit sich führen – und Mückenschutzmittel nicht vergessen!

Informationsstellen

■ … in Deutschland
Canadian Tourism Commission
Eichenberge 1–5, 63477 Maintal,
Tel. 0 18 05/52 62 32, Fax 0 61 81/49 75 58,
www.travelcanada.ca: Kostenlose Straßenkarten und allgemeines Informationsmaterial über Kanada, in Deutschland angebo-
tene Pauschalreisen und alle Anfragen,
Reisen nach Kanada betreffend

Canada Customs
2, Avenue de Tervueren, B-1040 Brüssel,
Belgien, Tel. 00 32/27 41 06 70, Fax 00 32/
27 41 06 94, www.ccra-adrc.gc.ca: Alle
Auskünfte über Einfuhr, Zoll, Jagen und
Angeln

Alaska Industry Travel Association
c/o Blue Marketing GmbH, Sonnenstraße
9, 80331 München, Tel. 0 89/23 66 2179,
Fax 089/23 66 21 99, think@mangum.de,
www.travel-alaska.de: Informationsmaterial über Alaska wird kostenlos zugeschickt

Kanadische Botschaft
Wirtschafts- und Kulturabteilung
Friedrichstraße 95, 10117 Berlin, Tel.
0 30/20 31 20: Allgemeine Anfragen zu
Wirtschaft und Kultur

Arktis Verlag/Nordland Touristik
Scheibenstraße 3, 87435 Kempten, Tel. 08
31/521 59 21, Fax 08 31/521 59 50: Spezial-
büro für individuelle und ausgefallene Rei-
seplanungen nach Kanada, Yukon und
Alaska, Wildnisaufenthalte, Angeln, Trekking, Gebirgs- und Polar-Expeditionen,
Routenberatung, umfangreiches Kartenmaterial, Spezialreiseliteratur

■ … in Österreich
Österreicher wenden sich an die **Canadian Tourism Commission** in Deutschland (s. o.).

■ … in der Schweiz
Canadian Tourism Commission
c/o Landair, Solothurner Str. 81,
CH-4702 Oensingen, Tel. 06 23/96 41 51,
Fax 396 41 52, canada-info@bluewin.ch,

www.travelcanada.ca: Straßenkarten und
allgemeines Infomaterial sowie alle Anfragen, Reisen nach Kanada betreffend

■ … in Kanada
Tourism British Columbia
Prov. Government, Box 9830, Dept. TG
Victoria BC V8V 9W5, Tel. 250-387-1642
www.hellobc.com, www.tourism.bc.ca

Travel Alberta
P.O. Box 2500
Edmonton, AB T5J 2Z4
Tel. 780/427-4321, 1-800-661-8888
Fax 780/422-0867
www.travelalberta.com

Tourism Saskatchewan
1922 Park Street,
Regina, SK S4P 3V7
Tel. 306/787-2300 oder 877/237-2273
(kostenlos innerhalb Saskatchewans)
Fax 306/787-5744
www.sasktourism.com

Travel Manitoba
Dept. AB3, 7th Floor, 155 Carlton St.
Winnipeg, MB R3C 3H8
Tel. 204/945-3777 oder 1-800-665-0040
(kostenlos innerhalb Manitobas)
Fax 204/945-2302
www.travelmanitoba.com

NWT Arctic Tourism
Box 610, Yellowknife, NT X1A 2N5
Tel. 867/873-7200, 1-800-661-0788 (kosten-
los innerhalb Kanadas)
Fax 867/873-4059
www.nwttravel.nt.ca

Nunavut Tourism
P.O. Box 1450, Iqaluit, NT X0A 0H0,
Tel. 867/979-6551, 1-800-491-7910 (kosten-
los innerhalb Kanadas)
Fax 867/979-1261
www.nunatour.nt.ca

Yukon Tourism and Culture
Box 2703, Whitehorse, YT Y1A 2C6
Tel. 867/667-5340
www.touryukon.com

Bei den Informationsbüros der Provinzregierungen erhält man kostenlos umfangreiches Karten- und Informationsmaterial über die einzelnen Tourismusregionen und meist auch besondere Broschüren über Unterkunft, Camping, Abenteuer- und Sportferien, Winterurlaub, Jagen und Angeln.

gestellt ist und mehr Rücksicht nimmt als in Deutschland.

Wer mit Kind(ern) reist, sollte allerdings den Zeitplan etwas großzügiger gestalten, um unterwegs genügend Spielraum zu haben, um sich mit dem Nachwuchs beschäftigen zu können.

Karten

Gutes Kartenmaterial für die Routenplanung ist kostenlos oder gegen eine geringe Schutzgebühr in allen Tourismusbüros der kanadischen Provinzen und auch in Alaska erhältlich. Topographische oder Spezialkarten sind in vielen Buchhandlungen, bei Outdoor-Spezialisten und zum Teil auch in den Visitor Centers der National Parks erhältlich. Zumindest erhält man hier gegen eine geringe Schutzgebühr Kartenmaterial für die Straßen und wichtigsten Wanderwege des jeweiligen Gebietes.

Federal Maps
Unit # 1,52 Antaris Dr., Nepean, K2E 7Z1 Ontario, Canada, Tel. 613/723-6366, Fax 613/723-6995, www.fedmaps.com: Topographische Karten, Spezialkarten

Kinder

Kanada eignet sich in hervorragendem Maße für Familienreisen mit Kindern. Weder fehlt es an entsprechenden Einrichtungen (Kindermenüs, besondere Attraktionen, Kinder bis 15 Jahre logieren im Allgemeinen kostenlos in Hotels etc.), noch schließt Abenteuerreisen Kinderfreundlichkeit aus. Im Gegenteil: Das Leben im Camp mit viel Platz, Kochen im Freien, Fischen und Feuermachen bereitet Kindern besonderen Spaß. Die Kanadier lieben es, mit Kind und Kegel die Campingplätze zu bevölkern – eine gute Voraussetzung übrigens, um Kontakte mit ihnen zu knüpfen: Kinder mit Kindern ebenso wie die Eltern untereinander. Generell gilt, dass man in Kanada und USA auf Reisende mit Kindern besser ein-

Kleidung

Lockere, legere Freizeitkleidung ist in Alaska und West-Kanada allenthalben richtig. Die Wildnis ist nie weit entfernt, und so ist man mit einem Flanellhemd, Jeans oder anderen strapazierfähigen Beinkleidern und Wanderschuhen immer gut gerüstet. Vor allem im Innern von Alaska und auch in den westkanadischen Provinzen herrscht im Sommer meist eine stabile Hochdrucklage vor. Für das Bilderbuchwetter, das man dann an langen Sommertagen genießen kann, kommt man auch mit leichterer Kleidung aus. Abends empfiehlt sich auf jeden Fall eine Jacke oder ein Pulli – schon wegen der Mücken. Empfehlenswert ist immer eine Ausstattung, die nach dem ›Zwiebelprinzip‹ funktioniert: Wenn nötig, eine Kleidungsschicht ablegen oder hinzufügen.

Beim Aufenthalt in Süd- und Südost-Alaska sowie an der Westküste von Vancouver Island und des nördlichen British Columbia sollte man auch Regenkleidung einpacken. Sonnenschutzmittel nicht vergessen, vor allem beim Wassersport!

Im Winter reicht für das Gebiet um Anchorage und in Südost-Alaska europäische Winterkleidung aus. Im Norden allerdings sollte man sich speziell ausrüsten. Die dortigen Geschäfte bieten eine große Auswahl an Kaltwetterkleidung. Für den Ski-Urlaub in British Columbia oder Alberta stattet man sich nicht anders aus als in Europa.

Trotz aller Wildwest- und Freizeitatmosphäre kann man in den Großstädten wie Vancouver, Edmonton oder Anchorage in Theatern oder eleganten Restaurants durchaus auch ein Dinnerjackett bzw. ein Abendkleid tragen.

Literatur

Walter Bauer: Grey Owl: Der weiße Indianer. Die Geschichte eines abenteuerlichen Lebens. Lamuv Vlg., Göttingen 2000, ISBN: 388977573X. Spannende Biografie des legendären Abenteurers, Naturfreundes und Schriftstellers, der mit 16 von zu Hause ausriss und 1905 nach Amerika zu den Indianern ging

Pierre Berton: Klondike: The Last Great Gold Rush, 1896–1899, Doubleday 2002, ISBN: 0385658443, 496 S., Paperback. Die faszinierende Geschichte vom großen Goldrausch im Yukon, meisterhaft erzählt

ders.: The Last Spike: The Great Railway, Doubleday 2002, ISBN: 0385658419, Paperback. Die Erschließung des kanadischen Westens durch den Eisenbahnbau, 3000 km Schienenstrang quer durch den Kontinent in fünf Jahren.

Canada Campground Guide, Woodall Pub. Co, ISBN: 0762708662. Jährlich erscheinender Klassiker für Camper in Nordamerika

Canada's Best Canoe Route, Hrsg. von Thomas Allister, Boston Mills Press 2003, ISBN: 1550463918, Paperback. 37 der besten Routen zwischen Atlantik und Pazifik – von zahm bis wild, auf Flüssen, Seen und an der Küste.

Elliott Katz: The Complete Guide to Walking in Canada: Includes Day-Hiking and Backpacking, Firefly Books, 2001, ISBN: 1552093700. Tipps für Ausrüstung und Planung von Trekking und Wanderungen, Einführung in den Gebrauch von Kompass und topografischen Karten, Beschreibung der interessantesten Routen und Wanderwege

Pat Kramer: Native Sites in Western Canada, Altitude Pub Ltd 1998, ISBN: 1551536129. Einführung in die Welt der Ureinwohner von B. C. und Alberta; Kultur, Kunsthandwerk, Aktivitäten, mit vielen Karten und Fotos

Tim Leadem: The West Coast Trail and Other Great Hikes, Mountaineers Books 2000, ISBN: 0898865360

Jack London: Lockruf des Goldes, dtv 1998, ISBN: 3423008717. Packender und realistischer Roman über den Goldrausch im Yukon

Jim Loomis: All Aboard! The Complete North American Train Travel Guide, Prima Publishing 1998, ISBN: 0761510877. Alles über das Reisen mit der Eisenbahn in Nordamerika, mit einer Fülle von Tipps und Informationen zu Routen und Reiseplanung

Andrew H. Malcolm: The Canadians, St. Martin's Press 1992, ISBN: 0312069219. Einfühlsame und gut geschriebene Darstellung der Kanadier und ihrer Gesellschaft

Peter Mertz: Reiseführer Natur, Kanada, BLV Verlagsgesellschaft 1996, ISBN: 3405148170. Informativer Naturführer mit ausführlichem Glossar der deutschen, lateinischen und englischen Namen

The Milepost, Trip Planner for Alaska, Yukon Territory, British Columbia, Alberta & Northwest Territories. Erscheint jährlich. Die ›Bibel der Nordlandreisenden‹ mit rund 800 Seiten Routenbeschreibungen und einer immensen Fülle von Adressen und Anzeigen

Farley Mowat: High Latitudes: An Arctic Journey, Steerforth Press 2003, ISBN: 1586420615, 300 S., Paperback. Das große Buch über Kanadas Norden erzählt spannend und einfühlsam über die Erschließung der unendlichen Weiten und das Schicksal der *native peoples*

Robert Service: Best Tales of the Yukon, Running Press Book Publishers 1983, ISBN: 0894712012. Eine Auswahl der besten Balladen des ›Barden vom Yukon‹, der die Abenteurer und Originale des Yukon Territory unsterblich gemacht hat.

Jonathan Waterman: Arctic Crossing: A Journey Through the Northwest Passage and Inuit Culture, 2001. Faszinierender Bericht über zweijährige Reisen mit Kajak und Hundeschlitten im Land der Inuit in Alaska und Kanada, mit bewegenden Einblicken in das heutige Leben der Inuit, beschreibt aber auch Flora und Fauna sowie die abenteuerliche Geschichte des Nordlandes

Jim Williams: The Hostel Handbook für The USA and Canada, Jim Williams Publishing 2003, ISBN: 0966730550,

Paperback. Umfangreiche Beschreibung der Herbergen und preiswerten Unterkünfte in Nordamerika

Maße, Gewichte, Temperatur

▧ ... in Kanada
Hier gilt wie in Europa das metrische System.

▧ ... in Alaska

1 inch (in.)	= 2,54 cm	
1 foot (ft.)	= 12 inches	= 30,48 cm
1 yard (yd.)	= 3 feet	= 91,44 cm
1 mile (mi.)	= 1,609 km	
1 ounce (oz.)	= 28,35 g	
1 pound (lb.)	= 16 oz.	= 453,6 g
1 pint (pt.)	= 0,4731 l	
1 quart (qt.)	= 2 pts.	= 0,946 l
1 gallon (gal.)	= 4 qts.	= 3,785 l

Die Temperatur wird in Alaska in Fahrenheit (F) gemessen und lässt sich wie folgt umrechnen:

$$\frac{(°F - 32) \times 5}{9} = C$$

z. B. sind 32 °F = 0 °C, 68 °F = 20 °C, 86 °F = 30 °C.

Nationalparks und Provinzparks

National- und Provinzparks haben sowohl in Kanada wie auch in Alaska meistens die besten Picknick- und Campingmöglichkeiten. Reservierungen per Kreditkarte sind in vielen Parks möglich, sonst sollte man sich möglichst früh am Tag seinen Platz sichern. Canadian Parks Service und die Provinzregierungen in Kanada sowie National Park Service und die Bundesstaaten in den USA halten detaillierte Informationen über die Parks und deren Freizeiteinrichtungen bereit.

Der Eintritt pro Fahrzeug ist in den einzelnen Parks unterschiedlich und liegt zwischen 10 und 20 Dollar. Möchte man mehrere National Parks besuchen, lohnt sich unter Umständen auch ein Jahrespass, den es sowohl für die kanadischen als auch die amerikanischen Parks gibt. Campinggebühren sind durch den Pass allerdings nicht abgedeckt. In den USA kann man mit dem **Golden Eagle Pass** für 50 US$ (pro Kfz einschließlich aller Insassen) ein Jahr lang alle National Parks, Monuments und Historical Sites besuchen. Mit dem **Canada's Great Western Annual Pass** kann man für 35 CAN $ (Gruppen 2–10 Personen CAN $ 70) ein Jahr lang die folgenden National Parks besuchen: Banff, Jasper, Waterton Lakes, Riding Mountain, Prince Albert, Elk Island, Yoho, Kootenay, Mount Revelstoke, Glacier und Pacific Rim. Die Pässe sind in den Visitor Centers erhältlich. Man kann auch mit Kreditkarten bezahlen.

Canadian Parks Service,
220 4th Ave., SE, Suite 550, Calgary, Alberta, T2G 4X3, Kanada, Tel. 403/292-4401, Fax 292-4408, www.parkscanada.pcn.gc.ca: Allgemeine Informationen über alle Nationalparks in Kanada

National Park Service Alaska,
2525 Gambell St., Room 107, Anchorage, Alaska 99503, Tel. 907/257-2687, www.nps.gov

Notfälle

In allen Notfällen (Ambulanz, Feuerwehr, Polizei) kann man landesweit in Kanada und Alaska die Rufnummer 911 wählen. In wenigen Ausnahmen ist der Notdienst über die 0 *(operator)* zu erreichen. Der *operator* ist auf jeden Fall immer eine hilfsbereite Anlaufstelle. Natürlich ist die Hotelrezeption, eine Tankstelle oder dergleichen auch immer in Notfällen *(emergencies)* behilflich. *Emergencies* heißen auch die Notaufnahmen in den Krankenhäusern oder Sanitätsdiensten.

Öffentliche Verkehrsmittel

■ Bus

Alle Hauptstraßen in Süd-Alaska sowie die Verbindungsroute durchs Yukon Territory nach Haines oder über Whitehorse nach Skagway werden, wenn auch nicht immer täglich, von Überlandbussen befahren. Dauert eine Fahrt länger als einen Tag, wird in einem kleinen Ort übernachtet – diese Kosten müssen extra gerechnet werden. Folgende Busgesellschaften bieten Linienverkehr an:

Greyhound Canada Transportation
2191 2nd Ave, Whitehorse, YT Y1A 3T8, Tel. 867/667-2223, Fax 867/633-6858, www.greyhound.ca: Whitehorse – Watson Lake – Dawson Lake; Whitehorse – Vancouver; Whitehorse – Edmonton

Atlin Express
Tel. 867/668-4545. 250/651-7617: Whitehorse – Tagish – Carcross – Atlin

Dawson City Taxi and Courier
Tel. 867/393-3334, 867/993-6688: Dawson City – Inuvik (Arctic Circle)

Alaska Direct Busline
Tel. 907/277-6652 (Anchorage), Tel. 867/668-4833 (Whitehorse) 1-800-770-6652: Whitehorse – Skagway; Whitehorse – Haines Junction – Tok – Glenallen – Palmer – Anchorage; Whitehorse – Tok – Delta Junction – Fairbanks

Seward Bus Lines
Tel. 907/224-3608: www.sewardbuslines.com: Anchorage – Homer – Seward

■ Eisenbahn

Die beiden großen Eisenbahnlinien Canadian National und Canadian Pacific Railroad sind heute unter dem Namen **VIA-Rail** zusammengeschlossen. Eine Reise mit dem Zug kann gerade in **West-Kanada** zu einem besonderen Erlebnis werden, da das Bahnfahren hier eine lange Tradition hat. Schon 80 Jahre bevor die erste Straße, der Transkanada Highway, nach Westen führte, rollten die Waggons der Canadian Pacific-Rail über die Pässe der Rocky Mountains. Nahezu unverändert erlebt der moderne Reisende dieselbe Szenerie vom komfortablen Glaskuppelwagen aus. Mehrere Routen stehen zur Auswahl oder können kombiniert werden: Calgary – Banff – Golden – Kamloops – Vancouver; Edmonton – Jasper – Prince George – Prince Rupert; Edmonton – Calgary.

Die Transkanada-Eisenbahn (VIA-Rail) fährt Di, Do und Sa von Toronto über Edmonton und Jasper nach Vancouver. Von Vancouver nach Toronto verkehrt der Zug Mo, Do und Sa. Die gesamte Fahrstrecke beträgt 5000 km, Ankunft ist jeweils am fünften Tag. Reiseunterbrechungen sind in jedem Ort möglich. Die Züge sind komfortabel ausgestattet, außer regulären Schlagwagenabteilen gibt es auch Abteile, die wie kleine Hotelzimmer mit eigenem Bad eingerichtet sind. Donnerstags fährt zusätzlich ein Sonderzug, der »Rocky Mountaineer« von Calgary über Banff nach Vancouver (Abfahrt 7 Uhr). Um die grandiose Berglandschaft bei Tageslicht genießen zu können, wird unterwegs übernachtet, sodass man freitags abends in Vancouver ankommt.

Fahrten mit der VIA-Rail kann man schon in Deutschland reservieren.

Canada Reisedienst CRD International
Fleethof, Stadthausbrücke 1-3, 20355 Hamburg, Tel. 040/30 06 16 70, Fax 30 06 16 55, www.crd.de: Informationen über Eisenbahn-Reisen in Kanada, VIA-Rail und Rocky Mountaineer, Fahrpläne und Buchungen

VIA-Rail-Informationen in Kanada
Tel. 604/640-3741, 1-888-842-7245

Die Fahrt mit **Alaskas** einziger Eisenbahn ist ein nostalgisches Erlebnis. In den rustikal-gemütlichen blaugelben Waggons fühlt man sich in die Zeit von 1923 zurückversetzt, als die Bahn eröffnet wurde. Passagierzüge verkehren zwischen Anchorage über den Denali-Nationalpark, wo man einen Aufenthalt einlegen sollte, nach Fairbanks (hin und zurück ca. $ 180). Nach Süden besteht eine tägliche Verbindung nach Whittier am Prince William Sound (Anschluss an die Fähren). Interessant für Wanderer: Nach Absprache mit dem Zugpersonal kann man unterwegs aussteigen und weiterwandern.

Der Bahnhof liegt in Anchorage an der 1st Ave., in Fairbanks an der 280 N. Cushman St. – also jeweils nahe am Stadtzentrum. Reservierungen und genauere Informationen:

The Alaska Railroad
P.O. Box 107500, Anchorage, AK 99510
Tel. 907/265-2494, 1-800-544-0552
Fax 907/265-2323,
www.alsakarailroad.com

White Pass & Yukon Route
P.O. Box 435, Skagway, AK 99840
Tel. 907/983-2217, 1-800-343-7373
Fax 907/983-2734
www.whitepassrailroad.com

■ Fähren
Die meisten Küstenorte **British Columbias** werden regelmäßig von Fährschiffen angelaufen. Von Vancouver Island über die zahllosen Inseln in der Strait of Georgia bis nach Norden zu den Queen Charlotte Islands ist die Inselwelt der Westküste so für den Touristen leicht und auch preiswert zu erkunden.

In **Alaska** gibt es ebenfalls ein ausgedehntes Fährsystem, den »Alaska Marine Highway«. Fast tägliche Verbindungen bestehen zwischen Prince Rupert, Ketchikan, Wrangell, Petersburg, Juneau, Haines und Skagway, und von Whittier (Anschluss an die Alaska Railroad, auch mit Fahrzeugen) dreimal pro Woche nach Cordova; ein- bis zweimal eine wöchentliche Verbindung zwischen Seward, Homer und Seldovia nach Kodiak und Port Lions.

Anschluss an die Alaska-Fähren in Prince Rupert; British Columbia bietet von Edmonton aus die kanadische Eisenbahn »VIA-Rail«. Die »B.C.-Ferries« verkehren zwischen Port Hardy an der Nordspitze von Vancouver Island und Prince Rupert, ebenfalls mit Anschluss an den Alaska Marine Highway.

Fahrzeugplätze und Kabinen auf den Fähren sollte man (vor allem im Sommer) unbedingt frühzeitig reservieren. Weitere Auskünfte über Fahrpläne und Preise sowie Reservierungen:

British Columbia Ferry Corporation
1112 Fort St., Victoria, BC V8V 4V2,
Tel. 250/386-3431, 1-888-223-3779 (außer in Victoria), Fax 250/381-5452,
www.bcferries.com: Vancouver (Tsawwassen) – Victoria (Swartz Bay); Vancouver (Horseshoe Bay) – Nanaimo; von Vancouver entlang der Küste nach Norden und zu den Gulf Islands; Port Hardy – Prince Rupert; Prince Rupert – Skidegate (Queen Charlotte Islands)

Alaska Ferry System
1591 Glacier Ave., Juneau, AK 99801,
Tel. 907/277-4829, 1-800-642-0066,
www.state.ak.us/ferry

■ Flugzeug
Das dichteste Streckennetz innerhalb West-Kanadas unterhält **Air Canada** mit Partner Airlines. Etliche kleinere Fluggesellschaften und zahllose Charterpiloten bedienen auch die entlegensten Orte in Alaska, Yukon und den Northwest Territories und stellen hier in den weglosen Weiten des Nordlandes die einzigen Verkehrsmittel dar (Adressen und Telefonnummern der Buschpiloten s. Gelbe Seiten der Telefonbücher)

Fluglinien in Alaska:

Alaska Airlines
Anchorage, Tel. 907/266-7200,
1-800-252-7522, Fax 266-7229,
www.alaskaair.com

Era Aviation
Anchorage, Tel. 907/248-4422,
1-800-843-1947, Fax 907/266-8349,
www.eraaviation.com

Chartergesellschaften:

Alaska Air Taxi
4501 Aircraft Dr., Anchorage, AK 99502,
Tel. 907/243-3944, 1-800-789-5232,
Fax 907/248-2993, www.alaskaairtaxi.com:
Rundflüge, Jagd- und Angel-Exkursionen,
Flüge zu Lodges, Abenteuer-Pauschalangebote, Charterflüge

Wings of Alaska
Juneau Airport, Tel. 907/789-0790,
Fax 789-2021, www.wingsofalaska.com:
Linien- und Charterflüge in Südost-Alaska,
Glacier Bay-Rundflüge, Flüge zu den Lodges und Hütten im Tongass National
Forest.

Öffnungszeiten

Die Einzelhandelsgeschäfte in Kanada und
Alaska haben in der Regel an Wochentagen zwischen 9 und 18 Uhr geöffnet, aber
Ausnahmen sind durchaus möglich,
besonders in den ganz kleinen Orten und
in den Großstädten sind die Geschäfte
(vor allem Supermärkte) häufig bis in den
späten Abend geöffnet. Auch an Sonntagen kann man sich mit dem Notwendigsten eindecken. Vorgeschriebene Öffnungszeiten wie bei uns gibt es in Kanada und
Alaska nicht.

Post

Auch in den kleinsten Orten West-Kanadas
und Alaskas gibt es Postämter, die allerdings manchmal nicht wie in den Städten
ganztägig geöffnet sind. Öffnungszeiten
dort in der Regel Mo–Fr 8–17 Uhr, Sa
8–12 Uhr. Die Adressen der Postämter in
Kanada finden Sie im Telefonbuch unter
der Rubrik »Government – Canada Post«,
in Alaska unter »United States Government«.

Falls Sie sich Post nachsenden lassen
wollen (wird etwa vier Wochen zur Verfügung gehalten), können Sie dies postlagernd nach folgendem Schema tun:
(Ihr Name)

c/o General Delivery Main Post Office (die
Stadt und die Provinz, in der Sie sich aufhalten werden).

Laufzeit: per Luftpost sieben bis zehn
Tage nach und von Europa.

Preisniveau

Das Preisniveau in den kanadischen Städten ist in etwa mit dem in Deutschland zu
vergleichen. In den kleineren Orten,
besonders im Norden, muss man auf
etwas höhere Preise vorbereitet sein. Dies
gilt auch für Alaska. Spirituosen und
Bekleidung sind etwas teurer als in
Deutschland, dafür kostet Benzin, einer
der wichtigeren Posten im Urlaubsbudget,
nur rund die Hälfte (Kanada 0,40–0,50 €,
Alaska 0,45–0,55 € pro Liter).

Rauchen

Anders als in vielen europäischen Ländern
gibt es in Kanada und den USA in den
meisten Restaurants separate Zonen für
Raucher und Nichtraucher. Einige Restaurants sind sogar gänzlich ›rauchfrei‹. In
öffentlichen Gebäuden ist das Rauchen
grundsätzlich untersagt, dazu zählen auch
viele Flughäfen (oder es ist dort nur in
bestimmten Zonen erlaubt). In den meisten Hotels und Motels gibt es Zimmer speziell für Nichtraucher. In den USA ist das
Rauchen auf fast allen Inlandsflügen verboten, und in Kanada ist der blaue Dunst
seit kurzem auf allen Flügen kanadischer
Airlines nicht mehr erlaubt.

Reisezeit

Die Hauptreisezeit fällt in die Monate Juni
bis August; jedoch haben die etwas kühleren Monate Mai und September mit Frühlingsblumen bzw. Herbstfarben bei strahlend klaren Tagen ebenso ihre Reize. Für
manche sind Herbst und Winter sogar die
beliebteste Zeit im Norden – kein Straßenstaub, wenige Touristen, dafür Hundeschlittenrennen und andere Feste – und

vor allem: keine Moskitos, die in den Sommermonaten doch sehr lästig werden können.

Ab Labour Day (1. Wochenende im September) sind kaum noch Reservierungen notwendig, allerdings sind dann auch die Öffnungszeiten vieler Museen eingeschränkt, und auch für viele Veranstalter von Touren und Exkursionen endet die Saison Ende September, besonders in den nördlichen Gebieten.

Sicherheit

Kanada wie auch Alaska sind so sicher (oder unsicher), wie man es in Mitteleuropa gewöhnt ist. Dabei ist in den großen Städten (und auch in vielen Indianerreservaten) eine höhere Kriminalitätsrate als in den ländlichen Gebieten zu verzeichnen.

Souvenirs

Qualitativ hochwertige Souvenirs stellen die Kunstwerke der Indianer und Inuit dar (siehe auch S. 42 ff.). Man kauft sie am besten in den Galerien, die sich auf Kunst und Kunsthandwerk spezialisiert haben sowie in den häufig sehr gut bestückten Läden der größeren und auch der kleineren Museen. British Columbia und auch Alaska sind für das Kunsthandwerk der Westküsten-Indianer bekannt: Schnitzereien, Masken, Lithografien. Beliebte Mitbringsel aus den Northwest Territories und aus Alaska sind traditionelle Indianerkleidung wie Mokassins, Handschuhe und Gürtel, aber auch Puppen, Körbchen und Tanztrommeln. Künstlerisch hochwertig, aber auch sehr teuer sind die geschnitzten Specksteinskulpturen der Inuit in Nunavut. Im Yukon und in Alaska wird origineller Schmuck aus Goldnuggets angeboten, und in Alberta sind Stetsonhüte, Western-Stiefel und -Gürtel gefragte Souvenirs.

Telefon

Von Deutschland, Österreich und der Schweiz wählt man nach Kanada und Alaska 001, gefolgt vom *area code* für die jeweilige Provinz bzw. die von Alaska und der Teilnehmernummer. Innerhalb der kanadischen Städte wählt man nur die siebenstellige Rufnummer. Zu Auswärtsgesprächen *(long distance calls)* innerhalb der eigenen Provinz bzw. Alaskas wählt man eine »1« vorweg.

Vorwahl

British Columbia (außer Vancouver) 250
Vancouver und Südwest-BC 604
Alberta 403
Edmonton und Nord-Alberta 780
Yukon 867
Saskatchewan 306
Manitoba 204
Northwest Territories und Nunavut 867
Alaska 907

In allen **Notfällen** wählt man 911, und für **Auskünfte** kann man sich an den Operator (0) wenden. R-Gespräche *(collect calls)* und die so genannten *person-to-person calls,* bei denen man gegen einen Aufpreis eine bestimmte Person ans Telefon rufen lassen kann, vermittelt ebenfalls der Operator. Telefonnummern mit der **Vorwahl 1-800** (auch andere 800er wie etwa 888) sind gebührenfrei, z. B. zur Hotel-, Flug- oder Autoreservierung.

Manche nicht ans Netz angeschlossenen Telefone in abgelegenen Regionen sind über Funk mit dem allgemeinen Netz verbunden. Diese *mobile phones* erreicht man über den Operator.

Von Kanada und Alaska aus kann auch **nach Europa** durchgewählt werden: zuerst die Vorwahl 011 und danach die jeweilige Landesvorwahl (BRD 49, Österreich 42, Schweiz 41). Obschon dies von den meisten Münzfernsprechern aus möglich ist, empfiehlt es sich, für längere Gespräche ein Büro der Telefongesellschaft aufzusuchen, um das langwierige Münzeneinwerfen zu vermeiden. Telefonieren vom Hotelzimmer aus ist bequem, aber wesentlich teurer als in Fernsprechzellen. Darüber hinaus kann man auch gebührenfrei eine Vermittlungsstelle in Frankfurt/M. anrufen, um eine Verbindung innerhalb der BRD herstellen zu lassen.

Vermittlungsstelle für Kanada:
1-800-465-0049;
... für Alaska: 1-800-292-0049, 1-800-766-0049 oder 1-800-927-0049. Die Gebühren zahlt dann der Angerufene. Eine preiswerte und bequeme Art, Fern- und Überseegespräche zu führen, bieten die Telefonkarten von AT&T, Telekom und anderen Firmen. Die angefallenen Gesprächsgebühren werden über VISA, Mastercard oder andere gebräuchliche Kreditkarten abgerechnet.

Telegramme

Die Postämter in Kanada und Alaska vermitteln keine Telegramme. In Kanada wendet man sich an das nächste Büro des **CN/CP Telegraph,** dem man ein Telegramm auch telefonisch durchgeben kann – sowohl vom Hotel als auch von einem öffentlichen Fernsprecher aus (mit genügend *quarters*).

In **Alaska** können Sie Telegramme bei **Western Union** oder telefonisch von jedem Fernsprecher aus aufgeben, wenn Sie über den Operator (0) die Nummer »Zenith 9500« anrufen, ihren Text durchgeben und den jeweiligen Betrag in Münzen entrichten oder (im Hotel) auf die Rechnung setzen lassen.

Postamt, Telegrammdienst und auch Telefondienst sind getrennte Institutionen und haben nichts miteinander zu tun.

Trinkgeld

In Kanada und Alaska sind Bedienungsgelder nicht im Preis inbegriffen. Es ist üblich, in Restaurants, bei Friseuren und Taxifahrern ca. 15 % des Rechnungsbetrages als Trinkgeld zu geben. Für das Tragen eines Gepäckstückes gibt man gewöhnlich 75 c. Zimmermädchen sollte man je nach Auf-

enthaltsdauer und Übernachtungspreis ca. 3–10 $ geben.

Unterkunft

■ Hotels

Das Angebot an Unterkunftsmöglichkeiten ist vielfältig und reichlich. Moderne Hotels und Motels findet man in den Städten und entlang der Fernstraßen, *guest ranches* im Hinterland und *lodges* zum Jagen und Angeln in der ausgedehnten Wildnis. Die Luxushotels der großen Ketten wie Sheraton, Hilton, Holiday Inn, Hyatt oder Westin gibt es vorwiegend in den großen Städten, während die preisgünstigeren *family-hotels,* z. B. TraveLodge und Best Western, auch in vielen kleineren Orten vertreten sind.

Diese Hotel- und Motelketten versenden auf Anfrage ein Verzeichnis mit Lageplänen ihrer Hotels. Wer seinen Urlaub bereits von Europa aus planen möchte, kann für die meisten dieser Hotelketten im Reisebüro verbilligte Übernachtungsgutscheine erhalten.

Das Frühstück ist in kanadischen Hotels und Motels im Preis nicht inbegriffen, man geht dazu in den Coffee Shop. In vielen Häusern kann man ein Zimmer mit *kitchenette,* einer voll eingerichteten Küche, mieten.

In **Alaska** nennen sich viele kleine Motels an den Highways (meist mit Coffee Shop und Tankstelle) *lodge,* nicht zu verwechseln mit den Wildnislodges, die einen ganz anderen Charakter haben.

In den **Northwest Territories** und in **Nunavut** findet man ausgesprochene Hotels nur in den regionalen Zentren (Yellowknife, Inuvik, Iqaluit), in den kleineren Orten entlang der Straßen gibt es Motels oder Lodges. Fast alle Siedlungen in der Arktis haben eine häufig ›Hotel‹ genannte Unterkunftsmöglichkeit, die oft jedoch nicht dem normalen Hotelstandard der Städte entspricht. Sie befindet sich meist im Besitz der lokalen Co-op. Die Spannweite geht von hotelähnlichen Neubauten mit Komfort über einfache und saubere bis zu

Basisunterkünften. Die Preise liegen durchweg über 100 $ pro Person, enthalten dafür aber alle Mahlzeiten. Rechtzeitige Reservierungen sind wegen der begrenzten Kapazitäten überall in den Northwest Territories zu empfehlen.

■ Bed & Breakfast

Bed & Breakfast ist eine andere, interessante Art der Unterbringung. Über eine Vermittlungsorganisation kann man, meist in den größeren Orten, Zimmer in Privathäusern mieten. Neben dem oft reichhaltigen, im Preis eingeschlossenen Frühstück am nächsten Morgen erhält man gute Tipps für Ausflüge in die Umgebung und kann auch mal einen Blick auf das kanadische oder amerikanische Familienleben werfen. Nähere Informationen bei den regionalen Tourismusbüros und in den »Praktischen Tipps von Ort zu Ort«.

Bed & Breakfast Association of Greater Edmonton
Tel. 780/432-7116, 1-866-432-7116, www.bbedmonton.com www.bbalberta.com

Northern Network of Bed & Breakfast
www.nnbandb.com
Bed & Breakfast im gesamten Norden, vor allem in BC, Yukon und Alaska

Alaska House of Jade Bed & Breakfast, 3800 Delwood Place, Anchorage, AK 99504, Tel. 907/337-3400, Fax 333-2329, alaskahouseofjade@ak.net, www.alaskahouseofjade.com: Vermittelt über 300 B & B in Alaska

■ Camping

Camping erfreut sich zu Recht in West-Kanada und Alaska immer größerer Beliebtheit. Mit vorbildlichen sanitären Einrichtungen, Picknick-Tischen und -Bänken sowie Feuerstellen bieten sich hier ideale Übernachtungsmöglichkeiten. Europäische Enge ist auf den Plätzen außerhalb der Städte so gut wie unbekannt. Viele öffentliche Campingplätze und

Tankstellen besitzen *dump stations,* wo Sie Ihren Wasservorrat ergänzen und verbrauchtes Wasser entsorgen können – und nur dort sollten Sie dies tun! Private Campingplätze sind oft mit allem Luxus ausgestattet (Wasser- und Stromanschluss; für Duschen muss häufig extra bezahlt werden). Die staatlichen Plätze verzichten meist auf eine Luxusausstattung, liegen aber in den schönsten Parks inmitten herrlicher Natur. Man sollte vor allem in den Parks zumindest während der Hauptreisezeit im Juli/August schon im Laufe des Nachmittags einen Campingplatz ansteuern. ›Wildes Campen‹ ist nur mit Genehmigung des Grundstückseigentümers oder der örtlichen Behörden gestattet.

Die Tourismusbüros der kanadischen Provinzen und Alaskas bieten kostenlos ausführliche Campingführer an.

■ Hostels/Jugendherbergen

Sehr preiswert übernachtet man als Mitglied des Jugendherbergsverbandes in den kanadischen Jugendherbergen, die in vielen Städten und manchen Nationalparks zu finden sind. Eine Liste der Häuser ist erhältlich bei:

Hostelling Association International Canada, 400-205 Catherine St., Ottawa, Ontario K2P 1C3, Tel. 613/237-7884, 1-800-663-5777, Fax 613/237-7868, www.hostellingintl.ca

■ Wildnislodges

Wildnislodges können den Charakter eines einfachen Camps oder den Komfort eines Resorts haben. Bei allen steht das Abenteuerprogramm mit Jagen und Angeln, Kanufahren, Fliegen, Wandern u. a. im Vordergrund. Die meisten sind nur per Boot oder Buschflugzeug zu erreichen. Da die Unterbringungsmöglichkeiten oft sehr begrenzt sind, empfiehlt sich rechtzeitige schriftliche Reservierung. Die Preise variieren stark (von 50 bis über 200 $ pro Tag und Person). Information und Adressen, alle **Alaska:**

Alaska Air Taxi
Lake Hood, 4501 Aircraft Dr., Anchorage, AK 99502, Tel. 907/243-3944, 1-800-739-5232, www.alaskaairtaxi.com: Flightseeing, Wildnislodges, Cabins, Angel- und Jagdexkursionen

Denali Backcountry Lodge
Sommer (9. Juni–10. Sept.): P.O. Box 189, Denali Park, AK 99755, Tel. 907/783-3954, 1-800-841-0692, Fax 783-5201; Winter (11. Sept.–Ende Mai): P.O. Box 810, Girdwood, AK 99587, Tel. 907/783-1342, Fax 783-1308: Wildnislodge im Denali-Nationalpark. Unterbringung in Blockhütten mit eigenem Bad. Goldwaschen, Flussfahrten, Hiking

Elfin Cove Lodge
P.O. Box 44, Elfin Cove, AK 99825, Tel. 907/239-2212, Fax 239-2212 (Mai–Sept.), P.O. Box 4407, Renton, WA 98057, Tel. 1-800-422-2824 (Winter), www.elfincove.com: 130 km westlich von Juneau auf der Chichagof-Insel. Sportangeln nach Lachs

Brooks Lodge, Katmai National Park
Reservierung über Katmailand, 4125 Aircraft Dr., Anchorage AK 99502, Tel. 907/243-5448, Fax 243-0649, www.katmailand.com, www.bearviewing.com: Pauschalangebote inklusive Flug von Anchorage. Katmailand betreibt mehrere Wildnislodges im Nationalpark. Touren zum Valley of Ten Thousand Smokes, Angeln, Bären beobachten

Kantishna Roadhouse Resort
Box 81670, Fairbanks, AK 99708, im Sommer Tel. 907/683-1475, Fax 683-1449, 1-800-942-7420: www.kantishnaroadhouse.com: Wildnisresort am Ende der Nationalparkstraße, Unterbringung in Hütten mit eigenem Bad, Fotoexkursionen, Bergwandern, Goldwaschen, Rundflüge, alles inklusive

Silver Salmon Lodge
Peter & Baerbel Guttchen, P.O. Box 378, Kodiak, AK 99615. Tel./Fax 907/680-2230: Lodge auf Kodiak in schöner Lage an einem Fjord, in 20 Min. mit dem Wasserflugzeug zu erreichen; komfortabel eingerichtet, exzellente Küche; man spricht Deutsch. Angeln, Jagen, Bootfahren, Wild beobachten – sehr zu empfehlen

■ Forest Service Cabins
Eine ideale Möglichkeit, einen Teil seines Aufenthaltes preiswert in der Wildnis zu verbringen, sind die *cabins* des »Forest Service«. Verstreut in den großen Wäldern, an Seen oder Fjorden, unterhält der Forstdienst in **Süd- und Südost-Alaska** fast 200 einfache Hütten, die an Gruppen (4–6 Personen) vermietet werden – für ca. 15 $ pro Tag! Reservierung etwa ein halbes Jahr im Voraus. Am nächstgelegenen Ort angekommen, chartert man ein Wasserflugzeug und lässt sich (gut ausgerüstet wohlgemerkt) zur Hütte fliegen. Wanderungen zu nahe gelegenen Gletschern oder auf die Berge, Fischen und Bootfahren (zu vielen Hütten gehören Ruderboot oder Kanu) machen den Aufenthalt unvergesslich. Informationen und Adressen der jeweils zuständigen Unterbezirke erhält man bei:

USDA Forest Service
Chugach National Forest, 3301 C St., Suite 300, Anchorage, AK 99503 (für Süd-Alaska)

USDA Forest Service
8465 Old Dairy Rd., P.O. Box 21628, Juneau, AK 99802 (für Südost-Alaska)

■ Guest Ranches, Pack Trips, Cattle Drives
Besonders in **British Columbia** und **Alberta** gibt es ein vielseitiges Angebot für Ranchferien. Neben den Working Cattle Ranches mit authentischer Westernatmosphäre gibt es auch kleine Guest Ranches und solche mit Resortcharakter. Einige sind besonders für Familien mit kleinen Kindern geeignet, andere bieten Wildnistrips, Trailreiten, Kanufahren und Angeln, aber auch Campen an. Pro Person und Tag muss man ca. 150–250 CAN $ rechnen (inklusive drei Mahlzeiten und Reitprogramm). Es gibt häufig Kinderermäßigungen und oft günstigere Wochenraten. Je

nach Komfort und Programm differieren die Preise jedoch sehr.

Im Allgemeinen unterscheidet man drei verschiedene Arten von Ranches. Auf einer **Working Ranch** wird der Gast in den üblichen Tagesablauf eingebunden, er kann den Cowboys bei der Arbeit zusehen oder auch helfen. Da oft nur wenige Gäste aufgenommen werden können, ist die Atmosphäre familär. **Guest Ranches** haben sich auf die Betreuung von Gästen spezialisiert. Hier steht meistens ein vielfältiges Reitprogramm im Vordergrund, oft auch mit mehrtägigen Trailritten und Übernachtungen in Zelten. Bei einem **Ranch Resort** wird ursprüngliches Western-Ambiente mit den Annehmlichkeiten eines Vier-Sterne-Hotels geboten. Auch hier gibt es ein entsprechendes Reitangebot, dazu aber oft Gourmetrestaurants, Swimmingpool sowie die Möglichkeit, Golf und Tennis zu spielen.

Auf manchen Working Ranches werden im Frühjahr und Herbst auch **Cattle Drives** angeboten, eine Möglichkeit, die faszinierende Atmosphäre wie im ›Western‹ hautnah mitzuerleben. Dabei hilft man den Cowboys, die Rinderherde von den Winterweiden im Tal zu den höher gelegenen Sommerweiden und im Herbst wieder zurück zur Ranch zu treiben. Man sitzt fünf bis sechs Stunden pro Tag im Sattel und übernachtet im Camp in Zelten. Reichliche Mahlzeiten und die richtige Stimmung am Campfeuer gehören selbstverständlich dazu. Bei einigen Drives kann man auch als ›Greenhorn‹ teilnehmen, bei anderen gehört schon einige Erfahrung dazu. Bei den **Pack Trips** wird in der Regel keine Erfahrung benötigt. Dies ist vielleicht die bequemste Art, die atemberaubend schönen und unberührten Landschaften Nordamerikas zu entdecken. Man sitzt auf seinem zuverlässigen Pferd, und Gepäck und Verpflegung wird mit Packpferden transportiert. Übernachtet wird entweder in Zelten entlang der Strecke oder man kehrt zur Ranch zurück.

Informationen und besondere Broschüren über diese Form des Urlaubs erhält man bei den Tourismusbehörden der jeweiligen Provinzen. In Deutschland gibt es Informationsmaterial sowie eingehende Beratung und Buchungsmöglichkeiten für ein umfangreiches Programm von Guest und Working Ranches, Cattle Drives und Pack Trips in Kanada und im amerikanischen Westen auch bei einem Spezialveranstalter:

Argus Reisen
Walkemühlenweg 5, 37083 Göttingen, Tel. 0 55 51/7 70 45 21, Fax 7 70 45 23, www.argusreisen.de

Guest Ranches

Willow Lane Guest Ranch
P.O. Box 114, Granum, AB T0L 1A0, Tel. 403/687-2284, 1-800-665-0284, Fax 403/687-2409, www.willowlaneranch.com: Gastfreundliche Familien-Ranch am Ostrand der Rockies; Zimmer im Ranchhaus und Blockhütten, hervorragende Küche, Trailreiten, Cattle Drive, Ausflüge und andere Aktivitäten.

Flying U Guest Ranch
P.O. Box 69, 70 Mile House, BC V0K 2K0 (100 km nördl. von Cache Creek, Hwy. 97), Tel. 250/456-7717, Fax 456-7455, www.flyingu.com: Working Ranch mit Rinderzucht, Unterkunft in Blockhütten, Lodge mit Kamin, Waschraum, Sauna, Reiten, Kanufahren, Wandern; inklusive Mahlzeiten

Beaver Ranch
P.O. Box 518, Clearwater, BC V0E 1N0, Tel. 250/587-6567: Guest Ranch 20 km südl. von Clearwater, Hwy. 5, an der Dunn Lake Rd.: Blockhütten mit Kitchenette; Reiten, Fischen, Kanufahren

Black Cat Guest Ranch
P.O. Box 6267, Hinton, AB T7V 1X6, Tel. 780/865-3084, 1-800-859-6840, Fax 865-1924: In den Rocky Mountains, Zimmer mit Bad; Reiten, Kanutouren, Angeln, Ausflüge zum Columbia Icefield und Maligne Lake

TL Bar Ranch
Tom und Willie Lynch, P.O. Box 217, Tro-

chu, AB T0M 2C0, Tel. 403/442-2207:
Pferde- und Rinderzucht, nahe Drumheller;
Ranchhaus und Hütten mit Kochmöglich-
keit; Reiten, Kanufahren, Ranchaktivitäten

Sehr preisgünstig sind *farm vacations,* die
unseren **Ferien auf dem Bauernhof**
ziemlich genau entsprechen. In vielen Fällen gibt es dazu noch ein komplettes Frei-
zeitprogramm mit Reiten, Angeln oder
Kanufahren. Ausführliche Informationen
und Verzeichnisse gibt es bei den Tourismusbüros von Alberta, Manitoba und Saskatchewan (s. S. 415), zu Manitoba auch
bei:

Manitoba Country Vacations Farms
c/o Ernest Fraser, Box 93, Minto,
MB R0K, 1M0, Tel./Fax 204/776-2176,
1-866-284-9014,
www.countryvacations.mb.ca

Urlaubsaktivitäten

■ Wandern/Bergsteigen/Trekking

Mountain Canada,
Purcell Helicopter Skiing
P.O. Box 1530, Golden, BC V0A 1H0,
Tel. 250/344-5410, 1-877-435-4754, Fax 344-
6076, www.purcellhelicopterskiing.com:
Ein- bis fünftägige Bergsteigertouren in
den zentralen und nördlichen Rocky
Mountains in Fels und Eis

Strathcona Park Lodge Outdoor
Education Center
P.O. Box 2160,
Campbell River, BC V9W 5C5,
Tel. 250/286-3122, Fax 287-6010,
www.strathcona.bc.ca: Ein- und mehrtä-
gige Wandertouren in den Bergen des
Strathcona-Parks und auf Nootka Island,
Grundkenntnisse im Klettern, Gletscher-
wandern und Verhalten in der Wildnis wer-
den vermittelt.

Yamnuska Inc.
200,50 Lincoln Park, Canmore,
AB T1W 1N8, Tel. 403/678-4164,

Fax 678-4450, www.yamnuska.com: Berg-
steigerkurse, Back Packing, Trekking, Ski-
touren in der Banff Region; deutschsprachige Führer

■ West Coast Trail

Der West Coast Trail ist in den letzten Jahren zunehmend populärer geworden.
Wanderer aus aller Welt wollen diesen
›Klassiker‹ erlebt haben. So ist es nicht verwunderlich, dass der Canadian Park Service seit 1992 ein striktes Quotensystem
eingeführt hat (nur 52 Wanderer pro Tag
und Richtung sind auf dem Trail erlaubt).
Man muss also rechtzeitig für die Saison
vom 1. Mai bis 1. Oktober beim Park Service reservieren (die Reservierung ist
jedoch nicht vor dem 1. März möglich).
Außerhalb der Saison ist der Trail nicht zu
empfehlen. Das Wetter ist dann zu
schlecht, eine regelmäßige Überwachung
des Trails findet nicht mehr statt und eventuell erforderliche Rettungseinsätze müssen selbst bezahlt werden.
  Hat man nicht reserviert, kann man sich
in eine Warteliste eintragen lassen. Man
erhält eine Nummer als Bestätigung, die
bis 12 Uhr am Vortag der Trailwanderung
im West Coast Trail Information Centre in
Port Renfrew oder Bamfield abgeholt werden muss.

Informationen: Pacific Rim National
Park Headquarters, Box 280, Ucluelet,
BC V0R 3A0 (Tel. 250/726-7721,
726-4112).

Von Victoria ist ein Bustransfer mit dem
Unternehmen **West Coast Trail Express**
(Tel. 250/477-8700, www.trailbus.com) zum
Ausgangspunkt des Trails in Port Renfrew
möglich. Reservierungen sollten drei bis
vier Tage im Voraus getroffen werden.
Zwischen Port Alberni und Bamfield gibt
es eine Fährverbindung durch die »Lady
Rose«.

Informationen über Preise und
Abfahrtzeiten: Alberni Marine Trans-
portation (Tel. 250-723-8303, 1-800-663-
7192, www.ladyrosemarine.com). Nach

Verhalten in der Wildnis

Um an Exkursionen unter Leitung erfahrener *guides* teilzunehmen, braucht man kein *sourdough,* also kein Wildnis- oder Nordlandexperte zu sein. Dennoch sind auch hier sorgfältige Planung und eine Mindestausrüstung notwendig.

Vor einer nicht geführten Tour sollte man sich über Terrain und Wetterbedingungen informieren und jemandem (am besten dem Parkranger) Angaben über Zahl der Teilnehmer, Ziel und voraussichtliche Rückkehr machen, sodass notfalls eine Suchaktion gestartet werden kann.

Überanstrengung ist unbedingt zu vermeiden (besonders in Notsituationen), da sie die Gefahr einer Unterkühlung verstärkt, die fast unbemerkt eintreten kann (besonders bei Temperaturen unter 10 °C und feuchtem oder windigem Wetter). Müdigkeit kann bereits ein fortgeschrittenes Stadium ankündigen. Deshalb sind entsprechende Kleidung und Wetterschutz die wichtigste Vorsichtsmaßnahme. Bis zu 60 % der Körperwärme können über den ungeschützten Kopf verloren gehen und nasse Kleidung beschleunigt den Verlust an Körperwärme rapide.

Handhabung von Karte und Kompass sollte man vorher geübt haben und Ausrüstung auf Funktion und Vollzähligkeit prüfen. Kleine Gegenstände mit auffallender Farbe oder Klebeband markieren (ohne dies ist das Wiederfinden im Busch schwer möglich).

Campfeuer dürfen angezündet werden, wenn private oder öffentliche Bekanntmachungen dies nicht untersagen. Das ist zum Beispiel in heißen und trockenen Sommern der Fall, wenn die Waldbrandgefahr hoch ist. Immer aber muss der Platz für ein Feuer sehr sorgfältig ausgesucht werden: auf sandigem oder felsigem

Bamfield führt auch eine unbefestigte *logging road,* die aber nicht zu empfehlen ist.

Kartenmaterial, »West Coast Trail, Port Renfrew–Bamfield«, erhält man bei **Crown Publications**, 521 Fort St., Victoria, BC V8V 1G7, Tel. 250/386-4636. Ein hervorragender und unentbehrlicher Trailführer ist »The West Coast Trail« von Tim Leadem, herausgegeben vom Sierra Club of Western Canada.

■ Exkursionen

Canadian River Expeditions
Box 1023, Whistler, BC V0N 1B0, Tel. 250-392-9195, 604/938-6651, Fax 938-6621, www.canriver.com: sechs- bis zwölftägige Schlauchboot-Wildnistouren auf den Flüssen Chilcotin, Fraser, Tashenshini und Alesk River

Alaska Travel Adventures
9085 Glacier Hwy., Suite 301, Juneau, AK99801, Tel.907/789-0052, Fax 789-1749, www.alaskaadventures.com: Flussexpeditionen und Wildwasserfahrten im Kanu, Kajak oder im Schlauchboot, Rucksacktouren im Denali-Park; auch Tagesexkursionen

Sourdough Outfitters
P.O. Box 66, Bettles, AK 99726, Tel. 907/692-5252, Fax 692-5557, www.sourdough.com: Wildnistrips in die Brooks-Berge; Fahrten mit Schlauchboot, Kanu und Kajak, Skiwandern, Hundeschlittenexkursionen

Katmailand
4125 Aircraft Dr., Anchorage, AK 99502, Tel. 907/243-5448, Fax 243-0649, www.katmailand.com: Pauschalangebote inkl. Flug von Anchorage; Katmailand betreibt mehrere Lodges im Park und veranstaltet Touren zum Valley of Ten Thousand Smokes; Angeln, Kanufahren, Bären beobachten

Grund und nicht in der Nähe von Unterholz oder Baumstümpfen. Schaufel oder Wasser müssen vorhanden sein, um das Feuer vollständig löschen zu können; ein Feuer niemals ohne Aufsicht lassen!

■ Ausrüstung

Folgende Utensilien sind für eine Wanderung in Wildnisgebieten unerlässlich:
- bequemer, stabiler Rucksack
- Leichtzelt mit Moskitonetz
- Schlafsack (solche mit Kunstfaserfüllung sind bei Feuchtigkeit wesentlich wärmer als Daunenschlafsäcke)
- Schaumstoffunterlage (Isomatte) und Plastikfolie (1 x 2 m)
- warme Ersatzkleidung und Regenschutz
- Wander- oder Trekkingschuhe sowie schnell trocknende Turnschuhe zum Durchqueren von Bächen
- kleines Handbeil und Messer (am besten Schweizer Messer)
- Sturmfeuerzeug und wasserfeste Streichhölzer – *fire starter* oder einige Kerzen

- Überlebenskit: eine Isolationsdecke zum Unterlegen oder Abdecken, Messer, Alufolie zum Kochen, Signalspiegel, Angelhaken mit Perlonschnur, Trillerpfeife, wasserfeste Zündhölzer, Draht, Bouillonwürfel, Tee, Salz- und Zuckerbeutel, Kerzen. Alles zusammen in einen Metallbehälter packen, den man auch zum Kochen benutzen kann.
- Erste-Hilfe-Kit (in wasserdichtem Behälter): Pflaster, Klebeband, Verbandsrollen, einige sterile Zellstoffstücke, Aspirin, Abführmittel, Jod, Sicherheitsnadeln, Vaseline, Nadel und Faden
- Plastikbeutel (für Kleidung, Nahrungsmittel usw.)
- Notsignal
- Kocher, Essgeschirr
- Nahrungsmittel (wegen der Gewichtsersparnis eignen sich besonders dehydrierte Nahrungsmittel, auch kalorienreiche Snacks und Trockenfrüchte bieten sich an)

■ Kanu/Kajak/Wildwasser

Fraser River Raft Expeditions
P.O. Box 10, Yale, BC V0K 2S0, Tel. 604/863-2336, 1-800-363-7238, Fax 863-2355, www.fraserraft.com: Ein- bis sechstägige Schlauchbootexpeditionen auf dem Thompson und Fraser, u. a. durchs Hell's Gate; Ausgangspunkt ist Yale, 180 km östl. von Vancouver am Transkanada Highway

Pathways Tours
c/o Great Expeditions, 940 West King Edward Ave., Vancouver, BC V5Z 2E2, Tel. 604/257-2040, Fax 604/257-2158, www.greatexpeditions.com: Einwöchige Kanu-Exkursionen auf dem Bowron Lakes-Rundkurs. Ausrüstung und alle Mahlzeiten sind inbegriffen

Mirage Adventure Tours
P.O. Box, Canmore, AB I0L 0M0, Tel. 403/678-4919, 1-888-312-7238, Fax

591-7301, www.miragetours.com: Wildwasser-Floßfahrten auf dem Kananaskis River; auch Kombination von Wildwasserfahrt und Trailritt möglich (ca. 120 $)

Alaska Discovery Wilderness Expeditions
5310 Glacier Hwy., Juneau, AK 99801, Tel. 907/780-6226, Fax 780-4220, www.akdiscocery.com: Unternehmen seit zwei Jahrzehnten Exkursionen in die Wildnisgebiete Alaskas; vier- bis 14-tägige Kajak- und Kanutouren; Juni–Sept.

■ Reiten

Alpine/Wilderness Adventures Ltd.
P.O. Box 8, Tatlayoko Lake, BC V0L 1W0, Tel./Fax 250/476-1169, www.bracewell. com: vier- bis 14-tägige Trailritte in der Wildnis der Coast Range Mountains, Angeln, eine Flugstunde von Vancouver

entfernt; gekocht wird am Lagerfeuer, geschlafen in Blockhütten oder Zelten (pro Tag ca. 180 $); Hausboot (ca. 160 $ pro Tag)

Timberline Tours
P.O. Box 14, Lake Louise, AB T0L 1E0, Tel. 403/522-3743, www.banff.net/timberline: 3-, 4-, 7- und 10-Tage-Ritte vom Lake Louise aus; Unterbringung in Zelten, Schlafsack mitbringen! Auch für Kinder; max. 12 Teilnehmer; ab $ 400; Stunden- oder Tagesritte vom Bow Lake aus; Juni–September

McKenzie's Trails West
P.O. Box 971, Rocky Mountain House, AB T0M 1T0, Tel. 403/721-2132, Fax 721-2114, www.mckenziestrailswest.com: 6- und 12- Tage-Ritte in entlegene Regionen der Rockies; Basislager am Abraham Lake, 150 km von Rocky Mountain House, Zelte; kostenlose Abholung in Calgary; 10–12 Teilnehmer; Juni–Aug.

Willow Lane Guest Ranch
P.O. Box 114, Granum, AB T0L 1A0, Tel. 403/687-2284, Fax 687-2409, www.willowlaneranch.com: Gastfreundliche Familien-Ranch am Ostrand der Rockies mit hervorragender Küche; individuelles Reiten, Trailreiten, Ausflüge

Dalton Trail Lodge
P.O. Box 5331, Haines, YT Y0B 1L0, Tel. 867/634-2099, Fax 634-2098, www.daltontrail.com: Touren in den Kluane National Park; Trailreiten, Hiking, Kanufahren, Goldwaschen, Angeln, Floßfahren

■ Segeln

Great Northwestern
P.O. Box 57 Cowichan Bay, BC V0R 1N0, Tel. 250/746-1720, Fax 748-6525, www.greatnorthwestern.com: Mehrstündige und ganztägige Segeltörns mit einer 18-Meter-Ketch, auch zweitägige Exkursionen zu den Gulf Islands

Oak Bay Marina,
Victoria, Tel. 250/589-3369, www.obmg.com: Bootstouren, Angeltrips, Segeltörns, Charter

Old Salt Charters Ltd.
6678 Sunshine Coast Hwy., Sechelt, BC V0N 3A8, Tel. 604/736-0238, Fax 736-0248, www.oldsaltcharters.com: Vermittelt über 300 Yachten im pazifischen Nordwesten. Hochseeangeln und Segeltörns in den Inselrevieren der Inside Passage und der Queen Charlotte Islands sowie um Vancouver Island. Prospekt erhältlich

■ Hausboot-Charter

Waterway Houseboats
P.O. Box 69, Sicamous, BC V0E 2V0, Tel. 250/836-2505, Fax 836-4848, www.waterwayhouseboats.com: Mai–Sept.

■ Tauchen

Dive BC: www.divebritishcolumbia.com

Ocean Explorers Diving,
1956 Zorkin Rd., Nanaimo, BC V9S 5T9, Tel. 250/753-2055, Fax 753-2004, www.oceanexplorersdiving.com: Verkauf und Vermietung von Ausrüstung, Kurse, ein- und mehrtägige Tauchexkursionen, Unterkunft kann arrangiert werden

Porpoise Bay Charters
P.O. Box 2281, Sechelt, BC V8N 3A8, Tel. 604/885-5950, Fax 885-5983, www.porpoisebaycharters.com: Vermietung von Ausrüstung, Tauchkurse und -exkursionen, Unterkunft, Kajaktouren

■ Wintersport

Whistler Resort Association
4010 Whistler Way, Whistler, BC V0N 1B4, Tel. 604/932-4222, Fax 938-5758, www.tourismwhistler.com

Panorama Resort
Panorama Mountain Village, Panorama,
BC VA0 1T0, Tel. 250/342-6941,
Fax 342-9481,
www.panoramaresorts.com

Canadian Mountain Holidays
217 Bear St., Banff, AB T0L 0C0,
Tel. 403/762-7100, 1-800-661-0252,
Fax 762-5879, www.cmhhike.com,
www.cmhski.com: Multiadventure Pau-
schaltouren, Hubschrauberflüge in abgele-
gene Gebiete, Wanderungen unter erfahrener Führung

Ski Banff/Lake Louise
P.O. Box 1085, Banff, AB T0L 0C0,
Tel. 403/762-4561, Fax 762-8185,
www.banfflakelouise.com/ski,
www.sbells.com:
Schule mit vielen Pauschalangeboten

■ **Jagen und Angeln**
Ausführliche Informationen über Jagd-
und Angelmöglichkeiten, Bestimmungen,
Kosten, aber auch Verzeichnisse von Ausrüstern und lizensierten Führern *(guides)*
sind bei den Touristenbüros Alaskas und
der jeweiligen kanadischen Provinzen
erhältlich oder bei:

**BC Ministry of Environment, Lands
and Parks**
Angeln: **Fisheries Management Branch**,
P.O. Box 9359, Victoria, BC V8W 9M2, Tel.
387-9711
Jagen: **Wildlife Branch**, P.O. Box 9374,
Victoria, BC V8W 9M4, Tel. 250/387-0239,
www.pac.dfo.ca/pac.com

Saltwater/Tidal Fishing, Dept. of Fisheries and Oceans, 555 W. Hastings St. Victoria, BC, V6B 5G3, Tel. 604/666-2828

**Alberta Dept. of Environmental
Protection**
Fish and Wildlife Division, Main Floor,
Bramalea Bldg., 9920-108th St.,
Edmonton, AB T5K 2M4, Tel. 780/944-0313,
Fax 427-4407, wwwgov.ab.ca/env

Saskatchewan Outfitters Ass.
3700 2nd Ave. West, Prince Albert, SK,
S6W 1A2, Tel. 306/763-5434, Fax 922-6044,
www.soa.ca

**YT Department of Renewable Resour-
ces, Fish and Wildlife Branch**
P.O. Box 2703, Whitehorse, YT Y1A 2C6,
Tel. 867/667-5221, Fax 403/667-2691,
www.renres.gov.yk.ca

Alaska Department of Fish and Game
P.O. Box 25 526, 230 S. Franklin St., Juneau, AK 99802-5526, Tel. 907/465-4180
(Fish), 907/465-4190 (Game),
www.state.ak.us, www.ak.gov/adfg

Silver Salmon Lodge
s. S. 425

Canada Customs
2, Avenue de Tervueren, B-1040 Brüssel,
Belgien, Tel. 00 32/27 41 06 70, Fax
27 41 06 94, www.ccra-adrc.gc.ca: Erteilt
Auskünfte über Einfuhr, Zoll, Jagen und
Angeln

Veranstaltungskalender

Der genaue Zeitpunkt der einzelnen Veranstaltungen kann beim örtlichen oder regionalen Informationsbüro erfragt werden;
dort erhält man auch Hinweise auf viele
weitere Feste und Aktionen. Da die Alaskaner gerne feiern und außerordentlich
sportbegeistert sind, veranstaltet fast jeder
Ort im Winter Hundeschlittenrennen und
im Sommer Pioniertage, ein Kunstfestival
oder »Indian Days«. Beliebt ist oft wochen-
langes Wettfischen auf Lachse, hohe
Preise winken den Siegern, an den rauschenden Partys dürfen alle teilnehmen.

■ **British Columbia**
Januar: Ende des Monats: farbenpräch-
tige *Chinese New Year Celebration* mit
Umzügen durch die Chinatown von Van-
couver
Februar: Am ersten Samstag des Monats
findet im 100 Mile House das Cariboo
Cross Country Ski Marathon mit 1500 Teil-

nehmern aus ganz Kanada statt; in vielen Orten Winterfeste mit Skirennen, Hundeschlittenrennen und Karneval, am bekanntesten sind die Feste in Kimberley, Penticton und Nelson.

Mai: Anfang des Monats: *Vancouver Children's Festival.* Eine Woche lang dreht sich alles um die Kinder – geboten wird: Pantomime, Marionettentheater, Tanz, Spiel und Gesang. Am letzten Mai-Wochenende findet in Victoria die renommierte *Swiftsure-Segelregatta* vor internationalem Publikum statt. Etwa 500 Boote gehen auf die 220 km lange Strecke.

Juni: Folkfest mit Musik und Spezialitäten der Einwanderer in Victoria und Vancouver; erste Rodeos und Holzfällerfeste in den kleineren Orten wie Revelstoke, Salmon Arm oder Ashcroft

Juli: Erstes Wochenende: Die Cowboy-Asse treffen sich zum größten Rodeo der Provinz, der *Williams Lake Stampede.* Mitte des Monats laden die *pow wows* in Mission und Penticton zu traditionellen Tänzen und indianischer Küche ein. Ebenfalls Mitte Juli finden in Quesnel die *Billy Barker Days* statt, ein Pionier- und Goldgräberfest, und in Nanaimo hört man die kleinen Außenbordmotoren an den Badewannen, in denen die Teilnehmer am *Nanaimo Bathtub Race* über das Wasser tuckern. Logging Sports der Holzfäller stehen im Mittelpunkt der *All Sooke Days* auf Vancouver Island.

August: In Abbotsford versammeln sich Flugzeugbegeisterte alljährlich zur *International Air Show.* Von Mitte August bis Anfang September öffnet der Exhibition Park in Vancouver seine Tore zur Industrie- und Landwirtschaftsausstellung, der *Pacific National Exhibition.* Ein großer Karneval rundet die seit 1910 alljährlich stattfindende Selbstdarstellung der Provinz ab.

Oktober: Spielzeitbeginn für Theater und Eishockey-Clubs – für BC zwei wichtige und enthusiastisch besuchte Aktivitäten

■ Alberta

Genaue Termine und Einzelheiten im »Alberta Events Calendar« kostenlos bei Travel Alberta (s. S. 415)

Januar: Höhepunkt der Skisaison mit Wettbewerben in Banff und Jasper. *Lake Louise Winter Festival,* Lake Louise

Februar: *Fox Creek-Hundeschlittenrennen,* Fox Creek. *North American Snowmobile Races,* Wetaskiwin

März: *Rodeo Royal,* Calgary (Anfang des Monats). *Canadian Western Superrodeo,* Edmonton (Ende des Monats). Die Veranstaltungen finden in der Halle statt.

April: Rodeos in Red Deer, Camrose, Cardston, Vulcan und Drumheller

Mai: *Little Britches Rodeo,* High River: ›Kinderrodeo‹. *National Horseshow,* Spruce Meadows, südl. Calgarys: Pferdeschau mit großen Turnieren.

Juni: *Festival of the Arts,* Banff (bis August): Kunstausstellungen, Workshops, Theater, Oper, Tanz. *Ponoka Stampede,* Ponoka.

Juli: *National Horseshow,* Spruce Meadows, südl. von Calgary: Pferdeschau mit großen Turnieren. *Hot Air Balloon Race,* Grande Prairie: Internationaler Wettbewerb der Heißluftballonfahrer. *International Folk Festival,* Red Deer. *Ukrainian Pysanka Festival,* Vegreville (östlich von Edmonton): buntes Volksfest der ukrainischen Volksgruppe. *Calgary Stampede,* Calgary, Stampede Grounds (Anfang des Monats), größtes professionelles Rodeo der Welt. *Klondike Days,* Edmonton (Ende des Monats): Für 14 Tage wird die Zeit des Goldrausches von 1898 wiedererweckt; mit historischen Kostümen, Straßenfestivals, Paraden, Pferderennen, sportlichen Wettkämpfen.

August: *Medicine Hat Stampede,* Medicine Hat: kleines Rodeo in Südalberta. *Heritage Day:* Offizieller Feiertag in Alberta, ethnische Festivitäten in Edmonton und Calgary. *Folk Music Festival,* Edmonton. *International Native Art Festival,* Calgary. *North American Chuckwagon Races,* High River. *North American Indian Classic Rodeo,* Hobbema. *Whoop-up Days,* Lethbridge: Einwöchiges Festival mit Rodeo, Wettbewerben, historischen Kostümen

September: *Masters Horse Show,* Calgary, Spruce Meadows: Pferdeschau und Springturnier

November: *Canadian Rodeo Finals,* Edmonton

■ Manitoba und Saskatchewan

Februar: Unbeeindruckt von der bitteren Kälte findet in Winnipeg das *Festival du Voyageur* mit Hundeschlittenrennen, Kostümball und der Fertigung von Eisskulpturen statt. – Berühmter noch ist das *Northern Manitoba Trappers's Festival* in The Pas mit vielen Wettkämpfen.

Juni: Mitte des Monats kann man in Moose Jaw, Saskatchewan, die größte Flugschau der Prärien erleben, die *Saskatchewan Air Show.*

Juli: Die Cowboys ganz Kanadas treffen sich Mitte des Monats in Morris, Manitoba, zur *Manitoba Stampede,* einem großen Rodeo. Ebenfalls Mitte des Monats kann man in Battleford, Saskatchewan, beim *Saskatchewan Handcraft Festival* gutes Kunsthandwerk einkaufen. Ende des Monats findet in Dauphin, Manitoba, *Canada's National Ukrainian Festival* mit leckerer ukrainischer Küche und viel Folklore statt.

August: Anfang des Monats erlebt man bei den *Steinbach Pioneer Days* die Mennoniten beim Feiern und kann dann weiterfahren zum *Islendingadagurin* in Gimli, Manitoba, wo die Isländer ihr kulturelles Erbe hochhalten. Folkloristisches zeigen die Siedlergruppen Winnipegs Mitte des Monats beim *Folklorama.*

September: Ende des Monats kann man sich in Swift Current, Saskatchewan, in die Musik der alten Zeit zurückversetzen lassen: bei den *Western Canada Oldryme Fiddling Championships.*

■ Northwest Territories und Nunavut

Ostern: Inuvik, *Top of the World Ski Championships,* Skilanglaufwettbewerbe

März: Yellowknife, *Caribou Carnival*

Juni: Yellowknife, *NWT Mining Week,* einwöchiges Festival (Mitte Juni) mit Ausstellungen, Veranstaltungen zur Bergbaugeschichte, Goldwaschen, geologischen Exkursionen, Miner's Picknick.

Juli: *Folk on the Rocks* in Yellowknife, Open-Air-Veranstaltung mit Inuit- und Indianerkünstlern sowie Volksmusikgruppen aus dem Süden.

■ Yukon

Januar: Ende des Monats: *Southern Lakes Classic Dog Sled Race,* Hundeschlittenrennen in Carcross

Februar: Ende des Monats: *Sourdough Rendezvous* in Whitehorse, Hundeschlittenrennen *Yukon Quest* (1600 km von Fairbanks nach Whitehorse), Sportwettbewerbe, Tanz und Winterkarneval

März: Frühlingsfeste in Dawson City, Whitehorse, Carcross, Carmacks

Mai: Mitte des Monats: *International Gold Showl,* in Dawson City

Juni: 21. Juni: zur Sommersonnenwende Festivitäten in Dawson City, Whitehorse und Burwash Landing

Juli: 1. Juli: in den meisten Orten Feiern zum Kanada-Tag. Mitte des Monats: *International Midnight Dome Race* in Dawson City, Wettlauf zum Gipfel des Berges über der Stadt und natürlich die zugehörige Party und Siegerehrung. Ebenfalls in Dawson City: Weltmeisterschaften im Goldwaschen und Music Festival. Rodeo in Whitehorse

August: Mitte des Monats: *Discovery Days* in Dawson City, Floßrennen, Parade in historischer Kleidung und eine dreitägige Nonstop-Party – alles im Gedenken an den ersten Goldfund im Yukon

September: Erstes Wochenende: *Klondike International Outhouse Race,* in Dawson City, mit Klohäuschen auf Rädern geht es auf der 2 km langen Rennstrecke durch die Stadt, ein Riesenspaß.

■ Alaska

Januar: *New Years Day Picnic* in Sitka, findet meist im strömenden Regen statt, aber die Bewohner sind mit großer Begeisterung dabei.

Februar: *Fur Rendezvous* in Anchorage: Hundeschlitten-Weltmeisterschaftsrennen, Pelzauktion, Winterkarneval. Das größte Winterfest in Alaska, Tel. 907/277-8615. *Ice Classic Tripod Days* in Nenana: Mit diesem Fest wird die große Eislotterie eingeläutet, bei der geraten wird, wann auf dem Tanana River das Eis aufbricht.

März: Anfang des Monats: Start des *Iditarod Trail Race* in Anchorage, des berühmtesten Langstrecken-Hundeschlittenrennens in Alaska: 1049 Meilen sind es bis Nome, ca. zwei Wochen später wird ein großes Ankunftsfest in Nome gefeiert.

April: *Alaska Folk Festival* in Juneau

Mai: An dem dem 17. Mai nächsten Wochenende: *Little Norway Festival* in Petersburg: norwegische Gerichte, Sportveranstaltungen und Fest der norwegischen Bevölkerungsgruppe. Ab Mitte des Monats *Salmon Derbys* in Ketchikan, Sitka und Haines sowie Kodiak Crab Festival in Kodiak. *Celebrations,* Festival der Sea Alaska Heritage Foundation in Juneau und *Mayfeast,* Frühlingsfeiern in den Orten der Inside Passage.

Juni: Ende des Monats: *All Alaska Logging Championships* in Sitka; Tanz, herzhaftes Essen und eine Vielzahl an Wettbewerben, in denen Alaskas beste Holzfäller ihr Geschick unter Beweis stellen.

Juli: 4. Juli: Unabhängigkeitstag; Feuerwerk, Paraden und Feste in den meisten alaskanischen Orten, dazu noch spezielle Veranstaltungen: *Tongass Sailing Race* (Segelregatta) in Ketchikan. *Mt. Marathon Race,* ein spektakulärer Laufwettbewerb zum Gipfel des Hausberges in Seward. *Nome River Raft Race,* lustiges Floßrennen in Nome. 2. Samstag des Monats: *Annual Moose Dropping Festival,* Talkeetna-Jahrmarkt, Picknick, lustige Spiele. Ende des Monats: *Golden Days* in Fairbanks mit historischer Parade und vielen kleinen Veranstaltungen, die an die Goldgräberzeit erinnern. Etwa zur selben Zeit *Worlds Eskimo-Indian Olympics,* wo traditionelle Spiele und Sportarten der Arktis in Perfektion zu beobachten sind.

August: *Salmon Derbys* in Valdez, Seward und Juneau. Verteilt über den ganzen Monat finden in allen Regionen Alaskas die *State Fairs* (Ausstellungen zu Wirtschaft und Landwirtschaft mit großem Jahrmarkt) statt, die wichtigste in Palmer, weitere in Fairbanks, Haines und Kodiak.

Oktober: 18. Oktober: *Alaska Day,* Staatsfeiertag, Parade und Feierlichkeiten in Sitka

Verkehrsregeln

■ Kanada

Alle Geschwindigkeits- und Entfernungsangaben sind in Kilometern ausgeschildert. Die erlaubte Höchstgeschwindigkeit beträgt auf Fernstraßen (auch Autobahnen) 100 km/h, auf Landstraßen 80 km/h und innerhalb der Ortschaften 50 km/h. In British Columbia und Alberta besteht Anschnallpflicht.

Eine Besonderheit sind die grün blinkenden Ampeln; sie zeigen an, dass der Gegenverkehr bereits Rot hat und man ungehindert nach links abbiegen kann. In den Innenstädten sind alternierende Einbahnstraßen häufig: Fährt man z. B. gerade in Nord-Süd-Richtung durch eine Einbahnstraße, so ist die nächste Parallelstraße in Süd-Nord-Richtung angelegt.

■ Alaska

Autofahren in Alaska ist im Prinzip nicht anders als in den übrigen USA. Der europäische Autofahrer sei an die unbedingte ›Vorfahrt‹ der Fußgänger erinnert! Innerhalb von Ortschaften gelten Geschwindigkeitsbegrenzungen von 25–30 mph (40–48 km/h), auf dem Highway beträgt die erlaubte Höchstgeschwindigkeit 55 mph (90 km/h); haltende Schulbusse, die Kinder holen und bringen, dürfen auf keinen Fall passiert werden, wenn die Warnlichter blinken (auch nicht in der Gegenrichtung); an einer roten Ampel darf nach (vollständigem) Stopp nach rechts abgebogen werden. In den USA gilt absolutes Alkoholverbot am Steuer; im Fahrzeug ist auch keine geöffnete Flasche oder Dose mit alkoholischem Getränk mitzuführen.

Zeit

Mit Ausnahme von Saskatoon stellt Kanada am letzten Sonntag im April auf Sommerzeit und am letzten Samstag im Oktober auf Normalzeit um.

British Columbia: Pacific Time (9 Stunden hinter MEZ); Mountain Time (8 Stun-

den hinter MEZ) in den Rockies und um Fort St. John
Alberta: Mountain Time (MEZ minus 8 Stunden)
Manitoba: Central Time (MEZ minus 7 Stunden)
Saskatchewan: Central Time (MEZ minus 7 Stunden), im nordwestlichen Teil der Provinz Mountain Time (MEZ minus 8 Stunden); im Sommer hat jedoch die Region der Central Time keine Sommerzeit, sodass der Übergang zwischen den Zeitzonen an der Grenze zu Manitoba liegt.
NWT und Nunavut: Eastern, Central und Mountain Standard Time.
Yukon: Pacific Time (MEZ minus 9 Stunden)
Alaska: geografisch vier Zeitzonen: Bering, Alaska, Yukon und Pazifik; offiziell aber seit 1983 nur noch zwei Zonen: Alaska-Zeit auf vier kleinen Aleuteninseln und Yukon-Zeit im gesamten übrigen Alaska (MEZ minus 10 Stunden)

Zeitungen/Zeitschriften

Jeder größere Ort hat eine eigene Lokalzeitung; eine überregionale Tageszeitung mit hohem Niveau ist die »Globe and Mail« (theglobeandmail.com), die fast überall zu kaufen ist. Das gleiche gilt auch für das wöchentlich erscheinende »McLeans Magazine« (www.macleans.ca), Kanadas führendes Nachrichtenjournal. Interessanter noch für Kanada-Urlauber ist die zweimonatlich erscheinende »Canadian Geographic« (www.canadiangeographic.ca), mit ausführlichen Artikeln zu Kanadas Geografie, Flora, Fauna und Gesellschaft. Einen sehr guten Überblick über Kanadas Zeitungen im Internet, nach Provinzen und Territorien geordnet, vermittelt »Canada Daily Online Newspapers« (www.canada daily.com).

Wichtige Rufnummern

Bei Notfällen in Kanada und Alaska

Operator	0
oder Notruf	911 (Feuerwehr, Ambulanz, Polizei)
Telefonauskunft	411
VIA-Rail	1-888-842-7245

British Columbia

Straßenzustand (75 Cent/Minute)	1-900-565-4997
Pannenhilfe (Road Service)	
Vancouver	604/293-2222
sonst	411
Fähren	1-888-223-3779

Alberta

Alberta Motor Association	1-800-642-3810

Yukon

Straßenzustand	867/456-7623
(gebührenfrei)	1-877-456-7623

Northwest Territories

Straßenzustand Hwy. 1–7	1-800-661-0750
Fähren am Hwy. 8 (Dempster)	867/777-2678

Alaska

Straßenzustand	1-800-478-7675
Fähren	
in USA	1-800-642-0066
in Kanada	1-800-665-6414

Übersichtskarte Entfernungen ▷

Beringsee

Beau

Yukon River

U S A

Inuv

Eureka 99 Livengood

112

Mc Kinley 200 Fairbanks

325

A l a s k a

758

Yukon Territory

382

Anchorage 317 198 Tok 192

Homer 360 Valdez 190 Gulkana Junction Dawson City

Seward 203 147 355

328

Carmacks 230

178 Ross River

Haines Junction Whitehorse 448 374

181 85 309

Haines 40 Skagway Watso

Golf von Alaska

756 F

British Co

756

Kitwanga

146 93

Prince Rupert Terrace 486

Prince Geo

Paz i f i s c h e r O z e a n

Port Hardy

224

Cache

Campbell Riv

155

Nanaimo

Vancouver

113

Victoria Bel

Glossar/Sprachführer

Allgemeine Begriffe

backpacking – Rucksackwandern, Trekking

bannock – in der Pfanne gebackener Teig (das Brot der Pioniere)

bare boat charter – ohne Skipper und Mannschaft mieten

beach combing – den Strand nach Gegenständen absuchen

biggies – »die ganz Großen«

blankets – Wolldecken

branding – Vieh mit dem Brandeisen kennzeichnen

bronco – wildes Pferd

caches – Speicher, bärensicherer Aufbewahrungsort

cannery – Konservenfabrik

carving shed – Schnitzwerkstatt

cattle drive – Viehtrieb

chuckwagon – Küchenwagen der Cowboys

claim – abgesteckte Besitzrechte für eine Schürfstelle

clerks – Angestellte, Verkäufer

coastal forest – Küstenwald

colors – Goldflocken, die beim Waschen in der Pfanne übrigbleiben

cook stove – Kocher

creek – Bach, kleines Flüsschen

dive shop – Laden für Tauchausrüstungen

executive – Führungskräfte

fairs – Ausstellungen, Messen

fly-in-guide – Piloten, die mit Angel- und Jagdgästen in die Wildnis fliegen

general store – Krämerladen, der alles führt

guest ranches – Ranches, die auch Gäste aufnehmen

guide – Führer, Expeditionsleiter

hanging judges – Richter im Wilden Westen, die schnell mit dem Todesurteil zur Hand waren

hash browns – Röstkartoffeln

hiking – Wandern, Trekking

historical society – historische Gesellschaft, Heimatverein

homestead – erste Siedlerstätte der Pioniere

hot tub – Zuber mit warmem Badewasser zum Relaxen

Inside Passage – vor der offenen See geschützte Wasserstraße an der Westküste Nordamerikas

lodge – Ferienanlage, meistens Blockhütten (von rustikal bis komfortabel) mit einem Haupthaus, in dem sich Restaurant und andere Einrichtungen befinden

logging – Holzfällen

logging roads – Forststraßen

national historic site – historische Stätte unter nationalem Schutz

off limits – Zutritt verboten

outfitter – Ausrüster

overlander – Pioniere auf dem Treck (nach Westen)

pay dirt – goldhaltige Erde

pick-up – Kombi-Fahrzeug mit offener Ladefläche

pitcher – Krug (mit Bier)

placer miner – Goldwäscher

pow wow – Indianerfest

range – offene (Prärie-)Landschaft

rapids – Stromschnellen, Wildwasser

resort – Ferienanlage

ridge – Bergkamm

road house – Rasthaus zu Pionierzeiten

round-up – Viehtrieb (im Frühjahr und Herbst)

salmon wheels – in den Fluss gebaute Schaufelräder, die Lachse aus der Strömung heben

skipper – Kapitän, Bootsführer

sourdough – erfahrener Nordlandkenner, Einheimischer im Norden

square dance – Volkstanz

tall stories – Abenteuergeschichten (mit einer gewissen Übertreibung) voyageur – die frühen Pelzhändler (meist französischer Abstammung), die mit ihren Kanus die Wildnis erschlossen haben

wilderness campground – Zeltplatz in der Wildnis, ohne Einrichtungen

working ranch – Ranch, auf der überwiegen Viehzucht betrieben wird (im Gegensatz zur Ferien- oder *dude ranch*)

Flora und Fauna

■ Bäume und Pflanzen:

alpine fir (Abies lasiocarpa) – Balsamtanne

alpine larch (Larix lyallii) – Lärche

amabilis fir (Abies amabilis) – Purpurtanne

arbutus (Arbutus menziesii) – Amerikanischer Erdbeerbaum

black cottonwood (Populus trichocarpa) – Westliche Balsampappel

blue elder (Sambucus glauca) – Holunder

choke cherry (Prunus virginiana) – Virginische Traubenkirsche

common juniper (Juniperus communis) – Gemeiner Wacholder

devils club – Igelkraftwurz

douglas fir (Pseudotsuga menziesii) – Douglasie

engelmann spruce (Picea engelmannii) – Engelmann-Fichte

grand fir (Abies grandis) – Große Küstentanne

lodgepole pine (Pinus contora) – Drehkiefer

pacific dogwood (Cornus nuttallii) – Pazifischer Hartriegel

ponderosa pine (Pinus ponderosa) – Gelbkiefer

red alder (Alnus rubra) – Roterle

rocky mountain juniper (Juniperus scopulorum) – Wacholder

rocky mountain maple – Ahorn

sage brush – amerikanischer Salbei

sitka spruce (Picea stchensis) – Sitkafichte

skunk cabbage – Stinktierkohl

trembling aspen (Populus tremoluides) – Zitterpappel

western hemlock (Tsuga heterophylla) – Hemlocktanne

western larch (Larix occidentalis) – Westamerikanische Lärche

western red cedar (Thuja plicata) – Riesenlebensbaum

western white pine (Pinus monticola) – Westamerik. Weymouthskiefer

western yew (Taxus brevifolia) – Eibe

white birch (Betula papyrifea) – Papierbirke

white spruce (Picea glauca) – Weißfichte

yellow cypress (Chamaecyparis nootatensis) – Nootka-Scheinzypresse

■ Säugetiere

badger – Dachs

beaver – Bieber

bighorn sheep – Dickhornschaf

caribou – Karibu

chipmunk – Erdhörnchen

elk – Wapitihirsch

lynx – Luchs

marten – Marder

mink – Nerz

moose – Elch

mountain goat – Bergziege

mule deer – Maultierhirsch

muskrat – Bisamratte

porcupine – Stachelschwein

prairie dog – Präriehund

wolverine – Vielfraß

■ Fische

arctic char – Eismeersaibling

arctic grayling – Arktische Äsche

bass – Barsch

coho salmon – Coho-Lachs

dolly varden – Saibling

lake trout – Seesaibling

musky – Muskelunge

northern pike – Hecht

perch – Flussbarsch

pickerel – Zander

rainbow trout – Regenbogenforelle

salmon – Lachs

smelt – Stint

steelhead – Stahlkopfforelle

■ Vögel

bald eagle – Weißkopfseeadler

canada warbler – Grasmücke

gannet – Basstölpel

grouse – Birkhuhn

harlequin duck – Kragenente

heron – Reiher
jay – Häher
kingfisher – Eisvogel
loon – Taucher
oystercatcher – Austernfischer
puffin – Papageientaucher
razorbill – Tordalk
robin – Drossel
sandpiper – Strandläufer
tern – Seeschwalbe
woodcock – Waldschnepfe
woodpecker – Specht

Abbildungsnachweis

Archiv des Autors 26, 220, 221, 224, 226 o., 230, 235
ACVB 253
Alberta Tourism 209
Dirk Büttner 9
Fairbanks Convention and Tourism Bureau 340
Chris Harris 56, 66/67, 114
Bärbel Lampe 43, 127, 132, 144, 146
David McNicoll 245, 248
NWT Arctic Tourism 10, 38 (Dilip Meta), 48, 236, 238, 240, 246, 278 (Bruce Paton), 306 (Mike Beedel)
Provincial Archives of Alberta, Harry Pollard Collection 29, 30, 40
Public Archives, Kanada 270
Tourism Manitoba 218
Tourism Victoria 129, 154 (Pat Morrow)
Tourism Vancouver 14, 46, 70
Tourism Yukon 53, 261, 268, 272, 276, 282, 296, 297, hintere Umschlagklappe
Timothy Treadwell 316
Zwingelberg 122

Rolf Hicker, Garching 41, 226 u., 250, 287, 290, 292, 301, 304, 331, 334, 336, 337

Kurt Jochen Ohlhoff, Isernhagen 8, 13, 22, 33, 36, 44, 51, 61, 63, 69, 75, 79, 80, 84, 93, 94/95, 102, 110, 112, 117, 130, 140, 142, 151, 156, 158/159, 161, 163, 166, 170, 172, 174, 176, 177, 181, 182, 184, 189, 192, 196, 197, 198, 200, 205, 207, 211, 212, 214, 215, 216, 232, 265, 279, 280, 308, 310, 322, 324, 328, 329, 332

Heiko Specht/laif Titelbild, 88, 96, 106, 186

Karten und Pläne:
© DuMont Reiseverlag, Köln

Bitte schreiben Sie uns, wenn sich etwas geändert hat!
Alle in diesem Buch enthaltenen Angaben wurden vom Autor nach bestem Wissen erstellt und von ihm und dem Verlag mit größtmöglicher Sorgfalt überprüft. Gleichwohl sind – wie wir im Sinne des Produkthaftungsrechts betonen müssen – inhaltliche Fehler nicht vollständig auszuschließen. Daher erfolgen die Angaben ohne jegliche Verpflichtung oder Garantie des Verlages oder des Autors. Beide übernehmen keinerlei Verantwortung und Haftung für etwaige inhaltliche Unstimmigkeiten. Wir bitten dafür um Verständnis und werden Korrekturhinweise gerne aufgreifen:

DuMont Reiseverlag, Postfach 10 10 45, 50450 Köln
E-Mail: info@dumontreise.de

Danksagung

Der Autor möchte allen Mitarbeitern danken, die das Buch durch Anregungen und Hilfen bereichert haben. Joy Firmstone, Calgary, für die historischen Indianerfotos ihres Großvaters Harry Pollard; Chris Harris, 108 Mile Ranch, für Ratschläge und Fotos zum Kanufahren. Für tatkräftige Hilfe und Unterstützung dankt der Autor Kate Colley, Tourism Vancouver; Heather Leary, Tourism Victoria; Sheila Norris und Cathy Lonneberg, Yukon Tourism, Whitehorse; Carol Donahue und Marla Daniels, Edmonton Tourism; Krista Rodger, Jasper Tourism; Elenor Fish, Banff CC; Darlene Fedoroshyn, Tourism Calgary; Colin Lawrence, Fairbanks CVB; Richard Garvin, Anchorage CVB; John Beiler, Juneau CVB; Sandy Lorrigan, Sitka CVB; Buckwheat Donahue, Skagway CVB; Betty Hickling, McCarthy, Alaska; Kelly und Natalie Bay von Wrangell Mountain Air, McCarthy; Butch Toysen, Anchorage; Tom Watson, Kodiak; Pam Foreman und Lisa Marcato, Kodiak Island CVB; Dennis Maksymetz, Tourism Manitoba; R. Fred Hammer, Dinosaur Provincial Park, Alberta; David Freeman, Tourism Saskatchewan; Francine Drucet, Nunavut Tourism; Susan und Darwin Baerg, Fraser River Raft Expeditions, Yale, British Columbia; Keith und Le Anne Lane, Granum, Alberta; Peter und Bärbel Guttchen, Kodiak; Thomas Tait von »Where«, Calgary; und insbesondere Bärbel Lampe, Hannover, die unermüdlich recherchiert und Korrektur gelesen hat.

Diverse Textbeiträge in diesem Buch stammen von folgenden Autoren:

Rainer W. Hamberger, geb. 1949, Studium und langjährige Berufstätigkeit im Bildungswesen in Kanada und Deutschland. Seit vielen Jahren hält er regelmäßig Vorträge und veröffentlicht zahlreiche Bild- und Textbeiträge über Kanada in Reisemagazinen, Tageszeitungen, im Rundfunk und in Fachbüchern.

Katrina Hartje, geboren 1949 in Boston, Studium der Kunstgeschichte und Psychologie an der Harvard University. Seit 1982 leitet sie Kunstgalerien mit Schwerpunkt auf moderner indianischer und amerikanischer Kunst.

Dieter Kreutzkamp, 1946 geboren, zog mit seiner Frau sieben Jahre nonstop durch alle Kontinente. Mehrere Reisen führten ihn auch durch den Westen Kanadas, wo er unter anderem Tausende von Kilometern im Kanu zurücklegte. Seine Berichte und Fotos erscheinen in Büchern und Zeitschriften.

Bärbel Lampe, geboren 1941, war über 30 Jahre lang Programmassistentin im Amerika-Haus Hannover. Insgesamt zwei Dutzend Reisen führten sie nach Kanada und in die USA. Sie beschäftigt sich außerdem mit Kunst und Fotografie.

Karl Teuschl, 1955 geboren, Studium der Amerikanistik, Phonetik und Anthropologie in München und Los Angeles. Arbeitet heute als freier Reisejournalist. Seit vielen Jahren bereist er den nordamerikanischen Kontinent, unter anderem als Reiseleiter für West-Kanada und Alaska.

Wolfgang R. Weber, Jahrgang 1943, ist Inhaber eines Pilotenscheins, Fotograf und Autor mehrerer Reiseführer und Bildbände. Zahlreiche Reisen führten ihn in den Yukon, in die Northwest Territories und nach Alaska.

Titelbild: Mistaya Canyon im Banff National Park, Alberta
Umschlaginnenklappe hinten: Trekking im Kluane National Park, Yukon Territory
Umschlagrückseite: Vancouvers Skyline

S. 8: Red Rock Canyon im Waterton Lakes National Park, Alberta
S. 66/67: Kanuten auf dem Bowron Lake, British Columbia
S. 158/159: Steer wrestling bei der Calgary Stampede, Alberta
S. 218/219: Herbstliche Tundra bei Churchill, Manitoba
S. 236/237: Trekking im Auyuittuq National Park, Nunavut
S. 250/251: Cancan Girls in Dawson City, Yukon Territory
S. 280/281: Im Wrangell-St. Elias National Park, Alaska
S. 340: Herbstlandschaft bei Fairbanks, Alaska

Über den Autor: Kurt Jochen Ohlhoff, 1943 geboren, wanderte 1968 nach Kanada aus; Studium der Psychologie, Soziologie und Literatur mit M. A. Examen an der Universität von Santa Barbara, Kalifornien. Von 1978 bis 1995 war er Programmdirektor des Amerika-Hauses Hannover; heute arbeitet er als freier Reisejournalist und Fotograf. Jährliche Studienreisen führen ihn nach Kanada und in die USA. Im DuMont Reiseverlag veröffentlichte er in der Reihe »Richtig Reisen« außerdem die Bände »Kanada – Der Osten«, »Hawai'i« und »Rocky Mountains«.

Impressum

447

© DuMont Reiseverlag
2., aktualisierte Auflage 2004
Alle Rechte vorbehalten
Druck: Rasch, Bramsche
Buchbinderische Verarbeitung: Bramscher Buchbinder Betriebe

Printed in Germany   ISBN 3-7701-5829-6

Alaska
Yukon Territory

N

0   300 km